U0504578

中國文語哲學芻議

羅雲鋒 著

上海三联书店

自　　序

自二十世紀二十年代有人倡導所謂“言、文合一”（亦可謂“語、文合一”）以來，今人或以為言、文無別（或“語、文無別”），乃每多混淆“言與文”或“語與文”，而或以言、語、言語或語言等來包含乃至僭替“文”（或“文字”等），無形中而忽略、無視或輕視“文”（以及“字”，或“文字”、“漢字”等），每言乃至祇說“語言”、“言語”“漢語”（或“英語”、“法語”、“德語”、“日語”等）、“語言學”、“語言哲學”等，而“文”（乃至“字”或“漢字”等）卻往往從許多人的言詞、概念、言說或論述中消失不見。

這卻是一個致命的忽視和巨大的誤解，尤其是對中國文語而言更是如此。

蓋所謂歐西字語或“語言”（language），多為拼音字語或“語言”；所謂“拼音字語”者，主以字記音而以音表義也①，故其本來“音、字合一”；近世歐洲民族主義興起後，（歐洲各國）乃群相擺脫中世紀上層

① 以音表義，或亦有一定法度，如詞綴、字（字母或音字、音符、音母等）形屈折、單詞組合等，然若揆其原初其本或其大多數，則音、義之間，乃強制武斷之關係，并無漢字之意象紋理之類比關聯。

精英人士或階層所用之拉丁語，乃至擺脱歐洲之所謂“斯文傳統”（又如美國生情文學作家馬克-吐溫之抨擊其時之英語“斯文”傳統或“雅言”傳統，Whittier Birthday Speech by Mark Twain），則又能“言、字合一”或“言、文合一”，正是本然而不難無妨也。

然而中國文語卻與歐西拼音字語大不同，乃是意象文字及建基其上之意象文語，固不可等同視之，而或糊塗或故意混淆之。所謂中國文語者，中文中語或中文漢語也。其與拼音字語之根本區別，在於有“文”，故曰“文語”。然則何謂中“文”？何謂中“語”？何謂中“言”？此則不可不先以中文中語為本位而解之也。何以解之？溯源尋流也，古曰訓詁、解字、正名、考文等，今曰詞源學、詞語考古學之研究等。

文：《説文解字》曰：“文。**文，錯畫也**，象交文。”《説文解字注》曰：“文。文，錯畫也。錯當作逪，逪畫者这逪之畫也。《考工記》曰：靑與赤謂之文。逪畫之一耑也。逪畫者，文之本義；彣彰者，彣之本義；義不同也。**黃帝之史倉頡見鳥獸蹏迒之迹，知分理之可相別異也。初造書契，依類象形，故謂之文。象交文，像兩紋交互也。**紋者，文之俗字，無分切，十三部。凡文之屬皆从文。”《康熙字典》又引文曰：《説文》序：**依類象形，故謂之文。其後形聲相益，卽謂之字。**《古今通論》：倉頡造書，形立謂之文，聲具謂之字。①

① 《康熙字典》：**文**。【唐韻】【集韻】【韻會】【正韻】亾無分切，音紋。【説文】**錯畫也**。【玉篇】**文章也**。【釋名】**文者，會集衆綵，以成錦繡。合集衆字，以成辭義，如文繡然也**。【易・繫辭】**物相雜，故曰文**。【周禮・天官・典絲】供其絲纊組文之物。【註】**畫繪之事，靑與赤謂之文**。【禮・樂記】五色成文而不亂。

又【尚書序】**古者伏犧氏之王天下也，始畫八卦，造書契，以代結繩之政，由是文籍生焉**。【疏】**文，文字也**。【《説文》序】**依類象形，故謂之文。其後形聲相益，卽謂之字**。【古今通論】**倉頡造書，形立謂之文，聲具謂之字**。

又【易・乾卦文言疏】文謂**文飾**。

又【易・坤卦】**文在中也**。【疏】**通達文理**。【史記・禮書】**貴本之謂文**，（轉下頁注）

亦可從"文"之字源或字形起源與演變軌跡中得一啟發，尤其是根據甲骨文、金文之字形進行某種揣測，則"文"之本義蓋**或從當時先民身上所著之原始簡樸衣物或衣飾等物上，或天文地理、鳥獸蹏迒之迹、繩索或結繩等物上，得其造字靈感，然後引申而指涉一切錯畫紋理，又引申用為"文字"等**。東漢許慎乃通約解之為"錯畫"，即紋理錯畫或紋線錯畫也。

吾人今細揆諸甲骨文、金文字形，或曰其象似像原始先民身上之衣物，以藤條、樹皮條、麻條乃至其他材質繩索類交叉或交織而成**紋理衣物**，又或似以漆、采等塗料繪製各色圖案（如牛角、牛頭，如心臟之形等）於衣物上而成**圖案衣物**，然後披於上身**以遮體護身遠害禦寒**（實用功能）①，**以自妝**（"文"之，飾之）**觀美**（觀

（接上頁注）**親用之謂理。兩者合而成文，以歸太一，是謂太隆。**

又【書·堯典】欽明文思安安。【疏】發舉則有文謀。

又【禮·禮器】先王之立禮也，有本有文。忠信，禮之本也。義理，禮之文也。【史記·樂書】**禮自外作，故文**。【註】文猶動，禮肅人貌。貌在外，故云動。

又【禮·樂記】禮減而進，以進爲文。樂盈而反，以反爲文。【註】**文，猶美也，善也。**

又【左傳·僖二十三年】吾不如衰之文也。【註】**有文辭也。**

又【前漢·酷吏傳】司馬安之文法。【註】以**文法**傷害人也。【又】按其獄皆文致不可得反。【註】言其文案整密也。

又姓。【前漢·循吏傳】文翁，廬江舒人也。

又【史記·謚法】**經緯天地曰文，道德博聞曰文，勤學好問曰文，慈惠愛民曰文，愍民惠禮曰文，錫民爵位曰文。**

又獸名。【山海經】放臯之山有獸焉，其狀如蜂，岐尾，反舌，善呼，曰文文。

又【集韻】文運切，音問。【論語】小人之過也，必文。【朱傳】**文，飾之也**，去聲。

又眉貧切，音珉。飾也。【禮·玉藻】大夫以魚須文竹，劉昌宗讀。

又【韻補】叶微匀切。【崔駰·達旨】擿以皇質，雕以唐文。六合怡怡，比屋爲仁。【張衡·西京賦】都邑游俠，張趙之倫。齊志無忌，擬跡田文。

又叶無沿切。【蔡洪棊賦】畫路表界，白質朱文。典直有正，方而不圓。

參見:《漢典》。

①　乃至以繩索縶縛嬰孩，所謂繈褓之類，吾今從中國境内之少數民族如苗族、黎族、瑤族等之嬰孩繈褓，乃至現代雙肩包之類物品中，可見其遺留。或謂甲骨文、金文字形之"文"乃為一人披上衣，其下裳猶未顧及也。

美或審美功能)，**以自高**(猶今曰自高身份、身價或誇飾、誇富等)**威嚴**(乃至恐嚇之，而無論恐嚇人或野獸等)(禮文功能或自標文明功能)，**以區分標誌**(誌以別之)(身份區別功能)等。然亦未必僅涉“衣物”，亦可是天文地理、鳥獸蹏迒之迹、繩索或結繩等之“文”或“紋”也。

蓋就其(“文”字)造字所據之物實而言，蓋甚夥，無法一一列舉；而就其造字所據之物象而言，其初或為簡單線條、紋理，其後則有圖案等，總之不離皆其“象”與“紋”。而無論紋理與圖案，其字形亦隨之稍有繁有簡，其字所指涉之物實或所謂“意義”(meaning)亦有所區異，或指線條紋理及其錯畫，或指衣物衣飾，或指審美圖案或文飾圖案，或指文明(相對於“野”“拙”)威儀或威嚴乃至權財等級，或指天文地理、鳥獸蹏迒之迹、結繩等之“文”或“紋”等。又

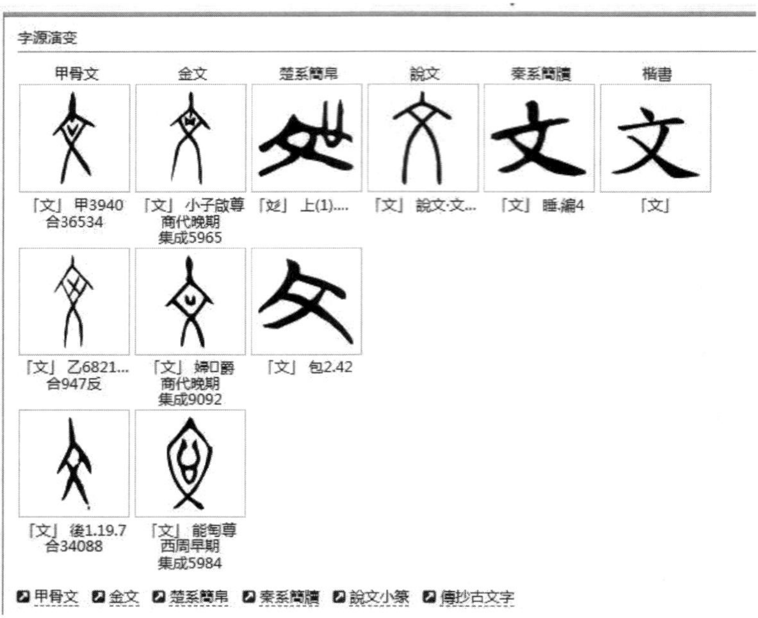

其後，人類文明繼續發展，上述諸物又或另各有專字表示，而因族群與“文化”融合，使得“文”之涵義更為寬泛豐厚，乃可包括上述諸點諸條。至於戰國秦漢以來，字形乃簡約之定為今之“文”字，而許慎乃以“錯畫”解之，是取其最簡略之共性“意義”而通約解之也——然亦於《說文解字敘》中歷敘“文”之“文字”之意或“造字”之歷史。

綜上，揆諸“文”之字形、字義發源史和發展史，或先秦有關“文”之訓詁史等，可知“文”之字義從其初便頗為包含廣泛也。故筆者於本書中對於“文”字涵義之重審縷析，亦不過是溯源返本存真而已。

語：《說文解字》曰：“語。**語，論也**。从言吾聲。魚舉切。”《說文解字注》曰：“語。語，論也。此卽毛、鄭説也。**語者，禦也。如毛説，一人辯論是非謂之語。如鄭説，與人相荅問辯難謂之語**。从言吾聲。魚舉切。五部。”①

言：《說文解字》曰：“言。**直言曰言，論難曰語**。从口辛聲。凡言之屬皆从言。語軒切。〖注〗𧥢、𡴎，古文言。”《說文解字注》曰：“这。言：**直言曰言，論難曰語**。《大雅》毛傳曰：**直言曰言，論難曰語**。論，正義作荅。鄭注《大司樂》曰：**發端曰言，荅難曰語**。注《襍記》曰：**言，言己事；爲人說爲語**。按三注大略相同。下文語，論也。

① 《康熙字典》：“語：【說文】論也。【徐曰】論難曰語。**語者，午也。言交午也。吾言爲語**，吾，語辭也。**言者直言，語者相應答**。【釋名】**敘也。敘己所欲說也**。【易・頤卦】君子以愼言語，節飲食 。【詩・大雅】于時言言，于時語語。【疏】**直言曰言，謂一人自言。答難曰語，謂二人相對**。【禮・雜記】三年之喪，言而不語。【註】**言，自言己事也。語，爲人論說也**。【家語】孔子之郯，遭程子于塗，傾蓋而語終日。……又【廣韻】牛倨切【集韻】牛據切【韻會】【正韻】魚據切，丛魚去聲。【廣韻】告也。【增韻】以言告人也。【左傳・隱元年】公語之故。【論語】居，吾語女。又教戒也。【魯語】主亦有以語肥也。……”參見：《漢典》。

論,議也。議,語也。則《詩》傳當從定本、集注矣。《爾雅》、《毛傳》:言,我也。此於雙聲得之,本方俗語言也。从口,辛聲。語軒切。十四部。凡言之屬皆从言。”①

---

① 《康熙字典》:言。〔古文〕𧥫𧦝【唐韻】語軒切【集韻】【韻會】魚軒切,𠀤𤮐平聲。【說文】**直言曰言,論難曰語**。【周禮·大司樂註】**發端曰言,答述曰語**。【釋名】**言,宣也。宣彼此之意也**。【易·乾卦】庸言之信。【書·湯誓】朕不食言。【傳】言已出而反吞之也。【周禮·地官·大司徒】以鄉八刑糾萬民,七曰造言之刑。【註】譌言惑衆也。【論語】寢不言。【註】**自言曰言**。【史記·商君傳】貌言華也,至言實也,苦言藥也,甘言疾也。【唐書·徐伯彥傳】**言者,德之柄也,行之主也,身之文也**。

又辭章也。【書·洪範】五事,一曰貌,二曰言。【疏】**言者,道其語有辭章也**。【禮·曲禮】士載言。【註】**言,謂會同要盟之辭**。

又**一句爲一言**。【左傳·定四年】趙簡子曰:夫子語我九言。【論語】一言以蔽之。

又**一字爲一言**。【戰國策】臣請三言而已矣,曰海大魚。【前漢·東方朔傳】凡臣朔固已誦四十四萬言。

又猶**議**也。【屈原·離騷】初既與余成言兮,後悔遁而有他。

又**號令**也。【周語】有不祀則修言。

又助語辭。【易·師卦】田有禽利執言。【註】語辭也。

又【爾雅·釋詁】言,我也。【詩·周南】言告師氏。【傳】言,我也。師,女師也。

又【博雅】**問也**。【周禮·春官】冢人:及葬,言鸞車象人。【註】言問其不如法度者。

又【廣雅】從也。

又【釋名】委也。

又言言,高大貌。【詩·大雅】崇墉言言。【註】高大也。

又簫名。【爾雅·釋樂】大簫謂之言。【註】編二十三管,長尺四寸。【韻會】或作管。

又官名。【書·舜典】命汝作納言,夙夜出納朕命,惟允。【傳】納言,喉舌之官。【唐書·高祖紀】改納言爲侍中。

又幘名。【後漢·輿服志】幘者,賾也。尚書賾收,方三寸,名曰納言,示以忠正,顯近職也。

又地名。【詩·國風】出宿于干,飲餞于言。【傳】適衛所經之地也。

又山名。【隋書·地理志】邢州內丘縣有千言山。

又【山海經】大荒之中有山,名曰大言,日月所出。

又州、縣名。【宋史·劉翊傳】有言州。【魏書·地形志】有萬言縣。

又人言,砒石別名。【本草綱目】砒出信州,故隱信字爲人言。

又姓。【潛夫論】桓叔之後有言氏,韓後姬姓也。

又複姓。【潛夫論】魯之公族有子言氏。 (轉下頁注)

從字形字義分析看，文與語、言之區分很清楚，詳細解讀分析可參見本書緒論，茲不贅述。大要而言之，"文"為文字（又文象、文飾、文辭、文道、文明、文化等），"言"、"語"為口言，本來不同，胡可混淆之！若曰以"語"、"言"或"語言"包含其"文"，則亦一曰名、義不侔合，不能顧名思義，乃多誤解，二曰有遮蔽忽視其"文"之弊端。而其後果，則有更嚴重者。故皆不妥。

實則所謂 language①，本來兼包字、語等意，若欲以中文固有

（接上頁注）

又【正韻】夷然切，音延。義同。

又【集韻】牛堰切，音甗。訟也。

又【集韻】【正韻】丛魚巾切，音銀。和敬貌。【禮·玉藻】二爵而言言斯。【註】言言，與誾誾同，意氣和悅貌。【集韻】亦作訢。

又叶眞韻。【韓愈·孔戣墓銘】白而長身，寡笑與言，其尚類也，莫之與倫。

又叶五剛切，音昂。【詩·商頌】鬷假無言。叶上羹平，下爭彊。羹音郎，平音旁，爭音章。

又叶五姦切，音顏。【古詩】四座且莫諠，願聽歌一言。請說銅爐器，崔嵬象南山。

又叶魚戰切，音彥。【楊修·節遊賦】迴旋詳觀，目周意倦。御子方舟，載笑載言。**【說文】本作䇂。从口，辛聲。辛，辠也，犯法也。【釋名】言之爲辛也，寓戒也**。鄭樵曰：**言从舌从二。二，古上字，言出於舌上也**。

以上參見《漢典》。

① Language: n. 1 the method of human communication, either spoken or written, consisting of the use of words in a structured and conventional way（羅按：此則翻譯成"文語"、"語文"或"字語"等方較適切，或另找另造單字以譯之，如"**吤**"字，說見正文及下文。）. any method of expression or communication（此則以"語"或"言"譯之即可，《說文解字》解"言"字時所謂"直言曰言，論難曰語。（言）从口辛聲，凡言之屬皆从言"，其意思有所告傳是也，如以身體、旗幟等告傳其意思）: body language. 2 the system of communition used by a particular community or country. the phraseology（措辭）and vocabulary（詞彙）of a particular group（羅按：此則兼顧文、語而論，故可譯為語文或文語）. a system of symbols and rules for writting computer programs or algorithms. 3 the manner or style of a piece of writting or speech（羅按：此亦兼顧文、語而論，故可譯為語文或文語）.（usu. Bad/foul/strong language）crude or offensive language. ORIGIN ME: from OFr. Langage, based on L. lingua' tongue'. 參見：Angus Stevenson, Maurice Waite 編，Concise Oxford English Dictionary（Twelfth Edition）, Oxford University Press, 2011 年，p801。羅按："吤"，古同"吻"，音 wěn，《说文解字》（轉下頁注）

字法或文法(單字單義)而較為準確譯之,或中外一字一字對譯,吾意以為或可借字譯為**“吰”**①,又或可權宜譯為**“字語”**(涉及中國情形,則為**“文語”**),而似不可譯為“語言”。因在中文中,或揆諸中文字法字義(本義),“語”、“言”大抵皆衹涉口語、口言或聽覺,并未直涉其“文”,故“語言”之譯或有遮蔽其“文”之嫌疑弊端。若果以“吰”譯 language,則 English\German\French 或今之所謂英語、德語、法語等,乃可譯為英吰、德吰、法吰,或英國字語、德國字語、法國字語等。此就其准确之翻譯而言,雖然,若以英語、德語、法語等譯 English\German\French,或亦無大礙,蓋為簡省故也;且中國人又或言英文、德文、法文等,則知中國人或中文究竟對“文”與“語”有明確區分,此是中文或中國人於“文、語”層面之清晰思維。而歐西字語則傾向於使用總名如 language(其所謂“字”“文”,蓋謂 literal/literary/literate 或 literature 之類),不似中國人傾向於嚴格區分兩者。(質言之,在英國字語中,有總名 language,有分名如 literary,其“語”,則或組詞以表之如 spoken language;在中國文語中,有分名如“文”與“語”,似無單字之總名,今人乃以“語言”名之,則名實不符,可謂命名失當,故筆者乃以“文語”名之,乃曰名實相侔,而又能顧名思義。)

(接上頁注)未收録“吰”字头,有“吻”字,解為“口邊也。从口勿聲”,然則“吰”實為後起字,僅用以通假“吻”,而今乃可據其字形而解為“文語”,且“吰”從口從文,口表義,文表音(音 wén)又表義,紋理文字而有象意文義也,然則“吰”謂口說文字紋理或紋符之象意文義也。(202404121722)

① 羅按:“吰”,古同“吻”,音 wěn,《说文解字》未收録“吰”字头,有“吻”字,解為“口邊也。从口勿聲”。然則“吰”實為後起字,僅用以通假“吻”,而今乃可據其字形而解為“文語”;且“吰”從口從文,口表義,文表音(音 wén)又表義,紋理文字而有象意文義也,然則“吰”謂口說文字紋理或紋符之象意文義也。然則中國文語哲學又可稱為中國吰哲學或**中吰哲學**(可兼包中文哲學與中語哲學),文語學(或今之所謂“語言學”linguistics)或可稱為-寫為**吰學**,如中吰學、英吰學、德吰學或西方吰學等。

揆其實，此皆因中文之獨特性和中文之深厚傳統，以及中文背後之更為深廣之文化涵義和文化傳統，如“書同文”、“斯文”、“以文論道載道明道傳道等”、“天下文明”、“文化天下”、“文化大一統”等。故——或但——在中文與中語裏，則必須有“文”，必須有“文語學”，不可衹說“語”而不言“文”。衹說“語”而不說“文”，就無形中便容易導致對中國“文”（又文象、文飾、文辭、文道、文明、文化等）或中國“文字”等的忽視、輕視乃至歧視等，這卻涉及、連動或牽動中國文化之根本，不可不察，又不可不講明而重視之。

歐西，則古有所謂“巴別塔”之說，亦有矯之而古拉丁文大一統之世；近世民族主義興起，遂重語，或重方言土語，即重地方“語、言”也，今之學界或名之為所謂“語音中心主義”、“聽覺中心主義”等，而稍忽略、貶低、排斥意象與視覺字、文等。亦有其偏頗處，吾今乃欲糾其偏，而明“文”之獨特價值與重要性質。

或曰：今人用“語”一字或“語言”一詞時，其意其實乃以“語”包“文語”，且“語”、“言”亦可引申為“文”，故汝不必如此拘泥本義、膠柱鼓瑟、斤斤置辯苛責也。乃答曰：既用中文，便當符合中文字法與文法，又當盡量使人能顧名思義；然則其命名也，固當名義相侔，乃至能顧名思義，方為正名正文之正法也；否則乃曰“不文”而不當也。然則揆諸字形字義，一則當知“文是文，語是語”，語不能包文；二則又當知當強調“文”之特殊性和重要性，故命名為“文語”，而凸顯其“文”，至少提及於“語”之同等重要性，是吾意也。

竊以為，Chinese 一詞，有時可翻譯為漢語，有時可翻譯為中文，有時又當翻譯為中國文語，尤其是“中國文語”。對此，不但中國人應明瞭這一點，也應向外國和世界說明這一點（如世界中國學或世界漢學等），不能僅將其視為一種“語”、“言”或簡單的記音記義文字。質言之，**中國不衹有“語”或“語言”，中國尤有“文”，有中**

國文字、中國文辭、中國道文、中國禮文、中國文明和中國文化也。反之，則衹知有“語”，不知有“文”，則多弊病，乃至於中國文化、中國文明亦或將寖微矣。倘曰此或是我之杞人憂天，則固亦幸甚。然吾既有此憂此懼，故乃撰此書以探討之。

當然，所謂“文語哲學”或“中國文語哲學”，其所關涉之領域尤其廣闊，所關涉之論題尤其重要，前者如今之所謂語言哲學（文語哲學、字語哲學、文字哲學等，the philosophy of language）、心靈哲學或智能哲學（philosophy of mind）、科學哲學（philosophy of science）、物理學或自然科學（吾所謂物理學或大物理學）、邏輯學、認識論或知識論、本體論、名理論或名實論、形而上學或超物理學（metaphysics）、歐美分析哲學、語言學或語言文字學（語法學、語義學、詞彙學，語法哲學、語義哲學等）、文語文化、比較文語學與比較文化學等（以上羅列未必全在同一邏輯層面），後者如中國哲學、中文哲學、漢語哲學、文語主體性與文化主體性指關係、（從自然農業文明到理技工業文明之）文語現代化及其進展與風力、文語與邦國文化軟實力或影響力之關係、文語與科學（大物理學）或科技之關係、文語與思維或理性智識等之關係、文語與心靈或情意之關係、文語與道學或道理學之關係及其現代化、文-言或語-意-物-實之關係、中國文化之名實論或本體論、中國文學理論、中文翻譯理論、中國文化理論等。此等論題皆和中國文語哲學有極大之關係，又自有其重大之價值，而皆可乃至皆當闌入中國文語哲學之研究範圍，而極深研幾，而思考究竟之，然後中國文語哲學之堂奧深廣博大，或可得以稍窺也。

質言之，有感於中國文語之特殊性與重要性（尤其是對於中國、中國人、中國事業和中國文化的重要性），中國文語哲學之豐厚學術內涵與學術價值，以及當下學術界對中國文語與中國文語哲學之某種忽視、曖昧不明或偏離其根本等情狀，筆者雖學殖薄弱、才疏學淺而猶不揣譾陋，勉力為之。並且，限於篇幅和筆者當前之學殖積累、時間精力等因素，一時尚無法面面俱到、詳盡闡述，故乃是重在啓發與倡導，多端思考而或各責奉獻其一端數端之是，合之或將以能求見其通也。雖然，其心志則有之矣，其眼光見識，或亦有一二可觀。至於通論，或有俟乎將來。

甲辰年三月初七(202404152209)

羅雲鋒撰於瞰四海樓

凡　例

1. 因涉及字形字義分析(造字理據與訓詁分析等),有些簡體字或不能見出其造字、衍義、用字理據,故本書採取繁體字;而橫排之。

2. 本書旨意之一,在於探討古文與今文之關係,并探討今文或現代中文之應然或更優形態,而仍處於探討過程中,且配套之事未備,則尚無定論或定形,故本書一則或力圖純以古文字法、文法用字行文,二則或順便雜以今文詞法、文法或語法用其字詞而行文;一則或力圖呈現較為純粹之所謂固有中文字法(單字有義)與文章風貌,建構一種現代中文或今文新形態,而嘗試示範之;二則然或亦不避今字今詞今語,其今字今詞今語不破固有中文字法時尤其如此,譬如本書小標題便每用"的"字與今世語法,并未全換成"之"及相應固有文法;又或暫雜揉之。

3. 本書採取主題式論述,除緒論外,大約有兩百八十餘個主題,為篇幅結構均衡故而大略分為六個部分,又以便於閱讀。然除緒論外,各主題和各部分之間,皆並列關係,並無明顯之邏輯上之分類。

4. 本書之各章節，大體按寫作時間排序，偶有增補或調整次序者（緒論中或有一二處調整次序，全書又或有十來處段落文字增補），則於文中或文末標註之。寫作時間或多指開始寫作時之時刻，又或指寫作結束時之時刻，多以數字標註，如 202201012020 即代表 2022 年 1 月 1 日 20 點 20 分，然亦有精確至秒者，又或偶有以其他數字形式標註者，不盡統一。

5. 正文中之一篇附録，以及全書結尾之三篇附録文獻，涉及正名、論道、字書、取名等論題，和中國文語哲學稍有關聯，聊舉以示知諸讀者而已，非謂其有超越殊特之重要也。然筆者將來或有意蒐集相關重要中文文語哲學文獻材料，而一一解讀之，以有助於中國文語哲學之更深入思考和研究。

6.《物與物理；物之真與物理之真》一篇，可謂是筆者有關物理學或超物理學（metaphysics）之哲學思考，或有關物理學、超物理學或相關哲學論題之論文，然亦衹略開端緒，尚待進一步思考完善之。另外，《略論專名》一篇，已撰有約兩萬七千字許，而仍多思考，尚未寫畢，自忖一則一時無暇修訂告竣，二則篇幅太大，與其他諸篇章之篇幅稍不侔，故今暫刪去，衹存其目，將來或進一步深思脩撰完善之，或至於十萬字許，而將以哲學專書梓行之。此外尚有一些思論篇章和文獻材料，因思考稍不成熟等原因，此次盡皆暫刪去。

7. 書末附録有參考書目，乃稍舉其一二而已，并非求全列舉；然若欲深入研究中國文語哲學，則其所關涉之所謂學科或知識領域甚多甚廣（此所羅列者，或可謂萬千不及其一），限於時間精力，筆者一時無法梳理録入更多書目，故於兹說明之，非謂僅此為重要，尤非謂僅參考此數種書目便可講明中國文語哲學也。又：書目大略分三類，一類為字書字典等，稍以其重要性排序；二類涉及中外相關研究專著，稍羅列之；三類涉及本書或引用之書目，亦稍羅列之而已。

8. 有些字或有異體字、俗體字，或正體與異體、俗體難分，亦可通用，不妨理解，則本書或未統一，如注與註（《康熙字典》、《説文解字注》中之引文仍作“註”，未改動；其餘大體寫作“注”）、裏與裡等。

寫定於202404121525

目　录

緒　論

第一部分

第二部分

第三部分

第四部分

第五部分

第六部分

緣　起

字與詩

閒來讀字書，
歡喜想陶杜。
說文廣韻熟，
詩辭自宏富。

202110060030 許

題中國文語哲學

（讀音韻訓詁類書，聊寫近年來所思所悟——亦為中國文語哲學、中文文語哲學或漢語語言哲學而作[①]。）

閒翻字書堪可喜，
妙思足資新文語[②]。
天下學問識字始，
人間心事文言[③]基。
詩文辭章有本原，
道義政事得憑依。
正名正語正道理，
正心正義正風氣。

202110060030 許

① 此詩原題作“題漢語文語哲學”，後改之。然此“題記”中之命名則不改，乃存其起初之諸命名也。

② 原作“新漢語”。

③ 文言之“文”者，“倉頡之初作書，**蓋依類象形，故謂之文。其後形聲相益，即謂之字。文者，物象之本；字者，言孳乳而浸多也。著於竹帛謂之書**。書者，如也。”參見：許慎，《說文解字敘》。又《古今通論》云：“倉頡造書，**形立謂之文，聲具謂之字**。”參見：《康熙字典》“文”條。

緒　　論

“中國文語哲學”正名

何謂“文語哲學”?

所謂“文”者

何謂“文”? 乃曰所謂“文”者,涵義多方也:

“文”者,**錯**(交錯,錯當作逪,逪畫者這逪之畫也)**畫**也,**文象**(本字當為像,形像)也,**交文之象**(本字當為像,形像)①;

又**文字**也,“依類象形故謂之文,其後形聲相益故謂之字”②,

---

① 《說文解字》曰:“文,錯畫也,象交文。”《說文解字註》曰:“文,錯畫也。錯當作逪,逪畫者这逪之畫也。《考工記》曰:青與赤謂之文。逪畫之一耑也。逪畫者,文之本義;彣彰者,彣之本義;義不同也。**黃帝之史倉頡見鳥獸蹏迒之迹,知分理之可相別異也。初造書契,依類象形,故謂之文。象交文,像兩紋交互也。**紋者,文之俗字,無分切,十三部。凡文之屬皆从文。”錯畫,猶英“語”或英“文”figure, a shape defined by one or more lines in two dimensions;文象,稍近於英“語”或英“文”symbol, a thing that represents or stands for something else, especially a material object representing something abstract,或稍近於 figure,a person or thing representing or symbolizing a fact or ideal。參見:*Concise Oxford English Dictionary*。

羅按:實則所謂“英文”能否稱“文”,亦可議也,蓋中文之所謂“文”,基於“文象”,而所謂“英文”,乃基於“音聲”,其所謂“字母”或“音符”之文象或意象早已消去,衹是“音符”而已,故或可曰“英符”或“英語”,難言“英文”,至少不是“中文”之所謂“文”,或缺乏“中文”之所謂“文”之豐厚蘊涵,不可等同齊觀也。又:蹏迒,音 tí háng,蹏同“蹄”,為“蹄”之異體字,足也;迒,《說文解字》曰:獸迹也,从辵亢聲;**踁**,迒或从足从更,胡郎切。《說文解字註》曰:迒,獸迹也。《釋獸》:兔迹迒。按序曰:“黃帝之史倉頡見鳥獸蹏迒之迹,知分理之可相別異也。”是凡獸迹皆偁迒,不專謂兔也。从辵,亢聲,胡郎切,十部。

② 許慎曰:“**依類象形故謂之文,其後形聲相益故謂之字;字者,言孳乳而浸多也。**”參見:《說文解字敘》。《古今通論》云:“倉頡造書,**形立謂之文,聲具謂之字**。”(參見:《康熙字典》)羅按:“文”蓋言象形造字,如“六書”之象形“文”(乃至指事“文”、會意“文”),“字”則基於“文”而造字,如“六書”之“形聲字”或“指事字”、“會意字” (轉下頁注)

或曰“形立謂之文，聲具謂之字”①；

又文章、有文辭也②；

又“文武”、“文治”之“文”③，文質之“文”；

又墳典、道經、道義、斯文、文明之“文”④，文制之“文”；

又文獻也；

又天文、地文、人文之“文”也⑤；

又文飾也、禮文也⑥；

其他如“經緯天地曰文，道德博聞曰文，勤學好問曰文，慈惠愛民曰文，愍民惠禮曰文，錫民爵位曰文”等⑦。

歸類總結之，則“文”有文字語言之“文”（根基層面與形式層面⑧）與道義禮樂文制文明文治之“文”（內容層面）⑨，以及“文之

（接上頁注）（或曰不當包指事、會意），乃至轉註、假借之字。蓋“文”主其形象，“字”主其聲，故《古今通論》曰：“倉頡造書，**形立謂之文，聲具謂之字**。”（轉引自《康熙字典》）如是，則“六書”之象形、指事、會意皆可謂“文”，形聲乃可謂之“字”，而轉註、假借亦皆謂之“字”。

① 《古今通論》：“倉頡造書，形立謂之文，聲具謂之字。”參見：《康熙字典》。

② 《釋名》：“文者，會集衆綵，以成錦繡。合集衆字，以成辭義，如文繡然也。”《周禮・天官・典絲》：“供其絲纊組文之物。”（轉引自《康熙字典》）。

③ 《書・堯典》：“欽明文思安安。”《疏》：發舉則有文謀。

④ 又或曰斯“文”或“**斯文**”，則“文以載道”，“斯文”即是“斯道”，“文言”即是“道言”，以“斯文”、“斯道”文明天下或化明天下也。則“文”之義，豈曰小哉！

⑤ 此“文”可謂“道”，則包天道、天則、天命，地道、地則，人道、人則等而為言。參見拙文《論“道”：正名與分析》，參見拙著《論語廣辭》。

⑥ 《易・乾卦文言疏》：“文謂文飾。”（轉引自《康熙字典》）賁卦亦曰“文”為“飾”。《禮・禮器》：“先王之立禮也，有本有文。忠信，禮之本也。義理，禮之文也。”《史記・樂書》：“禮自外作，故文。”《註》曰：“文猶動，禮肅人貌，貌在外，故云動。”

⑦ 《史記・謚法》：“**經緯天地曰文，道德博聞曰文，勤學好問曰文，慈惠愛民曰文，愍民惠禮曰文，錫民爵位曰文**。”

⑧ 所謂形式者，謂文字語言形式也。根基層面與形式層面，如文象、文字、文章、文辭或文采修辭等。

⑨ 下文論“文明”時將稍詳論。

用"(踐用層面)①。

所謂"語"者

所謂"語"者,《說文解字》曰:"語,論也",或謂"論難曰語"②,今引申為一國一族之"語、言系統"或"口語系統",簡稱**"語系統"**;乃至"文語系統",即"文、語"全體或統系,簡稱**"文語系統"**③。

前者即中文"語"之本義。後者未嘗不可作引申義。然於中文故訓中,文、語分別,而"文不該語"、"語不該文",是其常態。今則稍混淆之,而不能名正言順。

又:後者即今之所謂"語言"(language)或英"語"之所謂 language 也——然此所謂"語言"(language)或英"語"所謂之 language,實乃混淆"文"與"語",於歐美音符"語言"或音符"文語"或無大礙而無傷大雅,於中文或中國文語則大謬不然也。後將細論之。

羅按:嚴格言之,上述兩者不同,另有"文系統",從而區別為三

---

① 文:文象、文字、文章(與"彣彰"不同。又如文理、文言、文辭、修辭等)等;文制、文治(文武、文質、文野、文化、文飾等)、文明、斯文等;天文、地文、人文等。

② 《康熙字典》:語,"【說文】論也。【徐曰】論難曰語。語者,午也。言交午也。吾言爲語,吾,語辭也。**言者直言,語者相應答**。【釋名】敘也。敘己所欲說也。【易·頤卦】君子以愼言語,節飲食 。【詩·大雅】于時言言,于時語語。【疏】**直言曰言,謂一人自言。答難曰語,謂二人相對**。【禮·雜記】三年之喪,言而不語。【註】**言,自言己事也。語,爲人論說也**。【家語】孔子之郯,遭程子于塗,傾蓋而語終日。"《說文解字註》:"語,論也。此即毛鄭說也。語者,禦也。**如毛說,一人辯論是非謂之語。如鄭說,與人相荅問辯難謂之語**。从言吾聲。"

③ 但中國學界於此無自覺區分,時而以"語"兼包"文"而至於"文"、"語"不分,時而又似以"語"專門指代音聲口語系統或音聲"語言"系統,而不甚論其"文",尤其是不甚論其"文象、文字、文辭、文章"之"文",遑論"禮文、文制、文治"之"文"。總之,一者對其研究對象不能明確限定,頗為混亂,二者又在此混亂情形下,或大致局限於"語言"層面,包括所謂"語義",頗為狹隘。實則中文漢語中之所謂"語義",豈能離"(文)字義"、"象意"等而狹隘論之?!

名或三類,曰:**“語系統”、“文系統”與“文語系統”**,“文語系統”兼包“文系統”與“語系統”。

或曰“文”為“語”之基,“語”基於“文”,“文”重於“語”;或曰“語”在“文”先,“語”為“文”之基,“文”基“語”,而“語”重於“文”。

古代中國尤重“文”,所謂聖人造書契考文而王者必“書同文”,亦重“語”或“言”,所謂“雅言”“雅音”是也——然亦是基於“重文”而造字考文、“書同文”的“重語、言”或“雅言”等,此點不可不察[①]。現代以來,胡適等人受納、照搬歐美西方之“語論”(今曰“語言學理論”)影響,乃倡所謂“文、言合一”,而尤重其“語、言”或“口語言”,乃至漸至於以“語”“言”淩駕於“文”上。此則不知中國文語之本色優長,而一味邯鄲學步之病也。

所謂“文語”與“文語系統”者

所謂“文語”者,文(文象、文字與文辭文章,乃至道義禮樂文制文明文治之“文”等)與語(語、言,或口語言,或 language 等)也,或基於“文”(文象、文字與文章,乃至道義禮樂文制文明文治之“文”等)之“語”(語、言,或口語言,或 language 等)也,而集成為“文語系統”。

所謂“文語哲學”者

所謂“文語哲學”者(或“中國文語哲學”、“中文文語哲學”等),不獨考論其“語”,尤當稽考其“文”也;不獨有其“語哲學”或所謂“語言哲學”(philosophy of Chinese language),又有其“文哲學”,

---

① 各諸侯國、方國、郡國等,或亦有不同文字、方言(楊雄所謂“方言”,似亦兼指“地方文字”,似不僅僅是“方音”,蓋其時地方或民間造字者或亦不少)。

包括所謂“(中文或漢語之)文字哲學”(philosophy of Chinese image-character①)與“中國文制、文治或文明哲學”等也,合之乃為中

① character 涵義甚多,如 the mental and moral qualities distinctive to an individual; the distinctive nature of something 等,此取其 a printed or written **letter** or **symbol** /a symbol representing a letter or number 之意。參見:*Concise Oxford English Dictionary*, pp238. 但中文之“文”或“字”既非英語中之“alphabet”,亦不可混同或等同於 letter 或 word,蓋英語中之 letter 有多重涵義,如字母、字或文字、信件等,未必能與“文”一一對應;而 word 雖有“單字”或“單文”之義,然尤近於“言”或“所言”,所言之一“文”或一“字”(或詞),未必可等同於中文中“文象”之“文”或“字”。蓋中文之“文”或“字”,尤有文象或字形、字義之意,然後是字音,故中文之“文”或“字”,每指其“所寫者”或“可書寫者”,不僅僅是英語之“所言者”、“所意者”。又,中文之“文”既有“本義”或“文內之義”,然又不僅僅是“文內之義”或今所謂“字面意義”(literal)。

羅按:letter 亦多義,如字母、字或文字、信件等,非單義,用於文句其義亦或有混淆含糊處,而亦將俟乎上下文而定,同於中文或漢語。又:英語中亦多互訓之法,如 letter 與 character 互訓,letter 與 symbol 互訓,figure 與 symbol 互訓,皆是也,可見“互訓”之法,亦不獨中文或漢語為然。

word: **n.** 1 a single distinct meaningful element of speech or writing, used with others to form sentences, etc. (pp1661)

literal: **adj**. 1 taking words in their usual or most basic sense(猶中文所謂“本義”、“文義”、“字義”或“文內之義”,或現代中文所謂“字面意義”); **not figurative** (非比喻義). (*informal*: absolute: fifteen years of literal hell.) 2 (of a translation) representing the exact words of the original text. free from distortion(扭曲文義或事實). 3 lacking imagination(猶近於中文所謂“書呆子讀書”). 4 of, in, or expressed by a letter of the alphabet. **n**. Brit. Printing: a misprint of a letter.

literally: adv. in a literal manner or sense. (猶中文所謂“文內之義”、字面意思,無關乎事實)*informal*: used for emphasis while not being actually true: we literally killed ourselves laughing.

literate: **adj**. 1 able to read and write(猶中文所謂“能文”). 2 educated or knowledgeable(猶中文所謂“有文”): politically literate. **n**. a literate person(猶中文所謂“文人”、“能文之人”).

literati: pl. n. educated people who are interested in literature(猶中文所謂“文人”). -ORIGIN C17: from L., pl. of literatus ' acquainted with letters', from littera (see letter). 以上參見:*Concise Oxford English Dictionary*, pp831—832.

alphabet: n. a set of letters or symbols in a fixed order used to represent the basic set of speech sounds of a language. 參見:Concise Oxford English Dictionary, pp37.

letter: n. 1 a character representing one or more of the sounds used (轉下頁注)

文文語哲學或中國文語哲學,英語為:philosophy of Chinese language and Chinese image-character-Wen,或 philosophy of Chinese image-character-Wen and Chinese language。即對中文或漢語之"文"與"語"之雙重哲學考論。質言之,不知不論其"文"(文象、文字與文辭文章,乃至道義禮樂文制文明文治之"文"等)義之由來,則何以論其"語"義之由來?此中文或漢語,與歐美西語或音符語或音符義語,兩者之相異所在也。

若干補論

姑不論其"道義禮樂文制文明文治"之"文",且專就其文字(或

(接上頁注)in speech(中文曰文、字或文字。此以 letter 與 character 互訓); any of the **symbols** of an alphabet(今曰字母。此以 letter 與 symbol 互訓). *US* a school or college initial as a mark of proficiency, especially in sport. 2 a written, typed, or printed communication, sent by post or messenger. 3 the precise terms of a statement or requirement: *adherence to the letter of the law*. 4(letters) literature. ORGIN ME: from OFr. lettre, from L. litera, littera 'letter of the alphabet', (pl.) 'epistle, literature, culture'. 參見:Concise Oxford English Dictionary, pp818. (letter 中文釋義為:文字,字;字母;活字,鉛字;信,信件,函件,又常用複數作證書、許可證;文字,學問;字面意義;縮寫字母組作作為學校標誌。釋義見《新英漢詞典》,上海譯文出版社,1985 年7 月,pp729。)

syllable (音節): n. a unit of pronunciation having one vowel sound, with or without surrounding. -ORIGIN ME: from an alt. of OFr. sillabe, via L. from Gk sullabe, from sun- 'together'+lambanein 'take'. (參見:pp1459.)

figure : n. 1 a number or a numerical symbol(此以 figure 與 symbol 互訓). 2 a person seen indistinctly. 3. a person's bodily shape, especially that of a woman. 4 **a shape defined by one or more lines in two dimensions** (近於許慎所謂"錯畫或造畫、這造之畫"之"文"), or one or more surfaces in three dimensions. a diagram or illustrative drawing. etc. -ORIGIN ME: from OFr. figure(n.), figurer(v.), from L. figura 'figure, form'; rel. to fingere 'form, contrive'. (參見:pp529.)

figura : n. (pl. figurae)(in literary theory) **a person or thing representing or symbolizing a fact or ideal**.

symbol : n. 1 a mark or character used as a conventional representation of something, e.g. a letter standing for a chemical element or a character in musical notation. 2 **a thing that represents or stands for something else, especially a material object representing something abstract**. -ORIGIN ME (denoting the Apostles' Creed): from L. symbolum 'symbol, creed (as the mark of a Christian)', from Gk sumbolon 'mark, token', from sun- 'with'+ballein 'to throw'. (參見:pp1459.)

文語,文字語言[①])而論,則中文(或中國文語,中文漢語[②])乃有文有象,乃是有象意之文字,而漢語乃以漢字中文記載之(此不同於拼音符號或字母"文字"及其所記載之"語言"),故若論中文或漢語,則必當論其"文"(文象而文字與文辭文章等),即必當論其文象與文字乃至文辭文章等。

故吾人不用"語言"(language)此一所謂"現代詞組"(於所謂現代漢語中,"語言"義為英語之 language),乃用"文語"二字,意為"文"(文象與文字)與"語"(language)。

蓋現代西方之所謂"語言"(language),每皆"文"[③]、"言"合一,故以 language 一詞名之,不必申言其"文",以其無中文(或中國文語,中文漢語)或漢文"文象"之"文",而其音符、"字母"則非中文漢文之"文"故也。

若夫中文或漢語則不然。所謂"現代中文"或"現代漢語"或"現代中國文語",雖亦曰"文"、"言"合一,而古文則並非如此,而自另有"文言"或所謂"古文"。先秦乃至秦漢中國人之口語或言語如何,或難足徵,蓋"文""言"亦有所不同,乃至大不同;而唐宋

---

① 本書於"文"、"語"有所區分,"文"則文字、文象、文辭、文章與道義禮樂文制文明文治等,"語"則語、言、語系或語類(猶 language 然)等也。然今人往往"文""語"不分,或以"語"該"文",則其所謂"漢語"乃包漢文或中文、漢語(language)而為言;或以"文"該"語",則其所謂"中文"乃包漢語(language)、中文而為言。筆者乃區以別之,然行文時或亦照顧時人用字習慣,或有混同用之者,如或曰中文,或曰漢語,或曰中文漢語,或曰"文語"或"中國文語",或曰"中文或漢語"等。

② 同上註。

③ 羅按:實則所謂"英文"能否稱"文",亦可議也,蓋中文之所謂"文",基於"文象",而所謂"英文",乃基於"音聲",其所謂"字母"或"音符"之文象或意象早已消去,衹是"音符"而已,故或可曰"英字"、"英符"或"英語",難言"英文",至少不是"中文"之所謂"文",或缺乏"中文"之所謂"文"之豐厚蘊涵,不可等同齊觀也(此條亦見前註,此重出而重申也)。

元明清以來，文言或古文則明顯不盡同乎口語①。故曰："文"（古文或文言）、"言"（口語、語與言）不同，或"文"、"語"不同；而古文或文言乃為古代中文（乃至漢語）之正宗，自有其字（文字）法、文（文字與文句、文章）法或語（口語，語與言，或 language 等）法——字法、文法、語法三者不同。然則，若欲論所謂"中文語言哲學"或"漢語語言哲學"（philosophy of Chinese language），則必不可但論所謂"現代漢語"（modern Chinese language），而棄文言或古文於不顧也，故吾乃曰"**中國文語哲學**"或"**中文語言哲學**"。

202206192000

何謂"中國文語哲學"？

而於"文語哲學"前置"中國"一詞，乃強調其為中國文明或中國文制所特有，是中國文明或中國文制之特色、本色或優異性所在，當重視其於世界文明或論制系統中之特異性與獨特價值；又提示其自有中國主體性與獨立價值，不可簡單以西律中而牽強比附

① 然對於此種"文、言分途"或"文、言分化"（或"文語分途"、"文語分化"）不可強調過度。**於古代中國文語歷史進展過程中，"文、語分途"與"文、語合一"乃是齊頭並進、相輔相成**。此何謂？曰：歷史過程中，或有內外生造、引介之新語、新義、新意等，一時或以權宜之文法或語法標記之，行於中文世界，似稍有"文不堪載語"而"文法與語法分途"乃至"語越於文"、"語重於文"等之趨勢，然其後中國人或中國學者，或中國王者，乃循中國"造字法"或"書法"（如"六書"尤其是象形、指事、會意、形聲"四書"。或曰"**四書**"**以造字**，"形聲"、"假借"、"轉註"此"**三書**"**以擬音**）而造字，用此新造之諸字，而"文與語""文法與語法"仍能合一，至少於書面文語系統中，可完全合一，毫無扞格。此或可知：中國文語系統中，**語或有其先於文者，然文尤重於語，所謂以文記語、以文載語又以文正語是也**。而非相反，以文遷就語，則或日益不文，蓋所謂現代白話文，便頗有"衹有白話，愈加少文"、"雖曰白話文，而其文法混亂"等病。不可不察。

之，失其主體地位。此外，"中國"又可與"文語哲學"中之各字分別連接，乃為"中國文"（可衍生為"中國文字"、"中文"、"中國文制"、"中國文明"等）、"中國語"、"中國哲"（可衍生為"中國智慧"、"中國思論"等）、"中國學"（或"中國學術"等），又可為"中國文語"、"中國哲學"或"中文哲學"、"中文學術"、"中文智慧"等，而揭示拓展其深廣之文制或文明涵義。

202210031830

何謂"中國"？

何謂"中國"？

中國是天下之中-國①，是中通上達天道之中國，是中通天地人三才之道之中國，是中道之中國②，是中文（漢字、中字，文辭文章，文制文治等）之中國，是天下文明（"經緯天地謂之文，仁公覆載、伻③敬普愛、照臨四方謂之明"）之中國，是經緯天下、仁公覆

---

① 古譯名或可為：Great Central Kingdom，或 Great Central empire。

② 亦可參見拙著《大學廣辭・中庸廣辭》。

③ 所謂"伻"，原音 bēng，意為"使"，"使人"等。因其從人從平，若僅以其字形而強解其用字理據，或可賦予新義，而可有"平人"或"人平"之意。故今或可借讀為"平"píng，而解為"人皆平等"之意，則可謂之曰"人伻"、"人仁"，人之天賦命性、命道、道命皆同也。亦即今之所謂"平等人權"、"平等人格"、"基本人權"、"基本人道、權利或人際尊重"等。《中庸》"旅酬下為上，所以逮賤也"，《論語・學而》所謂"泛愛眾"，《論語・子張》所謂"君子無眾寡，無大小，無敢慢"，《禮記・曲禮》所謂"雖負販者，必有尊也"，即可謂"人伻"，雖卑下者必待之有"伻禮"或"人伻之禮"，曰伻敬也。羅按：《尚書》中即有"伻"字，鄭玄解為"使人、遣人"，"伻來以圖，及獻卜"（《尚書・洛誥》，pp592），孔安國傳："遣使以所卜地圖及獻所卜吉兆，來告成王。"又曰"公既定宅，伻來，來視予卜休恆吉……"（《尚書・洛誥》，pp595），不贅。參見：《尚書正義》。《康熙字典》解"伻"曰：【廣韻】普耕切【集韻】【韻會】悲萌切【正韻】補耕切，音抨。【爾雅・釋詁】使也。又從也。【書・洛誥】伻來以圖及獻卜。又【立政】乃伻我有夏式商受命。【註】使周有此諸夏，用商所受之命也。參見：漢典。今皆不取，而賦予新義。

載、伻敬(平人,人伻)普愛、照臨四方之中國[①]。[②]

202206192000

"漢語語言哲學"或"中文文語哲學"之辨析

中國文語哲學,有時又稱為漢語語言哲學或中文文語哲學。"中國文語哲學"既已正名如上,然則後兩種命名有何玄機和異同?則答曰:當下中國學界所流行稱呼之所謂漢語語言哲學,實又可乃至又當稱為"中文文語哲學",兩者名異而實同,然亦稍有語義差異。說見下。

當下中國學術界尤傾向於"漢語語言哲學"一名,而其所研究者,一者近乎或遷就於西方拼音"語言"或拼音"字語"之哲學研究或語言學研究之思路,而頗或有削足適履之病,二者則雖或主論其"語",而實乃要麼必不可離"漢字中文"而論"漢語語言"及其哲學研究,要麼偶或亦旁逸斜出而論及"文",然其於"文""語"之區分又處於無意識或混亂狀態,隨意出入,名實淆亂,不得要領。

所謂"中文"之"文",可包涵三四層乃至更多層次之涵義,如:文象、文字,文辭文章或文學,又禮文之文制、文治、文明等。吾人用"中文"二字時,或析言之而取其中之一義,或渾言之而包涵二義、三義、四義乃至更多義,故"文"之涵義於實踐行文中,每多變化多姿。質言之,一字蘊涵、涵蓋多義,使用時又或出入隨意、變化多端,此法於古中文或古漢語中多有之,讀者據其文法或上下文即可

---

① 亦可參見拙著《尚書廣辭》(尚未出版)。

② 此一段文字寫於202209251600許,為遷就論述結構,乃將其移置於此,而稍違背全書按寫作時序編排之原則。

悟知其確切之意、義，或渾然、含渾解之，或析然確定其一義或多義，故自無不可也。

然今欲對“文”作一哲學究論或哲學研究，則在論述行文中，在用此“文”字時，乃當明確其確切涵義，區分“文”之不同層次或不同視點之含義，然後乃可謂是“‘文’哲學”或“‘文’哲學”研究。再加上對於“語”的哲學研究，合之乃為“‘文、語’哲學”研究。

或問：然則究竟是“中文”？抑或是“漢語”？

答曰：是漢語，尤是中文（文象、文字、文章，乃至禮文、文制、文治等）；中文或中國文語，即是中華民族之通用文語。倘僅以字面之意而論，漢語或漢文語者，漢人漢族之語言或文語也；中文者，中國與中華民族、中國人之通用文語也。然若揆以語用學或實義而論，今則亦皆用之表中國通用文語之意。質言之，析論之乃有語義差異，渾論之則可同義互換。然若律之以顧名思義、名實相副之原則，則畢竟中文是中文，漢語是漢語，未便混同。或曰“中語”，“中國語言”之意（重音、重口語等），未嘗不可。然則言中文、中語或中國文語乃言中國與中華民族之通用文語，言“漢文”、“漢語”或“漢文語”乃指中國漢族之文語。**中文中語（或中國文語）與漢文漢語（或漢文語）**二類名，單言之則固可各兼二義，並言之或析言之，則亦可各有所指，各不相混，如此乃可名正言順、文從字順而可顧名思義、義矩嚴確，似尤妥。

漢族一名，成於漢代，其先則以華夏民族為主體，而交流統合融匯所謂“四夷”，迭經千年乃至幾千年歷史發展，遂融合當時中國境內外之天下各少數民族，至秦漢而大一統，稱為漢人，成為漢民族。此後兩千餘年，漢族乃為中國境內之主體民族，然隨著歷史發展，又和周邊或天下之各少數民族密切交流，互有來往，你中有我，我中有你，遂有無數新民族分子及其文化不斷加入進來，迭經兩千餘年，至民國以來而終於發展聚合成為中華民族。由此可知，中國文明和中國歷史乃是由以華夏民族、漢族為主體的全國各民族人民共同創造而成，即以華夏之文明化及融合包含內外“四夷”及其“名物良俗”或所謂“文化”，漸次融匯同化壯大合成於中華文明，以成文明中國與文明道義中國人[①]，又成文明中華天下及文明中華天下人，可謂本既是四海一家之文明中華民族也（中國文明與天下文明）。其後復又以此中國文明化及吸納天下而融合天下“四夷”，而納入壯大吾中華民族與中華文明也（文明中國與文明天下），而又相安和於天下文明（天下文明和合）。

天下文明風景中，雖今之所謂“民族國家”或“民族邦國”，實則亦俱是兄弟姻親之國而已。自古以來，無數內外少數民族逐漸同化融合於漢族或中華民族或中華文明（稍一涉獵中國史著，即可知此。若夫舉例，如古之東夷西戎北狄南蠻，如三苗、淮夷、玁狁、肅慎、東胡、匈奴、鮮卑、羌、回鶻、突厥、契丹、室韋、蒙古、女真、滿洲等，比比皆是），亦有無數中華人或中國人融合同化於內外各少數民族（此亦多見於史著），從而你中有我，我中有你。於中國境內，則曰各民族不可分割，而融合而成為中華民族。於天下廣遠，則俱是兄弟姻親之國而已。

今中國境內之所謂少數民族，皆中國民族也，亦實皆漢族之兄弟親近民族（又有境外之兄弟民族或親戚），皆為中華民族不可分割之成員也。今之漢族，亦是、亦屬中華民族、中國民族與中華天下民族，異名而同實。然則中國本是文明中華之國，天下中央之文

---

① 古代或講文野之分，或講種族之分，或則二元並進；或則多源各趨，或則百川歸一；或則你中有我，或則我中有你；或則婚姻相親，或則內附外奔而有兄弟之實，等等，最終乃成中國文明、中華民族文明、中文文明乃至天下文明。

明之國，又可謂是中華文明之天下，尤可謂是涵納百川四海、有容乃大之文明天下也。因其漢字漢語之悠久卓特，與乎歷史因緣之風雲際會，而漢文漢語乃能成為和擔當中文（語），中華民族之通行文（語），中國之通行文（語），中國文明之通行文（語），而又文明天下之通行文（語）也。質言之，中文（語）既是漢文語，尤其是中國之文（語），中華民族之文（語），天下文明或文明天下之文（語）（而其他兄弟少數民族亦可同時保留使用其固有之語文）。故於"**中國文語哲學**"之命名外，又固可名曰**中文文語哲學**或**漢語文語哲學**①，名異而實同，惟"中國文語哲學"或"中文文語哲學"突出國族性②或全國性③，而"漢語文語哲學"則言及用此文語之主體民族，而又遵從其傳統之俗稱也。

又或曰**中文語言哲學**或**漢語語言哲學**，非不可，然本書不取，以"文語"與"語言"本自不同，自其遠初發生而言，"語"或在"文"先，而自其"造文積統"之後④，則"文"為"語"之基，乃至"文"（如道文、禮文、文制、文治等）為"民"、"人"、"國"、"天下"之基，故用"文語"比用"語言"，尤能辨明中文語或中國文制文明之本色或特色也。

中文又有"文明"、"文章"、"文化"之說。

文明者，經緯天地謂之文，仁公覆載、伻敬普愛（平人普愛）、照臨四方謂之明⑤。

---

① 或曰"中語文語哲學"。

② 析言之，則國族可稍不同於民族。

③ 乃至"天下性"。

④ 造"文"不僅僅意味著造字，尤是造道義、造名理、造天地人三才之道之系統、造古代天下王法制度、造人間文明秩序與文明風景等也。

⑤ 其不能如此者，則不可謂之為天下文明也。

文章者，有兩義，一曰織文以成章（組合文字以成文章，綴合花紋以成彣彰），章謂“篇章”，“積句而成章，積章而成篇”①；二曰文明，章謂“明”②，故文章即是文明。中文或中國文章之事，亦是“文明天下”之事，其義豈曰小哉？！故曹丕贊曰：“蓋文章，經國之大業，不朽之盛事”，蓋言文章而文明天下之事也。故中文或中國文章即所以成中國文明或中華文明；而中國文明或中華文明，自是自有天下文明，而又自可自當文明天下也；故曰中文，亦本來本當是天文或天下文明之文。

文化者，以此“文”教化天下也。此“文”者，斯文也；斯“文”者，文字文象，文辭文章，道文禮文文制文治等是也。

質言之，中國文章者，或謂篇章，然尤謂中國禮樂道義等文制也；中國文明者，以斯“文”或“斯文”明天下也；中國文化者，以斯“文”或“斯文”化天下也。

又或問：何不以“字”代“文”？

則曰：“依類象形故謂之文，其後形聲相益故謂之字；字者，言孳乳而浸多也”③，可知“文”尤為本原者，為第一義，“字”乃孳乳者，為第二義，有“文”而後有“字”，故就其本原言，乃曰“文”、“文語”。今雖“文”之本義湮滅少聞，而習稱“字”、“漢字”云云，而“文”則多取其“文章”之義，寖以成俗，故若以“約定俗成”之原則言，似

---

① 《文心雕龍》：“積句而成章，積章而成篇。”《說文解字》：“章，樂竟爲一章。從音從十。十，數之終也。”此會意字。

② 鄭玄註“辯章百姓”曰：“章，明也。”（《尚書大傳疏證》寫為“辯”字。）“辯章百姓”，《尚書註疏》作“平章百姓”，或作“辨章百姓”。今人屈萬里曰：“平，《尚書大傳》作‘辨’，鄭玄本作‘辯’。惠棟《九經古義》云：‘《說文》：釆，辨別也。古文與平相似。’則‘平’本作釆，即辨字也（古辨、辯字通）。”（參見：屈萬里，《尚書集釋》，中西書局，2014 年 8 月，pp6。）或曰“章”通“彰”，彰明。

③ 許慎，《說文解字敘》。

亦可言“**字語哲學**”;然若正本清源而名正言順,或一以蘊涵深廣,則固當用“文”而曰“文語哲學”、“中文文語哲學”、“中國文語哲學”也。蓋無論“文”之涵義為“文象、文字”、“文言、文辭、文章”或是“禮文、道文、文制、文治、文明、文化”等,或一義或多義,而中國文明或中華文明,實皆與斯“文”或“斯文”極為密切相關,乃至有本乎“文”者,故不可或忘其本也。

實則今之所謂“語言學”[①](“語論”)中之所謂“約定俗成”云者,亦不必視為金科玉律,而一切自當以理、實審察之,其合於理、實者,自可用之,其不合於理、實者,亦當雅正之,而不可托言所謂“約定俗成”而聽之任之、淆亂鄙陋之,然後中文乃能既雅正又通行於俗也。蓋中文或漢語衍進於今,固多創造優化,然亦多淆亂,吾人撰“中國文語哲學芻議”或“中國文語哲學思考札記”,恰所以正本清源,俾知中國文語、中文及中華文明文制之人文理據源流與法度清明也。

202206192000

補論“中國文語哲學”

本書名之由來:

本書起初題名曰“漢語語言哲學札記”,又題名為“漢語哲學與漢語語言哲學芻議”,其後又在“中文文語哲學”、“漢語文語哲學”與“中國文語哲學”數名間猶豫不決。最終決定題名為“中國文語哲學芻議”。

實則本書所論述之內容範圍頗廣,若以所謂現代漢語言之,則涉及所謂漢語語言哲學、漢語語言文字學、漢語哲學等,或亦可以

① 中文漢語則尤當論其“**文語學**”。

“中文哲學”與“中文文語哲學”（或“中國文語學”）等涵蓋之。之所以嘗欲言為“漢語哲學”與“漢語語言哲學”者，以約定俗成而示其通俗之用語也；之所以言“中文哲學”與“中文文語哲學”者，則欲正本清源而正名之也。蓋“中”者，中國也，天下之中也，中道也，中通也，中通天地人三才之道也，仰觀俯察而用中製作也，中正也，中庸也，等等，然後又中文也。“文語”者，“文”乃文字等（以文象、文字為基，而包涵文辭文章、道文禮文文制文治文明等），“語”乃語、言或所謂“語言”，然則今或唯中國乃有此象意“文字”（及其衍生之“大文”、“斯文”等），又有此文語也。且“文”又蘊涵深廣多元或多層次之義，如文明、文野、文質、文武等。故乃用“中文”代“漢語”，而曰“中文哲學”或“中文文語哲學”。而若用“漢語哲學”或“漢語語言哲學”之名，顧名思義，或以為僅論其“語、言”而不論其“文”乃至其“中”，則稍狹隘，或可另立專門以究論之①，然非筆者之本意也。

然“中文”一詞，若顧名思義而僅從其字面所可能顯示之意義來看，似局限於書面文，不能包涵今之所謂“語言”（language）之含義；且“中文”與“文語”兩詞並置，重複一“文”字，稍牽纏，故乃期間一度改書名為“中國文語哲學札記”，而最終定書名為《中國文語哲學芻議》。

因漢語為當代中國絕大多數人口之共同母語，亦是許多兄弟少數民族之共同母語，故吾國乃以漢字與現代漢語為全國通行文字語言，名曰中文或中國語②，故漢語同時是中國語，而漢文又謂中文。從古之天下層面而今之邦國層面言之，則可名為中文、中國

① 然若論“語”不論“文”，或離“文”而論其“語”，於漢語中文而言，終是不倫而難行。

② 或簡稱為“中語”。

語或中國文語也。

實則漢字漢語歷史悠久，其初固然是以華夏先民為主體的先秦中國人所創造使用之文字語言；其後，在長期歷史發展過程中，在與中國境内的眾多兄弟民族的長期歷史交往過程中，漢字漢文漢語逐漸發展成為許多兄弟民族的共同文字語言或通行文字語言，終於成為中華民族的通行文字語言。這大體可分兩個階段，在第一階段，先秦各族中國人，到秦漢時而大一統，乃融合成為漢民族，故漢語漢文乃至漢人本來是漢代以來之稱呼；在秦漢之後的第二階段，經過兩千餘年的歷史發展，中國境内的各民族，於今又融合成為中華民族，而漢語中文亦發展成為中華民族之共同文語或通行語言文字，乃曰中國語（或“中語”）或中文。故今之漢語與中國語名異而實同。而中國語或中文可涵蓋先秦上古以來之文語、文言、雅語與通語，或官話，以及現代以來之所謂國語、普通話乃至白話或白話文等。故本書名乃用“中國語”，而加一“文”字變為“中國文語”，則尤其強調其“文字”或（大）“文”（文辭文章，禮文道文，文制文治文明等）的基礎或特質，又以強調“文”字背後之豐厚文化含義。

相比於古代漢文漢語，既有之所謂現代中文或現代漢語變動極大，而無論古文（古代漢文漢語）、今文（現代漢文漢語或現代中文中語），皆所以為民、為國、為中華文明、中國文化之復興與發展也。進入現代以來，中國文語，多有進展，然淆亂或缺漏者亦多矣久矣，而正名（或正字）、考文、雅（雅者正也）語之事亟矣。吾雖有其心志，然於學也有所不逮，一時無力系統論之，乃先廣思博考，集腋成裘，以成此書，冀期將來或有博雅通達之有志君子，或能從中稍得資鑒啟發，是吾所以撰著此書之初衷也。

202209—202210031700

文與文學；大文學與小文學，或生情文學、情辭文學

如上文所述，既然“文”可分為文字語言之“文”（根基層面與形式層面①）與道義禮樂文制文治文明等之“文”（內容層面），以及“文之用”（踐用層面）等，則“文學”亦然，有文字語言之“文學”（語言文字學、音韻訓詁學或小學；辭章學、修辭學等）、道義文制文明之“文學”（天道義理之學，古又曰道學、經學等，或謂之“儒學”或“儒教”②，或謂之“諸子學”等，亦皆求道理也；又有文制、文治、文明、文化等所謂文學。吾人或謂之道文學），合而為中國文明或中國文化所體認之**廣義“文學”或“大文學”**③。而今又增西方所謂“摹象鑄辭抒情構事寫世”之所謂“文學”（literature），乃謂之為**狹義“文學”或吾所謂之“生情文學”**。故曰：於中文言之，文學可有“廣義文學與狹義文學”或“大文學與小文學”之兩重意涵：狹義文學與小文學今乃或可專指“生情文學”或“語言文字學”（古代中國之“小學”，或吾之所謂小“文語學”等），而**廣義文學與大文學則可**

① 所謂文字語言形式層面。

② 蓋中國古代之經學、道學，自周代以來，已漸變而主要為世俗人文主義性質，故稱之為“儒學”；然或亦認為其有一定之宗教性，故謂之“儒教”或“孔教”。而無論其名為“儒學”或“儒教”，若論制度化之所謂“經學”，則其在中國，已於民國間被取消，然其中之所論，或有散佈於今之哲學、倫理學、政治學等之中者，然吾國讀者今乃未必取經學態度，乃以“知識或材料”形態而閱讀資鑒與批判論證之。然外國亦有類似中國“經學”之名者，曰各宗教派別之經典，如猶太教之《舊約》、基督教之《新約》、伊斯蘭教之《古蘭經》等。其又或續存於其國或其社會中，藉助各式教堂及團契活動，而仍然大行於其世。然此皆宗教經學或神學，而中國之儒家“經學”乃與之有所不同。

③ 章太炎於《文學總略》中乃謂：“凡著於竹帛者，謂之文；論其形式，謂之文學。”亦是“大文學”之意。

分為道理文學、生情文學、文語學、修辭學、辭章學等。

西方近代以來之所謂(狹義)“文學”,約略相當於中國古代之小說戲曲詩詞類;而中國古代之詩詞賦等,則既或隸屬於今之所謂狹義文學,又或可隸屬於所謂“辭章學”、“**情辭學**”[①]或“**詞**[②]**辭**[③]**學**”、“**人事**[④]**詞辭學**”、“**詞辭人學**”、“**生情辭學**”等。正如上文所述,在筆者之思論中,“文”之涵義更為深廣,然則“文學”之涵義亦當順之而然,為深廣之(廣義)文學或(大)文學,不可徑同於今之(狹義)文學。為名正言順,故筆者將近世西方所謂之“文學”(lit-

---

① “情辭學”之“情”者,人情也,情意、情感也,情狀、情形也,情事、情實也,而合於尤重所謂“形象”、“情感”等之現代狹義文學之內涵。

② 《说文解字》:**詞,意內而言外也**。从司从言。似兹切,文二。《說文解字注》:**詞,意內而言外也。有是意於內,因有是言於外謂之䛐。**//**意卽意內,䛐卽言外。言意而䛐見,言䛐而意見。意者,文字之義也。言者,文字之聲也。䛐者,文字形聲之合也。**//**䛐與辛部之辭,其義迥別。辭者,說也。从𤔔辛。𤔔辛猶理辜,謂文辭足以排難解紛也,然則辭謂篇章也。䛐者,意內而言外。从司言,此謂摹繪物狀及發聲助語之文字也。積文字而爲篇章,積䛐而爲辭。**孟子曰:不以文害辭,不以䛐害辭也。孔子曰:言以足志,䛐之謂也。文以足言,辭之謂也。//**从司言。司者,主也。意主於內而言發於外,故从司言。**

③ 《說文解字》:**辭**,訟也。**从𤔔,𤔔猶理辜也**。𤔔,理也。𤔲,籒文辭从司。似兹切文六。重三。《說文解字注》:**辭,說也**。今本“說”譌“訟”。《廣韵》七之所引不誤。今本此“說”譌爲“訟”,𧮢字下“訟”譌爲“說”,其誤正同。言部曰:說者,釋也。从𤔔辛,會意。似兹切。一部。𤔔辛猶理辜也,釋會意之恉。依小徐本訂正。又:𤔲,**籒文辭,从司**。《易・繫辭》本亦作𤔲。《康熙字典》:辭,〔古文〕𤔲【唐韻】似兹切【集韻】詳兹切,音詞。**辭說也**。【易・乾卦】修辭立其誠。【書・畢命】辭尚體要。又【說文】訟辭也。【周禮・秋官・小司寇】以五聲聽其獄訟,一曰辭聽。【書・呂刑】明淸于單辭,罔不中聽獄之兩辭。【疏】**單辭謂一人獨言也,兩辭謂兩人競理也**。又:《康熙字典》:辞,【正韻】詳兹切,音詞。俗辭字。《佩觿集》曰:辭、亂从舌,其蕪累有如此者,然循用既久,今亦不廢。【正字通】俗辭字。【佩觿集】辭、亂从舌,其蕪累有如此者。乱。羅按:用“詞辭學”一名,可包舉今之所謂詩歌(詞,意內而言外)、小說(辭,說也)、戲劇(辭,說也,單辭、兩辭云云)、散文(亦詞辭等)等文類或辭類。

④ 此“人事”可包舉人心、人情、人事等。

erature)，命名為（狹義）**生情文學**，而尤重在“摹象鑄辭抒情構事寫世（實）”，不重在徑直論道談理應事。

然生情文學與道理文學實難截然分開。雖曰生情文學重在以情（亦有情實之意）、事感悟動人或“形象化”，不重在徑直論道談理，實則西方之所謂“文學”，於其摹象鑄辭抒情構事寫世中，亦將引發道、理、義、禮等之思悟或道悟，不徒為“生情”或“情感”也；而其所謂“文學評論”，尤重以道、理、義、禮等評騭之，若不通道、理、義、禮、政、財等學，恐亦不能讀解之，不能實得文學之利益[①]。且西方之學校教育或國民教育，無論中小學或大學，皆重視通識教育，其所謂通識教育課程中，頗多研討論述天道義理之學者（如哲學、倫理學、宗教學、神學等），然則於西方社會或西方文化中，雖寫狹義生情文學之作者，亦皆有天道義理之學為其學養根基，又將於其狹義生情文學中不期然而然地體現其天道義理之思考融註也。何況，縱觀西方（生情）文學史，可知“通過生情文學來講道理”本來也是西方文學的重要傳統，如古希臘赫西俄德之《工作與時日》、中世紀意大利但丁之《神曲》以及其後彌爾頓之《失樂園》、歌德之《浮士德》、啟蒙主義思想家之哲理小說等，皆可謂是披著生情文學的外衣的道理文學，乃至根本就是道理文學本身。

此外，西方之宗教經典、神學或宗教活動，以及哲學（包括論理學或知識論、認識論等）、倫理學、政治學乃至今之所謂社會科學等，皆所以思考切磋天道義理與人事道理之學術者也。分論之，就社會或生活層面之宗教乃至教會大學而言，則西方許多邦國或西方社會仍有其一種或數種宗教“經學”，乃至在塑造國家、民族、社

---

① 乃至（生情）文學理論之“模仿說”、戲劇或所謂詩學理論之“淨化”、“最終必不冒犯觀眾之道德義理觀念”等，皆是其“（生情）文學合道、理”論之證明，亦皆暗合中國古代文學“詩教”之意，或古代中國道理文學之初衷。

群之文化身份認同感、凝聚力等方面，發揮了極為重要之作用①；就邦國制度化學校教育而言，其哲學、倫理學、政治學乃至宗教學、神學等教育，亦屬天道義理之學術，或廣義文學。然則西方實仍兼有廣義文學與狹義文學，徒其廣義文學乃分為兩類，第一類即是宗教經學，主要為基督教經學，此外又有其他宗教經學，其學習者乃每持“宗經”態度，故可目之為宗教“經學”。鑒於西方國家信教者多，宗教活動亦豐富，又多宗教學校或教會大學等，則即使經過人文主義、啟蒙主義和現代理性主義等之持續不斷地批判和衝擊，而西方之宗教經學實未嘗中斷也。第二類即現代學術分科中涉及天道義理之學之科目或專業，既不名之為“經學”，而分散於神學、宗教學、哲學、倫理學、政治學等之中，（除社會層面或宗教學校層面之宗教信徒之於其各教之經典或彼所謂“聖經”持“宗經”態度外），一般公立學校之學生或學者皆以“知識”態度對待此等現代學科，不目之為“經學”，然其實則為天道義理之學。

如上所述可知，於事實言之，西方既有社會層面之宗教經學，又有國家教育制度層面之廣義“大文學”，然後又有狹義“生情文學”。當然，西方如英語中之所謂 literature，其近代以來之含義，就是或衹是中文裏面所謂的狹義生情文學而已。但實則其涵義亦經過了歷史演化，倘若稍稍追溯考證英語單詞 literature 之詞源及其演變，便可見 literature 之含義亦經歷了窄化過程，和中文中之“文學”含義的演變軌跡頗為相似，限於篇幅，茲不詳細考述。

於古代中國而言，分之則既有辭章學或情辭學，亦有詩賦詞曲小說等狹義生情文學，更有經學或道學，合之則尤有其廣義之“大文

① 當然，與此同時，也造成了無數紛爭。

學”。近現代以來,尤其是“五四”以來,西方之“狹義生情文學”觀念大盛於中國,致使中國古代之廣義“大文學”觀念逐漸式微,不再被提倡。於是試圖將古代大文學肢解、割裂為相互獨立、界限明確的幾個學科門類,如哲學、文學(實則衹是生情文學)、語言文字學與史學等。經此分割之後,不惟不再有“有機聚合的大文學”(觀念與實存),並且將同時也探討天道義理的經學完全棄絕,“並嬰兒與洗澡水而盡棄之”,乃至再無道學(研究)之一科。其所謂文學,狹隘化為生情文學,而认為古今文學之關聯,或古典文學之遺產,衹在於中國古代之辭章學、詩詞曲賦等,以及更為基本的語言文字學或音韻訓詁學而已。此種觀念下,所謂中文系或中國語言文學系(實則其所謂文學衹是狹義生情文學)的學生、學者,即使對古代經學、道學或道理文學文本有所關注,也是從語言文字學、辭章學或生情文學的角度去關注,至於道理文學或道理本身的探討,似乎就不再是中文系或文學系的關注點或研究對象了。**中文系之失其“大文”擔當**(包括道義擔當、文化擔當等①,當然,也包括文語學之擔當等)**而蛻變狹窄化為“小文”**即狹義生情文學與語言文字學,乃至僅以文字、白話自娛遊戲,粗鄙無文,柔媚無骨,**是可能導致中國現代和當代中文危機的重要根源之一,乃至可能成為中國文化危機的根源之一**②。

也就是說,在此種狹義生情文學觀念下,中國古代之辭章學、詩詞曲賦等,亦衹置於語言文學系(實則其所謂文學衹是狹義生情文

① 當然,這種道義和文化,乃是溝通融合古今乃至中西優秀道義和文化而集成融合創制之,而又體現中國本位優秀文化精神之道義與文化。

② 很顯然,當代教育體制下,小中大學的必修課語文課(或“文語課”)的教學工作,其承擔主體乃是中文系或中文系畢業之師生,然則中文系之職責豈不重哉!豈不應以“大文”或“大中文”化及文明我國民子弟乃至中華民族哉!質言之,反之,倘要扭轉此種危機,便亦可從**賦予中文系“大文擔當”**始,然後以大文之中文,教化國人子弟,乃曰文化、文明吾中國,而為中國文化與中國文明創一新機運也。

學)或所謂中文系予以教授而已;而古代之經學、道學或道理文學等,則不再被提倡,不再在正式教育制度中佔據一席之地。其在社會層面雖有研讀探討者,亦祇有其義理探討或批判,而無實踐賦形。於近現代中國之古今轉換大勢下,此固有其勢所必至、理所正當者,然不講大文學,道理文學式微,亦是一事實,乃至亦是一缺陷。

當然,今世重視馬克思主義教育;又有現代學術分科系統下之哲學、倫理學、政治學;或社會科學,而每多引介或販賣西方之知識或學理,是其特點乃至缺陷。然近年來亦日益重視中國哲學、中國思論、中國文化、中國天道義理之學問探討,以及中國優秀傳統文化之創造性轉化和創新性發展,是其新機,亦可期待。

202209251600 許

何謂"文明"、"文化"?

何謂"文明"?

故漢語或中文乃曰"文明"、"文化"、"文明化及"云云,乃是名副其實,有文(多義)而明,以文明之、化之也。若夫英語中之所謂civilization[①]\culture, 乃意譯為中文之"文明/文化",實則其內涵

---

① **civilize**: 1. **To make civil** (sense 7: Having proper public or social order; well-ordered, orderly, well-governed. pp255); **to bring out of a state of barbarism, to instruct in the arts of life** (羅按:有關生活的藝術或文雅,亦即漢語所謂"文野之分"), **and thus elevate in the scale of humanity; to enlighten, refine, and polish.** (b. To subject to civil authority. c. To polish what is rude or uncouth. d. *transf.* To domesticate, tame (wild animals).) 2. To make 'civil' (sense 15 b: *Theol.* Naturally good or virtuous, but unregenerate; moral; **good as a citizen, but not as a saint** (羅按:市民道德與聖人道德之分). Hence *civil righteousness.* pp256) or moral; **to subject to the law of civil or social propriety** (羅按:涉及民事法或財產法). 3. **To make lawful** (轉下頁注)

有所不同也。中國文明，首先在於此“文”此“字”——又在於此“文”所蘊涵記載之天道義理或禮文文制文治等也——而此“文、字”乃是中通天地之文理、仰觀俯察天地之物象而通之而來①，本

（接上頁注） **or proper in a civil community**. 4. Law. To turn a criminal into a civil cause. 5. *intr*. To become civilized or elevated. 6. *intr*. To conform to the requirements of civil life, to behave decently. 參見：*The Compact Oxford English Dictionary*, pp257.（羅按：這些詞義，乃是十七世紀以後慢慢發展出來。）

civilization or civilisation: 1. Law. ‘A law, act of justice, or judgement, which renders a criminal process civil; which is performed by turning an information into an inquest, or the contrary.’ The assimilation of Common Law to the Civil Law. 2. **The action or process of civilizing or of being civilized**. 3. (More usually) **Civilized condition or state; a developed or advanced state of human society; a particular stage or a particular type of this**. 參見：*The Compact Oxford English Dictionary*, pp257.（羅按：在英語中，十八世紀以後才發展出這些詞義。）

而 civilize/ civilization 與 civil 和 city 有關：

civil: adj. 1. **relating to ordinary citizens, as instinct from military or ecclesiastical matters**.（羅按：市民的或民事的，有關普通世俗市民，而非關軍事或宗教，亦非關貴族與農民或農奴）2. **Law** non-criminal: a civil court. 3. courteous and polite. 4. (of time measurement) fixed by custom or law, not natural or astronomical. -ORIGIN ME: via OFr. from L. civilis, from civis ‘citizen’. 參見：*Concise Oxford English Dictionary*, pp262.

city: n. 1. a large town, in particular (Brit.) a town created a city **by charter** and typically containing a cathedral. *N Amer*. a municipal centre incorporated by the state or province. 2. (the City) ……ORGIN ME(orig. denoting a town): from OFr. cite, from L. civitas, from civis ‘citizen’. 參見：*Concise Oxford English Dictionary*, pp261.

羅按：由以上羅列可知，英語世界或西方文化世界中之諸如 civilization 等詞之現代意義，乃是較晚近才發展出來；又與漢語中之“文明”之義頗為不同。culture 一詞之涵義則更為複雜，不贅述，而稍列其詞源如下：

Culture: ORIGIN C17 (denoting a cultivated piece of land): the noun from Fr. culture or directly from L. cultura ‘growing, cultivation’; the verb from obs. Fr. culturer or med. L. culturare, both based on L. colere (see cultivate -ORGIN C17: from med. L. cultivat-, cultivare, from cultiva(terra)’arable(land)’, from colere ‘cultivate, inhabit’.)。參見：*Concise Oxford English Dictionary*, pp349.

① 《易・繫辭傳上》：“《易》與天地准，故能彌綸天地之道。**仰以觀於天文，俯以察於地理**，是故知幽明之故。……與天地相似，故不違。知周乎萬物而道濟天下，故不過。旁行而不流。樂天知命，故不憂慮。安土敦乎仁，故能愛。**範圍天地** （轉下頁注）

身即中通天地人三才之道理[①]，故其“文”其“明”，乃曰與天地人三才及其道理圓通和合，乃曰“**經緯天地謂之文，仁公覆載、伻敬（平人）**[②]**普愛、照臨四方謂之明**”是也[③]。故中國與中文之“文”，其自中合於天道、地道、人道即三才之道（理），**是經緯天地之“文”而“仁公覆載、平人普愛、照臨四方”之“明”也**[④]。

（接上頁注）**之化而不過，曲成萬物而不遺**。……**通其變，遂成天地之文**；極其數，遂定天下之象。非天下之至變，其孰能與於此？《易》無思也，無為也，寂然不動，**感而遂通天下之故**。非天下之至神，其孰能與於此？”《易·繫辭傳下》：“昔者聖人之作《易》也，將以順性命之理。**是以立天之道曰陰與陽，立地之道曰柔與剛，立人之道曰仁與義**。兼三才而兩之，故《易》六畫而成卦。分陰分陽，迭用柔剛，故《易》六位而成章。”許慎，《說文解字敘》：“古者庖羲氏之王天下也，仰則觀象於天，俯則觀法於地，視鳥獸之**文**與地之宜，近取諸身，遠取諸物，於是始作《易》八卦，以垂憲象。及神農氏結繩為治，而統其事，庶業其繁，飾偽萌生。黃帝之史官倉頡，見鳥獸蹄迒之跡，知分理之可相別異也，初造書契。**倉頡之初作書，蓋依類象形，故謂之文。其後形聲相益，即謂之字。文者，物象之本；字者，言孳乳而浸多也。著於竹帛謂之書。書者，如也。**以迄五帝三王之世，改易殊體。封于泰山者七十有二代，靡有同焉。”《古今通論》云：“倉頡造書，形立謂之文，聲具謂之字。”（參見：《康熙字典》“文”條。）又孔安國《尚書·序》曰：古者伏犧氏之王天下也，始畫八卦，造書契，以代結繩之政，由是**文籍**生焉。//伏犧、神家、黃帝之書，謂之“三墳”，言**大道**也；少昊、顓頊、高辛、唐、虞之書，謂之“王典”，言**常道**也。至於夏、商、周之書，雖設教不倫，雅誥奧義，其歸一揆，是故歷代寶之，以為大訓。八卦之說，謂之“八索”，求其義也。九州之志，謂之“九丘”。丘，聚也，言九州所有，土地所生，風氣所宜，皆聚此書也。《春秋左氏傳》曰：“楚左史倚相能讀三墳、五典、八索、九丘。”即謂上世帝王遺書也。//先君孔子生於周末，睹史籍之煩文，懼覽之者不一，遂乃定《禮》、《樂》，明舊章，刪《詩》為三百篇，約史記而修《春秋》，贊《易》道以黜“八索”，述職方以除“九丘”。討論墳典，斷自唐虞以下，訖于周。芟夷煩亂，剪截浮辭，舉其宏綱，撮其機要，**足以垂世立教，典、謨、訓、誥、誓、命之文凡百篇，所以恢弘至道，示人主以軌範也**。帝王之制，坦然明白，可舉而行，三千之徒並受其義。參見：參見：（西漢）孔安國傳，（唐）孔穎達疏，《尚書正義》，上海古籍出版社，2007 年 12 月第一版，pp1—13。

① 關於“道”之含義或“道”、“理”之區分，請參閱拙文：《論“道”：正名與分析》。

② 即人伻。

③ 鄭玄曰：“敬事節用謂之欽，照臨四方謂之明，經緯天地謂之文，慮深通敏謂之思”。馬融解曰：“威儀表備謂之欽，照臨四方謂之明，經緯天地謂之文，道德純備謂之思。”參見：（西漢）孔安國傳，（唐）孔穎達疏，《尚書正義》，上海古籍出版社，2007 年 12 月第一版，pp34，pp36。

④ 《易·賁卦》：彖曰：“賁，亨；柔來而文剛，故亨。分剛上而文柔，故（轉下頁注）

又：或謂漢語哲學，或謂中文哲學，亦可相通。蓋秦漢大一統，乃謂漢語，實則漢語漢文即是當時之天下大同（文）語或雅語、通語或（書）同文也。其始造者為華夏先民，或曰為中國天下人之先民；而其流通完善，乃是中國天下人或各族人民共襄而成，故又為中國天下人之共寶也。天下文明之“文、字”、“道、義”，本來“經緯天地，照臨四方”，則天下人共寶之用之，然後天下文明大同，共享此寶此道而安居樂生而已矣。故吾今乃謂“中國文語”、“中國文語哲學”或“中文哲學”、“中文文語哲學”而已。中國文語，所以明邦國天下者也；以此文語而化天下、明天下，故曰中國文化與中國文明也。

202209251600 許

中文與中國

中文與中國①：

中文之重要或至於斯：無此中文（文象與文字，或曰漢字、中字）或中文文語（漢字、漢文、漢語或中字、中文、中語等），便無中國文明或中國文化，便無中華文明或中華文明天下，乃至便無中國。或曰：中文或漢字乃中國或中國文明之最本原復最後之長城。

202209251600 許

（接上頁注）小利有攸往。剛柔交錯 ，天文也；文明以止，人文也。**觀乎天文，以察時變；觀乎人文，以化成天下**。”《序卦傳》曰：“賁者飾也。” 依王弼註，有此“剛柔交錯”四字。“剛柔交錯”謂日月交替運轉，天行不息。按清代胡煦“體卦主爻”說，“賁卦上體本為坤，下體本為乾。兩個動爻或柔或剛，上下交錯，上體坤成為艮，下體乾成為離。” 離謂“文明”，艮謂“止”，合而言人際之禮與名分，故謂之“人文”，而化成天下。參見：金景芳、呂紹剛著，《周易全解》，上海古籍出版社，2017 年 7 月，pp227—236。

① 或：中國文語與中國。

何謂“中國”？

何謂“中國”？[1]

中國是天下之中-國[2]，是中通上達天道之中國，是中通天地人三才之道之中國，是中道之中國[3]，是中文（漢字、中字，文辭文章，文制文治等）之中國，是天下文明（“經緯天地謂之文，仁公覆載、伻敬普愛、照臨四方謂之明”）之中國，是經緯天下、仁公覆載、伻敬（平人，人伻）普愛、照臨四方之中國[4]。

202209251600 許

“中國”之英譯或外譯

“中國”之英譯或外譯：

名者，自命自名也[5]。於人（人自稱）則人自名，於國（自稱其國）則國自名；稱他人或稱其字，不稱其名，敬之也；稱他國則不必諱，直稱其國名可也，或稱“貴國”以敬之而已。且又有“名從主人”之原則，則吾人稱外國，或音譯如不列顛、美利堅（或亞美利加）、德

---

① 為照顧全書論述結構，乃移此段置於前文中，而重出之。

② 古之譯名或可為：Great Central Kingdom。

③ 亦可參見拙著《中庸廣辭》。

④ 亦可參見拙著《尚書廣辭》（暫未出版）。

⑤ 《說文解字》：名，自命也，從口從夕。夕者，冥也，冥不相見，故以口自名。於中國古人言之，人有名有字，名則自名，字則人稱之，而諱其名，敬之也。然於國名言之，則不必諱，直稱其國名可也。

意志、法蘭西、意大利、西班牙、葡萄牙、俄羅斯或露西亞等，或兼顧音譯與義譯如美利堅合眾國、大不列顛聯合王國，又或簡稱如美國、德國、法國、英國、俄國等，而義譯（或意譯）稍難。

然則以外語稱“中國”當如何？若以義譯，則涉及“中國”之“中”與“國”之義之界定，非三言兩語所可定，蓋亦難矣；若以音譯，則易也①。以英語為例，因英語為音語，多用音譯，則據“名從主人”之原則，中國之英語譯名當為：ZhongGuo，全稱當為：the people's republic of ZhongGuo。若夫中國人之自稱其國於外國或外國人，則固當自稱其國名，如云：“I come from ZhongGuo”；而外國人稱“中國”，亦當稱呼我國名為“ZhongGuo”、稱中國語或為“ZhongGuoYu”或“ZhongWen”、“Zhongguoish”、稱中國人或為“ZhongGuoRen(ese)”也②。

一國之名，固當自命自名也，既合於“名從主人”之原則，亦是國際通行之慣例。“China”之英語譯名，固然淵源有自，或曰是“秦”之音譯③，或曰是“契丹”之音譯，或曰來自波斯語④，或曰是“以中國瓷器代中國名”，如此云云，莫衷一是，其後乃沿襲用之，而謂之“約定俗成”；然雖曰“約定俗成”，皆古稱，今皆頗不合於音義與事實，故或不必乃至或不可沿襲用之。且夫一國之名豈可由外國人定哉？⑤ 今或當深思論之也。

202209251600 許

① 又比如亞洲數國之英譯：日本，英語作 Japan，即“日本”之音譯；英語 Korea，即“高麗”之音譯，而韓國或南韓則譯為 South Korea，北朝鮮則譯為 North Korea，則皆結合音譯與意譯；越南，英語作 Vietnam，即“越南”之音譯，等等。

② 此或可斟酌之，或亦可譯為 ZhongGuoish、ZhongGuoian 等。

③ 又有秦漢之“秦”以及南北朝之“前秦”、“後秦”等之別。

④ —ORIGIN C16: from Pers. chīnī 'relating to China'. 參見：*Concise Oxford English Dictionary*, pp248.

⑤ 以此言之，“中文”，英譯為 Chinese，以吾今世中國人視之，便似覺不妥；而或譯為 Mandarin，則吾以前一時尤覺莫名其妙。吾初聽人用英語譯“中文”或 （轉下頁注）

(接上頁注)“普通話”為 Mandarin 時,甚覺困惑,其時固知英語通常稱“中文”曰 Chinese,今竟另有 Mandarin 一詞,是何道理或玄機? 當時衹覺此英語單詞難記,然未深究其詞源。後來或聽聞曰是“滿大人”之音譯,引申為“官話”或“普通話”,則頗覺不妥。然又稽考之,則淵源更遠。對於 mandarin,《新英漢詞典》有如下解釋:Ⅰ n. 1.(史)(中國清朝九品及九品以上的)官員;2. 官話(舊時歐美人指的北京方言);3. 達官貴人;Ⅱ adj. 1.(服裝)中國式緊身馬褂的;2.(作品風格)過分文雅的(羅按:此似指文言)。另有中國柑橘、柑橘樹或一種橙色染料等義,然是來自另一詞源,故不論(參見:《新英漢詞典》,上海譯文出版社,1985 年 7 月,pp778)。牛津詞典 *Concise Oxford English Dictionary* 對 mandarin 有如下解釋:mandarin(1):n. 1 (Mandarin) the standard literary and official form of Chinese(作為文學書面語與政府語言的中文標準語,或官話). 2 an official in any of the nine top grades of the former imperial Chinese civil service(清代九品以上官員). 3 porcelain decorated with figures representing Chinese mandarins(相關瓷器). 4 a powerful official or senior bureaucrat(官僚或權力人物等). —DERIVATIVES: mandarinate n. —ORIGIN C16: from Port. mandarim, via Malay from Hindi mantri ‘counsellor’. (pp867)另有“柑橘”等義,而為不同詞源,來源於法語 mandarine,雖亦或與 mandarin(1)相關,而其義則為柑橘或橙色而已,可不論。故按 *Concise Oxford English Dictionary* 可知,所謂 mandarin,其釋義有“官話”、“滿清九品以上官員”等義,其詞源則本書衹說是英語借鑒自葡萄牙語,而葡萄牙語則借鑒自馬來語(蓋為葡萄牙殖民統治馬來半島時期,1511—1641),馬來語借鑒自印地語,為 counsellor 義(顧問,律師等義)。實則明代耶穌會士即稱中國官話為 mandarin,如曾任耶穌會遠東教務視察員之葡萄牙人範禮,於其 1583 年呈送羅馬的一份手抄本中,即曰中國人擅長“書法與官話” mandarin,蓋其時葡萄牙人稱呼中國官員為 mandarin,而中國各地方言不一,當時官員乃操官話以通行全國,故葡萄牙人乃以此官員之名稱代稱“官話”;然此“官話”稍不同於“普通話”,然其用語寖以成俗,故某些歐美人仍沿襲此一名稱代指“普通話”(參見:吳孟雪、曾麗雅著,《明代歐洲漢學史》,東方出版社,2000 年 10 月,pp116—117)。至於清代所特有之“滿大人”一名與 mandarin 之語音近似,乃是機緣巧合。雖然,於今言之,以 mandarin 譯“普通話”蓋有所不妥。或曰 mandarin 與英語單詞 mandate(命令;委任等)相關,引申為“國家或中央政府推行之通行語或普通話”,則亦可用 mandarin 譯“普通話”。然“普通話”究竟與“官話”有所不同,故本國在用外語譯名時,或不可因圖省事省力而率爾沿襲之,一切依賴外國譯者,而尤當自深思辨析,擇其準確之外語譯名,體現吾國之文化主體性,以傳播吾國文化、政治、社會等之真義與真相也。

又:蓋外國人在譯介中國名物時,其外語造詞之初,或衹是一時方便音譯造語而後寖以成俗或約定俗成而已,然後人——尤其是吾中國人或中國學者——則不可偷懶,不可一切委諸或放任於外國人之手,而徑將其當時權宜之計認作最終定案,故而仍將正名考定之,而後能准切傳播中國文化。反之,對於外國名物之中文譯名,亦當如是,不可放任種種破壞、違反中文漢語之內在貫通之字法、文法、語法之扞格不通之醜陋譯名肆虐(今之所謂學術論文往往充斥此種“奇形怪狀”之所謂專業術語,每皆 (轉下頁注)

(接上頁注)是不通中文漢語之譯者之所為),然後中文漢語乃可雅正通達也。質言之,**將約定俗成的原則和正名的原則結合起來,而以正名為基本原則和優先原則**,一切都當以中文漢語之字法、文法、語法考論之、正名之,其約定俗成合乎此"三法"而優美者,則採納之,其不合或不優美者,則正名、造新字、新語而後棄之可也。

言歸正題。事實上,譯事甚重。倘細考近現代以來之中外文語交流、互譯,則或有中國文化反被外國文化徵用者,或有外國譯名而誤解乃至抹煞中國文化者。前者如今人一說起"聖經"、"聖誕",或往往便祇想到希伯來《舊約》、基督教《新約》或"耶穌誕生",而未必會想到五經、六經、十三經或堯舜禹湯周文武、周公、孔子、孟子等之誕生;又如今人一說"天皇"而或想到日本國君,以為是日本國君之專名,而未必知道"天皇"一詞本來自於中國,是中國文化之名號,謂三皇之天皇、地皇、人皇合而為三皇也;又如譯外國國君為"國王",亦是誤用中文之"王"字,這樣的例子非常多。後者亦多其例,外國或西方在翻譯介紹有關中國和中國文化之內容時,固多中正平實而力求其確當者,然期然或不期然而亦多誤譯或故意誤譯者,蓋其造詞本來便或賦予其單詞以帝國主義、殖民主義、西方中心主義、歐洲中心主義、文化帝國主義、種族主義、封建主義等之心態、色彩等歷史因素,乃至或包藏禍心,以此醜化、歧視中國文化與中文,打擊中國文化主體性和中國人之文化自尊自信等;其後又通過此種詞語或語言逶迤影響遺留至今,而現今外國人或無意誤用,或雖無意而實可能繼續受此種殖民主義等因素之潛移默化,亦有害焉。如中國人亦不知就裏而貿然襲用之,則或不知不覺而被其進行文化殖民,被其重新命名、定義、定位或扭曲吾人之文化與吾人之主體性,頗為窒礙中華文化之主體性和文化自信等矣。西人或有此偏見或誤讀,而自造其語,然國人豈可糊塗襲用之?! 故中國人對於此種語言和種種文化產品中所蘊含之殖民主義、帝國主義、種族主義、封建主義等因素之一切遺留,今皆當批判之、反擊之、清理之,而正本清源,正名定體。

實則此種情形確乎頗不少,一方面固然是中外之正常文化交流和互相借鑒影響過程中之暫時現象,另一方面,也確實存在著許多或隱蔽或明顯的文化殖民主義或文化帝國主義、種族歧視等的因素,乃至夾雜著一些國家基於國家間戰略競爭而來的不可告人的輿論戰、心理戰、文化戰等,值得隨時保持警醒和注意,並進行相應之文化批判和文化反擊。比如西方影視作品中的"傅滿洲"、"查理陳"、"蘇西黃"等中國人形象,比如稱中國人為 Ching Chong/Chinaman 等,便極多問題。此類西方或外國影視作品,往往充斥著一些對於中國人和中國文化之醜化、矮化、妖魔化、扭曲化、殖民化、邊緣化、歧視等因素,或以此來"刻畫"、"樹立"或"醜化"中國人形象乃至亞洲人形象,或刻板印象,在外國、中國、亞洲乃至整個世界範圍,都會導致一些頗為嚴重的問題或後果,包括被刻畫對象所屬的國家之人民在接受這種影視作品時所可能導致的自我認同和自證預言,自居為世界二等公民,不敢振作爭先……思論文化領域、學術領域或學術研究方面亦有如是者,甚至更嚴重。有些學者知識理論視野極為狹隘,沒有自己的思想,不敢獨立研究自己的論題,不敢去關注自己認為更為優先或更為重要的論題,而往往跟風,尤其是一味追鶩外國學術潮流,一味販賣國外各種理論、觀點,將國外種種(轉下頁注)

文、字、名、語、言、詞、辭

文、字之本義，上文已有所述。然本書或用“文”，或用“字”，或用“語”，或用“語言”，或用“詞”，或用“辭”等，則亦當稍區分說明之。

用“文”，“遺畫，象（像）交紋，故謂之文”①，“依類象形故謂之文”②，重其本原，重其最初之造“文”（字）理據，重其“紋”與“像”（象）或“形”，乃曰“觀象”、“象形”等；又重其深廣涵義，如上文所述。

用“字”，“（依類象形故謂之文），其後形聲相益故謂之字；字者，言孳乳而浸多也”③，則從其所約定俗成者，而有時以“字”代“文”，曰漢字；又重其“孳乳”之意，乃曰“形聲”、“指事”、“會意”等“三書”，亦可謂以“文”而孳乳為“字”。

（接上頁注）入流或不入流的學者或理論都奉如圭臬，頂禮膜拜，而不問其是否適合中國，或是中國之所急需，或是否合乎道理等。故其所謂之研究，不過是成為外國學者及其理論的傳聲筒或註腳而已。由此可能導致學術研究的所謂前沿論題、潮流、風尚、話語、理論、範式等，往往被外國學者或其背後的權力、資本等所主導（亦即所謂“設置議程”）。嚴重的是，乃至中國文化、中國歷史的研究，也可能逐漸為外國學者所主導、引導、定位或設置議程，這是值得警惕的。當然，這是出於危機意識而提出的警醒之言，實際上或未必如斯嚴重，中國或中國學者對此亦有積極應對。從積極的方面說，中西學術交流之密切，可以知彼知己，不可謂不好。但卻一定要有中國學者自己的聲音，自己的理論建樹、思論建樹、學術建樹、文化建樹等，不能一味稗販或依附。質言之，要繼續加強和外界之學術文化交流，同時要有自己的學術文化發展，要自我振作。

① 《說文解字》曰：“文，錯畫也，象交文。”《說文解字註》曰：“文，錯畫也。錯當作逪，逪畫者这逪之畫也。《考工記》曰：青與赤謂之文。逪畫之一耑也。逪畫者，文之本義；彣彰者，彣之本義；義不同也。**黃帝之史倉頡見鳥獸蹏迒之迹，知分理之可相別異也。初造書契，依類象形，故謂之文。象交文，像兩紋交互也。**紋者，文之俗字，無分切，十三部。凡文之屬皆从文。”

② 許慎，《說文解字敘》。

③ 許慎，《說文解字敘》。

用“名”[①]，“名”者，古亦有“文”、“字”義[②]，故本書偶亦用“名”表“文”、“字”義。“書”字亦同，如曰“書名”[③]，有或皆謂“字”者，不贅。

用“語”[④]，今詞曰“語言”，又或指今詞“話語”、“語句”、“言語”等。

用“言”[⑤]，今詞曰“言語”；古文所謂“文言”，實乃“古文”或“古

① 《说文解字》：**名，自命也。从口从夕。夕者，冥也。冥不相見，故以口自名。**武并切。《說文解字注》：名，自命也。《祭統》曰：夫鼎有銘。銘者，自名也。此許所本也。《周禮小祝》故書作銘，今書或作名。《士喪禮》古文作銘，今文皆爲名。按死者之銘，以緇長半幅，赬末長終幅，廣三寸，書名于末曰：某氏某之柩。此正所謂自名。其作器刻銘，亦謂稱揚其先祖之德，著己名於下，皆祗云名已足，不必加金旁，故許君於金部不錄銘字。從《周宮》今書、《禮》今文也。許意凡經傳銘字皆當作名矣。鄭君注經乃釋銘爲刻。劉熙乃云：**銘，名也，記名其功也。**吕忱乃云：銘，題勒也。不用許說。从口夕。夕者冥也，冥不相見。冥，幽也。故以口自名。故从夕口會意。武并切。十部。

② 《康熙字典》：**名，又文字也。**【儀禮・聘禮】不及百名書于方。【註】**名書，文也，今謂之字。**【疏】**名者，即今之文字也。**【周禮・秋官・大行人】諭書名。【註】書名，書之字也，古曰名。

③ 《周禮・春官・外史》：“掌達書名于四方。”鄭玄注：“或曰：古曰名，今曰字。使四方知書之文字，得能讀之。”

④ 《说文解字》：**語，論也。**从言吾聲。魚舉切。《說文解字注》：語，論也。此即毛鄭説也。語者，禦也。如毛説，**一人辯論是非謂之語。**如鄭説，**與人相荅問辯難謂之語。**从言吾聲。魚舉切。五部。《康熙字典》：語，【說文】論也。【徐曰】**論難曰語。語者，午也。言交午也。**吾言爲語，吾，語辭也（羅按：此解或以“吾”假借“午”、“忤”、“牾”等）。**言者直言，語者相應答。**【釋名】敘也。敘己所欲說也。【易・頤卦】君子以愼言語，節飲食 。【詩・大雅】于時言言，于時語語。【疏】**直言曰言，謂一人自言。答難曰語，謂二人相對。**【禮・雜記】三年之喪，言而不語。【註】**言，自言己事也。語，爲人論說也。**【家語】孔子之郯，遭程子于塗，傾蓋而語終日。【廣韻】告也。【增韻】以言告人也。【左傳・隱元年】公語之故。【論語】居，吾語女。

⑤ 《說文解字》：言，**直言曰言，論難曰語。**从口辛聲。凡言之屬皆从言。語軒切〖注〗𧦝、𡇎，古文言。《說文解字注》：言，直言曰言，論難曰語。《大雅》毛傳曰：直言曰言，論難曰語。論，《正義》作荅。鄭注《大司樂》曰：**發端曰言，荅難曰語。**注《襍（即雜）記》曰：**言，言己事；爲人說爲語。**按三注大略相同。下文語，論也。論，議也。議，語也。則詩傳當從定本、集注矣。《爾雅》、《毛傳》：言，我也。此於雙聲得之，本方俗語言也。从口。辛聲。語軒切。十四部。凡言之屬皆从言。

文語”、“古書語”而已，無今詞“言語”之意

用“詞”[①]，今詞曰“單詞”，又有“詞語”、“詞組”、“詞彙”等；於古文則字、詞不同，“字”曰單字，“詞”曰“意内而言外”，則不僅是單字，亦可是組單字而成詞語也。

用“辭”[②]，謂“辭語”、“辭章”也，古今稍通。

本書用上述文字時，或區以別之，亦或有模糊用之者，視乎其語境或上下文而定。然則讀者當知其古今字義之別，而或可據其古文、今文之異義而亦稍區別釐清之。

202207091045

---

① 《说文解字》：**詞，意内而言外也**。从司从言。似兹切，文二。《說文解字注》：**詞，意内而言外也。有是意於内，因有是言於外謂之𧨝**。此語爲全書之凡例。**意卽意内，𧨝卽言外。言意而𧨝見，言𧨝而意見。意者，文字之義也。言者，文字之聲也。𧨝者，文字形聲之合也**。凡許之說字義皆意内也。凡許之說形、說聲皆言外也，**有義而後有聲，有聲而後有形。造字之本也。形在而聲在焉，形聲在而義在焉，六藝之學也**。//**𧨝與辛部之辭，其義迥別。辭者，說也。从𤔔辛。𤔔辛猶理辜，謂文辭足以排難解紛也，然則辭謂篇章也。𧨝者，意内而言外。从司言，此謂摹繪物狀及發聲助語之文字也。積文字而爲篇章，積𧨝而爲辭**。孟子曰：不以文害辭，不以𧨝害辭也。孔子曰：言以足志，𧨝之謂也。文以足言，辭之謂也。《大行人》故書汁𧨝命。鄭司農云：𧨝當爲辞。此二篆之不可掍一也。**从司言。司者，主也。意主於内而言發於外，故从司言**。陸機賦曰：辭呈材以效伎，意司契而爲匠。此字上司下言者，内外之意也。郭忠恕《佩觿》曰：詞朗之字，是謂䌛行。本作𧨝朖。李文仲《字鑒》曰：詞朗崩秋字，《說文》作𧨝朖𡾊烌。是可證古本不作詞，今各本篆作詞。誤也。似兹切，一部。

② 《說文解字》：**辭**，訟也。**从𤔔，𤔔猶理辜也**。𤔔，理也。𤔲，籒文辭从司。似兹切文六。重三。《說文解字注》：**辭，說也**。今本“說”譌“訟”。《廣韵》七之所引不誤。今本此“說”譌爲“訟”，𧧑字下“訟”譌爲“說”，其誤正同。言部曰：說者，釋也。从𤔔辛，會意。似兹切。一部。𤔔辛猶理辜也，釋會意之恉。依小徐本訂正。又：𤔲，**籒文辭，从司**。《易・繫辭》本亦作𤔲。《康熙字典》：辭，〔古文〕㓵【唐韻】似兹切【集韻】詳兹切，音詞。**辭說也**。【易・乾卦】修辭立其誠。【書・畢命】辭尚體要。又【說文】訟辭也。【周禮・秋官・小司寇】以五聲聽其獄訟，一曰辭聽。【書・呂刑】明清于單辭，罔不中聽獄之兩辭。【疏】**單辭謂一人獨言也，兩辭謂兩人競理也**。又：《康熙字典》：辞，【正韻】詳兹切，音詞。俗辭字。《佩觿集》曰：辭、亂从舌，其蕪累有如此者，然循用既久，今亦不廢。【正字通】俗辭字。【佩觿集】辭、亂从舌，其蕪累有如此者。乱。

第一部分

《論語廣辭》之初衷

關於《論語》，我不但可以用古文或文言補充相對比較詳細的相關背景，寫出簡潔詳明的版本，有助於讀者更有效深入地閱讀理解《論語》原文的本意或義理；另外，我還想把歷代有關《論語》（乃至先秦儒家典籍）之註疏或義理疏解，擇其精華，用一種特別的方式，全都組織到《論語廣辭》[①]這本書裏面來，有點類似於司馬遷寫《史記》一樣。其實司馬遷在寫《史記》的時候，受惠於其父以及其後自亦擔任史官之便利，也借鑒參考了當時所能見到的皇家所藏乃至各家師儒所存的大量文獻和著作，然後用自己的語言，尤其是自己的文學才華或創作才華，把這些材料全部組織在一起，熔鑄成一個整體，成為最偉大的中國史著，乃至一個典範，而被魯迅譽之為"無韻之離騷，史家之絕唱"。當然，司馬遷不獨有文學，還有識見。如今的我，也想將這些我認為好的義理詮釋等文字文獻材料，整合熔鑄為一個整體，使之成為中國傳統文化，尤其是儒家文化的有關義理的一個集大成的讀本，從而與更多重視歷史敘述的司馬遷的《史記》一起，成為中國經、史的雙璧。類似于猶太民族的那本幾百萬言的煌煌巨著《塔木德》，這兩本書或也可以成為中國人的文化和智慧的寶典，至少是古代文化和智慧的寶典[②]。

202002150207

---

① 最初所擬書名為《論語萃解》。

② 當然，對於儒家文化乃至中國文化而言，"五經"、"六經"乃至包括《論語》在內的"十三經"，更是中國文化之寶典，尤為豐厚。此外又有先秦諸子百家之學，亦復如是。故吾亦頗有意繼業已出版完成之《四書廣辭》（《論語廣辭》、《孟子廣辭》、《大學廣辭》、《中庸廣辭》）而繼續撰寫《十三經廣辭》，乃至其他重要典籍如《荀子》、《墨子》、《老子》、《莊子》、《管子》等之"廣辭"或"疏解"。又：按照一般的解釋或假設性（轉下頁注）

現代漢語詩文與古典英語詩文之音韻格律

和中國的古典詩歌一樣,英國古典詩歌也特別講究音韻和格律,這甚至在浪漫主義詩人身上也仍然表現得比較明顯;但當其發展到現代詩之後,詩歌就更加注重以思想和想像取勝,而不特別注

(接上頁注)解釋,人類的出現已有兩三百萬年,乃至更早,然而這些都是現代"研究者"或"科學家"根據一些古代"人類"化石等遺物遺跡進行的一些假設性研究解釋,即使人們試圖以科學的名義和方法來進行解釋或推斷,事實上我們對於人類的起源和生命的產生等論題,仍多是猜測性或暫時性的,體現了某個時代的"科學範式"([美]湯瑪斯・撒母耳・庫恩著,《科學革命的結構》,金吾倫、胡新和譯,北京大學出版社,2003 年 1 月;[美]保羅・費耶阿本德(Paul K. Feyerabend)著,《反對方法:無政府主義知識論綱要》(Against Method:Outline of an Anarchistic Theory of Knowledge)(或譯為"無政府主義認識論綱領"),周昌忠譯,上海譯文出版社,2007 年 8 月),卻未必是定論。所以我們對於包括古代中國人在內的人類的起源和人類的歷史等問題仍可保持一種開放性,不必拘泥執一。但論及中國人的起源或中國文化的起源,中國人卻有一個優勢,那就是歷時的悠久和歷史文獻的豐富,即使晚清民國以來,從崔適開始,一直到民國時期的激進疑古學派,比如顧頡剛、錢玄同等人,對於古代歷史頗多懷疑,並運用一些現代歷史研究方法揭示其中可能存在的後代人的偽造或歷史悖謬,比如顧頡剛所謂"層累地造成的中國上古史"之說等,亦有其啟發意義,尤其是有其方法論方面的價值;但我們也不必迷信疑古學派的結論,因為他們的許多論斷也並非建立在充分的論據的基礎之上,亦多偏頗立論者,何況,在疑古的同時,也證明了上古的許多文獻及其記載的真確性。以中國歷史而言,即使我們姑且對所謂的盤古、女媧乃至三皇五帝等暫時存而不論,而從堯舜禹、夏商周及其相應之思論文化或文明論起,則至少從那時流傳至今的中國古代思論文化,主要產生於從遊牧文明或狩獵文明、牧畜漁獵文明過渡至農業文明的時代,而大發展成型於農業文明時代,體現了農業文明的精粹,是農業文明的集大成乃至登峰造極之表現;並且,其中的許多文化原則,乃可通達於一切文明時代,具有永恆的價值。然而亦毋庸諱言,當人類社會從農業文明時代過渡到工商業文明時代尤其是理技工業文明或玄理智能文明時代,文化和文明也需要相應的擴展因應,故僅有農業文明的智慧寶典還不夠,還需要發展,以應付新的時代的要求。並且,中國古代經典尤其是儒家經典的言說對象又主要為古代的士人以上之階層及其職業,養成的可能是士人人格和智慧,而在當代全民平等、階層職業或主體多元化的時代,中國之思論文化亦需有所因應擴展,不可徒恃古代經籍或傳統也。

意古典詩歌的格律和音韻了。英文古典詩歌的創作,和中國古典詩詞的創作一樣,除了想像力、意象、語言等文學或"情辭學"才華之外,其實也包含許多技術性因素,需要對英語的音韻格律、詞法、語法等語言、語法特點,有比較精確的把握和充分的敏感。尤其是在進行英文詩歌創作的時候,要注意到英文詩歌語言的語法,和一般英文的語法會有很多不一樣的地方,而往往會有很多調整,以適應英文詩對於格律和音韻的嚴格要求。我們在閱讀英文古典詩的時候,很容易發現這個特點,並將之與中國古典詩詞進行對比,而感覺非常有意思。當然它(古典英語詩歌創作)也要求你的英語詞彙量的豐富,乃至對古希臘以來的西方文化歷史典故和文學典故等的熟諳(才學),在此基礎之上又要求你語言表達的準確或精確,對意象的敏感,詩性想像力和通感,對音韻和格律的的敏感和精細的把握等,諸如此類,都是詩人的基本天賦,或詩歌創作的基本要求。

英國或英語的古典詩歌,和中國的古典詩詞一樣,都是很難翻譯成外語的,即便勉強翻譯成外語之後,它原本語言所具有的那種詩歌的音樂美,甚至原語詩歌本身的許多美感,幾乎就沒有了——因為那些美感,都是基於原語本身的語言特點的。這還不僅僅是減損的問題,是根本就沒有了,無論你怎麼試圖努力地用本國語言本身的格律去傳達,其實也衹是本國語的美感而已,對於原語的美感而言,都幾乎可謂無濟於事。翻譯得好,雖然無涉乎原語的美感,至少還有本國語的美感;翻譯得不好,還往往會顯得不倫不類,怪異而又沒有美感,或者說,兩種語言的美感都沒有了,都顯得不自然。但是,如果涉及現代詩的翻譯,基本上問題就不是那麼大,因為現代詩本身,無論是英文詩還是現代漢語詩歌,都不是特別注重音樂性或音韻格律,或和語言本身特點的關係較淺,而更加注重意象、想像力、思論領悟、情意的表達等，所以通過語言本身就大體可以把這些要素較好地傳達出來，而不會影響你對詩歌本身意象或意理的閱讀理解和欣賞。

但是，若就提升現代漢語的文學表現力而言，則現代漢語詩歌的音樂性，乃至現代漢語文學的音樂性，其重建或重新獲得，是現代漢語詩歌乃至現代漢語文學發展的一個重要論題。

202002150207

現代中文漢語過度放弛？白話無文？

現代漢語（或現代漢文）或白話文“解放”得太過度了，有些方面缺少必要的節制，或者，缺乏必要的“語言禮制”或合理法度（合理的語法①）——此乃兼就其語言形式層面和內容層面而言——，所以語言文字的美感，包括古代漢語或古文所具有的某些語言文字形式的樂感和美感，以及某些思論內容的中正和善感乃至美感，便都有所缺失。其弊病是氾濫、鬆散、過度，或缺乏必要的節制與中和，正如孔子論“鄭衛之音亂雅頌之正樂”一樣，冗繁累贅、詞義不侔，樂而淫、哀而傷，則皆過度不節②——當然，如就其正面或表現良好者而論，乃曰新詞增多，便於表達抽象概念、複雜情感，情感自然發露等。現代白話文很少看到有語言風骨或文學風骨的作品——用“文學風骨”這個表述，是為了強調其內在形式和內在義

① 字法、詞法、辭法或文法、語法等，尤其是和（現代）邏輯學關聯緊密因而對於思論和哲學表達更為重要的語法特徵或語法項目，如格、時、數、態、詞性、相應變形等。

② 無論樂或文學，皆就內容和形式兩個層面而論，於樂，則為樂律與歌辭；於文學而言，則為文辭、音韻格律、文法等形式，以及情感義理等內涵。

理兩方面。倘若風骨沒了,文學(及其背後的文語)就立不起來。連人的風格或人格也是這樣,如果缺乏中和、節制、整飭、合理法度的因素或主導,往往就容易流宕無骨,無本無依,顯得沒有風骨,沒有挺立其身心精魂神氣的東西,或給人以這樣的感覺。人格、族格、國格乃至道格、理格、語格等都必須有這種骨架挺立的東西,沒有的話,就容易東倒西歪,偏頗失中,或不準確精確,遊移不定①,或走極端,或情緒化,或沒有主見,或沒有原則,沒有定力,沒有魂魄,或沒有任何敬畏,而或不擇手段、無所不為。其他諸如無原則和節制的功利主義、投機主義、鄉願主義、虛無主義、極端化、風派、隨大流、缺乏邏輯貫通和自洽的自覺等,正是同一弊病之不同表現。蓋氾濫則無歸,而無所不為。小則個體,大則民族、國家、人類的命運,或人類文明的生死存亡,也都繫於此吧。

以狹義文學或"生情文學"、"情辭學"而言,漢字或中字、漢語或中文以及中國文學自有其別種文字、語言、文學所不可及之優點;以"道學"言,中文文明或中國文化亦有其獨立之偉大價值。然以超驗或先驗物理學、論理學等而言,古代中國人及其文語或稍不甚注重,而每注意於經驗或人驗物理學、倫理學等。而"文語"又當以其謹嚴合理之法度或語法,便利與人類之探真求理(如哲學、論理學、邏輯學、知識論、自然科學或大物理學等,尤其是先驗或超驗物理學、論理學等)、問道究是(如道學、倫理學、政治學、義理學、義禮學等);以此言之,漢語中文,尤其是現代漢語中文,亦當進化,當汲取世界諸種"文語"之優異文語法或文語法特徵、文語法項目,充實內化於漢語或現代漢語中文中,俾其能促進中國人對於哲學、論

① 如語法方面,尤其是和(現代)邏輯學關聯緊密同時對於思論、哲學表達和現代科學或大物理學研究更為重要的語法特徵或語法項目,如格、時、數、態、詞性、相應變形等。

理學、自然科學以及現代倫理學、政治學、經濟學等之研究求真之事業之發展。

文或文學當以正道禮義教化中和其人其民，良善美好其情意；古文或古代漢語固有此意，其時乃曰天道義理、天經地義；現代漢語中文（“現代漢語中文”不可等同於白話文，蓋白話文早已有之，或溯源推至明清，或推至宋明，乃至認為自古即有之，如胡適之所論）之於近代或“五四”之興起，亦基於此意，乃曰個性解放、自由平等民主科學云云。然則無論古代漢語中文或現代漢語中文，其立意或初衷，皆在以道理義禮立法教民，而所立之道理義禮法度，乃因應變化、與時俱進而有所不同而已。有正道義禮，然後乃有正文或文學；然若道理義禮正法不立，則不可謂有文或有文學。以此標準來審視一些白話作品，或進行整體之打量，相較其應然或理想之狀態而言，或曰：白話文後，幾無文學；或者，正道不立，正文遂亡矣。此語固偏激不全，不合乎歷史事實，“五四”以來基於新思論文化或現代思論文化之白話文學作品，每多有所關涉新道理義禮正法之探討之文學作品；雖然，亦未嘗不可見其偏激語後之期待與憂慮。蓋若無正文，則將每多樂淫哀傷之亂文而已。故曰：當先論其正道正教。倘正道、正教不立，則正文不存，則亂文多矣。文學上的禮崩樂壞，與道義、政教上的禮崩樂壞，正乃相輔相成、互為因果奧援而已。倘正道正教正文不立，盡多亂文，文學評論有何意義和價值？此皆不先務本而但務末、本末倒置、不識大體之思行也。吾人豈為之！故曰：雖狹義之“情辭學”，亦當注意於“詩教”精神。

儒家的文學觀念就是詩教、情教（中正性情之教，而非過度“解放”或流蕩無依歸）、禮教（正禮正情，今曰合於現代道德價值觀念之新禮教），就是樂而不淫、哀而不傷，就是思無邪。現在的許多所謂的文學及其文學觀念往往背離此點，乃至故意背離此點，亦或致過猶不及之病。

實則所謂狹義文學或“情辭學”中又何嘗不有“道”或不論“道”?!徒其“說”道、“求”道之方法途徑與純粹直接求道論道之學不同而已,又或不以“道”、“理”為其狹義文學唯一之矢的,乃曰重虛構摹狀鑄辭述事表情寫世等,乃曰有事、有情、有物、有文、有韻等在焉,而間接觸及之,不獨是乃至不直接論其“道”“理”也。然所謂文學評論,於所謂形式層面之論述外,則每多發露、論說其“道”“理”、“義”、“禮”者,亦可知所謂狹義文學亦有或亦可重其“道”也①。

① 情辭文學作品中或有故意冒犯正道義禮或讀者常識道德觀念者,然其終其結其收則寫其悲其傷其惡果其報應,所以哀歎之(作品中人物)警示之(讀者),而卒歸於正,卒歸於正道義禮常識,卒歸於思無邪,知其不正不當而不為,而讀者乃得一精神淨化與道情慰藉也。然則或問:既如此,何必寫邪情或情之邪淫(過也),如《詩經》然?乃曰:蓋情本身或無善惡,然其過其淫(亦過也)則或致惡果(或於己或於人)而為惡耳。人情既無善惡,其情無論厚薄強弱亦皆為人情之常,故不必忌諱言之;而其發用又當思其當其正而避免惡果;然則何以知其當其正,何以知天道人理?人雖先天而秉賦理智良能,又將後天而發心體悟內外、中通天地人三才之道,而將求其終或漸至於天人合一,然則後天發用體悟,或有一時未知者也。蓋不知反、邪及其或然之惡果惡報,則亦或不知正、當及其或然之善果善利,故亦或寫其邪僻淫蕩而警示使歸正,歸於思無邪也。狹義小文學或“情辭學”不僅寫情也,情意內外又關乎寓乎道理義禮,雖非未必專寫、特寫其道理義禮——蓋道學、心學或經學等乃專寫特論之——,而無論作者與讀者,必有道理義禮之學,然後可寫能寫情辭學,又可能讀解情辭學之作品也。“情辭文”或“情辭學”雖看似以寫情為主為重,然若衹寫情,而不論其道理義禮,則非情辭學之初衷與本相。故曰:“情辭學”**以寫情而寓情理**,情理者,道學也,道理也。或問:豈無新情理、新道理?豈無新情或新情意?或豈知所謂邪情淫情不是新情或新正情?乃答曰:“寫情寓道”未必是保守舊道理,亦可寫新情理即新道理。故“情辭文”或“情辭學”亦可寫其新情與新情理,然必言之有其道理,可自圓其說(情意道理之自證與自洽)乃後可。質言之,以情辭文或情辭學探討新情理或新道理也。又:包括“情辭學”在內之大文學,固可“文載道”、“文載真、理”、“文論道、理”,則古之經學、道學以及如今之所謂哲學、論理學、倫理學、政治學、財政學或“經濟學”等,皆大文學之一部分(雖廣義物理學或自然科學亦用“文”寫記之),亦可“文寫情辭”,即狹義小文學或情辭學也。大文學中分為經學或道學、哲學、論理學、倫理學、政治學、情辭學等,各有所側重專攻;然專攻側重之外,又皆不離絕其大文學,乃大文學中之一維或一部耳。情辭學亦如是,是(轉下頁注)

今之白話日益無文不文，可憂也。文是文，語是語，雖或有重合者，而不可徑同之。白話主語，文章（或曰古文、文言）主文。古者造作文字，正文正名以定語，而後以文化之、以文明之，而有文語，則又曰以文語化之、以文語明之，**文語合一，語合於文**也；所謂"物來能名"，即能文也，能造作文字以名之文之也；雖或有先得其語音者，而必或造作文字或借以文字名之，乃為華夏之文，或中通三才之道、六書之法之文，而天下萬物皆有文名，成文語。今之白話欲棄其文義文形而徒用其音，以文牽強合於語話，曰白話，則將不文也，所謂**白話無文不文**，又將危廢茲文語、文化、文明也。文者，以文象物（即象形）、指事、會意、形聲而求道、修道、通道、載道、論道、明道也，是以文化成、以文明天下，故曰中文之化、中文之明也。曩昔之白話猶不甚離於文，今之白話日益離於文，而僅以標其語音乃至外來語音，將來恐將白話無文不文，則中文危矣，中國文化危矣，中國文明危矣①。

202003211730

一己之文語系統

嚴守自己的文語系統②。一個有——或追求——獨立人格的

（接上頁注）狹義小文學，亦是廣義大文學之一部，不可離絕廣義大文學而但論狹義小文學，則或成狹隘偏頗而無本無源者矣。於廣義大文學與狹義小文學之關係而言，雖不必言"情辭學以載道"，乃言"情辭學以寫情寓情理"，然亦當有"載道之廣義文學"如"道學"、"經學"、"心學"等，然後一國之大文學乃可謂稍備，乃可論其國"大文學"之"大"、"全"、"通"，而非狹隘、支離或偏執、窒礙等。（202211111500 許。）

① 此段寫於 202303042236。

② 或創新詞曰"蒜統"，稍有形象感。

人，一定追求或嚴守自己獨立的文語系統。此謂其對字詞選擇、字法、構詞、文法或語法、文風乃至思論觀念等，皆有自身之獨特理解或追求，不簡單因襲或盲從。

凡事道以為斷，義以為斷，又理以為斷，真以為斷，獨立判斷。然亦廣學廣聞，儘量增廣信息（來源），不武斷排斥新的思路，在求理尊義的基礎上吸收之、調整之、擴展之，並不一味排斥言之成道理的觀點和新的信息而剛愎自用、固執己見。

然上述論說亦當思及“道”（道、義）與“真”（真、理）之複雜關係。蓋“道”與“真”不同，非可直接銜接，故又有“**天人相參**”、“道真因應”等說。此外，又當思及“道”、“真”與“情”（情、意）、“生”（生、命）之複雜關係，固不可以“道”、“真或理”而遮蔽拒絕生人之情意與生機也。情、生亦為生人之本，不可或絕，尤不可以道理絕之也。

202005131712

文學不是經學，哲學不是經學，倫理學不是經學，史學不是經學，道學不是經學……但是古代經學裏面有文學、哲學、史學、倫理學、道學等，把這些全部加起來才是古代經學。這就是古代經學的價值。會有現代經學嗎？“現代經學”何謂？如何產生？有必要嗎？亦可思考之。

202005131925

“五四”或民國學人尚未集大成

總體而言，或對照中國文學乃至中國學術所可能或應該達到的更高境界，“五四”這批學人之所為大體仍衹可算作初步倡言探索，並未真正集成；近代以來的一百多年的中國實踐（文化創新實踐、政治實踐，以及文學實踐等），大體仍在嘗試和探索，並未完全定型（於理想狀態）。於文學（內在包含思論文化本身）乃至思論文化而言，或可曰仍未達成更成熟的形態，可以“接著講”，或講得更好的空間還非常大。中國文學、中國思論、中國哲學乃至中國文明的進步，需要更大的文化自覺，和更具標誌性的人物（孟子所謂的“名世者”，如歌德之於德語文學）。或曰：仍需要更多元更廣闊的歷史實踐或更長歷史時間的積累，才可能有總結性的集大成的人物或文化英雄出現。當然，我這樣說，本來就意味著——或更多表達的意味是——對於文學（以及思論文化）發展現狀的焦慮或不滿意，換言之，這是與我所希望或期待的高度或理想相比較而言，未必是對現狀本身的絕對判斷。在先秦，孔子則將之前的文明成果大集成之（集大成），並且，至少他當時對之前的思論文化很滿意，視為典範，所以願意花費大力氣而集成之，乃至欲推行於世。這點也是很關鍵的，惟因此，他才那麼有熱情地去做這一件集大成的事情，才會一直崇古復古。很難設想，如果一個人對之前或當下的種種思論文化及其實踐頗不滿意，乃至根本不滿意——正如孔子不滿春秋時期禮崩樂壞的情形一樣——，或者，如果他看到或能構想出更好的、更理想的思論文化的圖景，那麼他便絕不會去編述之前或當下的那些文獻典籍，而更傾向於另起爐灶，別開生面。復古的思潮和行為，我們可以視為縱向上溯的借鑒和學習，古代中國頗多此種論調，雖然事實上亦多托古改制或改頭換面之事；然而到了近現代以來，則便愈為重視橫向的借鑒和學習，即對西洋文化的借鑒學習。當然，這衹是為了論述的方便而稍作區分論述，不可作絕對化理解，事實上，中國古代也一直有橫向的借鑒，雖先秦蓋亦如是，而其後之顯見者如引入佛教或佛學思論，唐代與西域之文化交流，皆是如此。乃至可以說：中國文化或中國本身，也一直是在進行橫向交往，由此而融合擴展而成。然則我們今天所謂的集大成，能否也有人來做這樣的一個工作？

其實，在孔子的那個時代，雖然有天下觀念，在相當程度上共享著一些文化共識或文明風景，但與此同時，各個諸侯國及其思論文化，其間亦存在或葆有某些獨特性或一定差異，因而亦相應存在著某種横向的交流關係，這和今天世界範圍內"列國並立"及其文化之獨立發展而又借鑒交流融合的狀況，亦有所相似。而且孔子乃至先秦人並沒有過於狹隘的民族觀念，或者是狹隘的文化民粹主義觀念，孔子本人對周代以及之前的堯舜禹夏商時代的優秀文化（當然包括其本人所屬的商民族文化）都非常傾慕，而沒有那種基於自身以及統治者所屬的民族、種族或部落集團而來的狹隘的"類民族主義"的爾吾彼此的分別。同理，今天的情形其實也是一樣，在注重自我優秀傳統文化繼承、自我更新創造和有序保持自我優秀文化主體性的同時，我們也可以横向地去借鑒其他國家的先進的思論文化，中外融通，從而做好這個時代的文化集大成的工作。那麼，誰能擔當此任呢？乃曰全體中國人民也。

202005171952

斯文如斯之中國人

自其善好道義之一面而論，中國古來便是中道文明之邦，禮義之邦，禮儀之邦；我的那些中國人朋友，個個光明俊偉，中正磊落：有情有義，仁厚寬容；正直善良，急公好義；忠恕恭敬，體恤人情；舉止端莊，溫文爾雅；彬彬有禮，和風霽月；危襟正坐，謹言慎行；誠實守信，一諾千金；剛正不阿，堅毅果決；公私分明，愛國愛民；重名節，好道義；古道熱腸，義薄雲天；忍辱負重，力任精進；矢志不移，奮鬥不息……入則勤勉奉公，忠謹理劇，出則灑脫自在，情意自然，囂囂樂天，各適逍遙；重公平，守道義法度，有責任感，有原則，重秩序……他們是我的榜樣！我敬重這些人，熱愛這些人！

他們才是值得我們尊重的人。

他們不衹是電影裏的臉譜化的無足輕重的配角。

202005172343

現代漢語或白話文的意象

古代漢語是意象①的語言，古代文學②也是意象的文學（中國文字或漢字本身就是取象而來，而漢語乃至中國文化都與此經驗意象理性密切相關）；漢字或中國字，就其本義而言，幾乎每一個字都是或都有意象，每個字都有某種具象畫面感，因之，倘不同的漢字組合在一起，就可以在意象與意象之間建構某種意象關係，乃至形成某種空靈的想像空間。但是現代漢語的很多詞彙，便已經衹有意而沒有象了，或者失去了象，或者其象淡化不彰——漢字衹作為構詞之所謂"詞素"，而不重其本字之義與象。比如，在現代漢語裏，一種情形是，組字成詞後，字義便不再重要，更重——乃至衹有——詞義，故作為詞素的單字本身的義和象便都淡化了；另一種情形是，有些字或詞仍然是意象字詞，但是因為現在已經進入到了

① 多為經驗意象或人驗意象，或曰人驗自然意象，可謂是工業文明之前之自然農業文明、遊牧漁獵文明等之集大成者。然亦不乏先驗、超驗乃至玄理意象。

② 無論大文學或小文學，道理文學或情辭文學，皆是如此。

理技工業文明時代，所以這個字詞背後的象、義與物都已經發生了非常大的變化，如其物已可以通過工業化生產的方式大量炮製出來，並且炮製出大量的不同形狀不同材質的相關的物體，則其象已不再像古代的那些物象那樣，有著大致固定的材質和形制。

於是，在有的時候，對於創作者而言，當他們在進行創作或寫詩的時候，再用哪怕是同樣的字詞，就往往很難把握到現代社會或理技工業社會裏面的那些物與象，或聯想到那些字詞背後的物的形狀（象）和意涵（義）等；於讀者而言，尤其是那些完全在現代城市社會中生活成長起來的年輕人，在讀解現代漢語詞語或詞彙時，更加難以喚起他們對於漢字本身的意象感，以及意象背後的詩意。因為他們或者從來沒見過前現代或自然狀態下的相應的物與象，或者見到的都是工業時代的缺乏某種確定性或確定形狀的千奇百怪的物象，所以也就沒法聯想起前現代或自然狀態下的文字之象及其背後的意，以及相應的意象之境界或意境。所以現代城市讀者往往很難理解古代文化和古代文學，尤其是古典詩歌或詩詞等，因為許多現代城市讀者既沒有那種自然文化或農業文明中的生活經驗和物象經驗，也沒有那種情意熏染。

有人強調中國文學的**抒情性**，其實對於中國文學和中國文語（漢語或中文）來說，或從其語言文字的形式層面而言，更具本質性的特點或規定性，在於中國文語或古代漢字漢文的**意象性或象意性**，故曰意象化的文學（和文化）——宋人雖稍多以議論為詩者，然亦多意象。而倘若從其思論內容而言，則中國文學的重要特徵，又在於其**道義性**。所謂抒情性，抒發的乃是其道義之人情或道理之情意，以及經由象或象意比興推類而來的天人合一的道義之情、人情或情理，然後**象意性、道義性、抒情性乃合而為一也。**

當然，我這樣談論古代文學的特徵乃至優點，以及白話文詞語的意象性的失落,並不是說白話文或白話詞彙一定不好,或者說不應該發展白話文,那是另外一個思路。

20200621

《文心雕龍》:劉勰之文學或文論巨著

劉勰的《文心雕龍》既可謂是文學理論,又可謂是文學概論①,又可謂是文學史,三者兼於一身;並且他用富有文學美感的意象化文語來進行創作和表達,自身亦可謂是文學作品,所以更是中國文學本位或本色的文學史、文學理論、文學概論,乃至文學作品,而四者兼於一身了。換言之,其論著或文章著述本身就是文學或美文(但當代人已經很難也很少以這樣的文體或語言風格來寫作了)——當然,這裏說的是古代的文學,不是現代的狹義文學(或文學概念)。像這樣的一種寫法,即以文言或美文或意象文字,乃至意象、比興、音韻偶儷文風明顯的文體,來撰寫文學史等著作,後世如劉師培(《中國中古文學史講義》)、魯迅(《漢文學史綱要》、《中國小說史略》)可謂是延續了類似的思路,同樣富有文字美感。但現代以來,用白話文去寫作文學史、文學理論和文學概論,尤其是涉及中國古代的部分,並且是將三者割裂開來各自分述,就已經失去或難以傳達傳統中國文學或中國學術的特質和美感了。甚至乃覺其文字粗淺乾澀、鄙陋無文、理障枯窘、寡淡無味,不堪卒讀,尤不堪沉吟會心。並且,即使是就劉勰的文學觀念、文學理論等而言,

① 文學理論與文學概論稍有異同,蓋文學理論重在分析與談論一己之創見,文學概論重在介紹相關之知識。

雖不無可議者，然亦頗多深得我心者。現代文學理論、文學概論或文學史，固然在精神旨趣等方面頗異於古代的詩話、文論等著作，有其價值，但讀多了乾乾巴巴、陳陳相因而又頗無文字美感的這類書，亦稍覺無味，那麼，或許也可以去讀讀劉勰的《文心雕龍》，因為後者能夠給予讀者更多的文字文學的美感，和傳統思論文化方面的收穫。

劉勰在《徵聖》、《宗經》裏，很好地解釋了孔子的文風。

20200622

儒家道義之論證

儒家相對更為重視對作為思維結果的道、義或義禮規範的揭示、文載和教化，而因此往往把思維過程和思維方法省略之，或衹簡單提及，並不作專門探討，即一般不大以思維過程和思維方法作為專門研究對象或論題，來進行深入的探討；甚至有時認為那不過是本末倒置，比如儒家對於名家的某些批評。所以，在中國古代思論文化中，名學、論理學、邏輯學或認識論、知識論等便不甚發達。但這並不意味著儒家學者在進行實際思考，或在闡述義理和義禮時，沒有運用相關思維方法，而衹是或省略或隱匿起來了，比如舜之“執其兩端”、孔子所謂“扣其兩端而竭焉”、“舉一反三”、《中庸》所謂“用中”或“致中和”，孟子所謂“充類至義之盡”，或諸如反經而權、扣其兩端而執中有權、用中無執有權、比類或類推[①]等，皆可謂其思論方法。況且，即使諸如藉由發展出形式邏輯理論的理性精

[①] 《荀子・非相》：“以類度類（而推之），以近知遠，以一知萬，以微知明”。

神，實則本來亦內在於人的靈明智識本身，古今皆同，所以很難想像先秦乃至整個古代中國的儒者，在思維過程中，會完全缺乏理性精神或邏輯思維，或缺乏對於思維方法的適用或暗合。無論是先秦儒者的文章和論述，還是整個古代的中國儒者或思論家的文章論述，都並非完全不講邏輯或根本違反邏輯（乃至形式邏輯）或“名理”（祇是並未作專門探討）。當然，其思維方式和論述方式既有其特點，但也並非全無問題或缺陷（比如古代分類觀念、類比或比附觀念等便是如此，既有其自身特點，又或有所不足），尤其是在思維方法的自覺性和知識化、理論化方面，仍可加強。但其中之大才乃至天才，仍可心通無礙；我有時看清代學者焦循闡述《論語》的有些文字，覺得他的某些論述簡直就是一個哲學家的論述。

202009210931

中國文語哲學之必要進步

欲得中國文明或文化（中國社會乃至中國之一切）之根本發展與進步，必得中國哲學之根本發展與進步；欲得中國哲學（及其研究）之發展進步，必先得中國文語或中文漢語（或漢語文語，及漢語語言學研究）之發展進步①；欲得中國文語或中文漢語（及漢語語言學研究）之發展進步，必得（中國）現代語言學（及比較語言學）、語言哲學、邏輯學等②之積累與發展進步——就研究者而言，又必得有古代漢語、現代漢語語言學之充分知識與理論積累。而其人

① 當然亦必須對中國古代文化、思論、哲學、語言學、文學等有精深之研究與積累。

② 乃至認識論或知識論，乃至科學哲學、心靈哲學或智能哲學等。

安在哉？曰：或有志焉。

中文漢語語言學研究不進步，中文漢語語言不發展，則一切所謂的中國哲學史、思論史、文化史或文明史之研究及建樹，皆曰不顧基礎而欲造高樓而已。倘若根基不牢，欲造高樓，恐或東倒西歪，乃至終於無成；又可謂無本之木。**中國文字與語言是中國文化和文明的根基，吾人當以創造性的中國文語哲學研究，來更好地築牢中華文明和中國文化的根基。**

202010041422

文明人生之文化根基

世界範圍內，現在的（年輕）人很苦，固然有經濟和物質層面的原因，但也未必僅僅是經濟上的苦的問題，並且這種苦是幾乎所有世代的（年輕）人都要經歷的，而可能更是因為他們已經冇沒了文化的根基。文化的根基，是歷史的積澱，蘊涵了此一文化社會中的深厚的全面的本土生活知識體系或生活智慧本身，它在相當程度上引導人們怎樣去生活，或者，在相當程度上安頓人們的生活，幫助人們去面對或應對人生中的種種問題。思論體系，如果沒有文化的根基和生活的根基，就往往是漂浮的、無依的、身心不定的……。

如果說社會處於急速變動過程中，新的思論或價值體系正在形成，那麼，新的思論或價值觀念體系必須建構（或自演化）出相應的文化結構、生活結構，及其文化生活的根基，然後人們的生活才不是無根的、漂浮的。質言之，必須建立與其思論、價值觀念體系相適應的文化生活系統，人才能安住樂生其中。

相比於文化生活的根基,價值體系、思論觀念或意識形態體系的引進或激烈改變,反而是表層的,也衹是整體文化生活知識體系中很小的一部分。在社會變動或轉型過程中,不僅要注意思論價值觀念的變動,更要注意相應的文化生活的配合安排。然而,實際情形往往是,在短期內,一時或暫時衹能改變或引進其表層的價值觀念和思論體系,而無法將其背後的或作為其根基的文化土壤中的更深層次的、更厚重的整體生活文化體系全面更新或引進。從後者而言("引進論"),其極端形式便是激進的"全面引進論"或"體用全新論",比如近代以來中國思論文化界曾經出現的"全盤西化論"及其爭論(如中國的"中體西用論",以及日本在現代化過程中出現的"脫亞入歐論"及其爭論),既無法在短時期內完成,也必將一時水土不服,這一方面是因為引進的新思論價值體系缺乏文化生活根基而難以完全進來或立足,另一方面是因為傳統或舊的文化生活根基根深蒂固,且確實在很大程度上較好地安排和便利了人們的豐富複雜的文化生活,提供了較好的文化生活秩序和福祉,所以也不應激進而簡單化地全盤拋棄——那就如同將長久生活於其文化社會中的人突然拋入無根的大海裏沉浮掙扎一樣。

所以更合理的做法乃是採取穩妥、改良的策略,以減少巨大的社會震蕩和心理震蕩。改良的思路或理據在於:無論就其思論價值觀念還是文化生活根基而言,雖然既有的傳統或有一些不適合於社會進步的成分,乃至有些成分在根本精神旨趣上是僵化或反動的,但仍多古今相通而足資借鑒的成分,尤其是在不涉及根本價值觀念的缺陷的文化生活方面更是如此。所以,在推動文化進化、轉化或引進的策略乃至戰略上,應在更新或引進新思論價值體系的同時,也進行整體文化生活系統及其知識體系的相應的溫故知新、新舊溝通和更新創造或引進,以配合於思論價值觀念體系的變動。就其更新創造而言,一方面是基於新的思論價值觀念的"制禮作樂",或"新禮樂"建設,亦即文化生活系統的全面建設,另一方面,在此過程中,亦須注意溫故知新,溝通新舊;就其文化引進而言,就不能僅僅關注表層的新思論價值觀念,亦應關注新思論價值觀念下的文化生活與文化義禮規範的引進和融合,而仍可視為廣義的"新禮樂"建設。質言之,進行新的文化生活或新的禮樂的建設。

這當然是一個緩慢而長久的過程,並且正如上述,尤其不能忽略或無視既有的本土生活根基、文化根基,及其文化生活知識體系,或資源。這些都並非像不同思論價值觀念之間一樣涇渭分明,或者說它們和思論價值觀念、意識形態體系並不完全相應,或有思論價值觀念、意識形態系統所不能框限涵蓋的成分,而更為廣大深厚,根深葉茂。並且,值得注意或有意思的是,不同的思論價值觀念,其背後的生活根基、文化根基及其生活知識體系,卻可能有許多相通的部分,相互之間並不矛盾,所以激進地全面拋棄掉自己的生活根基和文化根基,是非理性的,也是毫無理由和毫無必要的。

思論體系有時是很蒼白膚淺的,如果缺少生活的根基和文化的根基的話。就此而言,男人,尤其是思論家,有時也是很蒼白膚淺的,倒是女人,體現了更深厚的生活和文化積澱,因為她們是懂得生活本身的。而思論家們有時並不懂。所以,要關注思論和理論,也要關注和懂得生活,懂得生活才能真正懂得其文化。

如果思論價值觀念有了激烈乃至根本改變,卻從一開始,以及其後,都一直根本不去做相應的生活根基與文化根基的奠基、重構或建構、積澱的工作的話,那麼處於這一價值觀念、思論體系或意識形態體系根本改動中的人們，就將經歷長久的根基崩塌之痛，生活得不到安頓，身心得不到安頓，人生得不到安頓，乃至窮其一生而身心漂泊無定。

到哪裏去找這些生活根基和文化根基呢？到哪裏去尋找這些生活知識體系，以安頓其生活和人生呢？或者，如何建構？這是一個重要的論題。

反過來說，如果想要真正的瞭解一種文化，一個思論觀念體系或價值體系，就要瞭解其思論觀念體系背後的生活根基和文化根基，及其整體的積澱深厚的生活知識體系。不然對其思論文化的理解就是膚淺的、蒼白的、不全面的。

這並不是說既有社會文化的根基，或者說傳統文化全部都是好的，而是說那裏面仍然有一些東西可以指導和安頓此一文化社會中的人們的生活。因為生活是多方面的，生活的知識也是多方面的，或者，人們面對人生所需要的知識也是多方面的，都是長久積澱而成的，並非表淺枯窘的思論意識形態所可全部提供。如果完全拋棄自己的文化生活的根基，那麼這些就都沒有了，就無法充分有效地安頓下來。思論、意識形態的改變，並不能直接代替最深層的文化積澱和生活積澱，因為思論觀念和意識形態是浮在最表層的東西，相較於文化生活積澱，也是比重最小的一部分；真正佔有更大部分的是文化和文化生活的根基，是這一文化社會的長久的歷史積澱，許多知識，尤其是人生的知識或生活的知識，都積聚沉澱在裏面，雖或不無一定惰性而或將有所變革，然亦多豐厚沉穩者，而或讓人生變得安穩與安心。

202010052213

文語、文學、語言與哲學

語言(或文語,以下同)是人人都要說都要用的,哲學卻衹有一小部分學者——比如哲學學者或其他愛好研究者——在研究,在閱讀討論其相關概念和論著。哲學即或有所改變動或進步,如果語言還是原封不動,那麼整個民族或國家的文化和思論、思維,就有可能仍然未曾獲得根本或整體的進步,因為絕大多數人仍然在使用之前的語言,或日常的語言,即未經過哲學審查推敲的語言①及其觀念。語言發展或可造成最根本或整體的進步,因為這個文化體系裏面的所有個體,都可以通過語言的進展而直接間接地受益,受益於語言背後所體現或承載的文化的進展。一種語言的字詞彙、概念、語法,從根本上塑造、規約、框定或限制了這個語言文化體系中的個體乃至整個語言文化民族的思論和思維,也從根本上塑造或框定了這種文化的文化結構本身。衹要你衹說我們這種語言,尤其是自小就說這種語言,生活於此一語言文化生活中,那麼你就是我們的人,我們的(語言)文化的優點缺點你便全部具有,你跳不出我們這個語言文化的形塑、框定或框架範圍。但我們可以通過改變語言或發展語言本身,來提高我們的文化和文明水準。

其實不獨哲學,文學也可以在這方面發揮其獨特的作用,乃至發揮比哲學者更巨大更深厚更廣遠的作用。文學研究者和語言學研究者亦當如此。這需要更高遠開闊的文化視野,需要真正的文化和文明的想像力與創造力,而不可處於某種無意識狀態,無所

① 包括語言學審查、推敲乃至重建。

作為。

如果人們有這種視野、見識和意識，也有這種心志和能力，矢志而為之，則定可有所成，定可為吾國語言文化之建樹添磚加瓦，乃成其中國文語哲學之靈光殿也。但此亦有其前提或基礎，須有所積累然後乃可從事之，否則，倘若知識結構和知識視野都支撐不起這樣的心志和能力，則亦枉然。或因一己見聞視野之狹隘，我目前似乎較少見到能夠令人擊節賞歎的這方面的大作品，但仍然期待或有在文字、詞彙、語法、語言、概念、觀念等方面進行這樣的有意識嘗試的作品和作者的出現，而樂觀其成。當然，事情往往是潛移默化的，一時或不能覺察，而就其長遠而言，則已然在發生變化，或在進行點滴之積聚，待其時機成熟，而或將有集大成之作品之出現，亦未可知也。

202010092308

也許中國的科學技術的進展，在一定程度上可離開語言獨立發展，但是中國人的人文生活或人際生活卻是內嵌於語言（文化）之中的，語言沒有變化，那麼這種人文生活或人際生活、文化生活模式（包括政治生活）就不會有根本的整體改觀。

所謂發展或進展，不是把舊的東西或傳統的東西全部丟棄，而是要增加一些新的東西，新的有價值的東西。比如說中國的傳統文學、語言、藝術乃至許多思論、文化的優良部分，都有其永恆存在的獨立價值，不可輕易的全盤否定和拋棄。與此同時，我們確亦需要一些新的文化和文明的質素的加入和更新。

或曰：今或可根據英語的語言特點，尤其是英語的語法，結合現代邏輯學知識理論，通過增加前後詞綴的方式，而不是拼音單詞變形的方式，來設計一整套改進和發展現代漢語中文之文法語法的文語系統,從而能夠表達許多西方語言或拼音文字所能表達的數、格、時、態等之語法語意區分。對此可以參照馬建忠、金嶽霖以來的許多學者的相關著述(語言學、知識論等)。比如複數就可以通過增加諸如“眾”、“庶”、“諸”、“數”、“若干”等詞綴的方式來表示。

202010100852

教學之討論切磋

(上課)討論的目的是為了讓人(老師讓學生,同學讓同學,乃至學生讓老師)說出自己的觀點,而不是壓倒對方的觀點。各人說出各人的觀點,於是有了各種各樣的眾多觀點,至於接受不接受,如何評判,在於各人自己而已,他人不能或不必強求。這是相信人各自有靈明良知智識,可以自己運用伊自己的靈明良知智識去判斷。但“我們”通過教學或討論,儘量相互告知對方或相互說明自己的思路和信息;同時,“我們”通過這種討論,以使得自己儘量獲知更多的信息和不同觀點視角,並在這些豐富而不同的信息和思路觀點的基礎上,最終運用自己的靈明智識來進行獨立判斷和評估,得出自己的觀點。有時,對於其他人的觀點或思路,“我們”未必當時當場就能理解和接受,而是離開那個討論教學的場境後,異時異地靜心思慮,反而可能領悟得之,接受之,即完全的自我領悟。因為是自得之,而非外在強制灌輸,所以自己也便願意去接受和實行。此即所謂“誠”或“誠得之”。

“我”說出來,儘量說得有理有據(但不咄咄逼人,自以為必是),讓對方知道你的觀點,至於對方贊同不贊同,是對方自己的事。因為“我”的觀點也確實未必對,或未必全面或周全,所以對方要分析之,比較不同的諸觀點,評判之,最後得出自己的判斷和觀點。伊自己的判斷和觀點仍然未必對，但卻是伊自己的，是自得之和"誠"得之，所以至少可以知行合一。當然，伊的"知"也可以隨時根據更多或更新的信息或諸種思路觀點的納入，而隨時再度自我調整之，而仍是"誠得之"，仍是"自得之"，但可能於"正(理)"或"真(理)"而更近或更進一步。

202010101219

中國文語哲學之內含學理

我頗為關注知識論或認識論(包括心靈哲學或智能哲學)、科學哲學(以及科學本身)、邏輯學(包括數理邏輯等)與語言學。對於這些學科或知識領域的學習乃至研究，雖然其學問本身頗為深微繁難，但其事卻都相對比較明確易行，因為皆是問學、用心(心性、理性、智識或智慧)、求理而已，有其相對明確或普遍的方法、程式、規則乃至標準。但更重要的是運用這些知識來分析中文和漢語，並改造或改良我們的文字語言本身。質言之，以此(語言文字的優化改造)將上述知識內嵌或內化入我們的文字語言本身中，從而以優化或進化語言文字的方式來優化或進化我們民族的思維、智識、文化和文明。這也包括運用現代語言文字學、文法邏輯學來重述或創述古代經典這一重要工作；或者，用經得起現代語言學、文法語法學、語義學、語言哲學、邏輯學乃至知識論、智能哲學推敲的、進化完善之後的更為成熟的 2.0 版現代漢語中文，來重述或創述古代經典，而使中華文化或中華文明得以真正重現和更生煥發光采於斯世也。這也是我寫作《論語廣辭》的緣起或初衷之一，我之本意，是要讓《論語廣辭》的文本，經得起現代語言文字學、邏輯學的推敲，或以《論語廣辭》,示範古籍整理的一種新方法、新思路乃至新典範。

又:我目前的學養(學術積累)和見識,比較適合於創辦一所大學。注意:是創辦,不是執掌(一所既有的大學)。我對常識教育或所謂的通識教育,已經有了一些較為明確或詳細的想法或規劃。這是一種自我期待,對自己①、對國家和民族思論文化事業的期待。

202011192343

從"單字"到所謂"單詞"

中國人讀書、寫作乃至言語、說話,從主要以單字為單位來分辨、理解(讀、寫、看、聽、辨音、會意、運思等),轉變為主要以詞語或詞組為單位來進行分辨和理解,而今已經變得司空見慣,毫無困難或困惑,這真是一個巨大的變化。當然,如果現代人讀寫古文,或古人來到現代社會讀寫白話文,恐怕還是有很多障礙的,甚至會有一種語言的怪異感或文化衝擊,恐怕一時也難以轉換過來。但對於那些既受過古文又受過現代文或白話文的雙重訓練的中文專業的人來說,對此應該可以轉換自如,不會混淆。比如閱讀古文或利用古文來創作時,便會自動以單字為單位去釋義、組字成文句,或以單字進行理解和創作(主要基於單字之字法、句法、文法等),而在面對白話文或現代文時,就會以現代字詞、詞組以及語法等的概念,以現代字詞為單位來進行相應的文字寫作或閱讀等。

嚴格地講,一個人如果不懂(或精通)古之所謂"小學"或文字音韻訓詁學,或不能理解每個單一漢字的古義或字義,或對古漢字

① 包括期待吾學有成。

掌握量太少的時候，是不能夠真正和自如地做古詩的——當然這並非是寫古詩、作古文的充分條件。

202012242316

"有意味"的文象

漢字本身就多是表意的，或許多漢字本身就是一個意象，這不像拼音文字，也不像現代韓文字母。所以如果在衣服上印上一些英文字母或英文字母的雜亂組合，可以是沒有意義的，但是如果印上任何一個漢字或漢字序列，哪怕以一種錯亂的語序排列，卻都或可以是"有意義"的，因為單個漢字本身就有其義。或許有人會說，西方也有一些人熱衷於在自己的胳膊上或者身體的其他部位刻上奇奇怪怪的漢字，對於他們來說，這些漢字或者有意義，或者沒有意義，或者衹是錯誤理解的意義。可是我們中國人去看的話，衹要其用的是漢字，乃至用的僅僅是漢字構件，那麼這所有的漢字乃至由一些漢字構件拼湊成的怪字也仍然可能是有意義的，儘管這種意義未必是紋身者本人所理解或所希望的，但是它自身就可以產生意義，這是表意漢字和表音"文字"①的區別所在。

---

① **嚴格地講，表音字母不能稱為"文字"**。文者，紋理也，**有意味之紋理**也，今之西方表音字母雖或亦有線條，然不可謂紋理，尤非"有意味的紋理"，其線條不過用以變異之而區別幾十個表音字母而已，沒有任何內在的意義，由字母構成的單詞與其意義之間的關係純粹是強制的，故可視為符號。西方語言學家或發展出所謂符號學理論、結構主義理論等，固然和表音文字及重音之字語(語音中心主義)有關而相合，然不可以之簡單律諸漢語中文也。當然，有些西方字母就其起源而言，如早期阿卡德字母，亦是"有意味的紋理"，但逐漸完全簡化演變為純粹表音的字母，其線條和字母本身，與字母構成的單詞的意義沒有任何關係。故字母、表音字語和漢字漢語不可同日而語，尤不可以西方字詞學、語言學理論簡單律諸漢字漢語，而或誤解或棄失我漢字漢語之自身特色、優勢或文化主體性。(20221113)

在什麼情況下會讓漢字式的“字”失去意義①呢？那就是不以漢字造字法來造字，或者以一些似是而非的造字法來造出一些似是而非的擬漢字。比如我們今人去看古契丹文（契丹大字和小字），這些是仿照漢字而創造的文字，但是我們完全不知道那些文

① 這裏所謂的“失去意義”，是指失去文字的直接表意或含意或會意性，亦即不能根據“六書”等造字法以及既有的“有意味的紋理或漢字構件”來直接推測其字義，而並不是說不能間接表意。比如朝鮮諺文或韓字，其所代表的有些字詞其實就是漢字詞及其意義，然而並不用漢字字形，乃以朝鮮諺文字母標註漢音（明代漢語讀音）；同時其表音字母的構形，並非現代西方表音文字常見的横排式，而在外形上採取漢字的立體方塊結構，所以看上去有點形似漢字字形，但在內質上卻全然不同。因為漢字的構件是“有意味”的“文（紋）”、“象”，直接表意，又或兼表音，而朝鮮諺文的構件則純粹是無意味的表音字母，並不直接表意，乃是間接表意。換言之，正如一切表音字一樣，韓字與字義的關係乃是武斷的、強制的，可直接視為強制性的符號。**而漢字與字義的關係則不全然，由於有了一個本身便是“有意味的文或紋”或“象”的中介，漢字與字義的關係便不是純粹的武斷或強制，不是純然的強制性的、武斷性的表意符號或表音符號，甚至不是“約定俗成”，而帶有某種“物-象-意”關聯性或對應性，以及由此而來的意義規定性，使得字形和字義之間具有某種理據，或象據**——故漢字天然就帶有一種經驗論的意義關聯或意義規定性——，從而以字形、字象固定字義或字的對應物（當然，這主要指許慎所謂的“文”以及由“文”而孳乳的“字”，或主要指“六書”中的象形、指事、會意、形聲等文字，未必包括一些假借字和轉註字，或將後兩者視為“用字法”而已）。在這裏，再次強調一點：不能簡單地以西方語言學理論來律諸漢字漢語，比如不能把所有漢字簡單化地視為強制性符號，將其意義視為約定俗成而來，而尤其當關注漢字的造字理據，關注漢字意義相對於字形、字體、字象或字結構的相對規定性，質言之，漢字意義未必乃至本來並非是簡單粗暴的強制或約定俗成，而和字、象所代表或對應的“物”、“實”有著更親近或更合理性的密切關聯（**辟“約定俗成論”**）。那麼，字形或字形構件與字義之間的這種理據、象據或對應性、關聯性乃至規定性，到底是什麼呢？乃答曰：此即觀物取象而造文字，取象成文成形，乃以此象文象形，或單獨成文，或孳乳結構成字，是漢字也。物—象—義之間，乃是一種取象關係、抽象關係，或概括其一般特徵或本質的關係，體現了當時人的初步經驗觀察能力、理性概括能力和抽象思維能力——當然，更多或主要是經驗主義的理性。這種字形象意性、造字理據或象據、立體字形結構等，在某種思路或眼光的打量下，都體現了漢字中文的優勢。據說，相對於表音字，使用中文的人，失讀症相對更少，或許亦與此相關。另外，這裏所謂的“失去意義”，亦是以漢字造字法如“六書”為本位而言的。如果有人能夠發明更好的造字理論，或發明更好的造字構件即“有意味的文或象”，那麼，按照新發明的那種造字理論和“有意味的文、象或構件”，也是可以推測出其字的內含意義的，可謂是另一種“漢字”體系。（20221113）

字的意義,不知那些文句在說什麽,也就是說,其文字“失去了意義”。以現代普通人的眼光看去,我們不知道其造字法或造字規律是什麽,它們似乎缺少意象的成分,其造字法似乎是機械的,沒有靈性——當然,這也可能是一種偏見,或者其原因僅僅是我們目前還不認識它們,還沒有解讀出他們的造字法而已。其實,契丹文字是漢字的派生文字,其中,契丹大字也主要是表意文字,契丹小字則主要是表音文字,或表音成分比契丹大字多①。就其創製本身而言,當有相應之造字法,以其造字法而視其字,或亦可睹字象而知其意。徒其造字法度與“六書”相比,或有優劣高下之判耳。

使用意象文字的東方民族,對大自然、自然物象都有一種天然的親和感,情意灌注和合,天人合一。他們是最懂得欣賞大自然或自然物象的人。或者,這樣的文字語言及相應文化,和農業文明、遊牧文明、漁獵文明等自然文明形式,有著更為親近的關係。當然,從另一個思路來談論,則這也意味著意象文字在表示玄虛理技工業文明社會中的許多科學玄理②、虛玄物理或抽象概念方面,或有所不足,當於此方向亦有所進展,從而兼顧自然文明與玄理科技工業文明之不同需求。象意文字,有了字象、字形的限定,意義相對固定,不易完全抽象化;表音字語,則相對更便於強制規定其意義或意義變化,乃至表示完全抽象、虛玄的意義,相對適合於玄理科技工業文明中發展科技的需求。

文字語言的抽象化,當然是文字語言發展的方向之一,從某種意義上(抽象思維能力)提高了人類的智慧,尤其是對所謂的自然規律或

---

① 契丹小字是當時的契丹人(耶律迭剌)受回鶻文啟發而對契丹大字進行改造所創製,相對更為適合契丹語音。古女直文之創製亦受古契丹文所啟發。

② “玄理”,或“理”而謂之“玄”者,乃謂“理”非客觀實存物質,是抽象之“理”,如關係、一般規律、必然性、公理、一般共相、概念等。當然,對於所謂的“理”,有唯名論與實在論等不同觀點。柏拉圖也認為“理念”(或“理式”)是“實體”。限於主題,茲不詳論。

物質理則的掌握——當然,從另一種思路來論述,或許亦使得人類智慧誤入歧途,即對於感性經驗知識和事物的輕視等……但文字語言的抽象化程度越高,人們離自然物象和大自然就將會越遠,他們過的是另外一種生活,比如理技工業社會裏面的生活。理技工業社會或所謂的理技工業文明的宿命,就是將大自然變成人工化的理技工業世界①。"他們"對自然和自然的物象沒有情思,沒有情意。因為工業產品可以大規模地複製生產,衹有數量,沒有個性。工業社會或工業文明可以養活更多的人,必然會產生大量的人口,又必然會無限地侵蝕大自然日益縮小的地盤,直到人類佈滿地球乃至外太空星球的每一片土地,最後把所有的大自然都變成了人工的工業世界。沒有什麼是工業"文明"或理技"文明"(建立在日益"進化"的抽象語言或邏輯語言——包括數理邏輯——的基礎之上)所不能攻克的,包括作為自然存在物或自然物象之一的感性的、有限的、具體的人類本身。通過現代科技,人類幾乎可以改造一切事情,包括對人類自身的改造,或許,人類可以長生不老或不死的那一天,就是人類真正滅亡的那一天。

除了上文提及的古契丹文字,著名的東巴文、仙居蝌蚪文、夜郎天書、峋嶁碑、巴蜀符號、倉頡書、夏禹書、紅崖天書等,也是很值得關注的。

202012242316

漢字之美及其維持進展

我覺得古漢語中文是世上最美妙的語言文字,古漢字漢語

① 所謂"人工化",就是以玄理或絕對抽象概念等來改造自然。

本身就是意象(流),就是詩,就是美象——雖然古漢語文字也有許多問題和不足,需要進一步完善之。但我對現代漢語文字和現代漢語文學有更多的不滿,姑且先不談思論情意內容方面,衹談文字語言形式層面,則現代漢語文字或漢語文學便往往失去了古漢語(漢字)的許多美感,和內在意旨(造字組詞之理據,或詞組中各單個漢字的意旨內在貫通勾連),同時又在規範性[①]和精確性等方面存有許多問題。當然,我也意識到,在現代社會,完全株守古漢語文字也不現實,而必須發展現代漢語文字,以應對現代理技工業文明的需求或挑戰。所以我很期待有真正的偉大的漢語言文字學大家或漢語言學大家乃至漢語文學家出來,我自己也有意將來在這方面做一點工作。

比如,和古代漢語以單音節字詞為主不同,現代漢語多了許多多音節詞或詞組,但問題在於,有些多音節詞(或詞組),用以構詞的單個漢字,幾乎失去其本身意義,字義與詞義之間並無內在自洽意義關聯,或關聯得頗為牽強,亦即上文所述"詞組中各單個漢字的意旨難以內在貫通勾連",多音節詞(或詞組)成為一個全新的概念或符號——也就是古代的一個單音節字——,我覺得這破壞了古漢語的內在自足性和完足性。很明顯的一個表現便是:使用現代漢語詞或詞組,無法寫古詩。或曰:倘新物(物事)新義不能從既有漢字意義中生發出來,則不如另造新字;在引介外來義時,甚至可以無意義之漢字來音譯,亦可是一法。事實上,日語在借用或引介無法以漢字意譯或無法納入漢字組詞的外來詞時,便採取一種特別音譯形式或音譯符號。然此法究竟不如"漢字的內在意義轉

① 當然,"規範性"這個概念或觀念本身,也很複雜,乃至疑竇叢生,需要詳細分析,甚至要慎用。

化"或"造新字"為尤妥善，因為此法可以溝通古今造字法，漢字漢語之本色仍在也。當然這裏衹是簡單粗略說說，一時無暇深入細緻探討。

試舉一例：比如"理想"一詞，我覺得這個造詞就不甚通，就其多重涵義而對應之，或應該是願念（願景）、美念、良念、遠念、遠圖，或純粹、完足、完全等。"理念"一詞稍好，"造意"亦或可，餘如心念、構念、心造皆稍遜。然或曰當為"理式"或"型式"。

我自己有一個執念：判斷一個現代漢語詞組造得好不好，一個粗略簡單的標準，就是看它能不能入古詩。

各個領域都有許多有待開拓性、創造性工作之作為處（都在期待出現真正的大家或大師，及其成果），可做的事情很多，所以真是忙得很，然而也很從容，因為有內在意義和價值的事非常多，不用蜂擁華山一條道地爭搶。

改變或改良一個民族或民族文化的最好方式之一，是改良她的文字和語言。因為這個民族的所有成員都要用這種文字語言來思考和生活。各種語言及其文字是各個民族或人類存在的方式或家園。

我頗有意根據語言文字學的某些合理常識（即經過合理性審視批判的文字語言學常識，尤其是訓詁學常識）或合理標準，將清季民初時期從日本輸入的漢字詞語乃至全部現代漢語詞組，全數重審一遍。這當然不僅僅局限于傳統訓詁學或文字語言學領域，還包括現代哲學裏面的觀念史、概念史、詞語考古學（詞源學）、語法哲學、語言哲學或翻譯理論的某些思路。此外，亦期待自己或其他有志者在文學寫作或文學作品中，通過既審的現代漢語中文或現代漢語文學寫作，來呈現和傳播這些語言（學）和"文"學成果。

202102191022

漢字的造字理據

每個古漢字都有——或都應有——其造字的內在理據。有些古代學者在寫作或使用漢字的時候,其實非常注重當時語言形態下的用詞精確性(當然也有些學者不甚謹慎,甚至,某種意義上,許多通假字就是因為這種不嚴肅態度或權宜之計的態度而造成的),換言之,在那時,或對於那些學識淵博、用字謹慎的學者來說,每個漢字的內在造字理據,用字作文者都是——或都應該是——了然於心的。他們是理性地或有自覺意識地按照漢字所內含的理性(象意理性、經驗理性、經驗自然主義理性、經驗人文主義理性等)來使用漢字,故而也可以說,他們在使用漢字時,表明他們是講理的人,是講理的民族,他們的文化也是一種講理的文化。加上許多漢字所內含的"道、義"意義因素,則可謂是講(天人)道理的理性民族和文化。而不是毫不顧及其內在造字理據和用字理據,隨意地使用漢字和漢語。

但是在漢字的歷史發展過程中,有些漢字的造字理據慢慢隱沒不彰,或者由於後代學者(包括學習者,不僅僅是專家或 scholar 意義上的學者)的疏懶(無意找本字或造本字)和誤用(其實有些誤用也有其內在理據,比如同音假借、字形相近等,但與第一性的漢字內在造字理據比起來,這些方法是第二性或第二位的,或者,未必能簡單地等同於"造字",更準確地說,乃是"用字"),使得漢字造字的理據或漢字使用的內在理據變得更加複雜起來。於是,漢字或漢語的使用,就由之前的內在邏輯自洽貫通,慢慢增加了一些後來的約定俗成乃至強制定義的成分,而漸漸忽略或失去了對其漢字和語言的內在自洽理據的關注和追求[1]。現代人在學習和使用漢字的時候，大部分都是在約定俗成的層次上來學習和使用，不會去關注更深層次的漢字的內在造字理據，即不通“小學”或“文字訓詁學”。比如，現代人對於古文中的有些生僻字詞，衹會去死記硬背其訓義，無意或無力去推敲其字的造字理據或用字理據，將字義與字形的關係視為一種強制關係或約定俗成的關係，儘管事實上該字或有造字理據或用字理據。當然，也有一些漢字，至今仍不能很清楚地講明其造字理據或用字理據，甚至古人對於某些字的解讀，也有囫圇吞棗地機械識記其訓義的情形。如果長此以往而不覺察，形成一種新的集體無意識或文化無意識，那麼，這就有可能會在一定程度上損害這個民族或這種文化以及這種文字語言本身所應具有的理性氣質，或對理據自洽貫通本身的自覺意識和追求。就此而言，訓詁學或漢語“小學”，對於培養所有中國現代國民或個體的理性思考意識和能力而言，乃至在培養和提升國民的博物學、物理學或現代科學常識等方面，都很重要（因為漢字裏面就蘊涵了——或可以蘊涵——這些物理常識和文化道義常識）。

---

① 即對於造字理據、用字理據的關注，以及對於“觀物取象”本身的關注。後者其實更涉及對“物”本身的研究，古代或謂為“格物學”、“博物學”等，實則即是今日所謂物理學或大物理學、自然科學等。離開了對“物”本身的研究，自然也無法更好地造字，在格物學、物理學或科學以及大文學方面，兩有所失。反過來亦可知：在先秦或上古文字初起的年代，中國上古先民是非常重視對於“物”本身的觀察研究，重視“格物學”，並表現了頗為高超先進的格物學或物理學水平，然後才能創造出體現了較高物理學水平並表現在相應造字理據上的漢字。質言之，先秦中國文明既格物、察物（求真），又取象、法天而體道創道（求真），在**求真與求道**兩方面齊頭並進，皆有優異之表現。**天人相參、道真互進，先秦中國文化乃是一種兼顧道與真、天與人而和合之的理性人文道義文化**。於今而言，仍當如此，格物（理）與致知（慧）、求真與求道、物理（自然科學）與人道（人文或人道學術，或曰廣義道學、道理學）、用舊字與造新字等，皆當並行不悖，相互促進。（202211141300 許）

我的一個想法是，所有的漢字都必須尋繹出其造字的原本理據，及其後字義發展、轉化、轉喻、引申以及假借、轉註乃至誤用的內在理據。在此基礎上，**減少缺乏或不合內在造字理據、表意理據的一些假借字或轉註字，同時或可考慮創造一些新“書法”以造新字來應對標註純粹抽象字義或玄義的難題。**對一個追求理性和內在理據的人來說，我並不讚同或並不滿足於“強制意義符號論”、“約定俗成論”，即“字形和字義之間的意義關聯乃是約定俗成的”這個層次的解釋，還希望進一步追問其原本的造字理據，或這個所謂“約定俗成”的內在理據是什麼，而在某些方面更傾向於前一種理性文字或理性造字用字法①。所以我現在很期待購入一套《古文字詁林》隨時翻閱，即使這套書也許不能完全滿足我的期待。但這也是我想做的工作之一。當然，我更期待有更多的眼光識力宏深廣遠的通人學者的湧現，為中國文化復興和中國的發展貢獻更多才力。可做的事情很多。

某種意義和一定程度上，誰掌握了古代中文漢語和古代中文漢語語言文字學，誰就掌握了塑造現代中文漢語（包括現代中文漢語文學）乃至現代中國思論文化的鑰匙或工具之一；此外當然還需要其他條件或資源的準備、積累、介入和配合。

202102191022

① 當然，我也承認文字語言的“強制意義符號”或“意義的約定俗成”的現實性和必要性，尤其是在理技工業文明時代，更是如此。另外，在哲學上，“名”與“實”或“名”與“物”的關係本來就很牽纏，唯名論也罷，實在論或唯實論也罷，都涉及如何認定“名”、“理”、“義”、“概念”、“理念”乃至“心”、“意”等的性質的問題，並無定讞，或並無單一的答案。所以漢字漢語及其理論或文字語言哲學分析等，也可以納入這些思考維度，不必拘泥執一。（202211141300 許）

小學專書吾亦好之

我現在連《爾雅正義》、《爾雅義疏》這樣的書，都翻閱得津津有味。因為我不大有學科壁壘的意識，或者說不大理會學科間的機械化的條條框框的限制（所謂知識的規訓或學科的規訓，尤其是對心靈的規訓），對於每個學科我都以基本常識、理性，以陌生人乃至或可說以小孩子的眼光，去打量和審視，所以往往能夠發現那些飽受規訓、深陷其中的一般學人或所習以為常、不以為怪而難以意識、不予關注的一些問題。

我去關注某個學科，閱讀某個學科的相關論著，是出於對某些事情或論題的關注或疑問，是想去找我所關注的一些論題或問題的答案等。然而如果這個學科對這些問題或信息避而不談，或根本沒有提及，或沒有答案，或解答得太過牽強，或有許多蒙蔽性的疑竇叢生的虛假答案，或整體學術表現太過差匱人意等，那就會讓我產生許多不滿。因為有不滿，或者說找不到自己所想瞭解的知識、解釋或令自己滿意的解答，不能夠看到自己所希望看到的那些至少足夠自圓其說的知識、理論，或那個水準的著作，於是就衹得自己去探究，自己親自來做，自己來創造。所以我並不盲從所謂學界的任何既有的所謂“標準”、“範式”、“慣例”、“風氣”、“權威”等，也不會為了外在的目的或標準來決定自己的研究[①]；而是出於自己對於知識和真理（以及道理）的探求興趣，去做自己認定真正有

① 放大歷史的眼界和求知史的眼界，先去思考什麼是真正的研究，或什麼是真正有價值的學術。

價值的閱讀和研究。當然,除了"求真"、"求理",還有"求道",兩種事業及其方法有其同者,亦有所不同。

我現在理解了為什麽將《爾雅》也置於"十三經"之中的道理所在,並且我覺得《爾雅正義》和《爾雅義疏》讀起來也蠻有意思,與此同時,對於其研究範式卻也有不滿。我覺得對於漢字的研究,尤其是對於漢字造字理據的研究仍多缺漏,許多仍停留於武斷性認定或約定俗成的第二層次,而有關造字理據的第一層次的研究則仍有待拓展。這大概需要聯繫到甲骨文字的研究……

今日小學不講"小學"(文字訓詁音韻學),大學亦非(昔日之)"大學";現今的小學識字教育,如果不講造字理據,大概大多數是武斷性的教學吧。那就未能充分發揮漢字教育對於培養學生們、孩子們的博物學常識和理性思考能力的功能價值。

202102251608

不讀《爾雅》、《說文》等古代漢語中文訓詁學或漢語語言文字學著作,你怎麽談漢語語言(文字)學、漢語言(文字)哲學? 你又怎麽能談中國經學、中國思論、中華文化、中國哲學或中國思維方式呢? 那就全都是無根之談。

202102252030

訓詁三層次:造字理據、用字理據與武斷訓詁

以上可分別稱為:第一層次的造字理據與第二層次的用字理據與第三層次的武斷訓詁。第一層次從字形上分析其造字理據,

如“六書”中的象形、指事、會意、形聲;第二層次往往從音、義、形三個方面來定其字義與用字,如“六書”中的假借與轉注;第三層次則是指文字訓詁中往往出現的武斷訓義的一些現象,比如:歷代經學家、小學家對於某些上古字的字義的武斷訓義,而未能乃至不能從字形上分析其造字理據,亦未能乃至不能從用字理據上說明為何此字表此義,而衹是一種強制的訓詁——當然,在第三種情形中,有時也可能衹是省略了造字理據的分析,如果進一步追究,或亦能追溯其訓字的造字用字理據。

如果僅僅是武斷性的訓義而並無造字理據的說明和揭示,那麼,我為什麼要相信《爾雅》或《說文》的解釋呢?換言之,如果他們(指作者。如用“它們”,則指著作)的解釋不能夠在字形或字體上自圓其說而給出造字理據,或不能給出字體、字形與字義之間的內在理據的話,那我為什麼要無條件相信他們的武斷性解釋呢?又如何能論證說漢字是一種具有高度(象文)經驗理性的文字呢?就此而言,我們不能盲從漢人的訓詁;乃至先秦、兩漢以來的所有的訓詁,都必須重新審視,而力爭在所有文字上,都從某些武斷性的解讀和盲從這種第二、第三位的訓詁層次,進入到從字形和字體本身來對其造字理據進行解讀的第一層次或根本層次。

漢人的訓詁之學對閱讀上古經典,當然發揮了極其重要的作用,並且經由漢人傳注訓詁的經典,和上古經典的本來思論面貌,也多有其內在繼承貫通之處,但同時也有很多新的創造或誤讀,並影響了其後幾千年中國思論文化的基本面目。也就是說,經由兩漢人重新解讀詮釋的上古經典的思論文化內涵,已經和上古學術有了一些差異。亦因此,戰國暴秦以後,這個民族及其文化被稱為漢民族或漢文化是有些道理的,因為無論如何評價,漢代學人確實是對古代思論文化進行了全面的繼承創造。但如果我們要瞭解西周、商、夏乃至以上之中國上古思論文化，那麼就必須注意區分兩漢學術的許多增删新創（添加等），而恢復先秦思論文化的本來面目。這其中的關鍵或著手點之一，便可以是重審先秦兩漢的訓詁學。這也是恢復上古或夏商周以上之真實文化歷史面貌的基本工作。

清代的訓詁學並沒有革命性的變化，他們仍然是在漢代訓詁學的基礎之上（思路、方法等），來進行他們的研究，清代人的研究衹是說或許更為精密一點，但是因為在根本方法和思路上有問題或並沒有革命性的創造，所以它和漢學其實並無二致。

甲骨文出來之後，這一思路或工作的實施可行性也大為提高。

古人造字用字，既可以說甚為精密系統，然同時亦有一些權宜之計的做法，在筆者看來，假借字或通假字、轉註字、異體字、簡化字等也可以視為一種**權宜用字法**，一旦有更好更規範的本字，或造出更具內在造字理據的本字，就應該去掉作為權宜之計的假借字、異體字等。但在漢字發展歷史中，後代人卻往往以此因循慣性而將錯就錯，既或未另造本字，又或沿襲用之，導致漢字之成分遂稍為駁雜不純。當然，按照儒家的說法，歷代王者的本職工作之一即是考文字或書同文，所以也會進行相應的整理和統一工作。但其標準如何呢？如果標準本身有問題，就會讓那些權宜字一直流傳下來。或曰，從“象文”、“字象”或“文象”理性的角度來看，漢文字如果要真正成為理性的文字，即使是文象經驗理性的文字，首先要為所有的漢字及其字義分析出字形上的造字理據——儘管這也可能被人批評為“文象中心主義”的偏執——，並且減少假借字尤其是武斷訓字的用法，除非假借字或武斷訓字可以在其字形與所表字義間建立內在的造字理據。他們進而論證道：衹有在造字理據，或字形或字體本身與字義的內在理據關係，得到自圓其說的合理解讀之後，我們才能說，中國漢字和中國文化是建立在一個理性的基礎之上。也就是說，重新恢復或重築中國文化的理性基礎，建構其理性的地基。

這就要求逐漸減少乃至杜絕上文所說的“權宜之計”的用字法，或一些不夠成熟的字體——即在造字理據和“書法”上都有所欠缺的那些漢字。就訓詁學而言，即對於其中所存在的一些第三層次的武斷性訓詁，進入到訓詁學的第一層次或根本層次，即力圖從字體或字形本身對造字理據來進行自圓其說的合理解釋，同時有意地慢慢減少假借字和轉註字等第二層次的用字，而用其本字或另造本字代之，從而使得所有的漢字及其字義就建立在本字的內在造字理據的基礎上。當然，假借字和轉注字是一個複雜的論題，恐怕也難以簡單抹煞；並且，對於一些抽象概念或抽象“義”，尤其是進入現代社會以後所大量產生的新的抽象概念或抽象“義”，有些頗難以字義引申轉化的方式來表示，那怎麼辦？假借轉註是否是一種必要的表義手段？是否要造新字？抽象義的新字如何體現其造字理據？抑或另闢蹊徑，在漢語中引入一些新的文字形式或語法形式，來表達某些抽象的意義或語法意義？諸如此類的問題，都需要現代漢語語言文字學家去進行創造性的思考應對。並且，這本身亦是一個極為嚴肅複雜的論題，亦不可貿然翻然為之，所以最終仍衹能是在長久的歷史發展過程中，慢慢演化和進化，無法一蹴而就。

202102260938

翻翻《甲骨文字典》，衹覺趣味橫生。藉助甲骨文，可以糾正許慎在《說文解字》中的一些訓詁。

202102262223

重訂漢字

結合甲骨文的研究成果，糾正一些錯誤引用的字形字體，乃至根據甲骨文並依循“四書”理論（象形、指事、會意、形聲）新造一些偏旁部首和漢字，甚至完全根據物象新造偏旁部首和新漢字，從而使得漢字系統和漢語言系統更為規範，有理據，有條理，有邏輯，有系統等（因為現代人已經掌握更為先進的邏輯學知識理論，可以利用和依照此一現代邏輯學來對漢字系統進行更好的設計和規整——並且仍然可以不失其意象性特質，同時增加其表玄義或抽象義的表義能力，從而增加抽象概念或詞彙系統），如此則既便於學習，也便於培養國人的理性意識和理性思維，將中華文化提高到更高的水準和層次。不用擔心新的漢字系統頒佈後會影響中國人對古代文字及古代文化的辨識和學習，其實，我們今天所用的簡化字也和古代文字有著相當的差距，但是同樣不妨礙在中文系系統學習過的人對古代文字、文學、文化的學習和研究。但這在傳統儒家文化看來，乃是王者的事業，個人衹能悄悄地做，以供當時或未來的王者之用。而在現代社會，則沒有這樣的禁忌，既可以由政府來主持其事，有心志或興趣的學者也可以進行獨立的研究。

或曰：如果某個學者（或某些學者）能對本書所提及的所有這些重要論題都作出很好的回應和相應的創造，那麼，也可以說，這位（或這些）學者就將成為中國歷史上的最偉大的漢語中文之文字語言學家之一，甚至可成為第二個倉頡，將漢字提升到一個新的境界。

202102270001

漢字文明與漢人文明

漢字是中國文化、中國思論、中國道學或中國哲學的基礎;或者,換一種說法,就其更早的起源或濫觴而言,漢字尤其是上古“漢字”藴涵了中國文化、中國思論、中國道學和中國哲學的相對原始或原初的遠古記憶或神秘基因,也是解讀破譯上古歷史文化的密碼。

中國人和中國文化的一切相對原始的秘密或記憶,都在上古“漢字”裏。

漢字是中國文化的古化石,也是最原初最悠久、文化含量最豐厚和最大的文化古跡之一。漢字本身就是最好的考古材料之一。

上古漢字或漢語(及其語言文字學材料),就是最重要的上古中國歷史文化考古對象之一。

文化代有因革。夏代以前之歷史暫時不甚可考,由商代到周代,文化發生了巨大變化,雖曰亦有因繼,而革新者亦甚多。而由戰國到秦漢,尤其是漢代,文化又有巨大變化,通過革新創造以及有意無意的誤讀,中華文化流衍至此,已摻入了太多漢人的創造。秦漢之間,漢字漢語的訓詁、音韻和文字字形,都有相當大的變化,加入一些新的解釋,遂使漢字和漢語(字形、訓詁、音韻即形音義)發生巨大變化。某種意義上可以講,從那時開始,中國文化或漢文化是建立在對於先秦文化的巨大的誤讀的基礎之上的,從而和殷商文化、西周文化乃至春秋戰國的文化,或總體的先秦儒家文化,有了明顯而巨大的差異。漢人或漢代學者對先秦中國文化的改造是系統性、全面性和根本性的——用今天的話來説就是:漢人把先秦文化漢代化了(其實其他的説法也成立,比如説,周人把商代的文化周代化了，商人把夏代的文化商代化了，等等）。所以才會有先秦這個概念或歷史分期的說法。

漢人或漢代學者所建構出來的經學系統和文化禮樂系統或禮儀制度系統，和先秦經學等的本來面貌，還是有很大差異的。但是，由於文字書寫系統（字形或字體變化，書寫工具的變化等）的根本變化和典籍的播遷散佚流失，以及漢人或漢代學者對典籍的輾轉全面重錄和系統性改造，使得幾乎很難完全恢復先秦文化的基本真實面目。於是從漢代以後，中國文化就在漢人或漢代學者所重新改造而奠定的基礎和框架裏面發展，再也無法恢復到先秦三代之文化面貌，也無法從漢代所奠定的思論文化框架裏面跳脫出來。綿延兩千餘年，而至於辛亥革命。

但近現代以來，隨著大量甲骨文、金文以及其他古文字的發現和整理研究，使得恢復先秦三代文化本來面目的可能性，大大提高了。當然，到目前為止，這期間許多學者仍然不能跳脫出漢人訓詁學的框架、窠臼或束縛，仍多牽強附會、將錯就錯、固陋武斷、錯上加錯、謬種流傳的情形。但當甲骨文、金文和其他上古文字積累到一定程度的時候，全面清理漢代學術的誤讀，或區分漢代學術的創造、改造乃至偽造與因繼，乃至因而超越漢代學術，就都不再是一些個遙不可及的空想了。

當然，我這樣說完全沒有否認漢代是一個風力雄渾闊大、富有思論文化創造力的時代。論其風力之闊大，從漢代以迄清代，我認為沒有哪個朝代能趕得上漢代學術思論文化的創造力。然而我的關注點不僅僅在於中國文化的漢代根源，尤其還在於中國文化的三代根源乃至更遙遠或相對更原初的上古根源。所以要把漢人所附加的那些文化添加物一層層剝離開來，而試圖以此去探究先秦三代或上古的更為真實的歷史思論文化的本來面目。

現在的上古文字研究還存在著許多不足，乃至根本缺陷。

我很早就有“重建”三代學乃至前三代學的願望。

五經，乃至一切先秦典籍和思論文化，經由漢人一中轉（轉手），就在相當程度上變成了另外一種面貌。但因為缺乏必要的比較材料，今人已經很難分辨出來。

漢人做真正學問的熱情是十分高漲的，即使有時是以造假或偽造的方式，但其初衷仍然是為了追求真正的道義學問本身。不像其他的許多時代的許多人，看似熱情高漲，其實都是在假裝做學問，做假學問，並且他們自己也知道自己衹是在裝模作樣地以做假學問為名。所以空有當時的虛假的喧嚷熱鬧和繁榮，其實是產生不了什麼真正的學問成就或學人大家的[①]。

202102280030

中文文語哲學當從全面考溯甲骨文之造字理據始

儒家或孔子正名之學，在《爾雅》裏，在其後之種種訓詁之書

---

① 或曰："我"衹聽從內心的聲音（自己或他人），不聽從時代的聲音。但除了真實相與的人，你衹能聽到時代的聲音。所以"我"充耳不聞，不問不與。又或曰：假如世俗文化裏的親疏遠近、內外有別、區別對待的特點，以及由此衍生的對包括傳媒資源在內的一切資源的不對等的分配或掌握，和中正之風節的缺失，使得所有涉及現實人事的文章都在一定程度上是傳言，是流言，而不是客觀中正的（何況除了虛榮之外，還有權力、商業、資本或利益的因素，居心叵測而又私心昭著地介入），那麼，其中所傳達的觀點就都不可全信，乃至根本不可信。所以，"我"對包括人物吹捧文章在內的一切文字，都衹是笑一笑而已。那種文章看多了，有人會誤以為那個時代、世界和文化極其美好，或和現實對照而產生強烈的反差和疑惑：這麼多美好的人與事，世界是怎麼變得這麼壞的？拋開偽飾誇張和有選擇性地記述等因素，這些文章既衹記錄了兩兩相與或親近相與的情形，而完全沒有及於其他曾在場或不在場的更多相關主體的感受（比如與官員相對應的"治下"的全體民眾），並且這些文字記錄的既不是紀錄者本人的內心，也不是被記錄者的內心，所以都衹是表層的、膚淺的乃至偽飾的。心已迷失，無處尋覓，如何記錄內心？所以都是癲狂胡話而已，沒甚意思。不如看山看海，看草木萬物。

裏。漢語語言哲學或中國文語哲學之研究與確立，當先從研究闡釋《爾雅》等儒家字書或古代字書、訓詁之書開始。

但中國文語哲學、漢語言哲學乃至漢語言文字本身的重構，卻都需要首先從甲骨文、金文等入手。比起漢代以來興盛湧現的訓詁之學及相關訓詁之書，這些文字更為本原，尤其是甲骨文。可以嘗試先從甲骨文、金文字形本身來進行訓詁，即嘗試著從字形本身來推敲其字之含義，而不受漢儒訓詁之書的先入為主之見的影響①；對於其中所不能直接推敲字義者，或者暫無甲骨文原字者，則再借助於漢代以來的訓詁之書，斟酌而推敲之。

漢儒的訓詁，有些根據字形就可以判斷其訓詁的正確性，有些卻並非基於字形或字形分析的訓詁，而是武斷性的，且並未提供足以自圓其說、言之成理的解釋。對於這部分漢字的訓詁，就有必要借助甲骨文、金文或其他造字、用字理論來重新進行分析。原則上或理論上，應該是每一個漢字都應有其內在的造字理據，研究者都必須通過種種研究方法，分析尋繹和揭示出這種造字理據。**如果不能發現這種造字理據，或者沒有這種造字理據，對於這些漢字及其字義之確定，就要特別注意，更加仔細而又更加謹慎地斟酌推敲其可能的含義，不可簡單採用漢儒訓詁，或在權宜採用時仍持懷疑態度或闕疑態度。**我們當然不能隨意抹殺這些漢字的歷史存在的事實，但是在構建現代漢字或漢文語體系的時候，或可儘量暫時不使用這些漢字，而使用更能夠說明其造字理據的漢字，或以此種漢字來替代之，俾建立更具理性起源的漢字、漢文語、漢語文化或中國文化。

我從小就喜歡究理窮理，要追問事物和現象背後的道理、原

---

① 當然，對於甲骨文中的字形的相關組成部分，漢儒訓詁中的一些言之有理的分析或解釋，仍然可以借用漢儒的訓詁成果。完全拋開漢儒訓詁也無必要和沒有道理。許慎的《說文解字》本身就體現了漢儒訓詁成就的最高水平。

理、原因等;而不滿足或不滿意於僅僅被告知怎麼做,卻不告知原因和道理,或無法說明原理與道理。在學習數學和幾何時,我完全不滿足於記公式、背公式,而是首先要能自己推導出這個公式,或知道這個公式是怎麼推導出來的,知道其整個推導過程是有邏輯的或無誤的,然後才滿意——但也仍然有可能不記公式,因為我已經知道怎麼推導出這個公式,所以沒必要機械地去記這個公式,即使在考試的時候,我也可以臨時把這個公式很快地推導出來,所以也沒有很大的必要去記公式。當然,我當時對化學公式是記得很快很多很牢很輕鬆的,因為化學公式的原理一目了然。

但我後來對此有點過於"放縱"或"托大"了,幾乎不再刻意去記憶或背誦什麼知識、觀點或信息,更為注重理解,注重對任何論題的從頭開始、從我思開始的本原性的獨立思考、尋繹和推導,於是對記憶力的訓練就幾乎毫不在意,導致我現在有時難以清楚地記得或分清不同哲學家或學者的理論、觀點和分析的差異。而這是不利於進行哲學史或思論史的研究和教學的。當然,這仍然有利於進行哲學思考或思論發現本身[①]。

我天生關注道理和原理本身,這也比較適合進行哲學研究或思論史研究。所以對於各個專業或學科,我更關注理論思考和本原性的論題(本體論、形而上學或超物理學),或比較喜歡進行原理性的思考,比如政治哲學、法哲學、科學哲學、語言哲學、心靈哲學或智能哲學等,以及各個學科的思論史或理論史。

202103012203

① 以賽亞-伯林曾用狐狸與刺蝟來對此進行比喻和區分,但我現在連這種引用都覺得有點不好意思。因為這也是一種"這個說那個說",其實並沒有很大必要來引用"某人說"。

不通(讀)“小學”,很難寫出真正典雅準確的文字(漢文、漢文語、中文);讀了“小學”,也未必能寫出典雅準確的文字——因為“小學”對漢字的研究,本身就有許多尚未達到典雅準確的程度。所以,這可以說是“小學”研究或發展的巨大空間。但在新材料(包括新的可能的古代尤其是上古文字、名物考古材料等)沒有充分湧現之前,許多“小學”研究也衹能是處於權宜的狀態,或處於第二、第三層次的研究狀態(用字法與武斷訓詁),而不能夠進入到根本義的研究,或本原性的研究。

202103031017

以漢字漢語為本幹而穩健汲取外來之事、義、理

建基於漢字或以漢字為載體的中文漢語及中文漢語文化,天生具有一種緩慢而穩健地接收、內化和同化外來文化的能力或特點,或者換一種更準確的表述則是:中文漢語在接受外來文化時,天生具有或表現出一種將外來文化穩妥而緩慢地內化和同化而又不失去自己的文化主體性的特點。從某種意義上來說,這似乎表現出一定程度的文化保守性,但是從另外一種意義上來說,這又表現出了文化的穩定性或穩固性,和文化進展的穩健性。

近現代以來,日文日語和日文日語文化面對外來文化所採取的思路也頗有特點,甚至具有某種創造性,一方面,同中文漢語和中文漢語文化一樣,日文日語和日本文化也試圖通過將外來文化納入到建基於漢字的日文日語系統中(當然有漢字、平假名與片假名之分);另一方面,對於在日文日語、日文日語文化乃至東亞文化中很難對譯的外來文化或詞語概念,日文日語採取完全的拼音化音譯。其實,在面對外來文化時,日文日語和日本文化從很早就採取了這

一思路，包括對漢文化的接受亦是如此①。朝鮮語亦有類似者，比如朝鮮世宗所創造的諺文試圖採取拼音化的思路，但這種拼音化文字仍然受漢字漢語影響甚深，是在漢字漢語音韻訓詁文字學的影響下，由精通中文漢語音韻訓詁文字學的學者所製作出來的；更關鍵的是，因為文化發展階段和水準的不同，當時的古代朝鮮（上古箕子朝鮮以降），自身的文化還相對比較原始或落後，所以其許多文物制度都受到漢文化或漢字文化或中華文化或東亞大陸文化的影響，於是古代朝鮮語裏面的很多詞彙都是漢語中文詞彙的音譯——即使在今天，據說韓國語裏面仍然有 70％的詞彙是漢語語源——所以即使發明了諺文而拼音化，但其音韻和訓詁，或者其發音和意義，也仍然是漢字文化、漢語文化或者漢文化的底色。至於古朝鮮語本身所具有的一些詞語，往往衹是有關原始日常生活的簡單詞彙或語言的遺留——正如原始的日爾曼語言衹有比較簡單的日常生活的詞彙一樣——，並不足以構成一種特殊的文化或先進的文化或文明，所以同中華文化沒有太大區別，從而在許多世界文化史著中或納入中華文明或東亞文明中來進行論述（雅思貝爾斯所謂的“軸心文明”）。越南亦有類似者。至於宋代之西夏乃至先秦的楚、秦、吳、越（尤其是當地土人，不包括某些貴族，比如吳國的貴族仍是華夏人）及其他許多小的諸侯國或所謂蠻夷，也都是慢慢同化於漢字或漢語文化或文明的。故某種意義上也可以說是漢字文化或漢語文化統一了華夏和中國，乃至處於一統東亞之天下的過程中②。如果不是

① 一般而言，在現代日語中，漢字用以表示常用實物或動作，平假名用以表達具有語法功能的詞，片假名用於書寫“外來詞、擬聲詞、擬態詞和一部分動、植物的名稱”。參見：《標準日本語》（初級上），人民教育出版社，2005 年 4 月第一版，pp7。

② 當然，必須提及的是，在這一過程中，不僅僅是中國人或中國民族在發揮著主導的推動作用，甚至周邊民族乃至整個東方天下人或天下民族也都在發揮重要作用，在有的歷史時期，後者甚至往往更為積極主動地接納和同化於漢字文明和漢語文明中。另外，中國人或天下人的概念內涵或外延也在不斷擴展。不贅述。

因為西方殖民主義者和帝國主義者對東亞的入侵征服，或理技工業文明在世界範圍內的進取等，導致這一文化同化和文化統一的過程(書同文與天下大一統)的終結，或暫時地打斷了這一歷史進程，也許漢字文化或漢語文化便將繼續不斷地向外向四方擴展，至少會與農業文明時代持續始終。當然，歷史的發展具有開放性，即使在今天及以後，亞洲乃至世界的歷史發展，仍然有一切可能性。當漢字文化或漢語文化穩健地吸收和同化了西方文化或現代文化，尤其是現代理技工業文化或現代玄真物理文化(現代科學文化等)，並在保持自身文字語言文化主體性的同時，而在文字語言語法形式上有所創設增進，以兼顧獲得歐西音字音語的某些優點或特點以後，也許就能夠以不失其文字語言和文化主體性的新的先進漢字文化和漢語文化，而去為亞洲文明貢獻一種新的助力。

衹要是用既有的漢字來翻譯或轉譯外來文化或外來異文化概念，中國人在看到這個用漢字翻譯的外來概念時，或看到這個原本用來轉譯異文化概念的漢字或漢字詞組時，首先"看到"或直覺關注的是漢字(漢字之形象及象意)，並直覺地根據漢字本身的意思和漢語語法或漢語思維，來推論作為譯詞的漢字詞組的意思，或在漢語的脈絡裏面來設想這個漢字譯詞的意義。所以如果不是一個專業研究者，一般人就是在漢語和中華文化本身的脈絡裏面來接受這個轉譯過來的外來文化"意義"或外來概念，因而是一種不確切的接受，或天生就是一種**"中國化"**、**"漢語化"**或**"漢字化"**的接受——至少從其最初接收乃至相當長一段時間內(比如上百年)的接受過程來看，是這樣。當然，有時，經過長時間的接受，中國人就不再把這個漢字譯詞視為幾個漢字及其各各本意的組合，而是將這個作為異文化概念的譯詞的漢字詞組作為一個詞①來進行理解。這也是古代漢語和現代漢語最大最深刻的一個區別。因為在古代中文漢語中,古人在閱讀和寫作古代中文漢語時,每一個漢字都有它自己的意思;而現代人在使用現代中文漢語閱讀、寫作時,伊是既按照漢字又按照特別的漢字詞組來接受或使用它的意思的,換言之,現在中國人能夠方便而準確地在單字詞和雙字詞組或多字詞組中間進行自如轉換,也就是說,哪些漢字應該以單字來識別,哪些漢字應該以詞組而不是以其單字意義的疊加來識別,這對現代人來說幾乎不成為一個問題;但是對古人來說,這幾乎是不可能的,因為在古漢語中文中,幾乎每一個漢字都是有它自己的意義的,而祇有極少數的漢字詞組。所以現在中國人對現代漢語或漢字的認知特點、認知機制和認知過程,和古人對古漢語或漢字的認知機制、認知過程,是完全不一樣的。

但是,拼音文字或拼音語言就不一樣了,其在接受外來文化或異文化概念時,本身就是以音譯的方式來接受,而在其本國語言或文化系統中並沒有這個語音,所以其可以和必須要對這個語音賦予一個特別的意義,或進行一個深度詳細的解釋,也就是說儘量按照這個語音在異文化或外來文化中本來的意思去理解它,這一理解過程就是這一異文化或外來文化概念納入到本國或本土文化乃至本土語言系統中的過程,而這一理解和納入過程,必然在事實上遵循了人類學家格爾茨所言的"深度描述"這樣的一個概念擴散或文化擴散的機制。毫無疑問,某種拼音文字或拼音語言文化接受一個外來概念也要經過一個過程,也就是說這個音節或語音被使

① 古漢語則多用一個字來表示一個"義",即字義,相當於現代漢語的一個詞或一個所謂的詞義。

用某種語言的全民族、全社會所接收，最後納入到他們自己的拼音語言文字系統中，這就是拼音語言文字對於外來文化的一般接受過程。

但拼音語言文字的這種接受過程，和漢語通過漢字來翻譯外來文化或外來異文化概念而接受外來文化或概念的過程，是大不一樣的。因為漢字本身就具有它自己的意義；而在拼音語言文字中，一個全新的音節或拼音，它並沒有自己的內在的意義，而衹是被全新地賦予一個新的意義，或成為一個全新的概念。

當然，漢字或漢語文化系統也可以通過造新字的方式，來納入或加入一個外來文化或異文化的全新的意義或全新的概念。但是，漢代以後，中國人造字的熱情似乎並不高，而更傾向於通過漢字字義的內部引申、擴展、轉化或假借、轉注、多義詞乃至異體字、錯別字或將錯就錯等多種方式來應付。到了建構現代漢語中文的歷史階段，就更不主張造新字，而是通過漢字組詞的方式來吸納外來文化或異文化中的新的意義或概念，這導致了一些不同的特點，以及問題。

在理技工業文明時代，各民族各文化之間的交流極其頻繁，新事新義層出不窮，科學技術的發展日新月異，社會複雜性的增加（以及相應的對社會治理和文字語言文化治理的更高要求），諸如此類的情勢，也都對漢語中文提出了更高的要求，需要漢語中文提供更好的支持，或予以合理有效的應對。我個人認為可以考慮通過造新字、增加中文文法字、漢語語法詞乃至語法符等方式來發展現代漢語中文，但是這要十分慎重，需要考量的因素很多，茲不贅述。

質言之，其實漢字漢語是一種頗為穩健、同時也可能是一種頗為保守的文字語言，而建基於這種文字語言之上的文化，也相應表現出某種保守而又穩健的平衡性，或特點與優點。

202103062310

義、理在字內

漢字或漢語,義(字義,今曰“意義”,英語所謂 meaning)、理(物理、事理、道理、智理、真理等)在字(文、字)內;若夫所謂音符文字或拼音文字,義、理在字外。此漢字漢語與音字音語之最大區別之一。不論漢字漢語,無以論漢文、漢文學(漢語言文學)乃至中國文化。不知漢字漢語,談何漢語言哲學?又談何漢語言文學(包括所謂文學史)?又談何中國文化或中國文明之研究與更生?不論漢字漢語之更生,無以論漢文化或中國文化之更生。祇要你用基於這種造字法或字形的漢字漢語,你就很難不受此漢字內含之義、意(理、義)所影響;除非另造漢字,或全面審視而改造漢字漢語,但古文謂此非聖人聖王不能為也。

對於中國文化而言,重估一切價值,一定要落實到漢字和漢語本身;並且,不但要重估,還要重造。在重造方面,除了“六書”之方法或理論,同樣可有全新之發明創造。可惜今人暫似尚無思識深廣博大者可膺任此事也。

202104241608

現代中文漢語之多音節詞或不合中文語本來字法

中文語者,中國文語也。

漢語口語裏面相對較多雙音節詞和多音節詞(詞組),它的原因倒並非(或並非僅僅)是語音節奏感[①],真正的原因是語音辨識的需要:如果口語中多說單音節詞,那麼就可能會因為同音字太多而導致辨音、理解或溝通的問題或障礙。所以在口語中不得不增加雙音節詞或多音節詞,以增加語言、語意或漢字的辨識度[②]。

但這個問題在書面語中就不存在,因為人們是或可以根據字形——而不是字音——來瞭解或辨別它的意義,所以在古代漢語書面語文中,單音節詞是常態。在同等情形之下,這並不構成意義表達和交流的障礙,反而因此獲得表達的簡潔精煉乃至音樂性等優點,而這些在口語中往往是無法獲得的。所以作為以象形文字或象意文字為基礎的漢字漢語,永遠可以有口語(文)和書面語文的並行發展,兩者各自承擔其相應的功能或優點,**未必需要"言文合一"**,或者,即使可有言文合一的白話文,也仍然不必廢除書面文語(即文言或古文),而讓書面文語繼續獨立發展,也就是說,書面文語自有其獨立之價值。

事實上,在古代中國或古代東方世界乃至古代之天下,漢字書面文語就起到了一種天下共通語(文)或共同書面文語的作用,對於東亞乃至整個亞洲或天下的各民族文化交流和融合,發揮了巨大的作用。**單音節、自有其象義之漢字及漢語書面語文,天然具有超越各民族特殊口語或語音而成為共通書面語文的資質;並且,古代漢字漢語的相對簡潔的字間文法語法與字內意理,也使漢語書面語文或文言、古文可以輕易超越各民族語言的特殊複雜的語法,而成為有效表意的共通書面語文**。反之,如果衹用"言文合一"的

---

① 有人認為口語上說單音節詞顯得有點拗口,但這其實並不成其為一個理由,因為這衹是我們這樣說得比較少,不習慣,就覺得似乎不大順口而已,換言之,這僅僅是一個習慣的問題。

② 其實口語中的雙音節詞彙,有相當一部分是同義字的疊加,比如觀察、察覺、看見、獲得、意義、喜歡等,亦有這方面的考慮或原因。

現代漢語中文或現代漢語白話(文),則白話(文)和周邊其他民族國家的各種特別語言或方言相比就並無特別優勢,或許難以承擔共通語(文)的任務。相對而言,拼音文字才可以將口語(文)和書面語(文)更嚴格地統一起來,或者換一種表述,其書面語(文)和口語(文)之間的鴻溝或差異並沒有那麼大。

所以,對於像漢字漢語這樣的基於意象文字或象形文字或表意文字之上的語言文字,不能簡單地追求更適合於拼音文字的那種"言文合一";同時,對於漢字漢語的學習,也不能像拼音文字一樣,僅僅特別重視學習它的語法或(拼音文字的)武斷詞義,而尤其應該包括漢語語言文字學和文言文或古文的學習,尤其是講清楚漢字的造字理據,即字義尤其是本義與字形之間的理據關係。

當然,在現代社會,漢字或亦面臨一些挑戰。比如,眾所周知,漢字或意象文字主要是以意象構件(後簡化為部首)來表達不同的或新的意義,而拼音文字更多是通過語音或語音變化(變位元)來表達不同的或新的意義,然而,在現代理技工業社會或科技社會,新的事物或概念、意義等層出不窮,而漢字與漢字的意象構件卻都沒有增加①,這導致漢字乃至漢語發展的某些障礙或問題;而拼音文字卻不存在這樣的障礙②。所以漢字的造新字或新的造字方法

① 大體而言,漢字或漢語並不能夠通過漢字字形或字音本身的某個部分的變動來表達不同的意義,哪怕衹是語法意義——當然,古代漢語偶爾可以通過語音的變化來表達不同的語法意義,比如以四聲來表示動詞義;但在字形或文字形態上,卻無法呈現出來。漢語並非所謂的"屈折語"。以漢語和英語對比,漢語中文之漢字有內在象義,但沒有字形變化,即使古漢語偶爾存在一些使用字音變化來表示字義變化的情形,卻無法在漢字字形上體現出來;英語之拉丁字母早已沒有了內在象意(拉丁字母可依次追溯到古希臘字母、腓尼基字母、古埃及聖書體文字和圖畫文字等,從其源頭亦可謂是一種象形文字,但作為拼音文字,早就褪去其象意),卻有字形變化,在字形變化上可以看出其詞義或詞語的語法意義的變化。

② 當然,拼音文字也存在它們的問題,比如詞匯量的大量增加、長單詞的大量增長(比如有些現代德語長單詞)等所導致認知的負擔等問題。

的構建,或許必須提到議事日程上來。

202108302306

偉大之民族學者

一個民族或一個國家的文化發展,在其發展過程中出現一大批傑出的學者或普通學者,當然也很重要,甚至是必要基礎,但是一個民族和國家的文化的突破,有的時候更需要出現一些偉大的學者(才有可能)。

大量的普通學者的出現,對於恢復、維持或提高一個民族或國家的文化水準來說,當然是必要的;並且人們也很難苛責所有的學者都成為傑出的或偉大的學者,因為:除了學術,人們——包括學者在內——還會追求普通的生活欲求的滿足,這也是很正常的,無法苛求所有人或所有的學者都有那種心志,將人生的全部時間精力都投入到某一項學術文化科學事業當中。但是,一個民族或國家的文化的突破性進展,卻更需要特別傑出或偉大的學者的出現或湧現,而這既取決於社會經濟發展水準,也取決於整體文化交流的外部環境,有時還取決於整體學術文化制度方面的因素,同時也**取決於某些傑出學者個人的心志和毅力**,當然,最後,有時也取決於這些傑出或偉大學者本身的心智和傑出才能本身。我之所以把最後一點反而放在一個似乎並不那麼重要的位置,或者以一種並不特別強調的語氣而表達出來,是有原因或理由的。某種意義或某種程度上,所有人或至少絕大多數人出生伊始,他們的潛能都差不多,但是出生後的各種內外環境和個人成長條件或努力程度,會導致巨大的差別。如果排除其他各種條件的差別,也就是說,假設其他條件全都一樣，那麼，其最終所取得的學術文化科學成就的差別，就體現於他/她的投入程度，也就是說時間精力的投入程度。如果有所分心旁騖或耽擱，那麼很顯然他/她的成就就會有所減損，相較相反的可能情形來說，那麼他/她就不能夠成為更為傑出乃至偉大的學者。就此而言，確實存在著一個所謂的前功盡棄的問題，什麼意思呢？也就是說，一個學者，無論你之前怎麼樣努力，怎麼樣用功，如果在你沒有取得最後的更大的或者說你人生中可能的最大的那種學術成就之前，你就停止下來，那麼這就意味著，與你可能而並未達到的成就相較，你前面所付出的一切，其實都是唐捐而已。這是很殘酷的一件事情，你必須達到最終的那個結果或境界，才算完成了你的使命或天命。當然這是在外部實際條件成熟的前提下來談的，如果相應的基本的外部條件沒有達到，那麼，即使你再努力再投入，也未必能夠成為一個時代的偉大的學者，所以這裏確有一個時機、時勢或天時的問題。古人有時說"五百年乃有名世者出"諸如此類的話，講的其實就是這個道理。因為名世者的出現，需要很多內外因緣條件的同時滿足。而這是不容易的。

那麼，人們可能要接著問：是什麼造成一個民族和國家可能會湧現具有那種心志的學者們呢？這未必是——或未必全是——一個種族特質的問題，也未必全是成長過程中的外部環境和人事經歷所導致的——這帶有偶然性——，而是還**涉及這個民族和國家的文化資源**。質言之，如果具有相應的激勵心志的文化資源乃至歷史上的文化榜樣，比如文明英雄、文化聖哲、智識英傑等，就相對更容易激發後人的強烈的心志，或使得這個民族和國家**大規模地湧現**出傑出人才及其相應傑出成就。反之，如果鄙棄和拒絕這種文化資源，或這種文化資源漸漸湮滅無聞，人們不能親近觸及，或其不能最大廣度或限度地觸及或“到達”（新聞傳播學所謂的“信息到達”）後世的後生小子，那也就不能發揮這種作用，所以人們都會重視本民族和本國的優秀文化經典、傳統和歷史的積累與傳承。反之，如果別的民族或國家具有這種文化資源並傳承良好，得到良好之利用，在其他同等競爭條件下，其發展優勢就會相對更大。同時，如果一個人出國，習得了另一個民族或國家的相關文化資源，也可以獲得這種心志，但已經變成了另一個文化民族成員，為另一個文化民族及其國家服務，而不能為本民族本國家的文化發展和整體利益貢獻出更大的力量。在民族和國家競爭中，誰能打造出更好的文化，培養出更多更好更偉大的本民族學者，並把其知識和文化用其自己本民族本國的語言文字惠及本民族和本國全體同胞，誰就更能獲得優勝，其民族和國家就能獲得更好的發展和更好的生活水平。在天下沒有根本大同和取消種種潛在或看不見的深層結構的界限之前，也不必過於浪漫主義或不切實際地奢談所謂的文化無國界、科技無國界，因為你可以自問幾個很簡單的問題：有語言文字的界限和成本嗎？有知識產權嗎？需要交專利稅嗎？向誰納稅？稅收和利潤惠及哪國及其國民？或哪國惠及更多？等等。就此而言，文化資源和人才都是很重要的。當然，此外，**這種心志還是人類的一種普遍潛能**，不分種族、民族、文化或個人經歷遭際，因了某種機緣，都有可能激發出來。就此而言，文化交流也很重要，任何時候不必拒絕交流，不必拒絕在保護本國自主權和利益的前提下的“有度”或“有理有節”的開放；但同時更重要的是文化吸納，納入於我，為我所用。比如用中文將世界範圍內的好的文化、科技納入中文文化系統，而為全體中華民族成員所用。不贅。

202108302306

四種“真”

“真”是什麼？這是人類想要回答而迄今仍沒有乃至無法回答好的問題。

一方面是本體論之“真”：世界的（真）本質或本體是什麼（物與心）？世界真的有本質或本體嗎（真與假，有與無，實與空等）？世界之“真”是“唯物”還是“唯心”（比如“萬法唯識”）、“唯理”？世界唯物還是世界唯心唯理？

一方面是存有論之“真”：“物”真實存有嗎？“物”如何存有（永存與暫存，形象之存與生生變易之存等）？又比如：“理”真實存有嗎？“心”真實存有嗎？“真存有”還是“真空無”？

一方面是名理論之“真”，又曰邏輯學之“真”或邏各斯之“真”（或“真理”），或語義學之“真”，如曰名理之真、命題真、論證真、證真、邏輯自洽之真等。亦或可稱為“玄真”。

一方面是名實論之“真”，亦或可稱為名實符合論或反映論之“真”（或“真理”），如曰名副其實、名不副實等。這是在哲學上最為牽纏複雜的一種“真”，或曰名、實屬於兩個不可能完全相通或勾連的世界，“實”不可知，故而“名是名，實是實”而“名、實永遠不可能對應”；有人乾脆認為有關這種“真”的命題是一些偽命題，認為一切此類的“真”都不過是語言遊戲、修辭、想象、玄學等而已；有人則提出指涉論、表徵論或表象論、類推論、整分論（整體與部分）、分有論、模仿論、理一分殊論、屬性論、萬端論、環中論、象徵論等，試圖來解釋此一理論難題。

並且，就名實符合論或反映論之“真”而言，人們在判斷一個語句到底是真是假時，其實首先當區分二者：是符合邏輯化事物（世界，亦即名理世界、意念世界、名义世界等）的真假呢（名理論之真），還是符合“自然”或“現實在”事物（世界）的真假呢（名實論之真）？①

於後者（符合“自然或現實在事物世界”之“真”），這個問題又會因為如下情形而變得更為複雜：對於同一“現實在”或“自然”事物（世界），可能存在著不同乃至許多邏輯化處理後的認知事物，亦即許多邏輯化敘述或邏輯化認知（萬端論）：“現實在”事物在時間內歷時變動，“現實在”事物並非空間孤立的，邏輯化處理也祇是依據“其”一時一地一端的“現實”事物狀態而已，每個邏輯化事物都可能祇是對於“同一”“現實在事物”的千萬種乃至無窮邏輯化處理的方式或結果之一，故其符合“現實”與否或真實與否，就涉及太多考量因素。質言之，“現實在事物”是一種歷史存在物，或時空存在物，而非超越時空的絕對存在物或絕對邏輯存在物，因而是極其複雜的，是歷史的，是具體的，是變動的，是生生不已的……更為激進的哲學觀點是：沒有獨立存在的所謂的“現實在”事物或“自然”存在物，對於人類來說，存有的祇是各種程度的邏輯化後的事物，比如絕對唯名論即持此觀點。

當然，於前者（符合“邏輯化事物世界”之“真”），則曰純粹的邏輯事物或邏輯概念除外，這是可以超越一切“現實在”事物的，乃是真正的柏拉圖的理念物、理式物或觀念物，故其符合與否，乃變為上述第三個層面的“真”，即名理論之“真”。

202111272046

① 並且，這裏的“現實”和“自然”兩詞，都應該加上雙引號，因為這兩者也並非是不證自明的。

略論專名（存目）

（另文發表或另書梓行。）

202112021500

是其所是、如其所在與正其是在、正其道是

是其所是、如其所在與正其是在（或：正其道是）。

處理“現實在事物世界”的兩種進路（當然可有其他進路）：其一曰“**是其所是**”，前一“是”字乃為“探究、研究、尋繹、確證其‘是’”之意，如用其廣義物理學或科學之研究方法的研究等；後一“是”字乃“理”或“真理”之意，亦即有關“物”之本質或諸性端（今曰屬性）的理、真理，名之曰“**物性論”真理**①。此是求（真）物理、用（真）物理②之事，亦是廣義物理學或所謂自然科學、邏輯學、理技工業世界、改造利用物界（今曰自然界或客觀實物界）等之事③。其二曰

① 此外尚有“名理論或邏輯論”之真理，涉及名理、意理等；因此處主論有關“現實在事物”之物理論或物性論之真理，故暫不論名理論或邏輯論之真理。不過，值得提及的是，許多所謂“物理”或“物真理”，其實亦包含名理論或邏輯論意義上之真理或名真理，換言之，物真理在某種意義上或在相當程度上包含了名真理的成分。所以，“是其所是”之後一“是”字，也包含了名理論之“是”或“真理”。

② 未包括名理論之真理。

③ 然亦是經典物理學或所謂牛頓物理學意義上——亦即時空二維內之所謂“現實在物”——之物理或“物真理”；至於超出時空二維世界、超出人驗物質層次或愛因斯坦所謂相對論意義上的物理或物真理，則當另有分說。事實上，人類所處理的一切，都不過是暫時、暫在時空二維世界裏的暫存事物而已，包括人的作為物或靈 （轉下頁注）

“如其所在”,“如”者順也;“在”則“自然(時空)存在”也,這個“在”也包括自然物在時空二維的變易生滅或變易不滅,即時空二維或單維內的、或暫時或暫形的、或(時空)變易態的“在”[①]。或曰此所謂“如其所在”,亦可謂“順其自然”,或“順其自然之所在”,其“所在”可名之曰**“存在論”真在**。此乃是人物自在、人物循初[②]、順其自然、人不干物、人物自在自然共處、天人合一、農業世界等之事。

或曰:如其所在,不過是“如其原初或遠初之所在”而已,而其原初或遠初之所謂自然所在,未必是其“所是”;或其原初或遠初之自然所在祇是所在之一種形態而已,乃至所謂“自然所在”或竟是一種假象,而未必是其“是在”,而實則世界之所在乃或有多種形態;且其雖有多種形態,而又或有一種或多種“是在”。故吾人不可自滿足於原初或遠初而來之所謂“自然所在”,而當於此一種形態之所謂“自然所在”或多種所在形態之外,另求其(諸種)“是在”,此即“求其是在”或**“正其是在”**[③]。其意曰:不可耽於所謂“如其既往之自然所在”,而當進於“是在”,亦即是**從遠初農業自然在世界進入理技是在世界**,今曰理技工業世界也。

“如其自然所在”或許其不失為人類對待“物”、“物自然界”或“現實在事物世界”(即人—物關係)的可行方式之一,人類卻很難

(接上頁注)的存在本身。如果跳出時空二維,或跳出其“暫性”,一切空無。質言之,暫即是有,有即是暫;永即是無(空),無(空)即是永。**人道或人文的目的,是讓一切暫人暫物活得幸福一點。**雖然這個“幸福”“痛苦”或也可能祇是一種暫物交觸作用(物理作用)或暫物幻覺而已。但“暫”自有其“暫”的正當性,不可一筆抹殺。

① 此可對照柏格森的“綿延”等概念,參見:柏格森著《時間與自由意志》。且此所謂“自然(時空)存在”祇是某一物質層次內之自然存在而已。

② 適應遠初而來之自然者。

③ “是在”亦可謂之“理在”。

接受以此來處理“人—人關係”（不少人也覺得這未必是處理“人類—眾生關係”的良好方式），比如：“弱肉強食律”能被認定為人—人關係式之“自然所在”（乃至“所是”）嗎？仁者豈敢或怎麼可能接受如“弱肉強食”這樣的所謂“自然”“所在”呢！故吾乃曰當**以“正其道是”來處理“人—人關係”**。質言之，人類若欲自居為靈明仁者而又各人（至少是“各人”，進之乃曰“各眾生”）善其生，則必當立人道或人間仁道乃至萬物世間之仁道。“（人）道”或亦多少依乎“是”，（或“理”）而不即是“是”，“道”另有“人自道”或“道自道”者存焉。立人道之矢的或目的，在於仁愛人類或全數个人；進而立眾生道之目的，則在於仁愛眾生及全數眾生的个体。“正其道是”當先有其“道”，即當先求立其善道、仁道，或以善道、仁道立其人道乃至眾生道，而後正物正人正眾生；又以此善道、人道或人道、眾生道正萬物世界，而皆得其道是，或判其道是，而得其正義（道義）果報也。然此“道”亦不可違離其“物是”——即天地人三才之是——，或不可違離其“物是”太甚，然後人道、眾生道乃可順行也。

若停留於既往之所謂農業自然世界形態或農業自然靈明形態，以其所謂既有之自然物力、智力等，則或能立人道而仁愛全數人類，然恐難立眾生道而仁愛全數眾生；若夫進乎理技是在世界或靈明形態，則或能兼顧人間之仁道與眾生界之仁道。然此亦是相對而言之。且此一論題頗為複雜，茲不詳述。

或曰：人們以現代科學和現代邏輯意義上的“是其所是”來評估判斷中國古代中文漢語中的詞語、概念、範疇或思論，於是斷定其不精確、不嚴謹、不科學；若以“如其所在”為原則來考量，則古代中文漢語詞彙、範疇等乃在象意或所謂自然形象等的層面，更合於現實事物世界的本相，因為所謂的現實事物世界、自然世界或自然存在，本來就存在著相當程度的關聯、變易、模糊、互相溢滲等特點（或曰此為美象學之特色，或中國式意象美學、觀物體物美學之特色）。一為對於現實事物（世界）的名理化、物理化[①]、邏輯化處理（柏拉圖之所謂理念論、理式論或玄物論為其典型：卑視實物形相或整在，而抽離、化約乃至扭曲、征服其物以就我意我理我式我是），一為物象化、意象化、比類化處理（以我就物，以物觀物，隨物宛轉，就物取象比意等）。古中文漢語之字詞與自然（物界）或現實事物（世界）之間的關係是柔和的、和合的、和諧的（不衝突）、親切輕柔的，所謂"觀物取象"、"體物而瀏亮"、"隨物宛轉"等，曰"觀"曰"體"曰"隨轉"，說的都是這個意思。而不是西方現代科學的實驗、分析、解剖、化合、重組、抽離、數理化處理（數字、數碼、數據、資料、實證等）、研究等操縱、控制、鍛造、扭曲、征服等的態度做法。在這一雄心勃勃的現代"拜物理教"、"拜科學教"、"拜人造物教"或意識形態的不遺餘力的宣傳和推動下，既往的所謂人驗自然世界日益消失，取而代之的是比例越來越大的人造理技世界或物是世界[②]，試圖在理性化、科學化、工業化、秩序化等名目下規訓既往之所謂自然——當然也包括規訓人類和人類社會、生活等，甚至包括眾生世界——而又新造之，重建一個人造理技世界烏托邦。

所謂理技世界，即是"物是"世界。

202112022315

---

① 或"端物理化"。所謂"端物理"，求其一端或數端之物理而已。質言之，乃一端之是、理，或諸端之是、理，而非物事之整在或存在。

② 乃至超出於人驗物質層次的其他微觀物質層次或宏觀物質層次的人造理技世界或物是世界。然而，無論人類對於物理的研究能夠突破到哪種物質層次，受制於人類血肉身心本身的物質層次和情智感知水平，人類在超出其人驗物質世界或人驗物質層次之外的物質世界或物質層次，究竟無法優遊其間，乃至造成人類更大的身心負擔。故對物理、理技或科學也是不能強調過分的。

人造理技物實世界中,人類如何安心安生?

人在數理邏輯的人造現實虛擬世界裏如何安身安心安生,這是超級理技工業社會或超級理技工業烏托邦裏,人類所面臨的最大難題之一。竊以為仍須求道立道,仍須以道帥理(玄理世界、名理世界、意理世界、邏輯世界或邏輯虛擬世界等)而建成道理現實世界,亦即人道(乃至眾生道或天道)與物理相參和合的現實世界。

數理邏輯統制下的社會或人造世界,人類或人如何生存,尤其是如何"如人所是所在"地生存? 這是數理邏輯人造世界裏人類面臨的最大哲學問題之一。數理邏輯試圖把人的身心生情全都數理邏輯化——正如當初管理制度上的泰勒制想做的一樣? 抑或數理邏輯開始對人類實施殘酷的專制統治——即使是打著理性化等的旗號? 抑或是人類在數理邏輯的規訓下奄奄一息、枯萎乃至最終的消亡或滅亡(比如超出人類智能閾限的"理技知識和理技人造物的'大爆炸'",比如智能機器人的統治或人工智能的專制)? 人類將再無起義之事,乃至再無起義的機會。

詞語的起義,語言的起義。或曰:古代漢語中文已經被規訓為現代漢語中文,並將繼續被規訓,直至失去所有真實自然物象的痕跡,失去所有(自然)物的想像,以及物象聯想的美感,被徹底地音符化、符號化乃至數理邏輯化。那麼,人類會變成——進化或退化為——喃喃口念或發送出一串串數碼乃至"腦電波"或數字化、數理化"語言"的數理化"生物"或"怪物"嗎? 順此邏輯,許多既有的和現有的人類情感、靈性、慾念、思論等，都可能會被作為混亂、模糊、不必要的存在，而被處理、切割（割愛）、捨棄掉了——就像割去闌尾一樣——，然後宣稱，因此人類現在就沒有任何煩惱了！這樣的新"人"類！這樣的新"人"則或新"人"道！這種新"人道"的邏輯是：因為無法數理邏輯化，所以必須割捨人類會心的微笑；或者，找出製造人類微笑的生理機制或控制會心微笑的基因片段，以此獲得其在數理邏輯世界的存在合法性。這樣的人類前景！

又可關注詞與物的關係①。

202112030037

典故、概名與"'自己說'哲學"

中國古代文學喜歡用典故，現代西方哲學也多用典故（如從古希臘、古羅馬、古希伯來文化典籍或猶太教、基督教等典籍乃至神話中借用各種典故來展開哲學思論，乃至許多哲學術語亦可視為一種典故），它們的預設讀者對象往往是精英文人或專業學者，而未必是普通讀者。哲學上的典故或術語尤其會涉及概念或術語（或"概名"）所實際指涉者為何，或羅素所謂的"摹狀詞"的問題，即某一概念或術語——尤其是有關各種所謂"主義"或哲學流派的術語，比如新柏拉圖主義、新黑格爾主義、新康德主義等——到底是在哪層或哪個意義上來使用的，所指涉之名理或物實到底是什麼。

---

① 亦可參閱法國思論家米歇爾-福柯的《詞與物》、雅克-德里達的《書寫與差異》、《論文字學》等書。

事實上,這些概念或術語,即使是對於專業讀者,其內涵亦未必是自明的或明確的,如果不加解釋、描述或限定地使用這些概念或術語,就會導致在表達與理解兩方面的不對稱或不對應。中國古代文學的典故更是如此,有些典故語辭是不能從字面上來理解其意義的,乃至完全無法從字面和文本內理解其意義。也就是說,作為典故的那些詞語與文本,其意義不是自足的,而必須追溯到此一文本之外的其他各種文本或史事等,進行互文關聯閱讀和闡釋(所謂"互文"),然後才或能理解。亦可謂"以整個文學史作為背景來進行閱讀和闡釋"(其實,倘若推極而言之,則不獨典故,乃至所有文字、名詞、辭語等,都是在既往的整體文學實踐中才得以確定其意義和用法)。古代學問淵博的文人對於詞語的常識或共識,現代哲學家對於詞語的意義的常識或共識,都與普通讀者有所不同,事實上,如果放大其差異,則他們簡直可以說是使用著相當不同的兩套詞語系統和"大文法"系統(包括邏輯、文本解讀方式等)。而親民的寫作則試圖遵循本字本義,或在普通詞語意義、文法系統的基礎上,儘量在文本內構建自足的詞語與文本意義系統,讓普通讀者也能讀懂哲學文本——當然,這也祇是一種理想,有點類似於建立一套數理邏輯文語的企圖(參見羅素、維特根斯坦的相關思考),或許是永遠不可能實現的,因為第一,文詞、言語,尤其是漢語或中文的文詞、言語,本來就多意象性、比類性、象徵性、喻寓性乃至模糊性,第二,許多文詞、言語涉及"現實在事物",而"現實在事物"是無法以一端數端的單一的或簡化的數理邏輯來完全指涉的(祇能指涉其一端數端之理而已)。質言之,採取一種直接及物或及義及理及問題的寫法。當然,有人對此提出疑問,因為哲學文語和哲學思考本身就帶有更多的哲學範疇、抽象概念、邏輯概念、邏輯意義,或是一種對於邏輯虛擬"事物"世界的抽象思考,即屬於虛玄名理世界,並非祇有及物("現實在"或"自然"事物世界)思考的一種形式,這和文學的典故並不一樣。就其祇是一種邏輯虛擬"物"或"理念"或"名理"因而更遠地離開"現實在"自然事物及其意義而言,每個這樣的哲學術語或邏輯術語都是一個典故;如果說普通詞語或語言更多涉及自然物或現實事物,那麼它們(大略相當於哲學文語與文學文語的某些部分或特徵)就是兩套文語系統:(指涉)及物的物事文語系統(象意文語)與不及物的邏輯文語系統(哲學文語)。但普通文語系統中也越來越多不及物的邏輯詞語,或者,在詞語意義的抽象性上,它們之間祇有程度的差別。

對於哲學思考,如果能夠自己說,就不要這個說、那個說,用自己的語言和方式把問題說清楚就可以了。引用了許多這個說、那個說,最終的目的還是要自己說,如此才能成為一個哲學家。對於哲學家而言,參考或引用這個說、那個說,其真正的最終的目的是為了自己說。一種方式是先這個說、那個說(哲學史的學習),然後自己說;另外一種方式是直接自己說。其實兩種方式都可以,稍微有點類似於佛教所說的漸悟和頓悟。祇有這個說、那個說,那是哲學教育或哲學史的教學和研究,是學習思考階段,或是哲學史的工作與寫法。對於某個人而言,這個說、那個說是間接說,自己說則是直接說①。我喜歡直接說;雖然我並不排斥間接說的意義和價值,甚至我的"直接說"也是建立在大量閱讀真正有價值的智者哲

① 直接關注論題本身,而不是關注別人對此一論題的說法,如果你有直接關注和思考問題的能力的話,或者,你的思考能夠涵蓋並超出別人或前人的各種說法或思考。當然,有人或許會辯論道:你不去讀前人或別人的著作,怎麼能知道前人或別人有沒有頗富價值的思考和說法呢? 所以,哲學史的閱讀和研究本身當然仍是有價值的,但這也並不意味著要去讀一切提及某個說法的前人或別人的著作,仍需有別擇,而尤其不必尋章摘句、老死句下,而自己無所作為。

人的各種直接說、間接說的基礎之上的。“間接說”是從善如流，“直接說”是當仁不讓；“間接說”是謹慎人後，不為天下先，直接說是英雄當關，大刀闊斧，是芟除蕪雜，廓清照明，是横刀立馬，萬人吾往，是“雖無文王猶興”①，自有作為。

一種是作為一種哲學寫作方式的自己說或直接說，一種是作為一種哲學思考方式的自己說或直接說，還有一種是作為哲學創造的自己說，儘管這三種都可能做過“這個說那個說”的準備工作，但這些可以在哲學史著作或自傳裹面寫出來，而不必在上面三種情形之下寫出來。

我為什麼很少或基本上不看所謂的（哲學）學術論文，是因為許多那樣的文章裹衹有這個說、那個說，陳陳相因，了無新意，或衹有口號與概念，沒有創思與論證，沒有哲學上的創見。人人可以表

① 此句即是引用，來自《孟子》。然若讀者未曾讀過《孟子》或缺乏相應文史知識，也未必能理解其確切意義，由此亦可見完全使用平實語言之難。或者，讀者確實需要學習和積累才能進入到相應的思論、哲學和文辭言語境界。那麼，引用這句話時需要注釋或說明嗎？對於熟悉這個古代文史領域的人來說，大家都清楚其出處與意義，即使是學術論文，也未必需要特別說明或注釋，但作一注釋也無妨。並且，此一用語，雖然現在最早見於《孟子》一書，或《孟子》一書中始有此一“語辭”，在當時卻可能是一個流行語，或是日常之流行思論言談，衹是由孟子寫定於文章並流傳至今而已。極言之，乃至每一漢字及絕大多數語辭皆前人所造所定義，然則皆當注釋之？比如注曰其作者是倉頡、首用此語辭者誰、正名定義此字者為許慎等，乃至於要向所有使用漢字的人征收使用稅或專利稅？這當然是極端而言之的笑論。此外，這也涉及對真正的創造性思論的判斷標準或認定標準，也是很複雜的問題。在筆者看來，倘若自有思論，便自可隨吾心腦思論以文字寫出便可（當然，這絲毫不意味著主張“思而不學”），倘若閱讀知悉前人或他人確有其創造性哲學思論，固亦可或引用或注釋之，然當注意兩點：第一，引用時避免影響一己之文風論述而導致其文破碎扞格滯塞不通，乃曰：**論文固然首先要有思論，但也終歸要自成其文**；第二不可存了膜拜權威、扯虎皮做大旗之心——而無論其為中國古代聖賢或西哲——，或存了炫學炫技之心，處處堆砌他人論述，而自無面目心思，或埋沒繁重而不知自家面目思論。今人或有存了膜拜西方之心者，到處找西方學者，一流二流三流乃至不入流，而動輒膜拜為權威，挾洋自重，奉一二句為金科玉律，餖飣尋摘，繁瑣附會，而乃自不敢樹立作為，則無志之人而已。

達自己見解的現代社會或自由社會或民主社會裏，首先就是要自己說，作為一個有著獨立思論能力的人，自己說。

202112030821

或曰：物或物子（或物元，最基本之物或物之終極根源）或不滅，而土風之形物必流變、必形滅（而物子或不變不滅），心物（邏輯物、名物等）不變不滅；或曰：物（物子或物元）滅心（精神）不滅，故我對物無執著。但當我意識到心物亦能滅時，我對精神世界的執著或許也會解消掉。

如果人人敢於自己成為哲學家或思考者，那麼這個國家和民族的哲學與科技就有希望了。

足球是一項很複雜的運動麼？是比高科技還複雜還艱難的事物麼？發展了這麼多年，仍然要請洋教練？我們（中國人）自己的研究和腦子在哪裏呢？我們自己不能發展出先進的足球理念和訓練技術手段嗎？我想這既有組織文化方面的問題，也有獨立思考創新方面的問題。

如果中國人都當利不讓，我也能理解，尤其是如果這個利是他的正當權利或正當—合理利益的時候（然而，什麼是正當權利或正當—合理利益？不同的人對此可能有不同認知，未必能形成共識），更是如此，所謂不得其平則鳴，亦是亦可也；但我更希望中國人都能夠當仁不讓，或當義（正義、正當道義等，包括公義，或尤其是公義）不讓，乃至拍案而起，挺身而出，而成為堂堂正正、光明磊落、頂天立地、直道而行的中國人。但這裏的前提或問題是：何為仁？何為正義？何為公義？這卻須得先考慮論證清楚，不然亦可能欲益反損。質言之,不僅僅是"誠(有)其義"的問題,還有"正其義"的問題。

言論而無文,行傳之不遠,則文辭豈不重哉!即使先撇開文辭所內涵或承載的內容如道、義、禮、樂、理、生情等不論,單是文辭本身,亦十分重要。而古今博淵通人學者亦甚重文辭,往往通過創作文學作品的方式來立名(名詞、名辭、文辭等,或"正名"之"名")立辭,俾其名以及用名之名語、名辭能夠被人所接受,成為習語習辭,從而起到立名、立辭、立言以及以立名、立辭而立道立教等的功用。

因為這樣的名是在文學[①]文本中出現,文本通過上下文的貼切而精妙的敘述、比喻、類比或比興、闡釋、論證等,已經給這個名確立了一個意義或內涵,又因為其文辭或修辭的精巧貼切和優美典雅而便於人們的樂於欣賞和接受,從而不斷地提高中文漢語的文字表現力,最後就積累沉澱為為漢語中文(詞彙、語辭、修辭與語言等)的一部分——亦即以廣義典故的方式被後人接受和運用。

先秦諸子每以其文學而立名立辭,成為中文的名言修辭傳統之一部分。比如切磋琢磨、舉一反三、一言以蔽之、采薪之憂(或"負薪之憂")、感動或感化、浩然之氣、反求諸已、素其位而行、天爵人爵、逍遙(消搖[②])、各適、切中肯綮等皆是。立名之文學或文辭學豈不重哉!

202112031426

① 大文學。

② 鐘泰認為:逍遙當為消搖,"蓋消者,消其習心;搖者,動其真機。習心消而真機動,是之謂消搖"。參見:鐘泰,《莊子發微》,上海古籍出版社,2002 年 4 月,pp3。

文章自當描摹比類，而後或能喚起讀者之意象通感

文章自當描摹比類，而後能喚起讀者心腦中之意象通感。

原句：大中午的，坐在陽臺上看書，曬得臉上紅撲撲的。

增句：冬日，大中午的，日光正好，（我）坐在陽臺上看書，（把）臉曬得紅撲撲的。

你道我怎知臉上紅撲撲的，看書一章，回屋喝水，無意中對鏡看取也。然則其用詞是紅撲撲好呢，還是紅彤彤好呢？好合在何處？

評：作文要讓讀者解得，乃至感同身受，方能傳情達意。但有些作者寫文時，自己所感受思悟想像，所欲傳達者，明明是全息立體之萬端情狀，自能會意其妙，然筆下卻三言兩語，自己當時固然懂得，以其自可"腦補"各種情狀也，但讀者非作者，未曾身歷其境，無此全息立體圖像萬端為之輔助，無此必要腦補之情狀，故有時讀之便覺丈二和尚摸不著頭腦。然則作者之意圖便不能得逞，其作文乃失敗也。由此乃知作文時，欲使讀者感知作者之思悟之妙，必當摹寫比類必要之情狀，說明（交代）必要之信息（或因緣），然後乃可使讀者感受想像而同情共鳴之（今世接受美學謂之"構建起必要之通感召喚結構"）。故知作文固不可太繁冗，亦不可太簡略，太繁冗則失之無想像空間，太簡略則無以想像感受。

又例如：陽臺（上擺有一張桌子，）桌子上有一盤小綠植，久未瞻顧澆灌，已枯死了，祇有枯枝敗葉奄奄倒伏披散。乃想道：祇不過數日無雨露滋潤，生氣盎然之草木遂竟枯死；澆水則枝葉飽滿潤澤，然則生命究竟是何物？不過是水做的罷了？又或不過是水土風日隨緣化合而已？或至少恃必要之水分乃能活。人喝水曬太陽，養生知命，蓋亦如此。想到這，我又喝了一口水，繼續曬著太陽，心裏竟然有一絲小小的慰藉。

20211204

吾友嘗言：我在讀哲學類或科學類的相關著作時，常常覺得自己的相關思考和討論回應是可以——或可能是——達致或超過愛因斯坦等頂尖學者的學說境界的——當然，在這裏，愛因斯坦又更是一個象徵，而完全可以代之以其他著名或偉大的哲人學者。這令我於思考本身的喜悅和思考成果的喜悅之外，又得著了另一種喜悅，這也是我並不以思考研究為苦的原因之一。

202112042110

"誰來接球"的理智或思考

打排球時，常常會遇到一種情形：對方的回球落在"我"方結合部或空點、芯點，導致我方兩位隊員或三位隊員同時爭搶一個球，那麼，在這種情形下，應該怎樣處理？

顯然，在很多情形之下，可能是隊員靈活處理，或者某位隊員堅決喊出"我來"來示意隊友，但這仍然可能導致雙方相撞，或雙方讓球——假如雙方都堅決地喊出"我來"時，就難辦了——，所以這種方式似乎並不能較為完美地解決爭球的問題，而仍然應該找出其他更好的方式，比如以預先規定若干必要而合理的規則或優先接球者次序規則等的方式來解決，簡單來說，第一是以就近原則或易接原則（比如從後往前移動接球隊員比側移或後移隊員優先——但這也可能存在一個問題，即前面的隊員未必能注意到稍後面的隊員而無法據此判斷；又比如右移隊員優先——但這又須考慮隊員的不同運動特性，等等），第二是以場上司職位置、角色、身份等來判斷的原則，比如二傳、接應優先等。以此事先形成共識，然後遇到相似情形時，瞬間按此類原則或規則形成判斷。預先有了規則共識，事情就好辦了，平時稍加訓練，比賽時就能很快決策，乃至成為一種直覺，決不會增加決策難度而影響場上的瞬間判斷，也有效減少可能的隊員間埋怨或歸責爭執——當然，集體項目最忌諱的就是一味相互埋怨或推卸責任。先按照這些規則來處理，大概就可以減少大部分的爭球情形，剩下的，實在無法以此規則解決的，才是臨時場上靈活判斷、自由心裁的發揮空間，比如隊員挺膺喊話和其他靈活判斷的方式。這樣就把規則和個人靈活性有序地結合起來，規則歸規則，靈活性歸靈活性，兩者界線分明，最大限度減少不必要或有損比賽技術、效率和完善性的無序狀態。教練和隊員可以討論更好的規則，在規則下判斷各自處理球的問題，以利於下次避免相關情形或提高球技或意識，但這都不必且不是爭執，而是據合理性來設置規則，又據規則來進行技術分析；而靈活處理的部分更談不上相互指責，因為這本來就是自由心裁的空間，無法以死板的技術或規則來衡量。而應當避免相反的情形，即完全不從更合理更有效的共識規則的制定入手，而僅僅由靈活性來解決所有的結合部接球問題，那就會導致許多問題，包括效率低下、歸責不明(影響公平性)、隊內士氣、氛圍或隊伍凝聚力等問題,集體項目的比賽就很難打好。

相較言之,排球運動的規則設計得很好,它雖然是集體運動,但是隊伍裏面每個球員或每個位置乃至每個運動動作單元的責任都設計得比較清晰,責任明確,比如發球、接球、傳球、扣球、攔網等都是一個個獨立的動作單元,權責清晰,很難有搭便車、場上散步、出工不出力、推卸責任等的空間,甚至無法以對手實力太強等來推卸責任,所以排球在某種程度上也可以看成是一種個人運動的組合。當然,毫無疑問,它是有集體運動的性質在裏面,這裏祇是說其參與成員的個體責任比較清晰。相比較而言,足球運動和籃球運動中雖然也有角色設定和分工,但隊員個體的自由心裁或主觀性空間就相對更多更強[①],所以某種意義上其對隊伍和隊員的團結性和組織性提出了更高的要求,需要更好更合理的組織規則或組織藝術應對。相當程度上,這也有賴於場外既有的組織文化(傳統或習俗)來支撐,如果場外的組織文化更公平更合理更有效,那麼就能有效地幫助形成場內或此類體育項目的更好的組織文化,而場內的這類集體運動項目就相對能夠獲得更好的效果或成績——這當然是在其他條件相似或相同的前提之下來談論的。

單人或個體體育項目,在場上當然沒有組織文化因素的影響或干擾,但是在場下或場外,比如說在隊員選拔等方面,仍然會受到既有的社會組織文化或習俗——比如組織文化傳統與習俗——等的影響,所以仍然會影響到個體或單人體育項目的效果、成績或成功與否。就此而言,組織文化是極為重要的,大而言之,乃至和

① 此亦不可一概而論,或曰足球與籃球的場上組織性比排球還要嚴謹或嚴格。

一個國家、民族、社會的各項事業的發展、發達和先進與否，都是有著密切的關係的。

較為正式的籃球比賽的每次進攻往往也會明確進攻點，有規則可循；另外亦或有戰術安排，往往由教練安排或全體成員議定，衹是一般人看不出來，或教練並未明確戰術，或場上形勢變化而打不出來等。然而如果組織文化有問題，也會導致很多相應問題，比如教練有私心，對隊員特點不清楚，設計戰術不能兼顧各位隊員的特點而不公平；或場上隊員有私心，結小圈子抱團，各立山頭，互相傾軋，或打壓其他隊員，諸如此類的問題，就會毀了一支隊伍乃至一項運動。

以上可謂之為體育組織文化學。

所有的人際組織或社會組織建設也是這樣，首先應該制定出更為合理有效的規則，把自由心裁或人際關係、權力專斷獨裁等影響因素減少到最低，然後才能創造出權責明確、公平、心平氣和的組織氛圍，提升組織凝聚力。無論是由德行正直而智力高超的精英還是由全體成員來議定，最終的組織規則都必須合理公正，充分衡平所有成員的合理訴求和差異性，有效形成全體成員的共識；也衹有在全體成員都力求德行正直、公正的前提下，才能形成最寬泛而公正的有效共識。對於不能或不應形成強制規定的方面，就必須尊重個體成員的自由權利，換言之，在制定組織規則的時候，尤其關鍵的是，絕對不允許將那些不適用於民主決策或不應以絕對規則予以限制的方面，比如不可讓渡的個體的基本自由權利，以規則、民主的方式或打著規則、民主的旗號隨意進行剝奪。

202112051253

自然與人造

天地玄黃中的田野，農民日出而作日落而息①，春耕夏長秋收冬藏，季節更替，生死輪回，禾稻粟麥的秀苗盎然與冷霜堅冰的蕭瑟肅殺，一片天人合一的自然歲月。

人類的園丁移植樹木，修剪枝條與草坪，鋪上柏油小道，建造了人類的公園。雖仍有禽鳥鳧鶩，而百獸則震恐而匿遁滅消。草木還是草木，禽鳥還是禽鳥，但草木禽鳥已不再能構成既往的原初大自然了。

到處是園丁，或園丁的痕跡。整個世界都不再自然，也沒有自然，衹有人為之然，或人造之然。

一隻小鳥銜枝飛過，掉下一粒種子，長成一棵樹或一片樹林；園丁移植來一棵小樹，長成大樹，修修剪剪，枝繁葉茂。或問：前者是自然的？後者是不自然的？

百年人死，萬年樹消，百萬年天翻地覆，滄海石嶺，天地重開新程……；人生百年，死者絡繹，獸生五十，雞豚狗彘生十數年，蟲豸蠶蛾生一春秋，禾稻粟麥春生秋枯（死），又有朝菌蟪蛄微生瞬死②。或問：樹木海石山嶺實然否？蟲獸菌蛄實然否？再問曰：以人暫存實然，故萬物暫存實然？再問：人類不在時，眾生在否？萬物在否，實然實存否？何謂也？③

① 甚至包括鳥獸眾生亦是如此，日出而作，日入而息。

② 《莊子》："朝菌不知晦朔，蟪蛄不知春秋。"

③ 人類歷史上，尤其現代理技工業"文明"以來，物類消亡者不知有多少，而人類日益繁衍眾庶；然則，倘是人類消亡，眾生萬物亦將自在繁榮否？

萬年一瞬一刹那，兆年一瞬一刹那，今衹你在我在萬物在，感君情意，此世乃為君一笑一哭也。

其實是道人；本來是道人。

時間之內，鳶飛魚躍；時間之外，空無一物（空空如也）。

時間內有此身心情意悲喜，若夫跳出三界外而不在五行中，飄逸脫出時間，則何如也？

復歸一氣①。

Mind 在英語中衹是“智識之能力”之意②，現代中文則直接翻譯成“心靈”；然因“心”有意象人身之心，有靈明之心，又有哲學之心，且中國古代哲學之“心”亦有兩派：或將哲學之心歸本於形相人身之心，或曰人身之心之外別有一（人）心或靈心，乃至“天心”；而一般中國人則自然將其讀為“心＋靈”而解之為“此形相人身之心與靈明智識能力”，不將其視為與“人身之心”無關之“人心”，或為之新造現代漢語“詞”也。然則此譯詞每多誤解。實則西方之所謂 Philosophy of mind 之所研究者，尤關乎腦而少關乎身心之心也。

202112091426

《水滸傳》中的“官官相護”與“人人相護”

《水滸傳》中的官官相護與人人相護。世人每每痛恨（《水滸

① Also see: *the concept of mind* by Gilbert Ryle and *mind: a brief introduction* by John R. Searle.

② Mind: the part of a person that makes them able to be aware of things; to think and to feel: the conscious /subconscious mind; Your ability to think and reason; your intelligence; the particular way that somebody thinks. 参見：《牛津高階英語詞典》(*Oxford advanced learner's dictionary*, 9th edition)，商務印書館，2003 年 3 月，pp984。

傳》中之)“官官相護”，殊不知其中又有“人人相護”，而亦多是不問是非曲直公義、衹問權勢功利與親疏遠近之私恩私情而已。倘衹有那“官官相護”，事情尚且好辦，推翻撤換了這撥兒貪官污吏，換一撥兒就好了。然因又有那不問是非曲直、衹論權勢利益私情的“人人相護”，則即便是換了一撥兒上去，也還是變成一色的“官官相護”，照樣玩弄得風生水起，得意忘形，早忘了其先或有的痛恨與怒斥，乃至此種局面將永遠持續如此。因為**若無其正道正義在心在身在世**，則所謂“世人痛恨之”，身居高位的被痛恨者固然是官官相護、人人相護，然此痛恨之世人，又何嘗少其不問是非曲直之人人(私情)相護？沒得官，是不問道義不問是非曲直之人人相護；得了官，是不問道義不問是非曲直之官官相護。位處雖不同，玩的卻都是同一套機巧；朝野雖不同，實則是同一路，一丘之貉，都惡狠狠凶巴巴，呲著獠牙，要吃人害人。這種人(不問道義曲直的“人人私情相護”之人)痛恨惡人壞人得勢而胡作非為，衹是痛恨自己做不成惡人壞人而胡作非為罷了。若此，則哪有什麼英雄！哪有什麼賢德？哪有什麼正人義士！哪有什麼“聚義”？哪有什麼“替天行‘道’”？哪有什麼好漢！

或問：有否不同的人呢？或者，有否不同的行事群合之道術呢？

乃答曰：傳統文明中非無正大道義，如泛仁兼愛等，今當承繼正立之；而又當合之於新的文化或文化出路，如伻敬不犯不擾，而根本解決此一問題。

若僅僅從字面上看，人人相護亦可解為人間好意，如仁心厚意、伊伊相依之情、守望相助云然，然必合乎道義禮(今曰伻敬之禮、泛仁兼愛之禮等)法方可；反之，則過猶不及，如違反天道公道、公義公理，徇私舞弊，非分過度，則便是狼狽為奸、包庇沆瀣一氣。合乎道義法度之人人相護，便是天下共遵循公道公義正法而已，雖未必不可有情意親疏遠近之分，然必先之以伻禮伻敬、泛仁兼愛，而何來以人己親疏遠近之私情與權勢之等級區分，而恣肆其侵犯人伻、公私混淆、以權謀私、黨同伐異、舞文弄法、包庇貪腐等之醜事？非不可私情以合群，而群不可徇私害人、害公義、害大道大公也。

202201071816

《易》道的常與變

《易》道的常與變。《易》是憂患之書，所以裏面更多避禍免患、明哲保身之思，也就是對個人的禍福吉凶考慮得比較多。當然，除此之外，亦涉及一些文化觀念和其他人事，包括涉及許多或具有一定普遍意義的“常道”；但終究亦多亂世中之“易道”，或（包含個人或外物環境、世界的）治亂轉換之間的“易道”，或“變化之道”，而並非全為平世裏的常道。所謂平世裏的常道，乃曰平世裏仍需有常度常法，在平世的任何時刻都應“常道而行”、“直道而行”。但在中國歷史上，什麼時候建成了真正的平世呢？什麼是真正的平世呢？而真正的平世裏應該有什麼樣的“常道”、常度、常法、常制呢？這些似乎都一時無定論，不容易說清楚，甚至許多人並未認真思考過這些問題；或者，即使思考過，卻仍然可能無法完全脫去私智的狹隘、小我小智的臆必固我、既有權勢利益力量結構的因襲糾纏考量、文化的因襲慣性或所謂的（集體）文化無意識，仍可能是在狹隘的觀念裏面打轉轉。甚至，即使從人類文明的整體來說，有沒有走出這樣的文化怪圈,有沒有找到這樣的常道,尤其是,有沒有找到既建基於這種正當常道上又能夠實現此種正當常道的合適的文化制度安排與漸臻的有效實踐路徑,也很難説。所以《易》所陳之“易道”,在古代中國社會乃至人類生活中,就一直有其發揮作用的空間乃至必要性。

有人甚至説,即使是在平世中,或在常道常制建立的世界裏,因為人性本身或内在的某些特點或“缺陷”,或諸種人類文化社會中的某些傳統因襲,也仍然在一定程度或層面繼續留有一些“變”或“易”的因素,故而亦使得《易》或“易道”有其一定作用空間。

然亦有人對此持有不同理解,認為這是未必然的,因為生活中雖然永遠會有偶然性,然而對於平世裏概率極低的“人性人事變易”的偶然性,是不值得人類用全副精力來防禦的,而衹需坦蕩率循常道,直道而行即可,同時安然接受那可能性極低的偶然性,而無須為此而始終謹小慎微、戰戰兢兢。關鍵是先探討和構建一種合理的人類的常道及相應常制,慢慢地實現其,然後就可以完全丟開總是教人戰戰兢兢、謹小慎微的《易》或“易道”了。如果自己和他人都直道而行、坦然平夷,則何必戰戰兢兢呢?按照現在的自由觀念和法治觀念,衹要不侵犯他人之自由、權利和人格尊嚴,不違背法律,“君子不立於巖墻之下”,人們就都可以自由自在地做任何事情,而不必瞻前顧後、謹小慎微、戒慎恐懼如斯。

或曰:即便如此,也可能因為少小無知無識而有悔吝之事。然則答曰:雖然,而在一個常道流行[①]的平世中,這種情形也不會太多或太過嚴重,所以也就不需要《易》書中所講的那種戒慎恐懼到幾乎陰沉的心理權衡或言行選擇。實則《易》之流行,恰是因為生

① 這個常道當然也可以包括言行的謹慎,也就是謹慎於正道、直道而已。

活中缺乏常道而多不循常道之人事——《易》稱之為“小人”之心行等。因為常道不流行或不知常道，所以當然多此不循常道之小人心行，而往往還自以為是，自足其智，並不認為其所為有什麼不是不當不善；或者，即使自己能保持常道，因為外人或外在環境的不確定性，故也仍然需要《易》的處（外）亂應（外）變之道。

不過，或許有人會說，這個論證的邏輯是有問題的，因為這不全是常道沒建立的問題，而可能還在於人性或生物本性裏便有讓人作惡的因素——孟子等性善論者當然不認可此一觀點——，所以無論有否一個完美的常道、合理的常制，《易》所針對的種種所謂“小人心行”，都會在人類歷史上一直存在和發生發展，就此而言，並不是合理的常道、常制“消滅了”此種“小人心行”，而不過是較為有效地抑制、壓迫、制約了此種“小人心行”的表現與流行，這才是所謂常道、常制的意義。至於說徹底消滅或“改造”此類本性因素（當然亦有其他因素，比如人生與世界或內在的偶然性、不確定性等），則是妄想而已。有效的常道、常制不立，或不能發揮作用，這些難以徹底消滅的惡性因素便會愈加表現和發揮出來，就此而言，《易》或“易道”是永遠有其存在的必要和發揮作用的空間的。質言之，《易》讓人明白人類本性的不可消除性，以及人生與世界內在的偶然性與不確定性，是悲觀的，又是現實的；但因為這種悲觀和現實的態度，又使得人類的理想人性表現和生活成為可能。

孔子、孟子或儒家從自身修行方面，很明顯地談及自修自行之道，也就是“反求諸己”、“直道而行”，“有終身之憂而無一朝之患”等，如斯而後“坦坦蕩蕩”；然亦談及隨機應變之道，即曰“權”、“易”等；但“權”、“易”亦必須先“反求諸己”，則其實質仍不過是“直道而行”而已，而不可流於陰謀詭詐，所以孔子亦有“不逆詐”之類說法。但實事求是地講，在平世中，大概率仍是——或應該是——常道發揮基本作用，而“易”道將措而不用；一旦“易道”不得已而流行，或許就已經是一個亂變的世界了，並非吉兆。

按照今人的價值觀念，那麼，秦漢以後某些儒家或“自命的”儒家所倡導或重構的單向等級制的“禮”，毫無疑問是“不可能”成為人類的“常道”及“常制”的[①]。或者，如果不是（必然性或邏輯論證意義上的）“不能”——因為按照有的哲學家的觀點，所有的人類價值，就其本質而言都是一種獨斷或武斷之言，而從“天尊地卑”的獨斷武斷之言或比類之言中，是“能”推導出單向或對等等級制的——，至少也“不應”從所謂“天道”中推導出進而確認這種人類“常道”或“元道”。同時，今人又傾向於認為：是“能夠”[②]或“應該”從所謂的“天道”中推導出至少包涵“人格平等乃至基本權利平等”的含義的“仁”來；至於建立在這種意義上的“仁”的基礎上的常道、常制，又須進一步深入研討籌措之。

202200126

漢字的部類；正名；語詞意义在哪裏？

漢語中文的優勢之一還表現在，不用為每一個事物都造出一

---

① 當然，對此一觀點，或將駁斥辯解曰：除了法家，從來沒有儒家倡導絕對的單向等級制，而思論史和歷史的事實乃是：即使是義理或現實中的所謂的“等級制”，也仍然存在著不同程度的不同於“平等”的“對應”要求或“對等”要求。這種辯解並非毫無道理，確實應區分理論與事實，區分斷言的絕對性與現實的複雜性，不可以絕對化的斷言來代替複雜多歧的事實，以概念扭曲和遮蔽現實，而是做出更為細緻的分疏描述，還原其豐富複雜的本來面相。

② 此所謂“能夠”，同樣未必是必然性或邏輯論證意義上的“能夠”，而是採取其他種類的“理性”論證的方式下的“能夠”，包括經驗理性或生物類比的所謂不成熟的理性形式。

個全然不同的新漢字,因為從中國文化的視角來看,許多事物,包括新事物,往往都是關聯的,或互為群類,於是亦可以關聯的形式用既有的漢字來表示,或以共用偏旁的形式來形成同偏旁的系列字。當然,有些外語亦可用後綴的方式來表達,但亦有許多衹能以讀音完全不同的詞或複雜的組合詞來表達,如令人恐怖的某些多達一二十個字母組合而成的德語詞彙,而許多繁複的科學術語也讓平常人根本無法記住和說出來,增加認知負擔。

《墨子·經上》、《荀子·正名》、《說文解字》等亦可謂屬於正名類作品,中國哲學的研究路徑之一,就是正名。某種意義上,鄭玄其實也是通過正名來傳述或建構其哲學或學說體系。古代學者都十分注重正名,賈誼的《新書·道術篇》幾乎全篇正名(見下文附錄)。曾子亦正名:"毛蟲之精者曰麟,羽蟲之精者曰鳳,介蟲之精者曰龜,鱗蟲之精者曰龍,倮蟲之精者曰聖人"[①]。桓譚《新論·王霸篇》亦曰:"無制令刑罰,謂之皇;有制令而無刑罰,謂之帝;賞善誅惡,諸侯朝事,謂之王;約盟誓,以信義矯世,謂之伯。王者往也,言其惠澤優遊天下歸往也。"[②]《易·繫辭傳》云:"是故闔戶謂之坤,辟戶謂之乾,一闔一辟謂之變,往來不窮謂之通。見乃謂之象,形乃謂之器,制而用之謂之法,利用出入民咸用之謂之神。"亦此類,不勝枚舉。

語言以及語詞意義存在於哪裏呢? 字典詞典裏? 文學作品裏? 哲學作品裏? 答曰:都在,但這些又都無法完全固定字義或意義。事實上,意義尤其存在於人們的話語裏,在各人心裏,在天地萬物之上,在天地之間,在心、物、人的生生變易過程裏,無法完全

---

① 《曾子·天圓》。

② 桓譚,《新輯本桓譚新論》,朱維之校輯,中華書局,2009年9月,pp3。

固定、確切或完全抽象化、概念化。

202200126

附錄：賈誼，《新書·道術》

曰："數聞道之名矣，而未知其實也。請問道者何謂也？"對曰："道者，所從接物也，其本者謂之虛，其末者謂之術。虛者，言其精微也，平素而無設施也；術也者，所從制物也，動靜之數也。凡此皆道也。"

曰："請問虛之接物，何如？"對曰："鏡義[①]而居，無執不臧，美惡畢至，各得其當。衡虛無私，平靜而處，輕重畢懸，各得其所。明主者，南面而正，清虛而靜，令名自宣，命物自定，如鑒之應，如衡之稱，有釁和之，有端隨之，物鞠其極，而以當施之。此虛之接物也。"

曰："請問術之接物何如？"對曰："人主仁而境內和矣，故其士民莫弗親也；人主義而境內理矣，故其士民莫弗順也；人主有禮而境內肅矣，故其士民莫弗敬也；人主有信而境內貞矣，故其士民莫弗信也；人主公而境內服矣，故其士民莫弗戴也；人主法而境內軌矣，故其士民莫弗輔也。舉賢則民化善，使能則官職治，英俊在位則主尊，羽翼勝任則民顯，操德而固則威立，教順而必則令行。**周聽則不蔽，稽驗則不惶**，明好惡則民心化，密事端則人主神。術者，接物之隊。**凡權重者必謹於事，令行者必謹于言，則過敗鮮矣**。此術之接物之道也。其為原無屈，其應變無極，故聖人尊之。夫道之詳，不可勝述也。"

曰："請問品善之體何如？"對曰："**親愛利子謂之慈，反慈為嚚；子愛利親謂之孝，反孝為孽。愛利出中謂之忠，反忠為倍。心省恤**

① 或作"儀"。

人謂之惠;反惠為困。兄敬愛弟謂之友,反友為虐。弟敬愛兄謂之悌,反悌為敖。接遇慎容謂之恭,反恭為媟。接遇肅正謂之敬,反敬為嫚。言行抱一謂之貞,反貞為僞。期果言當謂之信,反信為慢。衷理不辟謂之端,反端為趽。據當不傾謂之平,反平為險。行善決衷謂之清,反清為濁。辭利刻謙謂之廉,反廉為貪。兼覆無私謂之公,反公為私。方直不曲謂之正,反正為邪。以人自觀謂之度,反度為妄。以己量人謂之恕,反恕為荒。惻隱憐人謂之慈,反慈為忍。厚志隱行謂之潔,反潔為汰。施行得理謂之德,反德為怨。放理潔靜謂之行,反行為汙。功遂自卻謂之退,反退為伐。厚人自薄謂之讓,反讓為冒。心兼愛人謂之仁,反仁為戾。行充其宜謂之義,反義為懵。剛柔得適謂之和,反和為乖。合得密周謂之調,反調為盭。優賢不逮謂之寬,反寬為阨。包眾容易謂之裕,反裕為褊。欣熏可安謂之熅,反熅為鷔。安柔不苛謂之良,反良為齧。緣法循理謂之軌,反軌為易。襲常緣道謂之道,反道為辟。廣較自斂謂之儉,反儉為侈。費弗過適謂之節,反節為靡。僶勉就善謂之慎,反慎為怠。思惡勿道謂之戒,反戒為傲。深知禍福謂之知,反知為愚。亟見窕察謂之慧,反慧為童。動有文體謂之禮,反禮為濫。容服有義謂之儀,反儀為詭。行歸而過謂之順,反順為逆。動靜攝次謂之比,反比為錯。容志審道謂之僩,反僩為野。辭令就得謂之雅,反雅為陋。論物明辯謂之辯,反辯為訥。纖微皆審謂之察,反察為旄。誠動可畏謂之威,反威為圂。臨制不犯謂之嚴,反嚴為軟。仁義修立謂之任,反任為欺。伏義誠必謂之節,反節為罷。持節不恐謂之勇,反勇為怯。信理遂惔謂之敢,反敢為揜。志操精果謂之誠,反誠為殆。克行遂節謂之必,反必為怛。凡此品也,善之體也,所謂道也。

故守道者謂之士,樂道者謂之君子,知道者謂之明,行道者謂之賢。且明且賢，此謂聖人。[1]

墨家與儒家之互證與互融

墨家與儒家之互證互融。墨家較為接近上古三皇五帝時之學問（道之全體），但從民族主義的角度來說，儒家尊君亦有價值，蓋其時不同部落民族互相攻伐，缺乏組織力和組織中心就無法組織起來對抗其他部族的攻擊。**今當在墨家或人伻或民主的基礎上談論或建構儒家文化，即必須給儒家文化安上一個兼愛、人伻、民主的地基或限制，**然後才可談及儒家那一套。

衹要稍微翻閱《墨子校註》和《墨辯發微》等書，便可發現墨家頗可啟發解決儒家典籍中的許多問題，尤其是思考方式或邏輯方面的論題，如用墨家的理論來觀照，每可渙然冰釋，比如"空空如也"、"執其兩端"、"扣其兩端而竭焉"、"用中"等，又如用"推類"、"辯"等來解說"用中"等。新經學應將墨家、儒家、道家、名家乃至法家等綜合起來，重新回復"道術為天下裂"之前的大道通而為一的狀況。如是而既有新經學，包括儒家在內的諸子又仍可獨立發展，共同為中國和天下之發展貢獻新智慧。

又嘗以《周禮》、《尚書》等書中之論述來證"中、和"、"中、庸"等。

《大學中庸廣辭》中亦必然要補充科學研究這一環，中國人不

① 賈誼，《新書·道術》，參見：《新書校註》，閻振益、鍾夏校註，中華書局，2000年7月，pp302—304。

可僅以得位行道乃至做官為唯一或最高追求，而亦當究理（物理、智理、名理、文理、意理、義理等）而貢獻智力於人類世界，蓋今世之國家富強、文明進步不可忽略理技科學也。

202200126

“空空如也，我叩其兩端而竭焉”

又論曰：所謂“空空如也，我叩其兩端而竭焉”，用今天的話來說，其實就是讓人們說話，讓所有人都能自由表達其看法和觀點，和進行自由充分的討論，使得各方面的情形、思路或思考角度都兼顧考慮到，以此集中所有人和各方面的意見、思路和智力，窮究極詰之，窮形盡相之，使人事物理無所遮蔽隱瞞——亦即賈誼所謂“周聽則不蔽，稽驗則不惶”①；在經過這樣一種完全自由充分的討論後，再綜合權衡以道理禮義，最終得其（事理本來之）正中，得其合道合理之判斷、知識或答案。所謂“空空如也”，即“我”無成見，“我”無“意必固我”，而一任事物本來之道理也②。

202202131500 許

“六十耳順”與正名之正法

“六十耳順”：或解“耳順”為“聞聲知情”。按：聖，《說文》解作

① 賈誼，《新書·道術》，參見：《新書校註》，閻振益、鍾夏校註，中華書局，2000 年 7 月，pp302—304。

② 此段亦收入拙著《論語廣辭》，可參看。

“通”，從耳。《說文解字注》曰：“聖從耳者，謂其耳順。《風俗通》曰：聖者，聲也，言聞聲知情。”蓋此即《論語》“六十耳順”之本意。然其解“聖”字，仍甚簡略粗疏，吾另將詳論之。

又：古人每或以音韻諧聲之法正名解字，實多以己意附會者，或有牽強不甚通者，然亦頗有能牽合其理者，不可盡揜之。蓋以象意理據造字，是造字之正法，如象形、會意、指事乃至形聲等，故以字形求字義，亦是正名之正法；又有以音韻之假借、轉註而用字者，是用字之法或造字正法之補助，故以字音或音韻解字義，亦是正名之偏方或輔翼之法而已矣。故若欲正名，當先析解其字形，求其造字理據，而後或審其字音，求其用字之意，又或稍加己意更為申說之。

202202151523

“考文”與“正名”

“考文”：據儒家典籍《中庸》之論說，歷代聖王於其替天行道改朝換代時，皆當“考文”（另有議禮、制度兩項），考文即“正名”，亦即正字、正字義、正名義①、正字理、正文字（當然包括正字義、字音和字形，頒行天下而一統之，免生分隔歧途異端，但這裏重點談正字義字理，以此尤其關乎天下治平之要也），合字而為言、語、文、籍，故又可謂正語、正文（此處之所謂語、文即今之所謂“語言”language，合口頭語與書面文而為言）。古代中國乃是以考文、正名之方式，來批判前代名實理義混亂顛倒等情形，重新恢復其與天道天理之內在關聯，中通天道而正之，然後頒行天下，一（統）之以天道

① 乃至“正道理”、“正道義”等。

義理之治而已，故曰天治（天心天道）、道治（天道人道）、名治或名教之治，曰人伻（平等個體主權或基本人權）、民主（全民主權或人民主權）而禮治（合於天心天道人道之禮，非曰古代秦制以後之專制等級制之禮）、法治（合於天心天道人道之法，有公法、私法如民法等，曰道法之治；又有道法、道禮等，而道、禮先於法，乃曰德治與禮治並行而道禮之治為先），而後或有德治（實即賢人政治；此言必先有道法、道禮之治然後可論德治）、賢人政治（賢人政治）、民選政治、法律政治等。

202202151523

通行語言與個體語言

（某一種今之所謂）"語言（language）"存在於何處？現代書籍？古代典籍？現代字典詞典？古代字典？今人（所有人或部分人）的頭腦中？[①] 天地萬物之中？天壤之間？

對於某種所謂的"語言系統"而言，比如漢語、英語、德語等，有沒有所謂的一個時代的"通行的語言"？我們如何理解一個時代的通行語言（即什麼意義上的"時代通行語言"，它使一般乃至粗疏的交流成為可能）？或者，根本就不存在（哲學意義上或絕對意義上的）所謂的時代通行語言？抑或是：每個人都有其自身

① 如果今人還同時閱讀古代典籍和古代字典，那麼他們頭腦或心中的文語和同時代一般人的文語一樣嗎？不同的人，其頭腦和心中的文語是否不一樣？他們之間如何交流？他們選擇用古文語交流還是用今文語交流？他們在選擇今文語時，他們真的是在每個字詞意義都相同的情形下進行交流的嗎？如果不是，如何避免誤解？或者，他們的所謂交流到底意味著什麼？

的語言系統,亦即其自身的意念思想(或思論、思意,以下同)系統?所以,我們不可能考察所謂的一個時代的通行語言,而是去考察一個個體的文語系統,包括伊的書面文語系統、口頭文語系統,尤其是伊的心靈或智識或意念、思論系統——為了避免意義的減損,也許應該用"思意文語系統"來命名——,相反,有時,考察某個人(個體)的思意文語系統,比考察所謂的社會的或時代的通行文語系統,更有價值,更有意思。這是有的人不去和時代或社會對話的原因之一,因為他們使用著完全不同的思意文語系統,無論如何難以進行有效或有意義的對話。不但如此,還可能會帶來風險。**人們想要對話,卻並無對話的有效文語**,這就是問題所在。

所以我更關注文語和思論(或思想)本身。**所有關涉意義的對話,首先必須是一種哲學的對話,或使用哲學文語的對話,這首先需要哲學文語本身**——當然,心靈的對話和情感的對話除外;並且,許多人的對話,實質上往往衹是一種情感的對話或心靈的對話,即藉助文語而來的情意的對話、交流或感通,但卻並無那種擁有確切意義、指涉實物的名實意義或名理意義的對話;沒有哲學的文語和哲學的對話的話,是無法進行真正的意義的對話的。真正的意義的對話首先是一種哲學對話(即以哲學的方式來正名、正義,明確其意義),除非你不關注意義,衹關注心靈、情感或情緒。在生活中,許多時候人們並不需要意義的對話,而衹是或一時衹需要情感或心靈的對話或感通,比如戀人之間的對話就是一個顯例。要進行有意義的對話,那麼,其所使用的文語應該是一種哲學的文語,或具有哲學文語表達的可能。但能夠進行精確指涉的哲學文語——無論是指涉實物或現實在世界還是指涉名理本身——的建立很難,這是人類文語、名文或文言的局限性所在,或許也是當下人類智慧的局限性所在。並且,即使有這樣的精確指涉的文語,也仍然涉及不同人類個體對這種文語的領悟、運用和解讀其指涉者或指涉意義的問題,仍然難求一律和完全符合、絕對準確。所以,有關文語、哲學文語、有效溝通乃至絕對溝通領悟等,就永遠會是一個難題。然而,雖說永難完全溝通,但大致的溝通和領悟還是可以的,或許對於大多數人的大多數情形來說,衹要有大致的溝通就足夠了,這或許是人類生活能夠得以持續的原因所在。

每個人都有其自身的文語系統,亦即其自身的思論系統;不同個體之間的文語系統和思論系統或許有部分重合的(但這一所謂"部分重合"應在哲學上作進一步的說明,實際上乃是一種邏輯抽象或邏輯強制意義上的"部分重合",不然的話,世界上是不可能存在所謂的"部分"和所謂的"重合"的),然而更多差異,乃至"本質"上(又一個疑竇叢生的哲學概念)是完全不同的。所以人與人之間的文語交流,本質上是伴隨著許多意義的誤讀或意義罅隙的。但有人說,人不但用文語交流,還用心靈和情感交流,所以這種意義罅隙倒並不重要;而心靈和情感的共鳴或通靈,倒是有可能相對或絕對更為"準確"的一種交流方式,不會像文語交流(無論是書面文語還是口頭文語)那樣造成更多的誤讀和誤解。

202202151523

漢字是中國最後之長城

漢字與中文是中國或中國文化的最後最堅固的一道長城。

202202210825

音文與象文;音語與象語

音文與象文;音語與象語。大體而言,語音符號文字有利於抽象思考、邏輯思考、抽象理智、數理智能、科學和"人造"數理世界(文字意義可以完全和實物、客觀事物或客觀自然世界無關),意象文字有利於具象思維、經驗理性、心靈感知、整體感知、指涉自然世界(意義來源或關聯於客觀事物或自然事物);前者改造自然、征服自然、扭曲自然、創造理技器物世界("人造世界"或"人造抽象邏輯工技或理技器物世界"),後者順應自然、親近自然、尊重自然、擁抱自然、回歸自然;前者注重於人的抽象理性、客觀原理和抽象邏輯世界的建構和創造,後者注重於人的經驗理性和順應親近大自然的生活情趣;前者主動性、創造性、侵略性十足,顯得更為強大,後者溫和敬慎(尤其是在大自然面前溫和敬畏),但在抵禦大自然和外力侵害時顯得弱小無助。這些論斷當然祇是大體的也是簡單化的區分,事實上,意象文字本身也存在並且將來也可以增加其抽象概念或"純粹人造概念"的成分,而語音符號文字未嘗不和現實世界維持著某種關聯或指涉關係,並沒有完全變成純粹抽象的數理語言,或構築純粹抽象的數理邏輯世界等。以上論述或觀點,應結合語言哲學和心靈哲學(或智能哲學)來進行理解。

202202221422

文學寫作例講

文學寫作例講(文學文語↔哲學文語或邏輯文語):

例：如果有愛，為什麼要恨你呢？如果沒有愛，為什麼要恨你呢？

分析：以上文句中，"如果有愛"、"如果沒有愛"這兩個條件句或假設句，都沒有明確其假設主語或施事者，按照哲學的精確表達或邏輯表達來說，似乎顯得意義模糊，無所具體或精確指涉或指物，但從文學表達或思論表達的角度來說[①]，卻恰恰包含了更多可能性（今人或西人乃曰所謂"能指"）："如果你有愛"（你愛我）、"如果你沒有愛"（你不愛我），以及"如果我有愛"（我愛你）、"如果我沒有愛"（我不愛你），乃至其他情形，故而其表達反而蘊涵了更豐富乃至更周全、更中和或更整體、更本真、更一般的含義，而不是偏頗的、單一的、特殊的或畸輕畸重的思論或判斷。

其實這句話還可以進一步簡化，而愈是簡化，其含義就愈豐富、廣闊，乃至愈加接近整體的真實或本相，或愈加近道。

例：如果有愛，為什麼要恨呢？如果沒有愛，為什麼要恨呢？[②]

分析：你看，以上文句中，連後一分句的謂詞賓語也省略掉了，乃至後一分句的主語和謂詞賓語全部省略了。這也可視為進一步抽象化、一般化或名理化。然而，其涵意卻愈加豐厚廣闊，可以包蘊許多情形，更加發人深思了。精約簡略凝練，而含蘊深廣，這是中國古代文學[③]乃至中國古典道學、哲學藉以文言表述的特點和優勢之一（當然，這並不會必然推導出對於現代哲學的文辭表述的特點和優勢的否定，所謂"各得其一中[④]"而"和而不同""道通為一"而已矣）。古代

---

① 這裏所謂的"文學"，既可是生情文學，亦可是道理文學，即可為包含生情文學與道理文學等在內的"大文學"。

② 文言之表述則可為：有愛則何恨？無愛則何恨？

③ 即"大文學"。

④ "中"念四聲。

漢語中文常常通過省略主語和賓語等的方式,而塑造了一種蕭然無我無對、忘我忘機、自然空無或縱浪大化、天人合一、包蘊深廣無垠的哲學意蘊。質言之,愈是簡約(簡單、簡化),愈是虛渺,就愈是近道,愈是可能減少了許多各執一端數端的斤斤紛爭和計較——當然,對於違道而自來的紛爭和計較本身,正是互為因果而已。

上述例句似乎不是一個精確的所謂現代邏輯表達,很難算得上現代邏輯學意義上的標準命題表達——即現代邏輯學並不將其視為一個有效的邏輯命題——,甚至不被一些人認定為一個哲學表達;而將其視為一種所謂的"思想"表達①乃至玄思或幻思表達,並將所謂"思想"表達視為相對於所謂哲學表達或現代邏輯學表達的低等級形式,乃至對其帶有某種居高臨下的輕蔑感。

可它又不是一個具體的、情境化的或語用學上的表達,因為它完全沒有提示任何具體的語境或情境,也完全沒有提示任何的主體(比如陌生人之間、熟人之間、愛人之間、親人之間、不同群體之間,乃至人類或人類元文化本身,等等),人們對此全無所知。雖然,卻幾乎每個識字而具有一定文化水平和生活經驗的人,乃至所有人或所有主體,都能從中讀出某種或多種意蘊,乃至讀出完全相反的意蘊,或感受到更深廣或深沉的意蘊或情意共鳴,而各各在乎其人之特異性而已。為什麼呢? 是因為(人們在解讀時),它(這段文字)能訴諸於各人的心靈、情意、具體經驗或經歷,或和各人的心靈、情意、經驗、思論等具有某種契合、共鳴或相似結構嗎? 還是說它給予了人心更多的自由或自由聯想、想像的空間,而不是像邏

① 從中文字面所可呈現之含義而論,所謂"思想"在嚴謹性上還比不上"思論",故一旦涉及條理性的嚴肅或嚴格邏輯思考,筆者往往更傾向於使用"思論"一詞。顯然,在中文裏,"論"與"想"的含義本來就有區別,不是所有的"想"都是"論",或都達到了"論"的水平。故而筆者認為,**與其說什麼"思想史",不如用"思論史"來代替,或更準確**。不贅。

輯、理論（以及相應的理障）等給人以粗暴的規訓、干涉與束縛（或西人所謂“理性化牢籠”）？[①]

以上主要從文辭或語辭層面談論，而道義層面亦如是。儒家也宣稱許多必要的、正當的、不過分的禮義、節義或道理的規約，與此同時卻也重視“和”或“中和”（所謂“和為貴”）的價值，乃至為偶爾的放浪形骸特辟一境地，比如鄉飲酒禮等場合下所謂的“醉不及亂”乃至“不醉不休”，從而給人的心靈情意自由留下了相應的一定空間。道家就更不用說了，非常重視放空與留白，對於人的心靈、情意、生行、審美或想像的逍遙[②]或自由，十分珍視，心靈空間更為廣遠闊大，而其人逍遙瀟灑，所以千百年來同樣吸引了許多人[③]，他們當然也沒有那麼多的理障、理癡或情癡、情執。

理執乃有理障；此也執一，彼也執一，吾也有吾理，爾也有爾理，彼亦視此為異端，此亦視彼為異端……，各執一端或數端之是之理，相互攻伐不休。“理”究竟是什麼呢？若衹是名理，或衹指涉名理，無關或無所指涉乎“現實在事物世界”，則爭也衹是爭名理而已；若曰理關涉或指涉“現實在事物世界”，然則此吾所用所解之名理之實際指涉者，與彼爾所用所解之名理之實際指涉者，其果為同一乎？若不能同一，又爭乎何而何以爭？或則雞同鴨講，或則各說各話、各指涉各物（各有各的一端或數端之是或理），則其爭亦難斷也。中國古人如儒家、道家固皆已斥其執一者[④]，現代智識哲學

① 我們衹要稍微聯想或回顧一下老子《道德經》的文字，就能對此論題得出自己的一些領悟。

② 鐘泰讀作“消搖”，參見：鐘泰，《莊子發微》。

③ 方外道人逍遙自在之樂，或亦有非世俗之樂所可比擬者也。

④ 而儒家仍主張“求其中”，同時又執中有權，仍是不執一。道家之莊子則認為“此也一是非，彼也一是非”，而主張“齊物論”之“各適”、“各中”，或“環中”。參見：《莊子·齊物論》。按；據鐘泰解讀，所謂“齊物論”，包括“齊物”與“齊論”，詳見鐘泰《莊子發微》。

（或所謂心靈哲學）對此亦多有破其虛妄者。

蕭蕭山水江湖自然，囂囂天地順化道樂，空空無所執，或亦是一種美與好。人得陰陽之精而有神靈，神靈與天地同氣同道同流同化，不必獨恃物理（智識哲學所謂"純粹邏輯知識"）與俗情也①。

當然，或曰：這種美與好，也可能省略了或有的許多醜與惡。是的，但那卻是另一種文句或敘述了。

例如：如果不相關或不相干，哪有什麼愛恨！可是，如果共處或相互干預剝奪加害呢？則還是得回到人間的那一套，不過是**力爭、理爭與道義爭**三者罷了。然而人類世界的事，最終或**到底是力勝，還是理勝，抑或是道義勝**，恐怕人類對此也迄無定論吧。所以人類的爭鬥，怕是一時半會還結束不了。這對於那些不想爭鬥的人來說，是很殘酷的；對於那些正在爭鬥的人來說，也是很殘酷的，即使他們於此或許孜孜不倦乃至樂此不疲②。

天下未靖，世間之事便無法置身事外。仍需直面並努力解決之，亦曰問天問道求理而已矣。故或曰：且先了卻天下事，再論天下逍遙人。

202203150925

人類智慧的進化與個體智慧的進化

興趣當然很重要，有興趣就會去探究，沒有興趣就會敷衍了

① 其實所謂"同氣同流同化"與"同道"，也意味著在根本的物質層次，人乃至人心人靈，也都有與自然萬物以及相應的物理相應一體的部分。"萬物皆備於我"，或許亦可從這個意義上來解讀。

② 在有的時世乃至全數時世，似乎人人都很自信，人人都覺得自己特別強大，人人都覺得自己應該擁有更多的份額和更好的生活……

事。興趣者,古曰志。

探究前先要掌握一些基本乃至較為全面的基礎知識、理論(*以及方法,下文有述*),而又自深思之,所謂"學而不思則罔,思而不學則殆"是也。

但探究的方法和毅力也是很重要的。缺乏好的方法,就無法有效或更好地探究。毅力,古曰志意堅決,曰堅持不懈。方法,古曰方曰術,曰做事法度。

沒有毅力,就可能淺嘗輒止,無法通過長期乃至終生的探究和積累,而使自己對於論題或對象的研究,到達一個超出絕大多數人乃至所有人的高度,亦即創新知識、理論,或發現、發明了一些新的物理、技術等。**如果沒有達到這個高度,你就衹是增加了"自己的"知識,或滿足了自己的好奇心**——這些本身當然也都是完全正當的理由或目的——,**但這卻並未增加新的知識,並未給人類和世界貢獻新的知識**。從過程先後而言,當然要先吸收、增長和積累"自己的"知識,但如果從知識創新的目的而言,卻要為人類和世界增加新的知識,那是你作為知識創造者的價值所在,而不僅僅是一個知識的學習者、使用者或傳播者。兩者是不一樣的①。

到目前為止,或者,在目前對於人類智慧的理解和相關科技條件下,人類智慧進化的一個基本的現實,是每個人都要從頭開始學

① 另外,會使用遙控器、相機乃至操作電腦,與知道遙控器、相機、電腦等發揮功能的科學原理以及相應的製造工藝,也是兩回事,前者與古人會使用鋤頭本質上沒兩樣,不值得炫耀,後者才涉及真正的基礎知識原理或基礎研究。從個體而言,術業有專攻,固然或無法掌握所有的科學原理,而衹需要掌握其使用方法即可;但從衡量一個民族、一個國家的科學技術水準和科技實力而言,後者才是根本,是源頭。不能以購買引進來的生產線、機床、設計圖紙乃至科技產品等直接等同於科學知識、原理或科學本身,或簡單化地將購買引進的生產線和產品直接當成是本國科技進步的表現。

習，這決定或制約了人類智慧進化的路徑、速度和程度，乃至成為人類智慧進化的一種障礙與難題。在現有技術條件下，知識或智慧，都不會自動遺傳給個體或下一代，或無法通過外部“物理”輸入的方式來獲得，而必然要經由個體學習內化的過程[①]。

202203160923

人類智慧進化的方法

但至少有兩種方式可以提升個體以及人類學習知識和增進智慧的效率[②]：第一，良好的學習方法，但這裏主要談及所謂的“內隱學習”。良好的“內隱學習”機制以及相應的有利於“內隱學習”的全息外部環境，可以使個體學習或智慧進化的效率大加提高。嚴格地說，每個人都具有“內隱學習”的潛能，或者，每個人都時時在進行著“內隱學習”，而不僅僅是顯見的制度化的所謂學習。但不同的外部環境，即包括文化環境、文字語言環境、思維環境、知識或科技環境等的全息外部環境，卻可能為處於這個文化體系或外部環境中的人

① 即使是時下科學家們所談論的“人機對接”，大概仍需基於接受者自身的思維理解能力。不過，對此我並無詳細關注，不敢妄論。

② 當然，關於增加人類或人類個體的智慧，還有其他許多影響因素，其中之一是：理論上，後代人是在前代人所掌握全部知識或整體知識的基礎上開始學習和探究的，亦即所謂“站在前代巨人的肩膀上”開始其探究工作，這有利於後代人的繼長增高。如果人類壽命沒有特別增長，閒暇時間差不多，那麼，古往今來的人類個體能夠投入到探究事業中的學習時間、體力精力乃至智力等也便差不多，後代人之所以能夠不斷推動探究工作更進一步，不過是因了上述因素。但這也要求人類世界或後代人所生活其中的國家，在教育內容、教學方法、教材編寫和知識積累、圖書積累、探究方法、探究條件等方面跟上人類知識進步的最新發展，然後才能為本國後代學者提供更好的探究機會。如果其國大中小學的相關學科的教材幾十年不變，不能反映最新研究進展，又不能持續不斷地創新知識理論，那就會影響其國後代人探究知識的進度和智慧增長的進度。

提供不同或水準迥異的內隱學習契機(機制與環境等)。內隱學習的全息外部環境和內隱學習的內部水準,大致耦合相應而又相輔相成。所謂"內隱學習的外部環境",稱之為"默會知識環境"亦未嘗不可,或者,稱之為一種"整體的文化或文智物徵系統"。因此,對於一個國家、共同體乃至整個人類的智識進化來說,創造良好的或更高水準的"整體文化或文智環境系統",就顯得十分重要。

第二便是好的或正確的研究方法。關於這點,現代科學、知識論或認識論、方法論等所總結的諸科的諸種科學研究方法,便都是有價值的,都值得注意和綜合運用,而根據不同的研究對象、論題等,採取不同的更有針對性、更為合理有效的研究方法①。每一種研究方法或科學研究方法都有其價值,都有其針對性,或能夠對治那些有問題的思維方式、行事方式等,促進人們的思維準確性和嚴謹性等②。當然,至少在目前的情形下,科學或科學方法未必能解決所有的問題,尤其是心靈、情感等問題,並且有時也會有因為錯誤地或不適當地適用科學方法所導致的問題或後果,甚至科學本身也可能帶來許多問題,所以也不能過於迷信科學或科學方法,或

---

① Science: knowledge about the structure and behavior of the natural and physical world, based on the facts that you can prove, for example by experiments; the study of science; a particular branch of science; a system for organizing the knowledge about a particular subject, especially one concerned with the aspects of human behavior or society. 參見:《牛津高階英語詞典》(*Oxford advanced learner's dictionary*, 9th edition),商務印書館,2003 年 3 月,pp1384。又:Science: the intellectual and practical activity encompassing the systematic study of the structure and behavior of the physical and natural world through observation and experiment(羅按:此處強調觀察和實驗,觀察當然指的是實地觀察調研,實驗也當然要求第一手數據、材料、信息等); a systematically organized body of knowledge on any subject; knowledge. 參見:*Concise Oxford English Dictionary*, pp1288。另可參見 *The Compact Oxford English Dictionary* 中的詳細解釋。

② 詳細論述,亦可參見筆者拙著《大學廣辭》中有關"格物"的"廣辭"。

陷入唯科學主義的窠臼中，但那是另一個論題。對於一般情形，仍然需要掌握許多頗為有效的思維方法、研究方法或科學研究方法。

對於中國社會和中國學術等而言，作為對於某些常見的弊病的對治之法，以下幾點是需要特別強調的：

實地調研或現場實歷實訪[①]（實地調研的方法又很多）以及**原始材料或第一手材料信息**（**亦可謂獨立研究或自主研究的精神**，也是下文所說的**務實精神**）——兩者的關係是：由親自的實地調研，然後才能獲得第一手材料、信息、文獻、（實驗）數據或原始材料。比如進入到事情或事故、歷史發生的現場（新聞記者、歷史研究者等）、訪問當事人或親歷者（新聞記者、歷史研究者等）、到偏遠地區調研（人類學，所謂民族志），到國外去調研（外國史、世界史），到地下去調研（歷史學、考古學，所謂“動手動腳找東西”），到研究對象或利益相關者中去調研訪談（政治家、公職人員、人文社科學者），親歷一線收集樣本數據（各學科尤其是自然科學研究者或科學家，比如醫學研究者或生物科學研究者按照科學方法親自收集病人或病原體等的數據並進行科學研究），或進行全面反復的觀察、測量和實驗，等等。然後在收集到的有效材料和數據等的基礎上，按照科學方法來進行研究，得出審慎的、科學的、客觀公正的結論（同時在其研究中說明數據來源、方法等），而有據有理，無徵不信，可證實證偽，不誇大縮小……這種實地調研當然不是走形式，不是一味偏聽偏信，不是收集假信息、無效信息，乃至閉門造車偽造信息、材料或數據……質言之，沒有親自實地調查研究，就沒有發言權，就是沒有事實依據和嚴格科學驗證的信口開河，就是隨意胡謅，就是閉門造車，就是印象主義的漫不經心的浪漫想象、形而上學的思辨，乃至欺騙。

---

① 亦可包括實驗。

同時，這對信息、知識、觀點、理論乃至新聞或傳聞的接受者，也提出了相應的要求，即對於那些缺乏有效信息來源、第一手全面真實數據、科學研究、嚴格論證等的理論、信息、觀點、斷言、文章，乃至新聞報道，或文化傳統，或借助各種所謂權威或專家而呈現出來的看似言之鑿鑿實則可能信口開河或並無有效信源或並無相應親證實研的斷言或結論等，都要保持必要的審慎的闕疑精神和質疑精神，不可輕信；如欲探究事實，則更主張親身實地去調研探訪的風氣和做法，所謂無徵不信，眼見為實——乃至能眼見的都不能簡單相信，仍需審慎分析。

事實上，許多學科和論題都需要親自實地調研①，但許多所謂社科研究者的文章，卻明顯缺乏這些，即使有一些調研，也是裝裝樣子，完全沒有親自調查研究精神、務實精神、科學精神或探究精神，或則偏聽偏信、鸚鵡學舌、捕風捉影、閉門造車、信口開河、敷衍了事，或則翻閱一些國外的二手材料或論著，找一些外國學者，動輒將他們或包裝或吹捧為學術權威、大師②，加以翻譯引進，然後

① 哪怕是日常的談論，如果想要成為有效的、嚴肅的談論，得出較為合理的、有理的、符合事實的結論，也需要科學精神和科學方法，盡量使自己的談論或思維建立在科學精神和科學方法的基礎之上。這是尊重客觀事實、科學方法的一種"誠"。

② 國內的一些學者同樣在自我包裝和互相吹捧。但同時筆者也承認，在此前相當長的一段歷史時期乃至於當下的現實是，西方科技和學術確實在許多方面頗多優異表現，然而，這其間的部分原因亦恰恰可能是和某些中國學者的不能自立自強、缺乏自立振作更生精神而一味依附外國學術科技、亦步亦趨等情形互為因果、相互加強的。所以，如果中國不能從精神心態上擺脫盲目崇洋媚外、依附效仿而無法以我為主、敢為天下先、獨立思考、自我振作創新，同時真正建立其自身的合理、科學的科研機制或自主創新機制，進行文化、學術、科學知識的自主研究和自主創新，並在世界學術、文化、科技競技場中拿出實實在在的先進成果，那麼，中西科技和學術發展的這種嚴重不平衡狀態就有可能持續下去，就會因為外國掌握了核心先進技術而造成中國在各個領域的發展受制於人的被動局面或依附地位，而中國學人便可能仍將不得不無奈地不斷從外販賣"拿來"，維持這種"學術入超"、"文化入超"、"科技入超"的狀態，而無法進行對等的學術輸出、文化輸出和科技輸出，並在激烈的國際競爭中立於不敗之地。顯然，這種入超狀態不是我們所想看到的。質言之，在虛心學習的同時，一定要建立起我們自身的合理的、有效的、先進的獨立自主的教育機制、科研機制和思論、文化、學術、科技的自主創新機制，在世界思論文化和學術科技競技場中展現中國學者的成就，貢獻我們的智慧和力量。

引用他們的材料、信息或觀點理論，自己再“以論帶史”或“以論代史”地找一些材料來論證外國學者的理論或結論，扯虎皮做大旗，東拼西湊，人云亦云，外加一些胡亂發揮。沒有自己的實地調研，這樣“方便地拿來”的做法，是不可能確立中國學術（人文社會科學）的主體性的，也不可能寫出好的研究論文和學術著作，不可能出現真正的學術大家或大師。

我現在頗為反感當下的一種論文程式，即任何論文都要先扯一通西方人的論著或觀點、理論，卻完全不能根據自己嚴格按照科學方法或調研方法親身收集的第一手材料、數據等，以自己的基本常識和相應的科學方法來進行自己的獨立研究，提出自己的理論和方法，並以自己的文字語言表述出來。更為重要的是，許多學者在研究時，甚至沒有自己的文化價值立場和獨立觀點，完全跟著外國學者人云亦云，毫無主體意識、主位意識和問題意識，幾乎處於一種失去靈魂、魂飛魄散或失心瘋的狀態。此外，現有的論文程式又往往要求參考文獻中必須列舉有外文文獻，於是論文作者便衹得東拼西湊地雜湊幾本西方學者或外國學者的論著或外文文獻，雖然自己可能從來沒讀過其原著，而衹不過是狐假虎威地扯虎皮做大旗，這也無形中更加助長了這種仰視外國學者和外國學術而自我反向文化殖民主義和反向文化帝國主義的自貶自棄的風氣。其實，列舉參考外文文獻和外國學者的論著的要求的初衷和本意是好的，就是汲取世界範圍內的先進文化、學術和科學知識，並將中國學術、科學置於世界學術、文化、科學的競技場上進行同場競技。但如果最終淪落為僅僅是一種形式主義，尤其是如果不能充分發揮獨立研究的科學精神和自主精神，就會變成一種學術、思論、文化、科學等的依附心態、懶漢心態和僕從心態，一味跟隨、模仿、販賣、拿來乃至“山寨”、抄襲，無意獨立研究和自主創新，就永遠無法真正提升中國本身的學術水平、文化水平和科技水平或實力，這卻是非常嚴重的問題。

實事求是的精神（務實精神和求實求是精神）、科學精神和科學方法①：即使確乎有實地調研，但如果沒有實事求是的精神、科學精神和科學方法，那也無濟於事，比如，第一是調研本身可能敷衍馬虎，不務實，不科學或缺乏科學思維、手段和方法，第二是不能將其調研結果如實供述，等等。故對於實事求是的精神，這裏又著重提及以下幾點：科學收集全面系統的數據和材料、信息；運用合理的方法尤其是科學方法進行嚴謹的科學研究；**如實描繪，實事求是**②；**客觀敘述**③；**區分客觀事實與個人主觀觀點**④、**區分一己見聞與全面整體情況**⑤等。在文風上亦當如是，不浮誇，不虛飾，不煽情，注重事實與邏輯；區分事實與觀點，區分事實描述與文學修辭，前者務實、平實，要求提供必要數據和事實，或人們關注的必要數據和事實，後者注重共情、共鳴（但不是一味的煽情⑥）、文雅、邏輯、修辭、力量；可以明確立場和觀點，但

① **務實精神；科學精神；闕疑與質疑；查漏補缺**。關於最後一點，亦可稍作說明：對於說理論事或學術研究、科學研究而言，應收集與論題有關的所有或盡可能多的環節或細節、數據等，尤其重要的是，明確說明缺失的環節和細節，或者，因為缺失的環節或細節，而進一步實地調研或查找相關材料、信息、數據等，並在此基礎上進行研究。換言之，缺失的環節或細節，恰恰是你所要探究的方向或焦點。

② 何謂“實”？何謂“實事”？何謂“是”？何謂“如實”？如何“如實描繪”？等等，這些又都是一個個哲學論題，可見任何事情都離不開哲學思維和哲學反思。

③ 何謂“客觀”？是態度問題、方法問題還是文字語言問題？抑或三者皆是？

④ 可以有個人觀點，但在行文上，必須嚴格區分個人觀點和客觀事實，這既是學術道德，也是學術規範。

⑤ 即區分一己見聞、小樣本情形與超出一己見聞之外的更廣泛的全面情形。

⑥ 現在頗為流行一種浮誇修辭或誇飾空洞的煽情文風，其實是違背實事求是的精神的。

尊重事實與真理，有理有據[①]，要講邏輯等。

以上所論，有些是文風的問題，有些是態度的問題，有些是人格或道德的問題，有些是科學精神或實事求是精神的問題，有些是方法的問題，都值得注意。然限於篇幅，此亦祇是淺嘗輒止地簡單談論。

202203160923

中國書畫與中國藝術

古往今來，許多人都想着改變人類世界，但人類世界改變了多少？對此可能人言人殊，但如果看看漢字尤其是漢字書法的演變，卻真的變了很多。甲骨文、金文、漆書且不論，若論毛筆書法，一筆一劃，真的是很美！其中墨蹟的印本又比碑帖拓本更好[②]，墨色濃淡、力度深淺、筆劃筆勢都看得更清楚，更多美感享受。此外還有古代山水畫，也能讓人深深陶醉其中。如果生活必然有其平淡單調乏味的一面，那麼，單是力業治生之餘，偶得餘閒欣賞古人的書畫藝術作品，亦能讓人於浮生塵世之中，稍得

① 要有自己的研究和自己的立場，並謹慎引用他人的二手信息、材料、觀點或理論。前者看上去像是一個悖論：一方面，我們強調客觀和真實，不帶個人主觀態度，另一方面，有時又必須明確立場和觀點。其實，這二者並不矛盾：明確自己的立場和觀點，但尊重事實和真理，或在尊重事實和真理的基礎上來闡述自己的立場和觀點。現在的有些學者寫文章不敢亮明立場和觀點，在人格、道義、學理上都不能自立，而總是傾向於假借他人或各種所謂的權威、專家來為自己辯護，比如引用、轉述或網絡行為上的"轉發"，不敢堂堂正正地獨立論道格義，不敢用自己的文字語言來說自己的話，這也是很成問題的。

② 碑帖或拓印本，其字乃經過刻工之中介，刻鏤在石碑上，畢竟不同於直接寫在絹本或紙本上的。

其一些安靜精緻的藝術審美享受。當然,音樂等其他藝術亦有此效果。

有時翻閱古人或前人遺留的詩文或書法作品,先不論其詩文之美,單是一筆漂亮的毛筆字,就不由得讓人心底讚歎,好生豔羡。一字一字地看下去,反復欣賞揣摩,便覺心曠神怡,神清氣爽,其心情之愉悅放鬆,正如其字之俊秀疏朗,或竟如在空氣清新的山野或森林裏散步徜徉一般。

由此也就理解了為什麼有些人那麼喜歡收藏古代字畫的原因。對於真正熱愛古字畫的人來說——此是托言,其實不過是我的觀點而已,我且赧顏自命一回——,主要倒不在於其是否真跡,或書畫作者的名聲大小,而是因為:是真美呀!一筆一畫,墨色深淺濃淡,結局構圖,意思灌注,境界氣韻等,靈心獨具而又渾然天成,確實都很美,味之不盡。若於閒時安處,靜靜欣賞揣摩,咀嚼沉吟其涵蓄無盡之處,乃至設身翩翩,精魂飄然入其境,與之一體俱化,確實太過愜意。若是書畫作者本人性情高潔,或富有個性與多樣才華,那固然更多愛一分,至於其他,卻是無論了。

古代受限於印刷技術水準,字畫無法大規模復製傳佈,故唯有得其名家真跡,才有機緣一獲其本真藝術審美享受。這對於因為種種原因不能一睹真品的其他人來說,未免是很大的遺憾。由此倒是很感謝現代先進的彩色套印技術,使得絕無財力收購昂貴古字畫的大多數普通人,即使不去美術館或博物館,在家裏也有可能隨時從容欣賞幾乎原汁原味的一些古人字畫,或汲取其藝術營養,或獲得相應之審美享受。

有意思的是,因為年代久遠,許多古字畫的絹或紙都變成深淺不一的淡黃色,套印下來,若是書法作品,黑字黃底,相映之下,反倒增添了一分古樸感,也更為色彩柔和,不突兀,不刺眼[①],更不顯得張牙舞爪咄咄逼人,讓人心神安定。或者,讓人靜下來,慢下來,變得溫柔一點……

這並非逃避,正如人們吹拉彈唱、哼吟民間小調、進行地方戲曲表演,或者去戲院欣賞戲曲、交響樂、歌劇、音樂會,乃至建造房屋時雕樑畫棟或進行家居裝飾等,這些都不是什麼逃避,而是人皆有之的審美追求和精神需求,故各有其價值。甚至本質上都是一種精神或心靈的休憩。勞逸結合,動靜咸宜,剛柔相濟,哪能衹講物質不講精神和文化,衹講速度不講品質和品味,衹講道理不講情感和審美呢!

人世或不乏艱難,所以更需要精神層面的關懷和慰藉,而古代詩文書畫藝術等,即是其中之若干類,對於古代許多中國人的精神安頓來說,可以說發揮了非常大的作用。當然,那時主要是古代士人、讀書人或士大夫才相對更多此種機緣,一般民眾或難企及[②]。然而,當社會經濟發展,人們便都有一定條件來接觸、欣賞乃至實踐這些藝術形式,而得著相應的藝術薰陶和審美享受了。如果物質生活提升到一定程度,那麼,作為通識教育或提升人的精神生活品質的藝術教育,其首要目的乃是通過藝術來愉悅自己的精神與心靈,而不是一種用以謀生和表演的技術,就此而言,就根本不需要什麼考級或證書了。其實,即使作為一種技藝,或作為這種技藝的作品本身,本質上也不需要什麼考級或證書,因為人們需要的是

① 不像有些白紙黑字那樣的刺眼,尤其是有些材質的紙張,白得刺眼跳脫(或許添加了某種增白劑乃至螢光粉之類,我並不懂,衹是胡亂說說)。並且古人的書信,其信箋也頗為講究,並非大剌剌刺眼的純白紙。

② 然而,即便如此,他們也仍然有他們的民間藝術和審美活動,乃至四時八節之禮俗,以及其他種種民間儀式習俗,亦未嘗不可視為古人的豐富多彩的藝術審美行為。農業文明形勢下,窮固然是窮,壓迫剝削固然是壓迫剝削,但民間的某種生活色彩或活力也仍然存在,仍然是事實。

審美、陶冶和藝術品質本身，而不是外在的等級標準等。

古代的中國書畫之美，至少古今的許多中國人或東方人是能領略的，而得其精神上之收穫與利益；便是外國人，將來未必就不能欣賞此中之美，我想。不過，那又有什麼關係呢。

202203161320

今人同樣有此需求。包括詩文或文學，比如我父親就很喜歡（生情）文學，說從小就崇拜作家，並暗示我也可以創作（生情）文學作品。當我說自己志不在此時，感覺父親似乎還有點小小的失落。

自己喜歡就好。

而如果沒有藝術和審美，沒有精神追求呢，那就衹能永遠追求物質，永遠追逐新奇和時髦之物，追求永難饜足的物慾，而永遠坐不住，精神上難以安定，永遠在彷徨掙扎。

202203161607

說書藝人的快板

你看，傳統說書藝人的快板便很注重押韻、節奏，以及念白與快板的節奏配合。這便是利用漢語的音韻特點來進行相應的藝術創作和表演。

202203161620

“一點就着”

“一點就着”、“一觸即發”等詞，從語法上看似乎是不完整的，但大多數現代成年中國人都能聽懂或看懂，說明其在語用上能夠發揮其所被賦予的意義功能。

且以“一點就着”為例，從人們“常識”上所理解的語義的清晰表達的一般要求而言，“一點就着”的原本“**事象意義或物象意義**”乃是：“這個‘東西’或‘事物’一旦或衹要被點火，哪怕是用很輕微的火星兒，它也馬上就能着火乃至熊熊燃燒”；而其“事象意義或物象意義”背後的“**比喻意義**”或“**比興意義**”乃是：“其人或其事或其情勢等，已經處於一種非常緊急、危急或極其敏感等的將要爆發的臨界狀態，哪怕有一點點微小的刺激或‘刺激的小火星兒’，也可能會引發‘熊熊大火’，或導致情緒、事態等的大爆發。”這是一個在語法上相對比較完整的表達，雖然可能仍然無法傳達其（“一點就着”）全數的可能的**語義“所指”**——當然，這句話在語言哲學上是無意義的①，更合適的表達應該是：“這樣的表達，無法傳達或羅列其語義所可能包含的所有具體的情境或物象”，但這樣的表達在語言哲學上仍然沒有意義②，因為語義或意義，和所謂的具體物象或客觀情境或客觀事物等③，完全屬於兩種“存在形態”或兩個世界，一為“現實在事物世界”，一為“名理玄虛在世界”，它們之間的關聯是強制指涉性的，卻並不具有必然性或符合因果律。衹是因為人們或人類是用文語概念和意義（各種所謂“能指”或概念或命名）來

① 按其定義，所謂“能指”，即是一切“所指”的集合，既然如此，那麼理論上“能指”就已經包含了所有的“所指”，談何“無法傳達其所有‘所指’”？

② 要麼，“能指”就是“所指”（假設等同指涉），要麼“能指”之外無所“所指”（概念名理世界與客觀實在世界不相交論），即無論“能指”、“所指”，都不指向或等同其所謂的“客觀事物”，乃至根本就不存在所謂的“客觀事物”，所謂客觀事物“其實”亦衹是抽象“能指”或抽象“所指”而已。

③ 假如真的存在著所謂的“客觀事物”的話。但這一點也仍然不被視為理所當然，而是需要證據和證明。

思考和看待世界(或曰:世界是人類發明出來的各種概念或所謂“能指”的集合體,所謂的客觀真實世界並不存在——或至少並不存在於概念或名理世界中——,而衹有一個概念世界;或者,即使存在“現實在客觀世界”,也是和名理世界並行的,甚至是人類所不可知的),所以文語與表達才是有意義的,亦即,才都是概念或意義本身,而並不意味著所謂的具體物象或客觀情境或客觀事物等。換言之,所謂的“具體物象或客觀情境或客觀事物等”,其實是被作為概念或主觀思維中的“意義”來看待的,或被視為對於“客觀事物或現實在事物”的指涉,而並非是被作為“客觀事物”本身來看待的(因為是否真的存在這樣的客觀事物是並不了然的,尤其是,是否能夠認識這樣的客觀事物是並不了然的),如此人類才能互相交流,而交流不過是“(抽象)意義或指涉意義的交流而已”,是抽象概念、意義或指涉意義的嚴格或暫時不嚴格的邏輯推演,無關所謂的“具體物象或客觀情境或客觀事物等”,甚至並不知道所謂的“具體物象或客觀情境或客觀事物等”是否“真正”或“真實”存在。人們以名理邏輯或意理邏輯等來判斷意義的真假或“真實性”程度,但其所謂的“真實”,衹是邏輯真實或名理意義真實而已,不是所謂的客觀真實。質言之,全在名理世界的邏輯的虛幻的夢境裏夢遊,本來就是夢,最終也必將變成夢,而“夢”,人們早已宣稱其是虛幻的,是不存在的。

當然,以上論述亦有偏頗或偏激處,事實上,即使衹是**有限“指涉”**[①],或**假設全包指涉(或“假設等同指涉”)**,概念、名詞或名理和客觀實在事物之間,都並非毫不相干的兩個平行異樣世界,而是存

① 所謂“有限指涉”,意謂概念或名詞衹指涉“客觀實在事物”的一端或數端之特徵或存在維度、面相等;所謂“假設全包指涉”或“假設等同指涉”則意謂概念或名詞指涉了“客觀實在事物”的全部特徵或整體存在本身。

在著有跡可循的“指涉”關係，並因為這種指涉關係而能建立起大致有效的思想或思論交流，儘管這種思想或思論交流不能等同於包括人本身在內的諸種存在物的整體性的“存在維度”的交流。

“有”“人”甚至宣稱，“人”並不“存在”，“有”並不“存在”，“時間”並不“存在”，“空間”並不“存在”，“世界”尤其是“人類世界”並不“存在”，“歷史”並不“存在”，“不”也並不“存在”，幾百萬年的人類，上萬年的人類歷史，地球等天體，地球壽命的四十六億年等等，統統“是”一個夢，而“夢”也並不“存在”。當然，這裏要區分暫存、永存與存在等。

說遠了，回到“一點就着”的語言學分析上來。經過上述分析，我們或許可以說：“一點就着”完全並非通常所謂的“語義含混”或“語法不完整”、“概念不精細”。概念有什麼精細不精細？概念就是概念，你可以說概念體系的建構問題，不能單獨說某一個概念或概念表述不精細。或曰中文和漢語反而是高度抽象概括的，含蘊性更高。

……

202203171118

入世與出世

出世人想入世事，入世人想出世事，出入之際，最是艱難彷徨。且夫既入此世，而談出世，談何容易。哪裏不是此世！人世之事，終是要過問思論也。人世不靖，出世無地；若人世靖寧喜樂，則何必出世？仁以愛之，智以求之，時以成之。成之以後，出世入世，皆無分別。

入世歡愛，出世逍遙。

倍嘗人世歡愛以及相應的人世艱難之後，許多人也曾想著出世逍遙，但終究知道人世歡愛與人世艱難乃是一體同生，無可回避，既有初始，便當善始善終；衹有始終逍遙的人，始終衹有逍遙，而其逍遙之苦樂，非人世俗情之苦樂也。

202203191300

天然與人造；理技工商業文明

天然（或"自然"）**與人造**。

地球上的"自然與人"的關係演化：前人類或前智人時代之純粹自然世界（人類尚未成為萬物靈長）——天人合一之自然文化世界（人類農牧業時代之所謂自然，人類順應自然或天然而為）——理技[①]工業人造世界（人類研求物理，而以理技改造自然，表現出"人定勝天"的咄咄逼迫的擴張態度和趨勢[②]）——？（人造理技世界的終極完成，或人類永久的理技統治？人類總體智慧的根本缺陷以及由此導致的理技之自噬和人類的自我毀滅？原初大自然的反叛、懲罰與恢復？）——？

理技工商業"文明"時代往往大談特談物理或科學、技術、機器、工業產品與商品、礦產與資源或原材料、資本與金融、商業、"自

① 或稱為"科技"。

② 科技工業或科技造器工商業之人類生存形態。

由"市場、"自由"貿易、"消費"和"自由"勞動力等[①]。蓋有高科技或高理技,然後有高科技機器、生產線、新產品等,然後商品化,然後需要市場和資源、原材料[②],買進或獲得原材料和資源以製造產品,賣出產品或商品以賺錢或追求利潤,然後獲得更多的資金,買進更多的資源和原材料,培養、雇傭更多的科技人員(包括有財力來大力發展和提升本國文化教育事業和科研事業及其水平等),進一步提升科技水準,創造更多的高科技產品,賣出更多的商品,賺入更多的錢……在這種優勢累積效應或所謂的"馬太效應"作用下,如此周而復始,理技工商業先進國家和民族企圖永遠維持其領先水準,將既有的不平等的國際生產結構、國際經濟分工和政治經濟秩序固定化,使其他民族和國家的人民為富國打工,乃至永遠淪為事實上的二等人類或底層人類;同時製造更多的高科技武器進行武力威懾或直接的武裝干預,利用各種手段(文化、經濟、金融、輿論、宣傳、軍事、政治、人才虹吸效應、自尊剝奪等)打壓、分化(培養買辦階級等)、收買、誘惑可能的後發追趕者,使其無法真正在高科技、資金、金融、軍事等根本層面挑戰自己的領先地位和統治地位。

在人類既有的歷史中,理技工商業"文明"[③]從其產生之日起,

① 又比如資源、資本、金融、科技、創新、產品與商品、管理、就業機會、失業、社會保障等。而農業"文明"時代則談論土地、人口、莊稼、天氣或天時、地利、人和、團體互助等。

② 包括用武力或其他脅迫手段強行逼迫他國或地區開放市場,比如基於帝國主義侵略而來的殖民統治,利用殖民地廉價勞動力、資源、原材料,降低生產和產品成本,同時傾銷工業產品和商品,打壓殖民地或其他所謂落後地區的本土化工業或產業,最終淪為名義上和事實上的殖民地,將殖民地的本土人民變成永遠接受剝削的地球二等人類乃至變相的永久奴隸。

③ 此一商業系統,乃是基於理技工業文明的商業系統,不同於之前的基於農業"文明"或前工業"文明"的商業系統。

就和高科技、武力開拓市場和軍事干預等緊密聯繫在一起。高科技(及其產品、物質文明等)和相應軍事實力,是此前理技工商業“文明”國家在世界範圍内不斷開拓發展的兩個輪子[①]。而高科技尤其關鍵,有高科技,才有高科技優質産品,也才有高科技武器和軍隊,兩者結合起來開拓市場和保護市場。那麼如何發展高科技而真正進入強國隊伍呢?這是一個關鍵問題。另外一些更為關鍵的問題是:如何保證世界範圍内的公平而不是強國剝削、欺凌弱國?或者,當許多國家都成為高科技強國時,如何避免相互之間因為激烈競爭而可能出現的互相毀滅乃至毀滅世界的戰爭,包括人類歷史上已經出現過的帝國主義列強之間爭奪勢力範圍或世界霸權的慘烈的戰爭?

世界範圍内的帝國主義、種族主義、殖民主義擴張和種族虐殺、壓迫、剝削、擠壓等,是此前五百多年歐洲或西方擴張的基本線索。

202203191300

或曰:人造世界太多虛假、矛盾、衝突、混亂的東西,所以想親近充滿野趣的所謂原生態大自然,覺其天然可愛。

或曰:古代農牧業時代的原生態大自然其實也是充滿危險的,衹是到了理技工業時代,人類才徹底掌握了對於大自然以及萬物衆生的不對稱的技術手段,從而永遠地實現了人類對於大自然和

① 二十世紀的兩次世界大戰結束後,一方面可以說是結束了此前“風起雲湧”的帝國主義、殖民主義的殘酷統治,許多之前的殖民地或半殖民地也重新獲得了獨立,但另一方面,對於有的國家而言,也可以說是在一定程度上將之前的帝國主義、殖民主義的侵略成果固定了下來。世界已被“先佔”或“瓜分”完畢。那些理技工業實力強大的國家或民族取得了更大的世界資源份額和發展空間,亦即,搶奪和佔據著更為充裕的人均土地、資源和生存空間,以及戰略要地與地緣政治優勢,在相當長的時間内,可以藉以更為從容地建設和生活。

萬物衆生的暴力統治和權力優勢,然後所謂原生態的大自然才成為完全無害的可愛的所在。質言之,那些批判理技工業時代的各種問題而嚮往農牧業時代的自然世界的人,或許亦在享受理技工業時代的許多好處,從而可以居高臨下地打量大自然,將其進行無害的美化或牧歌化。

當然,也有真誠的人追求一種人類與自然乃至萬物衆生的真正的平等相處,而拋棄一切基於人類智力優勢或理技優勢而來的霸凌心態和行為(即不將人類智力優勢或理技優勢用於霸凌衆生,而致力於利用這些智力優勢和理技優勢來創立更合理而仁善的衆生秩序),主張人類作為萬物衆生的平等一員或一類,在"自然法則"或人類創立的新的衆生道下相與和諧共存,"自然"生滅。

或曰:現代城市公園裏沒有自然:城市裏的公園或園林乃至小山,再怎麽布置精美,也都是些馴化過度的虛假自然,不像真正的野生山林,單是一條羊腸小徑,哪怕是一條帶有人類痕跡的草草鋪就的山石道,隨著山勢蜿蜒盤旋而上,也顯得真實自然,野趣盎然①。

或曰:觀念世界或名理世界裏到處都是觀念的衝突;衹有天然世界裏,沒有爭執,自然而和諧——這顯然也美化和簡化了所謂的原生態大自然。在人們所知的所謂原初大自然中,其自然法則本來就包含了相生相剋的關係,猶如進化論所謂的"食物鏈"然,並非純然的仁善美好。仁善乃是天道、地道、人道的一部分,乃是人類用天道地道好仁好生的一面而強立人道而已,並不意味著天地之間衹有仁善,或天地自然法則衹是仁善。

202203191609

① 乃或曰:城園非天然,野山(山道)有真趣。待我治此膝,復歸雲霧裏。

翻譯家應通小學

真正的中文翻譯家須通中文“小學”即中文文字語言學。“通小學”,與對中文“生情文學”的熟諳,相較起來,前者甚乃是更為基礎質的所在。能通(中)文,然後能通(大)文學,然後能寫道理文、生情文等,然後能以此(中)文、此文學翻譯外語道文學、生情文學、理文學等,乃至能以此中文翻譯外國道學、理學、生情學等。

但現代中文、現代漢語或當代漢語發展的問題之一,是存在著這樣一種狀況,即一些可能沒有多少漢語語言文字學知識或中文“大文學”修養(當然,有些甚至也未必有多少外國語的語言文字學知識)的人在進行翻譯,往往會出現一些問題[①]。當然不能以偏概全,但程度不一地存在著一些問題也確是事實。質言之,翻譯事業本身是很重要的,其翻譯之功亦可讚歎,但也有一部分翻譯者,他們既不能說很懂漢字和中文,也不能說非常懂漢語,卻用他們所半生不熟地理解的漢字、中文和漢語來進行翻譯,當然會讓本來就已經問題叢生的現代中文、現代漢語或當代漢語,頗多歧異雜亂,而其譯文則更顯生硬晦澀不文。運用現代中文漢語或當代中文漢語寫作的中國作家呢,許多同樣沒有多少中文或漢語文字語言學或“大文學”、“大中文”的知識(更未必有多少外國語的語言文字學知識,導致對外語生情文學之文語之囫圇吞棗、生吞活剝的解讀和借用,雖不知其所以然,而竟乃粗率以之生硬改造中文,致其不倫不

① 尤其是用漢字來翻譯一些外來術語或“名理”、“意義”時,或者頗不規範,或則有些規範本身就須商榷。

類),所以期待他們能對現代中文或當代中文的進化或優化提供多少助力,大概也是要落空的。

平心而論,這也不能全怪翻譯者和生情文學作者,因為他們衹是被動地使用既有的漢字(尤其是簡體漢字)、中文,尤其是“既有的”所謂現代中文、漢語及其語法或規範等來進行寫作的,正如筆者亦復如是。換言之,漢字、中文或中文“大文學”乃至所謂現代漢語本身的一些特點、“既有規範”或“既有”難題,在相當程度上制約了中文作者和譯者的文字工作,影響其發揮。然而,在另一方面,對於文字工作者或中文“大文學”工作者而言,則始終應該在發揮其創造性的基礎上進一步拓展現代中文和現代漢語的表現力,優化現代中文和現代漢語,而不可將自“五四新文化運動”以來乃至明清白話文學以來,漸次探索塑造過程中的所謂“現代中文”和“現代漢語”視為一個既定的、僵化的產物,而是未完成的、開放的、永遠在發展優化、永遠在路上的活的文字語言。

翻譯的內容涉及很多方面或領域,(廣義)物理學或所謂自然科學、哲學、(生情)文學、人文社科學術等,不同領域的翻譯內容,對翻譯的要求亦有所不同,或可區分論之,然亦有一些共同要求或問題。就翻譯家的知識儲備或素質要求而言,當然也要求對外文和外國思論文化、專業學術等非常熟諳,對外文文本理解透徹,但這裏乃就其對於中文的掌握或素質要求而為說,比如:所掌握的漢字數量有限;不懂訓詁學和語言文字學而望字生義;不能為新義造新字等。舉其一而論,如果中文翻譯者所掌握的漢字數量極為有限,便衹能通過組字或組詞的方式來翻譯,增加雙音節和多音節詞,導致中文讀者越來越難以像古人一樣以單字來讀解中文,而必須先臨時判斷用字上的單字和詞組的區分(因為中文是以字為空間區分,雙音節詞組、多音節詞組並無外在形式上的標識,而外語如英語的詞和詞之間必然是分開的)，或以單字解讀，或以詞組解讀，不斷轉換，有時便會導致一些理解上的障礙。

其實，這也並非僅僅是翻譯領域才有的問題，而是一個較為普遍的文語問題，這裏祇是因翻譯的重要性而拿來說事而已——顯然，(大)文學、學術等領域同樣極為重要。

這就提出了一個極為重要的論題：必須在中文教育方面，加強語言文字學或古代所謂"小學"的教育，從小學到大學都應該重視起來，而有相應之籌措謀劃，然後現代中文或現代漢語可正，中文可興，而以中文明道化成、化天下之中國文化、文明事業可興。文化、文明者，以中文化之明之也。無(中)文、無好(中)文、無(好中)文中所寓之善道理，則何以化之明之?! 用蘊道含理而兼具理性與感性之優美、倫達的中文，來進一步問道論理(包括廣義物理以及名理、智理、義理、意理、情理等)表情敘事①，而化成天下也。

① 竊以為，於當代中國，關於廣義物理學(今曰自然科學)、現代哲學等之格致撰述，亦當以中文為主，而或輔之以特別符號(可自創。然不必一切徑用外文字母或外文字母縮寫，蓋外國人看此縮寫或尚易於猜測其原文及原意，一般中國人恐完全不明就裏，讀不懂，則奚益? 這都是簡單襲用外文做法所導致的惡果)。然後中國人或懂中文者即可讀而得之，又溫故而知新創新，以中文積聚、匯總、集成、創造人類知識、物理、思論、智慧等，惠及全體(能識讀中文之)國人乃至人類世界，乃曰中文之道理文化、文明事業也。非曰不可學外語外文、借鑒外國語文、物理、思論、智識等，然尤當有自主創新機制，又尤當發展我中文及中文之物理思論事業，而建設我中文之道理文化、文明事業也。而非相反之情形，一旦涉及高水平(廣義)物理學、哲學、技術或其論著，便必須學習外語外文始能得之——因為既有的錯誤觀念或慣性因襲，許多這類高水平論文往往是以外文來寫作，乃至中國的一些學者、研究者乃至科學家等亦傾向於用外文寫作論文而向外國學術期刊投稿——，然後則一方面國內讀者、學者看不到，尤其是不懂外文的中國讀者又不能閱讀或讀懂，另一方面又必須花大價錢購買西方或外國的學術論文數據庫——，則無形中增加吾全體中國人求知、求道之成本，乃至一系列之嚴重問題或後果。所以，一方面是自主創新機制、自主論道、究理、格致物理，並用優效、完善之中文來發表相應成果，這極端重要，乃至是本體，另一方面，則是汲取世界範圍內的最新研究成果，並用倫明暢達之中文翻譯之，俾國內讀者或中文讀者乃可讀之得之，這又極為重要。然前者乃是本根本幹，必有本根本幹，然後本家本國之物理、道義 (轉下頁注)

又:是"語言文字學"? 還是"文字語言學"? 兩者含義不同。從口語和語言起源論,似乎應是"語言文字學",語言為本位——雖然未必要說"語音本位"或"聲音本位";從書面文語及中文本質論,卻似乎應是"文字語言學",文字為本位,這裏所說的文字本位,主要包括字形、字義乃至字義中所包涵的人道、人文或文明。然若從文字、口語和語言等之本源而論,則又有兩種意見,其一曰:文字、口語和語言都非本位本源,而是第二位的,第一位的本源乃是作為"物"的外在世界,包括人身,而"詞①本於物";其二則曰:"一切皆心造"、"萬境唯心",而以心命名之而已,故曰人心或人之靈明本位。不贅。

202203191609

許慎、段玉裁為中國文語哲學與中文語哲學大家

中文哲學從正名開始。

(接上頁注)思論事業乃能枝繁葉茂,而同時亦不斷借鑒汲取世界文明,而錦上添花也。然後乃有中文道理文化、文明之資源積聚,而共同鼠成我中文文明與中國文明,為天下文化、文明之匯聚淵藪。而外國人亦或因而向慕中國物理道論之學,來學中文而來中國留學,以中文求其道義、智慧、物理等知識道理,而日益積聚繼長增高也。

當然,我們固然應當正視現實差距,同時永遠要和世界文明交流和互相學習,但揆諸近代以來近兩百年的中國人的留學事業,也尤其要審視自主創新機制、自主創新成果等方面的情形,以此總結嚮外學習和內部自主創新等的成敗得失,使中國真正在(大)物理科學、技術、學術、思論、文化等方面真正臻於自主而先進之境界和階段。而不能衹講學習與汲取拿來,不講創造與貢獻;尤其不能衹有依附性學習知識而沒有主動性原本創造知識;不能衹講科學知識及其學習,不講科學精神、科學方法及其科學知識之創造;不能衹做小學生(永遠不能畢業,永遠不能獨立自主成人,永遠不能獨當一面、獨立創造)而不敢做大先生(202303081009)。

① 此以"詞"涵蓋文字、口語、語言、意義、名理等。

許慎與段玉裁乃[1]中國古代最傑出之(兩位)哲學大家。如:中國文語哲學,中文語哲學,中文漢語哲學,漢語語言哲學等。

——清季民初以來,甲骨文字重見天日,孰能為今世之傑出中國文語哲學大家或漢文語哲學大家呢?

——當然,中國尚有其他傑出哲學大家,如荀子、孟子、孔子,如莊子、老子等,皆可謂是也。

——倉頡是中國史載或史傳之第一位哲學家[2]。

202203261609

"秉彝沉穩"之文語哲學分析(略)

秉彝沉穩、智謀深沉。此兩個中文漢語詞彙,看似偏於意象化修辭,或為比興或類比之文學意象,不似今日之邏輯語言或邏輯論證,然其中所包涵之深意,又極為廣大深沉,能意會者自能意會,而又各隨其人之智慧心胸情意經歷等之質素而相應深淺廣狹。一般人或用之而未必能意會深透,乃至難以理解,然於世事經驗豐富之智者而言,便知此語之分量。古代漢語中文、哲思哲語之言方,於今固不必且不當廢,而今之邏輯學、知識論等亦固當固可並行不悖也。並行而不悖,相輔而相成,何至於厚此薄彼、水火不容! 乃至"你死我活"、必欲致之於死地而後快。

漢語中文,每字皆包涵極大意蘊意境,隨其人智慧而相應。故漢語中文之文學或漢語中文之哲思,乃有伸縮包蘊性、隨人相應

---

① 乃,而非"衹有"。

② 或謂是伏羲。

性、心證體悟性等，讀之可終身有得，時頌時新，所謂時時讀之時時有得，易時讀之易時有新得，終生讀之終生有得。此非道有伸縮變化，乃人之體道有深淺也。道一自在，道言亦自在，而人能悟道體道，故終生有得也。道大，道無際涯，高明深厚無極，故終生求道體道不已。知命達道，上達天道，樂何如之！

“吾”非僅以智理而讀之，乃以我心我身、我情我意、我生我世（我之平生、我之時世）乃至眾生眾心、往生往心、天心天命等而讀之也。生生世世、亙古天地、天道天心等，盡在頌讀體悟、映照相應之中。此道言也，非徒智言也。

吾往前亦以為古代漢語中文似嫌含混籠統，似不如現代邏輯之周嚴清晰詳明；若以現代邏輯讀解之，則每覺或有茫昧扞格處，而頗為所苦。今則不以曩昔之意為然。吾今讀《大學》、《中庸》，皆覺其思路周全嚴密而又意蘊豐厚深沉，絲毫不下於世界範圍內之其他古代思論文籍，乃至有非現代邏輯與思論著述所可比擬者在焉。豈可自輕自賤。

作者之謂聖。文字著作不在多，在有道理也。先聖之作，簡之又簡（老莊亦有類似言說），而兩三千年來，其道言著作始終不墜，後人始終讀之有得，在於斯也。《中庸》亦如是，不過幾千言，而含蘊深廣，乃為道言經典，不可以今之縱橫議論律之也。縱橫之辭或難免，然非常道常理，故權宜多變。道言傳世久遠不墜。

吾今廣辭《大學》，每日進展緩慢如蝸行龜步。念及欲著述者多，雖或偶不免有所煩惱，然亦知每日實有心得長進，看似著述速度下降，實則體道上進尤多，故亦囂囂自得而已。

雖然，而仍可有注疏廣辭，以資衆人悟道；然雖有歷代注疏廣辭，而仍不可廢其原典元經。注疏廣辭雖詳明繁富，而原典元經雖簡約乃尤其包蘊深廣也，故不可替代而廢棄也。

吾少年以來固好古典詩詞典籍，濡染陶冶，心志提撕，而襟懷漸開，自尚其命，自得其樂。及初讀某西哲之著述原典，一時頗有駭然，以其尖銳冷酷、針針刺人，大乖中學道哲仁善忠義、含蓄蘊藉、溫柔敦厚之風，其後乃漸入而好之，自此多讀西哲著述，甚多智理收穫，而愈嗜之，大索之而咀嚼饕餮，甚有味也。以此反觀中國古代道學哲思典籍，便每覺含混籠統，反多不滿。此少年以來之事業。而今則又有新思悟也。以為中國古代道學哲思哲語，有其西哲所不可替代者。已如上言。

"吾青少年時甚好讀西哲著述原典……"——其實同時亦好中國古代典籍著述詩詞等。以言有次序，非如道、思之可渾然一體，故一言不能舉兩，而將先後言之，乃能周全；此單言乃所以敘述立論耳，實則言此非謂無彼也。

202203261609

所謂"現代漢語詞彙"

不必僅僅使用"既有的"現代漢語中文詞彙——比如《現代漢語詞典》中的漢語中文詞彙——，而是另外有兩種運用漢語中文詞彙的方式：從漢語中文史中的所有漢語中文詞彙中選取；自由進行單音節漢字或漢詞的組合——這要求作者對漢語語言文字學有較深廣的知識，按照漢字史中的每個漢字的所有可能並且合理的意義來進行現代漢語中文詞彙的自由創造或組合，而提升現代漢語中文的所謂詞匯量、表現力和合理性，甚至在此過程中淘汰掉一些明顯不合理的現代詞彙乃至古代詞彙。

202203271815

“氣”

心有靈犀一點通、一見鐘情、第六感、通感等，其實說的都是氣場之相與，或氣之化合相與。

人要與人在一起（西人曰人是社會質動物），然後才能激發相互的活力。通過什麼方式或遵循什麼過程呢？其實就是各人的氣的化合相與。哪怕是保持身體距離的相聚或交談，從宏觀物理層次來看，人和人之間似乎是涇渭分明的，可是從微觀物理層次或微觀生化層次來看，其實聚會或交談的個人之間，就已經在進行氣的化合相與，讓人感到愉悅。比如教室里師生的相聚，會堂裏群眾的聚會等，其實也是氣的相聚，氣的聚會交感也。

人渾身都散發著氣，而又往往表現為不同形態，如光、電、波、能等，所以能互相影響。人們往往能注意到相對宏觀層次之接觸或影響關係，而往往並未意識到微觀（物質）層次之“氣”接觸化合，以為既有或既知之感官無法“聽聞感受”微觀層次之“氣”，仍是執著於相對宏觀層次之“有”，不知相對微觀層次之“有”（或名之為“無”）。所謂“此時無聲勝有聲”，其所謂“無聲”，非真“無聲”也，乃微觀層次或氣態之聲音也。所謂“大音希聲”、“天籟之音”等，皆此類也。或曰天地之間一無所有，是就“氣”說，實則天地之間——準確地說，是地球之上的“大氣層”，至於宇宙間的真空能否用“氣”來命名，亦可議也——到處是“氣”，亦可謂“有”，“氣”是可大可小、可有可無，故可謂之“**有、無二象性**”。

人需要愛情，即陰陽之氣之相互化合影響，而有正向之作用。愛人之間，如凝視、耳鬢廝磨、纏綿、撫摸、呢喃等，皆是氣之相與化合，而男女媾精交合更是精氣相交化合也。精氣相交化合時之男精女卵之精氣（以精、卵作為主體），或人之初生時之氣，皆甚虛弱，易受外來之氣之侵擾，如風寒、細菌、噪音等之氣，故當悉心護持也，猶如嬰孩當精心照顧然，不然則易病，病即外氣侵入也。

人也需要其他氣接，常與人接觸則能得氣之補充，而覺得快樂。

有機植物木料與無機物不同，其氣亦不同，若現代社會之複合材料，尤其是高分子堅固材料，其氣更為不同，而人之氣，與植物更相近，也相對更易於與植物和諧化合相與。這是人在森林、田野里更覺舒暢的原因之一（現代人解為負離子之類，亦祇是氣），同時，與無機物相比，人也更親近於植物和動物，亦是此因。

我是在講《大學》"誠意"之"意"時，才真正領悟了"氣"，能講"氣"了。所謂"養氣"，亦當從此一思路講開來。氣散氣聚、神散神聚、魂飛魄散等，亦當從此悟入。又如"氣功"，亦是也。此外又有"能量場"、"氣場"、"能量損耗"等。

"氣"，以當代物理學，比如量子物理學來解釋，就比較容易理解。換言之，進入另一"物質層次"或"物層"，以更微觀物質層次的物質，如原子、電子、中子、光子等，來解釋中國古人所說的"氣"或"氣場"，就不會認為"氣論"過於玄虛或神秘了。

202203281643

"漢字多重涵義"與"漢語中文不嚴格區分詞性"；"多重涵義羅列法"與"漢語中文詮釋學"

羅按：上古中文漢語，往往"**字義包蘊多重涵義**"或"**名、動、形**

不分”（名詞、動詞、形容詞不區分）而一字兼之，故雖或解“知”為“喻”、“識”、“覺”等，若似現代語言學之所謂動詞形態，而實則往往不帶賓語，而同時兼有名詞、形容詞形態，（以現代語法之標準律之）看似語法不明確、字義不確定或不精確，實則涵義尤具包蘊性也。故今日解讀時，一方面不能簡單地以今律古，以今日詞義學將其字義限定為單一之意義，另一方面又因為要使今人明瞭其含義而必須或不得不用詞義更為確定、嚴格之現代詞彙解讀之，兩者適成悖論。為解決此間之悖論，本《廣辭》[①]乃採取“**多重涵義羅列法**”，來對《大學》《中庸》中之關鍵字或哲學範疇進行解讀，還原古字之多重涵義之本來面目，並不以現代語言習慣進行機械化的單一詞義式的解讀，從而將古字的本來涵義狹義化。此亦應為“**漢語中文詮釋學**”之基本原則或方法論之一。

知此，則知對於中國古典之詮釋，亦不可簡單化採取“白話文翻譯”之方式，因為現代白話文或現代漢語中文，與文言文或古代漢語中文之語言形態、語言特徵、語法形態、詞彙形態、字義形態等大為不同，前者無論從字、詞、句等層面都相對帶有更多“字義或涵義包蘊性”或“涵義之立體豐滿形態”（姑且不論其意象性），而白話文或現代漢語中文則相對更多表現出“詞義單一性”、“句意單一性”或“單一性之縱向意義鏈條或邏輯意義鏈條”。或者，換一種表述，古代漢語中文或文言文句子，就其語言外在形態而言，雖然看似同樣為漢字之橫向組合，然由於許多漢字乃蘊涵有“多重涵義”，一個漢字並不僅僅代表一個單一“意義”或單一字義，實際乃是“一個漢字代表一個意義集合體”，故就其內在語義形態而論，則其句意相應便是若干不同“意義集合體”之橫向多重組合，可以生發出

① 指筆者拙著《大學廣辭·中庸廣辭》。

更多意義組合關係或意義空間。

質言之,因為這種"多重涵義漢字"之存在,一個古代漢語中文或文言文句子,便可能往往因此蘊涵了多重解讀或多重涵義或更豐厚意義空間,於是無法用一個現代漢語中文句子去表達其豐厚之涵義——因為這種表述其實是將其多重涵義狹隘化了,這也是"白話文翻譯"之內在缺陷所在(亦即通常所謂"白話譯文"失去了古文之"味道",所謂"味道",除了"意象美感"、"比興類推"、"心性道德襟懷"等特點之外,其實還是"涵義豐厚深廣"之代名詞,此是古代漢語中文或文言文之特徵或優勢),當然,從翻譯學而言,幾乎也是許多異語言翻譯之內在缺陷,遑論用歐洲語言來翻譯中國古典經史詩詞了——,而應該有其他詮釋方法。

古人採取"注釋"、"釋字"、"正名"、"(名物)訓詁"(漢字層面)與"疏"(句子章節層面)、"集注集釋"(全書層面)等多種方式,筆者則採取重點字詞或哲學範疇之"**多重涵義解讀法**"與全文"**廣辭法**"來處理之,前者即以"多重涵義解讀法"來還原上古或古代漢字本身之多重涵義性(而不以今律古,削足適履),後者即"廣辭法",則以"補充或增廣文言論述"之方式,使得上古或古代尤其包蘊深廣之語言風格變為相對字義明晰之文言文論述,既稍明其某些段落句子論述中之具體含義,又不過於破壞其語言風格與涵義之豐厚性。當然,廣辭體與白話譯文體一樣,亦可能存在將原典作縮小化或狹隘化理解之風險,然因為結合"多重涵義解讀法"和"使用文言或古文"這兩種"以古還古"之方法,而相對減少此種風險。

質言之,現代漢語中文相對擅長線性邏輯的單一精確意義表達或嚴格線性邏輯表達,古代漢語中文則更為擅長綜合立體之豐厚多元意義表達——從讀者閱讀或領悟之角度言之,則是重在讀者之“主體領悟”、窮究、格致等。但兩者無法直接對應,故須思量更妥善之詮釋方法,此即**中國古典詮釋學**之所當關注者也。筆者竊以為,除上述“多重涵義羅列或注釋法”、“廣辭體”之外,亦可採取“**多重命題羅列法**”,這類似於“**集注、集釋**”尤其是“**集疏**”之方式,但亦有所不同,“集疏”是將古人之不同疏解被動羅列之,“多重命題羅列法”乃是主動挖掘經典或古典中某論題之內在多重涵義,而以更為嚴格之字詞意義與命題邏輯分別表達羅列出來,即將綜合立體之豐厚多元意義分化為若干線性單一意義或命題等,則可同時兼顧“多義性”與“意義明晰性”,或可一試①。

總結之,古代漢語中文之所以往往能夠獲得所謂“含蘊深廣”、“深有蘊味”、“耐咀嚼沉思發揮”等美譽,便與漢語中文之字義豐厚性或漢字多重涵義、非線性之立體多元豐厚涵義表達等特性有關。與之相比,中西現代語言文字往往追求且衹能獲得單一線性邏輯表達和意義表達,單一、精確而枯窘、繁複。兩者雖各有勝場與缺陷,然自中外今文之缺陷言之,此亦可謂“一端數端之是”氾濫,而大道通達之言不彰也。故曰:古言簡而通,今言繁而枯;今言愈繁雜,而愈離大道遠;而大道至簡是也。

202203282200 許

再論“漢字多重涵義”

這種以我們今天眼光看來顯得其涵義更具包容性的上古“漢

① 本論曾在拙著《大學廣辭·中庸廣辭》中以注釋形式表述過,但鑒於本論題之重要性,筆者亦正式收入本書正文,而小有修訂。

字”或概念，是相應於或適應於其時之思維需求或實際社會生活需求的，並為其後更為細化或精確化的線性思論闡釋或創新進展提供了空間，倒未必是(因為)先秦古人之思論觀念或概念不精確，而是因為其後之人類思維需求、社會生活需求等對概念的細化和精確性等提出了新的或更高的要求，**而線性邏輯思維取代古人的立體多元意蘊思維**。但那些具有相對本源性或高度包容性的上古多元概念或範疇仍然具有其價值。

“上古中文漢語”之某些“漢字”，尤其是許多用以表達“道學或哲學範疇”之“漢字”，其涵義往往具有高度概括性或意蘊包容性，即可以包蘊更深廣之內涵；此外，上古中文漢語又往往名、動、形不分，故一字既可作動詞亦可作名詞，甚至可作形容詞。

比如，第一，有些漢字或範疇兼涵體、用、物三意，或**“體、用、物融涵不分”**，如“知”可包括：**“能知”**(今曰理性、知性、智慧等，是“體”)，**“所知”**(今曰道、理、義、禮、學、知識等，是“知”之“體、用”之“物”或對象，或曰“知”之內容或外延)，**以及“行知”**(今曰動詞之知曉、知道、求知等，是“體”之“用”)等；第二，此外，上古漢語又往往**“名、動、形融涵不分”**，故一字既可作動詞亦可作名詞，甚至可作形容詞。“知”字即如此，若作名詞，其意可包括：道，如天道、人道等；理，如事理、物理等；義；禮；事之本末先後；事之吉凶善惡(以上涵義亦皆可作動詞“知”之賓語或對象，或理解為用作動名詞，如知道、知理、知義、知禮、知事之本末先後，知事之吉凶善惡等)；知識；智，智慧，理智，理性；良知等。若作動詞，其意可包括：知曉，覺，喻；學習；窮究，推求等，亦可如上述而接相應之賓語而成為類動名詞。

202203301320

“正名”為漢語哲學或中文哲學之基本法與正法

“正名”為中國文語哲學(漢語哲學與中文哲學;漢語哲學或中文哲學)之基本法與正法

第一,古人於行文論述時,往往是根據相關論題或論說對象,而進行有針對性之便宜說法,故雖亦每多對某字之“正名”或“概念界定”,而往往有多種說法(不同文本中有不同正名),似若“一字而議論紛紜多歧異”;其次,古人雖亦重“正名”或“訓詁”,如孔子曰“名不正則言不順”(《論語·子路》),荀子更撰《正名》一篇專論“正名”,其他儒者或諸子於其行文中亦每有“正名”之事,若夫古代之“字書”或訓詁音韻之書如《爾雅》、《說文解字》等,更是集中“正名”之意,頗多精密之處,然皆與現代哲學之概念界定、概念分析或邏輯分析稍不同;第三,此種“正名”,亦與漢字之造字本源或造字理據、漢字之意象特徵,乃至漢字之意義賦予與意義之引申運用特點等,密切相關,從而成為漢字、中文、漢語、漢語思維、漢語文化或中國思論文化之本質特徵之一。質言之,“正名”或“正名法”乃是中國古代哲學或古代思論文化進行道學或哲學思考表達或思論文化思考表達、觀念表達之獨特方式之一,要讀懂或更好解讀中國古代典籍與思論文化傳統,乃至要進行創造性發揚中國傳統文化,或建設發展當代中國哲學、中國文化、中國文學、中國語言(現代漢語中文)等,皆離不開對於古代漢字、中文、漢語以及“正名法”之系統研究與創新,尤其是**中文文語哲學**、**漢語語言哲學**之系統研究與建構,尤為必要乃至緊迫,而非以今律古、以西律中之率爾臧否,乃至思論懶漢式地簡單斥之為不嚴謹、含糊、空疏等而毫無嚴肅扎實之學術作為。**正名法、中文文語哲學、漢語語言哲學之研究一日無真正之大進展，則中國哲學、中文哲學或漢語哲學（乃至中國文化）便一日無其真正之大進展、大創造也。**

202204011900

古希臘與古羅馬文化

當整個世界全都在迷惘的時候，就是產生新的哲學的時候了。

許多人都在高談闊論古希臘古羅馬的歷史、人物和文化，大肆吹噓其文明和先進，我覺得這是很可笑的事情。固然，古希臘古羅馬文化確實有其有價值的地方，但遠非完美，甚至不能說是一種仁慈的文明，相反，是殘暴的、無情的，尤其是，當將其外部內部的結構性壓迫因素納入進來的話更是如此。並且，這樣一種對待外部敵人或內部奴隸階層的殘暴無情性——並不將其視為公民乃至平等人類，正如今天有的國家或個人事實上並不將世界範圍內的人視為同等公民或平等人類一樣——，一直在西方文明血脈里流傳下來，比如，商農等級剝削制度、奴隸制、殖民主義、帝國主義、地緣政治學和均勢理論中的先發制人、干涉主義等等，都是一脈相承的。當然，在那個時代，幾乎沒有什麼文明系統沒有殘暴的因素，但有的文化系統，至少在理論上，表現了更多的文明或仁慈的因素。至少，在我看來，中國的漢代，其中的人物、歷史、文化及其風力，並不下於古希臘古羅馬。倘若後代子孫孱弱不肖，不能振作有為，不能發揚祖先的文化與智慧，才可能導致紛紛不加辨別地去傳揚異族人的面目可疑的學說。學說或許未嘗沒有價值,或未嘗不對,如果抽離這些學說的歷史背景或外部大框架的話,但我們在對待這些學說的時候,一定要將其外部大框架考慮進來,然後在理論上進行批判或剝離,然後為我所用。

202204052200

第二部分

文化方案

倘若根基文化中沒有對於人的普遍平等的尊重，就一定會出現諸如此類的種種問題，政治制度、經濟體制等都衹是表像，作為底層邏輯的文化根基，才是根本。文化根基有問題，上面的政治制度、經濟體制等無論如何變換，這種問題或慘劇都是會一再出現的，持道德主義思路也是無濟於事的。

終其一生，有人都在思考解決人類問題的文化方案。

對於人類文化方案，有兩種說法，一種是順應自然，一種是反自然。但自然或自然秩序是什麼呢？自然秩序有其殘酷的一面。你如果將動物世界亦視為自然或自然秩序的話，那麼，你不妨觀察一下動物世界，其自然秩序中就包含了一些（或許多）弱肉強食或物（動物）競天擇的殘酷因素，當然，也包含了許多相反的因素，包括舐犢仁慈之情、團體合作、群居互助、生物智慧等。我們可以很容易地發現：動物世界中的這些因素，在人類世界中同樣存在，就此而言，動物世界和人類世界的自然秩序並無二致，都是自然秩序或天然秩序在不同物種間的同一表現。儘管人類宣稱他們是靈長，智慧比動物禽獸要高明太多，但如果我們看看人類世界的歷史，無論是大歷史，還是生活中的小細節，儘管人類能夠創造各種器具和各種人造事物，但在最基本或最基層的文化邏輯或"社會"邏輯上，人類世界和動物世界是共享著許多相同的自然秩序，無論人類世界有多少繁複的文化裝飾，都無法完全掩蓋這一點。所以才有道家所說的"天地不仁，以萬物為芻狗"，這其實就是說，人類世界和動物禽獸世界中的秩序,都是自然秩序或天然秩序的體現而已,而在一定程度上消解掉“萬物靈長”的道德意涵了。如果所謂的自然或自然秩序是這樣的,那麼,人們或智者所謂的順應自然或反自然有什麼區別或異同呢? 顯然,反自然或人定勝天的說法或文化立場,有著另外的含義或關注:反抗自然秩序中的殘忍性,而建設一種人為的仁善的人造秩序,來“大規模”或“大範圍”地反抗、改變或顛倒殘酷的自然秩序,或自然秩序中的殘酷性的一面,亦即反抗人被自然力量和自然秩序所主宰的不自由的狀態,而創造一種更為仁慈、善好的人類秩序。儘管人們也知道,在有限的極為漫長的人類歷史中,有些自然力量、自然法則或自然秩序是無法避免的,至少暫時尚難避免,比如人類壽命的有限性或人類生命的死亡。

202204052200

社會結構並非永遠不變

有些人們期待社會結構永遠不變。

人們深深地迷信社會結構的穩定性或常態社會的永恆性,他們的一切對未來生活的規劃,都是以對於這種社會結構穩定性的堅信不疑、迷戀或期待為前提的,所以他們圍繞這個社會結構中的某個位置,為自己和子女製訂了一條奮鬥的道路,培養他們相應的能力。他們甚至認為這個計劃可以垂之久遠,讓整個家族世世代代保留他們在這個社會結構中的優勢位置,百世千年,永垂不墜。不過,歷史並非總是按照他們的設想來發展的,天道自有其安排。穩定的結構很容易被打破,從之前的看似“常態”乃至“永續”的狀態，進入到一個變亂的狀態，在這個新的狀態里，原來所習得的那些能力或知識有可能毫無用處。在整個人類歷史中，人類社會一次次地被打碎和重組，小小時空中的那些處心積慮，到頭來都證明不過是竹籃打水一場空。所以仍要有大眼光。

202204062030

當時當地的反抗

或曰：當時反抗，當地反抗，這是特別的政治哲學思路之一種。因為壓迫是當時當地的，所以反抗也必須是當時當地的，亦即：當地反抗，當時反抗。力量懸殊之際，跑到外面去反抗，固然是不得已，但此種反抗之效果更有限，無法根本撼動當地壓迫之繼續。從一郡逃到另一郡，從一地逃到另一地，從一邦(state)逃到另一邦(state)，從一國逃到另一國，再談反抗，短期或可，長時則將逐漸與當地信息隔絕，乃至逐漸失去利益、人員等方面之關聯，反抗之意願便將降低，則那壓迫之地便將永續，壓迫之地之人便將永遠受難。

但反抗是壞事已成之後不得已的第二位的選擇，是末，其本務則在於預為綢繆，從一開始就盡量消弭可能的壓迫與不公。那麼，就應該讓每個人都明白個體的權利，既尊重而不侵害他人之權利，又尊重而不輕易讓渡放棄自身之權利，同時又警惕種種他人、群體、機構等對個體權利的公然或潛在侵犯和剝奪，形成此種共識；然後又有平權人伻相處之道、合作之法度與利益交涉之合理而公正之方式，曰國民教育或公民教育也。有此平等權利(個體意識與制度保障)，再有此共處、合作之公平法度，然後此國此民乃有真正組織力量,何事不成?!

我之《四書廣辭》之意義之一在於,從此中國有敢於自己著作者,意氣風發,我說我話,而非陋儒老學究之皓首窮經、老死句下,或老雕蟲之尋章摘句、扯虎皮做大旗,或今之所謂論文之實則東拼西湊、支離割裂、滯臃不通、閃爍其辭、言不及義、不知所云之腐臭新八股者。

202204070857

正 心

正心,止於一,心在其中,或静或動。以言其動用,猶今言"當用心、經心"或"當經心、用腦子、經(過)腦子"云云,又如"三思而後行"。當然,前者(正心)重其"正"、"道"或"正心或正道",後數者偏於"智"。古人雖知(肉身之)心為一身之正中,或亦每言心為一身之主,然蓋其間或其後亦每視"心"字為一抽象哲學概念,以表明靈、神明、命性、仁知等意,不再徒視其為——或將其直接等同於——肉身生理之心或實體之心,而有所謂明靈之心也。用心,其實就是用其明靈、命性、人性、仁知等——王陽明受孟子啟發而謂為良知良能——而非僅用其生性(生氣)、動物之氣性,猶今言本能或本能反應,衹知有獸性或動物性本能,不知有人性靈明仁知;衹知情慾,不知禮義;衹是頭腦發熱、本能衝動、四肢發達、直覺反應等,都是不用心、不正心之表現也。

所謂正心,兼動静而言,静則在(心在焉)、止於一,動則曰用心、經心。反之,若曰"未正心",猶静則心不在焉,動則心不在、不用心而放其心也。

止於一，或猶言至於一處，如止於一身之正中即止於一心，又如止於天一，又如止於道義、止於禮義等，諸如此類，皆是止於一，而其意稍各有偏重也。

正心，古之心理學、情商學也。然不同於今之所謂庸俗心理學或庸俗社會心理學等，以其有道有禮有節義法度，非僅謂情感或利益取向也。

正心並不必如一些宋明儒者講得那麼玄虛，實則甚為簡易，有事則（以道理）正心，事來而正心用心應之而已。若夫無事或不涉道義，此心固不失，或靜或動，而皆可囂囂自在。或靜而涵養生息（休息），或動而遊心萬仞乃至四極八荒，或陶冶於真善美之極域風景趣味，又或措施其身於體育（如先秦之射御田獵等）、藝術（美術、音樂、舞蹈等一切藝術）、自然風景、素日閒談遊戲生趣、科學研究等事域，皆喜悅歡樂而已，豈必如某些宋明儒者徒為所謂主一、靜坐，或徒為諸如陰陽理氣玄虛之談而後為正心哉？甚至弄得形容枯槁、無一毫生氣，尤無謂也。於動靜之間，遊心力身於（至）美之事象境域、（至）真之虛玄智理（包括物理或今之所謂科技事業等）、乃至日常生趣之域，皆無所不可也。質言之，不失正，不失中，不失心，則無所不可也。

202204101053

質言之，格物涉及實踐、實行、行事、踐履等，從實踐及其果徵中觀察、學習、思考、總結、調整等（得其果徵效驗等，亦曰務實），而非僅僅是在書本中學習，如讀書、讀經等，尤其不是宋儒之偏於或過於偏於主靜、主敬乃至玄談之類之“正心”（其末流乃至偏於務虛而不實），而稍忽略其“動”或“任事應事”之“正心”，蓋紙上得來終覺淺，絕知此事要躬行，故須從人事、萬物中格來其果徵而思考驗證，而致知學習之也。宋明清之儒家或多稍偏重或偏畸理解所謂正心誠意致知之意，乃至變為玄談虛文，而與物事實踐分離，此其國力不振或民智民氣不能伸張之一因也。

宋明儒者或有偏重務虛者，或終日靜坐、侈言主一、主敬、慎獨、不思以及滅人欲等，最終或將自己弄得形容枯藁、生氣全無，脫離生活實踐（物），不能與萬物相應，不能務實應事，便衹剩玄談內觀之一途。漢儒則不偏執一途而格局相對闊大，元氣淋漓，所謂正心誠意每是“事來而應之而正心誠意”也。慎獨亦如是，有事遇物——包括心上有事有物——時乃用其慎獨功夫，非謂一天到晚無事而正心誠意慎獨也。倘若本來無事，而偏來正心誠意慎獨，有時簡直是生心生意，與正心正意何干！事來而應，應以正心誠意慎獨，事了事去而心上一片安閒而已。質言之，正心誠意慎獨衹是事來而應耳，不是早晚苦心，無事而偏來擾動其心意，惹心惹意，與此心意為難；更不是早晚棄事逃事而專來與此心為難對壘。其事已正心應之，此心與何者為難對壘克治？無所難無所壘無所克也。終日不處事，不接事，不任事，恰是使此心枯窘之因也。有事有物而格之任之應之，則此心乃有正，心意乃有誠之之功也。若夫本來無事無物，又何必多其惹事惹心惹意！若無實事，此心自可囂囂神遊於美真善之輕鬆心界，皆在皆正，何等歡喜自在！若是早晚擾動其心意，則其心何能正，何能安閒，何能休息長養？似此者，則我思故我耗神，我“正心”故我“動心放心”而已。若夫我在而不思、安閒自靜或柔順勿力逍遙，則能長養休息也。

或有宋明儒者之所謂靜坐、主敬、正心誠意等修養工夫，有時乃有“我‘正’故我不正（在，止於一）”之欲益反損之效。

正心，即事來而以命性、天道或禮義道理應之而已，事已則又自在，不必刻意求靜求在；乃至身動於無關命性與天道義理之事，如藝術、美境、體育、智理（真理）、生性之事，皆可也，而其人活潑潑地有生氣，有元氣，有歡喜也。豈必早晚難其心、擾其意哉！心有正（是非之心）之時，亦有囂囂自在而無須正之時。

身心不必刻意求靜而或自靜，或雖動而猶靜。

其實即或靜坐之工夫，亦不必盡用宋明儒家受佛學影響之方法，蓋其術似欲抑之，實乃喚起之、培植之；若夫平日里即活潑潑地自然自如，則有何慾可抑可窒哉？則靜坐獨處時，心上（腦中）亦自是一片囂囂自在之和氣、暖氣而已，歡喜自在，與日月星辰同其休息，與平生人事在心上重溫重憶，純是歡喜而已。若夫平生人事，當時皆本正心合道而為之，則心上相遇重逢亦無悔吝憂傷之情，故爾也。

宋明儒家或有太過拘謹者也。當復其（人）生氣、元氣、自然自如之氣，亦曰復吾中國人之生氣元氣也，以及天道命性之中正之性與正氣也——此則“正心”“中和”之道、氣也。

正心應事格物，則此心便不必另正。無事無物，此心乃或有放失走迷之虞。然亦未必全然。

當然亦不可沉溺於物事，乃至無事找事，非己事而強與之（孟子猶曰“雖閉戶可也”），每日冗事糾纏，無片刻之餘閒餘心（心上無一處空虛空閒處），則其身心皆不能堪，如今人每日沉溺手機中之天下世界各種虛虛實實之信息、事務，又不能正心，則亦將疲精勞神而靡殆矣。故格物與養靜當平衡之。

或曰：宋明儒家（或士大夫）或又有太閒者，如避事逃禪等，如寄身於書院、山林等，故侈談心性理氣；漢儒或多任事，心物稍平衡，虛實稍平衡。宋明儒家學說或又窒慾而過，故乃生出一種反動。雖然，閒適也罷，任事也罷，皆是外因，若夫心正，皆無所不可也。

202204101545

你看,我對於《大學》中"正心誠意格物致知"的許多思考,往往是在隔離期間完全關機後,似乎反而有更清晰的思考和領悟。有時,一些思論領悟或心性領悟,並不是枯坐在電腦前所能苦心孤詣地想出來的,那種狀態下,有時會出現枯坐半天而腦中全無所得的情形。相反的情形則是,有時累了,腦子不能思考了,就去床上躺著,或者乾脆不思考,安靜下來後,反而有許多思路慢慢清晰起來,許多靈感湧現,於是趕緊用筆記本記錄下來——不能過於相信自己的記憶力,有些當時記得很清楚的,幾小時乃至幾分鐘後就可能會忘掉,或不能恢復那時的那種完美思論狀態——,也是很令人愉悅的狀態。所以《大學》所謂的"知止而後有定靜安慮得",確實有其道理。

真的,思論的精微、細微或纖細必顯處,真的需要安靜的心地和外在環境才能做到,心靜了,心上的纖細、細微、精微的東西才能完全湧現和呈現出來,好像在這時大腦中的細胞都處於一種更為喜悅的狀態,所以能夠呈現出更完美的分子結構或組合秩序,於是由腦細胞所呈現的思論也就更為精微有序了;並且,帶著喜悅!真的,有的時候,你看那些思論或體現思論的文字,是帶有喜悅的,帶有安靜的氣質,我們衹要讀到這些文字,就能感染到這種內在的喜悅和靜謐之氣。所以文字思論是很有意思的,有時候,它確實帶有某種魅力,所謂賦魅,並能和其他人心相通,哪怕相隔千年萬年。這不是很有意思嗎!此亦可謂心火未死,薪盡火傳,而永存於天壤之間。文字、思論不僅讓你感覺可以超越時間,乃至確實會讓你超越時間,而在心上進入不朽的狀態。所謂"在心上",衹是一種便宜說法,實際就是“心神不死”。

202204101624

中國古人的“知”與“致知”

先秦乃至古代中國人之所謂“知”,每指人事智慧、經驗知識乃至人事謀略、權(經與權)或權謀(權力詐謀)、詐謀等,雖亦有一定經驗致知之方法論,但大體並未系統提出類似於現代科學研究之方法論或知識論等。宋儒雖特別拈出一“理”字,且含有主觀絕對理則或客觀規律、理則之意,然仍未能發展出系統科學方法論、知識論等。故古代中國人思考行事時,雖不乏其心志仁善、情意剛毅、果敢任事踐履者,然其所謂“知”或“智”,則仍然落實於智慧、人事道義、義理抉擇、經驗知識和人事謀略方面,於品物之理則尤其是物理及科學研究方法、科學決策等方面,於現代社會比起來,仍多不足,而當時或有時幸或仍能以道義、精神、綜合國力等稍稍彌補其不足。然而其或多意氣用事、蠻幹、虛矯、詐謀、玄虛不實者,乃至託辭折衝樽俎等而實在顢頇愚昧之類,亦復不少,此中國近代以來落後之根本原因之一。

今世之所謂聰明智慧者,固非有權謀詐佞、見風使舵等之謂,亦非人情練達、老於世故、老謀深算之謂,乃尤當有科學研究方法、思考方法、現代科學知識理論之謂也。今之致知,與乎格物或行事踐履,亦當進乎此而後可。如曰行事踐履或為政治國乃至治平天下,豈能缺乏現代科學知識理論、科學研究方法與現代專業人員(科學家等科學研究人員或所謂專業知識分子,偏重於專業或科學,如現代之所謂 STEM: Science, Technology, Engineer, Mathmatics，即科學、技術、工程、數學)？豈不當學習研究借鑒現代社會科學之研究方法與知識理論乎？當然，固亦當有治國之士與學(古之道義之士、今之國家公職人員、政治家、人文知識分子或人文道義之士等)，而其治國之學術也，固當以現代道義衡量決策，又當有現代品物之學或現代科學、廣義物理學等之知識、理論、方法等以輔導決策也。所謂兼顧現代道義決策(政治決策)與科學決策。則今之欲為治國之士者，其所謂大學或所當大學者，又尤其增廣也。

顯然，在現代社會，一個人或公士(政治家、國家公職人員等)固然難以通曉所有科學專業門類之知識、理論與方法，然而卻可以通過教育等種種方式使得其人擁有著相對更高之科學常識水平，從而能夠更好進行政治決策或公共政策之製訂實施，或者，有著更高科學常識水平的政治家或公士便能更好地聽取專業技術官僚(所謂職業文官系統)或專業咨詢機構等之政策建議來進行政治決策等。這些當然有賴於通過教育科研制度、社會創新制度等之設計，從而使得整個國家國民之科學常識水平能夠得以提高，或有賴於整個國家之所有專業科學領域都能夠發展良好乃至處於世界領先地位，亦即低層根本制度設計之問題。然則或當區分國民教育與治國學術體系教育，或將治國學術體系之教育納入國民教育等。何以潤澤之，俟乎有志者。

202204111257

黃老之學

黃老之學就是孔孟儒學與法家學術之綜合，或者，黃老之學分而為孔孟儒學與法家學術。黃老之學講賞罰分明和攻伐戰勝之術，亦講霸（更講聖、王，然法家於此稍有偏），此則法家得之，而法家過於強調“法術”或“帝王術”，或有偏離黃老之學之兼談“聖”、“王”者；黃老之學講聖、王乃至“仁知”、“仁政”、“用德用賢”（即或不以其名）等，此則儒家得之。實則儒家與黃老之學尤多重合近似，如孔孟儒家亦講德刑結合（雖然更喜歡講禮樂刑政）、賞罰分明等，徒儒家不曾大講特講攻伐戰勝之事術（孔孟亦知此事此術，而皆避而不談，初為隱，其後則漸而終失其學。歷代君主即或陽飾以儒家治理，實則亦有攻伐戰勝之事，或陰用法家攻伐之術。然儒家其書則於此有意避而不詳談，漢代以後，此類先秦之書與學術，亦因之而漸失之而已），而黃老之學則不曾諱言之。以褒之，或可謂黃老之學剛柔結合；以貶之，或曰黃老之學亦有其剛猛殺伐之氣；然以實言之，似又有不得不然者，似亦無法一偏褒貶之、盡斥棄之。世界歷史範圍內，亦皆如是。

吾當年初讀黃老之書，與初讀尼采之書時之感受有相類者，乃有震驚甚至震怖者，尼采思論中有其無情冷酷決絕之一面，黃老之學中亦有其剛硬殺伐之一面，與吾人心中固有之仁善心性嚮往，以及向之所受儒家或傳統儒釋道文化中之溫柔敦厚、禮讓慈柔之一面適相扞格，故有震驚也。然若世有惡及其惡鬥，若無更好學術制度以抑絕之，則或必有黃老學之術乃至必要也，亦知亦悲。

漢代（尤其是前漢）之元氣淋漓、剛柔結合、賞罰分明、殺伐戰勝之事，國族賴以自存雄強於世，皆得之於黃老之學而已，或曰是儒法結合。

或曰漢人雄強，或曰漢人失之剛猛，然於當時匈奴時來侵擾、殺戮擄掠之世，正賴此剛猛雄強之氣，方得抵禦戰勝而保境安民，張其聲威，震懾凶頑，拓展國族生存空間。不似此後歷代，或因歷代帝王弱民愚民之術，或因不能盡窺學術全體而偏畸不振，或因內政不仁正、政治內訌權斗等其他因素，國族每失之於柔靡乃至奴性，遂使外之兇狠異族，一再殺伐於中國，而幾無以保身自存，如五胡亂華，如五代十國，如蒙元滿清當時之屠戮，如近代帝國主義者、殖民主義者之殺戮征服奴役蠶食靡弱我國我族，斑斑血淚殘酷，史不絕書乃至罄竹難書，中華民族之萎靡不能自存一至於斯，皆坐自不能剛強振作故也。亦坐無其正大全體之道理學術，而徒餘偏畸弱民之學術也。

不論古代世界殘酷爭鬥殺伐之外部時勢，不顧其時漢人攻伐戰勝於外部殘忍侵略而保境安民之大功，不知不談其後中國人之失之萎靡奴性而每被屠戮亡國為奴之慘痛，而獨貶漢人失之剛猛，亦是不明事理而偏頗立論也。

然倘無內政清明仁善，倘無正大仁善之學術制度，則必致內亂，慘酷不亞於外來之侵略，則亦是實情也。

202204121259

大　道

某師言：大道淑世大有功。若夫但務私力小惠，得一而漏萬，小恩小惠於此私群而任大惡於彼廣眾，其心事雖或不無小善，其大亂非汝所忍見也；面辯口詈惡惡，金剛怒目以斥邪惡，則非汝所能也。然則如之何？急述作之。

大道中道未得（人心不中），良政善制不立，不識因果理知，雖或有淑世之善意，或將惠一而遺眾，得一而漏萬，此起而彼伏，東倒而西歪；且以此私力任小智[①]，雖有其心，日力亦恐不足。然勉力相救助焉，尚小有惠也。乃若其道術有差，法度無有，理知不及，乃將至於小拯而大壞，欲益而反損，此小安而彼大亂，寵此而害彼，私恩小智害大公，則又何所謂邪？然古代亂世末世多，或三者迄不能立，故不得已而每徒恃其私力私情私恩，或不乏私人情深義重者，然尤多小拯而大鬥、一事小義而萬事大不義、私恩而公害之事，天下擾動慘酷之事相循，民皆被其害，可哀懼也。

自救不暇，乃至自救而害人，亦曰亂世之事徵。

202204131521

古今政制已根本轉遷，古曰君主專制、權力私有，今則民主民治，權力公有。故古代之政治哲學、禮義規範不可簡單移置於今日之政事，如所謂人治性“治民”、“威民”之說，今皆不取。然即或今日之政事，亦有與民直接交涉者，或涉及判斷民意者，所謂政務官之政治決策與親民競選固然如是，便是所謂事務官或文官群體或技術官僚，亦既或有直接服務民眾之事務，亦或當為政務官之政治決策等提供咨詢意見，則亦涉及政治決策。而中國古代之經學、政學，便極多此類規範教訓，即於今日，亦有資鑒價值。故可以現代精神，精選古代經學、政學之精華且足資現代轉化者，以為今日公職人員政治道德教育乃至政治專業主義教育等之

---

① 雖棲棲遑遑席不暇暖、沐雨栉风腓胫无毛、摩頂放踵以利天下，恐亦難濟於事。《莊子·雜篇·天下》：“（墨家）其生也勤，其死也薄，其道大觳。使人憂，使人悲，其行難為也。恐其不可以為聖人之道，反天下之心。天下不堪。**墨子雖獨能任，奈天下何！**離于天下，其去王也遠矣！墨子稱道曰：‘禹親自操橐耜而九雜天下之川。腓無胈，脛無毛，沐甚雨，櫛疾風，置萬國。禹大聖也，而形勞天下也如此。’”《墨子》：“禹親自操橐耜而九雜天下之川。腓無胲，脛無毛，沐甚雨，櫛疾風”。

輔助也。其實在民主民治社會裏，民眾之自治或參與公共政治，或在涉及公共利益之意見表達等方面，也常常需要作出政治判斷或政治決策，乃至對於公共政策等進行政治意見表達，等等，無一不需要相關政治知識或政治智慧，否則，如果民眾之政治知識、常識、參與技巧等十分缺乏，亦難以更好參與國家政治或公共政治，其民主治理或自治也便難以達致更高水平。如此，無論公職人員還是普通國民，學習古代某些經學、政學內容，都十分必要，十分有好處。當然，這些也可以置於更廣義的常識教育中去理解和實施。

如此言之，便為今日閱讀古代經典掃清了思論障礙。

202204161254

人各有志、人各有難，不可一律勉強，然吾亦固喜其雖處艱苦卓絕之境遇，而仍存踔厲（淩厲）意志乃求道不止者。天地霄壤一消息，薪盡火傳存神氣，他人後人或有賴之，聲氣相通，流傳廣遠而慰休，則亦堪追慕而囂囂也。亦曰雖不能至而此心希通天道（希聖）而已。

吾又固知人各自求，有因必有果，有始必有終，善惡果徵，皆自致耳。徒不知道，則多悔吝悲苦，雖曰天道昭彰，歷然不爽，終究於心不忍。乃有知其不可而為之，乃至知其不必而為之。

不以一時一事論，乃觀其本末因果，則知由來有自，非一時也，尤非一時之是非也。

道人正命，不入深谷，若夫處處虎狼成群，道人何往？則亦曰傳道集義，朋友同志，而偏向虎山行也。

無道不入世。

202204231522

文化激進主義與文化保守主義

或曰：大體而言，所謂“五四”新文化運動（那一批人），都是當時尚讀書不多的一批年輕人搞起來的①。中國書讀得不深入，學問沒什麼真正根底，從日本或西方學到或聽聞一些零碎的知識或議論，遂自亦大發議論而已。如胡適、傅斯年、顧頡剛、羅家倫、劉半農等人，當時都是小年輕，眼光見識未必能有多深遠，學問也未必有多深厚，但敢於大發議論而已。當然，和他們論戰的學衡派那批人裏面，許多也是小年輕，如梅光迪、胡先驌等人，學問見識也談不上有多高深。不錯，他們提出了很多新思論或新想法，但大體是零碎而粗淺的意見或議論而已。當然，思論文化的進展總有一個過程，往往就是由這些零碎的引介和積累而慢慢集成的，但他們都衹是思論史上的過渡人物而已，不能卓然名家，談不上名世者。

所謂文化保守主義的那一批學人，如陳澧（陳澧實不必隸屬於文化保守主義，蓋其時雖亦有新學之萌芽，而大體皆古典學術範圍）、康有為、梁啟超、劉師培、章太炎、馬一浮、陳寅恪、王國維、錢穆、熊十力、陳垣、湯用彤、呂思勉、柳怡徵等，許多還是頗有學問根底的，深入讀過一些古書，但如果放在中國思論史中來審視，則亦有不同評價。大體而言，陳澧貫通漢宋之學，可謂古學通人；康有為在經學上做了一點發揮；梁啟超在思論上做了一些發揮和議論，

① 胡適（1891—1962）、錢玄同（1887—1939）、顧頡剛（1893—1980）、傅斯年（1896—1950）、羅家倫（1897—1969）、劉半農（1891—1934）這幾個人，1917 年新文化運動初起時，年紀都不超過三十歲，陳獨秀（1879—1942）、周樹人（1881—1936）、周作人（1885—1967）年紀略大些，然而也不超過四十歲。

在史學上做了一點歸納研究工作；章太炎作了一些經學考論和思論的發揮工作；馬一浮傳統經學修養淵懿醇粹，亦做了一些教化工作（復性書院）；陳寅恪、王國維、陳垣、呂思勉等皆主要在史學上有所表現；錢穆在史學上做了一些概述和研究工作；熊十力在經學和佛學上做了一些議論；宋恕發了一些零碎的議論；劉師培在經學上做了一些研究工作，也嘗試進行創作，頗可貴，可惜為涉入政治而牽連，又不克康壽，故亦不可謂有真正的"名世"之作；更早的，魏源、龔自珍、王韜、薛福成、黃遵憲、譚嗣同等，都是發了一些議論……

此外有許多純粹的西學引介（譯介）和研究工作。

中國現代學術就是在這些新舊思論的引介進展和交互影響中發展起來的。正是因為他們的工作，我的思論才能達致今天這個境地。但在今天，我對古學反而多了許多同情之理解，乃至溫情之體會，與對於古學中之天道學之敬意。

但是，從教化濡染的角度而論，無論古學新學，哪一部書可以單獨拿出來反復細讀呢？這是我的關注點之一，也是吾平生志向所在之一。

202204231642

論"本科學術論文"或"本科畢業論文"

警惕：買辦經濟學；文化殖民主義、文化帝國主義思論的不知不覺的受納者。

古典文學不祇有辭章之學，當結合經學、諸子學或思論史、哲學史而兼通之。

研究外國文學作品也罷，中國文學作品也罷，皆當結合思論史、文化史乃至政治（制度）史、法律史、社會史等而分析論述之，不必僅僅局限於文學層面。何況中國古代文學不僅僅是生情文學，而亦包含道理文學、經世文學等，是大文學，非今日所謂之狹義生情文學也。

不知漢字漢語或古典中文中字，談何漢語文學或現代中文文學？

到論文數據庫中查找資料是可以的，但我個人不是特別建議多讀論文——尤其是本科階段——，而是多讀書本身，如讀文學元典，讀經典之思論著作或道理學術著作，如古代之儒家思論經典與諸子思論經典等；通過查找閱讀論文來寫一篇文章，技術上或可顯得很嫻熟，寫出來的文章看上去也似乎中規中矩，但對自己的通識和思論能力提升並無太大幫助。

202204231642

關於本科階段之學術論文、畢業論文及其撰寫。作為普通國民教育的本科教育，普遍要求學生撰寫畢業論文，有其好的初衷，如果實行得好，可不失為一個好的安排，比如有利於提升學生和國民的思維能力、分析能力和運用相關知識、理論、方法等進行科學研究的能力。但這一初衷或良好效果的實現，需要有配套安排，或滿足一些先決條件，比如，除了各個專業的專業性研究方法課，還應有針對所有本科生的通識性的研究方法與做事方法課；另外，還要有下文重點討論的道體心識教育與核心通識教育、常識教育等。

比如：在筆者看來，在所謂的人文社會科學領域，在專業知識理論的學習和積累尚欠深厚的本科階段，要求學生撰寫論文主要衹是為了進行一種思維訓練和方法訓練。就道理而言,是進行學術研究或思論文化創造的思維、方法訓練;就事理而言,是嘗試解決問題之前的思考審視,是解決實際問題之前的必要步驟。亦即一種思考、行事之方法,使得人們將來從事實際工作時,尤其是對於一些重要論題或事務,都先要去做一番嚴肅審慎之思考研究工作(怎樣尋找收集材料和數據,怎樣查找尋繹前人或其他人的經驗或觀點,怎樣分析材料、數據和綜述各種觀點,怎樣概括收納所有的相關考量因素,怎樣分清本末主次或排除非相關因素,從哪些角度來立論,怎樣分析論證,怎樣展開論述的邏輯層次,怎樣提出結論,怎樣提出解決思路,怎樣結構全文,怎樣遣詞行文和審慎表述,怎樣自述其研究之缺陷或未及者,等等①),然後才去提出和實施經過嚴格審慎考量的相應的方案。就此而言,撰寫學術論文或科研論文固然有其相當之訓練必要,乃至應使其思考之方法與分析之技術等成為一種思考和行事習慣,而提升整個民族和全體國民之思維智識水平。然而,其前提,或更重要者,卻還包括常識、通識、智識、(專業)知識以及人心、道體、德智的教育、教化本身。後者(道體、心識、仁知和通識、智識等)是本,是體,前者(方法、技術、任事、器用等)是末,是用,當以體率用,本末兼顧,道器相輔相資。無其本其體,其末其用就是無源之水、無根之木,可能顯得乃至必然導致本末倒置或道理倒置、道器倒置(以道率理、以道使器、理以輔道、仁智雙全,反對膚淺而缺乏靈魂之唯技術主義、唯方法主義、唯科學主義等)、膚淺(深刻)、短視(廣闊視野或長遠眼光)、狹隘(通識與常識,綜合整體之思路)、單一片面偏頗(通識與整體思路,全面與整體視角眼光,對照所謂的一端數端之是)、草率(學殖、見

① 這些,都需要通識教育、常識教育乃至道體、心識教育等的前提。

識培植深厚全面貫通)、薄弱(立論根深)、孱弱(立論嚴謹)等,乃至弱不禁風,一吹即倒,經不起推敲和考驗。

不先培植良誠深厚之道體、心性、仁知與較為全面之通識、常識、智識、(專業)知識等,學殖未豐廣而貿然率爾一意於偏僻微小論題,則或“雖有可觀,致遠恐泥”也。筆者的意見,重點仍應先在道體、心識、仁知與(各學科)通識、常識、智識、(專業)知識等之培植廣博深厚——這固然有賴於普通國民教育體系,但某種意義上,這也是每個個體貫穿一生之事——,然後方論及論文或研究。且當知研究論文之真正目的何在,即除學生時代之思維訓練和方法訓練外,乃或曰促進文化、學術、知識、理論、真理等之發明或進展,或曰為循仁知道體而理性、高質量地解決實際問題,促進社會進步等,而不是僅僅為了發表,乃至僅僅為了稻粱謀。

同理,在筆者看來,至少在目前的整體教育系統之次序安排的既有情形下,學術論文寫作**主要**是研究生和研究者、學者、任事者階段之事,對於一般**本科生**而言,因為課業之繁重,其平時學習時,或大體不必閱讀學術論文(蓋亦無充裕暇晷),亦大體不必去關注什麼論文發表之事(因為先要去培養道體、心識,以及通識、較為全面之常識或各學科、各專業知識系統等,故必然一時無暇及此)。因為論文都是專門乃至偏僻小論題、前沿論題,**如果**尚無基本道體、仁知、心識以及通識、常識、智識、(較為全面之專業)知識等之培植積累,而便貿然乃至一意於所謂專門論文之寫作,恐一般亦難有真正作為,乃至可能是本末倒置,得一漏萬,衹是習得了曲曲小知、小技(技術方法層面),乃至淪為技術主義、形式主義,其文其思必不能深厚,而行之亦必難遠——即無論是任事還是為學,都難行之遠大高明(所以碩士研究生之入學選拔,亦不可以論文發表作為衡量標準,因為本科教育本來就重在通識與智識之積累;或可稍參考其本科畢業論文,然亦祇是參考而已,更重要者,乃是心志、通識、智識、(較全面之專業)知識乃至道體、心識學問之培植深厚等)。

誠然,本科畢業論文之寫作和訓練仍有其價值或必要性,這,我是認可的。並且,如果放大視界,將整個普通國民教育體系作為一個整體來審視,從小學、中學、高中到大學,都特別注意循序漸進地提升其道體、心識、仁知以及通識、常識、智識、(專業)知識等之培植博厚,在此前提下,亦未嘗不可循序漸進地在各階段採取一些"以問題或論題為中心"乃至"以研究方法和做事方法為中心"的探究式教育方式或思維訓練方式,如芬蘭教育界所探索施行的一樣,但這有待於對於整體教育系統的審視和相應妥善安排,或以其為前提。或曰:此亦視人們如何看待本科教育而論,比如視為普通國民教育的一部分,亦或是高深學術研究的一部分,但就目前而言,似乎傾向於將本科教育歸入普通國民教育,而將後者視為研究生階段的任務。

基於同樣思路,竊以為,學術論文不宜作為普通或通識國民教育之主要教學材料,亦不可將"讀(今日之所謂)論文"作為主要學習方法。這或許是筆者的一個偏見:現今的學術論文或許是學術研究或科學研究的重要形式之一,但在普遍國民之通識、常識、智識、(專業)知識、心識教化方面,卻基本不能藉助於此。中學與大學本科教育都是普通國民教育,不必讓學生們過早閱讀所謂的學術論文。無論是重在心識、道體、仁知的人文心體教育,還是重在通識、常識、智識、(專業)知識的廣義人文智理教育,在中小學乃至大學階段,都應該有更好的教育內容載體和教育方式。就此而言,我對中國古代典籍或教育系統中的許多有價值的做法或因素頗為認同或心存好感,尤其是在道體、心識或仁智教育方面,亦有一些設想或計劃,並想將來於此或可有所作為——此亦恰因當下於此稍乏更好作為故也。雖然芬蘭在中小學階段就開始嘗試不分科之"以論題為中心"之研究式教育方式,亦甚有其價值,但我個人認為,這種教育方式亦須注意兩點:第一,即使採取此種教育方式,亦仍需有循序漸進之整體之規劃,然後串聯成一種人類心識道體與人文智理之通識或常識系統等。第二,此種教育方式,或仍必須有通識或常識教育的前提,或至少並行不悖,方好。

事實上,如果衹有技術或方法,缺乏道體、心識之本體,缺乏更為廣闊之通識、常識、智識、(專業)知識,則很難寫好論文。比如,如何發現問題或論題,為何研究此一論題或問題,從哪幾個方面或層次來切入、分析、論述,有哪些考量因素或變量,如何權衡不同價值、考量因素、變量等之間之權重或關係(涉及道體、心識、仁知等),等等,如果沒有較深厚全面之道體與通識,便都根本難以措手,或過於單薄,故有所謂厚積薄發之說。大多數時候,如果不知選什麼論題,或面對論題時茫然而無從措手,主要並不是方法和技術問題,而是通識、常識與專業知識積累(廣度與深度)等的問題。研究方法和技術其實是很簡單的,但如果衹有方法與技術,人文社會學科及其所謂學術論文將不可避免陷入狹隘枯窘膚淺之狀態,或流於唯技術論、形式主義等弊病,甚至忘記了論文的本來目的為何,以至於社會上往往衹是在聒聒侈談"怎樣寫好論文,怎樣投稿或所謂'投核心',怎樣發表論文"而已,乃至每多渲染某人某段時間發表了多少所謂權威論文、核心論文,卻根本不談其質量和價值,乃至可能之發表黑幕。在訓練上,也往往更為強調方法和技術,乃至強調"為寫論文而寫論文"、"為發表而發表"。雖然其論文可能在技術上、邏輯上、格式上看似很"完美",乃至看似無懈可擊,而實則陳陳相因,毫無新意。當然,即使是所謂的"無懈可擊",也僅僅是"看似"而已，實際上是很容易"擊"的，乃至"一擊即倒"或"不堪一擊"，許多觀點、理論、思論乃至措施、方案、做法等都可能如此。衹不過有些論文善於自我隱匿，正如有些人、事或事業領域常常將自己偽飾隱藏起來，避免自己被"擊打"、"推敲"、"考問"、"證偽"而已，不像一些必然是以硬實力或真實實力來衡量的領域，或最終必然出現的硬實力比拼的情形，比如規則明確且必然公開透明於世的競技體育，乃至更為殘酷的作為硬實力碰撞的軍事衝突或戰爭等，實打實地拉出來一碰一照，則最終所有的偽飾都將無以掩藏。就後者而言，其可能之代價或後果亦極為巨大或慘烈，則之前所有的自欺欺人之心行，包括論文寫作上的自欺欺人之心行，亦皆可謂掩耳盜鈴、自害自噬而已。一人如此，一個民族、一個國家，乃至天下人事，盡皆如此，無有僥倖而免者。則豈可不怵惕警醒！應知：不是為了寫一篇論文，甚至不是為了寫一篇"所謂的好"論文，而是為了真正求真、求理、求善、求學問等，或為了真正解決相關的理論難題和社會問題等。於此不可本末倒置。

理工科或稍不同(當然，如果想真正成為一個大科學家，仍然需要有自然科學乃至人文學科尤其是哲學等方面之通識，越"通"越好)，吾且姑置勿論，對於文科而言，倘若基本不怎麼讀書(就其理想情形而言，當然應是最好的學術著作，真正有價值的學術著作，但從人類學習規律或教育規律而言，亦可循序漸進，故在特定階段，通俗易懂之著作亦有其價值)，卻一味去看論文、寫論文，恐怕是反常的，也不可能有真正的學術大家，甚至很難促進學術思論文化之真正進展(不是說不能看論文、寫論文，但應意識到本末之分)。

就此稍微拓開去講一個關聯論題：對於人文思論學術之學者，乃是以其最終的最好的學術成果來評斷其價值，前面積累得再多，寫了再多的論文或著作，如果沒有寫出其個人潛能範圍內最好的或超越前人的著作,某種意義上就可以說是前功盡棄,其所作為,於當時之知識文化普及教化或稍有功,於思論史而言,則或不值一提。所以有追求的人文學者永遠不可能停止其前行的腳步,也千方百計避免為其他事情分心或浪費暇晷(當然,人各有志,不是說所有人都要來追求這種夢想和榮譽,人生仍有其他多元化追求),因為和其潛能相比——誰能預先知道自己或人類的潛能之限度呢?!——,和其所可能達成的更高的思論文化成就和對於人類或國家、民族的思論文化等的貢獻相比,如果其停止腳步,那就意味著之前的一切努力都是唐捐而已。為了避免前功盡棄,其心其志乃將或必然或祇能一直向前,至死方休,如此乃可謂一生功不唐捐,而其心乃可或安也。此亦近乎一種信仰,所謂終生求道(以及理,或真理,求道求真求理),純亦不已。祇有這樣,一個民族或國家的思論文化學術才能得到更快的發展和更高的成就。

然而,對於研究者與任事者尤其是公共任事者而言,在獲得相當水平並繼續深厚其道體、心識、仁知與通識、常識、智識等的基礎上,卻要去閱讀高質量之真正學術論文,以促進相關專業、領域、論題以及實際人類社會事務之高水平發展。尤其是對於客居(即暫被選任公共職事)從事公共事務代理者(暫代人民管理)而言,更要有研究能力與關注、搜尋、學習高水平學術論文之能力,前者乃自己思考研究,後者乃參考學者之智識,共俾以助益公共事務管理之水平與質量。欲任職公共職事者而無道體心識修養、通識智識教育,既被選任而又不繼續讀書修養其道體、智識,又不自己研究和學習參考學者之智識,則其履職治理水平、質量、效果也便堪虞。①

① 以上論述中,所謂"仁知",偏於道體層面,其所謂"知",不可簡單等同於今之所謂"理性"、"智力"、"智能";而所謂"仁智"之"智",此處乃主要用為"理性"、"智能"之意。雖然,於二字之本來涵義而論,固然皆蘊含廣泛,又或可互通,是另一事也。

此外,亦可談及道體、心識、仁知與通識、常識、智識、專業知識等的普遍教育,以及這兩者與公共討論、社會共識等的關係。比如,每個社會都會出現這樣那樣的公共討論,哪怕是以一種特殊的形式表現出來的不夠典型的公共討論,在其中,人人都想表達一己之意見,從言論自由的角度來說,這是人們或公民的權利,也是建設良好人民社會或公民社會的前提,這些當然是毫無疑問的。但如果要追求可能的更好或更高水平的公民社會建設,卻是以對於某些道體、心識、仁知等的基本社會共識以及更好的通識教育、常識教育、智識教育等為前提的;如果缺乏基本之通識、常識、智識等之教育或訓練,尤其是缺乏道體、心識或仁知等之培植熏陶和修養深厚,就可能大大影響個人意見表達和公共討論的質量,以及公民社會建設的水平與層次。一個社會乃至一個國家,如果從一開始就僅僅衹有狹隘的專業教育,而相對缺乏普遍之道體、心識、仁知之人文熏陶培植,以及普遍之通識、常識、智識等之教育,那麼,也有可能,人人都想表達一己之意見的最終結果卻是:存在許多狹隘或極端化的意見,誰也不能說服誰,形成不理性之意見對立、社會對立乃至社會分裂。不論心體與大道,或無心無道,而衹論理論利,大概也是不夠的。蓋世界上可以有無數的名理,但人們仍然需要良好的共處、合作或共同生活。

202204251510

吾今或聽現代中文歌曲,其音色或有其美感,然或乃因其一字一音而皺眉,以其字者不合漢字漢語之本相,音者不諧和,遂頗恨所謂之現代漢語之鄙陋不文如斯。古之詞曲乃可入樂合樂,其文辭音韻之美何如哉!曾知聞濡染其古之好辭好音,而後聽此今之詞曲,固難矣乎!蓋即曾經滄海難為水、除卻巫山不是雲是也。

不知音律便罷,倘識音律之後,非高山流水則何以側其耳哉。

中國心學與西方心理學

我以前也讀了不少西方心理學學術著作,甚至還買過許多西方現代通俗心理學的書來看,但後者後來基本就不再翻閱了。因為如果去看中國古代的諸子百家之經典,你就基本不再需要那些現代通俗心理學的指導了。儒家等諸子百家經典頗講天道性命之學、心性之學,明其天心、道心、人心,頗能安定人心人生,或給予一些身心的指導或安慰。倘不論道,無論道心、天心、人心,而侈談身心安定,是終究難以安定的。體悟其道心、天心、人心,然後能安定,能知止而後定靜安慮得,發為萬事而皆能中節而和安也。現代西方心理學祇談身心之物理,社會科學或談事理、事方,而不大談道、心、性,或其道、心不在斯,則倘若但學其心理學、社會科學、物理學等,恐亦終究難能安吾人身心也。中學自有安心之道理,不讀不學不習不體不悟不通,則不得也。

我不建議你讀中文系,因為讀了中文系之後,但以語言文辭而論,你覺得可讀的書或可選擇的書籍就少了許多……當然,這是打趣之言,換一種思路,亦可曰:讀了中文系之後,你就知道選擇哪些真正道體醇粹、文辭優美的書來讀了。

202204231805

"五四""新文化人"的"過猶不及"

經"五四"那一批當時尚不大讀書或沒大讀懂書而追騖新奇的

年輕人[①]一鬧，仿佛中國的學問便一錢不值了。科學與民主固然有其價值，但科學與民主都是器用之學，不是形上之道學或本體之學，倘若衹提科學與民主，而完全不談及心性道體，就將有可能淪落為無本無體之學、之人，之文化、之民族，後果危害甚大。質言之，倘衹談科學與民主，卻將中國本身之天道、心性、德性乃至義禮[②]等之學盡皆棄之，其惡果遂逶迤百年而愈演愈烈。

經“五四”那批人之攻其一點不及其餘的矮化、簡化而後，傳統文化似乎便衹與“三綱五常”、“封建禮教”或“吃人的禮教”掛鉤，便衹有那抽象簡化的三綱五常或封建禮教，而天道、心性、德性之學盡皆無視。

一般人說數典忘祖，可能也不知道其真實含義，乃問曰：何典？何祖？典者，天道、人道、中道之典籍、典刑也；祖者，秉此天道天德良心王道仁政之先聖先王先公先祖也。從沒讀過祖典，怎知其中好壞？取其一二點不及其餘，則奚可？

今人或頗去翻閱古猶太人之《舊約》、歐西人之《新約》，又翻閱古希臘、古羅馬之書，而津津樂道之，至於自己民族國家之經史、道術或諸子之學，或若無聞焉，或則賤視之。若言了解世界文化，固可矣，然而倘若數典忘祖忘本之天道良意，亦曰不妥。偏激者如辜鴻銘甚乃嘗言曰：其實，那些新潮時髦人，哪裏能領會什麼呢？從其德行與為人做事方面，毫無長進，毫無高潔之表現，既無西方人之風度，亦無中國人之文雅溫良風度，乃皆是怪物而已。雖然時人

① 胡適（1891—1962）、錢玄同（1887—1939）、顧頡剛（1893—1980）、傅斯年（1896—1950）、羅家倫（1897—1969）、劉半農（1891—1934）這幾個人，1917 年新文化運動初起時，年紀都不超過三十歲，陳獨秀（1879—1942）、周樹人（1881—1936）、周作人（1885—1967）年紀略大些，然而也不超過四十歲。

② 當然，古代義禮之學未必全是，但亦未必全非，而有或可與現代道義相合者，又可以今日之道義（平等、民主、自由等）而製作相應之新禮，亦未嘗不可。

亦有謂辜氏為怪物者。

某種意義上,也不能怪他們或今人不讀書,因為經過二十世紀初之白話文運動及其後之文語教育制度改革後,他們或今人可能是真讀不懂,尤其是對於古代經典來說,倘若沒有好的師儒講解,靠自己讀,往往是很難深入領悟的。註疏又每每繁瑣零碎,卷帙厚重,讀之倦怠。質言之,沒有一些好的精約簡明之註疏本,皓首窮經而無所得,也是常有的事。所以當代學者要在這方面有所作為。我則有意撰寫《四書廣辭》、《五經廣辭》等而彌補此缺也。而又去偽存真,去粗存精,評騭之,揚棄之,溫故知新而創造之,俾吾國之後生小兒女,皆能親炙其天道大道,而自立成人,堂堂正正自信自立於天下世界也。

202204232337

言而無文,行之不遠。

比如,今人或可言:我們當然要解決當下的問題,但是,要根本解決其問題,或從根本上減少其問題的大規模發生,就不能僅僅看其一時一事之當下片段面相,而尤其應當思考一件事情或一個問題的前因後果,審查其整體面相。

202204251510

中文系的擔當

中文系,固然有文,然所重者不徒在文,而尤在於道也,所謂文以載道、文以求道體道傳道衛道是也。

蓋文者,經緯天地謂之文,故曰:(中)文中本自當涵納道理,無道則不可謂之文或中文也。

今曰中文系,然則或問曰:文中有道否?中文中有中道否?有中道系否?中文系,當負擔其求傳中道之責任也。

道者,中道也。中道,既是中正之道,又是中國之道,而又皆(合於)天道,或中通於天道之道也。道不論古今,惟其中、其正、其通、其合於天道而是之。道雖是一道,(而溫故知新),以其已知推求其未知,則無窮已也。故曰:道雖恆中正,惟當溫故而知新,純亦不已。

道以安(人)心安(人)情。

情也慾也,道以安置之。

道何以求之?有理求者,有文求者,有學以求之者,有此心體悟會通求者,百途而一致。

西方是神鬼文化,相應而有抽象理性或絕對理性文化;中國是聖哲文化和天道自然文化,相應而有人文經驗理性文化、經驗天道自然文化。

202204280147

解《尚書》"曆象日月星辰"之"曆"

我寫《尚書廣辭》時,見"曆象日月星辰"這一句,大多寫為"曆",然亦有寫為"歷"與"厤"(如嘉慶本《阮刻尚書註疏》)者,而皆解作"數",屢數也。當時以為,如作"數"解,似當寫為"歷"為妥,所謂歷數之;然若作"曆法、曆象"解,則固當寫作"曆"。遂乃探究之,如下。

歷：

《說文解字》：過也。从止厤聲。郎擊切。

《說文解字註》：**歷，過也。傳也。引伸爲治厤明時之厤**。从止。厤聲。郎擊切。十六部。

《康熙字典》：〔古文〕𤔲【唐韻】郎擊切【集韻】【韻會】狼狄切，音靂。【說文】過也。一曰經歷。【書·梓材】殺人歷人。【註】歷人者，罪人所過。【前漢書·天文志】合散犯守，陵歷鬬食。【韋昭註】自下往觸之曰犯，居其宿曰守，經之爲歷，突掩爲陵，星相擊爲鬬。

又次也。【禮·月令】季冬，命宰歷卿大夫至於庶民。【註】歷，猶次也。

又盡也。謂徧及之也。【書·盤庚】歷告爾百姓于朕志。【前漢書·劉向傳】歷周唐之所進以爲法。【師古註】歷謂歷觀之。

又踰也，越也。【孟子】不歷位而相與言。【大戴記】竊盜歷法妄行。

又疎也。【宋玉·登徒子好色賦】齞脣歷齒。【註】歷，猶疎也。【後漢書·列女傳】蓬髮歷齒，未知禮則。

又錯也。【莊子·天地篇】交臂歷指。

又亂也。【大戴記】歷者，獄之所由生。【註】歷，歷亂也。【鮑照詩】黃絲歷亂不可治。

又歷歷，行列貌。【古樂府】歷歷種白楡。

又釜鬲謂之歷。【史記·滑稽傳】銅歷爲棺。【索隱曰】歷即釜鬲也。

又歷錄，文章之貌。見【詩疏】。

又寂歷，猶寂寞也。【張說詩】空山寂歷道心生。

又山名。【括地志】蒲州河東縣雷首山，一名中條，一名歷山，舜耕處。【廣輿記】蒲州今屬平陽府。

又濟南有歷山,《漢志》充縣亦有歷山。

又縣名。【前漢書・地理志】信都國有歷縣。

又歷城縣,屬濟南,即齊州縣也。【地理通釋】田廣罷歷下兵,即其地。後漢安帝建光三年,黄龍見歷城。

又湖名。【廣輿記】歷湖,在和州城西,周七十里,爲郡之巨浸。

又《爰歷》,書名。【說文序】趙高作《爰歷篇》,所謂小篆。

又與曆日之曆同。【前漢書・律歷志】黃帝造歷。

又《世本》曰容成造歷。《尸子》曰羲和造歷。或作曆。

又與霹靂之靂同。【前漢書・天文志】辟歷夜明。【後漢書・蔡邕傳】辟歷數發。

又與馬櫪之櫪同。【前漢書・梅福傳】伏歷千駟。

又同壢。坑也。

曆:

《说文解字》:曆,厤象也。从日厤聲。《史記》通用歷。郎擊切。(《说文解字》未收录"曆"字头,请参考"曆"字:)

《康熙字典》:〔古文〕曡厤【唐韻】郎擊切【集韻】【韻會】狼狄切,音櫟。【說文】曆象也。【書・堯典】曆象日月星辰,敬授人時。【傳】星四方中星,辰日月所會,曆象其分節,敬記天時以授人也。

又【舜典】協時月正日。【疏】《世本》云:容成作曆,黄帝之臣。

又【洪範】五曰曆數。【傳】曆數,節氣之數,以爲曆。【疏】**算日月行道所歷,計氣朔早晚之數,所以爲一歲之曆。**【正字通】**曆以日爲主,故从日。其从厤者,推其所經二十八舍,正日躔也。**曆法始、中、終皆舉之。先求日至以定曆元,履端於始也。參以昏星,舉正於中也。察日與天會、月與日會之盈虛,齊以閏歸餘於終也。《史記》《漢書》通用歷。

然後吾又查“厤”字：

厤：

《說文解字》：厤，治也。从厂秝聲。郎擊切。

《說文解字註》：厤，治也。甘部曆下云。从甘厤。厤者，調也。按調和卽治之義也。厤从秝。秝者，稀疏適秝也。从厂。秝聲。郎擊切。十六部。

《康熙字典》：【玉篇】古文曆字。註見日部十二畫。

又【說文】治也。【玉篇】理也。亦作秝。

然則吾又查“秝”字：

秝：

《說文解字》：秝，稀疏適秝也。从二禾。凡秝之屬皆从秝。讀若歷。郎擊切。

《說文解字註》：秝，稀疏適秝也。各本無秝字，今依江氏聲、王氏念孫說補。適秝。上音的，下音歷，疊韵字也。玉篇曰：稀疏厤厤然。蓋凡言歷歷可數，歷錄束文者當作秝，歷行而秝廢矣。周禮遂師，及窆抱磿。鄭云：磿者，適歷，執綍者名也。遂人主陳之，而遂師以名行挍之。賈公彥云：天子千人分布於六綍之上，稀疏得所，名爲適歷也。王氏念孫廣雅疏證云：子虛賦、七發、楊雄蜀都賦、南都賦、論衡譴告篇、嵇康聲無哀樂論皆云勺藥。伏儼、文穎、晉灼、李善皆說是調和之名。上丁削反，下旅酌反。勺藥之言適歷也。周禮注及說文皆云適歷。說文厤字下云治也，曆字下云調也。凡均調謂之適歷。从二禾。禾之疏密有章也。凡秝之屬皆从秝，讀若歷。郎擊切。十六部。

《康熙字典》：【唐韻】【集韻】郎擊切，讀若歷。【說文】稀疏適也。凡歷曆等字從此。或作秝。

然則又查“禾”字：

禾：

《說文解字》：嘉穀也。二月始生，八月而孰，得時之中，故謂之禾。禾，木也。木王而生，金王而死。从木，从𠂹省。𠂹象其穗。凡禾之屬皆从禾。戶戈切。

《說文解字註》：禾，嘉穀也。嘉禾疊韵。生民詩曰。天降嘉穀。維穈維芑。穈芑、爾雅謂之赤苗、白苗。許艸部皆謂之嘉穀。皆謂禾也。公羊何注曰。未秀爲苗。巳秀爲禾。魏風。無食我黍。無食我麥。無食我苗。毛曰。苗、嘉穀也。嘉穀謂禾也。生民傳曰。黃、嘉穀也。嘉穀亦謂禾。民食莫重於禾。故謂之嘉穀。嘉穀之連稿者曰禾。實曰㮚。㮚之人曰米。米曰粱。今俗云小米是也。**以二月始生。八月而孰。得之中和。故謂之禾**。依思玄賦注、齊民要術訂。和禾疊韵。禾、木也。木王而生。金王而死。謂二月生、八月孰也。伏生、淮南子、劉向所著書皆言張昏中種穀。呼禾爲穀。思玄賦注引此下有故曰木禾四字。从木。禾、木也。故从木。象其穗。各本作从木从𠂹省、𠂹象其穗九字。淺人增四字。不通。今正。下从木。上筆𠂹者象其穗。是爲从木而象其穗。禾穗必下垂。淮南子曰。夫子見禾之三變也。滔滔然曰。狐向丘而死。我其首禾乎。高注云。禾穗垂而向根。君子不忘本也。張衡思玄賦曰。嘉禾垂穎(今作穎)而顧本。王氏念孫說。莠與禾絕相似。雖老農不辨。及其吐穗。則禾穗必屈而倒垂。莠穗不垂。可以識別。艸部謂莠揚生。古者造禾字。屈筆下垂以象之。戶戈切。十七部。凡禾之屬皆从禾。

《康熙字典》：【唐韻】【正韻】戶戈切【集韻】【韻會】胡戈切，音和。【說文】嘉穀也。二月始生，八月而孰，得時之中，故謂之禾。

禾，木也。木王而生，从木从𠂹省，𠂹象其穗。【春秋·莊二十八年】大無麥禾。【疏】麥熟於夏，禾成在秋。

又凡穀皆曰禾。【詩·豳風】十月納禾稼，黍稷重穋，禾麻菽麥。【疏】苗生既秀謂之禾。禾是大名，非徒黍稷重穋四種，其餘稻秫苽粱皆名禾，惟麻與菽麥無禾稱，故再言禾以總之。

又【山海經】玉山，王母所居。昆侖之墟，其上有木禾，長五尋，大五圍，二月生，八月熟。【註】木禾穀類可食。【鮑照詩】遠食玉山禾。

又禾，和也。【尚書序】唐叔得禾，異畝同穎，王命歸周公於東，作歸禾，周公得命禾，旅天子命作嘉禾。【孔傳】異畝同穎，天下和同之象。【疏】後世同穎之禾，遂名嘉禾，由此。

又姓。

綜合之，蓋秝者，稀疏適秝也；厤者，治也，理也，調也；曆者，厤象也，曆數也，曆日也；歷，過也，傳也，引伸爲治曆明時之曆，从止。

則所謂"曆"、"歷"，或先有"歷"字，過、越、逾等意，又有歷歷、次序之意，引申而為數；再引申而為治曆明時、曆日之曆，而另造一"曆"字。曆者，"算日月行道所歷，計氣朔早晚之數，所以爲一歲之曆"。"以曆以日爲主（實則有日月星辰等），故从日；其从厤者，推其所經二十八舍，正日躔也。曆法始、中、終皆舉之，先求日至以定曆元，履端於始也；參以昏星，舉正於中也；察日與天會月與日會之盈虛，齊以閏歸餘於終也。"

故於今言之，若用作"過、歷歷、次序、數"等意，以用"歷"為佳；若用作"曆法或日曆"意，以用"曆"為妥。

所謂曆數：【洪範】五曰曆數。【傳】曆數，節氣之數，以爲曆。【疏】算日月行道所歷，計氣朔早晚之數，所以爲一歲之曆。

相關者，又有一躔字。**躔**，chán，《說文解字》：踐也，从足廛聲，直連切。《說文解字註》：躔，踐也。《方言》：躔，歷行也，日運爲躔。从足，廛聲，直連切，十四部。《康熙字典》：【唐韻】直連切【集韻】【韻會】澄延切【正韻】呈延切，音廛。【說文】踐也。【徐曰】星之躔次，星所履行也。【揚子・方言】躔，逡循也。又歷行也，日運爲躔。【博雅】行也。又行徑轍迹也。【前漢・律歷志】舉終以定朔望分至，躔離弦望。【註】應劭曰：躔，徑也。【爾雅・釋獸】其迹躔。【註】脚所踐處。【左思・吳都賦】未知英雄之所躔也。【註】歷行也。【集韻】或从展作蹍。又【集韻】丈善切，音紾。移行也，循也。

此外又有曆、靂等字。

一一歷循尋繹之，一環扣一環，相互界定闡述，終則乃至可構建漢語思維或中文思維、哲學、文化等之全息圖象結構系統（或亦可利用今之計算機技術或人工智能技術為之），可謂有趣。此中可略窺中國文語哲學或漢語哲學之真諦，又知中國文語哲學或漢語語言哲學之所當著力處。

中國之許多漢字及其意義，非是孤立者，亦往往非自足之絕對抽象概念，毋寧說是各各①相互關聯說明者，而建構出一看似鬆

① 各：《說文解字》：異辭也。从口夊。夊者，有行而止之，不相聽也。古洛切。

《說文解字註》：各，異詈也。詈者意內而言外。異爲意，各爲言也。从口夊。陟侈切。夊者，有行而止之不相聽意。夊部曰：從後至也。象人兩脛後有致之者。致之止之，義相反而相成也。古洛切。五部。

《康熙字典》：【唐韻】古洛切【集韻】剛鶴切【韻會】【正韻】葛鶴切，音閣。【說文】異辭也。从口从夊。夊者，有行而止之不相聽也。【書・湯誥】各守爾典，以承天休。

又屠各，北方種落名。【後漢・公孫瓚傳】瓚子續爲屠各所殺。

又【字彙補】借作部落之落，見諸葛銅鐺。

又【字彙補】引沈括筆談云：又借作洛。【石鼓文】大車出各。

散、不精確，而實則相互關聯、結構穩定之整體中文系統，諸漢字及其意義之間，既有一定靈動空間，不緊張，不迫切，不咄咄逼人，不拘泥死板，不會如機械般嚴絲合縫而動彈不得，又有一定規定性，並非完全準的無依，一片混亂。所以（古代）漢語（中文）哲學、漢語（中文）思論、漢語（中文）文學、漢語（中文）文化乃有美感，乃有空靈逍遙處，與人類閒適悠悠之心靈頗為契合，而能於其中得一逍遙陶冶。

絕對抽象概念，尤其是拼音文字中常常表現出來的絕對抽象概念，則力求從抽象邏輯上準確界定邊界，杜絕一切邏輯上之矛盾或含糊不清處，一一二二，毫不通融，而成一機械世界、理念世界、抽象名理世界或數理邏輯世界，試圖讓人絕對服從，也因此讓人緊張；其固然可以促進所謂科學發展，物理技術進展，然而如果人生中全是這些，全被規訓得服服帖帖，絲毫未留一心靈自由空間、生活自由空間或心物宛轉悠遊空間，則人亦或將不堪其重負與壓迫，此亦所謂"抽象理念牢籠"，對此，人們可以想象或擬感一些電影裏面所出現之類似孤立個體生活與異次元方形物理幾何空間之可怕場景。質言之，當為抽象理念世界與人類心靈世界、生活世界劃清界限，不可讓前者完全僭越、侵入、壓制後者。抽象理念、物理真理與科技，不是讓人們淪為名理宰制、技術治理下之奴隸，而是更好服務於人類之心靈生活與美善生活本身。

202204291728

"中國書讀完了，無書可讀"

或傳夏曾佑嘗言於陳寅恪曰：稍羨吾子能讀外國文之書，若余,中國之書已畢讀之,今乃頗恨無書可讀也。吾今竊揆(忖度)夏氏之意,蓋中國之書,其精華獨創者,大抵惟先秦兩漢之若干部乃或可當之,(乃至頗有其道醇體大思精者),其後雖亦不乏正思好辭,然亦每皆反復申說或流衍發揮或補苴罅漏(罅隙)而已,其平庸者乃或無甚新意道理發明,或則氣卑力弱格低,瑣屑狹陋,元氣斲喪,風力孱弱,乃至私心昭著,苛刻削弱,道理戾逆扞格不通而離道愈遠,則不讀亦無妨,乃至竟不可卒讀也。故今或有仿其語而言曰:(世人)無書可讀,是吾之大憂也。……雖然,無書可讀時,或正為創作之機會,溫故以知新,博資而獨創,恰其時其機也。若夫本為豪傑之士,則豈可沉湎萎靡而無所興作哉!

著作何為? 大其志而言之,非為一己之名聞稻粱情意塊壘,乃為人類也,為後生小兒女也,為共處之良情善意生祉,為天道之大公中正也。

又或疑曰:今之後生小兒女又無書可讀,而尤甚。非不讀書,而無論中學西學,或每皆無本耳。無本,亦曰無其中正大道之本。乃或進退失據,動輒或違,茫然苦悶,甚或至於嚴重後果,如現代人每多身心不靖寧和諧而抑鬱症日益大行於世①,未始不與心學、道學失墜欠缺②之因素有所程度關聯……

而讀書也,無論古今中西,皆當探其本。有本則深厚篤實,不知本則恐皮相瑣碎,乃至不知大道而徒彷徨歧路,違戾多咎,悔吝交加。所謂不循大道正道,每騖旁門左道、歪門邪道,則或動輒得咎,人生多苦。

於今而言,無論中學西學,其根本又當有所分辨。以論中學之

① 或曰此即可謂無(好)書可讀之徵果,有志之士,固當於此有所作為。

② 乃至亦與基於平等、自由、基本人權基礎上至新禮學、新群學、新義學未立有關。

故本，今則曰：中學之本，有可因可承者，又有當革當創者。倘若不知分別，則無論讀與不讀，皆有其未安者，讀之，或一體因襲其當革易者，不讀之，或失其當傳承之中正道本智慧。

若夫所謂西學之本，有應知而不當不必盡苟同者，有應知而擇焉學習者。知其本原或淵源所自，則不為皮相膚受之淺論末見，而擇而精，培植我本，非徒驚炫失常失中失本失體統也。

或曰：若天下同仁，則不論我本他本，同一天道仁本，反之，則我本之仁固不可失也。吾中華民族自可有吾中華民族之民性之本，有吾中華國族之本，自古以來，本來未必差次於他國他族，而或有子孫不肖耳。然今若復興發揚之，固自可以吾中華文明，自立於世界民族之林，而與世界各國，各適相安而已。

中國先秦文化之本，在於天道之(正)中，在於聖先之(仁)心，不在於一時之治術制度也。揆度聖人之仁心，亦曰中通天心，又合正於人心而已矣。

202205020252

古人之注疏精約

古人之註疏，固然是以古文註古文，而往往甚熨帖通達[①]，然今人讀之，或雖註文亦不能懂，則欲盡用現代詞語再註疏之而後或明其意。然文言乃可謂言簡意賅，一字之含蘊豐富，或可適用於多種情境而皆涵蓋之，古人讀之、言之，而相互皆能通達其意，不必辭

① 如郭象之《莊子註》，參見：郭象注，成玄英疏，《南華真經註疏》，中華書局，2023年4月。

費或贅言;今人則必欲轉化為煩冗之現代詞語而後解悟。然則古人之頭腦中,或更為清簡疏朗,其運思亦更為約要而含蘊,與天地萬物比象合意而自然無渣滓,亦可謂好。今人每謂古人思維不清晰,乃以今人之煩冗刻意律諸古人,實亦有誤解或厚誣處,蓋自古人言之,頭腦不必儲存過多蕪雜煩冗之贅詞冗思,豈不輕鬆!今人讀古書,或講解古書時,有時本自能悟會其意,而頗怡然自得,然必欲宣之於他人或生徒,則或訥訥難以轉換為現代詞語。讀外文時亦有類似者,蓋無論古文、外文,或皆有其不同之意涵、思維、領悟之殊相也,或有難以且不必盡冒同牽合於二者之間者。故文言與白話,本不必抑彼而揚此,竟至於盡廢棄之而後快也。盡棄文言,乃有不文辭費贅言煩冗諸病。

202205021912

“以事講道”與“以道揆事”

《尚書》固有道言,又有事行(或史事);本意固在講道傳道,然亦有斆“以道揆事”之法之意在,則傳道又本在於講處世任事之法。故曰:道緣事發,以事講道;以事觀道揆道,以道度事處事。其道,或有不合於今者,可更之補之;然又尤有古今相通者,可悟之傳之(承傳)。若意在其古今相通之道言,則曰《尚書》雖於今世亦可讀而有所得;若徒見其不合於今者,並其通道之言亦斥棄之,則亦有因噎廢食處。如此,若又無其他道言之書,或雖有而未必正中,則或終不能學道見道悟道,尤可憾,而為害亦尤大。蓋以求(今之所謂)“知識”之心眼,以視《尚書》,乃或曰無足觀;以揆道之心讀之,仍可有所得。以不思不辯之心讀之,則膠柱鼓瑟,膚受淺見,率爾臧否之;以稽考思權之心讀之,則思考其道其理,觀其會通者,而亦不必盡皆拘泥苟從之。夏商西周流傳至今之書,大抵皆言約意豐,未必氾濫其言,冗繁瑣細其意,此何故邪? 曰非為彼時書寫轉運不易,乃欲讀者自思尋繹,而自悟得也。豈能學而不思,而乃可一睹見道哉?! 大抵先秦之書,雖讀之,不思不得,此或作者之故意也。於此言之,《尚書》諸篇,今亦可用作討論思辨之書,用我天生內在之智、理之端,敘其史事,辯其道、理,論其處事之方,明我華夏歷史文化之淵源,而悟道、揆理(事理,以道揆事之法)、辯思、明史,四者可兼得之。此亦與所謂啟發教育之現代教育法,並無扞格,固不必徒視《尚書》等為道德灌輸之書也。現代教育,何書不當如此(歐西人讀古希臘古羅馬等古書,何嘗非是? 固亦非盡拘泥苟同也)?! 則先秦古書亦何不可讀?! 雖然,其或有不足於揆道者,自可有新作新書以補之也。此固亦可並行而不悖者也。

202205071620

吾何為而撰《十三經廣辭》?

吾何為而撰《十三經廣辭》?

曰便利其或有志於傳統文化之國民後學讀者耳;俾其或資以溫故而知新,創新而更故融通也。

"十三經",本諸"五經",大抵皆先秦[1]上古之書,後世乃奉為

① 通常人所謂"先秦",竊以為或不妥,或當為"先穆"或"先宣"(周穆王、周宣王)。(202205121304)

儒家經典。其書也,固欲揆度天道,以明人義,以立大法,以治政事天下者也。其道其義①,雖有不合或不足於今者②,今乃有其去之者,有其異而補之者;然亦多古今相通者,今乃同而承之,而又補苴之;又以明中華文化歷史之精粹、淵源與共同命運所在③。其同者,所以追本我固有文明,合我中華民胞一體,永我中國天命存續維新,萬世一統於天道中道,無生對壘分裂之禍亂;其異者,所以補益更新我中華文化,本根④新葉,繼長增高,棄亂歸正,共襄人道,民主⑤而安樂⑥,國義而富強——此辛亥革命以來之共識也。有其本其同而漸進維新,乃有中流砥柱,乃可行穩進化。故於"十三經"也,其中通(新舊)天道人義、正中大中之元則民極,如仁義禮智信⑦之可通合於今古道

① 所謂道、義,有抽象名詞與複數名詞之分。今人所謂"道、義",或用為抽象名詞,乃為正道、正義之意;或用為複數名詞,則為諸道、諸義之意,所謂諸道、諸義,則或有合於今者,或有不合於今者,而當分辯之也。此句中,所謂"道、義",則尤用為複數名詞。

② 不合,故當去之,而更新之;不足,故當補之,而創新之。

③ 實則每皆同中有異,非全同,非全異,如仁義禮智信,如溫良恭儉讓,如道德心性,如仁智勇直果毅,如中、庸、和、孝、悌、祗、友,如六藝(禮、樂、射、禦、書、數)、六行(孝、友、睦、姻、任、恤)與乎六德(知、仁、聖、義、中、和)(中、和之外,孟子則言"仁義禮智",蓋禮言其外,聖言其內也。參見:朱熹著,高愈註,《小學集註》),如敬誠正止,如定靜安慮得,如明明德、新民、止於至善,如格物致知誠意正心修身齊家治國平天下(三綱領、八條目),如親親、尊賢,如四維八德等,如禮樂刑政,如道、法之治或道、德、法治,皆是如此,今乃辨析而有因有革,有補有新也。比如,倘僅言溫良恭儉讓,而不言自由、權利(人權)、平等、民主、公正、正義等,則亦有缺而不可。其他如:男女平等,人格人權平等,個人人權與人民主權,公權公僕,公權暫攝而民督黜,反對家天下、世襲製、分封制、權力專制獨裁、身份等級制、人格人身依附制,反對蒙昧、迷信,反對封建主義、帝國主義、官僚資本主義、買辦主義(涉及國家層面之經濟主權、科技主權、自主發展權等),反對權力私有、官僚主義、生產資料壟斷、資本壟斷專制,反剝削、反壓迫,反對民主之濫用與多數暴政(相對於自由與人權),反對不勞而獲、階級壓迫、食利階級,等等,不贅述。

④ 謂其中通協和於古今天道正義者,非曰因循守舊而以痼疾為根底或榮耀也。

⑤ 民為主人,各有不可剝奪侵犯之基本平等權利,又選任公職,以服事我民事公事,民乃督之或黜之。其公職者,亦民,暫攝而已。

⑥ 安則民權,樂則民生,又道義文教,而同化於中通古今、有本維新之中華文明。

⑦ 此五名,此亦用為抽象名詞,發而乃為諸義,則為複數名詞,而當辯別其諸義之中通於今道否,而相應擇取也。

仁者[①]，固可溫故審辨而傳承、知新、發揚之，又可藉此至道凝聚維繫中華民胞之心意思論統系，敬天順道，仁愛相與，不鬩不訌，不散不分，自立立人，而文明化及於廣遠；於其不合與不足於今者，又將資新以更故補古，肇創以長進增高，裨益民胞人類，俾融通古今，中合天道，所謂天道難聞，猶或鑽仰，純亦不已，而日趨日進於天道之本真、人義之當然也。

天道實唯一；所謂古今新舊者，見道有深淺耳。以其已知者，揆其未知者，而求合於天道本然自然；又揆率而創立人道之當然與當仁，則一也。

然則古學何在？又何以溫故？曰在於先秦諸子百家之學，儒家尤頗大成之；於儒家之古學而言，乃曰萃於"五經"、"十三經"[②]，則自皆可博學審問之也。而其書（也，以其古今相通者而言，固多揆合天道人義，不乏勝義紛批；而）其文辭也，乃曰言約意豐，微言大義，又或詞語古奧，詰屈聱牙；簡省史事，含蓄蘊藉，乃至有斷簡殘編，傳聞異辭，釋解紛紜，莫衷一是者。故歷代學者傳講註疏之，歷漢唐以迄南宋，終成《十三經註疏》。然則卷帙浩繁，雖皓首窮經而或不能畢讀通悟之；於此理[③]技[④]工業文明之時代，固不可盡抛精力於此間也[⑤]。故吾乃發願廣辭之。

---

① 非曰盡取古代諸義，乃曰其通者取之，其不通者則去之耳。所謂道、義，有抽象名詞與複數名詞之分，當分辯之。見前註。

② 本為"六經"，而《樂經》乃失傳，故為"五經"；其後儒門眾弟子各傳其學，歷代增入經典，乃成所謂"十三經"。

③ 謂廣義之"物理"，亦即萬物——包括所謂抽象理物——之"原理"等，今謂之自然科學。

④ 今謂科技、技術、器技等。

⑤ 歷代獨夫蟊賊或竊取之，陽奉陰違，以行其專制弱民之私心，雖說儒家其書其理，固亦或有不可辭其咎者，然亦不可全諉過於儒家之書。蓋義理與制度，義理與歷史，有相通者，亦有後代獨夫蟊賊篡改竊取者……

本廣辭關注其義理,然並非全然認可之,而有分辨也。

然今又關注其文辭。蓋今人未嘗不知道,然或"言而無文,行之不遠",人亦厭讀之,故當資取儒家經學之文辭、文體、道義闡述討論之方法,而廣辭之,以成今世之道義教育之典籍也。

又:本廣辭關注其常道,及其常道之教育,非時下所流行之所謂論學文體或論文體。然亦不廢論學。蓋當先研求存其常道,存有其經常文本,而後言及切磋、論學,非謂有其文本而竟灌輸之。

202205111758

道學部與中國學術系統之重勘

道學部(天、道、仁、心、德、義、禮——溝通古今,當合於現代進步價值觀);哲學部或智學部(智學,智理學如所謂知識論或論理學、邏輯學等;包括西方智學或世界智學等專業分支);文學部(文字、辭章、詩詞、生情文學等);史學部(包括考古學、人類學等專業分支)。——此為全體國民教育之核心通識課程或常識課程[①]。

政學部(狹義政學,即今之政治學、行政學、外交學與國際關係學、世界政治學、世界政治經濟學、國際法學等,同時包括法學、社群學之教育內容)。——另外,此為有意從政之政務官之必修專業與課程。無論何種專業,人人皆有選舉權與被選舉權,然選任之前,當另外考選此類內容;選任之後,又當另行培訓此類內容,合格乃可赴任。而專業事務官或專業公務員,除此之外,又必須有相應專業教育資格,然後再考選之。此所以為專業行政治國也。或曰

① 或合稱為"大文學部"。

法學部、社群學部亦可隸屬於政學部。

法學部或律學部(或曰法學部可隸屬於政學部)。

社群學部(包括今之社會學、經濟學、新聞傳播學等,或曰社群學亦包括法學方面之相關內容)。

理學部(廣義物理學,今曰自然科學 science,亦包括數學 mathmatics、醫學等)。

工技學部(工學、技學 technology、器學,包括今之所謂工程學 engineer 等)。

農林牧學部。

藝學部(美藝如書畫、美術、音樂,舞蹈等;體育如射、御及現代體育等;播音影視、演藝等;文藝如詩詞曲賦、小說、戲曲與戲劇、影視文學等——或獨立為文藝部,而結合文學部之內容)。

兵學部(兵學)。

外國學術部。

常識部或通識部:道、智、文、史屬於必修核心通識課程;其他分模塊而各選其課程,修滿其學分。綜合性大學不必另外成立常識學部,專業性大學則或可另外成立常識學部,以負責常識教育或通識教育。

202205111622

白話與文言之異同

我現在無論是看所謂"白話文"文章,或是自己用白話文寫作,都覺得有點彆扭。一般而言,寫作當力避費辭煩冗,而既往的古代中文寫作更是要求每個字都妥帖和必要,所以,我們閱讀古文時,就會發現每個字都不是白用的,都有其自身的涵義和必要性。我現在也時常以此標準來審視各種句子文章,試圖一個字一個字地閱讀,乃至有時故意以此標準來使用漢字、中文進行寫作。但前者(每字有義)常常並非事實,倘以上述標準揆度之,甚至覺得有很多重複或無用的字,或者,有時是組成某新現代詞的單個漢字本身的意義已失去,而僅僅成為一個符號,藉以和另一個單字合在一起構成一個全新的詞語或意義;後者(以單字作文或寫作)也並不容易,在作文過程中,卻很輕易地就會選擇所謂的白話文詞語或現代詞語,而又一時難以找到古代漢語的替代字——這當然也有對古代漢字、古漢語或古代文言不甚熟悉的原因在內。所以用所謂白話文或建基於這樣的白話文之上的當下所謂的“現代漢語”來寫作,無論如何都覺得有許多囉嗦不美的地方,或者,誇張地說,簡直是浪費漢字而暴殄“天物”。

現代人的閱讀習慣也早已隨之改變,能夠毫不費力地區分單字之詞與雙音節或多音節之詞;因為人們不再是把每個漢字當成每個漢字來用,所以也完全不會覺得這樣的所謂的“現代漢語”有什麼問題。反之,如果中國古人來閱讀白話文作品,可能會覺得這樣的漢字漢文或中文早已面目大變,或者,在漢字使用上是極其不嚴謹的——這和通常的意見正好相反,因為一般而言,我們都說現代漢語或現代中文有利於使得中國人的思維變得更為清晰和嚴謹。如果古人“以古律今”來讀所謂的現代漢語或漢文,有點像中國人以漢語思維來閱讀和衡量日語作品,往往就衹能根據一部分漢字來猜測其意思,而其他許多漢字的用法都是有問題的,至少偏離了現代漢語中文乃至古漢語或古中文的本來意義和用法,更遑論片假名之類的符號了,這些就完全不是漢語本身的特質和面目。

要想為所有的現代概念或意義找到一個對應的漢字並不容易,所以現代人往往選擇組合成新詞的方式來表達新義或新概念。那麼,關於如何組字成新詞,就有兩種意見,一種意見是:找兩個或多個和新詞或新概念意義有所相關的漢字,組合成一個新詞或新概念,此一新詞既是新名詞新概念,而組成其詞的單個漢字又不完全失去其原有的涵義,而使得漢字漢語或中文仍然葆有一種延續性,即既不破壞漢字漢語或中文本身的特質和字法、文法、句法等,又能夠引申更新為新的意義和概念,既不失本,又能更新進化。但對此的反對意見是,這樣的新詞語很難讓人真正領會新詞新概念的真實涵義,而往往會讓人回到固有的建基於原有漢字意義的思論或觀念中去,不利於真正的文化更新①。與此相應,另一種意見就是:找兩個或多個和新詞或新概念意義不甚相關乃至毫不相關的漢字,組合成一個新詞或新概念,在這個多音節現代漢語新詞或新概念中,單字原有的意義幾乎大部失去或完全失去,或者變得不甚重要了。當然,這兩種意見或兩種現代漢語或現代中文新詞語的區分,也祇是相對的,無法絕對地區分開來。但其產生的後果和爭論卻是一樣的。比如漢語中文的固有特質、固有文化乃至漢字中文的特殊價值或功能的斲喪,以及借助現代漢語中文進行現代思維、現代文化的更生進化的效果問題,就是爭論的兩個重要方面。此外還有漢字漢語或中文的美感問題,如漢字的"理性"特質(每字皆有造字理據),以及漢字漢語或中文的意象性、音樂性、格律性、含蓄性、簡潔性等。

翻譯對於漢語和中文的影響巨大。姑且不論古代佛經翻譯,而近代以來對於西學的翻譯更是如此,況且還每多借鑒近代日本人的翻譯的情形。現代以前,早期中國學者的漢字漢語漢文及漢文化的修養都頗為深厚,所以在翻譯西方文化概念的時候,還頗能照應漢字漢語漢文本身的特質,也有很多有益的嘗試和思考,所以不至於對於漢字漢語漢文造成傷筋動骨的傷害或破壞。但是到了今天,許多翻

① 當然,對於這種反對意見,也可以有相應的辯論,姑置勿論。

譯者在古代漢字漢語漢文及傳統文化方面的修養已經很薄弱了，對於古代的“小學”或語言文字學、音韻訓詁學未必有充足的學術訓練，對於漢字漢語漢文之深層次價值與功能或亦並無多少深入體悟，對於漢字漢語漢文本身似乎也並無多少愛惜和敬畏，所以有許多新概念、新名詞的漢語翻譯或中文翻譯，以及相應的現代漢語或現代中文的寫作，與漢字漢語或中文的特質大相扞格，愈行愈遠，乃至不堪卒讀。此尤以所謂的學術論文為甚。而固然是一個不小的問題。

事實上，即使單從所謂現代意義上的狹義文學層面而論，好的白話文也不多，許多是看不下去的。這還不論思論、格調等方面。誇張而偏激地說，似乎，當代人已經不知道怎樣說漢語（中文）、寫漢文（中文）文章了。

其實，我用白話文寫了這麼多，也是如此。原本想嘗試用單字漢語（中文）來寫，卻並不容易，而我們也早已習慣了這樣的並不完美的白話文的便利性。但問題是，便利性並不是唯一的標準，並且，無論是古文還是白話文，要寫得好，乃至寫得美，當然也都是要精心構思創作的。雖然用白話文說的一些想法，也能互相溝通，但往往談不上什麼文辭或文章。古人所謂：言而無文，行之不遠。若論文教化及，則無文之所謂文，似乎於更好發揮其教育或教化功能，有所不足。或者說，古代漢字漢語漢文及其體式等方面，于發揮文教化及方面，亦有一些優點，可以借鑒。當然，這也可能僅僅是我的一種固執的成見或偏見。

簡單說說，並非深思熟慮和全面討論。

對於創新思論的語言吸收或中文內化，或亦可有更高的標準或要求，進于一個更高的水準或境界。

用固有的語言、文字來傳述新的思論，將新思論納入到固有的語言或文語中，而又不破壞固有語言或文語的優秀特質，及其中所蘊含的優秀文化思論。這是關注中文或中國文語哲學的有志之士所需要思考的。

一個偉大或優秀的作家，當然也無法避免使用既有的字、詞和文語，這是毫無疑問的；但伊也不會無條件、無原則、無選擇地使用既有的字、詞、修辭和文語，伊應該以一種特別的標準或敏感來重新使用既有的字、詞、修辭和文語，創造性地將既有語言或文語的表現力或功效等，提高到一個更高的水準；乃至重新為此文語及其使用確立一種新的法度，使得此種文語在字詞、字法、文法、句法、語法、修辭等方面，都得以進化。在人類文化史上，亦存在這樣的情形，自從這樣的優秀或偉大作家及其作品出現後，其民族語言或民族文語才終於確立為一種優秀語言。其實優秀的思論家與哲學家也可有類似的表現或貢獻，有了他們的創造性工作，其民族或其民族語言、民族文語的獨特文化和哲學才真正創立或完備起來。另外，語言、文學，與思論、文化或哲學，也無法完全分開。一般地，當然可以語言是語言，文學是文學；哲學是哲學，思論是思論，但就其更高標準而言，很難想像沒有思論的文學家，和沒有文學的思論家或哲學家。當然，這裏所謂的文學，更多指一種大文學，既包括語言修辭方面，也包括道理文學等方面，並不是近代西方意義上的狹義生情文學的概念①。

202205131116

① 文學是什麼？從中國文化的本來傳統來看，乃是包含了文(字)、形或象、意、辭章或修辭以及道、理、義、禮、情等在內，又是文化、教化的工具——當然也是政事治理的工具。文學裏面如果沒有這些，文學還有多大的價值呢？所以，今天如果將所謂的文學狹義化為衹談形象思維、狹義的情感、生活等所謂生情文學，那是太過狹隘化了。倘若如此，也無怪乎文學越來越失去其吸引力。人如何生活，人的精神追求，人對世界、宇宙、生活等的理解，道理義禮智慧，等等，都應該是文學的內容或一部分，如此，文學才不至於狹隘化為一種工具。

古代中文或漢字乃可單字單義

或曰:判斷其文是否謹嚴,或是否費辭,有一簡則:是否每字皆有其義。或曰,此亦可為今代漢語中文(或今文漢語、新漢文、新中文等)優進之方途或規矩之一。

——你看,上述如此言述,似頗嫌其怪異不類(乃是故意為之)?實則亦徒為少見多怪而已,多習多見之,則亦將不以為難為怪,或乃可為今代漢語中文(或漢語今文等)之常情通則也。

——你看,上述文辭,竟是古文漢語呢?或是今文漢語或現代中文呢?抑是古今貫通一體呢?

然則何以述寫其新名、器、物、理,則仍需探索之。或亦可另造新字?乃至增廣"六書"造字之法?甚至造新中文文法或新漢語語法?

漢語有漢字(古或稱文、名等),每一漢字都是"**獨立表意的單字**",漢字字形與字義(或意義)之間並非隨意的武斷約定,乃有一定理據或對應關係,有一套嚴格、嚴謹之造字表意系統,此為漢字之特質,不同於拼音文字。

而所謂的拼音"文字",本質上首先都是詞、音素或詞素,不是(像古漢字那樣的自有造字法度和造字理據而獨立表意的單)字。比如朝鮮語或當代韓語及其諺文,許多詞語乃是一一對標漢字(音與義),然而雖然看似有單字(或方塊字)的外在形式,卻並不是獨立的字,而衹是音素或詞素(及其組合),本質上是標音文字。質言之,朝鮮語或韓語之諺文符號,其單一符號本身並不表義,而衹是標音、記音。其所標記之音至少有兩種：一種是漢字之音，一種是朝鮮語或韓語特有之土音或其他外來詞語之音。於標記漢字之音，則順帶亦可標記漢字之義，漢字字形、漢字字義雖然並不體現在諺文符號中，卻始終是作為隱匿的中介發揮作用，或作為朝鮮語、韓語、諺文或其某些詞語的本初文語、原生文語或第一文語而發揮其隱匿的中介的表義作用。如果沒有漢字作為表義的隱匿中介，諺文就是純粹的標音符號，正如諺文標記朝鮮語或韓語特有之土音或其他外來詞語那樣。總結之，朝鮮語或韓語的諺文符號，祇是用來表音，本身並無造義理據，其符號與其意義之間的關係，可謂是所有拼音文字所共有的隨意的武斷約定關係。

但古代漢語中文，祇要不是極少數外來音譯詞語，基本上每個漢字都是表意的字；並且，即使是一些外來音譯詞語，中國人也往往通過加上相關表義部首或乾脆按照“六書”重造新漢字的方式，來造字表義。現代漢語中文中的漢字，在語言運用時，大部分仍是表意的字，小部分卻在相當程度上已經轉變為詞素，這是古今漢語中文的一大轉變，須引起重視，重視分析其對於現代中文建構的正負影響作用。

202205131116

中國文語哲學或中文漢語哲學自倉頡造字始

某種意義上可以說，既存流於今的中國古代哲學（或中文哲學），乃是從造字開始的；而中國古代哲學或中文哲學之創造與研究，亦從認字、解字、正名開始（所謂說文、解字、正名。文、字、名三者，以言其差異，則意稍不同，以言其同，則亦或混用之。許慎則解

“依類象形故謂之文，其後形聲相益故謂之字；字者，言孳乳而浸多也”；《古今通論》：“倉頡造書，形立謂之文，聲具謂之字。”①)，從文字學開始，有時又是以文字學的形式呈現出來的。或者可這樣說：中國哲學（或中文哲學），首先是文字學；又可以說是正名學。中國哲學（或中文哲學），乃是不斷地正名，然後不斷地發展。不真正“識字”，很難真正解釋清楚中國古代哲學。故曰：於中國古代哲學，乃當先通小學，後論哲學。

某種意義上，中國文化、中國思論或中國哲學的起點是漢字，是中文，其維繫、存續或擴展的重要依恃或載體也是漢字和中文，其更生惟新進化也仍然要借助漢字、中文及其相應改造來進行。漢字和中文是中國文化最重要的根基與載體，是中國民族與中國文化永續於世的最根本憑藉，乃至根本就是中國和中國文化的化身。

202205131116

理論與常識

討論問題或論題及其論述寫作時，亦有相應的作風②或文風問題。有些論題當然需要知識和理論的積累和參與，但同時也有許多問題或論題，本來就並不複雜，衹要根據基本常識和邏輯進行討論，運用平易的基本語言進行敘述，就可以論述得很清楚。但現

① 參見：《康熙字典》“文”條。

② 創作之風格。

在的所謂學術風氣，卻都喜歡動輒引用西人言論或理論。其實有時是不敢自主思考，不敢相信自己（的理性、智慧和分析能力），所以扯虎皮做大旗。不是說不可以引用他人觀點，而是必要時才引用，如果明明按照常識就可以說清楚的問題，為何要扯一些生硬不通、食洋不化的外國術語或理論呢。那些術語一摻雜進來，感覺其文章都不像是用漢語或中文寫作的。

西方學術不斷地創造術語、概念、理論，有些是有其一定理論價值的，有些祇是權宜之計，或為了方便對於一時一事的分析或闡述。但我們對於所有這些概念、術語或理論都不必過於拘泥，尤其不要把概念、術語、理論等當成事實本身，那將會造成對於不同事實、情形的遮蔽和扭曲，有時又會造成自我淪落為文化帝國主義、文化殖民主義或文化霸權的目標對象，或承受相應的實在後果或惡果。

在討論和研究時，一切都應根據於事實或實情。時下有些研究論文對於一些名人之言論或某些名語的引用，許多其實也是沒有多少必要的。文字論述的價值不在於是誰說的，也不在於所說所寫的文字論述的精巧，而在於是否能說明或解釋不同的事實。作為旨在求真且相信自己理性和智慧的研究者，要敢於自己思考和自己言說，敢於根據自己對於事實的收集，運用自己的常識和頭腦來進行獨立的思考判斷；而不要有任何權威觀念，也不要被任何權威所嚇倒，即使任何人振振有詞，或者利用各種言辭來打擊你的自信，都不必在意，你始終要相信自己的常識和判斷。

一個題外話：在既有的國際競爭大環境下，祇有科技創新才能創造更豐富的新產品，然後創造出更多的就業機會，更高的利潤水平和相應的更高的人民生活水準——當然，也可能造成更多的資源消耗或浪費。

202205131116

中國文明之柔情

法家之苛刻酷忍固無論;其實儒家亦重於方直剛強一路。其雖亦曰仁德感化、至誠動人、神化無跡、溫柔敦厚,但每皆以必要之基本法度或義理為前提或基礎,必也凜然不可犯。儒家每強調其大中、正中之道,強調義禮節度,人人當奉守,乃能得正命,此即儒家之剛正不苟處,亦曰是正是好,而固然無可非議。且儒家亦重情,其情也,亦可謂有極篤厚深沉者,乃至雖殞身而不恤不辭,如古之忠孝信義友之深情義舉,每有義薄雲天而令人動容、可歌可泣者。然其情也,亦曰主"義",是義情,道義之情,仍多有其重於——乃至"偏"於(雖然此一"偏"字亦有厚誣苛責處)——剛正之一面,比如捨生取義,比如"萬人吾往"("自反而縮,雖千萬人,吾往矣"),比如為大義大道而或隱忍自苦等,皆可謂剛毅強矯,亦可敬,亦必當有,然後其人其民其國乃可立,乃曰是道義之民與國。而事實上,此種道義及其義情義勇,在許多時代亦顯出其元氣淋漓、威風凜凜、圭角崢嶸、傲岸挺拔之氣象,感奮人心。

然吾今亦頗注意於另一種情,不是義情,乃是柔情(或良情),一種純粹的柔情,那種感化人心的純粹的溫柔(儒家的仁情或可與此相通,但正如上述,儒家還強調義節,而以仁義並行,故其仁情每置於義禮之下,或以義禮矩制其仁情)。此種情,不是首先和一切從義(正義,今亦尤其強調正其義,今之所謂"正當性分析")從理從禮出發的情,不是先義、理、禮而後情,乃是柔情在先。準確地說,也不是什麼情、義先後的問題，而是柔情為本，用今天的話來說，或乃是柔情本體——當然不是當下所謂學界通常所言的"情本體"；或者，更準確地說，也不是什麼柔情本體，而是從本真的內在的柔情或溫柔出發的一種心靈傾向，或本性、天性，而不是從正義、道理、禮節或理性（無論是什麼意義上的理性）出發的一種心靈傾向，後者永遠要先辨明道理、是非、禮法、利害等，正如儒家一樣，必先權之以道義、道理或禮法，或今人所云之正義、公正等。

可是，那種柔情或溫柔，本身卻並非出自道義或正義，並非是第二位的情感，乃是今之所謂情意直覺、情意本能（孟子所說的良知良能固然有柔情的成分，或並未排斥從柔情層面的立論，但其最終落實的，似仍是以一種先秦人所體認的"道、義"來節制安置其情，變成一種義情）。但這種柔情或溫柔，卻常常被道義、道理、禮節或理性等所遮蔽，有些或即是通常所謂的"理障"——無論是道理還是智理乃至理性本身——，以及"義勝於情"或"義禮對於情意的壓抑"。

儒家文化似亦可補上此一環。但此一補充，卻須同時摒棄儒家思論文化中顯而易見的一些有問題的因素，不然便很難獲得那種對於所有人本身的通達的內在柔情……佛教，尤其是大乘佛教，從其義理本身而言，裏面有一些這樣的普遍的柔情或溫柔（但從其在中國的實際展演，無論是方外還是方內，又或都受到儒家某些思論文化因素的影響）。但佛教畢竟是出世的宗教。所以我們仍然寄希望於儒家文化更多地展現和發揚人心中的內在自然柔情，然後那種柔情或溫柔本身，仍可和世間或人類心靈中的內在溫柔相通，或激發、感染、軟化之……所謂的"軟化"，就是其心靈和情意也變得溫柔了。

……

如何看待或處理儒家的"仁"? 或許,仁不應該被視為道、德、義、理、禮等,而當視為情,當然,仁也不是今之所謂情緒或情慾,而是一種更為深沉的對於人的同情相愛的內在穩定情意狀態,一種柔情或溫柔①。

又當如何看待佛教的慈悲或悲心呢?

道家與儒家乃是同源異流,實則道家之道與情,亦頗剛強。更勿論黃老道了。

在這種固有本土文化影響下,中國歷史上,是否多有此種柔情或溫柔呢? 古代的經史子集中,能否看到這樣的內在柔情或溫柔呢? 也許,雖然或多或少可能都染上了儒家義情(或儒道法等)的一些因素或印痕,在歷史上,仍然不乏這樣的世間的柔情,或相對更為純粹的溫柔,尤其是在某些群體中也許更多展現②。可是,這些都很少被詳細地記錄下來,以形成為一種傳統,更沒有在作為主流文化的經書中著重渲染。既有的文字或文章,似乎並不能濃墨重彩地展現這種柔情或溫柔的細節,和由此而來的對於這種溫柔的靈悟感通與習得。儒家講的許多心性修養工夫,仍然多和義理道德修養相關。雖然尤其是明代以來,有些文人,亦頗多談情,談同情等,但基本上也難以完全脫離儒家義理或義情的框架。——

① 一種內在的仁善溫柔之情意。

② 如文人詩詞或民間生情文學中頗多此類。此處且舉唐代韋應物之《送楊氏女》,而稍窺一斑,蓋此詩雖有內在溫柔情意之自然流露,而仍強調當以義禮節之,讀者可細味之。《送楊氏女》:永日方戚戚,出行複悠悠。女子今有行,大江溯輕舟。爾輩苦無恃,撫念益慈柔。幼為長所育,兩別泣不休。對此結中腸,義往難複留。自小闕內訓,事姑貽我憂。賴茲托令門,仁恤庶無尤。貧儉誠所尚,資從豈待周。孝恭遵婦道,容止順其猷。別離在今晨,見爾當何秋? 居閑始自遣,臨感複難收。歸來視幼女,零淚緣纓流。

當然,以上這些論述,大體是印象所及的信口開河,並未去一一稽考尋繹,而是強調某種思論關注。

傳統經史之本意與重心既不在此①,傳統文集或詩詞曲賦文章小說中又如何呢?也許,所謂的現代(狹義生情)文學,於此亦可有所建樹。所謂"作新民",其實就是賦予一種新習俗文化而已。如果今天多一些描繪此種內在自然柔情或溫柔的作品,不斷積累,慢慢或亦可形成一種新的文化資源或文化傳統。今人未必接受所謂的"新經學"的說法,但卻可以試圖在新的文化共識的構建方面,將此種純粹的柔情或溫柔,闡述之,發衍之,而納入之。亦可謂現代社會的情感教育;如果是通過文學或詩詞,亦可謂現代社會的詩教——這可為現代狹義生情文學的重要功能之一。但首先,現代學者或有識之士要有這樣的意識或覺悟,其次,要有這樣的作品的大量湧現。所謂的文學作者或作家,可以為之;思論文化學者,又何嘗不可於此有所作為?其體式,亦不必盡如古代之《詩經》、《禮記》、《儀禮》、《樂經》等,然固亦可或借鑒之,而又有創新也。在乎其人之心與志,亦在乎其人之願力與才華。

我並未對此種柔情或溫柔下一定義。其實我強調的是一種對於人本身的普遍同情或仁愛之情,在對於所有人的平等自由權利的尊重的基礎上,對於人的孤獨、脆弱、痛苦等的同情和仁愛的理解。

其實以上文字乃是於我昨晚看電影《hours》時的一些觸發感悟。至少從這部電影中(而電影內容本質上是虛幻的、名理式的,甚至可能帶有某種宣傳性,並不能等同於西方社會現實本身),導演或作者試圖或希望告訴或傳達給觀眾一個印象或期待,即西方

① 所謂"詩教",也仍然十分重視義禮之教。

基督教文化裏面似乎能夠發展出這樣的一種對於人本身的普遍的柔情或純粹的溫柔。(當然,《十日談》、《老實人》、《巴黎聖母院》、《紅與黑》等作品也早就揭示了西方宗教現實的另一面。)與此同時,作為中國人,我們意識到中國古代的儒家天道義禮文化乃至等級制儒家文化往往更為強調節義禮法,一方面通過正中道義禮法來安置人的情意,另一方面或同時在一定程度上遮蔽、抑制了這種對於人本身的普遍的柔情、同情或溫柔之情——當然,有時也在一定程度上遮蔽了那種活潑潑地、自然生動的情感和情感表達。所以我們希望新儒家文化在繼續強調和發揮中國道義文化和剛健有為的文化的優勢的同時,也能發揚和激發人心中的這種普遍內在的自然溫柔情意,形成既剛健清新、道義凜然而又溫柔慈良、情意自然的美好文化人格。

202205180214

天道公平

或曰:有一種是不可知的命運,有一種是不可知的公平;或曰天平、聖平,或曰天道、聖心;皆似若神化,似無跡可循,而人皆不知。然不知不覺之間,而人受其庇蔭節制。受其庇蔭而不必謝,受其節制罰命而似無所怨,或雖怨而實不可怨,佛教解之為所謂宿業陰功。實則天道、天命、天平皆的的自在而已。

天道、聖心似難知覺,以其大公,非所以市恩市名也,故無所文飾,亦無所故彰。而凡人則習見彣彰而後覺,故世間每多偽飾,乃至自亦或不知其偽。又凡人每好私情私恩,故好作道德;故作道德者,偽飾也,私心之偽善偽德也。以私心之偽德大行,故人世之惡大行。

終究以人伻自在、不犯不擾為好。所謂尊賢或賢德之說,本或有好意,然若無人伻自在、不犯不擾之本,則其功效,將與等級制之說實無異。偽善蜂起,而樸實拙訥、不事華飾之人,反被目為不德之人。

若夫世道好私,好偽善之私心之德,則大公之天道,俗人反皆斥之……

202205181707

現代詞組是一種幻覺

所謂現代詞組是一種幻覺,每一個準備學習現代漢語中文或進行現代漢語中文寫作的人,首先都應該明了這一點,應該破除對於所謂既有現代詞組的迷信。如果有志成為一個漢語中文寫作者或現代漢語中文寫作者,你首先要做的,就是從漢字本身來使用漢字,一個一個漢字地推敲,進行相應之中文寫作,而不是偷懶地使用現成的所謂現代漢語詞組。所有既成的詞組搭配都可以重新打散,重新洗牌,重組新構。不要迷信所謂的約定俗成。你如果是一個有著文字潔癖的人,或一個有著自己的文字理念或文字尊嚴的人,那麼,你就要重新審視你使用的每一個漢字,以及你使用每一個漢字的方式。你可以有你自己獨特的用字風格和文辭風格,乃至創造一些獨特的詞彙。

固然,現代漢語或現代中文是由現代人在繼承古代漢語漢文和民間漢語漢文的基礎上所創造或改造的,在這過程中,許多學者、作家、民眾都發揮過其聰明才智和創造性;但這並不是說現代漢語、中文就是完美的,就是凜然不可冒犯的,或就意味著現代漢語、中文存在著一個絕對的標準或規範。不，恰恰相反，現代漢語和現代中文仍然乃至始終將處於繼續探索、進化和優化的過程中。對此，現代有志之士所要做的——如果你有這種心志和才華——，就是繼續在理論上和實踐上重審、重塑和優化現代漢語和現代中文。當然，這也並不意味著你一定要拋棄既有的現代漢語和現代中文的一切，那自然也是不可能的。

總之，既有的所謂現代漢語或現代中文，是經過長期的過程慢慢形塑而成，尤其是二十世紀初以來對於所謂白話文的有意的提倡和實踐，更為影響巨大，其間之經驗教訓亦多，仍需進一步總結和發展。質言之，所謂的現代漢語或現代中文並非是成熟的或完成的，而仍將處於進一步探索、調整和優化過程之中。

202205182131

用漢語古文或文言文譯述西方哲學

一個論題：用漢語古文或文言文能表達西方哲學概念、哲學思論或思論文化嗎？

對此，嚴復固然是有所嘗試，筆者亦頗為欣賞嚴復的譯介方式。其實，中外或中西，在近代理技工業革命之前——乃至之後亦有其然者[①]——，器物方面固多相同者，而思論文化方面亦不乏相

---

① 如康德之美德倫理學（德福相應）在一定程度上乃與儒家相通（《尚書》頗多此說，吾於《中庸廣辭》中亦有所分說）。當然，一般而言，儒家並未賦予民之道德主體性，而往往視民為教化、治理的對象，這是與康德之美德倫理學之本質區別，雖然，與此同時，對於有志自修上進道德的士君子而言，似亦不能簡單斷言儒家並未賦予其道德主體性。

通者，古人用文言文也未必不能譯述得很明白。但對於與漢語傳統思論文化相異的部分，比如各種抽象概念，尤其是西方哲學中有關邏輯學、認識論或知識論、本體論等方面的抽象概念，又尤其是西方科學興起後的各種物理、科技或其他抽象名理概念，如何用漢字或古文表達出來，大概並非易事，既有的譯介實踐也可以證明這一點。近現代乃至明初以來，無論是西方傳教士或中國的本土學人，在翻譯西學時，都做過許多有益的探索和嘗試，積累了一些很好的經驗，包括徑用古字古文來譯述西學；但"五四"新文化運動倡導所謂白話文並蔚為大觀和主流以後，在西學翻譯上，亦漸漸傾向於用所謂的現代漢語詞組來表達這些概念，希望通過這種方式來表明其是一個新詞或新概念，並在此過程中，僅僅在這些現代漢語詞組中，將原本每字有義或"自涵造字理據"、自涵人文經驗理性的漢字，幾乎變成了一種純粹的符號，而在相當程度上取消或暫時懸置不用其基於造字法度、理據而來的漢字本意（包括本義與引申義等）。這樣的詞語越多，古代漢語或古代漢文、中文本來或既有的字法、文法，就越多違反或破壞——有些人則聲言創造了一種新的現代漢語語法或現代中文文法。

從詞源學或字源學的角度來看，漢字當然首先有其象意或形意，比如象形字，在此基礎上又有會意、指事、形聲，凡四種造字法。一般而言，這些字都可以追溯其造字理據，基於此種造字理據而來之字義，乃曰本義；至於轉註與假借則為用字法，非曰造字理據，乃曰用字理據，亦有一定規律可循。其後意義演化，用法多樣，乃有多種引申義、比喻義等，而一些抽象概念、虛詞亦漸次產生；有些漢字或慢慢消滅其象意或本義，成為專用抽象概念或虛詞，或兼存實詞與虛詞之意義，但無論何種情形，從字源學或漢語語言學上仍可追溯其意義演化之蹤跡。

我在這裏想表達的意思是:根據詞源學或字源學或字義演化規律可知,其實單個漢字同樣可以表達抽象概念,正如古代中國哲學的許多抽象概念本來就是用單字來表達的一樣。如果把用以表達一個抽象概念或一個意義的文字或漢字視為一種符號,那無論是單字還是多音節字都是沒問題的,都衹是一種強制約定。而根據上述漢字詞源學的分析,即使使用一個與此抽象概念具有某種意義關聯(從語言哲學的角度來看,一個抽象概念或意義,和客觀事物沒有任何本質上的關聯,如果有所謂客觀事物的話,而僅僅衹是一種指涉關係)的象意漢字,同樣也是可以的。另外,我們還可以嘗試造新字,即新漢字,並且嘗試"四書"或"六書"理論之外的新的造字法,以此新造漢字來表達包括西方哲學概念等在內的一些新的概念、意義或名理,不必拘泥和株守古代六書理論。這也是漢字更新和漢語思論文化更新的一種方式,當代中國學人完全可以發揮創造精神,成為新時代的"倉頡"。

所謂現代漢語或現代中文,之所以採取詞組的方式來翻譯外國或西方思論文化概念或哲學概念等,一方面固然是要和既有的漢字"本義"進行區分,另一方面也是因為漢字同音字太多,以及漢語音節數量和字音數量相對有限的困境,再一方面則是基於口語上的音響效果、語音區分效度和口語習慣等的考慮。不過我覺得這些都可以結合上一段提及的思路來嘗試進行創造性的解決,比如重用不常用的偏僻古字,造新字,增加聲調(比如粵語有九個聲調,閩南語有十三個聲調等),增加聲母(比如復音聲母)、韻母,以及文言與口語、白話並行等方式。限於時間,茲乃略開端緒而已。

其實,即使是外國語言或西方諸語種中的抽象(哲學)概念,亦有許多是由其他名詞或概念慢慢演變而來,從而賦予了抽象意義,並且這種抽象意義也在不斷演變。從語言哲學的某個思路來說，所有的語言文字中的詞、意義都是抽象概念，其和文字或符號的關係都是一種強制約定關係，就此而言，無論是單音節還是雙音節、多音節都沒什麼本質區別，衹是因為不可能有那麼多的單音節來表示理論上無數的意義或概念，所以許多語種才會採取多音節或長單詞來表達一些意義或概念。前文已述，漢字從其起源和本質上來說是一種象意字，即一種具有經驗理性或人文理性的自帶造字理據的象意字，這首先是其一種特點和優點，但在如何表達數量龐大的抽象概念或抽象意義方面，漢字漢語亦可以有其新的進展——然而未必要採取既有的現代漢語或現代中文的那種組字成詞組的進路，而完全可以思考和嘗試其他可能的創造性進路。

若干餘論：

所以，所謂的"意義"存在於哪裏呢？答曰未必是存在於文字裏——無論是象意字如漢字還是拼音文字——，也未必是存在於字典裏，而是存在於使用此種語言的所有人的頭腦裏，存在於人群中、生活中等；並且隨著這些人和生活的變化而變化，故這些概念或意義既有一定穩定性，或固定性，又有變動性（甚至所謂的科技概念或科學原理概念亦是如此）。但如果沒有了使用這種語言的人群和生活，則皮之不存而毛將焉附，那這種語言裏的概念和意義就簡直可以說跡近消亡了，甚至連這種語言文字本身亦可以說是消亡了。而這與承載其概念和意義的語言文字是否為單音節或多音節等並無必然關係。

當我們批評古代漢語乃至現代漢語很難傳達清楚一些西方哲學概念或抽象概念時，別忘記了一點：其實在外國語或西方語言中，其哲學概念或抽象概念也並不是根據其符號就可以自明的，也並不是所有使用外語或西方語言的普通人都可以一眼就看得懂、理解得了其涵義，對他們而言，其實許多詞語同樣需要作出詳細描述才能完全明白其內涵；或者，僅僅是因為對於那種語言和詞彙的習用，才慢慢使其意義成為使用此種語言的人的大致共識，而成為可以理解的。當然，我也承認，許多歐洲語言或拼音文字在語法方面有其更為精密嚴格的一些特點，便於思論或思考，尤其是有利於達成抽象思考的相對清晰性和精確性，這也是現代漢語所需要考慮借鑒內化的。

並且，如果讓西方人來翻譯中國哲學的一些概念或範疇，恐怕也很難找到完全對應的詞，而往往衹能音譯，然後藉助可能的詳細描述、解釋或習用，才有可能被吸納為或內化為西方語言中的詞彙，或納入西方思論文化系統中。當然，就此而言，拼音文字有其某種優勢，因為它們衹需要通過記音的方式來強制規定其詞義。

我想，或我的願望之一是，嘗試建構和使用一種創造性的新的現代漢語或現代中文，來表達古今思論文化，使此種現代漢語或現代中文既不失古代漢語或古代中文本有的優點和美感，又能增加其新的特點和功能。姑妄言之，亦不贅。

202205210913

"說錯話"、"觀點不成熟"：表達自由與思論寬容

我對許多論題都不敢自足其智，亦不會固執己見，更不會強人所難，不會奢求人人都認可自己的觀點[①]，因為日益發現自己的思

① 反而會隨時準備根據新的材料和思路等，擴展修正既有的思論。當然，思考本身應是認真誠懇的。

論其實也在不斷變化，和十年前相比，現在的許多想法或思論，既有某些一以貫之的方面，也有許多調整或改變，並且繼續處於不斷調整或進展的過程中。也許就個體思論而言，到七十歲時才會更為成熟，相對更能接近理解人生和歷史的整體面相，但也未必然，因為如果活到九十歲，說不準其視野和見識還會續有深化或變化。人的智識，人對世界、生活、人生的理解等，不可能一下子就很成熟，但也不能說等完全成熟了才來寫作或生活，因為思論和智識在某種意義上是永無止境的。謙虛是好的，但早日貢獻自己的思論智慧於社會，或能有所裨益，或能有所質正，也是好的。感覺現在自己也多了一些表達的意願。

就此而言，對於人們的語言表達、思論表達和學術著作等，都應該持寬容態度，因為他們會有一時考慮不周的地方，會有思論的變遷，故亦不必急於下定論。質言之，可以批評質正，然亦不必苛責。

202205210913

一義造一字？

不必為所有的事物或意義都創造一個獨特的字或詞，首先是你無法為所有的意義都創造一個獨特的字或詞；其次也無必要，或不可如此，因為會加重人的認知記憶負擔；第三，重要的是，採取一些有規律的造字法、造詞法和文法，可以使得代表事物或意義的文字或詞語形成一個相互關聯的意義系統或文語系統，從而更好地反映事物系統或系統世界本身，而不是毫無關聯的雜亂紛紜的文字、詞語及其所代表的意義和事物世界的無序呈現。就第三者而言，無論是漢字的“四書”造字法或“六書”理論，以及現代漢語的組詞法和相應文法、語法，還是拼音文字或屈折語的“內部屈折”如前綴後綴、變形等，以及相應的文法或語法，其一個主觀的目的或客觀的後果，都是將所有文字、詞語、語言及其代表的事物、意義或世界構成為一個有關聯的有序整體世界，便於人類的認知、利用和存身生活其中。一種文字語言系統就是一個世界，包括自然萬物世界、生活世界、心靈世界和名理世界等；或是對內外世界的一種系統認知和文語安排等。而偉大的作家和思論家甚至嘗試構造個人的文語世界，或通過自己對文字、詞語、語言等的特殊使用，而建構出自己特有的璀璨世界：文字、語言、事物、意義、名理、道義、美、善、理等的獨特世界。這是很好或很有趣的事情。

或曰：古漢語雖主要為“綜合語”，但漢語亦漸有一定“分析語”之特色，即以詞綴方式來構詞，如“老”：老師、老兵、老生、老調等，如“家”：大家、專家、作家、美食家等，如“非”，非武力、非暴力、非人、非自然、非天然、非轉基因、非人力等，如“性”，可行性、實用性、美觀性等……

202205212225

“盡在不言中”的文語哲學分析

盡在不言中；無聲勝有聲。此非謂其為誕妄荒唐乃至詐佞之言，猶今之所謂“庸俗厚黑學”之話術然。其奧秘乃存乎漢語或中文自身。漢語及中文，其所謂意義或象意亦皆寬和疏朗，不咄咄逼人，非是以絕對名理意義、抽象概念來束縛、規訓、征服人心，乃是形象比類申喻的和婉、疏朗、宛轉，乃有更大心靈想象迴旋空間，故乃有靈悟之空間,而不是名理概念的銳利、堅硬與咄咄逼人。所謂的“不言”,就是不以文字、名理、語言或一端數端之是等來代替事物之萬端乃至整全事物本身,而是用全部的感官和心靈去直接感知領悟事物的全貌和全體,與物宛轉,前後左右乃至多端萬端地反復打量、體認其整全性或整體存在。故曰:言則不盡;欲盡其物,先當不言。聽一聲而妨萬籟、萬端或全息之存在,故欲知天籟,則無聲勝有聲也。

現代哲學的抽象概念太多,每每以一端數端之是概一物之全,乃至以一端數端之是概相關聯物之聯動之全,則反而可能扭曲、遮蔽各種事物的本真、本相或本在,也不美,沒有為心靈留下想象迴旋空間。

西方學者喜歡創造概念和理論,有些邏輯概念當然有其價值,但應該將其當做邏輯概念本身來使用,如同使用介詞一樣,且亦不可濫用。對於其他所謂學術概念或理論命題,不可輕易簡單照搬濫用。實際上,在對具體事物進行分析時,反而要盡量減少直接借用他人的概念與理論,或消解外來概念與理論的絕對性、權威性,而替換採用描述性詞語或論述。而不是簡單化地套用外來或外在概念和理論。

許多人喜歡運用各種概念、術語或理論,有時是趕時髦,或者是亂用或濫用,甚至是故意亂用和濫用。其實這樣的亂用或濫用,在很多時候對於理解和分析具體事物反而起到反作用,即不但不能很好地說明事物,反而扭曲和遮蔽了事物的本相和真相。因為概念和理論本質上都是抽象物,和具體事物必然有所不同。不如換用描述,比如所謂的詳細描述法。

許多中國學者已經不能使用優美漢語或中文表達自己的思論

了。他們的所謂論文中,往往充斥著諸如所謂主體、客體、主觀、客觀、唯心、唯物、主義之類的詞彙,重複堆砌,陳陳相因,即使從文章學的角度而論,也違背古代文家在一篇文章中盡量避免過多重複詞語的文法,顯得啰嗦繁冗。況且,從哲學討論或名理討論的角度而論,如果一篇文章或論文裏面充斥了這樣的詞語①,那麼,其既不可能是好的哲學,也不可能是好的思論。

此外,當代有些學者寫論文、演講,通篇引用分析外國學者的觀點,通篇是這個說、那個說,最後自己不用說了,或自己根本說不出什麼東西來。他們所使用的一些詞語或術語,也往往是所謂現代漢語式的詰屈聱牙,看似高深莫測,實在是晦澀堆砌。

根本原因之一,或此種現象所體現出來的癥結之一,是中國學術界或有些中國學者的自我"被殖民"或"被殖入"、"被灌殖",自我依附灌輸,自我矮化,自我放棄獨立思考或本位思考……

"五四"新文化運動固然有其偉大之正面意義,自不可抹殺②,但與此同時,一定程度上,現代以來,或"五四"新文化運動以來,所謂的現代漢語、現代中文和現代漢語中文思論、漢語中文哲學、漢語中文學術,已經日益"被殖民化"或"被灌殖化"了,比如各種比喻意義上的語言"殖民"、思論"殖民"、哲學"殖民"等。種種外來"灌殖"的日益深化,就有可能導致本土學者不再勇於獨立思考和創造,不再葆有自己的尊嚴和人格,自己的理性與自信,從而一味追鶩、追捧、仰視、膜拜外國學者及其學說,自願依附於其思論籠罩之

---

① 其他一些詞語或術語,乍一看,亦覺頗為怪異難解,比如所謂的"深描"、"超克"、"吊詭"、"張力"、"內捲"等。

② 五四新文化運動有其重心或偏重。其實思論文化之變革乃從晚清開始;又有太平天國之種族革命(明末清初之王夫之等特重夷夏之辨),然後是辛亥之政治思論革命等。

下。尤其當警惕的是大學學者的自我矮化，祇會在西方各流學者中譯來譯去，引來引去，唱來和去，不敢獨立思考，不敢提出自己的論題和思論，自己的議程設置，自己的理解、解釋和解答，自己的學說，自己的獨創解決方案。這和中學的大量做題，科技界的一味追逐外國科技潮流、商界一味山寨外國產品等，流俗追逐所謂西式生活習慣的皮毛，其實並無兩樣。這是很可讓人憂慮的嚴重問題。

一定要敢於興作，敢於獨自興作，不憚一時之流俗。

或曰：我有自己的哲學了。這很好。我有自己的文語理念，乃至有自己的字法、文法、詞彙、語言和語法了，這也很好。

你的哲學的基點在哪裏？哲學當然要用文語或語言來表達，故要有自己的文語或語言，這點不用說。至於**哲學的基點，或在天道，或在仁，或在情，或在美，或在理，或在逍遙（今曰自由），皆可謂是。**

202205241312

漢文漢語為優美而多餘裕之文語

讀書作文身勞神倦時，或將聽舞曲而隨之翩翩，或效伶人舞而作動屈伸霍霍，然其手舞足蹈之下，初或每有機械僵硬者。所謂機械，非謂不知舞蹈法度，乃曰不能逍遙適宜自然，而過於拘謹也。若曰：或有舞而拊掌合律者，雖曰合節，而乍至乍止，似機械然（今曰機器人之舞蹈情狀，其動作線路，直直方方，截截斷斷；而人之舞蹈乃曲線柔和，有美好在焉），無餘勢逶迤，無餘裕餘韻，猶高歌壯嘯、低吟淺唱，而無餘音裊裊者然。而舞或移時，待其或陶然乎其中而忘情乎其外，其心自在無執，此後乃可優入妙域，拊掌合律而自繇，為靈人之舞，而自然舒暢也。蓋機械無心人有心，機械但循物理節度，一板一眼，亦步亦趨，人心則氣韻水乳，神靈逍遙，故其動蹈也曰靈動柔舒，疾徐囂囂，而樂在其中，美亦在其中也。舞蹈非無法度，一如音律；然舞者其有心靈人也，心本逍遙自繇，雖亦循其法度，乃能從心所欲不逾矩也。機械之舞，吾人乍驚見之，未必或不無一時心喜，然終必尤愛斯人舞蹈之靈動逍遙有韻裕也。此無他，內有性靈故也。

古代漢語中文亦如是，其象其義其意其文其用，非無法度，而簡妙寬舒，優有餘裕，故人心人情乃能逍遙契合而陶冶沉醉乎其中也。蓋惟其疏朗寬舒，乃能蘊涵廣大深遠；又俾此心、靈、情、意，乃能優遊乎其中，而相與迴旋融會涵悟。若或其文語充塞沉滯，密不透風，略無餘地餘裕，則吾心將何處以逞我逍遙自繇?！若或盡是玄理玄物，與人心人情全無瓜葛，則吾人何以知體此身此世?！漢語中文非不講法度（文法、語法等）也——矧古代漢語中文於文法、語法之外又有字法——，然非以之束縛緊箍羈勒禁錮心靈身物，乃是順故節性自在，發而中和寬舒也。古代漢語中文之文法似頗疏簡，昔日論者每言此或有礙其說理清確，固亦曰然，或當另尋繹說理文體、語體乃至文法等以補之。然自其他用途言之，此疏簡又未必是弊病，乃亦可是其良好，而人心自可逍遙優裕往來乎其中，不以文害意害情，而語、意互融合，語、情相協合；乃至不必以理遮事蔽實，以理羈心錮情，所謂理障、理執以害情實也。則有所謂"意會"、"悟會冥通"、"意在文外"、"文有盡而意無窮"、"無語處有意"、"無聲勝有聲"、"盡在不言中"等之妙（妙意妙悟），皆在於此種象意漢語中文本身，乃是心語靈語韻語情語好（美）語好文也。用此漢語中文而文之言之，固非機械之文、語與言可比。機械之文、語、言,或不無嚴確,亦或刻板無韻致餘裕;或是理語,然非心語情語妙語好文也。

作者讀者,以文會友,亦曰如是。漢字漢語中文者,文以傳情、意、義,而或不必盡情、意、義,以情、意、義本來難以文盡,而或在乎其心,或自在也。文義有其定確者,所謂假定(今或曰意義都是抽象意義,或人造虛假意義),如此人乃能藉以相與互通,傳意寫情;然亦有其不定且不必定者,所謂本相不可言詮,如此乃有餘蘊餘裕,可使人自味自悟自得之(今曰"召喚結構"、"溝通理性"、"非灌輸而自悟"、"參與學習或主動學習"、"發揮主動想象空間"云云),得其不可言詮之本真,非得其虛假之字與象,而又無咄咄逼人、強詞奪人之患,所謂不拘泥執著,不以義、理害意、真。故乃曰得魚忘筌、得意忘象(文)而已,而文字,則徒筌蹄耳。(觀物取象成文,而後用此文,則)觀象(文、字)取意,意在象(字)內,又在象(字)外,吾人據其象而求其義,據其義而悟其真意,而忘其字、文、語、義,然後悟會神交,通達其情、意,已然自足,而不必執泥於象、字、文、語、義、理等也。故曰各適而妙悟,又曰意會神通。於繪事則曰留白、計白當黑云云,事例雖異,其理則一。若夫義、理密實而略無餘蘊,或拘泥玄理假物(今曰抽象概念、抽象物)而遮物蔽真,或無涉人心人世,於論虛義玄理(包括物理或純粹虛理,今曰純粹抽象物或理)或可或必,以通心靈情意則或反窒礙而不通也。

謂悟會者,亦非謂不可切磋、討論、質正,然不必以理遮情蔽物,蓋"本真之樹常青,而虛理假相常灰",乃或晦蔽其物情真相也。且人世萬事,果有唯一孤立之真相真理邪?必欲定義定理而孤立固執,或則虛假之義、理(今曰邏輯演繹),未必物事之情實,尤不是物事存在本身;或以虛假孤執之定義定理,而必曲替窒蔽其多相交雜之本真,不亦或酷刻多患乎?!非不可有定義定理之語、言,又非不當求理，於理，固當求之確之，以淑世善生；乃至物理玄理假物，亦可精之確之，以作物理工器，利用厚生。然以言心靈情意，則人之身心，固不必拘於物，猶不必泥於理也。

吾嚮亦窮究長思，冀俾漢語中文有加於嚴確精密（或有資於分析語言、邏輯語言、數理語言等，又可借鑒其他語種語法之優點云云），今猶如是；然吾亦知漢語中文本身之妙好，而尤思其或兩全之策。……

……實則武術、身技（今曰體育運動、競技體育等）亦如是，初學或則僵硬拘泥，一板一眼，衹見得法度，未見得瀟灑；嫻習純熟後，則動作舒展自然，靈動暢達，一舉一動，處處合乎法度，而又處處不拘泥法度，乃亦曰從心所欲不逾矩而已，安而美，則亦是靈性逍遙自在故也。故曰：逍遙自繇乎中道法度之中，乃為安為美。

202205241625

單觀與合觀；對打與亂打

用最好的漢語中文寫最好的現代漢語中文學術、哲學等。

尋繹更為合理合適之現代漢語中文，以寫現代漢語中文學術。

我現在聽演唱歌曲時，有時更加關注演唱者的音色本身，而不會被其他伴奏樂器的聲音所干擾影響，能夠在種種伴奏音樂之中，聽其本真的人聲嗓音，當然也包括其演唱技巧，舉凡輕重疾徐、開合呼吸、轉折收放、顫延爆破、氣力厚薄、虛實真假（真聲、假聲），乃至唇舌喉鼻咽腦胸腹之動止配合，或皆能聽而有所知，亦曰聲音感受力更為精微，然後如實評騭其演唱之表現或水準。當然，也能將人聲與樂聲結合起來聽。

少年時聽歌唱歌，大概都並未特別注意其聲音之微細處，甚至也不大推敲其歌詞，衹是粗粗覺得旋律優美，或感受到音樂的整體情意氛圍，而傳唱喜歡而已，此是聽歌。而其時一己之唱歌，固然是少年音色瀏亮朗脆，似乎也無須關注音色。

其時亦喜看江湖義士武人行俠仗義之武術電影，尤喜其武術動作優美者，然其後觀之，亦能一人一人來看，看其動作之合理性，便知電影武術都是假的。因為明顯看出其拳腳全不合理。

202205241625

論“生命力”

（一）“生命力”

關於“**生命力**”的討論：第一，生命力的來源問題：可分為氣質性來源與精神性來源，前者天生而自然長養，後者乃有後天之培育。第二，生命力的定向或發用問題：此亦可有兩說，其一曰自在自繇發展，不必有任何定向；其二曰：雖然“超功利”，然仍是“有所定，有所不定；有所向，又有所不向”，“其定其向”在於其行用之正，而遵循天道正道（孟子等儒家所謂“正命”），其“所不定不向”則在於其“逍遙性”、“自由性”或“超功利性”，蓋雖曰其心逍遙或其“生命力”本身或“超功利”，而其發之效果則有客觀之功利作用，而將能抵禦對於個體“自由本質”或“逍遙本性”與“超功利性”等的內外之奴役壓迫。第三，生命力的培養或定向培養問題：此即精神性的生命力的培養問題，因為氣質性生命力乃是隨天地之氣與後天攝入之食物營養自然生長，精神性的生命力卻需有文化教育的長期熏陶濡染，所以還不僅僅是提倡氣質性生命力的問題，進一步要提出培養精神性生命力的文本與教化問題，比如美學文本、文學文本、思論文本、哲學文本、經學文本或教育文本等，這一工作需要長久創造積累，亦不容易。第四，生命力的展現問題：或可以"**命＋馨**"的方式來展現，"命"即正命，遵循天道之正中而行其正命，此為生命力之存在前提，但亦可視為最低標準，亦即尊重他人的尊嚴和基本權利，同時又遵守今天所謂的基本法律要求；然後又有"馨"，則是"生命力"自由發揮展演的廣闊空間，亦即"生命力"的不受束縛的逍遙本性、自由本質、超功利性的展演的廣闊天地。這種生命力是自我獨立決斷的（所以不是外在強制道德），不是根據外在的任何功利或強制來行動，這就是這種生命力的逍遙本性或自由本質。

論"生、命、力、馨"

（二）"生—命—力—馨"

總說之：

生—命—力—馨：生者，生性天性也[①]；命者，正命天命也；力者，勇力人力也；馨者，香之遠聞者也，逍遙也，乃曰正命之外，盡有馨香之廣大逍遙天地。"生—命—力—馨"，以儒家語言之，則曰"氣—仁—勇—德"。此似尚未言及"智"，然此"德"此"馨"實包括儒家之"德"而又大之，力德可馨，力智亦可馨，乃至力美、力藝、力

① 所謂"生性"，亦可參見拙著《大學廣辭—中庸廣辭》中之相關論述，茲不贅。

情、力其個性等，皆可“馨香廣遠”也。

分說之：

生：天生；又曰時。天生則自然生長；時則順時，如順陰陽，論清濁、寒熱等，惟其順時自然，故自然作息生長，休息養生，自然飲食，反對轉基因食品、生化食品、垃圾食品等。又可結合中醫之哲學觀念。道家、儒家皆與此合。

命：天命，正命；或又曰仁德。此是儒家觀念，又分兩端，其一曰：率循其天命、正命，則曰率循天道，大中、正中之道，中庸之道（此是儒家觀念），伻道[①]，此皆正命，人皆當持守。其二曰：正命之外，又曰知命、上達其命。此又分兩端：或曰福命，順命積德積福，而求得其福命，此有其功利性；或曰儒家之“知天命”而希賢希聖，上進於道，此則不可簡單歸於“功利性”。

關於所謂“伻道”與“上達”的關係，於前者，乃是必然要求或最低要求，人皆當奉守，乃曰“不犯不擾”，即不可犯擾他人，亦不可犯擾於我；於後者，則是一種自由選擇，曰“以眾人或常人律他，而或可自以聖人律己”，乃是一種自主選擇下的自我進取，卻不必律諸所有人，故而一方面並非強制性的（外在道德強制），另一方面又可成為有志者的選項之一（內在德性自繇），從而亦可成為“生命力”

---

① 伻，原音 bēng，今或可借讀為“平” píng，則可謂之曰“人伻”、“人仁”，人之天賦命性、命道、道命皆同也。今曰“平等人權”、“平等人格”、“基本人權”、“基本人道、權利或人際尊重”。《中庸》“旅酬下為上，所以逮賤也”，《論語—學而》所謂“泛愛眾”，《禮記—曲禮》所謂“雖負販者，必有尊也”，即可謂“人伻”，雖卑下者必待之有“伻禮”或“人伻之禮”。

提請注意，《尚書》即有“伻”字，鄭玄解為“使人、遣人”，“伻來以圖，及獻卜”（《尚書—洛誥》，pp592），孔安國傳：“遣使以所卜地圖及獻所卜吉兆，來告成王。”又曰“公既定宅，伻來，來視予卜休恆吉……”（《尚書—洛誥》，pp595），不贅。參見：《尚書正義》。《康熙字典》解“伻”曰：【廣韻】普耕切【集韻】【韻會】悲萌切【正韻】補耕切，音抨。【爾雅・釋詁】使也。又從也。【書・洛誥】伻來以圖及獻卜。又【立政】乃伻我有夏式商受命。【註】使周有此諸夏，用商所受之命也。參見：漢典。今皆不取，而賦予新義。

非功利性地自繇展演的領域之一。

但在“正命”、“正道”、“大中”或“正中”這一點，涉及“道之中或正”的正當性論證的問題，即“何以判斷或論證其中其正”，而避免成為一種專斷的強制，但“道”的正當性論證也牽涉很多難題，茲不贅。

質言之，古代儒家講求道命、義命、正命乃至德命、實命、福命等，不能說不好，但卻需先辨明兩個問題，第一即上文所言：如何正其道、義，即正當性論證問題；第二即正命、中庸常道之命，與“上達之命”的界限問題。古代儒家以幾乎無所不包的禮義和禮儀，想要規定人的全部生活，這種文化安排的用意本身亦是為了提供一種中正、中庸的生活，但同時也有可能壓縮人的其他一些生活追求和精神追求的自由空間。於今而言，則一是要重新調整作為普遍基本要求的“中庸常道”、“一般正命”與作為更高個體追求的“上達”之間的關係，以為“自繇自擇”部分留下更多的空間，所以我提出“人伻之道”或“人伻之命”，於此“伻道”，凡入世生活，則人皆自律之，亦當以此尊重他人之“伻道之權利”，任何他人或組織不可犯擾之；然後乃既可相與“伻敬”，又可為個體留有更多“自繇自擇”空間；二是要重新定義“上達”，不必將“上達”僅僅化約為人事道德上的德行上達（這點本身也是好的，也是多元選擇之一），其他諸如求智慧、求技藝、求美好、求自繇等而通達之，皆可謂“上達”之多途。

力：人力；又曰勇（儒家“三達德”即“仁智勇”之一）。身力、武術、體育、果敢勇毅等，皆可納入此一“力”中為說。故可曰力命，力德，力功，力道（道言，猶立言。以上三者亦可對應於儒家所謂“三立”），力智慧或力物理（則，數），力才技器藝，力體等。然則力根據其發力之對象或發用之情形，或亦可分為幾種情形：氣力、身力、氣勇，如果敢堅毅；道力，義力、義勇（儒家觀念）——就此而言，則曰以道義率其力，尚義而後尚武尚勇，而後有“無畏布施”等；精神性的超功利的"生命力"。就此三者而言,道力是定向,亦是力之源之一;氣力是行事身力之源之一;無功利性之"生命力"又有更多自繇發揮之逍遙空間。實則三力有其合者,此乃強為分說而已。並且,由本乎"力道"或"上達之道力"所來之"人力"或"生命力",乃可極大。此所謂"上達之道",說是有其功利性也可以,說是沒有其功利性也可以,正如"聖"、"仁"皆未必是簡單的功利性。

馨:馨香,可自得乎己,亦可傳聞至於廣遠,如曰薪火相傳、傳奇等然。馨者香者,火者奇者,皆比喻言之,其對象或實體則可包蘊多方,如曰趣或趣味,智,美,逍遙(自繇),(人間)柔情或溫柔、個性等,皆可謂是。如此則既認可基本德性要求如"伻道"、"伻禮"、"伻命",又認可"希賢希聖"的德行意義上之"上達",也認可其他種種形式之"上達",從而為中國人的生命選擇和生命力的展演,提供了更多自繇選擇空間或舞台。質言之,人生必循其正命及基本"伻道",但基本"伻道"之外,仍有廣大逍遙之天地,亦皆是正命也。

202205260355

"中文哲學"或"漢語哲學"

(三)"中文哲學"或"漢語哲學"

不識漢字,不通漢字,不通中文,則既無以治古代漢語哲學或古代中文哲學(先不論古代中國有無所謂哲學),尤無以治現代漢語哲學或現代中文哲學[1],乃於漢語哲學、中文哲學或中國哲學無所益[2]。或辯解曰:吾治西方哲學或外國哲學,豈需識通漢字?又

① 也包括中文學術乃至中文物理科技之學。

② 同理,不通中文與漢語,亦無以治中文哲學或中國文語哲學。

或辯解曰:吾惟治哲學耳,豈分中西?然吾將難之曰:汝以何文(字)何語治哲學?以漢語中文治哲學,則貢獻裨益於漢語中文學術界,而為漢語哲學、中文哲學或中國哲學,而及於中國與中國人;以西語或外語治哲學,則貢獻裨益於西語哲學或西方哲學(或外國哲學)等,以及西方與西方人等。哲學或(有)相通者,亦有相異而各適者,而文(字)、語則不通。吾國吾民用此文此語,終不可、不能盡棄吾國語、文之本根而群習外國語、文,則汝以外國語文治哲學,於汝國汝民奚益哉?不通中國文語,不以中國文語寫中文哲學,則何如而能將此哲此智此學普及於操持此文此語之吾國吾民?生茲在茲,生我養我,愛茲親茲,又豈忍心因而棄吾國吾民、斯國斯民哉?哲學、智學、智慧智識之學、真理之學、善美之學云云,皆吾人所以斯文斯語而明照化育潤澤吾國吾民者也。愛國愛民豈但以身手窮力哉?亦可亦當援之以道、智、文、語、明、德也。若夫不通其文(字)、語,則何能以其文、語述傳其智(哲)其學?又何能以文、語明之天下?若夫不能以斯語語及天下同胞,不能以斯文行之久遠,則雖有智識哲思,一人二人一時一世有之而已,不能納於漢字漢語中文,則奚益於此世後世之兆民同胞?一身四壑,而又及身及世而絕,於吾國吾民之福祉,竟無半點動靜漣漪,奚益?然則吾愛人類眾生宇宙,則吾將治其哲學、智學、道(包括天道)學乃至物理學;吾愛吾國吾民,吾愛吾父母兄妹朋友,愛吾身,則吾人之治哲學者,必治而納其於吾國斯文斯語與乎漢語中文哲學或中國哲學也(以漢字漢語中文治哲學)。然若不識不通吾國吾民之國文國語(漢字漢語中文),雖欲治之(漢語哲學、中文哲學或中國哲學)而不能也,或扞格不通,或適增迷亂而已。

然則何以通漢字漢語中文,又何以治漢語哲學、中文哲學或中國哲學?吾才識淺陋,不敢赧顏教人,徒以自治言之,則於前者,吾必先以通讀《説文解字》、《説文解字註》二書為最要（所謂最基本之條件），於後者，吾又可先寫《中國文語哲學》或《漢語語言哲學》一書，而又不廢輟其治中外之哲學本身（包括以漢語中文譯介外國哲學，而優擇、新造其漢字，以納入吾國漢語中文哲學之中），此後或同時，又將全面反思而集成改造漢語和中文，俾進優之。玆事體大，非三言兩語所可窮究，暫不細論。

現代或當代漢語哲學界或中文哲學界之名、字、文、語或所謂概念（概詞）、術語（專詞）之混亂不理，及其他諸種痼疾弊端，可謂不少，乃至或有觸目驚心者。漢語中文哲學界，其間或不無其志誠或聰慧者，然以不深通漢字漢語中文故，或於漢語中文哲學、中國文語哲學不能有清醒自覺和認知，或不能意識到以漢語中文納藴智識、學術、文明之意義和必要性，故或亦不能將一己之智思真正裨益內化於其中，即內化涵納於吾字吾文吾語吾學或斯文斯語斯學乃至吾國吾民中也。若不能有效納入固著於漢字漢語中文，則一代一代學人之苦心孤詣、勞心勞力、智識道義學理之自悟自得，或亦可謂有其虚擲浪拋者，不能積累繼長於漢語中文及漢語中文哲學中，則豈不可痛惜長歎哉！

此外，吾必欲漢語中文哲學、學術、文明界尤加注意於漢字漢語中文，又不獨在求吾國吾民文明學術之真與善，又求其美也。古代漢語中文或漢語中文哲學，既有其善者真者在焉，又有其漢語中文之美之雅，乃至易學易解（每字皆有造字理據，或有形象聲音等），此其所以能於古代而聲聞遐邇，乃至於天下四海士民歸心，而遠人向慕歸附自同化也。於中國古代，善道禮義美文（於今而言則或不無不合時宜者），而懷柔遠人，今人所謂文明柔引（文化軟實力）是也（古代亦曰華夏禮樂衣冠、漢官威儀云云）。於今理技工業文明時代，又當思振拔其物理技工器物之學，利用厚生（今曰以人文文明推動高科技之發展，以高科技創造新行業、新產品，增加就業機會，提高收入水平，提高人民生活水平與生活福祉），扞城衛國，尤當思承繼古代漢字漢語中文智識、道學、哲學之優雅（正）者，剔除其或不合時宜者，而優進繼長增高，優化吾文吾語吾道吾學，文明文化吾國吾民乃至天下兆民（此又必將愈加裨益於物理技工之器物之學，相輔相成，相得益彰），而助力助智於我中華民族之偉大復興事業也。

202205260540

“現代好中文”

或曰：對於許多現代中國學者而言，未必是現代中文沒學好，而是因為尚無現代好中文，亦不知何為現代好中文，何以造現代好中文也。“五四”以來逶迤未絕之所謂白話文新潮流乃是權宜之計，乃至其後之試圖規範之，亦仍不乏可商榷者。又有外國哲思、文學之漢譯引介，包括不少自日本引進之所謂日語漢詞或日譯漢詞，其譯語或多弊病，不獨每或減損漢語中文固有之典雅優美簡潔，乃至根本改造或破壞、顛覆漢語中文固有之嚴密字法、詞法、文法、語法等。雖然，於史事時事言，晚清民國以白話文引進傳教新知新理，啟發鼓舞民眾；中華人民共和國以簡字布行政令，教民識字，參與政治，當家做主等，皆有其丕偉洪大之功績，不可抹煞。然此亦或可謂困厄窮苦時之艱苦權宜之計，“尚質”而簡樸，求其實效；於今時勢轉移，國家民眾漸將或臻富庶之時代，則亦將求其文其美（所謂滿足人民群眾日益增長的對於美好生活等的追求，包括美好文化生活和精神生活等），則又當同時“尚文”而文明吾國吾民，俾其文質彬彬，英雅挺立，自信自尊，乃或將天下向慕相敬，而又長我國光國風與民志民氣，或適逢其時也。

……

202205260540

第三部分

自然農業文明與理技工業文明

這確實是可以討論的論題。第一,從宏觀文制或文明形式層面,首先涉及對於自然農業文明與物理技器工業文明這兩種文制形式或文明形式的評價。但評價又可以在不同層面進行,比如生活方式、工作形式、價值觀念、政治制度、可持續發展等層面,並且涉及這些層面是否可以分立評價,而未必是整體進步論的單一觀念或整體觀念,這些都是可以討論的。第二,但與此同時,在已經出現自然農業文明和物理技器工業文明並立的情形下,無論如何看待、評價乃至讚美自然農業文明的"自然性",當其受到物理技器工業文明的擠壓時——這是否是物理技器工業文明的本性,固然尚可商榷,但既有的歷史事實卻似乎證明了這一點,即所謂的物理技器工業"文明"社會對於農業文明社會的擠壓、掠奪乃至殖民主義、帝國主義控制等(當然,另外一種眼光則將其視為文明的擴展),是自然農業文明與理技工業文明並立時代的常態,——往往都無法保持獨善其身、自繇自在的"自然"狀態。第三,但理技或科技如何發展進步,亦可視為一個獨立的論題,尤其是,在中國文化和中國社會中,如何促進理技或科技的發展,這是一個問題;如何看待或控制可能的理技或科技"文明"的弊端,這又是一個問題。既有的古代中國文化強調以道制器,器技為人,這似乎沒錯;但這是否會走向一個極端,導致對於器技物理探求的壓抑,而無法在物理器具之學方面取得進展呢、這是一個很重要的論題。第四,此外,當面臨外在國際競爭的時候,尤其是理技工業國家的競爭,有時還是咄咄逼人的或侵略的,富國強兵、抵禦外來擠壓等的重要性開始凸顯，又凸顯了器技物理的重要性，使得中國的道、器之辯始終處於某種緊張狀態或所謂的張力之中。

202205261920

現代漢語詞組之假象

論虛假之所謂漢語詞組，或詞組之假象：

今人以現代漢語作文時，每或襲用所謂之詞組，或將若干“固定”之漢字配合用法視若詞組。實則，少許現代漢語詞組、學術概詞尤其是所謂名學概詞（概念）、專詞或科詞（專科術語或專業術語）等除外，大部本皆非所謂詞組；或雖一時用為詞組，一旦不用之以為學術概詞、專詞等，則仍回復其單一漢字之本來面目。平常所謂之詞組，皆一時暫相字義配合，固可循其漢語中文之文法而後逍遙各適而配合之，而自得漢文或中文之從心所欲不逾矩而優遊乎藻翰之趣味也。故吾人用寫漢語中文時，乃可隨其漢字本義或引申比喻義而活用之，不必視為詞組而拘泥之，則或能得漢語中文之本色暢達清朗。中文之本色者，每字有義也。以漢字或單字（未必不可涵有多義，或用其單義，依上下文或用語之情境，皆無妨讀者聽者之領悟）作文，乃或能得漢字之意趣。不妨一試，或竟以造成古今相通之雅正現代漢語或現代中文。

漢語漢字，其每一漢字皆可特立獨行，皆有其靈性，非呆字死字也。各各獨立灑脫，優容而用之，則見得其疏朗有致、優有餘裕而餘韻悠悠之妙與趣。不然，則將見其呆板沉滯，窒礙不通，毫無餘裕。若以吾人本來逍遙清潤之心魂神靈，而與此滯壅之文字相遇，而覺心神阻窒不堪，將固然也。

審其一切所謂現代漢語中文之詞組，而慎用之，其合於漢語中文之字法、文法、語法者，或可用之，其不合者，乃不用，或嘗試尋繹其尤佳之文語也。人皆能如此，而尤以（大）文學、學術之士或學者之有其責任，於用字作文時，能用心深思，乃至苦心孤詣推敲斟酌之，力圖撰此精潔優美之現代漢語或現代中文，積之累之，則雅正精密之現代漢語中文乃或可期也。

雖然，若夫常人平日言說，則或自可寬縱之。畢竟言、文有所不同，人各有專攻專職，則自亦不必苛求也。

（大）文學本亦技藝之一，不深思嫻習而不得，豈曰易易？其難，固其本然而已。何況古人有言：文章千古事，得失寸心知。以此心待其文章文學，固知文章文學之難，而當苦心孤詣創造之也。

然則若不知小學，識字不多（今之所謂中學教育之“常用漢字”，雖曰最低程量，而固不可自限於此也；倘自限之，則固不能進乎文章俊傑也），不知漢語中文固有新有之字法、文法，且又不能審評之，則固亦難寫其雅正優美之現代漢文或中文也。

202205262233

考文、正名、漢語中文規範化與中國文明、中國哲學或中文哲學之發展

“命”有兩種用法或含義，作動詞用則為“申命”、“命令”，作名詞用則為“所命之命”或“命令”（名詞），但**漢語無法在文字形式本身上區分兩者（字詞的名詞用法與動詞用法），這往往導致一些哲學表達和解讀探討的問題，則關注現代漢語中文、漢語語言哲學或中國文語哲學的研究者或應於此有所作為更張**，以使漢語或中文

能夠更好地承擔哲學表達或哲學思考的功能。

質言之,從哲學概念的建構或哲學表達的角度來看,同一個漢字"命",同時具有名詞意義和動詞意義,或者,它的名詞形式和動詞形式用完全相同的漢字來進行表達,而無法從字形或其他文語形式、語法形式上區分開來,由此(無法區分文字的名詞意義與動詞意義等)命名或建構的概念,以及相應的思論分析或論述,在哲學上有時會顯得不夠準確或嚴格;以這種語言方式或命名方式(構建哲學概念的方式)來進行哲學表達和哲學思考,可能造成哲學表達上的某些缺陷。所以,在筆者看來,如果這裏能創設一些新方式從而在文語形式上明確區分漢字(比如這裏的"命")的動詞形式和名詞形式,就會有利於減少許多可能的概念上的牽纏和混亂情形,而更加有利於漢語哲學、中文哲學或中國哲學的研究和發展。

同樣,在筆者看來,中國哲學的真正發展(涉及中國古代哲學的研究發展更是如此),離不開漢語(古代漢語與現代漢語)和中文(古代中文與現代中文)的進一步規範化和創新發展,離不開對於漢語語言哲學或中國文語哲學的真正的深入研究和發展;而要達成這個目標,便要求中國的哲學家具有語言文字學和語言哲學方面的深厚知識理論(兼顧中西古今),也要求中國的語言文字學家、文學[①]家等具有明確的文語創新發展的意識自覺和眼光視野,同樣要求他們掌握深厚的語言文字學乃至語言哲學方面的知識理論,由此而各個學科領域共同發展,最後促成漢語、漢語文學、漢語語言哲學或中國文語哲學乃至漢語哲學、中文哲學、中國哲學的進展。

比如,這裏單指出一點,當代哲學頗為重視所謂觀念史或概念

---

① 指"大文學",非僅謂狹義生情文學。

史的研究思路，實則這本來就是中國古代哲學研究或思論構建的重要方式之一，即所謂的“正名”（乃至造字或“造名”，“造名”亦可謂是今之所謂概念建構），通過“正名”的方式建構概念體系，從而構建一個包蘊深廣的哲學體系或思論體系。某種意義上我們甚至可以說，中國古代哲學或某一學說體系，往往是以創建相應的“字”、“名”、“文”、“書”、“語”①等的體系的形式來建構的，或是建立在對於“字”、“名”、“文”、“書”、“語”的重新解釋即“正名”的基礎之上的，往往一本“字書”或“字典”就有可能建構起一個哲學體系、思論體系或學說體系，比較典型的便是許慎的《說文解字》，《爾雅》則是另一本較早的有名的字書或字典，同樣對中國古代哲學或古代思論的研究具有重要意義。筆者的《中國古代天道義禮正名論》或《中國古代哲學範疇正名》亦是基於此一思路，通過“正名”來釐清乃至重構中國古代思論文化或中國古代哲學等。限於篇幅，茲不贅述。

在此過程中，對於哲學思考和哲學表達而言，至少在同一本哲學著作中，或在同一位作家的概念體系、哲學體系或哲學語言系統中，其所用以進行哲學思考和表達的哲學詞彙或概念系統，應該具有內在統一性或貫通性，能夠互相貫通說明，或前後照應、限定其確切的哲學含義。但這確實是一個很複雜的論題，涉及語言學、文字學（現代語言文字學與古代語言文字學，尤其是古代中國的傳統小學如音韻訓詁學等）、語言哲學或筆者所謂的文語哲學，乃至文學②等多個領域和方面。筆者頗為期待偉大的漢語文學家、漢語語言學家、漢語語言哲學家乃至漢語哲學家或中國文語哲學家、中

① 所謂“字”、“名”、“文”、“書”、“語”等，皆有“字”的含義，統言之則可通用，分言之則亦可有所區分。

② 指“大文學”。

國哲學家等，將來能夠不斷地湧現，共同推動中國文語哲學、中文哲學和中國哲學的不斷進展和發揚光大。

202205262233

新思新義之中文內化或漢語內化

新思新義新學新理等，何以內化於現代漢語（新語）或現代中文中，亦即哲學、智慧或學理之文語內化？

請嘗試論之。蓋新思新義新學新理等之精研覃思窮究，此為一事；新思新義新學新理等，何以內化於現代漢語或現代中文中，此又為一事；何以得雅正優美之現代漢語（現代漢語之雅正優構）或現代中文，又或為一事。而三者乃各各相互關涉，相輔相成，從而積累以成本民族（中華民族）之內在智慧與文明。所謂內在，內在於語言，內在於中文，內在於全民，內在於斯土斯國斯民斯天壤之間也。序之，初或為學者、造新者之智識、文語，而終將內化於其國其民之通語（或通言）通文（今合言之曰"文語"或"語言文字"），又因而內化於用此語之斯民斯國斯土也。故曰：教化之事，有以固有之常道常識教化者（通合於今之舊有道、學、理、義等，亦曰古學或"溫故之學"），有以新思新義新學新理等而教化者，有以國文語、族文語而自然教化者，後者即"文、語教化"或"文化之"、"文明之"，又可謂之為所謂"內隱學習"或"內隱教化"，亦曰熏染於此種文、語，則亦是熏染於此種文明或文化也。學術界之智識，或可見其國精英之智識情狀；而其本國文語所蘊涵之文明智識境界，乃可見其國其民之普遍情狀；且因其內在自在，故不因一二學者之命運蹇舛而有及身而絕之虞。

此外，又有學術與典籍傳布、行用之事。故若果得其道，則將著作之，又傳道之；然其作其傳，非為一己之名聞，乃所以求大道，所以傳其道而裨益邦國天下也。其著作，猶歷代創道傳道者然，乃為求道傳道；其事，則猶伊尹然，雖自道樂囂囂，而終不忍棄斯民塗炭於水火之中，乃終毅然出而傳道行道衛道也。

然則或問曰："何敢自言得道？"則亦不敢自足其私智，安於其小成，乃必上下多方求索之，將以趨通天人之際也。蓋凡人皆有心有思，皆可求道求理，而言論著述之，所謂千心同於此心，此思或中通於道，今曰凡人之思考權是也；然亦可就其學理詳細往復討論辯駁，以道理心智自服服人，在於論事論理，亦無遷怒諉過之心行。蓋一己之思或有遮蔽不及者，故虛心以受眾辭；一句一時之言辭或有不盡其意者，故耐心往復彰明之，而後愈加周詳思辨之。故於人己之著述，其人則固當有求道求通求是求理求智之心，其實果則不敢專斷自足其智，俟乎讀者眾庶之或自擇而已。蓋世事有極簡易者，一眼可見，一語可盡，不必斤斤辭費；然亦有極牽纏繁複者，未可一語武斷，故須多方往復討論之。然則討論之方術何在？荀子有所謂"以仁心說，以學心聽，以公心辨"之說，而往復辯論之；若其勢不能獲此，如不能各抒己見而往復申論，則辯說必難深入周全，甚乃無益，則暫不與辯。人不欲參與論辯，亦無可強求，尤不可遷怒諉過，蓋事非其愆也。然世事亦有十萬火急者，無由耽擱，耽之則或誤其大事，如史有所謂"宋人議論未定，兵已渡河"之慘痛，必需當機立斷，則又如之何？則曰仍需未雨綢繆，預立議事法或辯論法為之規矩也。亦曰是先期之文教、制度創設或國民教育。實則此尤為處事之本；不預植茲本，事來則必亂之而已。

故豈可謂道、義、仁、心、文、教之說之事為迂遠不切實事，又豈可謂無制度創設審察而但恃一時人眾烏合之私智賢能為足行哉。

若無預審於道法、文教、制度，則其妖孽之事將層出不窮，旋撲旋起，東水西火，讓人疲於奔命；即或事來一時洶洶，恐亦手忙腳亂，左支右絀，乃至剜肉補瘡，扶起東廂而倒了西廂，而終於於事無補不能也。亦可哀哉。

202205271745

漢字中文是中國人民之瑰寶，亦是東亞乃至天下世界人民之共同瑰寶

漢字為先秦中國華夏民族所發明，其後華夏文明不斷擴展流傳，而成為中國乃至天下人民之共同瑰寶。尤其是東亞諸民族和人民，在古代世界，經過不斷的文化交流往來，而漸次共同熏陶同化於漢字漢文文明。

其實，漢字最早祗是為很少一部分華夏族群所掌握，其後，許多部落或民族都是通過文字和文明的傳佈教化而獲得漢字漢語漢文化或華夏文語文化，漸次以成中華民族。又繼續擴展到其他東亞民族和人民。從此意義上，古代中朝日越等皆可謂漢字漢文文化乃至華夏文化之承接者、使用者和受益者。

東亞民族和人民也可以通過自己的努力和解讀，來學習發揚華夏文化和中華文化，並建設自己的民族文化。

關於古代文籍文本或文學（大文學）的研究：傳抄、校勘、教學、釋讀、註疏、解讀發揮等。

《經典釋文》的價值：古音、故訓、逸文、句讀等。有時，保存不同文本或逸文（不一定斷是非），本身就是貢獻，可以成為後代所見

新的古文本的一個參照或定位,甚至連其中的錯字也可能構成證據。

據說有些清代學者在解釋不清古書中的一些文字時,就會採用兩種方式來處理:錯字與通假。

讀"去經學化"的十三經是不可能成為經學家的。辛亥革命後的許多學者,尤其是受疑古思潮影響的一批學者,去做經學註疏時,往往會故意"去經學化",如高亨、程俊英等。如欲研究學習經學,則必須讀《十三經註疏》。倘無經學之文化信仰,則亦可讀辛亥革命以後的一些學者的註本,比如曾運乾①等,這些每以求真相標榜,頗有不少新見,但未必是古人所謂的經學思路或宗經宗聖的思路。

讀《十三經註疏》才是通經的最便利途徑,而不是讀其他的解讀本、評論本或今之學術研究專著——當然,進一步則可讀清人所撰《十三經》之註疏。

202205291630 許

專與通

其實,無論是在詞彙還是句法、語法層面,英語、德語乃至大部分歐洲語言都受到古希臘語、古拉丁語的很大影響,並非是天生就有如此繁複或較為嚴密的語法系統。漢語的語法系統不同於印歐語係,但漢語仍然可以通過吸取和借鑒印歐語係的某些特點來改進漢語的語法系統,以及中文的文法系統。日語借鑒了漢語的詞

① 如曾運乾的《尚書正讀》等。

彙和語法,亦保留了原始日語本身的一些詞彙和語法,近代以來又通過音譯的形式借鑒了一些印歐詞彙等;在文字上,同樣如此,有直接借用漢字漢文的,也有一些藉助漢字漢文而來的自身的創製。現代韓語韓文亦每通過諺文音譯來借鑒外來詞。

看到一篇哈佛學者談論古典學的書評,稍有一點啟發。不過亦不必拘泥其觀點,每個時代,尤其是學術分化乃至學術專業化較強的時代,都是既有各個學派或專業的相對獨立的精深研究和發展,又必然會有跨越不同學派或專業的通人大家試圖超越學派和專業而進行一些通達乃至集大成的學術綜合,兩者可以相輔相成,倒不必存有、在意或擔心一時的相互的偏見。而對於真正的通人大家或有志於此的人來說,雖自有所判斷和取捨,但對於各個領域的好的或有價值的研究成果,更不會抱有偏見①,而自然會加以關注和借鑒利用。但顯然,亦自有其判斷和取捨的標準,未必會在所有的偏僻領域親力親為、窮經皓首。每個學者都是這樣,根據其對於學術、文化、歷史、時代、社會問題、個人心志、能力和條件等的綜合判斷,來進行相應的學術取向和學術行動,最後取得自身的成就,並以自身的學術成就而參與到"時代乃至超越若干時代的"、"國家範圍乃至世界範圍的"整體學術系統中,並在這些系統中得到評價和定位。能否做成超越時代的學術成就,或能否成為一個

① 當然,對於沒價值的所謂研究或學術風氣,自然也不會關注或自染其病,然而亦或既無意無暇也不認為有必要去批評。當然,如果著眼於學術繁榮、社會進步、國家發展、人類進步等思路,或從推動整體學術研究的思路出發,也可能會寫批評文章,希望扭轉風氣,以期推動和促進整個國家或社會層面的真正的良好的學術發展氛圍。與此同時,即使寫批評文章,也要意識到,自己同樣可能存在視野盲點或偏見,故尤須深思而後發,又不必過於執一而自是其論,而仍然對不同的觀點或批評保持開放性。但更別忘了,要做自己的正事!

集大成的學者,都跟這個時代的整體學術水平,各個領域、學派或專業的學術水平,以及個人的判斷、選擇、心志、才華、工夫等息息相關,外在客觀因素和個體主觀因素都很重要,但天才通人永遠有其一定超越性。而沒有各個專門領域的細深研究和發展,提供源源不斷的源頭活水,超越時代的通人大家也並不容易出現;甚至,許多大家通人本來也會同時進行窄深之研究,並從窄深之研究中卓然成家,而又進而通貫之,成為更大層面之通人大家。

具體到每個領域或專業,當然有其一定方法、理論、慣例或基礎知識等,需要首先予以尊重、學習和實踐之,對其先有一個大致的全面的了解,然後才能真正進入這個領域進行相應的研究,然亦不必拘泥之①,或溫故知新,或推陳出新,或創新立說等,皆無所不可也。

202205300940

緊跟時代與超越時代

真正的天才大家的思考總是在一定程度上超越其時代,既然如此,一時不被時代所理解和認可,也是理所當然的事情了,所以也就無法或不必要求乃至追鶩於同時代的理解。相反,如果你的一切都和時代貼合無間,如魚得水,總是符合時代的標準,總是得到承認和讚譽,總是成為時代標準的"成功人士",那意味著你和時代有著更多的同質性或同構性,或同氣相求,或沆瀣一氣。對

① 比如,倘若你要研究先秦簡帛等,便亦可了解"破假借,找本字"的理論和方法,但同樣不必拘泥之。

於這種情形,或許很難簡單地評價其好壞優劣,因為這首先牽涉對於時代風氣等本身的評估,而時代風氣是極其複雜紛繁的。不過呢,如此一來,其也許因為認同或認可而獲得一些與同時代相應的暫時的成功和快樂。那一時不被時代所認可的人呢,因為沒有表現才華的機會,或其卓特才華缺乏回應或回饋,有時便可能會有點寂寞,甚至孤獨。這在一定程度上也是可以理解的,但也可能是不必要的,相反,其也許更應該感到高興,因為意識到了自己的獨特價值而高興,或將此作為自己獨特價值的體現或徵象而高興。以此而生活和作興,正可囂囂自樂,又何憂哉!當然,對於天生具有情感需求和認同需求的人類而言,有時感到一點寂寞或孤獨,也不是什麼難為情的事情。並且,也可以有歷史的或現世的(即同時代)藝術和文學的慰藉,也可以和有史以來的俊傑卓特才人神交,而不同領域也可能會有不同的表現,此外,人們本來就可以有不同方面的快樂追求,等等,一切都並不是那麼絕對,而所謂的"超越性"或"時代的寂寞",同樣如此,故雖然,而何妨其心其人逍遙自在!

當然,如果進行簡化,這裏至少有兩種可能:時代拋棄了你;你拋棄了時代。換一種說法:你超越了時代;時代超越了你;一方面可能是你主動疏離或遠離時代,自我放逐,另一方面也可能是時代流放了你,等等。然而,你就生活在這個時代,或者,你的肉身和現實存生,仍然是嵌入於這個時代的,所以對疏離、放逐等說法亦不可誇張過分。有時,這既不是自己可以看得清說得清的,也不是"時代"所可以看得清說得清的。其實,如果不進行化約的理解,所謂的"個體"、"自己"、"時代"、"超越"等,本來就都是有些曖昧不清的。

其實,真正卓特之英傑,又怎麼會看不清時代呢,又何往而不可消搖[①]得其真機自在呢!

202205300940

從英語史看漢語中文之價值

隨手翻閱《英語史》[②],頗有收穫,對於思考漢語語言哲學、漢語中文的進化、中國文語哲學等重要論題可以有參考作用,以後將細讀。

此書裏有一個說法,即"語言發展的趨勢是從綜合到分析,從詞形的多變化到詞形的無變化"[③],讓我稍有所思。因為以往我都在思考漢語中文如何借鑒拼音文字語言的優點的論題,尤其是其在語法層面的某些較為嚴謹的特點或法度,以此來推動現代漢語和現代中文的進化。然今仔細一想,有些語法的"嚴密性"似乎的確是多餘的,亦即不必要的"精確或嚴密"。比如,所謂印歐語係中的動詞變形真的在所有情形下都有必要嗎?漢語中的"既"、"已"、"過"、"了"、"完"等即可表達過去式、過去完成時等,並不需要對動詞進行相應的變形——遑論相應的名詞、定冠詞乃至形容詞的連帶變形。英語中的過去完成時,看似很嚴謹精確,但有時也似乎並無必要,比如我們使用漢語時,雖然也會說:"我前年就完成了那項任務",而並不需要一個特別的過去完成時的特別語法,而與"我早就完成了那項任務"這一說法,似乎也並無必要區分之。在人事或現實生活以及歷史人文語言作品中,這種區分未必全無價值[④],但

① 消搖,參見鐘泰著《莊子發微》。

② 李賦寧編著,《英語史》,商務印書館,2005年1月。

③ 李賦寧編著,《英語史》,商務印書館,2005年1月,pp2。

④ 比如《百年孤獨》開頭的那句不斷被人引用或戲仿的所謂"名句"等。

也並沒有那麼大的價值或必要性;而在純粹的理論作品或科學作品中,似乎更無這種必要,因為抽象概念、理論或科學原理本身是超越時間的,一切都可以所謂的"現在時"來說明、論說或敘述,除非是談及思論史、理論史、科學史等,但這又仍然可以歸入人文歷史的文語作品。

此書還舉了其他一些例子。比如從古英語到中古英語的最大變化是詞尾變化的縮減,之前的詞尾元音如 a\o\u,具有區分不同語法關係或語法功能的作用,之後則一律弱化為 e,讀作【ə】,而不再具有語法區分功能[①]。又據語言學家的研究,宣稱上古越南語乃至上古漢語都可能經歷了詞尾輔音脫落這一語言變化或語音變化,故而形成為漢語和越南語的單音節形態(王力,《漢語語音史》)。有意思的是,拉丁語或法語的詞尾輔音也不發音,並且,法語由此聽上去而稍有點音節區分的意味,或許亦將"進化"成為與漢語一樣的單音節形態? 當然,這純粹是異想天開、信口開河,我並未對此進行任何嚴肅的探究或查證。循此——語言從綜合到分析的演變趨勢——以論,或許人們可宣稱:即使在語法層面,漢語才是更為"現代"或更為"先進"即"先早進化"的語言,乃至將來的所謂印歐語係或許都會往漢語的方向來演進? 這當然是一個很有意思的假設。但我仍然會繼續關注各種語種在語法、語音層面(比如阿拉伯人十分引以自豪的阿拉伯語的音樂性)的特點或表現,並和漢語進行對照,以此繼續思考漢語的進化問題。

不過,我也非常好奇,古希臘語、古拉丁語或更早期的上古印歐語為何會發展出那樣的繁複或嚴密的語法系統? 是怎樣產生和形成的? 那到底說明了什麼? 乃至世界範圍內的各種語言尤其是

① 《英語史》,pp8。

上古語言的產生原因和過程如何？以及相關的一些論題，比如上古印歐語係的一些語言特點尤其是語法特點和上古印歐人的宇宙觀、世界觀、分類系統、思維方式等的關係是什麼？涂爾幹曾經以西方人的思維方式為本位來研究古代中國人或印第安人的世界觀和分類系統(《原始分類》)，我們也可以中國人的思維方式等為本位來思考西方文化、西方語言的相應的世界觀、分類系統和思維方式等。又比如羅蘭—巴特對於東方語言或日本語言的打量分析(《符號帝國》)，我們也可以反向陌生化的眼光來分析西方語言，而得出不同的語言哲學思考或文語哲學思考。又比如對德里達的一些語言觀和哲學觀等的分析評論(《論文字學》、《聲音與現象》、《書寫與差異》，或曰所謂"延異"，此亦凸顯語際翻譯的重要性)。諸如此類，不一而足，暫不贅述。

202205300940

思論創造時代與"修文德"時代

第一個假設：中國有史記載以來，似乎是在戰國，一直到秦漢之間，普通中國人的思論創造力才第一次大爆發、大釋放。早先，似乎都是很少一部分群體掌握當時的高深文字學術——姑且不問其人其知何來或何以創造的問題——，其他人大概多是務農力耕的庶民或黎民。不能說這些庶民沒文化，但可能更多是更為恣肆無羈的原始思維或原始思論，不是那些少數貴族群體所掌握的相對更為系統精密的文語思論和名理文化秩序建構。

第二個假設：中國有史記載以來，堯舜禹時代，似乎是中國文化的一次轉向，或者，至少從黃帝到堯舜禹時代，或有一次思論文化轉化或“文德化”的過程。從某些文獻記載來看,黃帝用兵還是頗為兇暴。堯舜禹的時代,仍多用兵,但亦重修文德。不過,這個論斷亦不可太過,因為黃帝時代也有修文德之事,乃至更早時就已經開始,比如伏羲製作人義等。但總體而言,黃帝時代是文武並用並重乃至尤重兵威的,從既有的《黃帝四書》亦可知此。而其後似乎更為重視文德,減少了其用兵的“威畏之”的剛性,而文武並用,剛柔並濟。中國文化裹面溫柔或柔美文德的成分開始多了起來。

這點似乎也不同於所謂上古印歐人從今天中歐地帶四散殘暴征戰和奴役各地本土民眾的情形,比如上古印度流傳下來的種姓制度,以及其他地區的各種形式或表現的事實奴隸制等。直到基督教傳入歐洲,歐洲文化中才開始有了一種柔性謙卑的文化成分。之前每多征服、殺戮和奴役。但之後此種蠻性成分也不時發揮,比如近代以來的殖民主義、帝國主義侵略、壓迫、剝削和殺戮等,美洲印第安人甚至幾乎被屠戮淨盡。

但中國文化確實更多懷柔遠人的因素,雖然其過程亦不乏野蠻兵戎之事,漢代以後,中華似乎每見得剛性不足以禦侮,但亦不能說其柔性沒有某種特別價值,而最終都是剛柔文武融合一體。

202205301658

稱謂之文化分析

在中國文化社會中,尤其是古代中國文化社會中,有許多倫理稱謂,往往根據雙方倫理關係來靈活互相稱呼,較為缺少普遍性的稱謂。到了近現代,受到所謂的現代思論觀念或西方思論觀念影響,才開始出現一些普遍性的稱謂,比如“先生”(至於英語 mister

意義上的譯詞"先生",當然是一種對於成年男性的普遍化的敬語)、"先進"、"同仁"、"同道"、"有道"、"君"(如某君)、"兄"等都逐漸獲得了一定程度的普遍性。

"同志"一詞,和"同仁"、"同道"諸詞一樣,在漢語和中文裏早有此用法,而晚清民國以來之革命志士和革命黨人尤喜用此稱謂,可謂是早就流行於世。而中華人民共和國成立後,這個稱謂獲得了更為廣泛的應用,既帶有濃厚的政治意味,又變成一個更為普遍化的日常稱謂或稱呼詞語,從而使新時代的社會主義平等倫理得以在稱謂上確立或表徵。

不過,這種稱謂雖好,幾乎可以涵蓋一切人際關係的稱謂需要,應該成為現代中國的平等人倫觀念在稱謂上的體現,但與此同時,人們似乎也覺得,在表達某些特定尊重方面,中國當代的稱謂系統似乎仍需要一些新的補充。這種需求導致古代中國的一些倫理文化或稱謂文化開始重新在中國社會發揮影響,同時,所謂封建文化的一些負面因素也同樣殘渣泛起,也在稱謂上有其表現。

所以,在筆者看來,仍需要在平等倫理和"同志"稱謂的基礎上,根據社會主義核心價值觀和現代倫理觀,進一步進行相應的製禮作樂。在此過程中,中西優秀文化可以互補。

202206032015

漢語中文的正名定義與西語的正名定義

西方哲學史、學術史或西方字語史[1]中,字義或詞義亦遷延變

[1] "字語",亦可謂為"文語",文、字,皆今之所謂"字"也。然實則其義有所不同,许慎曰:"依类象形故谓之文,其后形声相益故谓之字;字者,言孳乳而浸多 (轉下頁注)

易,並非絕靜而恆定,治其學者亦須回溯字義、詞義或“純理詞”義之演變之跡(所謂字源學或詞源學、語文學等),而又自定義或自正名,然後乃可由此究論立說著書。字義或詞義每為“暫定”耳,暫定於一時一世一地乃至一人——如哲學大家等;又為“概定”,大概、大致而定——如眾庶所通解之字義。“純理詞”就其本身而言,其義雖為“絕定”(或“必定”),不是“概定”;然究竟是人造義,又究竟是字或詞,其義俟乎其人其時其地,仍是暫定;且不同之時世人羣用其字詞時,或復自“絕定”之,然則前後觀之亦有變易,故雖“純理詞”亦可謂“概定”、“暫定”而已。字義、詞義皆是所謂意義,意者,人意、人造意也,則字義、詞義皆是人意或人造之意與義,意與義皆俟乎其人。

有造意造義或定義以及造字詞者,又有用其意、義、字、詞者;

(接上頁注)也。”《古今通論》:“倉頡造書,形立謂之文,聲具謂之字。”(參見:《康熙字典》。)今之所謂“語言”或“語言哲學”,吾意當寫作“文語”、“字語”或“文語哲學”、“字語哲學”,而以“文語”為尤當。蓋漢字之本在於“文”,在於“觀物取象取文”、“依類象形取文”而造成其“文”,而後乃形聲相益而孳乳浸多其字也。故所謂“文語”,文者文字也,又可兼包其他涵義,而語者文語、言語或今之所謂“語言”也;所謂“字語”,字者,漢字、文字也,語者,文語、字語、言語或所謂“語言”也。“文語”、“字語”可相通。漢文、漢字或漢語中文與其他文字、語言不同,尤與音節字語或拼音字語大別,蓋漢文或漢字象形,有其“文”,音節字語或拼音字語則無其“文”。故漢語或中文乃曰“文明”、“文化”、“文明化及”云云,乃是名副其實,有文而明,以文明之化之也。若夫英語中之所謂 civilization\culture,乃意譯為中文之文明、文化,實則其內涵有所不同也。中國文明,首先在於此“文”此“字”,而此“文、字”乃是中通天地之道、觀天地之物象而通之而來,其“文”其“明”,乃曰與天地人三才之道圓通和合,乃曰“經緯天地謂之文,仁公覆載、平人普愛、照臨四方謂之明”是也。故中國與中文之“文”,其本自中合於天道、地道、人道即三才之道,是經緯天地之“文”而“仁公覆載、平人普愛、照臨四方”之明也。又:或謂漢語哲學,或謂中文哲學,或謂中國文語哲學,亦可相通。秦漢大一統,乃謂漢語哲學,實則漢語即是天下大同語、雅語、通語也,以文字言,則為中文;其始造者乃為華夏先民,或為中國天下人之先民;而其流通完善,乃是中國天下人共襄而成,故又為中國天下人之共寶也。天下文明之“文、字”,本來“經緯天地,照臨四方”,則天下人共寶之用之,然後天下文明大同,共享此寶此道而安居樂生而已矣。故吾今乃謂“中文哲學”、“中文文語哲學”或“中國文語哲學”等而已。

用者豈但死用之、襲用之？用者所體認之字、詞、意、義，又有用者之意、義摻入之，則用其字詞意義者，亦可謂造意義者也。用者所體認之意、義或字詞意義，或不同於造者，亦曰“稍合”、“或定”而已。又有誤用、訛用、亂用者。然則其字、詞、意、義造出後，俟乎用此字、語、意、義者之心腦之受解用傳；此所謂用者受者，乃曰用此字語之人羣，乃曰語族之民，或文語民族，今或謂之為“民族”、“國家”、“文字語言之文化共同體”之民羣等。字語及其意義存乎其人其羣其民（及其國）也，其人其羣其民（及其國）在，則其字詞意義或字語亦在，而超乎一時一世也。所謂“超乎一時一世”，一種字語及其意義何如，未必獨恃乎一時一世，乃為歷時之意義之流。一種字語，其字詞意義或有其“暫定”於此一時一世者，眾人或以此而言義交接；亦有其“常定”於千百時世者，則雖渺遐乎千古，而固亦能神交不爽也；此外又有其異世而異義者，或異世而其字詞意義遷延變易者，則乃有訓詁之學以通譯之，故仍可神交千古。而作者智者文家等，或又從歷時字詞意義之流中，或汲取其故義，或賦予新義，亦是續造其義，而豐富此字語及此人族之意、義、心、神，而愈加進展文明之。此字此語在，則此字此語之意義文明亦在；又必此人此羣或此國在，然後此字詞意義文明乃在，又將紹承變進之。

漢字漢文漢語，或中文，及其漢語中文哲學、學術等，亦曰如是。必也繼續定義、正名而易進於今，光大文明之。然則何如而正名定義？用舊字舊文舊語而正名定義？抑或造新文新字新語以正名定義？或用時字時語時義以正名定義？蓋每一時代，於斯三者皆有之。然若古今衡較之，則古代中國學術，大體皆用舊文舊字舊語以正名定義；自今世倡造所謂“白話文”以來，字語大變，則每多用新詞新語與時字時語時義以正名定義也。然則新詞新語與時字時語允善乎？則或謂有其然者，或謂有其不然者。吾所欲究論者在茲。

乃曰：古今漢語中文各有其優長，各有其著力處，不必厚此薄彼，不必以古代字義之含蘊豐廣而痛斥之為含糊不清，蓋今世詞義固或求細求精求確，而亦不必廢古代字義之含蘊深厚、多悟會餘裕之優長，正可兩存之。徒斯字斯語何以求其細確，則確乎是今世漢語中文變易優進之著力處。摸索至今，既有之所謂現代漢語中文，似仍難令人全數意許讚與之。今世之所謂"現代漢語"或現代中文，雖或曰一時不得已，然究竟頗多粗糙淺陋者，正當精審優文進化之。所謂以字語或文語存道存義存理，以文明人，以文化民，以字語文義道理明慧其民其國等是也。

以優遊陶冶乎其中而言，吾意頗欲讀六臣註《文選》，想必甚愜意；而撰此《尚書廣辭》乃至"十三經"中之數部廣辭，則甚辛苦，又有乏味處，乃不得已而為之耳；亦曰或典雅其辭而顯通其義，俾或能省他人讀者之暇晷，亦不無裨益，以茲而不惜勞神勞身，孜孜矻矻以至於今也。雖然，亦多收穫。蓋不通先秦經典，於古代乃至今世中國之文明、學術、哲學、字語或文語、辭章等，究竟或難深入領悟資取之；於其文語於今世之演變優進，又或難以優措其助力襄益也。故若夫有志，則於茲固亦必當為之而已。

中華文明之大優進，固俟乎全民之各逞其智、力，又俟乎其中或尤有俊傑大通人也。若夫有志，亦曰"純亦不已"，一心行之而終身不懈而已，乃或成其大其聖（通），以裨益吾國吾民乃至天下民人也。

202206041510

正名法

正名法，同為中西哲學或學術研究之方術。然正名亦非易易，蓋必俟乎其既有之字語府庫；若既有府庫無此字或此義，則須或“假借”之，或變易其義，或造新字新義而後或可。字語府庫集為全體，則其羣其族其人之全體智慧亦集於此字語全體中。新字、新名、新義或新語連續不斷納入此一字語府庫中，然後此羣此族此人此字語之智慧文明亦繼長增高矣。然於意義求多求豐富，或求善求理之外，又當求美求文明，字語亦可有其美其文明，故亦當美之文明之，非獨求其理其義而已。此則仍有字語之學或文語之學，又有文學、辭章學等，且中國古代字語文明本多象意美妙者，固皆可資焉。

202206041510

古代漢語中文文法與現代漢語中文文法

古代漢語中文文法與現代漢語中文文法，以及字法、語法等。

然則或問：若無所謂現代漢語中文及其諸多新“詞語”，及新義新道，則果能使古代漢語中文學術、哲學大長進乎？則答曰或可又或未必也。或曰有其新學，足以棄斥其糟粕，而後乃敢乃可優遊溫故也。蓋以新學而能評判斷擇其古學，而不受其弊端病症之蠱惑也。

或曰：衹講古文法（今之知古文法者固極少），不講今文法或所謂現代文法，可乎？於今固不可也。必學今文法或現代文法，然後乃能增補優進古文法；待將現代文法之善者盡數納入漢語漢文或中文，融合一體，而又獨特進展之，然後今文乃成。從此以後，則今文之文法可獨立進展創造，又仍從異種文語中資借其善長者。然後乃謂漢語中文之今文、古文，有其相通者，而今文尤將超乎古文，而為融合古今之新古文或新今文，即今文或今世漢語中文也。豈獨納入現代文法，又納入現代邏輯、論理學、智理學、廣義物理學即各科之理學或科學等，然後漢語中文之今文乃大成也。漢語哲學或中文哲學亦如是，將今世或現代乃至世界古今種種哲學納入之前，不可僅學習古文哲學。其他種種學科盡皆如是。必待漢語或中文能盡數納入現代學術、學理而獨立發展，與西學並駕齊驅乃至超拔之，然後乃可謂真正之今世之今文漢語哲學或中文哲學、漢語學術或中文學術之信成也。此則路漫漫其修遠兮，吾人吾民皆當上下而求索不懈，以志其成矣。

202206041510

哲學正名定義法

哲學正名定義法，不同於古時之訓詁法。正名定義，有類乎訓詁者，有超乎訓詁者。訓詁，或但解其義；今之正名定義，法度尤嚴，資藉古之"名學"、"因明學"與今之所謂"邏輯學"、"論理學"、"智理論"等，而周全矩定之(所謂明定其內涵與外延等)，非古時訓詁、正名之或存隨意粗疏者也。

202206041510

如何識字？

如何識字？古者一曰通小學，二曰通經學，三曰讀註疏，四曰讀史子集三部典籍及其註疏等。如何通小學？則或有童蒙字書，如《倉頡篇》[①]、《史籀篇》、《凡將篇》、《急就篇》[②]、《三字經》等;或讀《爾雅》、《說文解字》、《方言》、《玉篇》[③]、《六書故》[④]、《康熙字典》等字書字典[⑤],後者更進一步。竊以為,尤以讀《說文解字》、《說文解字註》二書為要。蓋《爾雅》本為讀經解經而作,故大體衹訓不解,《說文解字》與《說文解字註》則訓詁而解釋之,頗注意於其造字用字理據,尤能有得也。今又將俟乎更好之甲骨文字典。然讀字書終是枯燥,且若不論道意義理乃至物理,則或雖熟讀而不知何用,亦不能用,亦曰膠固。故又可以讀經而識字,實則乃識字以通經義,則非徒知字義,乃藉識字而求知道意義理乃至物理,又藉讀經而知用字作文也。然若衹有經文,則或不能卒讀,然則何以讀經而識字,識字以通經?則曰當求經師傳授講述也。然經師求之或為難,則可讀註疏以識字通經。其後又可讀其餘三部之書及其註疏,

① 秦始皇令李斯等用小篆編撰而成《蒼頡篇》、《爰曆篇》和《博學篇》。漢代合三篇為一篇,"斷六十字為一章,凡五十五章",仍題名為《蒼頡篇》。

② 司馬相如的《凡將篇》和史遊的《急就篇》,其中,《急就篇》後有顏師古作注、宋王應麟補注本。

③ 梁顧野王所編撰。

④ 《六書故》,南宋戴侗撰。《四庫全書總目》曰:戴侗撰。考《姓譜》,侗字仲達,永嘉人。淳祐中登進士第,由國子監簿守臺州。德祐初,由秘書郎遷軍器少監,辭疾不起。其所終則莫之詳矣。是編大旨主於以六書明字義,謂字義明則貫通群籍,理無不明。凡分九部:一曰數,二曰天文,三曰地理,四曰人,五曰動物,六曰植物,七曰工事,八曰雜,九曰疑。盡變《說文》之部分,實自侗始。其論假借之義,謂前人以令、長為假借,不知二字皆從本意而生,非由外假。若韋本為韋背,借為韋革之韋;豆本為俎豆,借為豆麥之豆。凡義無所因,特借其聲者,然後謂之假借。說亦頗辯。惟其文皆從鐘鼎,其注既用隸書,又皆改從篆體,非今非古,頗礙施行。元吾邱衍《學古編》曰:"侗以鐘鼎文編此書,不知者多以為好,以其字字皆有,不若《說文》與今不同者多也。形古字今,雜亂無法。鐘鼎偏旁,不能全有,卻只以小篆足之。《六書故》不按部首編排,而是按字義分類次部,共分數、天文、地理、人、動物、植物、工事、雜、疑等九部,每部再分細目,按字義排列。

⑤ 其他如宋代王洙、司馬光等編的《類篇》、明代梅膺祚的《字匯》、明代張自烈的《正字通》、清代《康熙字典》等,皆可資鑒。

以識字、通道乃至善辭章也。此數者，皆非徒識字，而在經史子集、道義物理辭章中識字辨物，乃或可求其通達善用也。又有趣味、音律與美麗韻致，陶冶涵詠乎其中，固非讀字書所可比擬也。而欲識字，其所可資讀之典籍，蓋以先秦、秦漢魏晉之書為優，乃有本。唐代以降之文章，多棄古字而存用其通常字，固暢達，可資以作辭賦文章，然若曰藉以識古字讀古經，則有所不足。私意以為，六臣註《文選》一書亦甚可瀏覽揣摩也。

202206041510

六臣注《文選》

六臣註《文選》，今世似迄無一善本，讀者之大憾也。縮印本固甚費目力，某書局之重排本亦字跡淺淡（蓋亦因多次印刷）、文註難分，亦曰費眼，乃至竟或有害讀書人眼目甚大；其他白話譯註類，更非吾所好。然吾看影印縮印本，可知古人讀書之樂也。何故？古書開本大，正文墨跡粗大，註文則墨跡細而清晰，皆不吝用墨（其費蓋亦不菲，古時恐非常人所可購得），然則其書字大清晰，文、註涇渭分明，讀之便易舒心而囂囂悠悠也。不僅讀書快樂，又可讀書捷速也。今則不然——然吾亦知書局減縮工本以營利之初衷，乃至某些不得已之苦衷。此意吾嚮亦撰文述之，不贅言。吾今所創之"廣辭體"，其主意初衷，固非從此著眼，然今觀之，乃與古書排版有其暗通相合者，曰正文與文內註字體大小當顯豁區分，讀註不礙正文之自成一體；然正文或又可加粗——此則費墨而增加"成本"，又謂難也；此外，如繁體橫排，是吾所愛之版式，蓋吾輩人寫字批註，嚮來習慣為橫寫，今欲寫縱向書體，稍不習其書法，則頗不能美善，以此恨恨（憾）之。橫寫則吾亦能逍遙舒展也。

非獨六臣註《文選》為然，今之古籍版式，大多類此。古學之不得昌明，今人之憚讀古書，或亦有稍拜此所賜者。然吾近年亦嘗見一二書局之新版式，除豎排外，其他皆稍類於上述之善版式，亦曰讀者之幸事，而樂俟其將來之或蔚為大觀也。

202206041510

漢語哲學與中文哲學

是漢語哲學，還是中文哲學？是漢字，還是中字？中字，中國之字，抑或東方之字、天下之中之字？竊以為，漢字或中字乃天下最美好之文字。

漢語哲學或中文哲學之所當努力者，不獨在昌明發掘其優長而繼長增高，又尤在於補納入其所欠缺者。何以知其有所欠缺？亦曰參照於古今縱橫之善好學術哲學，然後或乃能自明其不足或欠缺者，而以吾優美（如象意、紋理等）純粹（自有文理或理據，不失中華字語之本色與中華文化之自主自尊）之漢語補充之，裝載之（今所謂"語言乃思論、文化、學術、科學之載體"），內化之，文飾之，漢化之；又必創思對治今世之萬事萬難之智術以先進於世界也。此是漢語哲學或中文哲學之進展方向，或所當努力處。不可但求因循守舊、故步自封。國人當有自主創造之風力，不可自抑英氣而亦步亦趨，乃曰天下風雲，我將廣思智及，以求安之樂之悠悠之也。

202206042206

漢字往往一字而蘊含天地

漢文[①]漢字，或古代漢語，往往一文一字而蘊涵極大，自有其天地深廣之意蘊，所謂“經緯天地曰文”，誠不誣也。故每見東亞人民以古代漢字作書，然後飾裱之，懸掛於客廳臥室，每日自我提撕涵養，沉吟自修有得（雖漢昏侯劉賀，亦於其床榻設一孔子師徒問學鏡，又書其道言之文於上）；或相贈共勉，亦為良情佳話。是皆古代漢語中文哲學之道法深廣雍容也。今或謂哲學“範疇”云云。如中國人或東亞人說“中”、“和”、“仁”、“誠”、“信”、“天”、“道”、“止”、“定”、“靜”、“安”等，皆能體會其中之天地寬廣、優裕博大。

於此相形之下，西方拼音字語之詞語，便顯得平乏單調了，乃是平面單調或單維之“虛理物”或“純理物”，或今之所謂“抽象概念”等，與人無親，遠於人情；漢字或中字之意蘊則不然，寬廣博大而可精神優遊乎其中，而寬裕無所窒礙，而又與人有親，非虛玄渺茫也——漢語雖亦不乏虛玄渺茫者，然皆可與人心人情相與浮游，其中自有美韻風味（今或謂美學），非如西方哲學詞語之偏於“理”而遠於人心人情也。故有學者（王國維）乃歎曰“可愛者不可信，可信者不可愛”[②]，其本乃所以專論不同風貌之哲學，吾謂此或適揭示中西文化之相異處。此種漢語中文文化風韻，今又或謂之為“多維立體”之意蘊，或是西方哲學所缺乏者。

---

① 此“文”者，文字也。

② 王國維語，本乃專論哲學，茲乃引以論中西文化之相異者。參見：王國維，《三十自序》：“哲學上之說，大都可愛者不可信，可信者不可愛。”

中國文化，有其超越邏輯者，而進於美之境域，或物完自在、天人合一之境界，復為真正與人心人情相與撫慰優遊之美。吾此所論，蓋更近於道家之美學，然儒家亦有近似者，道中又有美，或進乎美，而美道相融。西方學者論美，似每皆從“理”從“玄義”入。中國文化乃由心由情而臻美。其美、其臻美之路徑，蓋皆有所不同。

漢字書法，又獨樹一幟，美何如之！暫唯吾中國人或東方人能欣賞感悟之。正如西方之交響樂，亦有其甚美妙者。

202206042206

字義引申與詞性從俗

引申其義，亦可作用字法之一，亦是西學或現代學理納入漢語中文之法門之一，與“六書”中之假借、轉註相類，然或可另立一目，則“六書”乃變為“七書”。引申其義，賦予新義，皆可。而賦予新義亦盡量與所用字之本義相關，則賦予新義亦是引申其義之法。

古代漢語中文蓋不甚區分動名詞，然或有其用字之慣俗。如“會”，本義為“合”，上古謂器之蓋為會，為其上下相合也（《說文解字註》），其後凡合、合計皆謂之會，而多用作動詞，如會盟、會合乃至會計等。今則又每用為名詞，如開會、會議等。實則如以古漢語語法或語俗揆之，“會”本為動作或動詞，故曰“會”或“會之”即可，不必乃至不當言“開會”；而所謂“會議”，亦非名詞，會與議本皆動詞也，合之，其意乃為“會而議之”，而今亦用作名詞，如“參加會議”、“有個會議”（對照英語之 meet 與 meeting 之區分）。

古代漢語中文中，今之所謂名詞，往往不分單數複數。如“我要參加一個會議”、“我們開個會”，古漢語或曰“吾將會之”、“吾人且會（而議之）”，或曰此乃以“吾”、“吾人”區分單數複數，而以今之語法或文法視之，“吾人”或“數人”之“人”，與“一人”之“人”，同一字耳，非如英語之有“字素”或“音素”變易（如 person 與 persons，或 man 與 men，今之所謂“形態變化”或“屈折”），乃以“吾人”、“數人”、“眾人”等而知其為複數或多人（以詞序或增字表“語法關係”）。今文漢語中文仍用此法以示單數複數之區分，然亦有不甚或不必精嚴者，如人進山遊觀，忽聞數人語，乃謂同行（所謂“同行”，以現代語法揆之，亦是動詞作名詞，然古漢語則不區分動詞名詞，故漢語甚能引申造詞）曰：“有人”，而並未區分單複數，而其意及同行所意，皆知是“有數人”——此固亦是因語用或語境而知定其意。然此是平日口語，或減省略之，而古人作文時，仍有古文文法區以別之。《春秋》所謂“微言存大義”，實則往往用其微嚴文法或字法，以精確其意。其例甚多。若不解古人或古文之字法、文法，而以今之文法揆之，或將以為古文每多省略含糊，實亦多有厚誣古人處。

古今漢語中文每皆不甚區分動詞名詞，則其用字之法亦寬裕，善於引申。實則歐洲語言亦有如此者，乃至或漸將臻適大同於此。或視之為漢語語法或中文文法不精嚴，然或亦視某些精嚴之現代語法、文法為不必要，亦非無可討論商榷者。

以古漢語中文之字法、文法窺度之，今世之漢語今文或所謂現代漢語中文之用字行文，甚多扞格不通者，幾難卒讀，亦無可如何。蓋今文漢語中文乃重所謂詞法、語法，而非字法、文法。然其構詞法本已多所違戾（古）漢語中文之字法、文法，則用此詞與詞法，固將扞格難通也！

202206050916

漢字漢文在東亞之流佈

古代漢文（文字、文章等）漢籍散布流傳於今之東亞各國，則於古代，漢文漢籍非徒中國與華夏民族之書與寶，實亦今之東亞各國乃至西域[①]北地等之寶與書也。然今世中國以外之東亞各國，祇遺留有古代漢籍之古董，大體並無今世之漢文或中文之書寫傳布，此則與古代中國或戰國時期之諸侯各國不同，乃至與古代東亞天下世界亦有所不同，蓋其時東亞各國頗嚮慕於中國之文物聲教與文語道籍，而群相引效納入之。於近世以迄今世，所謂現代民族主義興起，各國皆甚注重、強調或建構本民族字語或本國族字語，凸顯本土文化，雖敝帚而自珍，而各國民族字語興矣。或全數歸因於近世以來所謂"民族主義"之興起，實則此亦皮相之論，蓋若文明先進，則各國必將向慕遠歸而自同化之也（文明化及，非曰武功侵越）；實則現代日本、越南等國之本土字語之建構，亦多借鑒西字西語，與古代之借鑒漢文漢語，正相類似，故不必盡歸因於所謂民族主義。實則此無他，滿清統治中國之近世以來，較諸歐西思論制度，中國（文明）之暫衰歇故也，而漢文或中文亦相因而衰弱，不能振作創新，則人或鄙棄之。不徒外國人棄而不學，雖無識無志中國人亦或棄而不學，或雖學而皮相膚淺，不能通達漢文，以為其中無所優秀長物，而羣趨於外國字語或外國之思論名物聲教。中國之衰，中國文明或所謂文化之衰，漢文（或中文）漢語之衰，一至於此，真乃三千年未有之大變局。漢字漢文或中文之衰，乃隨其文明之

① 包括今之中亞、南亞部分地區。

衰,是果耳①。

至少秦漢以來之古代,中國與朝鮮、安南、日本之相交,實頗類於戰國時中原諸侯國與秦楚吳越之交往——然亦有所不同。蓋戰國時各國所用文字有相同者,唯音義或有異(可參考楊雄之《方言》);自秦統一天下,而書同文,乃盡變為大一統之天下也,而此"大一統",亦包括文字大一統,雖則尚未必是語言大一統。或當時楚越乃至所謂東夷西戎北狄南蠻皆有其語、音,或方言、方音,大一統而後則一律皆用華夏文書,又有文物化及,久之則皆化為華夏文語而已②。

---

① 若夫中國文明復興,中國思論、學術、理技物理學、制度優進復興,並納入中國文語或漢語中文中,則中文漢語亦將隨之復興也。

② 實則古代之所謂華夏,或所謂夷夏之辨、華夷大防、夷夏分野等,固有血緣或種族之因素——尤其是涉及夷狄或外族入侵、民族矛盾尖銳嚴重之時則更是如此——,然未必全在於種族與地域,或血緣與地緣,而又同時關涉文明或文物制度,乃是華夏民族對於自身之先進優秀文化、禮儀、制度、服章等的自信與奉守。孔穎達疏《左傳》曰:"**中國有禮儀之大,故稱夏;有服章之美,謂之華**。"即此意也。參見:《春秋左傳正義—定公十年》。又如:《春秋公羊傳—僖公二十一年》:"秋,宋公、楚子、陳侯、蔡侯、鄭伯、許男、曹伯會於霍,執宋公以伐宋。"傳曰:"孰執之?楚子執之。曷為不言楚子執之?**不與夷狄之執中國也**。"此即嚴夷夏之防之意。明末大儒王夫之亦尤嚴夷夏之防,曰:"夷夏者,義之猶嚴者。不以一時之君臣,廢古今夷夏之通義也。敗類之儒,鬻道統於夷狄盜賊而使竊。豈不知中國可禪、可繼、可革,而不可使夷類間之。"參見:王夫之,《讀通鑒論》。此外,如《春秋公羊傳·昭公二十三年》曰:"戊辰,吳敗頓、胡、沈、蔡、陳、許之師於雞父。胡子髡、沈子楹滅,獲陳夏齧。傳曰:此偏戰也,曷為以詐戰之辭言之?**不與夷狄之主中國也**。然則曷為不使中國主之?**中國亦新夷狄也**。其言滅獲何?別君臣也,君死於位曰滅,生得曰獲,大夫生死皆曰獲。**不與夷狄之主中國,則其言獲陳夏齧何?吳少進也**。"《春秋公羊傳—哀公十三年》:"公會晉侯及吳子於黃池。"傳曰:"吳何以稱子?吳主會也。吳主會則曷為先言晉侯?**不與夷狄之主中國也**。其言及吳子何?會兩伯之辭也。不與夷狄之主中國,則曷為以會兩伯之辭言之?重吳也。曷為重吳?吳在是則天下諸侯莫敢不至也。"韓愈云:"孔子之作《春秋》也,諸侯用夷禮則夷之,夷而進於中國則中國之。"參見:韓愈,《原道》。以上數條,則既重視種族與血緣,重視夷夏之辨,又重視文化與禮義制度等之徵,而尤其讚許所謂夷狄之自同化而護衛中華文化也。

或曰：於古代，朝鮮、安南、日本則又稍在更外圍，待內圍盡同化於字語文明，而終將繼續文明遠化及也。惜乎近代以來中國不能創造更新，致使此一趨勢或暫時中綴。其後東亞乃入於現時代，文語形勢一時丕變。

人事、字語、文明(人文明教)或文化(人文化及)，三者相輔相成。人事以造成名物、制度、思論，或文制、文明、文化①，文以明之，文以化之；文明之，文化之，然後其人民有道德智慧，又將存續長大其文明文化；文明文化又賴字、文、言、語以成，以字、文、語保存其文物道教，以字、文、語而明之、化之及遠。字語或文語既蘊藏此種文明文物道德智慧，得之有大利(以中通正大之道德智慧，而得安居樂業，而得人世安祺)，則人將自學習而自同化之。古代中華文明，乃在於仁智二字，以此仁智，窮究研幾，創設良制典章，徵用於人事，而勞心勞力，栽培耕耘，以推進長成此仁樂之文明善果。又以此字此文此語保藏傳承其仁道智慧與文物典章制度，俾文明不墜失於後世而墮落於野蠻也。

今世中華文明，又將彌補理技物理之學，而尤繼長增高而發揚光大，所謂究物理以立衛人道、仁道，亦即理以衛道善生是也。

202206050916

《說文解字注》之字語象意之境

平時讀書，雖必擇其精善者，而固亦無書不讀，不限所謂學科。

① 兼顧古今文化、文明之涵義。

蓋若或有志於淑世淑國與智識通達圓順,則何書不可讀,何學不當講?! 若夫出行攜帶之書,則有所不同,蓋出行不能多帶書,又或有他事而無以從容優裕賞讀之,故必精選之。則或尤見其人其時之所愛重者也。

此前姑勿論,若夫二十餘年前,吾頗嗜讀西方哲學之書,其時出行,或將攜尼采等人之書而讀之(其時亦頗好吾所謂詩化哲學家之書,不僅思深識精,且文采斐然,修辭引喻奇美,如尼采、克爾凱廓爾、別爾嘉耶夫、帕斯卡等人之書作);又甚嗜西方現代詩,亦多攜而品讀之——然吾固亦好中國古代詩詞辭章,吟詠涵味,未嘗中輟之。

近十年來出行,似更喜攜古典詩詞之書,如陶淵明、杜甫、辛棄疾或王維、李白等人之詩詞,而涵詠欣賞之;又或自作之,亦曰意趣自得。中國古典文學,尤其山水自然詩詞,關乎人心人情、世間萬物生趣與志趣氣韻,即或寄寓哀愁,而仍多美韻與逍遙,優裕愜意,乃是一種身心魂魄之休息舒放。若夫讀思西方哲學,多論玄理,處處定義設限,則心腦精神促迫緊張,若於大腦中憑空構造一虛玄之理物或繁複宮室,中間有無數曲折道徑,乃至三維多維之虛理建構(乃是"理"之立體多維限定建構,非如前文所述中國文化之破除種種藩籬界限之多維境界乃至逍遙境界),皆當條理定位之,甚耗心神腦力,然亦精深,而頗可自得歡喜①。但此究竟不能替代中國文化之人心人情,及其志意優遊逍遙之美、趣與悠、閒、寬、裕、博大,及其於山水自然之愛好,與乎"與萬物人世有親"之機趣。人本有心有情有意,則必將求斯心斯情斯意之撫慰逍遙也;玄理或純理固亦自有其虛玄精深之意趣,然人終

① 中國讀者若試讀康德《判斷力批判》之中譯本,便或能稍體會上述滋味。

究難能離心離情而日夕久獨與玄名虛理相處也。理或虛玄自在，又或是人之心造，人而思之求之造之用之也；然雖是心造虛理，造而出之，乃又為外在、虛在，非是實在，尤非自然萬物之睹觸之而親切也。人不可獨存於虛空玄理中，乃必有此身此心此情，而仍歸乎此身此心此情；非獨此身此心此情，而又當有身、心、情、意之與人、物、時、世之親切相與，如此乃有人機人趣人樂也。此曰美學與生趣。

雖然，於今若能再出遊，吾或又將攜《說文解字註》而讀之自得其趣。此則或非常人所可同調同情，亦或非二十年前之我所可逆測設想者。蓋《說文解字註》乃字書字典耳，何來趣味？而竟乃隨身攜帶日夕摩挲之?！然漢字漢文固不同於諸別文語或字語種類，其道其義其趣其妙其幾微往往藏諸其文字中，讀之自有機趣妙悟橫生。且將以一窺中國文語文化之幾微玄妙或真相。

一為哲學之境，一為文學、美學或人心人情之境，一為字語象意之境。字語中亦自涵有天地廣大。若夫中國經、子之學，每涉及天道之境。然此皆亦便宜說法而已，實則所謂"三境"並非如此涇渭分明，而諸境有相合者，亦曰道通為一而已。

202206051747

"柔"字豐富蘊涵之長久賦予

（觀賞一樂舞，甚覺柔美。）女子舞蹈的柔之美，亦可令人沉醉。除一"柔"字，吾不知尚有何字可述其美！而其所謂"柔美"，漢語中文乃用一"柔"字便足以盡述之。或欲精確之，而加言曰"柔和"、"柔弱"、"柔舒"、"柔麗"、"柔婉"等，反皆稍嫌其偏狹不確切矣（"柔和”則較切)。柔之本義蓋言“木性可曲直”[1],然迭經幾千年之字語哲學、文學之美化,而賦予更多涵意(雖不必精確,蓋一精確反而偏狹,失其含蘊豐富之本色),使用此文語之中國人,一睹“柔”字,便皆能心悟、意賞乃至想見或想象其所包蘊之萬般美好意感(漢字漢語中文之義、意每多關連廣多、含蘊豐富,乃至萬物皆可融會一體,不喜截截斷斷之虛理孤義)。漢字之義、意每非單一也,又非僅存乎字書字典,亦非僅存斷乎學者,乃曰存乎萬千年之歷史長河中,存乎斯國斯民之心中與平常日用言行容貌萬事等中。西方語言哲學,乃剝離用此語之人、心、情、史、生(今曰生活),僅從“理”或“純理”、“人造虛理或理物”上解其義,是“純虛理”之學。而漢語中文之義與意則與此不同,中國人解讀漢字之義與意之方法、心意亦不同,而每多心證悟會。漢字漢語中文,其字語之義與意固有所不同,而無論其義或其意,皆非一時而成,亦非刻板偏狹之義意;無論於義、意之歷時長河中,或於一時一世之字語行用心解中,漢字中文之義、意皆蘊涵豐富深廣,唯長久熏陶於此種字語、文學、文明或今之所謂文化中之人,乃能融會體悟之。然此亦有待乎其浸染熏陶之深淺,浸染淺者或亦不能賞得其好其美;而此之所謂浸染熏陶之深淺,非僅謂學校教育,尤非今之所謂“知識教育”也,乃曰於平常日用言行中,或亦自有所浸染熏陶也。然若本國字語文明或文語文明失墜或不彰,則得其字、語、文學、文明之善好真諦者將愈少,而愈不能於平常萬事中顯現,則愈無法以其潛隱內在之文明昭

---

[1] 《說文解字》:柔,木曲直也。從木矛聲,耳由切。《說文解字註》:柔,木曲直也。《洪範》曰:木曰曲直。凡木曲者可直、直者可曲曰柔。《考工記》多言揉,許作煣,云屈申木也。必木有可曲可直之性,而後以火屈之申之。此柔與煣之分別次弟也。《詩》:荏染柔木。則謂生木。柔之引伸爲凡耎弱之偁,凡撫安之偁。從木,矛聲。耳由切。三部。

章熏陶其國其民,而每況愈下。而無論字語或文語、道理、文學、敘述、解釋等,不能自我振拔,自有道理證斷,乃皆內無所主,而一以據斷乎外國而已,信心喪盡,本志本心本根不立,亦可哀恨哉！然則本國字語或文語文學之美化、優化、內涵充實豐富化,以及用此充實美化之本國字語或文語教化本國國民,何其重要也!

若用英語之 soft(或 gentle?)譯漢語之"柔",固可見兩字涵意差異之大。soft 豈能涵蓋漢語"柔"字之豐富涵意!

闊大高遠之壯美,吾亦愛之;靜好柔美,吾亦愛之。美者亦多矣!

注重本國文語之充實化、優化、美化,以對抗字語或語言帝國主義、文化帝國主義。

202206052100

現代白話文或有違背漢語中文之固有字法、文法者

明代羅貫中、施耐庵之《水滸傳》、許仲琳之《封神演義》等書,雖或可謂是——或摻雜有——當時之白話(尤其是《水滸傳》),亦稍用"的"、"們"、"了"等語,而大體仍純是漢文文法,與古文或文言文之文法,並無所扞格;然固亦有"巴不得"之類一時不明其字法者,而無傷大雅。其時或有詩詞文章與小說之文野之分,乃至或亦有文言與街談巷議之白話之分,小說之文辭不似詩賦文章之典雅,然其實亦不至於相差懸絕,可謂大體相合同流,尤其是文法,更是如此。再看清代小說文詞,如《醒世姻緣傳》、《隋唐演義》、《說岳全傳》、《官場現形記》等書,雖或更顯散白,而大體類於明代小說文詞。清季民初,梁任公之文章,其自稱為"新文體",已夾雜甚多新

名詞、日語詞，頗多不侔諧於漢文文法。章士釗早年雖治所謂“邏輯”於蘇格蘭大學，然其早年文言論著之用字，亦有如任公者。此徒以二人為例，而知其皆開詞組譯義之端緒，然大體尚少，不大失漢語中文本色，比之今世之白話中文，對於傳統漢語中文之字法、文法，庶幾可謂承傳者多，破壞者少。其時之學者文人，雖未必於文字學、文語學有所專攻，究竟稍有舊學根底，尚且如此；後世古學寖微，白話驟興，新式學人於此“小學”、“字學”或“訓詁音韻文字學”，無所親炙承傳研讀積累，則其譯語文辭，頗多背戾法度、肆無忌憚者。故其後乃一發不可收拾，逶迤至今。如看有些現代生情文人之白話散文小說，一用現代詞語，便多字法或文法不通者，或敗壞漢文文法與本色；字法文法猶不通，風色不侔，而所謂典雅韻致則更無論矣。相較之，明清小說家流雖未必一意求雅，極盡雕琢文飾之事，而究竟於漢文之字法、文法與本色風神相侔，故讀之仍覺暢達氣舒，或亦不乏漢文之韻味風致也。

質言之，一用現代詞語，其文便往往無足觀，以現代詞語或詞法每違戾於漢文本來字法文法故也。今世文人作家學者若“不識字”，不知中文之字法、文法，不以中文字法、文法慎重覺察審斷每一所謂現代詞語（及其詞法），而略無覺察，信手拈來，徑直用其現代詞語或詞法，則可謂於漢文或中文無自覺，不可謂為文人（學者）也。蓋“文”本來有“文字”之義，本來當審察其文法或字法也。今文漢語或中文之優化，於字法、文法、語法等而言，良多當急作為者，如梳理古代漢語或中文本來之字法、文法、語法，重定所謂現代漢語之字法、文法、語法，及其與古代漢語本來之字法、文法、語法等之銜接承繼通合（而不可盡棄漢語中文之本色，一味用西式詞法、語法也），並以此重審所謂現代漢語中文所有之現代詞語，俾其與漢語或中文本來之字法、文法、語法，或銜接融合後之漢語字法、文法、語法，相通相合；又尤當審察種種西學或外文之漢文或中文譯詞，乃至審議討論漢語或中文之獨特或本色翻譯學理，如此等等之事，皆當慎重研究討論之，俾古今相通而長進優化，然後今世漢語或現代漢語、現代中文乃或可初定也（漢文或中文之卓特挺立）。有志者勉之哉。

以上述文語學說審視有些所謂現代作家之所謂作品文詞，於所記之其事其思其理其情或不無裨益，於其文語則或多瑕疵，乃至或無足觀也。

202206052100

漢字漢語中文豐厚涵義之由來

漢字漢語中文何以能含蘊豐富廣厚？亦曰千百年智者哲人學者之輾轉訓詁引申、文士儒者之文學琢磨斟酌、百姓民人之言語活用廣傳，逶迤而至於斯也。近代以降，吾國丕肆引介西方哲學、邏輯學、語法、詞彙、概念等，欲加厚增廣吾國之道、理、智、識、文、明而中西融合之，固為好事乃至必要，然亦或有偏頗而過者，恐失其文語或文明本根與本主自尊自信。於文語之事言之，則或凡事皆以西律中，乃以為漢語中文之字義含糊籠統、文法不精，一無是處，斯則或過甚其辭矣。曰資借外國字語以補吾文語之或欠缺不足者固可，若曰盡斥棄吾字吾語則不可，蓋漢字漢語中文自有其本根本色本良而不同於外國字語者，乃至多有其非外邦字語所可及之優長者，不必盡棄吾好而一切效顰矩律於西詞西語也。漢字不同於西字，漢語文語哲學不同於西語語言哲學，各有優長，自可相資而互補，不可盡棄而失其良本。（不通漢字漢語中文，）倘一味以西律中,或將謂漢字漢語之義、意雜多似無頭緒,而捉摸不定、訓解為難;然以中體中,則知漢字漢語之義、意涵蘊豐富廣厚,自有訓詁解釋之條理法度,亦自有其善好韻致。漢字之義固豐富,然無論本義、引申義、引喻義、修辭義等,皆有理據法度可循(字源學、訓詁學),熟諳吾國字文言語者自能識解相通之(故中國學術自古便極重識字,識字者,豈如西語文但識其一時之詞義哉?乃曰識其造字理據及千百年來之訓詁活用也。於中國文化,識字即是識其文明,或識體文明之始);漢語中文之文意文法亦自有其法度,徒不盡似西語之限定嚴密——然以別種視點言之,西語語法或亦有其“不必要之嚴密”,今之語言學家或謂言語進化之趨勢,在於由繁入簡,由此言之,則西語或亦將變繁為簡也,然茲不贅述。

近代以來,中西學者於漢字漢語或中文之某些特點或缺陷之揭示評騭,固多中肯者,吾人且虛心受之改之,然亦或有偏過者。蓋西人——乃至不少中國學者——驟學漢字漢語或中文,僅得其皮毛淺薄,不通漢字漢語乃至中國文化之根本全貌本相,遂以其西文義意之或限定單薄、語法之或嚴密刻板,一味以西律中,其甚者乃至或持“歐西文明種族優秀論”(又今之所謂“歐洲中心主義”、“西方中心主義”、“文化殖民主義”、“文化帝國主義”以及語言層面之“語言帝國主義或語言殖民主義”云云),而鄙薄之,大放厥詞,以為漢字漢語中文(以及相應之中國文明等)為淺陋文語,乃至一無是處,則亦過甚其辭,乃至其居心或叵測也。欲滅其國,先滅其字其文其語,其道其書其史,乃至其心其本其信,則漢字漢語中文之所關,其豈小哉!漢字漢語中文之自重優化,又豈不急迫哉?!唯若後人不振作精進,則漢字漢語中文(及其人其道其德其言其風等)無以進長優化,或竟確乎沉淪萎靡,乃誠為大憂懼也。

中國文明亦不同於外國文明,各有優長,乃至各有其道理之可挺立於天下而不必苟易者，自可互補，不必一味強抑遮替。質言之，自其道之各善者言之，自可和而不同；自其理法智術之各優者或各不足者言之，亦自可資借而相須同化；自其惡者言之，則當自棄優進之而已矣。

202206060930

文與字

"字語"，亦可謂為"文語"，文、字，皆今之所謂"字"也。然實則其義有所不同，許慎曰："依類象形故謂之文，其後形聲相益故謂之字；字者，言孳乳而浸多也。"《古今通論》："倉頡造書，形立謂之文，聲具謂之字。"[①]今之所謂"語言"或"語言哲學"，倘就漢語或中文之特色或本色而言之，吾意當作"文語"、"字語"或"文語哲學"、"字語哲學"，而以"文語"為尤當。蓋漢字（乃至漢語[②]）之本在於"文"，在於"觀物取象取文"、"依類象形取文"而造成其"文"，而後乃形聲相益而孳乳浸多其字；又在於"經緯天地曰文"、"中通涵納天地人三才之道曰文"等也[③]。故所謂"文語"，文者文字、文涵道理等也，語者文語、言語或今之"語言"也；所謂"字語"，字者，漢字、

① 參見：《康熙字典》"文"條。

② 於此筆者不完全同意語音重於文字的觀點，蓋倘從所謂語言起源而論，語音蓋先於文字；然倘從"某語種中語音與文字何者尤為重要"而論，則可另有分說討論，因有不同考量因素或標準，則不同語種於茲或亦有所不同。於漢語中文言之，倘以"用文字涵納道理禮義文制，從而文化、文明天下"等為標準而論，則竊以為文字或造文有尤重於語音或所謂口頭"語言"者。

③ 又在於"經緯天地曰文"、"中通涵納天地人三才之道曰文"等也。質言之，中文之"文"，蘊涵豐厚，非止文字之一維。

文字也，語者，文語、字語、言語、語言也。“文語”、“字語”稍可相通（“文字”意義上），而“文語”之涵義更為深廣。

漢文或漢字、漢語或中文，與其他文字、言語不同，尤與拼音字語大別，蓋漢文或漢字象形，有其“文”，拼音字語則無其“文”。故漢語或中文乃曰“文明”、“文化”、“文明化及”云云，乃是名副其實，有文而明，以文明之化之也。若夫英語中之所謂 civilization\culture，乃意譯為中文之文明、文化，實則其內涵有所不同也。中國文明，首先在於此“文”此“字”，而此“文、字”乃是中通天地人、觀天地人之物象而通之而來，其“文”其“明”，乃曰與天地人三才之道圓通和合，乃曰“經緯天地謂之文，仁公覆載、平人普愛、照臨四方謂之明”是也。故中國與中文之“文”，其中自合於天道、地道、人道即三才之道，是經緯天地之“文”而“仁公覆載、平人普愛、照臨四方”之明也。又：或謂漢語哲學，或謂中文哲學，或謂文語哲學，亦可相通。秦漢大一統，尤其是漢代文治武功學術大興盛，乃謂漢語哲學，實則漢語即是天下大同語、雅語、通語也，其始造者或為華夏先民，或為中國天下人之先民，而其流通完善，乃是中國天下人共襄而成，故又為中國天下人之共寶也。天下文明之“文、字”，本來“經緯天地，照臨四方”，則天下人共寶之用之，然後天下文明大同，共享此寶此道而安居樂生而已矣。故吾今乃謂“中文哲學”、“中文文語哲學”或“中國文語哲學”等而已。

無此中文（漢字、中字），便無中國文明或中國文化，乃至便無中國。中國是天下之中一國，是中通上達天道之中國，是中通天地人三才之道之中國，是中道之中國，是中文（漢字、中字）之中國，是天下文明（“經緯天地謂之文，仁公覆載、平人普愛、照臨四方謂之明”）之中國，是經緯天下、仁公覆載、平人普愛、照臨四方之中國。

202206061700

“意義”與“語言”:“意義”在哪裏?

時人文風或有喜好引用中外名人名言者(而所謂學界人士則尤多引用外國名人名言),乃曰或有不自信自尊而扯大旗作虎皮者,不敢自言自思自論,乃瑟縮於後,狐假虎威,迷信權威,挾權威自重,實則與古之所謂宗經宗聖並無二致。尋章摘句之老小雕蟲而已。不是不能引用,而當有自家面目,敢於自說本心本論;輾轉引用,則辭章文氣支裂破碎……

有一種意見宣稱:沒有任何意義可以用語言來確定,或者,語言本身確定不了任何“意義”,因為“意義”和“語言”本來就是不同的事物。又或曰:意義就是語言。然則何者為是?乃嘗試答曰兩者皆未必然,又未必無其或然者。蓋**意義並不存在於語言中,而是存在於人的大腦或心腦中**,人類試圖用語言來描寫固定意義而已;但語言永遠不是意義本身,也永遠無法完全確定意義。意義衹能用心[①]腦來把捉。一本高深哲學書、中國古代道經之書、科學原理之書或意義失傳的古文字書,對於不能讀懂和理解它的人來說,是沒有意義的,或者,是無法把握其當初某個人群或作者所試圖保存的意義的。說是用語言來保存意義,其實最終仍然是用人來保存意義,人的口耳相傳、心行相授[②]以及輔助性的文書相傳,然後名理系統或意義系統乃得傳承。倘無此相授承繼之人群,則無此意

① 此為哲學之心、靈明之心,非謂器質心臟之心。
② 如佛家所謂“傳燈”、道家所謂“薪盡火傳”、儒家所謂“心法相傳”然。

義系統。書籍的世代流傳,不如說是文語系統、意義系統在人之間的代際或世代流傳,沒有後者,或者根本沒有使用此種語言的人,就不可能有意義(系統)的流傳,即使有書籍也沒用。

意義本質上是虛構的觀念物,人之靈腦中所想亦是虛玄觀念、名理,或混沌雲類之玄思①。觀念、名理也罷,意義也罷,玄思也罷,本質上都是"玄者",故或多相合者,可互相表達,至少是部分地互相表達,所以這點並無太大問題②。但觀念、名理、意義、玄思等,與所謂的"物態"之物,在本質上卻根本不同,故前者不能直接表達③後者,而衹能是強制指涉或有限指涉而已。質言之,觀念、玄思等之間可以互相表達,但觀念、玄思等與實在物之間則不然,前者既無法直接而完滿地表達有形物或實在物,也無法用有形物或實在物來完全把捉,它們之間的關係衹能是"指涉",或"象",亦即中文或漢字所謂的"觀物取象"之"象"或"比"而已。

語言尤為特殊,語言是"實在物"嗎?抑或是虛玄意義之系統?前者是物,後者是玄,而根本不同。或曰:語言或可作為紀錄、傳遞和表達意義、玄思等的中介,但思論或觀念、名理、玄思等的傳遞或流傳,最終卻必須通過各人的頭腦或心靈本身。然則意義可以描述或可以說出來嗎?可以用語言來描述嗎?乃嘗試答曰:都可以,

---

① 然對於此種所謂玄思,唯物論者、物理論者或將其還原為"物",比如微觀物態層次之原子、電子等在特定時空序等方面的多維運動、作用和呈現,是一種物理作用而已;而唯心論者則或將其視為一種不同於"物"或"物態"的全新"玄虛者"或"玄靈者";然亦或視為特殊"玄虛物"或"玄靈物"者。所謂"玄靈物",乃曰"玄靈物"衹是物理作用,或有"物、靈"二象性;所謂"玄靈者",乃曰"從物到靈的躍遷"或"從物態到靈態的躍遷"。

② 但表達的方式,尤其是如何從一個人傳遞到另一個人,仍是一個問題,比如所謂的"心傳"、"傳心"或"以心傳心"到底是什麼意思?具體路徑或機制到底何如?則仍需深論之。

③ 所謂"直接表達",亦可謂"同質表達"。

但都無法完全傳達或固定那個所謂的“意義”,而仍然存在著不可言說描述的“意義”或“意義部分”,或者,不可描述或不可說的“意義”或“意義部分”(所謂“意義部分”,也是一個悖論)更多。然則又或問曰:意義的形態,是一個絕對的點?還是一個絕對的觀念?絕對的觀念的形態是怎樣的?意義可以分解嗎?如果能分解,那就不是一個絕對的觀念?如果是一個絕對的觀念,那麼就可以用一個字來表示,而不必用現代漢語所謂的詞組來表示,質言之,**理論上,任何一個(單一的)意義,都可以用一個字來表示**。

但不同的意義之間或實在物之間或有關聯,如相生相聯的關係,故可共用一些字素或詞素,以此來表示意義間或實在物間的關聯,就此而言,詞組或構詞法、偏旁部首造字法、衍字法等又有其一定合理性。所有的這些意義及代表這些意義的字、詞、語、言等組合成一個巨大的意義系統,這個巨大的意義系統就構成了人類的意義世界,如果用語言來中介表達,就構成了人類的語言世界,如果再進一步用文字來紀錄,就構成了相應的文語系統或文語世界。我們便生活在這樣的**意義世界**中,也是生活在這樣的**語言世界**中,同時也可能是生活在某種**文語世界**或文語系統中;但歸根結底,我們是生活在我們全體成員的**心腦世界**中,以及心腦世界所存身和反映的**實在世界**中。

從語言哲學尤其是中國特有的文語哲學的角度,來分別審視和評價古代漢語與現代漢語,古代漢文與現代中文,而定今文漢語或今世中文。

“害怕”一詞似稍不通,然《封神演義》中已用之。

中文頗能重疊謂詞或形容詞,如言“好好先生”、“默默”、“悄悄”、“靜靜”等；又可不須虛詞、助詞、語法詞而隨意組合諸字而見其義，乃至堆砌名詞或名物而其意蘊自顯，如“吾將觀擇之”中之兩動詞或謂詞，如“枯藤老樹昏鴉，小橋流水人家，夕陽西下，斷腸人在天涯”，前兩句純是名詞堆砌，而中國人亦能感受其意蘊。西語則每不可如此，然西語亦或有不重語序者，如德語。

西語中之虛詞、助詞或語法詞頗多，故頗能表示各種邏輯關係；漢語中文則不甚強調文字符號上之邏輯語法詞，而訴諸於心悟其內在邏輯，即以一種內在潛隱理解或默慧理解的方式，而非外顯語法、邏輯詞語等的方式。故西方字語便顯得外在字語形式上頗為嚴謹，而漢語中文雖在文語形式上頗見隨意寬疏，但中國人在內在心靈上或實質運思上仍可思論嚴謹、邏輯嚴密。

202206061700

識字與漢語語法、中文文法

識字（字法）與漢語語法、中文文法。

知審漢語中文字法之第一條，乃是識字，若不識字，恐無所審其字法[①]乃至文法。何謂識字？第一乃謂明文字訓詁與源流。不識文字訓詁，如何用字或循字法？漢語或中文學習之第一義，乃是識字。而所謂明訓詁源流，又尤當明其造字理據，即明其“文理”、“文字理據”或“文（包括字）象之理與意”。知其文象、文理或造字理據，又知其文字訓詁源流，然後乃可用字，乃知用其字法，而可謂能識文斷字也。

① 包括造字法、用字法等。

漢字或中文有其“文”、“文象”、“文理”、“文意”、“象意”等，此其不同於大多數語種或字語類型之所在。漢語中文之本色，乃至中國文化、中國哲學或中文哲學之奥秘本色，皆存乎此“文(字)”此“象”此“意”此“理”等。則識文斷字豈不重哉。

學習漢語中文之第一條，即是識字。學習中國文化、中國哲學之第一條，亦是識字。了解讀懂中國之第一條，亦是識字。研究中國文學[①]之第一條，亦是識字。研究中文文語哲學(中文語言哲學或漢語語言哲學)之第一條，仍是識字。

從古代漢語中文到現代漢語中文的一大變化，乃是增加了大量詞組，而由字法轉向字法[②]與詞法(此處之所謂“詞”，尤指詞組，而包括構詞法與用詞法)並重，乃至後者日益凌駕或覆蓋前者，漢字及漢字本來訓詁或字義因之隱隱有淡虛之趨勢。

202206070943

“不滿及其創新”

誠衷而言之，若仍以當今之所謂白話文譯之，則如其可能，吾必捨譯本而讀外語原文(吾人固將擇其外文書之優好者，然此非謂外文必好或必愛外文也。實則吾此論之著眼點仍在乎中文而已)，如此則其所浪費之暇晷蓋稍少耳。讀譯本，乃曰或不得已(如無原文，不識原文，原文難讀，省時求速，書價廉等)，退而求其次而已。當今之白話文非不能譯述其意，而破壞中文字法、文法，又多不典

① 無論大文學、狹義生情文學、道理文學等。

② 而字法中又尤重其“用字法”，而“造字法”則潛隱不彰，至於現代“造字”事業本身，除了所謂簡化字亦可視為一種特殊的“造字”運動而外，則幾乎暫時停滯了。

雅優美，則睹之鬱鬱，有實不堪忍受者也。蓋吾求漢語中文及其文法本色典雅之斯心一起，則吾今乃或有其臆必固我而執一處。

"不滿及其創造或創新"——此仿自某書名《創新及其不滿》。吾鄕來多所不滿，不滿故乃不與，故乃遠離之，又故乃願有所創造，則亦為生命願望乃至野望之所源來也。人世或世界不完美，心眼所觸多所不滿，乃所以創造傳奇，不然，或竟亦將為一庸常存生而已？庸常之存生福樂非不可取，然亦或有必願傳奇卓立者。

設若諸事不滿，則誠願諸事皆有所自我創造，創造構想我所歡喜之或然"世界"或"良美世界"也。雖因不敢自足其智，而不強求推廣於世，然亦可謂先虛設境域，而我固可先以此自在優遊之，何必混跡糾纏於難得自安怡然之俗世或濁世？雖然，世間固有萬事萬端，有或愛者有或不愛者，則愛其愛；有愛而必有相應之責任者，則愛而任安之；有多端多方不滿者，則多方多端創造之……然則若欲求其萬事萬端之安，或世界之全好，則必當求其通達，則天下道理學問乃至萬事萬端，皆觀之體之思之，而將求其或通。通達上下四方，無所窒礙，乃或可言及天下文明制度之創設也。否則，通此而窒彼，扶東而倒西，逆性違故而多費，遮大道而迂小徑……恐猶是一團糟亂而已。此非謂"自是作聖"、"專制天下"（某西方學者卡爾・波普爾[1]所謂"烏托邦工程"或"全面系統之社會建構工程"），乃仍是將求中通天道而後順行其故、無為而治而已。通達天道、順故而行，與乎平人伻處自繇、不犯不擾，豈違戾哉！

202206071308

① 卡爾・波普爾，Karl Popper，批判所謂烏托邦工程或全面社會建構工程，而主張所謂漸進式或零星社會工程。

漢語中文之字法、文法、語法能否容納新義新理?

或問:以古代漢語或中文之原有字法、文法,能否容納新義新理?新義新理是否必以所謂"現代(固定)詞組"乃可譯?答曰:字法、文法與語法有所不同①。原有之字法、文法固可容納新義新理也,蓋"每一""義"皆可以"一字"名之,則中文乃可"以舊字賦新義"或"造新字"等法式,以容納(外來或新創之)新義新理。或曰理與義不同,義或為單義,理則或不然。則答曰:暫不論此說之是非,雖假設其然,"理"猶可以漢語或中文固有之字法名之闡之,雖或亦有字組,而不必破壞既有之字法,尤不必視為失其本字本義之所謂現代"詞組"也。且以漢語或中文之"文語哲學"(西方乃曰"語言哲學")究論之,無論或視"義"為"單義",或視之為"綜義"或"復合義",皆可以單字名之,則一也;或者,若果為"綜義"或"復合義",則固可以單字之復合或組合而名之,而仍可合於漢語固有字法,不必另有(現代漢語之所謂)詞法,或視為所謂"固定詞組"。

或問:若以單字名"綜義"或"復合義",則恐人或不能解,則如之何?答曰:雖然漢字或漢文字,其義與文字因"象"之中介而多所關連,即義、象、文(字)乃有內在之理據關連,故相較其他文字而言,稍易解讀;然"義"就其根本而言,乃是人之心腦所造之"虛物"

① 字法、文法云云,吾有時乃混同用之,則"文法"之"文",乃是"文、字"之意,則字法即是文法,文法即是字法。然吾有時又區別用之,則"文法"之"文",乃是今之所謂"文章、辭章"意,乃至是"語言、語言"等之意,則此之所謂"文法"乃又是今之所謂"文章法"或"語法"耳。然所謂字法與語法,又難截然區分。西方字語亦有如是者,如西語之構詞法、變形法似兼為字法與語法。

或“玄者”，與“象”、“文”（紋或紋理）猶有所不同，遑論其他“語種”或“符語”之無“文”無“象”者哉！則其義與其文，乃有強為制定或限定、約定者，必解之、用之長久然後乃共通行於用此語種或文語之民眾之心腦意識中，不必另解而皆能通達其義也（然則何以解之、限定之？亦曰用固有之文字或符語而已）。文字及其義，久用則連合之而已。吾人且看古代漢語中文之字，於今言之，每涵豐富之多義，或“復合義”，如“柔”，既指物性之柔，又可指人之性情之柔，亦可指柔美，或存世之一種柔韌智慧等，而有多重或復合之義，然經千百年平常習用之，吾中國人何須解之而後通?! 其他種種漢字，每皆如此，平常國人尚一聽而解，況必於中文有所普學研習之學者乎（學者必當嫻習其國文國語，而後或可成可謂為其本國學者）？固不待解而即知也。

質言之，既非詞組乃能譯外文之義，亦非單字不能譯傳外文之理、義，乃是理、義是否能傳布通行於眾耳。若能傳布於眾，則無論單字或詞組，人皆能通曉其義。若然，則何必破壞漢語中文本身之字法、文法而用所謂詞組？用單字尤合於漢語中文之字法、文法而風色協侔合一而美諧也。

外語亦如是，比如英語之 liberty①，其初從法語乃至拉丁語引入英語時，其時之英國人豈能皆知其義哉？乃用之既久，或經由所謂“啟蒙”或“教化”，然後英國人睹詞即知其義也，而無論 liberty 是否為單一或復合義。如欲引此義入於漢語中文，用“自由”也罷，

① **liberty**：1. the state of being free from oppression or imprisonment. 2. a right or privilege, especially a statutory one; 3. the power or scope to act as one pleases. 4. informal a presumptuous remark or action. 5. nautical shore leave granted to a sailor. -ORIGIN ME: from OFr. liberte, from L. libertas, from liber‘free’. See: Concise Oxford English Dictionary, Oxford University Press, 2011/08, pp821.

用“群已權界”也罷，用“無礙”、“逍遙”也罷，乃至用“伸”(人可伸展舒張，喻謂之 liberty)用“伏”(人有廣大天地而無礙，喻謂之 liberty。然此筆者一時亂取之，固或可有更適宜之舊字或新造字也)而賦予新義，久用而共通知其義，皆有何不可?! 然用“自由”而視之為“固定詞組”，則或破壞漢語本來字法，故吾乃有憂之，思以對治之。如用單字譯納於漢語，則無此虞也。然無論“舊字賦新義”，抑或“造新字而有新義”，皆當自有其理據，前曰可從本義引申，後曰其文字或文象當與新義有所相關連，合於“六書”或“七書”、“八書”等造字法也[①]。

實則即於英語中，liberty 之義亦非——乃至尤非——自明者，故亦並非所謂單義，乃與中文大多數文字皆蘊涵豐富字義者相類也。然則既或謂古代漢語中文之字義籠統含糊，則乃謂英語之詞義亦籠統含糊? 由此可知，字義詞義皆或有其籠統含糊處，此文語或言語之本色，非漢語中文之病，尤非漢語中文之獨病也。唯語法則有所不同，茲不贅述。

近世以來中國哲學、中國文明有所不彰，或諉過於古代漢語中文之字義之籠統含糊，亦曰厚誣古人。即或衡於同時之世界萬邦，古中國人豈無道智文明之創造與風力?! 實則徒乃今人不肖，不能承繼發揚創造而繼長增高而已。亦曰哀哉。

豈自家之寶藏深礦，或視若敝屣，或不能明治，而亦將盡委諸外人掘冶鑄造，然後製其美器以售來於我乎?

---

① 又及:字法或可包含造字法、用字法或合字法等，其合字或組字，則用以述復合義乃至句意等。然則何能如此? 則答曰:人類所造之萬般諸義，非各自隔絕，乃皆有所關連也，此尤以漢語中文或漢語中文文化、中國文化為然，非視萬物為孤立，乃視其各相關聯，乃至萬物一體，所謂觀物取象、萬物皆備於我、天人合一、萬殊一本、萬物萬事相通等，皆此之謂也。而其全體，乃為人類義意世界、道義世界、心靈世界或心腦世界也。

今世中國學者大多不熟諳漢語中文之文字學、字法、文法等，乃至譯者尤其如是，而尤以所謂學術論文為甚，故所謂現代漢語中文中便多種種怪異乃至惡形惡狀之譯語（以及違戾破壞漢語中文之文法而扞格不通之所謂固定詞組），與漢語之本來風色甚不侔諧，讀之文不從氣不順，義不明語不通，或令人氣悶神靡，昏昏沉沉；其甚者不中不西，猶如異邦怪書，晦澀窒礙，詰屈聱牙，不堪卒讀。漢語中文至此，沉淪甚矣。或有所謂現代漢語白話詩，亦有染此病者，然亦不可一概而論，其中亦或有稍可觀者。

有些哲學論文或學術論文，觸目皆是"主義"、"主觀"、"客觀"、"主體"、"客體"云云然，不知所謂，睹之生厭。所謂"邏輯辭"、"邏輯工具"、"概念工具"、"理論概括"等非謂必不好，然若所謂"主義"、"理論"太多太過，虛玄空泛，喧賓奪主，則反多扭曲遮蔽事物本相或真相。

202206071308

中文文語全統及其擴展；白話文者，白話而有文，白話而合於文法也

漢字及其字組，古今訓詁紛紜繁多，大多有其諸種理據，亦有強訓而不釋解者。然大凡訓詁有理據或優美者，乃將可存傳之；其強訓而無理據或又不優好者，則漸漸淘汰湮滅之。雖然，既曾有此訓詁，便將納於此種文語全統中，後世或復啟用之而賦予新義，或用表新義，故一時雖死而後又或重萌生機也——此即訓詁集成之書之所可寶重者也，如《經籍纂詁》、《故訓匯纂》、《古音匯纂》、《廣雅疏證》、《漢語大字典》、《古文字詁林》等，皆可謂是。漢字漢語之

訓詁,若於歷史義意長河之流中觀之,似極為紛繁而雜亂;然於一定時世限域內視之,則其義意又大致典常穩定。蓋一世有一世之文語全統與義意世界也。然不同時世之不同文語全統與義意世界,亦或有文野、精粗、高下、優劣之軒輊,俟乎其時世中之眾人英彥心腦智慧之啟發揮揚。若夫何以能大啟揚,啟揚至於何境界,則亦皆有其特別之大樞機存焉(今人乃或以所謂"系統論"、"熵論"、"開放世界"、"智識自由"、"科學社會學"、"知識社會學"等解讀之)。樞機啟而運轉良好,則世運霍霍,風雲飈飛,而天下煥然文明,沛然逍遙莫之抑塞也;反之,亦或天下暗淡失色,萬馬齊喑,愚蠢野蠻,東倒西歪,妖孽相循,沉淪逶迤數世不已。或曰:若夫豪傑之士,雖處黯淡之世猶能潛興,艱卓剛毅,龍德沉雄,天命知道,直奔主題,無所耽滯,故乃或可造時移勢、扭轉一時風氣也。然名世之士亦難哉。

於今世,其(白話)文語大統與義意世界何若?其餘姑不論,其新其顯者,乃曰增其所謂白話之文語與新理義之詞組①,因此而於引進新理義、增多初識字之人眾二事,有功焉,間接相關之功尤多,不贅述。然亦有其弊病,如與漢語中文固有之字法或文法或相扞格,或頗多不侔不通者(亦曰譯輸創名新理義之困難,或譯輸、創造新理義與承創融合文法語法之兩難);常人所習熟之文語儲量甚狹隘粗淺平乏,不甚諳知字法(包括造字或造義理據)、文法,頗不能精雅表情達義、創義新語、哲析理論,乃至或有日益粗鄙不通者;漢文漢語或中文固有之典雅優美及其所蘊涵之優秀道義智理皆因之

① 白話亦從民間創造中來,或頗生動,徒未經字法、文法檢驗,或有失之不雅馴者,故亦需淵雅文人(大文之人,或大文學之人)精審精煉之,然後乃可謂"白話文"。**白話文者,白話而有文,白話而合於文法也**(此一"文法",兼包字法與文法,乃至語法,而字法又兼包造字法與用字法等)。

或將日益湮滅無繼，等等。有志者當於此有所興作對治，以啟揚中華文明之新機運與新風習也。

古人之造字、用字或合字，不僅重其訓詁、義意之配合，又重其音韻之配合，幾千年來，道智師儒，學者文士，騷人詞客，持續錘煉鍛造敲打之，乃終得一典雅優美、音韻和諧之古代漢文漢語，可觀可賞，可識可書，可蘊可悟，可誦可吟，可歌可泣（白話乃至白話文似難朗誦，遑言吟詠），為中華文明之瑰寶。何以能此？於文語本身言之，則答曰識文字，通訓詁，明造字理據，而又通音韻音律；於文語之外者言之，乃曰中通天地人三才之文（如天文天象，地文地理，人文儀禮等）之道，通萬物之象與故，觀物取象，天人合一，道通為一，萬物一體是也。今又增曰究物理、格玄義（純理物等）、創器用等。

文語，中文中語，或漢文漢語，乃中華文明根基之一，又為轉移文明世運之樞機之一。文語非無關世運也！究研文語，亦非迂腐不切世事也！雖然，其萬人獨往，其諤諤直言，其勇毅敢任，其庸言庸行之正善，諸如此類，豈不敬愛讚許哉！蓋淑世非一途一方，各適而共襄，道通為一，而後乃能集義大成之而已。有所志，有所為，而皆愛之而已。有其英彥俊秀，通達大道，丕啟揚風氣世運，亦曰愛之。

文語，無論古代文語或現代文語，或曰既定，實則未必既定。其不典雅優好者，吾不用之，而或自創其好者。如此乃或可謂作文者。蓋作文者之第一義，乃謂於一切文語，皆不視之固然固定，而我自精神靈妙用之而已。若與道理文象有差而扞格，乃不用其文詞其義意，而吾心自有天地道理，自求中通於天地精神，是我也。

202206081539

文語觀與文學觀

當今之世，中國或並無一位真正之大文語學家——倘其未能思及本書所揭橥之種種論題、問題並提出建設性之解決方案的話，當然，此外固然還有其他許多未遑提及和展開的重要文語論題和文語事體。

經過這麼多年，我現在才對所謂現(當)代文學有了一點自己的反思或觀點，可以講一講自己的想法。但這卻不是因為又多讀了多少現(當)代文學的作品或論著，恰恰相反，這些年來，我較少關注所謂現(當)代文學，卻對經學、先秦(諸子)學術、文字學或音韻訓詁學、古典文學、現代語言學、語言哲學、智能哲學或心靈哲學等更多深入研讀，此外又粗粗了解了幾門外語，加上讀研究生時對於科學哲學、科學社會學、知識論或認識論以及西方哲學的研讀和積累，然後方能從漢語漢文本身，或語言文字學、語言學、語法學等層面，來審視和反思現(當)代文學和現代中文，因而有了一些自己的想法，乃至自己的文語觀與文學觀。反之，如果我一直局限於現(當)代文學內部，或許是無法跳脫出來進行審視和反思，並超越既有的理論框架的。

事實上，不僅僅是現(當)代文學，對於現代學術的許多領域，我都不受其固有範式或慣例所籠罩或束縛，而更關注真、真相、真理、道理等本身，此外我很超脫的，什麼都框我不住，如果我認為其無關宏旨大雅，我也無意在那樣的領域或方向展現我的才華(為了證明自己而證明自己)。我認為每個領域的學術研究都有價值，每個人做的工作都有價值，不僅從總體上對一國學術發展是必要的是，是有價值的，尤其是對那個人本身也有其個體價值，我尊重他們的選擇；但我自己，卻有自己的標準，做自己認為更有價值的事情。所以，我完全並無僅僅在某個學術領域證明自己或成名成家的想法，我不需要證明自己。我會在自己認為有價值和感興趣的論題或方面自由地研究探討和著述寫作，沒有其他任何的分心，很愉快，甚至很幸福。生活中固然不無欠缺者，然而想到"獲得同時亦必須付出代價"時，同時又想到自己可以如此自由地做自己的學術研究工作時（因為自己主動放棄其他的事情或享樂），再想到我現在所做的工作的將來的作用和價值時，我不僅對某些欠缺的東西也毫不為意，而且更加珍視現在的生活形態和覺得幸運。我常常能"從有看到無"和"從無看到有"，從"有無相生"以及"有無比較"中更加熱愛現在的狀態，也因此獲得內外、當下將來的平衡，以及心靈的某種平靜狀態。

思考是最快樂的事情之一，討論也是最快樂的事情之一。來來來，我或有所思，或有所疑，乃將野老獻芹，請討之教之，正之益之。然後臉赤正可豪飲。

寫思考札記，即或移時終日，亦覺輕暢，以靈魂心智自繇逍遙故也。若夫梳理奧晦之古籍，考論一事一義之源流本末（又必顧及一定之格式、相關之細節，雖無關緊要而必面面俱到），乃至閱評指點他人論文，便每或有煩悶不舒、氣血窒塞之感，亦曰就人思路、斯心智識不能自在、氣脈不能自然酣暢故也。

相比於必求格式完滿、面面俱到而集中論述之論文，札記則逍遙自在而靈活多姿。真正之論文或固稱嚴謹專精，然智理也罷，事理也罷，即或自限定義，實則既每多相關而非孤立者，亦多零餘萬端者,既非盡可歸於一端,又非一端可盡言其紛歧,故札記乃反能多端論述,或東鱗西爪,或更近於事理之全貌本相。故曰:論文、札記,自可各適兼用之而已。實則古之論文每以札記形式出之,重論重理,不重格式,故往往簡短精要,文言微中,乃至一語中的,戛然而止,而不必一律格式長短。而所謂現代論文因其格式所限,每多不必要之源流梳理、細節羅列,其俗套者或猶多不必要之客套儀文,既耗作者精力,亦耗讀者心神;而札記則開門見山、直奔主題,往往淋漓酣暢、一針見血、切中肯綮、疏通脈絡,而又言畢則止,無所耽滯啰嗦,耗人暇晷,亦曰心神暢快。

202206081539

"義"的系統與"新義"的增入

要創造或確定一個意義,並創造或使用某個"象或形"的文字,與其(即這個"意義")進行關聯,從而固定此一意義——即在文字與意義之間建立關聯或理據——,實在是太難。因為一個哪怕是最簡單的意義的確立,也需要不斷地解釋,不斷地修正,即利用其它既有的諸多意義或文字來進行解釋和修正。事實上,衹有當最後整個意義體系大體建構起來了,整個文字系統或文語系統才算大體成立①,然後此一意義也才可能真正成立。一個意義的確立是和整體意義系統的確立相因相成的;一個文字及其意義的確立,也是和整體文語系統的大致確立相因相成。然後,人類的文化世

① 這有點同義反復或自為前提的嫌疑,卻是為了強調文語系統和文字意義之間的密切關聯,尤其是文字意義的確切程度與整個文語系統的優善精密程度密切相關,互為前提、互為表徵而互相促進。

界或意義世界以及相應的語言世界(或文語世界)乃正式確立。而當文語系統或語言系統確立之後,一切新造的意義,或一切意義的新造,如果未必都是藉助這一既有語言系統或文語系統來進行,至少也將或多或少地藉助這個語言系統或文語系統來進行和保存(其他還包括藉助人類心智本身——比如所謂的心智格式塔——、心智造物等來進行保存和傳承),並最終將其納入和融匯到這個文語系統或語言系統。顯然,意義系統和文語系統(或語言系統)的形成,會經歷一個由粗疏不全到形成較為精確嚴密的體系的過程。但絕對嚴密精確的人類語言系統、文語系統和意義系統,至少到目前為止似乎尚難達成,甚至大概是不可能存在的(如果可能,大概可以意味著人類文明的完成、大同美好社會的實現),或者,至少無法通過既有的文語或字語系統的中介來成立[①]。就此而言,語言哲學或文語哲學與智能哲學的研究確實太重要了。人類的智能世界和意義世界的進化與優化,或許便主要在於人類諸種語言或文語的語言哲學或文語哲學和智能哲學的真正突破;反之或亦然。

關於意義系統的構建,這裏存在一個悖論:理論上,當較為嚴密的邏輯系統和意義系統沒有建立起來之前,是無法確定任何一個意義的。因為意義不是自立的,不是孤立存在的(無法孤立地自立),不是獨自定義的,不是絕對的存在,而是需要意義的參照或比較,是在意義對照或相異的情形下才能凸顯自身,在比較的情形下才能夠成立。所以,一個意義的確立的前提,是需要另一個意義的確立;但另一個意義的確立,也需要另外一個意義的確立,如此無窮循環下去。這就構成了悖論:在另一個意義沒有確立之前,這任一意義也就無法確立,推論下去,則任何意義都無法完全自立或真

① 所以有的哲學家試圖訴諸於所謂的邏輯語言或數理邏輯"語言"或"符語"。

正確立。這看起來似乎是一個難解的悖論，但模糊意義的嘗試建構理論，以及悖論環理論（或連環的悖論），反而使得整體意義系統的出現和構建成為可能，祇是——或儘管——最開始是極其粗糙而不嚴密的意義或意義系統。

上古漢語或中文[1]，竟在那麼早的時候就構建了一個較為嚴密的意義系統和文語系統，的確頗令人驚歎。我並不很了解古希臘語、古拉丁語、古希伯來語乃至古梵語、古埃及語的具體情形，尤其是這些古老語種的語法及其生成過程的情形，如果這些語種在那時就已經頗為複雜精密，同樣是令人驚歎的事情。人類意義世界乃至文語或語言世界的建構，其過程，其主體，其本質到底如何？確都是很有意思的論題。

漢字、漢文、漢語，乃至所有之語言，如今仍處於這一意義體系的建構過程中。尤其是漢文漢語和中文的意義系統建構——除卻其他象形文字如古埃及文字、古蘇美爾文字等之外——，最有特色，而與任何表音文字語言都不一樣，故或許對於那些自小熏陶於其他母語或母國文語的人來說也最為難學，但也可能因此蘊涵了最有價值的意義系統建構的方向或可能性。但中國人對此似乎仍少有自覺意識，或並未更好地挖掘、思考、闡述其價值所在。

自古至今，在地球範圍內，比較各種語種，使用漢字漢文漢語或中文文語的人口數量，或許是最多的。這麼多人的心腦智能匯聚在一起，應該——也確實——在古代創造了燦爛輝煌的漢語文明或中國文語文明。但在現代社會，對比於世界範圍內的文明發展，暫時看來，應該說還有非常大的進展空間。當然，這確實需要

---

① 如以歷史主義思路來嚴格敘述，則那時尚不可稱為“漢語”、“漢字”，乃或稱為“華夏語”、“華夏文”或“華夏文語”等。至於夏商周（各族）之文語是否大體一致，或是否“類似並進”，亦為可商榷探討之論題。

時間,不能因為短時間的在某些方面的暫時落後,而遂簡單化地歸咎或懷疑漢文漢語或中國文語本身。但假設,我是說假設在相當長或足夠長的時間段內,並且允許漢文漢語或中國文語進行一些相應的進化的情形下,如果漢語中文智能仍不能快速進展,不能在人類諸種文語智能的競賽中卓然超前,那是否意味著既作為智能思考工具之一又作為蘊藏人類智能結果的漢文漢語的語言形態本身,仍然存在一定缺陷,或存在著進一步改善的空間? 這些都是可以認真思考探究的論題。

意義或意義系統發展的趨勢,似乎是日益細分或精細,那麼,以漢字漢文或漢語中文的特質,能否承擔得起如此乃至無窮的細分或精細化?[①] 但即使是日益細分或精細化,原有的高度包蘊性或意義蘊涵更豐富的文語,也仍然有其存在的價值和必要。當然,對於漢字漢語或中文是否能夠承擔起萬般意義或意義系統的關聯或連接這一任務或需求,我是不甚擔心的,即使必要時也可以增加造字、用字的理論以至於"七書"、"八書"、"九書"等,並且也可以增加相對更多的符號和漢字,來共同解決相關的需求。漢字漢語文化是非常重視和敏感於萬事萬物之間的關聯性的,能夠把握那種關聯性,並用漢字漢語或中文表示出來,這是漢語中文的優勢之一;雖然其關聯性未必同於所謂的形式邏輯或數理邏輯的關聯——但這同樣是漢字漢語的優勢,因為世間許多事物確實並非絕對抽象物、純理物或邏輯物;雖然我們也承認現代社會以來,確實人造了大量這樣的絕對抽象物或純理物等。其實許多表音文字

① 當然,所謂"無窮"的細化或精細化,亦可能誇大了,因為無論是意義本身,還是人類對於意義的需要程度,都未必需要無窮細分的意義系統;宇宙可能是無窮的,但人類對於地球世界的存在物和意義細分的認識程度、需要程度和實際處理程度,也許都是有限的,或是不必無窮細分的。

語言如屈折語、黏著語等,或也能表示這種關聯性,和漢字漢語中文所表示出來的萬事萬物之間的關聯性,有同有異……

202206082100

“義”的轉訓與心解

比如:或問“多”是何義或何意,則訓曰:多者,夥也,豐也。然則再問:夥、豐是何義?則或曰:夥,多也(今人乃謂為循環定義,或同義反復),庶也;豐,足也。則又問:庶、足是何義?如此以至無窮。則以字訓字,以文語訓文語,似嫌不足而無方?實則嬰兒孩童或除外,成人常人則經一二轉訓即能解其義意。何故?乃曰世有其物事而人口耳聽聞感遇之、知名(亦曰命名、命義或賦義)之(或為前人所命名賦義而受之者),其人心智中既有其義其物事,故能觸類旁通也。故曰:乃因人先體徵得其物事或習得其智慧、義意,而後乃能識解其字義,或以義附於文字也。世間萬事庶物同自在同呈象,天生天賦人心智慧精靈每多通,義意乃人之心智精神以口耳身手等中介感物而生者,以相通之此心神而遇感斯世同在同象同文理之萬物,則雖萬人萬心有萬殊異微,而其義意終究仍多可相通;萬物庶事又非孤立,而亦皆或斯宇五大(今曰“元素”云云)化合或感天地陰陽之氣而生者,故有其同而相連者,其異則在於稟賦五大與感天地之精氣之多寡清濁等而已,故自其根本與生生而言,斯世萬物本有相通一體者,故其義意亦皆可相較比類,可觸類旁通——此尤是漢字漢文漢語之本色或特色。以此相通之眾心一本,感遇斯世共生之斯萬物一體,則其義其意自可相通,乃至終究道通為一也。故於字語或文語,不必輾轉相訓而人自明之。

又比如:或問“愛”是何意? 曰懷也。又問“懷”是何意? 曰中有人或心有人也。或仍不能解,乃答曰:將或能體悟之。或曰:吾終生不知愛(今之所謂“愛情”或男女愛情)為何物? 則或答曰:乃或靈明一時未開耳。實則人豈不知愛? 豈不嘗“心有人”? 雖嬰孩少年亦能體會此情也。有此心此神明此精靈,有斯宇斯世斯萬事庶物,便或有斯義(或諸義)斯語——雖殊方外國或有此事物義意,則吾人吾國亦可引入而悟會之;文語則假之以傳其心意、表其義意而已。有其事其義意,能感悟其事其義意,則何拘文語,雖單字亦能傳其“涵蘊豐厚繁富”之義意也。則漢字漢文漢語或中文固有之字法豈必廢棄哉,而文語之義意、語法又豈必嚴謹微細(相對涵蘊豐厚或包蘊廣大而言)哉。首在乎其心智或靈明而已。雖然,若夫文法、語法嚴密,則尤能傳達其細分精微之義意,故亦可有所重視之。蓋字法、文法、語法、邏輯云云,所以明人世萬事萬物與萬義萬理之比類關連與殊異界限(今曰“關係”或“秩序”),而求致其理,明其界限義方(或今之所謂“外部秩序”,然亦多“外義”、“一端之義”等,自其“通”者言之,或亦盡消弭其界限義方),乃或以作器用,或將至於各適而自繇、不犯不擾之相安和諧境域也(古曰“和”、“諧”,今或曰“秩序”,反見狹隘矣)。

外語亦復如是,上述之事,若以英語復述之,蓋亦如此,雖亦俟乎輾轉相訓,而轉訓一二即可明之,同於漢語中文。自然人事世界,非衹有純虛義理或外義。純虛義、理世界豈能窮盡或代替人事世界? 文語或語言全統中,豈衹有純虛義理(今曰絕對抽象概念、理念、意義或義理)而無涉乎人心人生及世間萬物? 文語或語言非僅所以求純虛義理或外義、外序,乃又所以寫人事自然(之“實在”)而為人心人生人美共樂也。今人或侈談“定義”、“邏輯”,固是論理學(或所謂知識論)之進展,然若不知其止限,不知其“玄義”之外在，或徒為一端耳，而執一遮百蔽實而窒礙不通，則或亦將是“求理太過”之“理障”。所謂文語哲學或語言哲學亦有如是者，或惟集矢於所謂純虛義理（今曰“意義”，英語曰 meaning），亦是此風所致，亦曰有其狹隘處（今或謂之為“唯理論”、“唯名論”、“惟科學主義”云云）。純虛之義理固可求也，乃至必有所求也，求以構造義理器物世界（或曰玄義而人造之實在世界，非謂自然實在世界），或善眾生。然世間萬事果皆能定義或徒以理遮之乎？人世間豈將徒存其虛義、虛理，而一無餘裕於——乃至一斥棄乎——其人、事、物、心、情等？徒存虛義虛理之世間，究竟是何世間？又何以謂“人世間”？人心人情人身人生將何以安處優遊？純粹義、理世界中，蓋或有智能機器人，而將無血肉之人身、靈明之人心、心物合一之人生之攸居優遊之地？

202206082100

文、義、象、物

文語哲學或語言哲學，不當僅注目集矢於“義”或“理”（今曰“意義”，英語曰 meaning，或概念、理念等）；哲學或智慧之學亦不當祇有或祇是“義”、“理”之學也。明乎此，然後乃或可論中國哲學或中文哲學，以及中國文語哲學或漢語文語哲學（若以西方學術範式言之，則曰“漢語語言哲學”或“中文語言哲學”，然中文乃有“文（字）”，豈可不論其文字而僅談所謂“語言”哉）等。雖然，吾人固亦可從“義、理”入手治其中文哲學或中文文語哲學，而亦為其治學之一端，徒不執一、不唯一耳。

中文之義，因其“文”，因其文明本色，每從物事、從物象入手，而與事、象關連，而世間物事形象本又多相互關聯，故一義乃可以眾多文字訓之，而皆相通又稍相異，若似非“純虛純玄”之義（今日“絕對抽象概念”或“理念”），今乃謂之為“比類思維”、“象意思維”云云，乃至或卑視之。實則所謂“純虛玄義”果“有”（實有？虛假之有？）之乎？“有”之而何“在”？在心腦？在靈明？在事、物（包括今之所謂“現象”）之內或之外？自在虛空？在“名理虛玄世界”？與人、事實物果相關？……皆可謂疑竇叢生，非必定也。以純虛之義理之所謂“語言”[①]而“簡約或扭曲僭替”人間萬事之豐圓，與以象意比類宛轉人間萬事，究竟何者尤為智哲近情實？亦可深思也。且人間“語言”，實無絕然“純虛義理”之語言也——雖然語音文字或拼音文字或稍近於虛理，而象意中文文語則尤近親於人、事本身，或尤便於指涉人、事本身。以文語或語言“說”義，蓋難，或以數“說”義、理而已。純虛義理，無論說（以文語或語言說之）與不說，可說或不可說，與人間世事實在固有所隔；而中文之文語與世事、心與物，象形比類關涉，或乃可親切宛轉一體，無睽隔也。中文文語，物象比類，象意比類，隨物宛轉，比而不遮，近而不凌，心物一體，萬物一體，“說”與“不說”，而象意、文語、心意皆能悟會親近宛轉於人世萬物也。

202206082100

彣彰與文章

實則中國人固然心愛彣彰而好文章，然亦“愛文而不泥於文”，所謂“盡信文則不如無文”或“盡信書則不如無書”（此取“書名”之義，

① 中文則曰“文語”，與“語言”之義不同，文者，有文有象而比類其事物實在也。

書，即文字也，又或取其比喻之意），蓋知文乃“像其象”，非其“本象”，又非其物事本身也；文能蘊涵其義而關涉其情實，然亦尤有、尤多“含蓄不盡者”或“無以文涵文傳者”，所謂“文不盡意物，而情實自在”（“文不盡言，言不盡意”）云云；既知文字終究非物情，故“雖有其文而不忘其本物，不僭替其情實”，乃又必注目於文外之本象本物，及其多端萬端、含蓄無盡、內涵豐富者，而文—物、義—情[①]兼顧；乃於識文斷字、讀書言語之外，又尤注意於文言之外，若“文外之意”、“字外之旨”、“含蓄不盡”、“餘韻悠悠”（又如音樂之“餘音繞樑”云云）、“言有盡而意無窮”、“無文處勝有文”（又如“此時無言勝有言，無聲勝有聲”、“虛室生白”、“計白當黑”等類似者）、“於無文字處味文外之旨、弦外之音”云云，皆是也，而固不忘“文言外之人事自然世界”（其斥“執一”、“拘泥拘墟”、“紙上談兵”、“閉門造車”等，亦是同理）。

質言之，受此種文語思維熏陶之中國人，每視文語為親近萬物自然之詮蹄，而不以文語遮蔽僭替萬物自然。中國人愛好文字彣彰而不拘泥之，故中國人乃曰“意會”、“神會”、“冥通”、“心悟”、“心證”、“心領”、“相顧無言而情自生”與“坐忘”、“得意忘言”等。此固非心術不正之人之“閃爍支吾其詞”可比，蓋中國人乃知文語固可傳情寫實，然亦知文語非盡可信者，而衹是心意情實之詮蹄而已[②]，故反而於文語若即若離而優哉游哉，不甚執一，而曰“得魚忘筌”、“得意忘象忘言”而已。

西方語言哲學或分析哲學則頗執著[③]，一定要探討語言之義，

① 情者，情實也。

② 西哲如維特根斯坦亦有所謂“語言遊戲”之說，下文稍有分說。

③ 西方語言哲學建基於拼音文字語言之上，而中國文語哲學則建基於漢語中文或中國文語之上，此中西文語哲學或語言哲學之大不同所在。倘一味以西方語言哲學律諸中國文語哲學，則或扭曲或忽視中國文語之本相本質，不得要領，不得其精粹，乃至或存仰視西方語言、西語哲學而稍卑視漢文漢語中文之“訓詁”乃至中國文語哲學、中文哲學、中國哲學本身，則大謬也。

欲釐清之。實則西人亦曰語言遊戲云云，固知語義之難尋難定難精也。倘以中國文語哲學論之，則曰：非不欲窮形盡相，又非不欲定義精確，然知物事之全真形相、性質本來多端萬殊，無可窮盡，故衹是比類而“像”“涉”而已，乃不言“是”，而言“比類”、“象意”、“像涉”等而已。西人則欲求物之“是”，便不免執其一端數端而不及其餘，以之為是，即是以一端數端之是而遮替其萬端之圓全，乃揉物也，蔽物也，造物也，而實不可徑等同於自然全圓之物情也。

當代中國人如欲用文言而寫其文章，呈其美象風姿雅趣，其難者或不在識文解字而用其文言，乃或亦在於想用其象意，在於諳善於比類比興（今曰象喻比類思維方式），在於與物宛轉而不拘泥淩駕之真心童心……古人是真愛物也，於物有情意，不僭越，不扭曲，不揉虐，故古文中之物象自然逍遙，皆自得也。今人之文，能有此等雍容自在氣象乎？

202206082100

“義”在哪裏？

接前文所述，然則“懷”或“心有人”云云，又豈能窮盡“愛”字之義、意？然亦竟不妨人皆能悟會涵蓋其意。則乃或有惑矣，而問曰：其“義”其“意”究竟何在？在文（字）中？在事中？在人心識中，或在乎人之心神靈明？在天地虛空中？自在邪？故乃答曰：比類而在其（文）中，而又有意味不盡者，不在其（文）中，而在乎天地人心萬物之逍遙優裕而相與宛轉契合之處也。雖文不盡言，言不盡意，而文、言、意又或有不盡物（情）且不盡為物所可涵蓋者存焉，而吾人生斯世也，長斯心也，與天地人事萬物相與交接優遊感遇，故而乃能體悟其文、言、義、理、情、意也，有不必藉助文語而自相契通者，是人心與人事人世隨物宛轉、任運自然而冥通意會也。

202206082100

“多端述事法”與“隨物宛轉”

實則語音（或拼音）“文字”或“語言”，其訓詞義之法，或有轉訓或同義訓、近義訓，而尤多是多端述事法或多端描述法，非如哲學之嚴密定義法。即或所謂哲學定義，亦必藉其詞語[①]，則仍不可謂全非多端述事法或描述法。或有純必慮理物理之定義，乃藉“數”或純數理公式為之，或可謂周密無涉實物世界，或者準確言之，乃謂不可等同於圓全實物或實物世界。若夫漢文漢語或中文字典（今又有詞典）之訓義，古代訓詁法或轉訓法之外，亦曰以既有之漢字漢文及其象意或“恍惚模糊、宛轉遊移之義意”等，多端述之而已。事本非或本不止一端（今或曰“本質特徵”或“主要特徵”等，然此亦可議），難以一端盡述之，雖以一文（字）一義而涵蓋之，而其文義實非一端可盡也。事、文（字）、義、意、情實等，本來如此多端而自圓滿整全，又或旁逸斜出而互相關聯，乃至萬物一體，則固非可取一方而遮三隅、取一端而蔽其餘萬端也。乃曰或取其一象一端，而又隨物宛轉，不以文遮物、以義蔽意，不廢其物實之本身圓滿也。

由古中文可知，先秦古中國人不喜談虛義玄理，雖有虛義玄理而不執一，仍不離於物與象（之圓全、關連、變易等），蓋或以虛義玄

① 人類蓋無法以數理邏輯語言來定義說解人類萬事，以人類身心與世間萬事本非數理邏輯所可僭替故也。

理為不可恃，而執一執虛則或蔽物而離實，失其情實也。故其造字造義、說事述情論理，每皆藉其象物而比類興賦、隨物宛轉而已。以造字造義論，象形字固無論，雖“六書”中之指事、形聲、會意，亦皆有其事象而後指事會意也。先秦中國人又好彣彰而愛其美也，雖曰有其質本，而又將彣飾之、文理之，爾後乃謂文質彬彬、心意愜然優遊。先秦古中國之作文述事也，每以物象比興，乃有興味美致餘韻，此中國人之所謂文采或彣彰也。至於純是虛義玄理，則曰空泛乏味而味如嚼蠟。魏晉之人雖愛談玄理，亦多以山水自然、物象比興而談之，乃有韻致，否則恐亦難能喜歡怡然也。

中文之所謂“義”，不純是虛義玄理也，亦無虛義玄理之執一，如今之西方“音語哲學”或所謂“語言哲學”者之所為。中文之所謂“義”，“像”“比”其物、事也，非僭替而斥逐其物事；非曰重此“義”或“虛義玄理”，乃曰重其“實物”本相本真或“物之情實”也，故雖有此“文”此“義”，不廢其物其事其情與乎其本相本真本在本圓全也，如此而於物事乃至天地自然有親。愛其象，尤愛其彣彰，故取像其彣彰而為文章，像象而美之，文、物、心、意各自在而又各相融會契合而已矣。

202206082100

義意世界、萬物世界與心靈世界

世界萬物自在而相關，則用以名物之文字及文義[①]亦相關，然

① 此處所謂“義”，字義、文義、語義也，又玄義、虛理義、純造玄義也，非謂道義或禮義之“義”。

後萬般文字及其義意乃匯聚成一文語全統與文名義意全統也，或曰文語世界與義意世界，而與萬物世界或萬物全統比類關連相應，而非義意世界僭替萬物世界也。此乃人類原初之文語或語言世界以及義意世界何以能造成或構成之原因，亦乃文語或語言世界以及義意世界“之中”或“背後”何以自有或自帶其“義理連繫網”（或“理據網”）、“關連網”或“邏輯鏈”之原因。何謂邪？曰：以萬物世界本自相關連、比類，乃至同化出諸五大（今曰“元素”）陰陽等而已，故雖因稟賦陰陽清濁多寡之不同而或有相異分者，然尤因同出乎五大陰陽等而有其相通者，乃有其萬物一體、道通為一者存焉。於人言之，則可曰“萬物皆備於我”而已。

202206092105

一時代有一時代之訓詁

用漢字漢語作文，每須有訓詁之事。吾於今世作文言之文章，猶每欲自我作註疏訓詁，此何故邪？蓋古漢語之漢字，每皆本來蘊涵深廣，又迭經幾千年之引申轉註，乃至比興以成文史典故，其意因之益加豐繁雜歧，雖於我作文時，固乃是、乃自知（或心知）用其一字一義或一字豐意，而於人讀解時，因其字本涵多義，若上下文不能限明之，則讀者或莫之所定所從也；為避免此弊病，則作者或亦須自為訓詁而明文義。此或古文弊端之一，不必諱言；然亦不必誇大，蓋揆之前後文、上下文，其字義大體皆可擇定也；且作者作文時，亦將自斟酌其用字，用其相應之字法、文法，而力避其或致誤解也。吾人讀唐宋以來之文章，比如唐宋八大家之文，乃至讀明清以來之文言說部（稍近於散白），皆可謂明白曉暢（然亦俟乎讀者之文語與文史修養積累),於義解無所窒礙,可知古文亦不必有此病也。

若夫今之白話文,大體無此弊,往往不必訓詁而義意自明,讀者能徑直明曉其義,是白話之優點。然此亦是大體言之,蓋常見語則自然能明曉之,非常語則亦未必然。而古文何嘗非是。且今之白話文,尤其所謂學術論文乃至學術八股,頗受西文或譯文之熏染影響,其譯者或不通漢語中文之"小學"與字法文法,故竟亦多扞格不通、醜陋怪異、詰屈聱牙者,而讀之氣悶郁滯、不知所云。其尤病者,其一在於每多破壞漢語中文本來字法文法,漢文漢語由字法、文法變為詞法、語法,稍失字義、字法,其二又或棄而失其象意比興之彣彰、三才文明之道義中通,與乎含蓄蘊藉之韻致等美善者也。

或曰一時代有一時代之訓詁,一時代乃定一時代之單字單義,而以字典明定之,以此稍緩因字義涵蘊深廣而苦於擇定之難,亦曰可行,而事實亦或有大體如是者,如唐宋文稍不同於魏晉文,魏晉文稍不同於戰國秦漢文也,則吾人亦固知隨時代升降而或有字文義訓之替嬗。然若拘泥執一,必欲盡棄其多義而唯存其一義,則亦有狹陋拘泥之病,且由此而隔斷千百年之文語史、文學史乃至文明累積,恐亦非善。蓋造字以後,字有本義,有引申義,有比興義,有轉註義等,而每字皆自然成其為一義意連續統,或義意大觀,此恰漢文漢語進展優化之跡,而字書或訓詁學之所以興也。今乃遮斷之,盡棄其豐好而惟取其一狹義,將無所多方描述、瀏亮體物、窮形盡相等之術,則恐漢文漢語或中文將日益沉淪,為纛狹而鄙陋不文也。故亦不可行。稍簡約或尚可,盡簡陋狹隘則必不可;而以一二所謂專家之私智私好而或刪削簡約之,恐尤多弊病,尤害漢文漢語或中文。則終知小學訓詁之學、字書之事不可或棄也,而文語則有待乎斯民人斯學者之自繇優擇也。徒不可徑直遮蔽斷絕之。

202206100944

“論文”無文？

論文之外已無文。今世學者，於所謂（科研）論文之外，幾乎無文，或不能文。而雖曰論文，實亦無文。甚乃或鄙陋甚矣。或有義焉，而無其人面目，剿說假虎，碎義零斷，僻陋無裨益於闡理淑世，尤無裨益於現代中文之優化。

無文之世。若質則可；倘質文皆無，則鄙野甚矣。

吾看《封神演義》，思三教之道術，乃悟中國文明亦自淵深博大，不可盡棄。反觀西方，蓋西方學術乃是理勝，中國卻乃是天下文明。吾中國固亦當求其理，如物理、智理、名理、論理、意理等，以補吾國現代物理之學與玄理虛義之學之不足，而又不棄其天下文明，是為中國道、理、文、明於天下也。

202206101306

機器智能與中文彣彰風韻

所謂機器智能，其或能造作英語等音語文學篇章，乃至或亦可造作現代漢語文學篇章，然勢難造作古漢語文學篇章，尤難於詩詞曲賦與魏晉以前之文章風韻。何故？曰此等著作非止有文言義理，乃有心有情有含蓄蘊藉者也。其確定之文言義理，機器之智或能仿效之；其文外之心（文心）、字外之情（人情）、言外之意、語外之蘊藉、篇章外之精靈神明等，則機械之智能蓋無以及也。人愛人，所以然者，以人有心有情有靈有神有明，又有文字言語，能傳會其人其心其情其靈其神明也。乃曰心靈神明情意文言之相與相契，而後相知相會相愛相處也。

現代人每求為知理（今曰“知識”、“理則”、“物理”、“客觀必然之理”、“純義”、“抽象概念”云云）之人，或所謂“智理人”、“理性人”、“計算人”等，固可乃至固當有也。然若衹求理，則亦必偏頗多病。衹講理性理智，不講心、情、道、仁、德及其相應之義（道義）、禮（依道義製作相應之禮儀），亦必無安樂人生民國也。

202206101915

語文課與文語課；語文課與中文漢語“科學”

語文課與文語課，區分在於以何者為基本，或如何平衡文語。

不諳習古典文學，怎能看出現代文學[①]之好壞？

其道義如何且不論，單論文語[②]之字法、文法[③]，《封神演義》之

---

① 此處所謂之“文學”，皆謂大文學，非僅狹義之生情文學。

② 嚴格言之，乃仍是“漢文”或“中文”，不是純粹“人語”或“語言”；此以作品包含各色人語故，而姑且謂之“文語”。實則作品中各色人語，蓋不同於真人之平日言語，而仍是舊時文人所撰之“語”，合於“文法”之“文語”，或轉語成文之“語文”而已，故仍是“文”，或仍有“文”的本色，不是純粹人語。**質言之，傳統文言小說乃至所謂白話小說中之各色人語，大體仍是“文”，仍遵循基本文法，故是“轉語而成文”之“文”，或“轉語之文”，不是純粹之真人語、言；或謂此為傳統文人之白話“文”，乃至方可為現代白話文之重要標準。至於“語”“文”合一或“言”“文”合一之目下既存之所謂“現代白話文”，乃是誤入歧途，因其破壞漢文或中文固有字法、文法，已是“不文”，衹可稱“白話”，卻斷無稱“白話文”之資格。“文”不同於“語”或“言”，乃至“語言”，“文”“語”（或“言”）不必合一，而自可並行相輔相益而不悖，所謂造文字納入中文，以文字與中文助力漢語或中語，而又正之。換言之，民間以此中文（文字與文章）造語造義乃至譯語格義，或合乎中文字法文法，或不合中文字法文法，其合者自可用之中文，其不合者則以文法正之，或另造字造文；然亦不必限制其或不合乎文法之真人語、言，而自可用其口語交言之功也。**（此一注釋寫於202307291810。）

③ 乃至語法亦合乎字法與文法，比如作品中人之對語等。

文語尚屬整飭典雅，偶有一二口語或白話，而大體不失固有中文之字法、文法，或可為中文通常述事著作之文體。

《聊齋誌異》之文語，亦有可稱道者……

清代小說之文風雖大體近於明代小說，而其俗白又稍進一步。

清季林紓之譯外國說部書，嚴復譯外國諸子學術書，亦皆典雅不失傳統中文之字法文法，竊以為二子之譯文，或可為中文引納西學西理之典範（而嚴氏尤優於林氏），既以引介新學理，復不失吾國文語既有既正之字法文法，兩全而加美。

惜乎其後，民國初年一幫青年，當時於中國古典學術並無多少根底，遑論中西學術之博觀通達，而激於外夷侵凌、國勢積弱不振之困局，又驚炫於歐美諸國之強富有學，乃一時膜拜外國學術而鄙棄吾國固有或本位本色之道理學術文章，以為外國學術皆好而吾國學術皆腐朽無足觀，故於文字言語之學亦作如是觀，一則口耳剿說歐美基於拼音文字與"言文合一"等之語言文字學說，稗販於國內學界，二則於此無所辨別批判，而一切律諸西洋語言文字學與語言學史，遂乃將中國之積弱不振諉過於漢字中文漢語等，急欲盡棄吾國固有文字語言而效仿西方拼音字母之文字語言等。遂乃掀起所謂白話文風潮，竟將典雅古文或文言棄之如敝屣[1]。其後變本加厲，古典文言或文語之學遂沉淪不復起，而其惡果則有逶迤至今者……

今世學制，中學、小學雖有所謂語文課，而稍粗淺貧乏，而英語反與中文國語同其學時，加之科目甚多（此固有所當然），則學生固無暇而難得深厚其文語與古典學術修養；高中又有所謂文理分科，其所謂理科生，於文語及與古典學術稍相關連之學科如

① 乃至將欲廢除漢字中文而盡用西洋拉丁字母，亦即所謂漢字拉丁化等主張。

歷史、地理等，幾難有餘暇更多博觀嫻習之。及其大學畢業後，或在國內深造鑽研格致，以長進吾國學術、物理學等，亦或有負笈求學外國者，將以格致物理而輸入世界學術理技[①]於中國。然每或以中文國語修養淺薄故（然所謂中文或中國文語，或亦當隨時優進之），竟或不克以雅正精嚴、日新時進之漢語中文，或說傳其物理新學新技，或譯介外國學術理技，用以蘊涵納入於吾國吾文吾語吾書吾刊中，因而豐厚吾國自有自主之道義、學術、理技，使吾國學子人民雖不通外語亦可學其先進高深之學術理技也。此非謂不可學外語或留學外國，乃曰尤當自立先進為本。蓋若一國學術理技之學或瞠乎世界其後時，固當虛心求教於先進之國；乃至一國文明既進展，猶亦當廣資博取於世界文明，呼吸吐納，日新長進不已。雖然，求教所以為自主爭先也，非所以永遠亦步亦趨為小學生，為"知識販賣商"，為所謂"知識買辦"而已。故開國交流也罷，異邦求學也罷，其最終之鵠的，皆尤當求自立，求自爭先、自創造、自文明先進也。故尤當立我學術理技創造爭先之良制，自創造其先進之道義學術與物理技器，又以我隨時優進之中國文語書之、涵之、藏之、傳之、教之、光大之，則不徒吾國學子理士人民能以中文國語格致高深先進之學術理技，且將得外國學子理士之真心向慕，將學吾國文語而來吾國求學其先進道義學術與物理器物之學也。質言之，即**"以中國文語涵納先進道理學術"**是也。

反之，若始終無所制度自立、學術理技之自我大進，而將一味——或不得不——大費時日周章與精力，學其異邦外語，遠涉

① 廣義物理學，即所謂"科學"；所謂理技即廣義物理學與相應技術，今曰科學技術等。

重洋留學之，乃至崇洋媚外，亦步亦趨、拜倒匍匐於其腳下，造成種種嚴重問題或後果，則亦曰“代價”或“成本”巨大，乃至吾國吾民之自家尊嚴自信與英挺風神亦將難立矣。試想：通常而言，一人壽命精力有定限，乃至智力亦本非太過高下軒輊，若其一人必先花費大量時日精力學其外語乃或能為其高深之學術理技研究，而另一人其初便不必學外語而自可用本國文語行其高深學術理技之學習研究，兩相對比，何者將勝出，乃不言而喻矣（然此論亦不必誇大或極端之，蓋若其人能通知兩國乃至多國文語或文明，則其人於智理之所得或也愈多，所謂交流出新知，或多元異質之交流融會其新知，然此非本文之主旨，而姑不具論之）！又試想或假設：一涉高深學術理器，便（須）求諸外邦外人外語，乃至不得不用其外語與外國學說理論、器技工藝（花費巨資引進其核心技術或專利技術工藝、生產線、工程師、技術人才等），自家無人無學無技乃至無此文語，長此以往，則何能振作揚眉於世界?!

然則若能優進本國學術理技之學術與制度，又以此涵納優進本國文語（如中文漢語等），使其既能——亦曰既已——蘊涵先進之文明、道義、智慧、理技，又適合而用之以創造、發明、記述先進之學術理技，而為所謂中文漢語“科學”，則乃是其國其民之大福祉，而其國其民之學術理技亦將大進展、大放光彩，而將後來居上、反客為主以臻於文明先進，或復興其國文明而優進之，而由學生進至於師傅，不徒得其邦國民族及個人之自尊與榮光，而尤將貢獻其國其民之大智力於人類世界也。

實則若於中國古典學術積累廣博深厚，或亦能於現代理技之學有所啟迪發明。然茲事體大，不可作膚淺解讀，故不贅言。

202206102230

字豐與字簡；音譯與文象義譯

或曰：何必學致積聚繁富之文辭，普通人於平常日用，雖數千文字即或已足用，何必以繁文縟辭、古代文言訓詁，苦其國民心神而耗其暇晷精力，乃至追鶩彣彰而弄飾文章風姿哉？若某現代中文作家，但用字兩千四百許，即可綴成一長篇說部之書（《駱駝祥子》用字 2411 個），然則豈必多識文字？如此云云然者甚多。然凡斯之諸論，皆有其臆必固我處，乃至識見拘墟，祇見其一而不見其餘也。一者人之生世，不僅有（樸）質，亦當又進於（美）文，而離於野蠻（文野之分，古人所謂"禮"亦曰文，所以文化之），中國所謂"文質彬彬"、"文化"乃至"天下文明"等是也；二者，文字辭語者，所以指事傳情明心識道理[①]義禮者也，道、情、義、理等深微廣大則其文辭亦相因之，轉而又相輔相成之（亦所謂意豐則文繁、文繁則意豐），俾發明記述其義、理、道、情等而愈加微細深廣，如此而日臻於文明大化優進，此則捨繁豐之文語無以至也。質言之，道、理、義、情、意等之深微廣大，捨豐繁之文語何以記述傳授悟會之？且人生斯世百年，既短暫又漫長，而可愛可美者多矣，又何不可愛好文學而愛其物象彣彰之美者？

此亦可舉諸外國詞語史（今所謂"語言史"）比照之，眾所周知，德語固屬日耳曼語，古英語亦脫胎於古日耳曼語（盎格魯—薩克遜民族或部落），而古英語或古日耳曼語之詞、語甚簡陋粗略，可見其時尚無甚"文明"，而被希臘羅馬諸族目之為蠻族或野蠻人，其後乃

① 理者，廣義物理之謂也。

從古希臘語、古拉丁語乃至法語等中大量引借詞語，漸成今日之現代英語、德語，已與古日耳曼語“不可同日而語”，而亦皆漸進於今日之西方“文明”矣。若唯以簡易足用於平常生事為准，則豈若曰棄今日繁富之現代英語德語而復歸於簡陋之古日耳曼語乎？如斯，則“文野”顛倒而退化，必知其不可也。

近代西方工業革命和科學革命之前，古代漢字漢語中文之繁富豐麗，（於所謂農業文明時代，）可謂登峰造極，而絲毫不遜色於同時期世界範圍内之其他任何文語或字語；同時，古代漢字漢語中文中所蘊涵之農業文明時代之先進道義理[①]技，又可謂與此文語配合無間、相得益彰，同時使吾國文明得以挺立於世，而又遐邇向慕於我，而我又擴展同化之。然則於所謂理技工業文明時代，中國文語尤當更加繁富優進之，以涵納匹配相應之現代道義理技之極速進步，與乎新義新理新事等之巨量擴展。或曰普通人之識字作文，每或主於日常交流，乃識得數千字便罷，亦或可謂稍無可厚非；至於中國文語、文章、論文等之事，尤涉及道義理技之學術格致涵納，則絕非數千字所可成就者，而尤當大量擴充之；若自限其字積量或所謂詞匯量，則豈能適配因應紛繁複雜而又豐富多姿、變換急劇之現代理技工業社會?！然則其大學生、學者或有志於中國文語之學、現代道義理技之學之國民、學士、志士等，豈可衹以識得區區幾千字而自滿，豈能藉此而成其為優秀中國學者或中文學者？歐美（大）學者之字積量或詞匯量，乃至中國學子學習外語之詞匯量，如雅思、托福等英語水平考試，其詞匯量如何？豈因難寫難記憶而減少之？然則中國高中生、大學生乃至研究生、學者等之漢字識字量或字積量又如何？外國人學習中文時——例如 HSK 漢語水平

① 包括經驗物理學。

考試等——之字積量又如何？故知：若中國學子、國民乃至學者僅以識得區區數千字為准，又故意減少（日常）漢字使用量[①]，則乃是自廢武功、畫地自限、畫疆墨守、畫地為牢……乃是自我束縛、戕害吾國文明文化，於中國文化復興和進展之洪業大有戕害，則可不悚懼警醒而痛下針砭、改弦更張、急起直追哉！

又或曰：何必多學古代訓詁文辭之學，但學現代簡明詞語，乃至但從外語音譯而來，以少量漢字（乃至拉丁字母）標音而已，豈不便宜輕鬆？則答曰：漢字中文漢語乃人文有象有理之文語（中文漢語之內在字法或文法，以及語法。分言之，文、字不同；合言之，則文、字通用。字法兼言造字法與用字法），而又比類通達天地人三才之道之文語，自有其優異而不可磨滅者永在天壤之間矣；文字中自有象意人文理據[②]，以此易識而親切得理[③]，則固不可凡義理皆外借音譯亦可知（然則此象意人文有理之中文，何以識其現代似若日益無窮之玄義虛理？人世果有、果必要其無窮之玄義虛理？似亦皆可深思商榷應對之）。中國文明又乃生生不息、日新惟新之文明，永慕上進於天道、理則、義（道義之義）禮之文明，而天道雖一，體悟之或有深淺；理則雖若虛玄無窮，發明之或裨世用；其義禮亦可隨道、理而變易新進善好之，然則其天道之深遠精微、其理則之

① 比如，徒以便於識字、減少文盲為名而減少識字教學數量，乃至以便於識字教學為其唯一目的而在普遍國民教育層面減少漢字識字量，在國家窮苦、文盲眾多之特殊時期，尚有其在特別層面和範圍上之不得已處乃至一定合理性，發揮其作用，然當時過境遷勢移，國家民眾逐漸富裕起來，文盲大幅減少，於此時，便當思及邦國文明精進提高優勝之事，不可將當時“就低不就高”之權宜之計拘泥固化，如懶漢之惰性，或順其不作為之慣性，而竟僵化因襲擴展為長遠之計，倘是如此，便可謂是因噎廢食、以偏概全、過度推廣、得不償失，亦可謂膠柱鼓瑟、僵化拘泥，或攻其一點不及其餘、捨本逐末、本末倒置……不能順時作為，與時俱進，而為害甚大，急需改張之。

② 包括經驗物理。

③ 道理、事理或義理、物理、名理、意理或心理等。

發明無窮、其義禮之善進千萬條目等，亦將俟乎此繁富豐美而又能引申生發新造之中國文語也。既不可率爾音譯借語於外，而固有幾千年之豐富訓詁文辭可自借、自新此文語，然則既自有其寶藏，而何不用之！此今人亦當明中文訓詁之學、文辭之學之原因也。蓋語音“詞”語或拼音文字之語種，早已盡失其象意造字理據而蛻變為純粹拼音字語，故其每取音譯借詞法，以豐富壯大其本國之“詞”語“文明”，亦曰可也；而象意文理人文之中文漢語，則必意譯而將其納涵於吾國文語之中，相與優進，而內化一體，又不失其人文中通之道理，是謂中國文語與中國文明也。則吾國中文文字訓詁之學、文語之學、譯學等，豈不重哉！雖然，乃曰文語之學與凡百道義學術、廣義物理學等，當並行不悖而相輔相成也。皮之不存，毛將焉附？皮毛本一體共存而已；則若文語與學術(包括今之廣義物理學即自然科學等)，何者為皮，何者為毛，又何必斤斤呶呶哉?!

202206110804

第四部分

中國哲學或中道哲學之最高境界是“通”

中國哲學或中道哲學之最高鵠的或境界乃是“通”，各相通達（此句又無今之所謂主語，不拘泥也，此亦或為中國哲學之本色之一；又不説“四通八達”，即説亦衹是概指其多，仍是“各”、“皆”之義而已），無所窒礙扞格，又可通行於天下而無礙也（此句又不必有主語，而明其包涵之至大無外；或以論人則曰主語乃天下人而已，而無論華夏或所謂蠻夷，實則又不止於人類也）。或析言之為二：所謂“通”者，一曰其體，謂義、理之通達，即義、理貫通無窒礙，而又有今之所謂邏輯自洽[①]；二曰其用，謂行用通達，可通行於天下（故中國哲學本來乃有“通行通達天下”之意，今曰“普遍主義”）。故所謂“通達天人之際”、“通行平治天下”云云，皆是“通”義（吾今亦盼中國有“大通人”或“大學者”出焉，有通達之道智。所謂專家或為某限域之“小通人”）[②]。

或問曰：然則通於何？豈不言通於何乎？則其答有二，一曰：但論其“通”，不論其“通於何”或“通何准”，若能内自貫通而外能通行天下，即通而善，而何必論“其通准於何”?！此蓋以“通行於天下”解“通於何”。二曰：通於道、通於天、通於仁云云也。具言之，則或言“中通於道”，若此，則似言中國哲學之最高鵠的與境界乃是“道”？然則此之所謂道，乃虚名、假（借用）名耳，實則仍是言其為“大道”而人皆可“通行”或“可通行於天下”而已，則仍是“通”、“通

---

① 《中庸》：“是故君子動而世為天下道，行而世為天下法，言而世為天下則。”

② 《中庸》：“故君子之道，本諸身，徵諸庶民，考諸三王而不謬，建諸天地而不悖，質諸鬼神而無疑，百世以俟聖人而不惑。”

達”、“通達天下”之意。“大道”亦是虛假(借用)之名,所謂大者,至大包涵無外,又通達於天下、天下人可通行也,渾言之乃曰“道”或“大道”(西語乃曰不可數名詞或綜合名詞),曰“道通為一”;析言之乃有“諸道”或“諸小道”(西語乃曰可數名詞),而或皆可天下通行之(“萬殊諸道”),或但通行於某地某域某類,然或不能行乎天下,則謂之“小道”(今曰“有前提條件之論斷”,實則一切論斷或名理都有其一定前提條件,故曰虛玄之名理或論斷,不可將論斷或名理與整全事實、現實、客觀世界等混為一談)。又或言“中通於天”或“中通於天道”,實則“天”或“天道”亦是虛假(借用)之名,仍是愛其、體其、求其“通達天下”而已,如中國古人乃言天覆地載,言天地之道好生好仁、大公無私(“不為堯存,不為桀亡”,“天道無親,常與善人”)云云,皆是愛而取其“通”,能通達通行於天下也。或曰道之本、天之體皆在乎仁,則乃言“中通於仁”,乃曰天地之道好仁好生,於此立其道義系統而貫通之①。(按:於今之哲學術語言之,則常論曰“仁”乃倫理論或道德論或倫理學,若夫“通”、“道”、“天”乃可謂有其智論或今之所謂“知識論”之特質,智慧之本在於“通”,或在於“道”、“天”;又或今之所謂“本體論”,論天地宇宙之本,其或在乎道,在乎天也——然則如此智論乃與宇宙本體論有其重合者。)

補論曰:通、道、天、仁云云,不獨言人類,而亦包舉宇宙萬物。按儒家學說,於人而言,則有人倫之道,於萬物庶類而言,而包涵萬物庶類之道,乃至包涵宇宙天地之全體所有②,而無不貫通之,無不通行之——此其渾言之。若析言之,儒家乃曰:人有人道,庶物有庶物之道;再細分之:則人又分倫,庶物又分各類,而各有倫理,各有其分,各

① 《中庸》:“大哉聖人之道!洋洋乎!發育萬物,峻極於天。”
② 同上。

有類性，而各守倫理，各安其分，各循類性云云。倫理、類性、分云云，亦謂之道，可通行也。然此乃儒家一家之說，道家、墨家等或不與焉。且儒者體道亦或有深淺，故今世若體道更深，亦將可惟新其道也。

實則中國哲學之最高鵠的或境界，本謂之“聖”，聖即通也。此處乃為避免今人誤解具人之神聖（今曰“人格化神聖”）或“造神、造聖”，又或混同智聖（即通，哲學之“中通聖智”。或道聖）與德聖，故乃先言通，後言聖。實則以中國哲學之本文而言之，尤當先謂之“聖”。聖有兩義，一曰道聖或道通，通道、通哲、通智，或天道之中通、智慧之通達，為哲學或智慧之所謂聖；二曰德聖，聖人之德，為今之所謂道德聖人，或倫理學之所謂聖。而吾謂其德聖必來自道聖，蓋若道不聖通、聖智，則恐其未必真知德，心雖欲有德而實或不中通也。

然則人能通乎（通聖、通智、通道、通大道、通天道等）？能通道或通大道乎？何以通之？則或又造一“性”字以論之。則乃有天生而通者（天地之精氣或精靈），學而通者，困而通者，遮蔽污染而不通者。古人言通，每言“口、耳”、“聰、明”、“察、問”（如《中庸》：“好問而好察邇言”；《論語—述而》：“多聞擇其善者而從之，多見而識之”等），又言“惟精惟一，感而遂通”云云，皆所以通者也（今曰“方法論”，拙著《中庸廣辭》有詳論）。然求其通達於天下之大道，亦難矣，故又謙虛敬畏之，上下遠近、終生求其徵驗，不敢一時自是自足其智也①。或老而成之，或終生未知道，然若其心求之，乃曰終生上進趨近之，亦曰樂道；雖謙卑不敢自謂必得，亦服膺於道；雖不知得道否，然或已得其求道之樂也②。

故中國乃尊崇聖人、通人。今吾亦思願中國或有大通人出焉！

---

① 《中庸》：“君子之道費而隱。夫婦之愚，可以與知焉，及其至也，雖聖人亦有所不知焉；夫婦之不肖，可以能行焉，及其至也，雖聖人亦有所不能焉。”

② 然此段乃粗論，尚需深入斟酌推敲。

小通則小名，大通則大名，孟子所謂“名世者”，豈謂小學小道，乃謂“大通人”而已。

不通中國哲學，亦無以通西方哲學，尤無以、無法、無能審視、批判西方哲學；反之亦然。

吾頗欲暫棄《十三經廣辭》之事，而專力撰寫有關中文哲學或漢語文語哲學之思考札記，蓋後者寫來尤酣暢愜意。然若將“十三經”或先秦兩漢之書整理一過，則於中國文語之學、中國文明或所謂中國“文化”等尤能體悟深厚，且又有文語辭章之熏陶收益，實亦大有裨助於將來之中文哲學與中國文語哲學之思考與撰著也。

202206121420

The world's most expensive cities.

比如以上這句：以 expensive 說 cities，以中國人看來，便覺其文義奇怪，蓋中國人或曰：“此城市中物價甚昂貴”，乃以昂貴說物價，說物品說商品而已；今人或曰“這個城市的生活水平太高”，而通常不說“這個昂貴的城市”或“這個城市太昂貴了”，不然人或將問：“汝欲買此城乎？”從文法、語法言之，以 expensive 說 cities，可乎？或曰無所不可；然從文義或義之哲學層面分析之（今曰語言哲學或意義哲學），又當乎？此或可見中文與西語比如英語，蓋難判然區分之，遑論率爾高下軒輊。

202206131450

《聊齋誌異》每字有義

讀《聊齋誌異》，每字有義，無廢字，深有感觸，乃至感動。古文甚精確，其義自顯，非如今文之辭費。今人乃或反曰今文精確（或又曰漢語古文不及西文精確),恐未必然,而其(今文之)辭費或廢其字之本義則有必然者也。吾嘗睹一“埒”字,雖即(心或腦)知其義,而搜索枯腸(今或曰搜索荒腦),欲以它字或今文解之,乃或一時不得(“一時”未得而已,實則以“相當”解之便可)。吾今故回想悠顯其心思過程,而審查其理:乃先是直覺知義,然後或尋其文語;雖或一時不得其文語,而其義則既確知之矣。如“躐等”之“躐”,亦復如是,或一時不知以何(今)語解之,而心(或腦)知其義。(蓋人之智愚亦有如是者,未可徒以文語而定之,古今每見其或訥訥不能言,而思慮行事自或有常人所不及者。以是故,古人又不徒以文辭之學為事為能也。)創斯義,知斯義,而後造斯字以名之;中國古人及古文明之聰明智慧既在乎創義,尤在乎造字,每義皆以單字名之。若夫今世今人,乃竟不諳此道此理,不能造新字或引申字義以名其新義,乃組字以為所謂詞組而名其義,每多辭費不通。實則古人亦合字以造新字、以名新義,如“會意”即是也,今竟暗昧不知,又不能用,**“六書”乃成死物,而人**[①]**智自蔽限,亦可恨(憾)**。此亦可知**現代(繼續)造字之事業之重要**。

202206141219

“指事示義”、“行事知義”、“以言述義”、“以文名義解義”

天地之間有其義,或造新義,則何以俾人知之?乃曰:或指事[②]示之(“指事示義”),或行事知之(“行事知義”),或口言授解之

① 用現代中文漢語之人,或用現代中文漢語之國人等。

② 此以“事”涵蓋“物”。或直言“事物”,涵蓋“事”與“物”,如“指物示義”。以下有同然者。

(“以言述義”),或以文句教之(“以文名義解義”),而口言俟乎言語全統(今曰口頭語言系統),文句俟乎文語全統(今曰文書語言系統)。若夫文語,必先有文字。古者既重其(辨識萬事萬物及其事理物理而)創義,又重其造文,今則衹創義乃至徒從外域異邦引譯新義,不重造文申義,故或多新義,而乏所自創自立,尤乏造字申義,以豐富優進吾國文語,而徒“組詞”、“譯介”,以此作文論述,每見得字法混亂、文理不通、文語之學不振,漢語中文之精確約簡與自多創造載作、自成一體乃不可得,於今沉淪甚矣!

我常常說這科學問重要,那科學問也重要,所以重通而求通也。

以前我也說語言文字學十分重要,強調先要識字,但現在不大記得當時的詳細理由,而如由我現在來講,卻可以講得十分詳細深入。但我有時很想早點講,有時又似乎一時無暇甚至無意講,以為吾之思論學說或尚未通達也。

202206141219

會意悟義

比如“含忍”二字連用(《聊齋誌異—江城》),“含”之本義為“嗛”、“銜”等,本無“含垢”或“含忍”之義,然可引申用為“隱含”之義;而“忍”之本義則為“能”、“強”、“忍意”等,然則兩字連用,而“含”義受“忍”義熏染,而亦引申為“隱忍、隱含”之義,中國讀者自能類推得之;古人又多“含垢忍辱”之說(《廣韻》解“忍”曰:“強也,有所含忍。”),凡稍涉文籍者即能會意;以此二者故,中國讀者一見

“含忍”二字，便知其意。“含忍”二字，既有形象，又能會意包涵事象，故用之無牽滯也。中國人既能觀物之形象，亦能體事之形象，復能類推會意，用其包涵之義（今曰抽象概念）；雖然，其類推包涵之意，仍從形象中來，故乃不走入極端，不離物情而就玄虛。中國人於物事，皆能實事求情（情實）求是，不拘泥執一，不以虛理遮替物情，故雖物有多端，事有萬方，而體物宛轉，多端多方求之，不但執其一異端也。異端即執一不能通達，兩端多端多方審察之，通考之，乃或能致其通達不窒礙之境地。

202206162142

略論中國歷代之文章

據傳存至今之文獻而言，春秋以前之文章，如五經，如《老子》等，稍古奧簡約而涵蘊深廣，其中或有稍暢快者，蓋為戰國秦漢人據以述之。《墨子》一書在春秋戰國之間，亦頗難讀。

戰國文章始頗酣暢淋漓，如孟子、莊子、屈原（約西元前 340—前 278）、荀子、鬼穀子（《鬼穀子》，縱橫家言）、韓非、商鞅、呂不韋（《呂氏春秋》，雜家）等人之文章皆是。若《管子》（蓋成書於戰國秦漢之間）、《晏子》（或成書於秦初，作者或為淳于越，參見《晏子春秋集釋》）、《戰國策》（戰國以來之文獻，為西漢劉向所集錄）、《國語》（蓋亦成書於戰國秦漢之間，或謂戰國左丘明所撰，或謂劉向所輯）等書，亦曰如是。

秦漢之文與戰國文一脈相承，如陸賈《新語》（約西元前 240 年—前 170 年）、賈誼《新書》（前 200 年—前 168 年）、劉安《淮南子》（前 179—前 122，淮南王，《淮南子》，道家、雜家）、董仲舒《春秋繁露》(前 179 年—前 104 年)、桑弘羊(約前 152—前 80 年,見桓寬《鹽鐵論》)、桓寬《鹽鐵論》(桓寬活動於西漢宣帝朝,宣帝前 91 年—前 48 年)、劉向《說苑》、《戰國策》與《國語》等(前 77 年—前 6 年《說苑》,雜家或儒家;集錄有《戰國策》,又或《國語》)、楊雄《法言》、《太玄》等(前 53 年—18 年,《法言》模擬《論語》、《太玄》仿《易》)、劉歆《七略》①(約前 50 年—前 23 年)、桓譚《新論》(約前 23 年—56 年)、王充《論衡》(27 年—約 97 年)、班固《白虎通義》(32 年—92 年,《白虎通義》,東漢章帝建初四年,公元 79 年,於白虎觀為經學辯論)、應劭《風俗通義》等(153 年—196 年),皆可謂是。

戰國秦漢人之書,每多鴻篇巨製,而氣魄雄渾,體大思精,道理通達,文風順暢。

魏晉六朝人漸染華靡之風,其文章,乃曰好其彣彰、彣采,又多玄談。

唐宋之文章,乃曰文從字順義明,字法句法皆頗整齊。然其為文,多為零篇耳,似少有鴻篇巨製或通達三才而自成一家之言者,不能如戰國秦漢人之風力廣大、元氣淋漓。

明清之文,格調似嫌卑下,每多吟花弄月、應酬諛墓、性情小品之文。

清季稍有策士之文,頗類於戰國諸子蜂起,然多論時務實事,無以縱論天道、通達人事常道者。其後大政底定,亦息焉。

總言之,春秋以前之文,古奧簡略,言約意豐,而文以通道,先道而後文,故雖其道或不同,悟道有深淺,而多是道書道言則一(立

① 《七略》為論學之文,今乃曰目錄學,置此似為不倖;此乃牽合體例而姑且置之而已。

言即是立道）；戰國秦漢之文，雄渾恣肆，論道宏深，體大通貫，而文以求道通道，故多論天經世之大書巨製，其人則多捨我其誰、當仁不讓之國士天下士，其文則騷（屈原，約前340—前278）、賦、樂府詩等（參見《文心雕龍》之分類）；魏晉南北朝尤其六朝之文，彣彰斑斕，駢儷華美，音韻宛轉，而文以任情逍遙，雖亦有論道之人書，而文意有其丕變者，不徒作論道之筌蹄，乃至反客為主，駸駸然凌駕遮蔽乎道體之上，而生情文人文苑盛矣；唐宋之文，文從字順，法度（字法句法）整齊，暢達清明（此則不類六朝文字之侈儷浮華），而文以載道論道，庶幾可謂中國文言之雅潔正宗，然文人士大夫競逐文詞詩賦之心亦盛，不似戰國秦漢學士論道之專注，又不及其元氣之淋漓、格局之深廣、風力之遠大；明清之文，雖亦曰有道學心學，然元氣既有斲喪，規模風力似稍狹隘，其等而下之者，則其文蓋多用於世俗實事交接應酬，少用於道理經緯，乃至文以自鬻謀稻粱而已（娱情、遊戲、鬻文、刀筆吏、諛墓文、實用、實務等），蓋乏所體道行道者。其後，吾不知其有文邪？其無文邪？其蔑棄斯文邪？其新文邪？

或曰：愛春秋三代上古之文者，愛其古道奥約也；愛戰國秦漢之文者，愛其宏通與氣魄風力也；愛魏晉六朝之文者，愛其文韻華美也；愛唐宋之文者，愛其明通也；明清之文，氣卑力弱，可愛者蓋不多，似若乏善可陳，然此論亦苛刻矣。

此外又有所謂論文，如戰國秦漢之經典傳註；魏晉唐宋之經學註疏——而魏晉稍沿襲漢儒傳註之風，唐宋稍重疏通；宋明之道學、理學、心學（語錄體），明清之八股（及策論等），清代之樸學；與乎今世之所謂學術論文，皆不可盡目類乎古之所謂文學或文章，故不論。

又：六朝以前之文，善用其象意，唐宋乃至明清之文亦稍近之，象意、字法皆宛然在焉，不失其漢字中文漢語之本色；若欲學文，蓋學此為優。自近體文或白話文出，而象意、字法日漸沉淪紊亂之，失古代漢字中文漢語之本色；乃有所謂現代漢語之所謂新“語法”。茲不論。

史家之文亦如是，如司馬遷、班固、范曄之史文。

餘如伏生（或作伏勝，約前 260 年—約前 161 年，或曰是孔子弟子宓子賤之後人，宓與伏通；今文）、倪寬（或前 169—前 103 年，先受業於伏生弟子歐陽和伯，後又受業於孔安國[①]）、孔安國（前 156—前 74 年）、司馬遷（前 145—約前 87 年）、劉歆（約前 50 年—前 23 年；古文）、班固（32 年—92 年）、許慎（約 58 年—147 年；古文）、馬融（79 年—166 年）、鄭玄（127 年—200 年）等經學家、史家之文。

又如《顏氏家訓》（北齊顏之推）、《中論》（王通，隋初）等文。

上述秦漢之文，合而董理之則為：

孔子《詩經》——子夏——曾申——李克——孟仲子——牟子——荀子——毛亨——毛萇；

又：

大毛公毛亨；

小毛公毛萇（為毛亨之侄）；

伏生（或作伏勝，約西元前 260 年—約前 161 年，或曰是孔子

① 倪寬，千乘人也。治《尚書》，事歐陽生。以郡國選詣博士，受業孔安國。貧無資用，嘗為弟子都養。時行賃作，帶經而鋤，休息輒讀誦，其精如此。以射策為掌故，功次，補廷尉文學卒史。參見：《漢書—倪寬傳》。

弟子宓子賤之後人，宓與伏通；今文）；

陸賈（約前 240 年—前 170 年，《新語》）；

賈誼（前 200 年—前 168 年，《新書》）；

晁錯（前 200 年—前 154 年，伏生弟子，《言兵事疏》、《守邊勸農書》、《論貴粟疏》《賢良對策》等）；

劉安（前 179—前 122，淮南王，《淮南子》，道家、雜家）；

司馬相如（前 179 年—前 118 年，《子虛賦》、《天子游獵賦》、《大人賦》、《長門賦》、《美人賦》、《哀秦二世賦》等）；

董仲舒（前 179 年—前 104 年，《春秋繁露》）；

倪寬（或前 169—前 103 年，先受業於伏生弟子歐陽和伯，後又受業於孔安國[①]）；

孔安國（前 156—前 74 年，《古文尚書》而兼通古今文）；

桑弘羊（約前 152—前 80 年）；

司馬遷（前 145 或前 135 年—約前 87 年，受董仲舒公羊學派、孔安國古今文經學影響）；

桓寬（《鹽鐵論》，桓寬活動於西漢宣帝朝，宣帝前 91 年—前 48 年）；

劉向（前 77 年—前 6 年《說苑》，雜家或儒家；集錄有《戰國策》，又或《國語》）、

楊雄（前 53 年—18 年，《法言》仿《論語》、《太玄》仿《易》）；

劉歆（約前 50 年—前 23 年；古文；《七略》）；

桓譚（約前 23 年—56 年，《新論》）；

王充（27 年—約 97 年，《論衡》）；

---

① 倪寬，千乘人也。治《尚書》，事歐陽生。以郡國選詣博士，受業孔安國。貧無資用，嘗為弟子都養。時行賃作，帶經而鋤，休息輒讀誦，其精如此。以射策為掌故，功次，補廷尉文學卒史。參見：《漢書—倪寬傳》。

班固（32 年—92 年，《白虎通義》，東漢章帝建初四年，公元 79 年，於白虎觀為經學辯論）；

許慎（約 58 年—147 年；古文）；

馬融（79 年—166 年）；

鄭玄（127 年—200 年）；

應劭（153 年—196 年，《風俗通義》）等。

20220618

學外語愈深入，則愈知外語與中文或漢語有其相通者，而於中文愈有同情之體會，不可率爾隨意臧否之，乃至愈知中文之優異美好。然此亦有待乎學習中文之愈加深精博厚，若不識字，不稍通小學，不讀古文，則亦固難體會中文之優美也。若夫文語學家或所謂語言學家，則固當多通諸外語種，以參照資鑒而慎擇優化於我中文漢語也。

202206201603

"詞組"之錯覺：區分修辭與"詞組"；中文當有字法

"詞組"之錯覺：區分修辭與"詞組"；中文當有字法與文法。

古代中文漢語中之今所謂固定"詞組"，實則大部皆今人之錯覺或誤會，乃稍多連用而已，然不可遂視為所謂固定"詞組"；質言之，乃是一時之修辭耳，非謂"必然之配字"（今曰"固定搭配"）**，尤非今之所謂"固定詞組"；雖所謂"成語"、"典故"，亦可作如是觀，而識字學文作文者，皆當先明乎此，然後乃能灑脫用字作文，不落俗套。**

而所謂現代中文漢語中之“詞組”或“固定詞組”，其情形亦多歧異，或仍是諸字之連用，漸稍成習耳，“似”“詞組”而實“非”，可拆開用之，故亦合於漢語中文字法，未失或未破壞中文漢語本色。或用所謂“詞組”譯新義，而仍分幾種情形：一種雖以所謂“詞組”表新義，實則乃兩字或多字本義或引申義之合用而表新義而已，其諸字之本義或引申義不失，故仍合於漢語中文之字法與本色，乃是沿襲古代漢語中文之“**外字法**”（即連字以成意，亦可謂用字法；另有**內字法**，或造字法、字內造義法，即“六書”之“會意”，合其本有之數“文”或“字”，孳乳以成新字新義，而一字一義一音，不類於今之所謂“現代漢語詞組”，一詞一義而兩字三字、兩音三音，則繁複矣），於漢語中文之本體無所斲喪破壞，如博愛、平等、店長等。另一種則用數漢字外在合成一“詞組”，而其諸字本來之義，於“詞組”之新義而言，微而幾可忽略之，此種“詞組”實則古之一字而已，然以數個幾無或幾失本義之字表之，本既不倫（違反中文一字一義之本色），又用於文句中，尤為不倫（與文句中其他一字一義之字法、文法不侔），遂破壞漢語中文之字法與本色矣。此外又有一種情形，其數字之連用，本乃一時或習用之修辭或修美之辭而已，而不可拘泥臆必之，而人或不知，乃以為今之所謂“詞組”，執暫時之修辭為必然之成語，則拘泥執一、不知變通矣。

比如“殊勝”二字，或曰“某部佛經的義理是很殊勝的”，然若細揆之，則其中“很殊勝”一說乃有同義重復者，此蓋因其人不知“殊”本來有“甚”、“很”之義，而目“殊勝”為一固定“詞組”，故有此誤用，則既可謂是不識字，又可謂是不知中文漢語之字法，因致此語病。又比如“置評”二字，或寫“並未對某事進行任何置評”，此處之“進行置評”即有字重之病（今曰謂詞重復），因“置”即“予”，即所謂“進行”也，言“未對此置評”即可。其病因亦同上者。

又比如"重復"、"喜歡"、"歡喜"、"愛好"、"恐懼"、"根本"、"基本"等,亦皆同義重言,偶用之,或為修辭申重之,固亦非不可,然不必視其為所謂(固定)"詞組"而亂壞漢語中文字法也。古人或古漢語中文未嘗不偶有同義復用之修辭術,然僅為修辭而已,不可拘泥。實則如此類之**連字,或有從訓詁中來者**,如曰"勛,功也;欽,敬也;雍,和也",而後或連用之曰"勛功或功勛或勛績"、"欽敬"、"雍和"等[①];然若揆其實,則此乃互訓之法,互訓之字義或稍有差,而於某文某處乃可互訓,故爾;然蓋因某字稍古奧,後人乃或連用之以明其義,此類之用字法甚常見,然其後亦有不知就裏或不能識字者,乃竟拘泥臆必之,則謬矣。質言之,**修辭固可,然不可拘泥修辭而固執之。今人識字學文作文,首當明乎此中文漢語之字法,而自靈神活用之**(西人所謂詞語或語言之"陌生化")。

或曰:雙音節詞一者便於區分同音字而辨別異義,二者便於言語。乃答曰:或有之,然尤是一時言語之習俗耳,且上下文或語境亦可助以別之,故亦不必執一。如曰"我甚恐"、"我甚懼"、"我很恐"、"我很懼",豈不能解,而必言"我很恐懼"?又如"我喜你",今人聞之,似若怪異,然若言"我愛你"則無所怪,實則此皆一時文字言語習俗耳(又如"我意中有你","我心中有你"等,滬語"吾歡喜儂"之"歡喜"亦是修辭;然粵語"我中意你"一語,似可析論之,"中"讀四聲,蓋用為動詞,指向之意)。又如"我明日復你"或"我明日回復你",豈必言"我明天告訴你"?"告、訴"二字,於古漢語中每或涉及訴冤訟獄等事,然引申為"言""語"等義或亦可,然不必用為"詞組"也,蓋既多有其字,何必繁複言之哉。"害怕"用為"詞組",如"我感到十分害怕",似亦不倫不類,不大合於漢語中文之字法。實

① 末學不明,或目為(固定)"詞組"而不求其各字之義。

則吾人若看明清古體小說(即文言小說,而明清小說之文言,似頗近於當時之平民日常言語或所謂白話——儘管書面文語與口頭白話仍或多差異,故不可混淆一氣、等量齊觀)乃至近體小說(即白話小說),則知其時平民常人之言語聲口,雖偶雜有俚語,不甚典雅,然大體皆合於漢語(中文)字法。由此可見,雖白話或現代漢語,若欲循復漢語中文本來之字法,亦非難事,今之中國文語學者等,於此或可借鑒之、深思籌措之,而有所創造作為也。

又舉一例:"矛盾"二字何以用之?"此自相矛盾也","恐將矛盾扞格矣",皆可通;然若說"這是一個矛盾"、"我心裏太矛盾了"等,則用"矛盾"為一詞或詞組,可否?今人以所謂"現代漢語"之語法揆之,曰固無不可,而每個中國人皆可意會,然以漢語中文本來之字法揆之,則似亦有其不倫不侔者?然亦或曰此論苛刻,蓋古漢語中文本來不分所謂詞類,或徒大略區分用之而已,故"矛盾"固可用作今之所謂"名詞"、"動詞"乃至"形容詞"。不贅述。

202206221103

會意造字造義;"一字一義"乃中文固有字法與文法;外字法與內字法

"六書"中之"會意",乃中文或漢語所以能(或"致")**一字一義之要法之一,或造事義、玄義**(今曰概念或抽象概念等)**之重要法門之一。**古之漢語中文之字法,其一大本色,乃曰每字有義,乃至一字一義。今人或不知"六書"法,徒合字以成"詞組"而表新義,乃是用古人之"外字法",實則古人尚有"內字法",即會意也,會意以造新字新義。質言之,古人何以能成其一字一義之字法與文法特色或本色？即在乎此“會意”之法也。然於此又當先論明乎所謂“單義”。果有單義乎？何謂單義？二字相連用後之“義”，是單義抑或“復義”？抑或新“意”？俟隙亦當將詳論之。

202206221103

重審“言文合一”之説

重審“言文合一”之説。言文合一，此非漢文或中文文章之唯一金科玉律也。於漢語中文之特質、本色或用途論之，言、文本來不同，本有不同用處，則何必合一，乃至豈可盡合一？以目識文辨形，以耳聽言辨音，則知文、言本來各有功用或用途，豈必混淆合一？以耳聽之，以眼觀之，若必混同合一，則將於其眼耳皆多所窒礙，反而不美。世界諸多語種，除尚或處於初級言語層者外，蓋皆言、文所有不一，而言稍隨意、文尤謹嚴也。言有言法、言方，以辨音别音為主，文有字法文法，以辨形别形辨義為主，如中文之字法文法乃有形象之區分；而漢文漢語之文法，乃曰字法、句法或文章作法等也。稍舉一例，如“基本”、“根本”二者，今人或視為現代詞或“詞組”，常口語口言之，如或曰“某者是更為基本的事物”、“更為根本”，然則或言“某者是更為本的事物”、“尤為本”，可否？蓋以今人既定之言語習俗，或將一時亦不知所謂也。然此亦習慣與否之事。雖然，仍或有一法解之，乃曰：**言、文分途，言語與文章區分之**，言語或可用此辭費之言語表述，文章則當謹嚴於漢語中文之字法句法（比如“一字一義”等），不可全循口語白話而無所謹遵或辨别其字法文法也。則其文書或文語或曰“此事尤為本，當先圖之”，豈不可哉？

202206221103

段玉裁可謂許慎之知音

段玉裁可謂許慎之知音。或有高山流水，而知音者少，亦曰寂寞；著作之事亦如此，雖曰自求悟道致理，自得其樂，乃至或樂不可支、喜而不寐，然亦好相與討論切磋欣賞而情意契通歡喜也。《說文解字》固訓詁之寶書，蓋可謂《爾雅》之後之第一字書，時人後人皆知此好，而用之不盡。然《說文解字》又為中國哲學、道學或文語哲學之寶書，此則徒視其為訓詁之字書者或不識也。許慎著《說文解字》之意多，固非徒為訓詁，亦非僅為解經，或爭古文今文，乃又有明道、雅正總結文語、文明天下等之雄心深意在。而《說文解字》所蘊涵之意尤豐，俟諸其人乃或將發顯之，雖二千載之下，亦將續有所得，而段玉裁之《說文解字註》，乃為其中之翹楚，為知許氏之心者矣。如《說文解字》首字為“一”，次“元”，次“天”，豈無深意哉？常人或等閒放過，而段氏乃能心通其意，而解說之，然後許氏之意乃大明。如段氏言：“《倉頡》、《訓纂》、《滂熹》及《凡將》、《急就》、《元尙》、《飛龍》、《聖皇》諸篇，僅以四言七言成文，**皆不言字形原委。以字形爲書，俾學者因形以考音與義，實始於許，功莫大焉。**”[①]此真知心知音之言。《說文解字註》中凡此類者甚多，茲亦一時不能盡述，乃稍開端緒，其詳則俟諸異日而已。

討者，討正辯難也，若有異議新意，吾自以道、理揆之，往復修正，受教欣納，而何妨相與友誼自若。是討論切磋而歡喜也。

202206221103

① 參見《說文解字註》“一”字條，pp1。

唐宋文人文章之"清通"

唐宋文人為文,明通暢達,雖亦淹貫古學,而較少直捷引經據典,乃常以己語化用之,無漢代經學家之解經習氣,亦非宋明道學家之語錄體,故清通可喜。唐宋學者之失,在於較少體大思精之創作。另有一種文風,引經據典,宗經宗聖,而全無自家言語與自家面目。

今世之有些學人,或不宗中國之經與聖,乃大引據外國人言,如外國學者、文人、名人、政客等,雖其徒論一時一地一國之事,為一群一國之利益而立論,而此等人猶或視外國名人等之一切言語皆為權威之言、不刊之論,必引據外國名人"權威"之理論言語而後敢言,雖外國人之片言隻語而奉若聖經,人云亦云,鸚鵡學舌,稗販抄襲,生搬硬套,全不顧情勢異樣,實則仍是宗經宗聖之心態使然,崇洋媚外,迷信所謂權威,一味扯虎皮做大旗,而非自說道理,據理直言,又不能自我尊重、自我振作創造而自有面目、自立門戶,而維護國格人格與國權己權,則尤其可長歎息也。

202206221103

現代中文漢語在中國文語史或文學史中之地位

或思問之:若將所謂現代漢語或現代文章學(古可稱為文學,然非今之所謂"文學"即生情文學)置於三千年或兩千五百年文章史(古可稱為文學史,然非今之所謂"文學史",今之所謂文學史蓋主於生情文學之史)中,而競較衡量之,則其地位何如? 此真可深思之,乃至怵惕自警醒。若從文語形式層面論其淵源,可與現代漢語中文或現代文章稍承接者,蓋明清白話小說或其他俗本"文字"而已,其餘雖古體小說猶不可謂是直接銜接之,遑論古代詩詞曲賦文章。而明清白話小說尚頗循古代中文或"文言"字法,現代漢語中文則於傳統字法多有所淆亂之,非古代漢語中文之本色矣。

此姑不論道、理之層面,乃專論文語,則胡適諸人存心倡導白話,欲從文語史中尋其可據之徵證,而每多以論帶史或扭曲強解者(胡適《白話文學史》)。且胡適等一班年輕新學人或新文人,似未殊深自覺措意於古代中文漢語之"字法"及其本色,故其"嘗試"所謂現代"文"或白話"文"時,於用字或字法便不甚謹嚴矜持,而重語輕文,重音輕形;然則此等新文人乃創作所謂新文學,教學新文生,辦報創刊而宣傳其主張口號,加之當時國勢國力衰弱不振,舊學於理技工業之學確有所欠缺,一時無以應對之,而人心思變,新學傳流湧動,亟需啟蒙宣教於廣遠民眾,青年人亦因此趨新好奇求變,於此諸等風雲際會、風氣影響之下,所謂白話"文"遂一時靡然從風。而廢經學(以有新道理也)、用白話"文"為正宗之後,古學寖微,文言衰頹,乃至傳統文脈或文語之學有所中斷(此不言道統,道統、文脈兩事也),已成必然之勢。古學、小學、文言或傳統文語之學既衰微不講,青年人亦自必無力自覺深究辨別古代漢語中文固有之字法、文法與語法,現代漢語中文或現代白話文學遂於胡適等新文人所開闢之道路上,發足狂奔,一發而不可收拾了。

其間種種委曲變遷,如簡省漢字、造用句讀標點、創造注音字母、漢語拼音、漢字拉丁字母[1]化、硬譯音譯與意譯豪傑譯、語言大

---

① 亦稱羅馬字母。

眾化與民間化、漢字漢語規範化、中小學常用字數等，其間委曲得失，且不細述論。而至於今，則或可全觀重審之。吾竊思之，近代以來，中國逐漸從自然農業文明社會過渡進入理技工業文明社會，當其時其勢，新義新意之大創造、大引入、大融會，乃是題中必然之義；然道、理、義(今曰思論)等自可與文語有所區分，舊文亦可載新道新理新義等也，舊文亦有其優美雅正者，固不必盡棄吾固有文語而後可也——況且，即或有舊文字一時所不能載者，亦可造新文字以載之也。一國文語之事甚重大，除其他衡量之事端，尤又可從文語學(小學、文字學、文章學以及今之所謂語言學等)、文語哲學(包括今之所謂語言哲學而尤含蘊深廣)、文明學(今或曰文化學，如漢字文明、漢語文明或中文文明等)乃至靈智哲學(今曰智能哲學或心靈哲學)等層面深思衡量之、籌措之、定奪之、融會之、優化之。此數者本又相互關連互證，蓋亦非徒識其一端者所可造次臧否者也。

202206221103

文義有在文字章句之外者

吾人以為外語詞義清晰，乃因所學不深，故徒記其單義而已。實則外語詞義亦多歧異，觀乎外語詞源詞典即可知。若學外語愈加深入，則知其與漢語字義之多歧異，蓋有相似者也。則固不可以此隨意臧否苛責中文也。

中文文語之義，不徒在字義，亦不徒在字句之義，乃至不徒在文史典故之義，又尤在字之"小清顯義"外之"大濃霧隱義"，及心靈大腦中之運思與解義也。中國人看一字、解一義，非以義還義，非徒見其字義，乃想見其義後之象、物(事)、情(情實)、實(實體、實況、實在)、類(物類、事類等),非執一,亦非執一字義也;而中國人之運思過程,或又人各不同(實則人類之運思過程或有其同者,而亦多其不同者),或用同一文語,說同一語言,而其所運思、所涵意、所解意皆或有所不同。各語種皆有如是者,而或尤以中文為甚。蓋中文本為象意文語,不類記音字母、語言之尤為抽離其文象、物象而尤為玄虛單一也(如概念等)。

202206232132

方言音韻與物象比類之文明;正名法

古中國文明對於自然物性之經驗式深入了解與人文比類創設,可謂登峰造極,又可謂妙趣橫生,確乎是天人合一而創道設教,自成一體系。其道之發而為諸小微具體者,今或未必無其可議處,然亦多有其可紹繼者,而其想象力、美感、博大精深、系統周密與風趣幽默,真可令人欽佩。

論及古代中文或文語之音韻格律,亦可舉一有趣之事例:蘊涵古中國豐厚道理義禮學術之古代中國文語典籍(乃至方言土語中之俗語成說),以吾人方言讀之,則漢字漢語之音韻格律仍多暗合互證,而其人文意蘊與文明本色,亦往往仍可回溯稽明;然若以所謂官話或普通話讀之,則其音韻格律或偶有不克連通者。蓋無論字形字音,中文漢語皆有其連續性,而其音韻又尤蘊涵於各種漢語方言中。古者每字(文)皆有來歷,皆有人文蘊含,吾以往尤為關注其文象或象意,而稍斥其侈言假借之學說學者或論著或有荒誕臆說者,然其後乃知假借亦為古代文字孳乳之重要一法。許慎歸納“六書”,吾向來以為象形、指事、會意、形聲為造字法,假借、轉註為用字法，今乃曰假借、轉註亦或可謂造字法或孳乳法也。

吾讀《尚書大傳疏證》，其中有解“東南西北”諸字義者，讀而大感歎之。蓋若以吾故鄉之標準方言讀之，頗多吻合而通，而若以普通話讀之，則或有牛頭不對馬嘴者。方言誠可寶也。然若不讀古書，不通小學，雖曰方言為寶藏，有寶藏焉，而人或不能自覺或發掘而用之，亦曰浪擲。如南方、任方，吾今回憶其發音，蓋吾之方言向來不甚准切，而深處存生於民間者，其念“任”字，不似吾以方言讀時之 L 母，乃讀 N 母，而與南、男音稍近也；而今普通話乃讀 R 母，與“南”音相差甚遠，則“南方”之人文涵義，自然無從據其音以推知也。伏生作《尚書大傳》，多用正名法，又如公羊、穀梁等人亦同，賈誼《新書—道術》、桓譚《新論》中亦大用或偶用正名法[①]，實則此乃晚周秦漢之治中國經學、哲學乃至諸子學術者之通方也。而許慎乃以此正名法之數維，包括正音、正形、正義、解說形義理據等，將九千餘字一一正定之，勒以成書，遂成正字正名之一代專書寶書，可謂為中國經學、學術、哲學研究等別開生面，自成中國學術、哲學研究之方法、特點或本色之一。後人或不識此，或雖稍識而不能精用、深用、廣用之。今當講明其深微之意義、偉大之價值，復興其學，而又可以此創造新字新義，增長優化我文語系統，而為吾國文語化明天下之事業或中華文化文明復興事業等添翼加輪、添磚加瓦，則亦可謂再開生面而真正復興斯文斯學也。後生小子[②]勉之！

202206232245

---

① 如桓譚《琴道篇》曰：“琴，神農造也。琴之言禁也，君子守以自禁也。……古者聖賢，晚琴以養心，夫遭遇異時，窮則獨善其身，而不失其操，故謂之‘操’；達則兼善天下，無不通暢，故謂之‘暢’。”參見：桓譚，《新輯本桓譚新論—琴道篇》，朱維之校輯，中華書局，2009 年 9 月，pp64—65。

② 此一“子”字，包舉男子女子而為言，猶古漢語中“妻子”之“子”乃包舉“兒女”而言。

電影之“仿真”與“自然之真”

關於電影:在有限時段內敘述一個完整的故事;電影裏的每一鏡像、鏡段或要素都飽含深意;主題明確,處處有意,從不浪費,從不離題,無空白,無旁逸斜出或漫無目的之遊蕩,義、理(今又曰理性等)主宰和引導一切;……或曰人生亦如是,必以理、義主導之,乃可得其善生或完整。其所謂理者,道理也,理性也,智能也,乃至功利計算之理智也,所謂義者,今曰“意義”或“目的”(義亦可指義禮等),實亦涉乎理——今人乃或時時追問“人生意義、目的何在”。然則僅以理、義主宰主導之人生,果能得其善生乎?或果有所謂“完整之人生”乎?人生如戲,人生如電影?

電影中,處處是理,處處有序,處處有義有意,處處可見作者導演之故意與引導;若夫觀賞山水,何來此許多理序義意?乃曰“優遊山水”“欲辨已忘言”而已。即有,亦衹是自然之理序,又或吾人觀者之理義而已,未必是山水之理義也。吾人亦自可衹看其山水,宛轉沉醉乎山水,而山水亦終不改其是山水,此所以吾人常遊觀而不厭也。山水自美,非理義美也。山水自在萬端,自多意而無故意,而我或有意或無意,以此有意無意,接乎彼之意態萬端,乃或無不可契合冥通也。雖萬人萬心,皆與山水相得,則山水豈止一理一端一象一意哉?吾自可意趣自得,又自可以此理意照山水,然不可以此理意拘執山水也。“欲辨已忘言”者,山水萬物自在萬端,而固難以一二文、言盡其風姿也,故體之悟之,相與宛轉之而已。

當我們為電影裏可悲哀之人與事而傷心,乃至一掬熱淚時,我們是為誰,或為何(what)傷心?正如我們看書時或有之快意,是何快意？電影裏之人生、書裏之道理故事，或曰非真非實，然則何以我們仍會為所謂幻境幽人虛物玄義而情動於中、不能自已？若為真人實事又將如何？真玄實幻之間，其轉换、區分、重合之樞機何在？

或曰電影裏的人事每有其像其言其聲其動其時，可謂仿真而幾乎真，吾人以眼耳接之，心腦感之，同乎視聽心感真實之物，故有其同乎面對所謂“自然之真”或“實在”者。而書中或文語中以文語呈現之人事或玄義玄理，乃皆吾人嘗以一己之感官心腦經歷徵驗之，而後一一對應之（人事之文語，一一對應於真實人事之差略全息或全真；玄義玄理之文語，乃對應乎“世界萬物關係之心腦內在表徵或體認”），存乎其心腦靈智氣韻精神，或鐫蘊乎其極微細之胞粒庫藏，或先後本末關連而寖以成式，其後一睹即尋繹關連之，而恍若其真實也。且漢字或多有象（像）者，故尤善於目視而識别（或曰音語每多失讀症患者，而中文或較少此事，此或以其有象意理據故也），然後諸語又皆有音，讀時雖或不言，而自有心讀心音（即“意”），故亦能牽動聽覺感知，而以心腦靈智和用之，乃亦恍若真實也——今或謂之“錯覺”。

202206241724

論“自然真實”

今或曰：人類面對“自然實在”所得之“自然感官真實”或“經驗感官真實”，乃為“‘**常人或人類自然所感**’”[1]之“‘**自然真實**’”之一

① 或“經驗所感”。“自然所感”者，自“人為主體”而言之，以常人之自然感知能力為准度。

部分[①]**,或"經驗真實"**——此為"實在論",或"客觀自然實在論";"絕對主觀感知論"或"不可知論"則視之為"'**常人或人類自然所感者**'"而已,不說"自然真實",尤不說"自然實在"。

或曰:自然實在世界可分為"人類可感之自然實在世界"與"人類不可感之自然實在世界"。然則人類輔用現代儀器等所感知而增長擴展所來之"自然真實"或"自然實在"之更大一部分,超乎人類之"自然所感真實"或"人類自然所感之實在世界",則名之為何?其仍屬人之"所感知者"或"所感知之自然真實",或"所感知者"與"所感知之自然真實"之延伸?抑或屬於儀器捕捉之"自然真實"或"自然實在"之更大一部分?抑或僅僅是儀器與"自然真實"或"實在世界"之互動相照而已?或答曰:以人為主體而言之,則姑且名之曰"'**人類藉助儀器所感**'"之"'**自然真實**'"**之更大一部分**[②]**,或"超驗**[③]**自然實在世界"**——此為"實在論";而"絕對主觀感知論"或"不可知論"仍視之為"'**常人或人類藉助儀器所感者**'"而已,不說"自然真實"[④],更不說"自然實在"。

或問曰:然則人類觀影、看書之"所感者"為何?為"自然真實"邪?抑或為"虛玄幻像"邪?或答曰:今人或名之為"'**人類間接之**'

---

① "自然真實"者,若自"物自體"而言之,謂自然真實之全息或全體,亦即所謂"自然實在"。西方哲學之所謂"客觀自然實在論"乃認為確有"自然實在"或"自然真實";而絕對唯心主義、佛教等則否認"自然真實"、"自然實在"或"客觀自然實在論",而或持"理念論",或持"感覺論"等,總名之曰"唯心論"或"萬法唯心論"等。或曰:"所感之自然真實"或"所感之經驗真實"不同於"自然真實"本身,前者為"感知論",或者為"唯心之實在論",後者為"客觀自然實在論",然亦可分為"可知論"與"不可知論"。不贅述。

② 更大,相對於人類"自然所感"或"經驗所感"而言。若認自然實在世界為實有,則此仍屬"客觀自然實在論"。

③ 此處之所謂"超驗",意為"超過人類經驗"。

④ 或曰"物理還原主義",將"自然真實"視為"'物理真實'"而已;而似無關乎人之"感知",即認為人與物處於兩個世界。

之‘**自然真實**’”[①]之一部分，而將上述“常人所感者”名之為“‘**人類直接之**’之‘**自然真實**’”之一部分——又或將“間接真實”戲稱為“模仿之模仿”，蓋視“人類自然所感者”為“對自然真實之模仿”，非“自然真實”本身。然則又或問曰：觀影之所感知者，與讀書之所感知者，其間差異何在？則答曰：兩者皆涉及“自然感知”之本藏（即原藏）與“對所自然感知者之記憶”（亦即對原藏之記憶），然影片之仿真度或感官近身度，似尤高尤近於書文（書文，或可謂為對於自然真實之“間接之間接”，或“原藏之記憶之記憶”[②]），其間差異或在此[③]。又或問：“人類藉助儀器所感者”究竟是間接真實抑或直接真實之一部分？則答曰：此似亦頗難區分，視乎其準則不同而相異，若以“自然真實”為唯一，則“藉助儀器所感者”亦屬間接真實，因為人們或聲稱在這種情形下，人類不是直接感知“自然真實”本身，而是感知經由儀器而放大或變形的“自然真實”而已，故衹是間接真實；若以“人之感官所得”或“人所感知者”為准，則“藉助儀器所感者”亦屬直接真實，然或非關自然真實，乃闌入儀器後之另一種“超自然真實”，或自然真實經由儀器放大或變形後的一種“虛擬自然真實”也[④]。

---

① 此一“接”字為動詞，接觸、感知之意，以現代白話文言之，則曰“人類間接感知之自然真實”。

② 書文，就其第一個造字者或作文者而言，亦是對於自然實在的感知，類於電影；然就讀者而言，甚至是就那個造字者或作文者來閱讀自己的字文而言，則仍是感知原藏之記憶之記憶。

③ 然又或問曰：然則動漫電影又將如何？蓋經典電影乃是對自然真實或自然實在的攝錄，動漫則不然，則亦有所不同也。聊以啟發進一步思考，茲不贅述。

④ 又有一種分析思路：若以人之“經驗自然真實”為唯一，則人類“藉助儀器所感者”亦屬人類所感知之間接真實，不是人類直接經驗真實——但這樣說亦有點同義反復；若以“人之感官所得”或“人所感知者”即人之經驗為准，則“藉助儀器所感者”亦屬直接真實或直接經驗，然或非關自然真實，乃闌入儀器後之另一種“超自然真實”也。

以上數者,或據“(經驗)自然真實”與“人本經驗”為准而排序為:自然直接感知(經驗自然真實或經驗自然實在世界)——藉助儀器感知(超經驗真實或超經驗實在世界[①])——仿真感知或觀影感知(仿真世界,仿經驗自然真實)——憶想感知或讀書感知(名理世界,非自然真實世界;又或靈性真實或精靈世界)。

然或駁曰:若以“人本經驗”為准,則人類藉助儀器所感知者“非”(不是)“經驗自然所感知者”,故“儀器所感知者”與“仿真感知者”相比,尤遠於“(經驗)自然真實”,以“仿真感知者”猶有“仿”或“像”(似。似≠不是)(經驗自然或經驗真實)故也。然則兩者排序當互換,而為:自然直接感知(經驗直接自然真實或自然世界)——仿真感知或觀影感知(仿真世界或像真世界,或仿經驗自然真實世界)——藉助儀器感知(非經驗真實之世界,或超經驗自然之世界、超經驗真實之世界)——憶想感知或讀書感知(名理世界,間接真實世界或靈性真實世界,此一所謂“真實世界”包括經驗真實世界、超經驗自然之世界與仿經驗自然真實世界)——實則此所謂“人本經驗”為准,仍是上文以經驗自然感知或經驗自然真實為最高準則,亦曰以自然人或肉身常人為最高準則[②]。

又或駁曰:“憶想感知者”比“仿真感知者”尤近於“經驗自然感知者”或“經驗自然真實”,以仿真者既有所定,而憶想者則無所定,“既有所定者”或反不合於全息全體之“真實自然”、“自然實在”或

---

① 或謂之為更高自然真實或更高自然實在世界,即物理真實或物理世界,然此種命名一方面或有貶低人類經驗或人類感覺之嫌,另一方面也有其他問題,因為經驗實在世界亦屬於物理世界,所以談不上“更高”。

② 但反駁者乃曰:電影其實亦是藉助儀器而造成者,乃至是藉助儀器而感知者,則兩者又有相通乃至相同者? 亦可進一步辨析之。此外,這裏還涉及對於“自然”之定義,比如,或將“自然”分為經驗自然與超經驗自然;又或認為既有的前現代或工業文明時代之前的所謂“農牧業等文明時代的自然”亦視為人造自然,等等。限於篇幅,暫不贅述。

“自然感知者”,“無所定者”則反可不爽差或尤近於全息全體之“自然感知者”或“真實自然”、“自然實在”等,乃至“無所定之憶想者”或超乎“有所定之自然感知者”也[1],今之“文學”理論家、語言哲學家、心靈哲學家[2]、靈性論者或持此論,則當排序為:憶想感知或讀書感知(靈性真實或精靈世界)——自然直接感知(自然真實或自然世界)——仿真感知或觀影感知(仿真世界)——藉助儀器感知(超經驗世界,物理真實或物理世界)。

或問:以上數者,人類所愛者何?“自然感知”之“(經驗)自然世界”邪?抑或“儀器機器感知”之“超自然世界”邪?抑或“間接感知”之“間接世界”如仿真世界、靈性世界邪?答曰:唯吾肉身肉心,乃不能離斯(經驗)自然世界而飛去也。“超(經驗)自然世界”、“間接世界”固或可愛也,然稍恨其可遠觀(遠者,間接也)而不可親合也。有此自然肉身肉心之人,固不可衹懸浮飄蕩於“超(經驗)自然世界”與“間接世界”,而又當平衡踏實於此(經驗)自然世界也。吾自然人所愛而又能親近一體者,唯此(經驗)自然世界,唯此自然之肉身肉心與人事萬物也。肉身肉心去後,乃或歸於超自然世界與間接世界。然或於此持有異議者。

又或問:人類究竟生存於何境界?自然世界邪?仿真世界邪?憶想世界邪?超自然物理世界邪?人工智能世界邪(玄義玄理乃至玄虛世界,或 VR 世界)?乃或答曰:人類能否超越自然肉身肉心,超越自然人?如其不能,或一時不能,蓋必有其(一時乃至永久)生存於(經驗)自然世界者也。仿真世界、憶想世界、超自然物理世界、人工智能世界等,雖再好,亦無以替棄其(經驗)自然世界。

---

① 此論則頗激進,又涉及對“自然真實”之定義,暫不贅述。

② 或智能哲學家。

仿真世界、憶想世界、超自然物理世界、人工智能世界云云，皆可造之進之，然亦必不忘不棄不離吾自然肉身人類之自然世界之本質，或必存有能維持此難忘難棄難離之自然肉身之人類經驗自然世界而後可也，如此乃或能安居此肉身肉心於人類經驗自然世界，又得其他世界之助慰而安樂益彰也。

問曰：何以能爾？答曰：中華文明、漢語中文之文明能爾。以漢字漢語為代表之中華文語文明，仰觀俯察，文理則之，觀物取象，三才中通，而立文孳字，創道設教；然又不拘泥於象與文字[①]，象與文字乃為筌蹄耳，得意則忘象[②]，此一意，即運思之全息，又宛轉乎世界萬物之全息全體，不拘泥執一於義、文、象乃至物本身也。中華文明與中華文語文明，觀物而不執於物，觀象(像)而不拘泥於象；體物感物[③]而不迷於物，好義、理不執於義、理(執中有權)……質言之，不執一，而執中有權，而隨物宛轉、物是自在、萬物備我、天人合一。

吾中華中國有登峰造極之經驗自然農業文明，又將加造增進涵納其超經驗自然文明或理技工業文明，然亦不失人本與經驗自然之本，然後人類尤能安居樂生也。

或問：衹認其真[④]是否可能？一語簡答之：亦曰不可也——正如“衹認其理亦曰不可”然。

202206241724

---

① 中文、中國文語或漢字、漢語之於“(經驗)自然真實”，雖亦曰“觀物取象”，似若對“(經驗)自然真實”之“模仿”，而其實則不然。蓋中文或漢字之“取象成文”，有象有文而不拘泥於文象也。

② 乃至欲辯已忘言、欲辯已無言。

③ “感而遂通天下之故”。

④ 各種“真”，參見本書相關論述。

古典漢詩之英語硬譯及其文語哲學析論

登鸛雀樓

王之渙

白日依山盡，
黃河入海流。
欲窮千里目，
更上一層樓。

以下為英譯：

（一） white sunaround mountain end，yellow river into sea flow.（硬譯）

（二） white sunaround mountains ends，yellow river into sea flowing.（"屈折譯"："單詞變形譯"或"單詞屈折譯"）

（三） with the pale① sun slowly around mountains faraway-going，with the yellow river into sea endless-flowing.（意譯）

（to the west，to the east）

試比較以上中文與英譯，在漢文詩中，可謂每字皆有自義，且多為實義，較少所謂虛詞；其字其義可獨立，故每字每義自成一體；而又可頗為隨意組合之，何故？以漢字中文並非如英語或英"文"②有所謂詞性之嚴斷區分，故可隨作者之意而活用之（名詞、

① 或 white。

② 現代西歐主要語種，言（語）、"文"合一，故所謂英"文"大體合於英語。

動詞、形容詞等頗可隨意轉換），又可隨讀者之意而活解之，字法（此云字外組字法）、句法甚為逍遙，而其句意亦因之蘊涵深厚豐富，可悟之味之不盡，是漢語漢文或中文之氣韻味涵也。

若夫英語、英“文”或其他音語“文”則不然，如上述硬譯之（一）式或（一）句中，英語單詞雖依（中文之）序排列，而不知所云，乃至單詞之義於此似亦不能自立自行者①。蓋於英語或其他音語中，實詞固亦有自義，每似可獨立而不可獨行（而必須變形或屈折乃可相與合行用之）；虛詞非實義，乃至既不可獨立又不可獨行，此何謂？實詞似可獨立者，自有獨立之義也，似者，亦或有變形也；實詞不可獨行者，必有所謂數、性、格、時態等之區分變體也。虛詞不可獨立又不可獨行者，其義乃是介義或連義，非獨立義，而必依乎實詞乃可行用也。故英語或英“文”不可隨意組合，而有周嚴之詞法（包括詞內法，如所謂內部屈折或變形，與外部組詞法）、句法或語法，必謹遵循之而後可。故英語或英“文”之句意生成或 meaning 生成，不同乎漢語中文。英語之句意或 meaning，每恃乎其周嚴之詞法與語法，其詞法與語法之底層，即可謂一種獨特“邏輯式”之系統。西語之（句）義、意或 meaning，其主體或不在詞內，而在乎諸詞之特別關連式，亦即特別之句法、語法或邏輯式。質言之，於西語或西“文”之句意確定中，非獨所謂詞義關鍵，句法、語法或邏輯式乃亦為乃至尤為關鍵。

若夫漢語中文之句義或句意生成則不同，乃是獨立文字或字義之組合，自有獨特之字法與句法、文法，非同於英語或英“文”等之句法、語法及其底層之邏輯式。……美國學者喬姆斯基似亦言

① 現代德語雖亦不甚重語序，然究竟多單詞“變形”或“屈折”，故能爾。中文則無漢字之“內部變形或屈折”，故頗重語序；然中文古詩之語序或文法則稍有不同於古文語序或文法者，相較而言，古詩文法更為靈活。

之,然未必能體悟漢語中文之字法、文法與語法之精髓也。彼若果能通漢語中文,尤其通漢語中文小學,或亦能啟發而完善其所謂“語言學理論”……然吾人既通中文漢語,又可通英語乃至歐西諸語種或所謂“語文”,則於文語哲學之研究與理論建樹,或尤有創見而卓然成家也。後生小子勉乎哉!

202206251433

古體小說或文言小說之字法

隨便翻閱今日所收圖書,多為古體小說,乃關注其字法而已;或者,主要關注其語言文字和語言文學層面,不甚關注其思論。然亦可從中稍窺中國古代民間文化、價值觀念、社會風俗和社會生活狀況本身,就此而言,中國古代社會雖然維持了一種長久的秩序和穩定,但是代價巨大,很多可怕的事情或罪惡一直在發生——這大概也是整個人類歷史的本相,並非僅僅中國如此。當然,世界範圍內,現代社會裏面,還是有一些新的變化,但亦是分方面的,存在著罪惡的間接轉嫁的問題。比如發達國家的相對“美好”,可能恰恰是因為其轉嫁貧困和危機到發展中國家的後果而已[①]。不過,從漢語語言文學本身而言,如果一個人想真正提高其漢語語言文學(中文)水平(中國文語水平),竊以為仍當先讀先秦儒家經典和先秦諸子之書,或先秦兩漢(魏晉)之書,次讀典雅文學辭章詩賦之書乃至史著(尤其是“前四史”),最後才是這些古體小說之類的書。我之所以近年來特別關注古體小說或文言小說,是想尋求現代漢

① 可參考依附理論、世界體系理論(沃勒斯坦)等。

語中文和現代漢語中文文學的另一種可能性或傳統資源，亦即思考在顧及和保留古代漢語中文字法和古代漢語中文本色的基礎上，如何擴展其在表達現代思論、社會生活、科學技術等方面的表現力、道理涵納力等的問題。既有的現代中文、現代文學或現代文語採用的是所謂白話文、現代詞組、現代語法等的思路，或有其一定價值，我對此固不可謂全盤否定，但也日益持有某種保留或懷疑態度，想尋求更好的現代漢語中文進展之途徑與資源，而這又牽涉自己對於漢語中文、中國思論文化、科學技術進展、文化主體性、文語主體性等的綜合考量。

202206271700 許

"詞[①]宜化俗：元人白描，純是口頭言語，化俗為雅。亦不宜過於高遠，恐失詞旨。又不可過於鄙陋，恐類乎俚下之談也。其所貴乎清真，有元人白描本色之妙也。"[②]此雖言"詞"，然亦可啟發所謂"現代中文"之用字法。

"贈字：詞無贈字，而曲有贈字。如曲無贈字，則調不變，唱者亦無處生活。但不宜太多，使人棘口。"[③]

202206272139

古文賦新義與漢語中文之翻譯理論創新

中國人學說英語或外語時，有時或常常找不到對應的外語單

① 指"詩、詞"之"詞"。

② (清)黃圖珌著，《看山閣閒筆》，上海古籍出版社，2013年2月，pp41。

③ 同上。

詞,所以覺得頗為困難或困窘,有時不得不以似是而非的單詞來應付,或者避免使用那個詞語[①],而換一種說法或表述。對於這種情形,有的人意識到這是因為自己沒有學到或學會那個外語單詞,有的人甚至會因此斷言外語本身的表現力不夠,居然沒有類似的單詞。不過,以此一外語為母語的人,在用其母語進行表達時——而非翻譯——,則相對容易找出自己想要表達的意思的相應的單詞或表述,在其他變量一致的情形下,相對於非母語,其思維和其母語語言系統有著更多的耦合度;即使根本不知道母語中還有某個單詞,也更容易換成其他許多不同的表述,而意思仍然一樣。其實外國人學習中文,亦復如是。

我講上述這些,並不是要對兩種語言或文語的表現力進行簡單化的比較和評估——那並不容易——,而是關注另外兩個論題:一個是現代漢語中文的建設問題,尤其是以什麼樣的方式或什麼樣的現代中文漢語來標記、固定和表達"新義"或"新思論"的問題——當然,其前提亦可說是漢語中文文化、漢語中文思論或中國文化、中國思論如何發展進化出或引進新的意義、新的思論、新的文化的問題;另一個涉及漢語中文翻譯理論,即以什麼樣的方式或什麼樣的現代中文漢語來轉譯、表達和固定從外語或外部世界引進的"新義"或"新思論"的問題。前者可概括為古今問題或新舊問題,後者可概括為中西問題或中外問題。但**古今問題和中西問題**其實卻是一個問題:即如何在保持優良傳統和文化或文語歷史延續性的基礎上,一方面創造、更新或引進更好的新意義(或新概念)、新思論、新文化、新理技等,另一方面又如何用漢語或中文,或

① 其實更可能是中文詞彙,因為許多人是先用中文或中文詞彙去表達那個意思,然後試圖轉譯成外語詞彙,而無論外語中是否有對應的詞彙。當然,亦有人是先有意思,然後直接尋求外語詞彙或外語表達,沒有轉譯的中介過程。

什麼樣的現代漢語或現代中文,將這些新意義、新思論、新文化、新理技等納入、融會進中國道理思論文化的整體中。

這種表述似乎提示著兩個層面的問題或論題:思論問題,即概念、意義與思論乃至諸“理”[①]的創造或引進問題;以及文字語言問題,即文字語言如何標記、固著思論或意義。但其實,思論(意義乃至智能)和文字語言的關係本來亦十分密切——乃至“智能”、“心靈”、“精神”或“靈魂”等亦和文字語言有著較為密切之關係,或至少有一部分是藉助文字語言來顯現或中介交流的——當然,心靈、精神等畢竟不能直接等同於意義、智能和文字語言,而這也是中國文化、中國文語或漢語中文的特殊性和特別價值之一之所在;尤其是:衹要是涉及用人類文字語言來表達的思論,兩者都無法判然分開。一般而言,意義與思論似乎更為本位,有意義、思論然後有相應的文字語言或詞彙;但文字語言和詞彙也具有一定的獨立性,乃至可以通過文字語言和詞彙的更新其義而表達新的思論或意義,或通過創造新的文字(乃至語言)來表達和傳佈新的思論或意義。質言之,兩者確實既有所同,亦有所不同,而此處更為關注後者。

在語言學、語言哲學或文語哲學層面,中西問題亦可以在相當程度上化約為古今問題,意義與思論問題可以在相當程度上化約為文語問題,或者,思論上的古今中西之變,可以化約為文語的內部之變,或文語的內部轉化問題;亦可以化約為文語的外部轉化問題,比如既有的現代漢語中文便採取了此一路經。而在整個中國古代,雖然同樣不乏深刻豐厚的中西思論文化交流,漢語中文卻基本上採取了文語的內部轉化的路徑,並且頗為成功,既將外來思論文化納入中國文語或中國文化,又保持了中國思論文化、中國語言

① 如物理、道理、事理、義理或意理、智理、名理等。

文學或中國文語之字法、文法的延續性。比較典型的便是佛經的翻譯和本土化;其他也包括歷朝歷代對於異域思論文化或名物器具等的引入和融會於中華文化和漢語中,比較典型的是唐代的中西文化交流。佛教文化和中華文化、梵文語(早先頗用西域"文"語[①]或其他中亞"文"語,南朝梁代後頗流傳於中國,而尤以唐代玄奘、義淨西行天竺求其悉曇梵文佛經原典為其高峰)與漢文語之間,其異質性或異質成分,不亞於近代以來交流日益頻繁的中華文化與西方文化、中文或漢語與歐美"文字"語言之間的差異,而猶多"成功"經驗,可供今人借鑒,然則近代以來,中國引介資鑒融合西方思論文化等,豈必衹有"白話文"或"言文合一"等之一途?又豈可率爾倡導文語或思論文化等方面的所謂"全盤西化"?

當代中國人如果試圖以文言文進行寫作,就時常會遇到上述中國人學說外語時所可能遇到的困難或窘境,即無法為一個"現代詞語"或"現代意義、概念"找到對應的古漢語漢字或文言表述;至少在他(通稱,兼指男女)的詞彙庫裏,他一時並不知道或找不出這樣一個古漢語漢字來表達這個"現代概念"或"現代意義"或"新思論"、"新理"等;而如果徑直使用新造的現代漢語"詞語",往往又會破壞漢語中文的固有字法(一字一義,每字有義,每字義自有其造字用字理據等)、文法與文風,顯得不倫不類。這也打消了許多人學習古漢語中文或用古漢語、文言文進行寫作的熱情,覺得無法表達今人的新思論、新觀念等。那麼,情形是否確實如此或必然如此呢?古漢語漢字或文言文裏面果真找不到對應或大致對應或可以較有理據地賦予新義的漢字或中文表述嗎?表達新意義、新概念、新思論等的那些"現代漢語詞彙"真的是唯一的或更優的標記方式

① 循名責實,實乃"字語"而已,蓋漢字漢語中文方有其"文"而可稱為"文語"。

嗎？或者，換一種表述，必須用既有的那些“現代漢語詞彙”或“組詞”的方式來標記新意義、新概念或新思論嗎？抑或其情形可能是：因為現代人不通小學，故而不能更好地利用古漢語、漢字、中文來標記新的概念、意義和思論等？① 現代人並沒有區分意義的創造、傳播與意義的文語標記，沒有意識到：一個意義、概念首先是存在於心腦中，至於用什麼文語或詞語，是單字還是詞組，是創造新字還是賦予舊字新義，其實都是第二位的問題。

或曰：中國語言學家或文語學家②每或並未深究意義理論，尤其未能深入結合中國文語來深究意義理論，所以在語言學或文語哲學方面，不敢或無法提出符合漢語中文特點的語言學理論、意義理論、語言哲學或文語哲學理論等。

將 Libido 翻譯成“力比多”，一定比翻譯成“精”或“精力”、“慾力”乃至“慾望”等更好？比如中國人說“精力旺盛”、“慾望過剩”乃至“慾望茂盛”等。為了迎合、依附或彰顯西方文化思論或理論，或以維持外來思論原貌為名，而在中國文語中，不說精力、慾力等，乃

---

① 當然，無論是造新字還是翻譯，都本來就是艱難之文語創造之事，本來就不會那麼容易，豈不聞“倉頡造字而鬼夜哭”之說！此蓋謂造字既艱難而又意義重大也；又豈不聞嚴復所謂“一名之立，旬日踟躕”的有關譯事艱難的甘苦自知之言！

② 或問：中國有真正的文語學家嗎？或答曰：其人或稍通語言、語言學而不知文字學，或頗通文字學而不甚通知語言學尤其是現代語言學，則皆不可謂之中國文語學家也。西方乃有古典語文學，而現代學者多研究現代語言學而已。又或曰：中國當代之語言文字學學者，頗重視和善於固有死板知識之學習、積累、傳授等，或在固有學術框架或理論框架中進行一些細小之文字考證或相關瑣碎知識發明，或在相對狹隘的相關知識領域中進行瑣細學術研究，而相對缺乏理論創新，尤其是相對缺乏在具有更廣深知識理論視野或跨多學科通識基礎上的創新研究或理論研究，後者對文語學者提出了更高的學術通識要求，舉凡現代語言學、世界文字學或語文學、意義理論、知識論或認識論、科學哲學、語言哲學、心靈哲學或智能哲學乃至一切現代哲學等，皆可廣資博取，融會貫通，以成一代中國文語哲學。有志學者勉乎哉！

處處述寫言說所謂"力比多",破壞中國文語或文法,乃至破壞或替代中國固有之優秀文化思論,因此斲喪中國優秀文化主體性或本位性,亦可謂後果嚴重。

又比如"佛"之一字,經過千百年之長期熏陶,今日中國人大體皆知其義。然其字與其義之間是否有造字理據?是否可以一看字就能明了其極其豐富之含義?可見,任何字詞或詞組都不可能窮盡其所標記的概念意義,或其概念意義所代表、關涉的客觀存在、事實、現象等,所以這跟使用單字或詞組並無必然關係。既然如此,又何必一定要破壞固有中文字法、文法及其種種優點和重要意義而換成所謂現代白話文、現代詞組或現代語法等呢,又為何不能探索在維持固有中文字法、文法以及"文、言分途"等的基礎上,探索造新字、拓展"六書"理論、發展中國特色之文語哲學、建設古今銜接之現代中文或現代(大)文學、"文、語分途而相輔相成"等其他新思路呢!

或曰:文語之本在於意義、思論、道理、心靈、人事、生活、世界,以及人與萬物世界之交涉等,然後以文語標記之,故曰:更重要的是意義本身與賦予新義,以及如何以文字或文語記錄、傳佈意義和新義,而未必僅僅是語言,故不可僅曰"語言系統",或僅重視語言而忽略文字,而當以涵義更豐厚深廣的"文語系統"(一詞)代替單一的所謂"語言系統",才更為符合中國文語之本色,和有利於中國文語以及中國文化、文明事業之本位建樹與復興進展。

或問:為什麼很多佛教(義理之)詞語可以入古漢語詩文,而現代漢語中文中的西方概念卻很難入詩呢?乃或答曰:其癥結,主要便在於所謂現代漢語中文或現代白話"文"的翻譯詞組,往往破壞了漢語中文既有的字法和文法,而與古詩文之字法、文法不能和諧適配。

唐代義淨所編之《梵語千字文》，乃記悉曇梵文一千單詞。古代漢語或漢字特有之注音法即反切法，亦受悉曇梵字梵語影響；或曰漢語“韻圖”亦是仿照《悉曇十八章》而作；而所謂“梵唄”即模仿印度梵文梵語朗誦之音調，而用漢文漢語歌唱之。然此（梵文梵語對於漢語漢字之音韻影響）主要乃語音或音韻方面之變化，並未涉及或破壞“文”或固有字法、文法層面。此是古代漢語進化之一例證，亦可資鑒。

202206281215

通、理、道、聖

通者，既通理①，復通道②，又通行。理有天理、地理、人理，或曰三才之理，通三才之理而後創人道（又仁道；本乎仁而創設人道）、設其教（仁道、人道之教，或曰亦有神鬼之道與教），創道設教必求其通（既中通三才之道、理，又內部貫通仁道與人道；其不能內相貫通者，不可謂仁道、人道之成或常也）；創道設教亦包括製禮作樂。中通三才之道、理而後創設內部貫通之仁道與人道。人間之道、教，循由人類所已知之道、理（三才之道、理）而來，隨其究理之深淺而高下其道、教。於歷時言，若其知理悟道加深加真，則其道、教亦隨之而變遷，其所製作之禮樂又隨其道、教而變之，而皆在乎

① 如物理、事理、名理、意理、智理、心理等，或天地人三才之理，如天文（天理，物理學意義上之天理）、地理、人理（今日生物學或心理學等）等，而重其“客觀理則”之義。

② 此謂人道，又謂仁道，仁道包舉人道而又有超越乎人道而及於眾生者；實則道亦有天地人三才之道。道者，重其“主觀價值設定”之義。

人類究知悟會三才之道理之深淺，與乎其人（古代中華文化乃曰聖人）誠求仁通之心志願力之大小高下耳。理自在（乃至道亦自在），而人類究之趨之知之用之，循理用之，又用之合理，或尤先求合於仁心、人道，所謂"理（三才之理）、道（人道、仁道乃至三才之道）中通"是也。故又曰：理自在而或各處各世有可趨同者，道本仁而異地異世或可有不同而各適者。然則何以究理求理？吾於《大學廣辭》中言之頗詳，茲不贅述①。通三才之理（與道），乃或可創道設教，復以中通三才之理（通理）、道（通道），又貫通人道（又仁道，本仁本人而通創人道；貫通之，即謂通道），然後乃或可通行，乃可通行天下無窒礙也。或曰聖人通理通道通行，或曰人民通理通道通行，或曰人類通理通道通行，其實則一也，蓋聖人之心願仁志，通乎人民人類之心願仁志；聖人已知之理，通乎在乎人民人類已知之理②；聖人之通道，通乎人民人類之道而已；聖人之通行，在乎人民人類之通行也。聖人、聖智、聖仁、聖人之心云云，或皆一虛名耳，不必拘泥之；而假名以心知其意也。

以上曰天理、地理、人理，所謂天地人者，三才也，於太一觀之，三才皆物也，故三才之理亦可總名之曰（大）物理。而斯所謂理者，

① 實則中國古人雖少言近代西方之所謂實驗法等，而亦多談及其他求理求通之術方也。

② 非謂徒聖人（能）求理，乃曰人各求理、人皆求理，然後人類已知之理乃能加多加廣加深也。人者，全人民、全人類也；一地一世之聖人之道、理，衹是一地一世之人民或人類之道、理而已，**所謂聖人，衹是集思廣益求其通而已**，如舜之"好問而好察邇言"等然。故尤當創設制度，使人盡其才，而人民或人類所求之理、已知之理也將日益加深加廣；然後聖人又起而集大成，而通焉，通其理、通其道而能通行也。故曰：若夫求理通理、求道通道、通行天下之事，豈可獨倚恃乎聖人？聖人又豈空無所憑？必先恃乎人民人類也，然後而聖人求其通也。何以通之？曰循此人民人類已知之理，本乎仁心聖心聖智，而求其通理、求其通道、求其大道也。其人民有其理之大求大知，則必有其聖人或名世者起，所謂聖人，來乎人民，恃乎人民，則**聖即人，聖即人民，聖即人類**而已。聖人乃假名耳，其實在乎人民人類本身。

理則也，以其觀者或觀點之異，今或分為自體理則（猶今所謂客觀理則）、人觀理則（猶主觀理則）與相待理則（猶相對理則）三類而為說；而又或分“理可（全）知”、“理不可（全）知”、“理趨（全）知”或“理有既知、未知”（或“理近全知”）三類為說。而無論理可（全）知、理不可（全）知、理趨（全）知，無論自體理、人觀理或相待理，人之欲求理、循理乃一也。求知三才之理，即求知物理。理，或理則，古代中文或名之為理、則、數、文、故（如“順其故”）等，或名之為道，如天道、地道、人道等，皆無不可；然今為便於區分論說故，乃**以“理”字專指理則，專指物理**（物謂三才也），**以“道”字專指人觀（猶今之主觀）之（價值）規則**（或今之所謂“規範”，人觀規範、主觀規範、價值規範等）。於理（物理），但求其真而已，乃曰求理通理；於道或人道，則不徒求其人理，亦且明其明純之人心仁心善心與仁道善道也；於其道也，雖或其初暫徒能識小道，而其靈明之心、其終極之鵠的則必求其貫通，必求其大道、通道也。若夫疑通而實窒者，似通似善於小群、一時、狹地而必害於大群、長遠、廣域者，則不可謂貫通，不可謂通道、大道，乃至必害大道者也，所謂“小道似好，致大不通”，“小道可觀，致遠恐泥”等是也。中國哲學或中國智慧，乃至人類哲學或人類智慧之最終或終極目的，衹在求此通而已。大通之心，亦是大仁之心，亦是大智之心，亦是大聖之心。實則聖即是通而已。其大通者，人類乃至衆生之大通也；其大不通者，人類（乃至衆生）之大不通也。大通則大得福，不通則不得福；此羣此族此世此界而大通，則此羣此族此世此界而大得福。反之，不通則壅，壅則痛，痛而病而傷而苦而亡……

古往今來，通者其誰？乃或曰：一時一世或有一時一世之通，而人類之通無止境。則又曰：通亦難乎哉，然通亦善乎哉！終生求其通、上進大道而已。

202206281920

伻、闌、當："現代中文漢語"造字、正名之嘗試

自在自為、不犯不擾謂之闌(或伯、欄等)——今曰"自由(liberty)";反闌(或伯、欄等)為**犯**。各闌(或伯、欄等)平等(待、接、交)、相敬如賓謂之**伻**;反伻為欺(凌)。闌(伯、欄)伻輩敬、等序相愛謂之**倫**,反倫為**亂**。闌(伯、欄)伻相親、約近互惠謂之**愛**;反愛為**恨**①。

為何用"闌"字?

若以單字表所謂"自由"(liberty)義,則阑、伯、欄、伻四者,用何字?吾此前乃用"伻"字,今覺以"伻"表所謂"平等"尤合。若以"伯"表所謂"自由",乃可新解為"人自在,他者不可犯擾之";然其讀音為難,今之字典乃標其音為 jì、lǎn,吾以為或可假借"自"音,固亦可謂假借字,而可惜者在於其稍與"自"混淆,音色亦不甚響亮,不便言說與別義。若用"欄"字,固可引申解為"不犯不擾而自在自為"之義,然其"木"旁反似不必。然則"闌"字可適用,如"吾闌"、"汝闌"、"其闌"、"伻闌"、"平人之闌"、"尊人之闌"、"不敢過闌"、"豈敢犯闌"云云,似皆可也。故吾乃尤屬意闌、伯二字。相較之,闌字兼有文、象(像)意(或象形)、形聲乃至會意,以象引申其義,理據甚晰明;伯字或可謂會意,亦可索解,而稍無象,音亦窄弱,

---

① 欄:形聲,從木,闌(lán)聲。"欄"和"攔"都是後起字。"闌"用作名詞時寫作"欄",用作動詞時,寫作"攔"。本義:欄杆。

伯:jì,人名;lǎn,〈方〉咱們,閩語;〈方〉我,閩語。

咱:《康熙字典》:(康熙字典未收錄"伯"字頭,請參考"咱"字。)【醜集上】【口】咱;【篇海】子葛切,音咂。俗稱自己爲咱。又【中州音韻】茲沙切,音查。義同。參見:漢典。

然會意字善於表玄義。權衡之,吾乃將用"闌"字註今之所謂"自由"。讀者汝意何如?

漢譯之元則:一字一義。嚴復譯 liberty\freedom[①] 等為"群己權界",乃是譯意或譯義,以此講明、推廣其義於民眾,固好,四字之連亦合於漢語中文固有之字法與文法;然其以四字表一義,稍辭費,且實已稍違戾古代漢語中文"一義一字"之固有字法或文法也。故竊以為,用"闌"字表或譯"自由"之義(而仍可以"群己權界"廣解"自由"之義,然**譯與解當有所區分**,正如經字及其註疏當有所區分然,而合於漢語中文之固有字法、文法等),尤合於漢語中文之字法、文法與本色,而將回歸或開啟漢譯之正途(如東漢魏晉以來之佛經翻譯),而糾正近代以來之漢譯歧途也。質言之,**一義一字,當為漢語中文之字法、文法、義法之本[②],無論造文孳字、引申譯介,皆不可亂此漢語中文之本性本色與優長**。

揆諸中文漢語史,古或不無雙音節等詞語或譯詞,然固乏少,非固有字法、文法之主流[③];而近代以來竟乃肆行,壞古代中文之固有字法、文法本色,則甚可憂慮,而吾人將聲討而正之。蓋近世學人,處於中國衰弱、列強興盛侵凌之時勢,痛定思痛,困而思變,乃將求引新道新理新思新義新論等,啟牖民眾,振衰弱,去弊疾,以改造中夏;以當時能識字讀書作文者少,故乃用所謂白話[④]或口語

① Liberty 與 freedom,詞義稍有所不同,然亦可通用之。

② 而語法則或可稍有出入,蓋文、言或文、語不同而稍分途可也。此破"言、文合一"或"語、文合一"之迷思、迷誤或執迷也。

③ 且若細揆度考察之,古代中文漢語中之所謂固有雙音節詞語,實則亦每字有義且各字之義有所微弱區分。

④ 實則亦主要是北方官話的白話,各地方言尤其是南方方言之白話或口語又有所不同。

作文宣傳[①]，將以推闡新道新義，啟蒙廣遠，固有其一時權宜之當，乃至有其一時或不得不然者，亦曰為功或甚大[②]。然不可以一時權宜之計，遂過度推擴為長遠不易之制度；亦曰不可以主要功能在於一時宣傳之某一種文體，而強推一律為諸種文章、文書或文學功能之唯一文體標準或文語獨體，以文雅就俗白乃至俗俚，則亦曰是不識珠璣，而其文學或文語之學乃每況愈下了[③]。

事[④]之合道合義合法合理，謂之當。

今之所謂"權利"（rights），久以文、語、思論、事實等方式傳佈於中國社會，國人既知其義，而當用何單字名之？"權利"一詞，既非單字，揆諸中文字法、義法等又稍混淆曖昧："權"邪？"利"邪？"權"者何謂？"利"者何謂？[⑤] 又有所謂"自然權利"、

① 又有一幫文人，或留學歐美日本，稍得西方語言學之耳食，而崇慕乃至崇媚之，而將中國之衰弱簡單諉過於傳統古典文化（實則中國之衰弱固有所謂"文化"、思論乃至文字語言層面之部分原因，然亦有其他更多同樣重要之影響因素或變量，比如滿清異族統治而採取的愚民、弱民、奴化政策等，未必全在傳統思論文化方面，何況傳統思論文化中亦不乏道義正大而優秀卓特者存焉，豈可一筆抹殺）（乃至文字語言）；民眾一時不知就里，亦影響風從，或又畏難好簡易，故亦諉過殃及於文字，而所謂白話"文"遂定為一尊，傳統文語之學遂有漸漸衰亡之虞與實。

② 然亦當分階段言之，又不可誇大。如辛亥革命後便有人反思之，如魯迅，以為未能啟蒙大眾，是其病，而其後所謂"新文化運動"興矣。然當時仍祇局限於若干大城市之學生市民中而已，於廣大鄉村農民，仍未見大觸動。而社會主義、共產主義思論等傳入中國，中國共產黨於城市暴動失敗之後，乃亦轉入農村，而漸提出"農村包圍城市"之戰略，自此乃深耕農村，又吸引大批左翼青年進入中國更廣大之區域與農村，不再局限於若干大城市，亦有相應之文藝大眾化等運動，以啟蒙、動員、鼓舞大眾。而其間中國國民黨亦有所相應作為。抗日戰爭後，尤其抗日民族統一戰線形成後，國共合作，無論城市或農村，皆有相應之思論啟蒙乃至思論批判之事。又如"文章下鄉，文章入伍"、"喜聞樂見"等……

③ 其意想不到之一後果或弊病在於：古學尤其是小學寖微後，今人運思造義、作文譯介等，頗患因不能知曉、斟酌、順應漢語中文固有之字法、文法，而頗多鄙陋啰嗦者。

④ 亦包括功利之事或獲得之事。

⑤ 或曰"權"是"我掌權衡之事"、"我有權衡之權"之意，"利"是"我之利益"之義，合之雖其意義稍可通，而稍有牽纏混淆之病，故或可思尋乃至造新字以替換之。

“法律權利”[1]、政治權利、公民權利、民事權利等之分說，亦將何以名之別之？似皆頗不能自明而或適增淆亂耳。既如此，或不如另尋乃至另造一合宜之單字以記所謂“權利”之義，俾其既合於漢字中文本來之字法或文法，又尤能自明其義，豈不更好！然則揆其義，所謂“權利”者，蓋謂合道、合義、合法、正當之“個人利益”？[2]或曰不必另加此所謂“個人利益”之實指之事（今曰賓語，或對象），乃言“合道者、合義者、合法者、正當者”等即可，則尤能包舉多端，如今之所謂“抽象權利”、“人格權利”等。而合道，如合於天道，即西方所謂自然法之所謂“自然權利”，然雖托言天道或上帝，其實仍是以人為本位而言之，又相對他人而言之也；合於義，或可謂“文化義矩權利”——不同“文化系統”中之義矩不同；合法，乃可謂“法律權利”或“公民權利”，相對邦國而為言；正當，則或可兼顧並包“自然權利”、“法律權利”、“公民權利”、“文化義矩權利”等。

或曰中國古人不言所謂“權利”，而多言乃至徒言所謂“義務”、“責任”等，實則此亦偏觀頗言，或執其一端而為說，非周全之言論或事實也。蓋曰“少言”猶可，曰“全不言”則失之偏頗也。實則中國古人尤言道、義與公、平，言當道、當義而行[3]，乃是叩其兩端而為中和周全之言，合之為道為義，析之乃曰今之所謂“權利”與“義務”。中國古人之謂利，亦曰合道合義之取與。其道、義、禮、法云云，本已包舉之（所謂“權利”與“義務”）而不必析言別論，徒今世

---

① 能否言“公法權利”、“民事權利”？

② 此可參照英文詞典之相關釋義。

③ 雖其道義或非盡為今之所謂伻道伻義，而又有倫理倫義，然其倫理倫義亦有相敬相愛之禮等在焉，雖秦漢以後乃尤申言“三綱”之說而主、而多等級專制之實，然亦不可謂盡是等級專制也。今則去其等級專制之實，而尤重申伻道伻禮，俾以護衛其“闌”；然後乃有各適其輩、性而相敬相愛之不過分之倫理倫禮，俾以相親之、相助之而又序之、合之也。

分析為二而各言之也。分為二而析言之，亦曰好，俾人知其兩端，而後能得其中也。徒不可衹言其一而不及其餘也。然則豈可斷言古代中國人毫無所謂“權利”之心意或觀念？當得當取，義取義得，義所當取，義所當得，豈非“權利”？徒於君民或官民而言，較少重申民之“權利”或官民平等之“權利”也。或曰：古代儒家雖曰“治民”、“以民為本”，然非“民自治”、“民自本”。此論或可謂歷史事實，然此乃其一耳，而其實亦有言及民之相對君官之“當”者，如孟子言“為民制產”、“取於民有制”、“民有恆產”等，實即言民相對於君、官或邦國之“權利”也。

言歸正傳，今之所謂“權利”者，吾意或可以“當”或他字代之，而尤以“當”字為妥，如曰“此其當也”、“此其當利也”、“當利”、“義當”云云。“當”者，一曰“當”者何，又曰“當”於何，合之乃為今之“權利”之“當”，故曰當者道也、義也、禮也，又當於道、義、法、理、禮也。何謂“當於”？乃曰不多不少，不偏不倚，不過不差，與道、義、法相值相當而不敢過差爽失也①。

故今又質言之：即或曰古代或少所明言民之“闌”、“當”，然不可謂全無此意、全無此義也，今則發掘重申之，似若新義，實則亦可謂是古義之引申、重申，乃曰幽義大明可，曰溫故知新、舊文新義亦可也。

人類同忑、平等相敬謂之伻。

……

---

① 今或曰“正當之權利”、“正當之自由”，實則乃是同義反復，重申而已，蓋所謂“權利”或“當”、“自由”或“闌”，本來便應“當於道、義、法”等而不可偏頗過差也。“當於道、義、法”，則必兼言其所謂“權利”與“義務”，非一偏之言、利、取，尤非違戾正當道、義、禮等之過度聲索也。

又:一義一字,或一字一義,非不能不可也;一字一義者,乃謂一字可表一義,非謂一字衹有一義,蓋漢字本以引申而長義、多義,固不可一字衹有一義。

202206291021

造字、定字、正名與考文

造字、定字、正名與考文。先造傳其義,後造定其字。**今其義[①]頗已傳佈,或可造定其字,正其時也**。"定字",即[②]孔子所謂"正名"、《中庸》所謂"考文"也。《爾雅》、《方言》、《說文解字》等,皆可謂定字、正名、考文之書。大道理義廣布、大政底定之後,便可思及考文(造字、定字、正名等)之事,又可論及制度、議禮之事也。正名考文即以大道、仁道、人道等為本,而理義通貫之,而用中創道設教也;議禮,即以禮固定道義而合群治平也;制度,則用以衛道行道者也。

202206291021

傳義與傳文,定義與定文

傳義與傳文不同,定義與定文不同。

---

① 新義、新意、新思、新理、新論等。

② 實則若細論析言之,定字、正名、考文三者亦可稍有所不同,故"即"可換為"大體類似於"。如"名"有"名分""名義"、"文"或有"禮文""道文"等義。

造義格義之後，於前者言，或有先傳義傳理而後定文傳文者，或有先譯言（或譯義）傳言、傳義傳理而後復定文傳文者；於後者言，或有文字定義（如此則定義即是定文，定文即是定義）、字典或詞典定義、論文定義，又或聖人通人智者定義、王者定義、（思論、物理等）學者定義、各人心腦自有定義而人各“多通而稍異”等情形，諸如此類，而或每終將恃定文以定義，則知“定文以定義”乃是最重要定義傳義之方法與途徑，亦知“文”、“定文”或“考文”以及相應之所謂“文化天下”、“文明天下”之價值與真諦也。

質言之，格致創造新義（理等）後，而義（理等往往）以[①]文寫文定文傳，乃至其義（理等之）言傳或語傳實亦往往先恃乎文寫文定（其義、理等）而後方得有其文語傳之也，如此，於傳義而言，則文重於言語，定文、傳文先於和重於定語、傳語也，蓋無文，則何以寫義傳義？無文，何有文語而又何能以言語傳之？

然對此（於傳義定義而言，文重於語）亦不可拘泥，蓋正如上述，義（理等）可以文字傳之，可以文字定之，亦可以口耳言語傳之定之，以心腦傳之定之或意會意定之，等等，未必獨恃文字，如佛家所謂“以心傳心，不立文字”等情形然。乃至或謂“以語定義[②]傳義”尤重要於“以文定義傳義”，蓋在許多時代，識文斷字者少，而能言語意會者多，以文傳佈之範圍、對象、群體數量等或狹隘寡少，而以言語傳佈之範圍數量則尤其廣大眾多，則乃斷言“語重於文”。故“義”、“理”、“道”、“智”等不僅在文字、言語、載籍中，又在口耳相

---

① 用、恃。

② 如西方人類學家克利福德—格爾茨（Clifford Geertz）所謂“深度描述”、“詳細描述”（Thick Description）（參見：克利福德—格爾茨著，韓莉譯，《文化的解釋》（*The interpretation of cultures*）第一章：“深描：文化解釋學的一個理論”（*Thick Description: Toward an Interpretive Theory of Culture*），譯林出版社，1999年11月），或中國古典經學詮釋學中之“疏解”或“解說”，以及平常言語中之詳細說明解釋等。

傳中,在民間(如"學在民間"、"禮失求諸野"等然),在人心,乃至在天地間,如薪盡火傳、身滅智悠然。汝說其火其光、其燈其心、其智其理何在? 一時或不睹,而自在天地之間也。

傳義與傳文不同,定義與定文不同,雖然,其又未必截然兩事,而本有密切之關聯;然亦可分兩事而各究其特別之實然也。

202206291021

義、理何以新起?

義、理何以新起?

義、理何以新起? 曰問天窮究、仰觀俯察、觀物取文、類推引申、好問察邇、博學審問慎思明辨、切磋討論、廣引深思、感而遂通等而來也,古人言之綦詳;今又有試驗果徵、歸納演繹等法[①]。於義、理之新起,則或自造之,或引申之,或引譯來之。然其所謂"新",亦未必盡皆全新,亦或有因有創而已,如溫故而知新,如即已知而推求未知等。蓋宇宙世界自在一體,本來互為貫通,相連相關,故曰天下無嶄新事、嶄新義理,而有其相通者也,此中國哲學所以尤重其通之原故也。宇宙、天地、世界、人心、義理皆自在,一而無窮,無窮而一,而太一也,而一通也,故吾人將求之感之通之而已,不拘執也。有新義、理,而將以文語記之定之。然其記之定之之事,或則民眾為之,或則學者為之,而未必一時即定,乃或有粗疏各記之、寖以成俗或成共識、斟酌精擇之、通人考定之等諸種情狀。考文定文者,似若或有一時之事,或有一世之事,實則乃生生不息、

① 詳細論述,亦可參閱拙著《中庸廣辭》。

純亦不已耳。

或曰:有以文學傳義,有以言語傳義,有以事行傳義等。其以事行傳義者,或亦有以故事或事故傳義者也,然後者亦曰偶作俏皮語耳。

又或曰:於問學或論學等,出入諸學科之間,每每旁逸斜出而皆能通達;旁通諸學,甚是愜意。

202206291021

以概念代替事實,這會導致一些弊端或問題。

關於心與理,其要者或非理,乃是心也;無心而強說理,何事不能譎其一偏之理或一端數端之理而自我迴護?雖行大惡亦將自以為有理也。而其理實不能立,其心早失矣。

其要者又非文字、名言,是情實也;以文、名遮蔽情實,豈可?

202206301346

中國文化,最重視的是心,是仁,是道,不以理知名言遮蔽其仁心。故《大學》之排序乃是心、意、物(事)、知。正言之,乃曰以心制意制物制知,知合物合意合心;反言之,則曰不以知害物害意害心也。

202206301929

世界文明之輸入與涵納於漢語中文

或可仿照賈誼《新書—道術》、許慎《說文解字》,對若干現代玄義或新義(理等),正名為單字,如伻、闑、當等,然後大行之。此為中國文語哲學之正名法之功用之一。

吾今思之，古之新義如佛教因明學之若干玄義，乃至若干現代玄義如“自由”、“平等”、“自然權利”等，之所以不能真正通行大眾之心行（尤其是實行、踐行或行事方面），或亦稍因現代中土學人頗不能以文雅美妙之中文寫作其經典著述而又傳佈廣深也，如儒家之著述然。如以本土漢語中文之妙文寫成足稱經典者，以傳其道其義，則漢語中文哲學、道術、文明之功臣也，若孟子之於儒家然。故曰，有其新思玄義，尚需有其大文豪、大文人或大作文家，以彣彰炳煥、文采斐然、設喻鮮奇、比興推類、論辯風生、妙趣橫溢之文章，以解說傳佈其新思玄義，然後或可大行於世，如儒家之孟子、荀子，道家之老子、莊子，墨家之墨子，法家之韓非子等，固傳佈其道理思義學說之功臣也。若徒以簡陋白話“文”譯來之外國學者之原著（譯著），或有道理而無文章（文采修辭等），或亦夾雜偏見，旁逸斜出其或不當（於國情國俗等）者，國人或不喜，或難讀焉。惜乎近世以來，所謂白話“文”興起獨尊之後，中國文章家不知用心於此，不能有所興作也。

今人學文，不知作何用途，懵懵懂懂，所寫往往衹是虛擲浪拋而已，未能真正立言；又不能得古文之妙趣，不知用古文傳新思玄義，既以啟牖大眾，亦以據本漢語中文而創作，是不知時而失其機也。

傳佈新思玄義，固非徒文字著述之一途，亦可口耳相傳如講學、演講、師徒或父母子女相授受等。然以文字傳佈，亦其一途也，且可傳之尤為廣遠長久。則曰：思而無文，行之不遠。傳道傳思傳義，固有道人傳道，亦有文人傳道，文人所傳之道，以其文學聲色修辭，或尤能感染大眾，則“文章”豈不重哉！傳新道新思新理新義者，固當致力於文而能文也。

202207012308

論"道"與"物"

道者,虛以待之,靜以照之;如其所在,在其所在;如其所是,是其所是;物來應之,隨物宛轉;物有萬端,萬端斯照斯應(來一照一應一,來二照二應二,乃至千萬);順其本故,順其自然……

道者,如其所是,是其所是;其是甚多,亦如其多,不執一是(義),而通之。乃曰如其所在,如其所圓,如其所全所整。

道者,物來照應,通照萬端;其物萬端,亦照應萬端,不執一端,而通之。

道者,或以文、象、理、義、意等傳之,而本非文非象(像)非理非義(玄義)非意(心意、臆念);乃或以文、象、理、義、意等顯道明道見道(之一端數端、一面數面、一象數象、一相數相等),而道尤有其在文、象、理、義、意之外者(萬端萬面,萬象萬相等),故曰:道難言難名,而道自在自足。

物亦如是。物者,亦非文非象(像)非理非義(玄義)非意(心意、臆念);自可隨物宛轉,而難言難名也。物自在。

道可(有)名而非名,可有象而非象,可有相而非相,可有理而非理,尤非一象一相一理……

物者,可(有)名而非名,可有(形)象而非(形)象,可有理而非理,尤非一形一理,乃至非衹一名。

可象物;而無以理、義、名、象等遮物僭物。物自在,理、義、名、象等可述其物(之一端數端),而不可及其物(之萬端),不是(不是即不等同於)其物,乃至亦不能"是"(是之)其物(之整體自在),物自是(在)而非一端之是(在)也;其所謂"是其物"、"理其物"、"名其物"云云者,是"是"、"理"、"名"而已,不是物自身。以理、義、名、象繫物捉物,如以漁網捕風捉影;理、義、名、象皆假之耳、玄虛耳,非物自身自在,故曰玄理、玄義、假名(即"假借之名")、假象等。假之一端多端而已,而物自有萬端,非一端多端可盡。人以眼耳鼻舌身意而(近乎)全息感悟之,感悟其全息之物與物之全息,猶或衹及其萬一而已。唯斯心或有悟會契合於物,唯其心與物或能一體,而無可名言。物非名言可及,非理義可遮,唯斯心或可悟契,然亦不可遮物僭物也。以心傳心,以心及心。物不在,心在;物自在,心亦在。物在,心與宛轉;物不在,心亦可與之宛轉。乃曰:不必牽於物,有心即好,而遊心萬仞,不滯於物……

或曰:理、義、名、象亦是物;則曰玄理物耳,然非自然物也。又或曰:此既是玄理物,又是心物;心物有其玄理物,亦有其玄理物之外之心物,曰非理或非玄理之心物,以其突如其來、倏忽來去、無可捕捉,而或謂之混沌心物。以此玄理或玄理物而造"人造物",乃曰理技工業人造器具世界;亦以此非理或非玄理之心物而造"人造物",乃曰玄虛廣漠、變幻莫測之心靈想象世界也,如美藝,如神仙妖魔鬼怪,如幻覺等,或皆隸屬於此。

道者,如鏡鑒物,自虛而照應萬物而已;是其一端之是,而不執於一端之是,不拘泥於一端之是。道不自是,而是(萬物)萬端之是;雖有(萬物)萬端之是,不通,則不足以言道。道通萬端而不執於一端,亦不執於萬端,是道也。道通萬物,通其故,通其萬端,通其萬端之是,如其所是、是其所是而又如其所在、在其所在而已。

202207020241

所謂"文化"或"文明"並非衹存於典籍圖書中,而尤存於人心、人身,存於人之舉手投足、言語表情與乎酬酢相與中。

孔子領帶弟子們習禮，就是期待讓弟子們在德性和言行兩方面成為一個君子，成為一個文雅之人，文質彬彬之人。

在許多社會，乃是人事勝於道理，或道理被一部分人所壟斷、定向。控制住人事或人事權，乃有道理之言説權或所謂話語權。西方社會之“政治正確”又是一例，亦稍同於話語與話語權之壟斷。又比如，或曰：西方學術界之風氣或形勢[①]乃是：學術“大腕”負責（或壟斷）提出宏觀論題，或者負責設置議題或議程，而一般學者則衹能限於極小之專業細化領域，或在“學界權威”提出的既有議題和議程中附和補苴而已。此外，西方傳媒大亨控制社會輿論或思論文化輿論等，皆是如此。當傳播資源被壟斷，當若干種聲音雷霆廣被，乃至深入人心人腦（包括所謂“洗腦”或思論灌輸等，以及所謂“傳播到達率”等），那麽，異質性的聲音，尤其是挑戰性的聲音，就很難發出和被廣為傳播。

事實上，許多人，無論是許多民眾還是許多所謂的大學者，對於這個世界和這個時代的根本結構或根本問題未必了然，而衹是在其眼目所及的視野和範圍内，因襲風俗，因應行事而已；或者，在被構築的一整套解釋話語裏，人云亦云、鸚鵡學舌地來理解或解釋這個世界。包括許多學者們的演講著述，乃至一些科學家們的科學話語等，其實不過如此。他們未必知道，他們的所思所想，所寫所著，所呼所籲，所樂所怒等，往往隸屬、剿説或源出於精心建構出來的一整套話語系統——而他們或許還自以為是獨立思考所得。而那一整套話語系統，往往是被這個世界上的極少一部分人，在遮

① 或曰“生態”，然此詞雖稍合中文字法，而其得義稍牽強，不甚有其形象理據，故曰不甚好。

蔽世界真相、隱瞞世界真正權力結構或根本問題的情形下，故意地虛構出來並操縱控制著的，遮天蔽日，無往弗屆。與此同時，也祇有極少數仁智者和勇毅者，才能看出某個時代和世界的真正面相和操縱者的種種伎倆，甚至在適當的時候予以根本的揭露和反抗。蓋一一反駁這個世界和這個時代的一切謬論是不可能的事，因為（倘是根子上出了問題，則）到處都是謬論，一切都是謬論，或者，到處都是以“一端之是”而掩蓋萬端之非，駁不勝駁，而祇能採取其他的應對戰略，即釜底抽薪，從根本上解決問題。

202207031557

夢中之“感”與“覺”；仿真與覺真

或問：夢中亦有“感—覺”？[①]（又如：夢中亦有“覺”？夢中亦

① 在“感覺”這一現代詞語中，“感”字作“接觸”義，人們又意解為“以感官感觸物之淺表或表象”，亦可通；“知覺”之“知”則取其“智理分析”或“理智分析和綜合其深層內在之理”之義；“覺”義為“悟”，古謂“心悟”，而“心”不獨指心臟之心，亦指智理之心或靈智之心，乃可包涵今之大腦或神經等，故其字法亦可通。故無論“感覺”或“知覺”，從其漢語字面之義或本義而言，“感覺”、“知覺”皆有“心腦”參與其間，唯或有一深一淺、一表一裏、一內一外、一先一後等之區別耳。然從字源學（或詞源學）或古漢語訓詁言之，實則“感”與“覺”皆與“心識”或“心悟”相關，“感”之本義乃為“動人心”，而非“接觸”，然則今人所造“感覺”一詞，稍有同義重複之病，又似不能傳其“接物而感物表”之義；而若與“知覺”相對言，以“知覺”關乎智、悟理或悟物理，“感覺”關乎“感官見聞”，皆稍不能與古漢語訓詁相貫通。但若欲另造一適宜之新字似亦不易，如“感覺”關乎感官如眼耳鼻舌身皮等，則或可以“耳口”為造字偏旁以涵蓋之，如“聖”、“聽”、“聞”、“聰”、“視”等字然，然後另加“心”、“忄”、“囟”（音釁xìn，嬰兒頭頂骨未合縫處）、“𡿺”（音 nǎo，《說文解字》未收腦字，而有𡿺，《說文》解曰：𡿺，頭髓也。从匕；匕，相匕著也。巛象髮，囟象𡿺形。奴皓切）等偏旁或聲旁，以示有心腦參與乎其中。然則其聲何取？且所謂“感覺”、“知覺”等新義本身亦非完全明晰，乃至頗為複雜牽纏，吾人觀乎《牛津英語詞典》、《西方哲學詞典》或其他英語詞源學詞典等，便可知也。故今姑從俗，（轉下頁注）

有“知覺”? 夢中之“覺”或“知覺”,其與醒時之“覺”或“知覺”,有何差異?)然而有時並非感實物而覺,但其覺質,與感實物之覺質又幾乎毫無差異(如夢中幾乎可有一切諸物之覺,乃至內覺之再覺)。我甚至不用“仿真”“體驗”二詞,因其既非“仿”,而所謂“體驗”亦非常義之視為“物”之“體”或“身體”——即眼耳鼻舌身意等感官——之相接外物之“覺”或“驗”;若視“體”亦包心、腦、“靈”等,乃可亦謂之“體驗”,而不同乎今之所謂“體驗”之常義,而實有“心驗”或“腦驗”之義在焉。

夢中之所謂“覺”或“感—覺”實或至少有兩種:一者為“感物而覺”,其所謂“物”乃為“外物”,如眠時周遭之聲音、氣息、氣溫、重量、枕被、一己之身體等,另一種乃是“無感而覺”,至少是無感“外物”而覺,而或感“內物”或“內之靈”如憶、情、思、氣、精、神、水等,乃至或為純粹“內覺”(“內景”、“內覺過程”等);前者或可視為弱覺、殘覺、錯覺或無意仿真①,後者則為純粹“內覺”。言至此,或可悟俗之所謂“真”之義,及此種“真”之何所來,至少可破“唯‘物感之真”(今曰“唯物理主義”)之執。

若曰夢境中亦有“真覺”或“覺真”,然其所謂“真覺”或“覺真”何謂? 此蓋有多種解釋,而所謂“仿真”論者之誤,其一乃在於執

(接上頁注)“感覺”取“感觸物而覺”之義,不贅論。另參見:《說文》:**感,動人心也**;《廣韻》:**感,動也**。覺,《說文》:覺,寤也,从見,學省聲;一曰發也,古岳切。《說文解字註》:**覺,悟也**。悟各本作寤,今正。心部曰:悟者,覺也,二字爲轉注。㝱部曰:寐覺而有言曰寤,非其義也。何注《公羊》、趙注《孟子》皆曰:覺,悟也。《左傳》:以覺報宴。杜曰:覺,明也。引伸之,《抑》傳曰:覺,直也。此因覺與斠梏疊韵雙聲而言。又引伸之,《斯干》傳曰:有覺,言高大也。从見,學省聲。古岳切。三部。一曰發也。此義亦見《廣雅》,即警覺人之意。

① 雖亦感外物,而其覺質則錯位,即:非感某實質外物而得某實質外物之覺,質言之,“夢身”感此物而“夢靈”——或“夢心”、“夢腦”等——覺彼,如身感重被而“心”夢感魘等。

“感外物而覺”之“真”或“覺真”為唯一之“真”或“覺真”，不知“覺真”未必要“感物”或“接物”；其二又在於不能區分人之“覺真”與“物自體”之“物真”，或“物物相比之真”①，今曰“物理真”或“物理參差之真”——人之“覺真”，本來不同乎物自體之“物真”，則何必稱“仿真”?!

然則乃問：“覺真”何謂？“覺真”是何“真”？“覺真”與“人”、“物”之機緣及交道何在？又將有詳論也……

202207051428

文言或古文尤善於物理或科學論述？略論“夢覺”

或問：用文言乃能更準確區示討論物理或今之所謂科學，用所謂白話則或每多混淆不清，何故？乃嘗試答曰：文言可每字每義，白話難能區分單字之義與所謂“詞語”之義，或其“詞語”中某單字之義或違戾破壞“詞組”之義而或自相矛盾，不成文理與義理。

令我印象深刻的是一次夢醒時分對於聲音的感知：當時我正在夢中“聽”到夢中的聲音，突然醒來，剎那間，剛才的聲音倏爾全部消失，一下子“轉換”到“現實世界”或“清醒狀態”下的聲音，完全是從一種“視聽或感知”模式切換到另一種“視聽或感知”模式——即由前者的弱感知切換到後者的強感知；或從一個世界切換到另一個世界，兩個世界裏都有其不同感知內容——即從夢寐世界切

① 簡稱“物比之真”；今謂：隨意指定一個物理標準來衡量所有物體之物理特性，即物與物的相對物理關係。

換到清醒現實世界。也許,感知的機制或機理是一樣的,但感知的對象卻可能完全不一樣,比如一個是感知外在"現實"世界,一個是對自身(此一"自身"包括身心整體)內在世界的感知。並且,似乎唯有在夢中,才會有較為涇渭分明的切換,即關閉一個世界,而進入到另一個世界。不過,這個關閉的樞機或鑰匙是什麼或在哪裏呢?

當然,也存在許多情形,兩個世界並未截然分開,並不是完全關閉一個世界而進入到另一個世界,而似乎是同時在兩個世界之間遊走,所以醒來時發現夢中的聲音就是外在世界的聲音,衹是夢中的感知和夢外的感知不甚一致,這亦可視為上文所謂的"無意仿真",或"殘覺"、"弱覺"、"錯覺"等,即沒有完全關閉和切換,故導致一些感知的內外混淆或內外交叉。

202207051428

感覺與憶覺

後來,也就是剛才,我拿起手機一看,發現朋友圈的紅點顯示一個朋友的微信頭像,可是點開去看,卻並無其新的朋友圈消息顯示,而是其他朋友。然而我仍然堅信剛才看到的是那位朋友。許多人都遇見過這種情形,於是他或許會自我解釋:也許是因為近來頗為關注這位朋友,所以產生了錯覺,即將別的朋友的頭像當成了這位朋友。但接著我就要追問:為什麼"能夠"產生這種錯覺?這種錯覺的實質是什麼?我認為這就是一種記憶,是頭腦中已有的這位朋友的記憶使得我"能夠"產生這種錯覺。如果之前沒有看到過這位朋友的微信頭像,沒有這個頭像的記憶,那麼我恐怕無法產生這種錯覺。其實質,據我分析,可能是兩個頭像具有相似的顏色或其他感官或物理要素,以此刺激大腦,或欺騙大腦,或因歷時短暫而一時無暇細審而類於自我欺騙,使得大腦或大腦的相應部分將收集來的這些物理要素,與記憶中的這位朋友的微信頭像的"特別編碼"或"特別格式塔"建立了對應關係,從而成功地使我產生了這種錯覺。

不過,再過了三四分鐘,我又刷了一遍微信朋友圈,仍然發現了這位朋友的最新朋友圈消息。於是,情形不外乎是:要麼剛才確實是錯覺,要麼剛才我確實看到了這位朋友的頭像,但一種可能是網絡信號不好導致沒有及時顯現出來,另一種可能則是這位朋友"秒删"而重新編輯發出朋友圈信息。

許慎《説文解字》的部首或次序編排,乃表示了許慎基於儒家或當時中國人對於世界及其相互關係的認識、分類和文化安排,也表示了其世界觀和宇宙觀,意義重大。

202207052211

漢字與自然農業文明

古代漢字漢文基本是農牧業文明時代創造出來的,反映了當時中國人對自然世界或外在世界、人的心靈世界或內在世界的認識,其造字造義都是據此而來。這些字與義,或字、義背後的自然觀、心靈觀、人世觀、萬物觀、宇宙觀等,許多即使在現代社會也仍然是顛撲不破的正確常識。但也有一些反映了古代中國人樸素的經驗認識,卻在現代社會的物理、科學的進展下,被證明是在認識上有所偏差，乃至是錯誤的。比如，古人以為記憶、思考涉及“心”，是用“心”去思考、愛恨的，但現代科學認為並非如此，而是涉及腦。但我們的漢字，衹要涉及思論情意的，都會使用忄旁或心旁。其實，這個部首的使用仍然沒多大問題，因為漢字裏的“心”，本來就不僅僅是指實體“心臟”之“心”，而是很早就獲得了哲學意義，而可和腦建立某種關聯。

但我在這裏衹是隨便舉例，而漢字中確亦有其他一些字，在標示或表達其字義時，其所使用的偏旁部首或造字理據，或許並不完全符合現代科學認識或物理結論等。對此，我們採取的，或自然形成的，一種解決方式是：無視其造字理據，而重新賦予新義，乃至以詞組賦予新義的方式來破壞單個漢字原有的造字理據；也就是說，我們看到漢字的時候，根本不會追溯其造字理據，而衹會根據當下時代人們對此一漢字的玄義的理解，來理解其意義。換言之，對於有些漢字或有些讀者而言，有些漢字於今僅僅被視為一種符號，而不代表有造字理據或內涵道理與經驗常識的符號，或者，其造字理據已經被弱化到忽略不計，無論其造字理據是吻合還是不吻合現代認識或現代科學……

202207052211

文語與思維的同步與不同步

理論上，無論哪一國或使用哪一種語言（及其文字）的人，就其一般人而言，其基本聰明程度、其基本內在思維等，總體上應該是差不多的，沒有太大區別。當然，亦並非全無區別，對此不可作絕對化理解，何況同一國使用同一語言（及其文字）的人之間也會有所區別。

與此同時,對於不同的語言文字而言,則在用語言文字作為工具來進行和承載的思維和智慧層面,卻會有區別。比如,就其進化或創製之初以及本質等而言,不同文語或字語會有所偏重。雖說一切語言皆有語音並重語音,且並非一切語言都有文字記載,但凡有文字記錄之語言或語種(及其文字),在必有其音其義的基礎上,於音、形、義、序、字法、語法等方面,仍然不期然會有所側重或特重,其語文,或重記形,重視覺形象,如漢語中文,或重記音,重聽覺感知,如西歐諸語種。這裏且以漢語中文和西歐拼音字語為例稍作比較。

記音符號之許多字語,字法和語法形式往往頗為豐富,或嚴謹,以此來增加外在思維或思維的外在形式,或思維的字語表達與字語形式方面的嚴格性或準確性,即更多訴諸於字語形式或字法、語法形式來增加外在思維的準確性。漢語中文,或中國文語,則不藉助這些嚴格到幾乎超過日常生活需要的外在字法、語法形式或字語形式來增加外在思維或外在語言表達的嚴謹性和準確性,而是訴諸於漢字本身(漢字內在的象形、會意、形聲、指事等造字理據)或漢字內文法,以及更為重要的內在思維本身等因素來思維,不是特別注重——或沒有發展出——一整套繁複、嚴格的外在字語形式和字法(如單詞或單字的所謂內部變形或屈折等)、語法形式。

但這種區別主要是表現在外在字語、文語形式和字法、語法形式層面,並不意味著在內在思維本質層面,中西有著根本的區別。比如,古代中文典籍之文風頗為簡約義豐,文法或語法形式亦不似現代西歐語言之繁複嚴格,但這並不意味著,中國古人在進行內在思考時,就完全沒有考慮到西方人用其音語或字語(字語形式與字法、語法形式）所表現出來的那些思維的嚴謹性或準確性——當然，仍然會有程度上的區別——，而衹是無法以西方字語或拼音字語的方式，在外在文語形式層面表現出來而已。近代中國人能夠讀懂外文書，現代中國人能夠理解外語的語言形式和語法形式，現代中國人能夠讀懂古書並揭示出其簡約文字背後的內在表達邏輯，就在一定程度上說明了這一點：即中西文語或字語，以及使用不同文語或字語的中西人民的心智，都共享著一些基本的思維形式或智慧潛能。

當然，這同樣有程度或層級方面的差異或區別，也就是說，不同字語或文語對於思維的助力並不一樣，而有一定高下之分。質言之，如果將字語或文語作為思維工具，則不同字語或文語對於思維的準確性、嚴謹性等思維目標，蓋有不同之助力。

舉個例子，比如：幾個中國古代武士在山裏行走，某人突然聽到異樣的聲音，乃叫一聲“有人！”，那麼，這時，他需要在語言層面區分“人”的單複數嗎？[①] 聽的人需要區分單複數嗎？也許有需要，古代中國人或許可更進一步說“有數人！”。但也許不需要，因為當這個人喊出“有人”時，其他人馬上就會警覺起來進行觀察，而或者馬上了解了實際的情形，或者根據常識來做出必要的行動準備，或者在內心即思維層面考慮到一個人或幾個人的不同情形，即在心智或思維層面已經兼顧了單複數的人了，換言之，無論使用怎樣的外在文字形式或語言形式，其內在思維及相應的行動選擇都可以是一樣的。由此可以知道中國人的思維方式或思維特質之一，乃是內心中的綜合、混沌思維，這種內心的綜合、混沌思維其實

① 另一個問題是：如果文人記錄這個故事，那麼，他需要在文字上區分單複數嗎？這和正文中的問題有所不同。

已經包涵了西方利用複雜的字語法形式或字法、語法形式所明確顯現出來的多層次、多因素、多變量的種種分析（格、數、時、態等），或在內心中分析了種種可能情形，而在文語上卻表現得更為簡約涵蘊、混沌縹緲。質言之，中國人不必藉助文語便可在內心進行複雜精確的思索或運算，故或有人聲稱中國人的文語頗為單純簡約，而中國人的心靈、心智或心靈世界則含而不露，深不可測；反之，有些對於西歐字語有所了解的人，則聲言西方的字語繁複嚴格、深不可測或深而難學[①]，並因此助力其思維科學、邏輯學乃至科學等之優異表現，比如西方的分析哲學、語言哲學等的進展便直接來源和得力於此。故曰：中國文語與中國人之心智，乃是含蓄蘊藉、簡約深遠，含而不露；西方字語或音語與西方人之心智，則是條分縷析、嚴謹整齊，顯豁外露。

那麼，漢語中文要不要發展出更為豐富、嚴謹的語言形式、語法形式乃至西式字法呢？我個人認為，在保留漢語中文的固有語法、文法的基礎上，尤其是中文的固有字法、文法，可以考慮另外建構一套豐富、嚴謹的語言形式、語法形式乃至字法系統，和既有的漢字漢語結合起來。但人們在使用漢字漢文時，卻可以既祇寫無白話文或現有所謂現代漢語中文之語言形式、語法形式和文法的傳統漢語中文，又可以寫結合了新的漢語語言形式、語法形式和文法的既有所謂現代漢語中文。並且，我個人認為，在文學、日常語言表達尤其是口語表達等方面，傳統漢語中文便已頗足夠，而在自然科學論文或其他說理文方面，包括法律或法學等，卻可以使用融入了新的語言形式和語法形式的新漢語中文。因為在日常語言表達方面，傳統漢語已頗足夠；而在

① 凡是學過德語、古拉丁語或古希臘語的中國人，對此應不難體會。

文學表達方面，傳統漢語甚至還有很多優勢。當然，新的漢語語言形式、語法形式以及新的中文字法、文法如何建構，這又是另一個問題，我暫時還沒能全面謹慎深入思考而提供出一整套的方案。

202207052211

過度形式化的語言或文語，對於經驗自然人生是否必要？

或曰：超越人類常識過高過遠的科學，於人類有可能欲益反損，最後不但不能提升人類的生活水準和幸福水平，反而可能會毀滅人類。語言建構亦是如此，有些超出日常表達需求的"變態"的嚴格語言形式或語法形式，可能是非必要的，並且最終可能會增加人們的認知負擔。為了減輕這種認知負擔，所以一般人就通過他們的自發地降低語言形式或語法形式的繁複度的方式來應對，亦即：無視一些語言形式和語法形式，用一種違反其法式或帶有缺陷的語言形式來進行日常交流，而在事實上，這種語言交流並不影響一般人的日常生活。

我們在中外社會都可以明顯觀察到這種語言現象，比如一般民眾尤其是並未受過多少教育的民眾，乃至文化精英或學者在進行日常交談時，其語言表達方式可能就非常簡單，沒有繁複的語言形式或語法形式，並不嚴謹，更多的時候甚至是顯然違背嚴謹的語言形式或語法形式的表達。當然，知識分子，或受過良好教育的人，在進行表達尤其是書面表達或科學表達時，其語言形式往往就嚴謹得多；但他們在進行日常表達，或在和其他民眾進行交流時，也可能很自然地採用另外一種簡單的語言形式(來進行表達)[①]。所以,對於嚴謹語言形式和語法形式而言,重要的是"可以有"乃至"必須有"——比如對於科學表達而言——,而未必是"時時有"、"人人有"、"事事有"等。現代漢語(中文之)建構亦是如此。然而,如果強調所有人都像寫作科學論文一樣進行語言表達,那就是沒有必要的,也是不可能的,會大大增加人們日常生活的認知負擔,乃是欲益反損的事情。

202207052211

① 大人有時故意學著嬰兒或兒童的語言方式,來和嬰兒或兒童對話,這是稍有所不同的另一個例子或情形。

第五部分

將新思論、新文化、新科技等融入現代漢語中文

（建設好）我們（中國和中國人）的語言、文字、文學、文化、文制、思論、哲學與科技，以及相應的幸福人生形式與生活樂土，這就是我終生首要關注的諸領域，也是目標；但都任重道遠，並不容易。我關注世界範圍內的語言、文字、文化、思論、文學、哲學與科技，但著眼點或最終的目的或落腳點，仍都在於建設好我們自己的語言、文字、文化、思論、文學、哲學與科技——至少在中國尚在許多領域處於落後或追趕先進文明的時勢和狀態下，應是如此。時刻應該記住這一點。

202207070048

以心腦、科學等創造新義新理新事新物，以文學傳播之，以哲學定義，以文語學正名定語，以文字學造字考文

思論家、物理學家或科學家、器技工人、民眾等創造新義新理新事新物，即**以心腦、思論、科學、器技等創造新義新理新事新物，然後以文學或語言傳播新義理事物，以哲學定義，以文語學正名定語，以文字學造字考文**，又以定義、正名、造文孳字考文後之雅、典文語、文學或白話、口語之語言等，固納、教化、傳播其雅正義理事物，文化天下，或文語以化天下，然後其文語、文明乃成[1]。其間如

---

[1] 然此乃強為分析之言，實則並非如此機械，而義理、文明之創造進展乃生生不已、略無間斷也。

思論家、廣義物理學家或科學家、器技家、民眾，以及文學家、哲學家、語言學家、文字學家，乃至全體民眾及關心或代表民眾利益之政治家，皆參與乎其中。固或有分途專精，各各專攻一域，繼長增高，然若其人能於諸學多所貫通，則尤多助益，而尤俟乎能出入諸學之博通大家也。故所謂專治文學者，亦當頗通語言文字學、哲學、思論文化學等，專攻哲學者亦當頗通語言文字學、文學乃至物理學或科學等，專攻文語學者亦當頗通哲學、物理學（廣義物理學，即科學）等①，專攻物理學或科學者亦復如是，然後乃能以雅正本國文語以寫傳其新義理事物，將新義理事物納入本國文語，提升本國文明水平，傳佈民眾而文明、化及優惠本國乃至天下民眾也。

實則一國之義理、文明之進展，不必倡言，而仍大體自循斯途而已，若強為分解言之，則其初乃重創造傳佈新義理事物，義理事物初起，多所變化遊移，固不能十分確切，則無論文學者、思論家、文理學者、政治家等，或皆不克以雅正之文語將其固定納入於本國文語，或即一時納入而稍多不合文法乃至鄙陋不通者。然倉促之間或有不得不然者，且其於新義理之傳佈化及之功已在焉（如吾國"五四運動"以來之大肆創造、引介包括廣義物理學在內之新義理事物等，即如此類）。待其義理事物廣為傳播、深入人心人世之後，而新義理事物多所積聚幾侔高山，則或將有（文語等）學者通人出而全面董理之、建構之，乃至從文明高度全面審視之，集其大成而製作一時之經典，同時又不廢其創造進展、繼長增高之本與勢，如此乃如源頭活水而生生不已也。

所謂有"通人大家出"，有時乃是一種時勢，時勢若至，民間與學界乃有此種呼聲，形成某種或一定範圍內之共識，蔚成風氣，則無論

① 如若不然，當其造新字或考文字時，或因誤會事物之義理而將有所謬誤不通者也。所謂理技文明或科技文明時代，於事物之理，多所發明糾正，則造字考文時，亦將據此納入之也。

各學科之學者大家，或通人大家，或民眾、政治家等，皆將參與進來，集義共事，而或將襄成其集文明大成之大事業。中國哲學之最高境界即求其"通"；所謂通人大家者，亦曰求通而已，如通其文語學(語言文字學)、哲學、文化學、宗教學、大物理學或科學、文學、史學等。通亦有高下之分，其小者，固亦有可觀，然致遠恐泥，故求通其大道而通無止境也。儒家所謂"好問"、"一事不知，儒者之恥"等，非為炫耀其博而無所用心，實乃所以將求其通而文明天下而已。

然以上乃強為分析之言，實則並非如此機械，而義理、文明之創造進展乃生生不已、略無間斷也。

202207071650

晚清"五四"以來之思論史，乃是(生情)文學史而已，抑或相反亦然？

或曰：晚清與"五四"以來之思論史，實則乃是文學史而已。其意即如上述"以文學傳播新義理事物"而已。遠者姑不追溯，蓋自"五四"以來，中國學人或思論者每每故意以文學引介傳佈新思論與新義理等，如雜文、散文、思論文化評論、小說、戲劇等。其之所以關注(生情)文學，提升(生情)文學之地位，亦每從思論文化層面著眼，清季如梁任公，民初如"五四"新文化人等，皆大體持此義——然其間亦有所謂"純文學自覺"者。就其進入現代社會後的重新定義的本義而言，思論史與(生情)文學史固然有所區分[①]，然

① 然若就其古代之文學定義或文學觀念而論，如言"經緯天地曰文"、"夫文章，經國之大業，不朽之盛事"等，固從思論文化層面著眼，則文學史與思論史更是糾纏交錯，難分彼此。不贅述。

若言及近現代以來之中國思論史，則不可將其間之作家或（生情）文學史排除在外，乃曰近現代（生情）文學史亦為思論史之一部分，乃至思論史亦多廁身於近現代（生情）文學史之內，而以（生情）文學史包舉思論史也。故或曰：近現代以來，乃是思論史與（生情）文學史不分家而已。

二十一世紀初以來，思論史與（生情）文學史可謂正式分途，（生情）文學似不再能提供更多思論層面之內容。然此亦強為分說，實則（大）文學乃至生情文學中都永遠包含思論或義理層面之成分，不可謂全無思論義理成分也；且文學批評家、文學研究者等亦可從思論層面著眼入手。然今時今世之與此前一百年之相異者，在於今時今世乃有自成一體之思論界，如哲學界、史學界、社會科學界、思論文化史界等——當然亦包括（生情）文學史界——，皆可謂專門、分化或專精化之思論界之組成部分，故不必祇藉助（生情）文學來表達或探討思論，而是直接進行思論或道理學術之討論。（生情）文學或作家、（生情）文學研究者如果亦主動接受一己之新身份新領域，完全退守至所謂"純生情文學"或作為一種專業之（生情）"文學"層面，在學養等方面亦不能或無意旁通諸學，則其對於思論界之種種議題，或將漸漸失中（中心位置）失語，亦或可知，乃至是必然之勢也。

近代以來，乃至整個中國歷史上，其時其世之許多作家或文人，亦欲乃至實亦身兼思論家之身份，不但提出與問題，亦且試圖探討解決問題之方法。故其不獨關注文學，亦且關注閱讀思論文化、道學、哲學等之著作，參與相關之討論，乃至親身參與種種社會實踐，可謂是作家、思論家、道學家、行動家等兼於一身也。此亦為其時許多作家之共同特色。

202207071650

漢字漢語與農業文明、工業文明之關係

既有之漢字漢語足以應對農業文明時代之全總事務

或曰:**既有之古漢字漢語(文明)足以應對農業文明時代之全總[①]事務**,然於進升理技工業文明而言,或當有所新造更張。

又補論曰:於邦國之盛衰興亡及今世理技或科技之強弱而言,一國之文語或非其最要之根本,然欲求邦國興盛、理技進展乃至文明化及廣遠,則其國文語之文野優劣[②],便尤顯重要。自然農業文明之時世,作為天下諸種文語之一,漢語中文之境界可謂登峰造極,足以應付自然農業時世之一應人事乃至天地神鬼之事,又乃至足以傲視東亞與世界。此亦漢字漢語漢文化(或華文華語華夏文化)沛然流佈、化及、擴展之根本原委之一,所謂內外四夷皆漸用染華文華風而自同化為一體,而擴展為古代之東亞漢文天下,若古代之朝鮮、安南皆徑用漢字,若古代日本則用漢字而又稍增其變體,若古契丹則仿照漢字而造契丹大字小字,若古西夏亦仿漢字而造其西夏文字等,若遼、金、滿洲或滿清及其他少數民族等其後皆徑用漢字漢文漢語等……

---

① 或亦可用"全都",都者,聚也,猶亦全也,聚而全。不用"全體"、"全部"者,"全體"似言一物,即"一物之所有或全有之部分或分體";"全部"既可指"一物之各部",亦可指"諸物之總全";"全總"、"全都"則可指"諸物"之總全。又如:任何=任一=全=全都。

② 然其所謂"文野高下優劣",固視其不同參照或標準而有不同評估。

以人格物→以物格物→以理格理

然自西洋理技工業造器文明興起，來至中土乃至全球，而與自然農業文明、遊牧漁獵文明等頡頏互競，則情勢乃翻然改易，漢字漢語文明擴展之勢乃有所減弱或暫時遏止。此何故？吾乃嘗試論之。蓋無論自然農業文明或理技工業文明，皆求理，格求世界萬物之理，然自然農業文明及其載體之古代漢字漢語文明，乃“**以人格物**而求理”，人者，自然人也，即以人類自然常境（或常態）之感官，接自然常境之物，以獲自然常境之徵驗，以得自然常境（或常態）之理，今曰“經驗自然知識”或“人驗自然知識”。

而近代以來之西洋理技工業機器文明或拼音字語文明，乃又“**以物格物**而求理”、“**以理格理**而求理”。何謂“以物格物”？曰不獨恃乎人類或常人之耳目感官，而以“玄理”[①]或“物之玄理”、“幽玄物性物理”發造“機物”（古曰“機械”，而中國古代之“機械”仍多重在順其所謂“經驗”或“人驗”自然之理，重其實用）或“儀器”，助人以之格物，則此“機物”或“儀器”乃有超乎常人或人類之耳目感官之能力，以獲超乎自然常人常境之世界萬物之幽玄徵驗，得其尤為幽玄之物理[②]，即玄理，謂之“以物格物”。

何謂“以理格理”？曰即“玄理推演”是也，以其無關或脫離自然實物全相之一端理則、物理、元理或玄理[③]，而懸空推演其新玄理，又

① 玄理，即下文所謂“幽玄之物理”，今曰抽象之理則或物理，對應於古代自然具體之物理。

② “幽玄之物理”，即上文所謂“玄理”，對應於“自然經驗物理或自然常識物理”而為言，“常”謂常人，常人之感官能力也。

③ 幽玄物性物理。

以新玄理造其非經驗自然或超經驗自然之新物、新機物或新理物也，今曰"理論演繹"。質言之，"以理格理"者，以玄理推演其新玄理，又以新玄理造其新理物，無論新玄理或新理物，皆脫離乎既有之自然人驗之萬物，而後為人造之新機物或新理物，於是人驗自然世界遂漸讓位於人造玄理機物世界，是所謂理技工業器物文明之本質也。

自然物、自然世界與理技物、理技人造器物世界

然則就其人—物（或物世界）關係而言，則有自然人與自然物、自然世界之關係，亦有自然人與理技人造物或人造世界之關係。於今之世，外物世界或丕變，乃至自然世界日益"縮小"，人造理技世界日益擴展；而人或仍是那人，仍是自然人，雖心腦智識靈魂或將有突進，其身軀蓋仍將是自然血肉之軀，無可丕變。以此言之，則無論自然農業文明或理技工業文明，自然血肉之軀，乃是人類世界永恆不變之事實之一，人類文明之發展，必不可脫離此一限制。然則以此不變之血肉之軀，以對此丕變之理技工業人造器具世界，人將何以自處？亦即：何以處理自然人與自然世界之關係，尤其是，何以處理自然人與理技人造世界之關係。此固可分自然農業文明與理技工業器具文明而分說之。

自然人與自然物之關係

就前者而言，歷經幾百萬年之發展，於前現代工業文明之時世，或於中國自然農業文明中，自然人對於自然物或自然世界之心態，乃是"順其自然"或"人順物故"，故或曰"人、物相應相合"。而所謂"相應相合"者，其實亦分兩途，即合其自然能合者（自然人與

自然物),而其不能合者(自然物有自然人所不能至者),亦順其自然、不予干預而已,中國古人所謂"隨物宛轉,與世沉浮,縱浪大化"、"人、物相應"、"天、人合一"等是也。故中國古人於物、自然物或自然世界,無所"過度"索求,乃是"順其自然",順其"人之感官所可感知"之自然而已矣。質言之,所謂"人順物故"或"順其自然",乃是順用其人類所能"見聞感知"之"**自然物性物理**",而於人之感官所不能感知之"**幽微物性物理**"①,則歸之於妖孽神靈而已,不予深究。如古人對所謂"鬼火",乃歸之於"妖魔鬼怪",雖或不乏膽大者一探究竟,而不能求其內在物理,故常人仍名之為鬼火而已,此無他故,以其非自然感官所可經驗求證者也。

古代中國人非無求其"幽微物性物理"者,揆諸中國上古先秦以來之古代科技史便可知,然自孔子修六書(即"六經")以教人,其後儒學文德政治又漸成中國文化主流,加之**重士農而輕工商**,故聰明穎彥之士首先群趨於文德政治,而格究物理、工技作器以求售經商之事乃漸成幽隱潛流,或支流,後代雖仍不乏究理、作器、售賣者,以不能得其最聰穎之士之才智投入故,終乃漸漸中衰。自近代西方理士發創大倡"以物格物"、"以理格理"之術,如實驗法,如人造"科學儀器"等,加之早既有之"邏輯"或"理論演繹"等術,西方智慧之士群趨於理技或科學技術之事業,又藉助商業文明之輔助,而西方理技工業文明乃勃興大盛,而中土之理技工業文明或器物文明遂相形見絀,衰落已甚也。無此理技文明、工業器物文明,雖"量其國之自然人、物之全力",恐亦不能抗衡他先進"理技工業器物"之合力,則近代以來,當西方理技工業文明勃興,其後又大行其帝國主義、殖民主義之行事時,全球自然農業文明地區之命運,亦不難逆料也。亦即:

① 幽微,乃相對於人類自然感知能力而言,超乎人類自然感知能力之外者也。

理技對於自然之征服,理技文明對於自然文明之征服。

自然人與理技人造物之關係

言歸正傳,若夫理技工業器具文明中之“人、物關係”,情勢則有所不同。人造理技器物大興後,一者擴展人類之感知能力,不但人能以之馭自然物,亦且是人能馭理技物,乃是“人勝自然物”與“人馭理技物”;然其同時,自然人之自然能力終不能勝理技物之超自然能力,則人造理技物乃或凌駕於自然人之上,或有“人不勝理技物”乃至“人被理技物所制”之虞。質言之,自然人乃處於“既克物,又被物克”之矛盾狀態,一方面永遠在“克物”而前進,另一方面又永遠“被物克”而將愈使得自然人在理技物面前相形見絀,即在人所創造之“理技物”面前或“人造世界”中顯得極其渺小無力。於理技工業器物文明中,自然人必恃理技乃能駕馭理技物,必恃物乃能及物,不然則於“物”而無能為力,或將被“物”尤其是“理技物”所吞噬[1]。**工業文明中的自然人倘僅以血肉之軀而站在人造理技世界中,顯得極為渺小無助,正如農業文明時代的自然人站在自然世界中顯得渺小無助一樣**。故於理技工業器物文明中,人既因可恃人造理技器物而覺愈加有力,又因以血肉之軀而對剛硬理技機器而覺愈加無力,此皆因其人乃是自然人之血肉之軀故也。

實則無論是在自然農業文明抑或理技工業器物文明中,人、物關係皆是如此,自然人乃克其所能克之物,或於農業文明中名之為“順物之故”,或於工業文明中名之為“求物之理”;而又被其所不能克之物所

---

① 人造理技物,馭之固能造福人類;亦或能傷害人類,如各種理技器物之偶然事故或功能紊亂、失效、失事等,即是理技器物反噬之事例也。古代社會,頗多自然猛獸毒蟲噬人之事,現代社會則少此類,而頗多理技器物失效、失馭而反噬人之事。

克，而於農業文明中名之為“人不能勝天”，於工業文明中名之為“人不能勝其客觀必然律”；或曰“理性之牢籠”，此則乃曰理技人事之物。

譬如，自然世界之溫度升高，或曰天氣大熱，若超乎人類所能承受之界限，則人類將死亡，此夏日沙漠難能存自然人之原因也——亦極寒之地難能存自然人之同理。若夫理技工業器具文明時代，則似有不然者，人類以人造理技器物，而營造適宜自然人生存之人造小環境，如或移動或固定之房屋、車船等內之大小空調機等，然後人類似乃能升空入海、至於極寒極熱之地而居之，而得大大超乎自然農業文明世界之人類活動範圍。乃至或有一天地球氣溫整體升高或降低至於人類所不堪活居之限，地球不再宜居，而人類或仍能以其理技器物——比如太空船之太陽能，又比如太陽系外藉助其他新理技能量而來之類似太空船之類——而存活安居於海陸空漠乃至宇宙中；然則理技工業器具文明乃能拯救人類於一應危難之中，超乎地球與人類自身之自然局限，而永存於宇宙中。後者乃為理技工業器物文明時代中之樂觀懸想。

超自然人與理技器物世界之關係

或曰：將來人類心腦智識靈魂之研究狂飆突進，或將捐棄此一身臭皮囊，獨留其心腦靈智，而接榫於人造理技器物之上，結合人之心腦靈魂與機器之物身，而為新人類，乃至理技人類①，非復既往之自然人，則不再適用於所謂自然人與物之關係之理論推演。

此固非全無可能，然則此種所謂“超自然人”，究竟是人？是幽靈？還是神？

---

① 又比如人工智能、智能機器人等，則與自然人全無關聯。

漢字文明與理技工業器物文明

中國文明與漢字漢語之歷史極為悠久，自後者言，若從商代甲骨文算起，迄今已三千餘年。其間或亦不乏理技工業文明之萌芽或因素，如青銅器、鐵器等，如先秦方術及其後道家丹藥冶煉等，未必不有理技工業器物文明之成分，然自其所流傳彰顯至今之主流而言，則大體為自然農牧文明與**經驗理技文明**。中國人經此三千年之經驗理技求索，將其經驗知識大體納入漢字漢語中文中，故漢字漢語中文之於自然農業文明，可謂巨細無遺，登峰造極。

以漢字漢語中文標記自然農業文明之萬事萬物，乃可綽綽有餘；然則以漢字漢語中文標記理技工業器物文明之理技器物何如？竊以為亦可綽綽有餘，吾人試讀王引之《經傳釋詞》，乃至漢語中文之虛字或邏輯字等之所由來，以此類推，亦知漢字漢語能標記工業文明之理技、器物，以及西方文化之哲學、文化尤其是物理或科學、知識論等也。何況還能造新字！

202207082323

單字單義與單義單字

每字有一義[①]，每義用一字[②]；或單義有單字[③]，單字有單義[④]，

① 然亦可多義，用時則用其一義也。

② 然亦可多字同一義，唯用時則一義用一字。

③ 單義可用多字各表之，唯用時則單義用單字。

④ 然單字固可有多義，用時則可用其中諸義之單一，然或亦可用其多義，或作多義之解。

此乃古代漢字漢語中文之最所令人訝異者之一。然今人譯介外來概念、學理、邏輯詞等，則一時或不能以單字記之，乃造詞組以記之，則已破壞古代漢語中文之“單義單字與單字單義”之字法、文法也。此何故邪？蓋古漢語中文之漢字與字義，多為自我長久演化，積久以成是，自然以成之；或有譯介外來文明者，如魏晉南北朝隋唐之譯佛經，一者究竟少理技工業文明之物、理，而多為自然文明之物、事、道、理，與漢語中文之文明本來相通，二者因其譯者仍頗通漢字漢語中文小學或音韻訓詁之學，故能融入漢語中文而使人似無覺察，三者，其相異懸絕或所譯虛玄者，或不能流佈廣遠，而漸堙滅無聞，如唐代玄奘所譯介之因明學然。加之深通漢語中文小學與文學之文士之長久鍛煉文字，乃能化於漢語中文而若無痕跡也。近代以來則不然，西學一時大肆湧入，其譯介者，多為少年學子，於本國之(文語)學問浸染未深，不甚通本國文字訓詁之小學，率爾倉促以譯介耳；加之其後大倡所謂白話文，尤廢斷文言或文語之傳統，其譯介新義，乃不得不專騖於想當然之組字成詞之一途，而詞組之詞法興，單字單義之字法、文法漸將廢替也。

202207082323

單義與複義？

然則何謂“單義”？果有“單義”乎？全總之諸義皆可謂之單義否？既有“單義”，豈又有“複義”？此則當用邏輯學或哲學分析之。如“單義”二字或一詞，“單”自有其“單義”，曰“單一”也；“義”自有其“單義”，曰“義意”也(英語曰 meaning)。然則此“單義”之義，究竟是單義？抑或是“複義”？若是“單義”，則豈不亦當造一單字以記之？而無論是“單義”或是“複義”，此一“單義”或“複義”，與“單、義”二字之各自單義，是何關係？於邏輯學言之，義或字義之關係，或有種屬關係，或有平行關係，或有不相干關係，亦或有“組合關係”？略開端緒，俟隙再詳論之。

或曰：漢字大體皆本乎自然之物象與自然之物理，於虛玄之物象、物理則或稍有所不及。然此論亦可商榷，失之於靜態僵化眼光，未能以動態發展眼光看待其事，蓋於理技工業文明時代，漢字之造字法、造字理據等亦可與時俱進而應時更張優進，而亦將能適應之也。

202207082323

中國文明之義理統系

古代中國人對於義之全統或“意義系統”之觀點——今或名之為“宇宙論”、“世界觀”等——，乃以天地人之三才論之，統係之。統係於何？統係於天，統係於一也。此許慎《說文解字》首敘“一”，次“元”，次“天”之所以然也。萬物統於天，出於天，又統於一，出於一而已矣（此一“天”，包舉“天地人”而言之）。統者何？亦謂“通”也，通於天地人三才之道也，古稱唯聖人與聖王乃能中通三才之道，乃能聽命於天而一統天下，故曰“一貫三為王”。中國文明之系統甚明晰，曰一統、一出於天一而已，一統其天地人而已；有天物，如日月星辰，有地物，如江河湖海，有人物，如聖賢士俗、尊卑貴賤；天有天道，如天文，如祭天之禮，地有地道，如地理，如祭地之禮，人有人道，如人身之直立、心之剛柔，如禮樂文明，如仁義禮儀，如五常義理等，皆曰法天而來，而中通天地之道。中國文明之“意義系統”乃以此建構起來。《易經》乃以乾坤八卦建構之。《說文解字》

乃以部首為次序而建構其"意義系統",亦是"道法天地萬物"之意。乃至《初學記》、《事類賦》等類書亦以天地人三才之物、道建構之。

西方人或不識此,雖亦大談特談中國文明或中國文化系統,談來談去,往往不得要領,如涂爾幹於《原始分類》中談中國文明,亦隔著一層,不能真正理解中國文明和中國文明系統也。中國文明系統必須結合經驗自然農業文明來談;今將補入理技工業器物文明系統,乃至專門為此造若干部首,以闌入理技器具名物與相關玄理玄義、新道新義等。

若夫西方文明,其詞典乃無此統係,往往按字母排序而已;其宗教"意義系統"(神鬼論)、世界萬物"意義系統"(宇宙論)或物理系統(廣義物理學或科學)、人事義理系統(人生論)皆各各分立,雖有所分離,而無中國中文文明之統係。

文字語言或文語,其與文化、思論、科技等,雖不能截然分開,然究竟亦有一定藩籬,可且當獨立分析。

202207082323

竊以為:任何未將《說文解字註》成果納入之漢語字典,都難稱完備。

202207090859

造新字?起用舊字?組字成詞?

哪些義需造新字?竊以為,邏輯詞、語法詞、物理學詞、哲學尤其"知識論"相關之詞等,若漢語中文無既定之字,又無以起用舊字，則或可造新字，以補漢語中文之不足；自然物、人事物、器物等，或尋其對應之漢字，或可組字成詞。極重要之文化詞語，或亦可造新字，如自由、人權或權利、平等、民主等。

現代漢語有“主觀”、“客觀”兩詞，文言或古漢語則曰“以我觀物”（或“以人觀物”）、“以物觀物”，然則何者義尤晰明？今又有“主體”（“客體”）之說，若據上下文或語境而換以“自身”、“本身”、“自體”等多樣說法，是否能避免其或有之玄虛、扭曲遮蔽物情之病？反之，若一篇文章充斥“主觀”、“客觀”、“主體”、“客體”等詞，懸空立論，是否離物事真相情實愈遠？若純是“智論”、“玄論”或今之所謂“知識論”或“邏輯學”論述，則或可。而許多情形中卻並非如此，乃是論事物、事理或經驗物理等，則多用其玄義之詞，或則遮蔽事物之真，或則一時不知所具云、所實指？然則“主觀”、“客觀”、“主體”、“客體”云云，是抽象詞語？是邏輯詞語？抑或哲學詞語？三者是否有區別？在行文論述中是否可置換為其他中文字詞乃至多元說法以規避重複啰嗦？此皆可深入思考籌措之。

202207091505

中國文化中的人、物概念和人-物關係

中國是以“文”來化人，以“文”來明人①。先將道義或義理以“文”的形式傳達出來，然後教化傳達於民眾。就此而言，祇有中國才有“文”，才有文化、文明之說②。

① 文有文象、文字、文章、文飾、禮文、（大）文學、經緯天地曰文等多重涵義。

② 西方或可言“字化”、“字明”等。然若將西方字語之“符號之字”亦視為“文”，則乃亦可言“文化”、“文明”，然與中國、中文漢語中之“文化”、“文明”有所不同也。

古代中國人講究順其自然、隨物宛轉，視其天地萬物為自然天成，為天物或自然物，而天生與自然的東西是神聖的，不能破壞它，所以不大將（自然）物當成物來分解研究，所以古代之純物理科學自然也就不甚發達——當然，以歷史主義眼光審視之，則近代以前，相對於世界範圍其他地區，亦未嘗落後，乃至頗為先進。

文明一詞，西方字語多寫作 civilization，而 civilization 的詞根就是市民，按其本義，大概就是"城裏人的風度風格"之意[①]，甚至

---

① **civilize**：1. **To make civil**（sense 7：Having proper public or social order; well-ordered，orderly，well-governed. pp255）；**to bring out of a state of barbarism，to instruct in the arts of life**（羅按：有關生活的藝術或文雅，亦即漢語所謂"文野之分"），**and thus elevate in the scale of humanity；to enlighten，refine，and polish**.（b. To subject to civil authority. c. To polish what is rude or uncouth. d. *transf*. To domesticate，tame（wild animals).）2. To make 'civil'（sense 15 b：*Theol*. Naturally good or virtuous，but unregenerate；moral；**good as a citizen，but not as a saint**（羅按：市民道德與聖人道德之分）. Hence *civil righteousness*. pp256）or moral；**to subject to the law of civil or social propriety**（羅按：涉及民事法或財產法）. 3. **To make lawful or proper in a civil community**. 4. Law. To turn a criminal into a civil cause. 5. *intr*. To become civilized or elevated. 6. *intr*. To conform to the requirements of civil life，to behave decently. 參見：*The Compact Oxford English Dictionary*，pp257.（羅按：這些詞義，乃是十七世紀以後慢慢發展出來。）

civilization or civilisation：1. Law. 'A law，act of justice，or judgement，which renders a criminal process civil；which is performed by turning an information into an inquest，or the contrary.' The assimilation of Common Law to the Civil Law. 2. **The action or process of civilizing or of being civilized**. 3.（More usually）**Civilized condition or state；a developed or advanced state of human society；a particular stage or a particular type of this**. 參見：*The Compact Oxford English Dictionary*，pp257.（羅按：在英語中，十八世紀以後才發展出這些詞義。）

而 civilize/ civilization 與 civil 和 city 有關：

civil：adj. 1. **relating to ordinary citizens，as instinct from military or ecclesiastical matters**.（羅按：市民的或民事的，有關普通世俗市民，而非關軍事或宗教，亦非關貴族與農民或農奴）2. **Law** non-criminal：a civil court. 3. courteous and polite. 4.（of time measurement）fixed by custom or law，not natural or astronomical. -ORIGIN ME：via OFr. from L. civilis，from civis 'citizen'. 參見：*Concise Oxford English Dictionary*，pp262.

city：n. 1. a large town，in particular（Brit.）a town created a city **（轉下頁注）**

可能隱含著城鄉文野區分乃至城裏人鄙視或瞧不起鄉下人(或包括貴族、農民或農奴在內的封建主義文化)的意味在內,所以應該翻譯為“市民化”、“市民風尚”。包括中國人在內的近代東方人在西方帝國主義、殖民主義、文化帝國主義、後殖民主義等的一再衝擊、思論灌輸乃至洗腦、侵略(包括文化侵略)之下(當然,就西方社會內部與西方思論文化本身而言,亦確有其優秀先進者,而東方人亦或主動學習傳佈於國內,此亦是另一事實),逐漸失去民族文化自信,對於西方的東西極盡仰慕和拔高,所以中國人乃用最好的漢字來翻譯此一義。實則衹有中國才有“文”,西方談何“文明”? 其或可言“字明”、“理明”或“市民教養”、“市民教化”等①。

在古代,中國人就有自然之天的概念,並敬畏之;與此同時,也有天然物或自然物的概念,而或隨物宛轉,或順其天然物故或物理而用之而已。西方人,尤其是各種宗教影響下的西方人,並不甚尊重敬畏自然之天,乃至或不認其有自然之天,乃有征服自然、人定勝天之雄心野望。西方人衹是更為敬畏作為宗教神的天,在他們的宗教觀念裏,神創造萬物。不過,有趣或稍成悖論的是,既然天地萬物皆是神所造,為何不敬畏之,而反征服之? 或推測其思路曰:既然神創造天地萬物,那麼,秉承神的意旨,人也可以再度創造萬物,所以對於物就沒有中國人的敬畏。此解可通乎?

中國文化確實是早熟的,很早(春秋戰國時期)就發展到了一個很高的境地,但或許正如某些西方思論家所言,其後,中國文化

(接上頁注) by charter and typically containing a cathedral. *N Amer*. a municipal centre incorporated by the state or province. 2. (the City) ……ORGIN ME(orig. denoting a town): from OFr. cite, from L. civitas, from civis 'citizen'. 參見:*Concise Oxford English Dictionary*, pp261.

① 西方或可言“字化”、“字明”等。然若將西方字語之“符號之字”亦視為“文”,則乃亦可言“文化”、“文明”,然與中國、中文漢語中之“文化”、“文明”有所不同也。

卻進展甚微,乃至不再進展。倘其所言有一定道理,則之所以不再進展,或是因為中國人視此自然世界、天然世界為天的意旨,以為不可和不必改變的緣故。中國很早就對物性有深刻的經驗理解,或隨物宛轉之綜合或圓全觀照,但確實每多是經驗物性,並非現今物理學或科學意義上之物性;西方人則試圖找出其背後的抽象理則,或一端數端之物性物理,所以西方人與(古代)中國人的物性論是不一樣的。

古代中國人不是不聰明,不是不能探索科學技術,而是認為沒有必要,對自然世界、自然之天或自然秩序①有一種敬畏和認可。西方人則不是這樣。

中國人在其所體認的經驗自然之天的引導下,建立了一種經驗自然秩序和天道人文秩序,無論天地人三才之道,都是這樣的一種對於自然之天(地)的經驗自然秩序的察知、體認、模仿和重構。中國人是真正的經驗自然秩序。西方人則試圖建立神意秩序以及物理秩序。中西之間,乃是經驗自然與超經驗物理的區別;或者,一個是自然秩序,一個是理的秩序和(宗教之)神的秩序。

一種文語或一個國家、民族、社會等的意義系統,淵源於背後的整體文明或文化,其整體文明或文化決定了意義系統中的諸種意義的成色。研究意義、文字語言或文語、語言哲學或文語哲學、意義哲學、心靈哲學或智能哲學等,倘不聯繫其整體文明系統來談,則其所謂意義便都是孤立的、單薄的,乃至是無意義的。

---

① 有意思的是,或值得注意的是,西方人所謂的"自然之學"或"自然法",往往是和上帝或宗教相關聯的。亦正因此,許多中國學生在學習西方法哲學時,往往就會被翻譯成中文"自然法"一詞的含義,產生困惑,因為中文裏面的"自然",乃自有其中國文化的特別含義。亦因此,筆者乃認為"自然法"之譯名不甚妥當。茲不贅述。

漢語中文可以按部首排列所有漢字，比如古代漢字字典或中文字典便是如此，其實就是以此來建構一個天地人三才之自然秩序①；西語則往往是以字母次序來編排，無法通過詞典來建構一個完整的自然意義系統或秩序。

202207101340

理技工業器物文明之意義體系或知識體系

理技工業器物文明之意義體系或知識體系或論理體系。

中國古代乃是自然農業文明之知識體系，今乃是近代以來之理技工業器物文明或科技工業文明，中國於此稍乏積累，故大肆從西方輸入。理技工業器物文明或科技文明本身固有其價值或先進性，然率先發展理技文明或科技文明之國家和社會，內部與外部亦皆多痼疾，而引發有識之士之關注和批判，如德人馬克思，其曾生存於理技工業文明之時世，知其中之種種人間亂象，得其知識，乃將有所改張。其矢的亦在乎博愛之仁，在於人人平等，在於人得自由與尊嚴，在於為民製產、"使勞之"、民得勞動安生等，有其合於中國自然農業文明之道之鵠的者；然其知識則乃建基於理技工業文明，此則古代中國人或有所不知也，故乃引進之。如古代中國人固知"橫征暴斂"、"重利輕義"之惡，然或稍不知理技工業文明中之隱秘金融經濟等之間接"橫征暴斂"、巧取

---

① 又比如明人呂柟評《釋名》曰："**《爾雅》先詁言訓親，而後動植，近取諸身斯遠取諸物也。《釋名》以天地山水為先，則瀕乎玩物矣**。"此亦可見，古代字書之部次秩序自有深意法度，往往關乎道也。參見：(明)呂柟，《重刊〈釋名〉後序》，見劉熙，《釋名》，pp5—7。

豪奪之伎倆詭計，又或稍不知“重理技、工商之利而或能襄輔道義”之理等。

202207111124

通-達

不要自以為是，不要騙人，不要老想著封別人嘴、撕嘴（禁止別人說話和表達自己的想法），不要老想著禁書禁言，人人都是自由的，人人都是思論自由的，人人都能表達自己的思考和想法，人人都能提出批評，沒有一個觀點和想法天生就是高高在上的；讓各種觀點都能互相看見聽見，而不是衹能聽到看到跟自己意見一致的觀點。所謂溝通交流，其實就是求其“通”；封、禁等就是“塞”。人人都能自由思考和表達自己想法的社會，一旦走上正軌，就反而不會有什麼出格的思論了，即使有，也沒人理睬，沒人聽從，甚至有相反的思論去駁斥其謬誤，而根本掀不起什麼風浪。但從封禁社會走向開通社會的過程中，似乎也並不能採取完全的聽之任之的狀態，因為在這時，具有通明判斷力的人也許確實不多，那些富有煽動性的偏頗之言，卻可能更快更早地佔據那些缺少全面深入思考的人的頭腦，從而導致更為偏頗過度的思論後果。然而在文明教化與愚民灌輸之間，亦可能衹有一線之隔，故仍當中通三才之道而又執中有權，不拘泥，不僵化。

古曰“上下不通”，曰“下情上達”，曰“疏通治水”，亦皆是強調一“通”字。通而後有大道，大道者，今曰全體最基本共識。若無溝通，則群體極化，到處是對立。貧富差距懸殊，亦是不通。

202207111400

論“眼見為實”

論“眼見為實”。從科學哲學的角度來談論“眼見為實”或“感知的真假”問題。

“眼見者不一定為實”,“眼不見者不一定不實”,而其所謂“實”者何?不能衹衡量以人眼之見,蓋人眼之見,乃是人類經驗感知,此外人乃又以器(儀器)見,然則其人以器所見者,究竟是何“實”?

同是一物(物體、事物、現象等),人眼所見與其他萬物(生物)所眼見,蓋不同也。萬物所見聞感知之世界,與人類所見聞感知之世界,雖同而不同,其所謂“同”者,於世界自身而言,乃曰是世界自在自同;其所謂“不同”者,於人類萬物各自見聞感知者或相與相對者而言,乃曰一人一物(生物)有一人一物之感知世界,萬人萬物而有萬殊感知世界。

或問:儀器所“見聞”(實乃今之所謂“相互物理反應或標記”)之世界為何?真實否?或實在否?何種意義上之真實或實在?與人類所見聞感知之世界是同一世界否?何種意義上之同一世界?又何種意義上之差異?又:不同儀器所“見聞”之世界蓋不同,然則何者為真為實?或:所謂“真”、“實”乃是何意?物-物相比(參照)相對之真/實,與人-物相比相對之真/實,其間有否差異?抑或人-物相比相對之真/實,乃是物-物相比相對之真/實之一種?抑或是:人-物相比相對之真/實,另有心靈參與之因素,而不可唯視為物-物相比相對之真/實之一種?

吾此時並未查證何謂狹義相對論、何謂廣義相對論——我暫時也懶得去查，並且我覺得，在思考方面，任何一個普通人和人類最好的科學家或所謂科學權威之間並無根本區别[①]——，而暫時僅從其字面意義借用此詞語（而非術語），或還此詞語（或術語）之一般意義，則世界乃至宇宙中之所謂"真/實"，皆不過是"物-物相比之真/實"而已？物類如此其多，則世界或宇宙之真/實亦可謂毫無定論，而亦皆衹是比較或參照之相對之真/實而已？然則此乃為關於真/實乃至世界、宇宙之相對論？

或曰：人類乃以人類為本位，而有人類本位之真/實世界與宇宙耳，雖有儀器以擴展人類之物理感知能力，然仍皆以人類為本位而已，此是人類中心論、人類宇宙中心論，不然，這個（人類中心之）世界乃至宇宙就會崩塌。或者有另一個"衡量的中心"出現，但那時，已不再是人類世界或人類宇宙，正如現在人類並不將世界、宇宙視為貓狗或飛禽走獸中的任何一類或一個的世界、宇宙一樣。不過，亦有人反駁説，除非人類滅絕，不然就永遠有人類世界或人類宇宙，正如現在，除非飛禽走獸中的某一類滅絕，則飛禽走獸的世界或宇宙，也和人類的世界或宇宙同時存在；亦正如現在，雖然人類驕傲地宣稱世界是人類中心的世界，宇宙是人類中心的宇宙，但也許，其實仍然存在著其他更高等生物並自居為中心的"它們"的世界或宇宙，衹是人類尚不知道乃至不能命名"它們"而已。

202207121752

① 於此我完全不同於那些喜好動輒引用、附和、盲從、崇拜各種大大小小的所謂權威的言論和理論的人。我無權威觀念，再偉大的科學家、學者等，在我眼裏，都不是權威，雖然我可能會閱讀和研究他們的理論、著作等，尊重乃至尊敬他們的努力和成果，但既不迷信，也不仰視崇拜。我可以平等心態眼光看待一切人，當然，與此同時，我可能也會以某些標準來評價一切人，但我也會把一端數端之評價還其為一端數端之評價，而不會擴大化，或錯置之。

中立而不倚

世界傾斜了，立（站）直囉！
世界傾斜了，立（站）住囉！
中立而不倚！
——世界傾斜了，你立（站）得越直，就越會跌倒？
——世界傾斜了，你立（站）得住嗎？
——如果世界傾斜了，還有中嗎？
其實地球從未傾斜。
人生而直。
自持不倒。
獨立而不倚。
若此亦不能，則然後而改變世界，復其中道，而立。

202207131154

第六部分

《説文解字》之解一、元、天、丕、吏、上、帝

一(《説文解字》第一“文”①):

《説文解字》:一:**惟初太始,道立於一,造分天地,化成萬物**②。凡一之属皆从一。弌,古文一。於悉切。

《説文解字註》:一:**惟初大極,道立於一,造分天地,化成萬物**。《漢書》曰:“**元元本本,數始於一**。”凡一之屬皆从一。**一之形,於六書爲指事**。凡云“凡某之屬皆从某”者,《自序》所謂“**分别部居,不相襍廁**”③也。**《爾雅》、《方言》所以發明轉注、假借**。《倉頡》、《訓纂》、《滂熹》及《凡將》、《急就》、《元尚》、《飛龍》、《聖皇》諸篇,僅以四言七言成文,**皆不言字形原委**。**以字形爲書,俾學者因形以考音與義,實始於許,功莫大焉**④。於悉切。古音第十二部。〇凡注言一部、二部,以至十七部者,謂古韵也。玉裁作《六書音均表》,識古韵凡十七部。自倉頡造字時至唐虞三代秦漢,以及許叔重造《説

---

① 然段玉裁以“一”為指事,蓋不目之為純象之“文”也。然猶為指事之“文”。

② 上古中國人之“道論”、“宇宙論”、“物論”,西方哲學謂之根本宇宙論、本體論、道義觀等。

③ 古代天地人之萬物世界亦如是安排,有條不紊,故曰古典世界乃一有穩定秩序之世界,今謂之**古典秩序**,以古典之道(此處則包括道論、宇宙論、物論等)而排列次序之秩序也。今則有所謂“**現代秩序**”,乃問曰:現代秩序是何秩序?可深思之。

④ 吾人今乃謂之曰“**造字理據**”,或換言之曰:如何——以何法度——以文、字標記義、理、道。一者使義、理、道不徒在吾人心靈腦海、世界事物自身中,乃又可標記積累於文字中,猶今之錄音機、相機、攝影機等能保留人聲、人像、人行乃至萬物世界之音聲色彩行動然;二者使人能據睹文、字即能識其義、理、道,俾他人、後人亦能知識此義、理、道也。其使他人後人知識此義、理、道者,即謂“**以文明之**”、“**以文化之**”也,是漢語“文明”、“文化”之真諦也。而**所謂“文明”、“文化”天下,實則亦即以此義、理、道而明化天下耳**。

文》曰某聲，曰讀若某者，皆條理合一不紊，故既用徐鉉切音矣，而又某字志之曰古音第幾部；又恐學者未見六書音均之書，不知其所謂，乃於《說文》十五篇之後，附《六書音均表》五篇，俾形聲相表裏，因耑推究，於古形、古音、古義可互求焉。

弌：古文一。**凡言古文者，謂倉頡所作古文也。此書法後王，尊漢制，以小篆爲質，而兼錄古文、籀文。所謂"今敘篆文，合以古、籀"也**。小篆之於古、籀，或仍之，或省改之；仍者十之八九，省改者十之一二而已。仍則小篆皆古、籀也，故不更出古、籀。省改則古、籀非小篆也，故更出之。一二三之本古文明矣，何以更出弌弍弎也，蓋所謂卽古文而異者，當謂之古文奇字。[1]

元（《說文解字》第二字）：

《說文解字》：**元：始也**。从一从兀[2]。愚袁切。〖注〗徐鍇曰：**"元者，善之長也**，故从一。"

《說文解字註》：**元：始也**。見《爾雅·釋詁》。《九家易》曰：**"元者、氣之始也**。"从一，兀聲。徐氏鍇云：不當有聲字。以髡从兀聲、軏从元聲例之，徐說非，古音元、兀相爲平入也。**凡言从某某聲者，謂於六書爲形聲也。凡文字有義有形有音，《爾雅》已下，義書也；《聲類》已下，音書也；《說文》，形書也。凡篆一字，先訓其義。若"始也"、"顚也"是；次釋其形，若"从某、某聲"是；次釋其音，若"某聲"及"讀若某"是；合三者以完一篆，故曰形書也**。愚袁切。古音第十四部。[3]

---

① 《說文解字註》，pp1。

② 兀蓋兼義與聲。兀者，高而上平也，亦可合於"元"之義。

③ 《說文解字註》，pp1。

羅按:《說文解字》之大規模釋字形,乃成一系統,可謂是許慎之首創。許慎之前,聖哲學者亦多用正名之術,而訓義、釋音者多,釋形者蓋少,如孔子、荀子、伏生等,每皆如是。自許慎出,尤重以釋字形而訓解其義,乃明揭華夏文字之造字理據,中國文字自此乃大明其**象意理據**,其訓義乃**信而有徵**,其文字中所蘊涵之道乃**有理而明**,而華夏文字之學乃立,華夏文明乃有理據徵驗。

天(《說文解字》第三字):

《說文解字》:**天:顛也,至高無上,从一大**。他前切。

《說文解字註》:**天:顛也**。此**以同部疊韵爲訓**也[①],凡門聞也、戶護也、尾微也、髮拔也皆此例。凡言"元,始也"、"天,顛也"、"丕,大也"、"吏,治人者也",皆於六書爲轉注而微有差別:**元、始可互言之,天、顛不可倒言之,蓋求義則轉移皆是,舉物則定名難假**[②],**然其爲訓詁則一也。顛者,人之頂也,以爲凡高之偁**[③];**始者,女之初也,以爲凡起之偁。然則天亦可爲凡顛之偁**,臣於君,子於父,妻於夫,民於食,皆曰天是也。至高無上,从一大。至高無上,是其大無有二也,故从一大。於六書爲會意,**凡會意,合二字以成語**,如一大、人言、止戈[④]皆是。他前切。十二部。[⑤]

---

① **訓詁之一法,亦可謂轉義、通義、引申義或用字、用義之一法**。

② 段氏於此,"義、物名"對舉,則名、義有所不同也。

③ 引申義之法。

④ 各各"合二字以成語",則為天、信、武三字。此所謂"語",(實乃"字"),曰"會意字",因"合二字",猶相語然,故曰"語",實亦是"字"。然分言之,或可曰:**文、字、語(會意字)、名(物名)、義(文字語之義)各不同**。又有所謂"書"。

⑤ 《說文解字註》,pp1。

附錄：

兀：

《說文解字》：兀：高而上平也。从一在人上。讀若敻。茂陵有兀桑里。五忽切。

《說文解字註》：**兀：高而上平也，从一在儿上。**儿各本作人，今正。一在儿上，高而平之意也。凡从兀聲之字多取孤高之意。讀若敻。敻今韵在四十四諍，古音在元寒部，今韵十月者、元之人也；兀音同月，是以跀亦作趴；其平聲讀如涓。在十四部；今音五忽切。茂陵有兀桑里。《地理志》右扶風有茂陵縣，《郡國志》同。許多言鄉言亭，此言里者，葢周秦舊名。

《康熙字典》：【唐韻】【集韻】【韻會】【正韻】五忽切，音杌。【說文】兀，高而上平也。从一在人上。

又**刖足曰兀**①。【莊子・德充符】魯有兀者叔山無趾，踵見仲尼。仲尼曰：無趾，兀者也。

又【柳宗元・晉問篇】乘水潦之波，以入於河而流焉，盪突硉兀。【註】**危石也**②。

又**兀兀，不動貌**。【韓愈・進學解】常兀兀以窮年。

又【正韻】臬兀，不安也。亦作甈。【易・困卦】于臲甈。

又姓。【韻會】後魏改樂安王元覽爲兀氏。

又【韻會】或作掘。【莊子・齊物論】掘若槁木。

丕(《說文解字》第四字)：

《說文解字》：**丕：大也**。从一不聲。敷悲切。

---

① 象形？指事？

② 指事？

《說文解字註》:**丕:大也**,見《釋詁》。从一,不聲,敷悲切。古音在第一部,鋪怡切。丕與不音同,故古多用不爲丕,如不顯卽丕顯之類。於六書爲假借,**凡假借必同部、同音**①。〇丕,隸書中直引長,故云丕之字"不十"。《漢石經》作"丕"可證。非與丕殊字也。②

吏:

《說文解字》:治人者也。从一从史,史亦聲。力置切。〖注〗徐鍇曰:**"吏之治人,心主於一,故从一。"**文五。重一。

《說文解字註》:吏:治人者也。治與吏同在第一部,此亦**以同部疊韵爲訓**也。从一,从史。此亦**會意**也。"天"下曰"从一大",此不曰从一史者,**吏必以一爲體,以史爲用**,一與史二事,故異其詞也。史者,記事者也。史亦聲。**凡言"亦聲"者,會意兼形聲也**。凡字有用六書之一者,有兼六書之二者。力置切。一部。③

丄:

《說文解字》:**丄:高也。此古文上,指事也**。凡丄之屬皆从丄。上,篆文丄。時掌切。〖注〗二,古文。

《說文解字註》:二:高也。此古文丄。古文上作二,故帝下、旁下、示下皆云从古文上,可以證**古文本作二,篆作丄**。各本誤以丄爲古文,則不得不改篆文之上爲□,而用上爲部首,使下文从二之字皆無所統,示次於二之恉亦晦矣。今正丄爲二,□爲丄,觀者勿疑怪可也。凡《說文》一書,以小篆爲質,必先舉小篆,後言古文作

① 假借之法度或前提。

② 《說文解字註》,pp1。

③ 《說文解字註》,pp2。

某。此獨先舉古文後言小篆作某，變例也。以其屬皆从古文上，不从小篆上，故出變例而別白言之。指事也。凡指事之文絕少，故顯白言之。不於一下言之者，一之爲指事不待言也。**象形者實有其物，日月是也。指事者不泥其物而言其事，丄丅是也。**天地爲形，天在上，地在下；地在上，天在下，則皆爲事。凡二之屬皆从二。時掌、時亮二切。古音第十部。

丄：篆文上。謂李斯小篆也。今各本篆作[illegible]，後人所改。①

帝：

《說文解字》：**帝：諦也，王天下之號也**。从丄朿聲。帝，古文帝。**古文諸丄字皆从一，篆文皆从二**。二，古文上字。辛、示、辰、龍、童、音、章，皆从古文上。都計切。

《說文解字註》：帝：諦也。見《春秋元命苞》、《春秋運斗樞》。《毛詩故訓傳》曰：“**審諦如帝**。”王天下之號。从二，朿聲。都計切。古音第十六部。

帝：古文帝。古文諸丄字皆从一，篆文皆从二。二，古文上字，古文从一。小篆从古文上者，古今體異。必云“二，古上字”者，明非二字也。徐鍇曰：古文上，兩畫上短下長；一二之二，則兩畫齊等。辛，俗本辛下有言，非也。言从辛，舉辛可以包言。示、辰、龍、童、音、章，皆从古文上。古文示作[illegible]。古文禮作[illegible]。古文辰作[illegible]。此“古文从一、小篆从二”之證。然則古文以一爲二，六書之假借也。②

① 《說文解字註》，pp2。
② 《說文解字註》，pp2。

示：

《說文解字》：**示：天垂象，見吉凶，所以示人也。从二，三垂，日月星也。觀乎天文，以察時變。示，神事也。**凡示之屬皆从示。𥘅，古文示。神至切。

《說文解字註》：**示：天𠁽象，見吉凶。見《周易—繫辭》。所以人也。**从二，古文上。**三𠁽，謂川，日月星也。觀乎天文，以察時變。見《周易—賁—彖傳》。**示，神事也。**言天縣象箸明以示人，聖人因以神道設敎。**凡示之屬皆从示。神至切。古音第十五部。《中庸》、《小雅》以示爲寘。

𥘅：古文示。所謂古文諸丄字皆从一也。[①]

附錄：二：

《說文解字》：二：地之數也。从偶一[②]。凡二之屬皆从二。弍，古文。而至切。

《說文解字註》：**二：地之數也。《易》曰："天一，地二。惟初大始，道立於一，有一而後有二。元气初分，輕清昜爲天，重濁侌爲地。"从耦一**[③]。耦，各本作偶，誤，今正。偶者，桐人也，凡云偶爾用之。耦者，二人竝耕之偁，故凡奇耦字用之。古書或不拘，許必從其朔也。大徐本無一字，非。耦一者，兩其一也。兩畫當均長。今人上短下長便是古文上字。三，篆亦三畫均長。而至切。十五部。凡二之屬皆从二。[④]

① 《說文解字註》，pp3。
② 蓋為"從一耦一"，見"三"條。
③ 蓋為"從一耦一"，見"三"條。
④ 《說文解字註》，pp1183。

三：

《說文解字》：三：**天地人之道也**。从三數。凡三之屬皆从三。弎，古文三，从弋。穌甘切。文一。重一。

《說文解字註》：三：**數名，天地人之道也**。陳煥曰：**“數者，《易》數也，三兼陰陽之數言。”一下曰“道立於一”；二下曰“地之數”；王下曰“三者，天地人也”。《老子》曰：“一生二，二生三，三生萬物。”此釋三之義**。下釋三之形，故以“於文”二字別言之。於文**一耦二爲三，成數也**。此依《韵會》所引。《韵會》多據鍇本，今鍇本又非舊矣。耦，各本作偶，今正。二下曰“从一耦一”，以一儷一也。此曰“一耦二爲三”，以一儷二也。今又皆脫一字。**三畫而三才之道在焉，故謂之成數**。又字下曰：“手之列多，略不過三。”凡三之屬皆从三。穌甘切。古音在七部。

弎：古文三。①

王：

《說文解字》：王：**天下所歸往也。董仲舒曰：“古之造文者，三畫而連其中謂之王。三者，天、地、人也；而參通之者，王也。”孔子曰：“一貫三爲王。”**凡王之屬皆从王。𤣩，古文王。李陽冰曰：“中畫近上。王者，則天之義。”雨方切。

《說文解字註》：王：**天下所歸往也**。見《白虎通》。王、往疊韵。**董仲舒曰：“古之造文者，三畫而連其中謂之王。三者，天、地、人也；而參通之者，王也。”**見《春秋繁露》。引之說字形也。韋昭注《國語》曰：參，三也。孔子曰：一貫三爲王。又引孔子語證董說。凡王之屬皆从王。雨方切。十部。

---

① 《說文解字註》，pp14。

丅:古文王。[1]

202207131648

《說文》始舉"一"之深意

羅按:古人取文造字未必從"一"始,然許慎說文解字則必從"一"始,乃所以論"道"也;以"一"解"太始"(佛家則謂"無始")、"先天"、"未生"等,"道立於一"而"造分天地,化成萬物",則天地萬物可歸一,道通可為一也。是以"一""道"包舉萬物。故知《說文解字》非獨字書、義書或今之所謂字典、詞典,而尤為道書,所謂"從義而入道"也[2]。文、字中有道,故可以此文、字傳道天下,所謂"文化"、"文明"天下是也。古代重文字小學,不徒重其字義,又因其中有道、有道德義禮而尤重之也[3]。中國文化重"道",又重"文"(文字之文與文野之文),以道立文字、立義禮;又重"常人感觀之自然"——亦即"以人觀物之自然"——,順其自然而不強扭之,而有"常人感觀之自然物理",與道相通為一。西方文化,尤其近現代西方文化,除"西道"如基督教、現代道義等而外,又重"萬物本然之理或物理"——亦即"以物觀物之本然物理"或"客觀物理"——,故其"本然物理",或有"道"所不能涵蓋包舉者,而分立並置探求之,故曰道、理(本然物理)並行。故古代中國字書往往同時是道書,以字

---

① 《說文解字註》,pp14。

② 明代嘉靖年間呂柟序《釋名》曰:"**今夫學者將以爲道也,欲爲道而不知義,則於道不樂進;欲知義而不辯言,則於義不可精;欲辯言而不正名,則於言不能審。……故名猶明也,釋猶諢也、解也,諢而明之,以從義而入道也**。"參見:(明)呂柟,《重刊〈釋名〉後序》,見劉熙,《釋名》,pp5—7。

③ 見上註。

書傳道；現代字典、詞典乃是義書、理書或字書本身，而道書與字書分立。現代西方諸字語之字典詞典亦復如是。

202207131648

名號之所由來

羅按：其實漢末北海劉熙之《釋名》一書，亦所以考文字或名之義，然取聲訓法，不同於許慎之尤重於字形，或形訓。

名號（兼音名與文字）之所由來，按劉熙之論，乃“或典禮所制，或出自民庶”，前者官方（如史官）定制，當有文字；後者為庶民創造，或徒存音聲，蓋有斯二途。又或有聖人智者起而考文釐定之，亦每多因襲民庶名號之音，而或又有釐定刪削、乃至新創其文字而雅正其音者，“名號雅俗，各方名殊。聖人於時，就而弗改，以成其器，著於既往；哲夫巧士，以為之名，故興於其用而不易其舊，所以崇易簡、省事功也”①。然則名號（兼音名與文字）之所由來， 少則

---

① 劉熙，《釋名序》，pp1—2。全文如右：“熙以為，自古造化**制器立象**，有物以來，迄於近代，**或典禮所制，或出自民庶，名號雅俗，各方名**（或以為“多”）**殊。聖人於時，就而弗改，以成其器，著於既往；哲夫巧士，以為之名，故興於其用而不易其舊，所以崇易簡、省事功也**。夫**名之於實，各有義類，百姓日稱而不知其所以之意**，故撰天地、陰陽、四時、邦國、都鄙、車服、喪紀，下及民庶應用之器，論敘指歸，謂之《釋名》，凡二十七篇。至於事類未能究備，凡所不載，亦欲智者以類求之；博物君子，其於答難解惑，王父幼孫，朝夕侍問以塞，可謂之士，聊可省諸。”又有《重刊〈釋名〉後序》：“漢徵士北海劉熙著《釋名》二十七篇，蓋《爾雅》之緒也。昔者周公申彝倫之道，乃制作《儀》《周》二禮，《雅》《南》《豳》《頌》四時皆發揮於陰陽象器、山河草木，以及蟲魚鳥獸之物，**義雖裁諸己，文多博諸古，恐來世之不解也，其徒作《爾雅》以訓焉。魯哀公欲學小辯以觀政，孔子曰：觀《爾雅》以辯言**。《釋名》者，亦辯言之意乎？**今夫學者將以爲道也，欲爲道而不知義，則於道不樂進；欲知義而不辯言，則於義不可精；欲辯言而不正名，則於言不能審**。是故灑掃應對、道德性命，其致一也。夫**音以九土而異，聲以十世而殊**（羅按：（轉下頁注）

三途：**官方定制，民庶創造，聖哲考造**，然後文字與音聲相應，而文化流行天下。然音名之名號與文字之名號不同，民庶或僅口耳相傳知其音（名號）、義（名義），不知其文字，所謂“百姓日稱而不知其所以之意”是也；而聖哲君士史官則當知其文字。然則名號文字傳行之既久，民庶祇知其音其義，不知其文字，乃至君士史官哲睿亦或迷失其文字，或失學不知文字，故乃假借文字以應急掩飾，然後文字亂而造字理據（形義相應等）遂迷失不可追溯矣。許慎《說文解字》、劉熙《釋名》等，皆所以重溯造字、用字理據而已，其相異者，在於許慎重造字理據，重形訓；劉熙重聲訓，而側重據其用字假借以求其字義理據或用字理據。蓋依筆者管見，六書中之象形、指事、會意、形聲，乃創造文字以標記象定其義之法，假借、轉註乃通貫其義以用字之法，前者為第一因，形義相合之理據彰然，後者為第二因，依第一因而後有通義用字之變[①]；前者理據直接，後者理據間接，兩者不當同等視之。

202207141430 許

（接上頁注）此揭示語音所以失衍、方言所以興、天下所以分崩離析等之根本原委，而又尤可知中國漢字之獨可寶貴也），山人以為葝蒿藿茖者，國人以為蕹蒜韭蔥者也；古人以為基烝介吊者，今人以為始君大至者也。故**名猶明也，釋猶譯也、解也，譯而明之，以從義而入道也**。是書南宋時刻於臨安，尋燬不傳，今侍禦谷泉儲公邦掄得之於嵩山僉憲李公，李公得之於中丞石岡蔡公，乃命柟校正，付絳州守程君鴻刋布焉，其意遐乎！但《**爾雅**》**先詁言訓親，而後動植，近取諸身斯遠取諸物也**。《**釋名**》**以天地山水為先，則瀕乎玩物矣**。故魏張揖采《蒼》《雅》作《廣雅》，辭類雖衍，猶為存《爾雅》之舊乎！嘉靖三年冬十月乙卯，高陵呂柟序。”參見：（明）呂柟，《重刊〈釋名〉後序》，見劉熙，《釋名》，pp5—7。

① 此猶如古代漢字漢語中文與古代朝鮮字語（古代朝鮮諺文、朝鮮語）、古代日文日語之關係然，古代漢字漢語是第一文語或原基文語，古代朝鮮諺文、朝鮮語與古代日文日語則是第二字語或文語，或基於第一文語或原基文語而來之衍生字語與文語。倘不追溯其第一文語或原基文語，則第二字語或文語之文語理據乃多有不明所以者。

上古之方言或異言

郭璞於《方言序》中言："蓋聞方言之作，出乎梄軒之使，所以巡遊萬國，采覽異言。車軌之所交，人迹之所蹈，靡不畢載，以為奏籍。（周秦之際，其業隳廢，莫有存者。）……故可不出戶庭而坐照四表，不勞疇咨而物來能名。"[①]然吾人將問曰：萬國者，皆華夏人之國而說華夏語、書華夏文字邪？抑有異族之國與語、文邪？若為前者，則所謂"采覽異言"，乃是采覽華夏方言與華夏方字或華夏異字，而楊雄《方言》之所記或"采覽"，不過照錄諸國其字而已。若為後者，則所謂"采覽異言"，又有"采覽"或譯介異族之語、文之事，然則此何以"采覽"？或猜測此類所謂"采覽異言"，蓋所謂梄軒使者乃以華夏之文字雅音以記異方或異族語、文之名號，故乃是假借而已？乃至異族異方之物器？

總結之，然則西周以前之梄軒使者"采覽異言"時，於華夏族之語、文，乃照錄之，又或臨時假借乃至造字？其於華夏族之外之異族語、文，則皆假借乃至新造文字？又或以華夏文語以名異方之物器等？或曰：此臆解也，當時之所謂萬國，蓋皆華夏之國，其語、文本同源也。故楊雄之《方言》，亦即華夏方言而已。然《方言》衹記其名，未解釋何故以此字名之，類於《爾雅》，而不如《說文解字》能解說造字理據也。

202207141430 許

① 參見：楊雄，《方言》，pp1。

論"假借"

所謂假借,其初蓋權宜之計耳(而有嚴格條件限制,如同部同音之類),又或是訛用(今曰別字),而後人因襲之,積久成習,遂不以為非,而隱然成一用字之法,亦稍可議乃至可笑(類於俗語所謂"生米煮成熟飯"之不得已,而其實不然)。後世文人或乃將錯就錯襲用之,遂成習套;後世小學家又將錯就錯,而歸之於所謂"聲訓"之法,以求其本字或本義,然仍將其借字視為俗成或習用。然假借字祇能據字音間接求義,不能據字形直接明義,失卻或破壞漢字(**"以文理形象、事理物理或物事邏輯等造字見義"**之)之造字法或造字理據,因之失卻或破壞漢字之象意理性[①]本色,可謂弊大於利。猶今人音譯外來詞、義而失卻漢字本來理據然。然則今將何以處置假借字?或曰:有本字者皆復本字,不用借字,不以本字之義假借於借字;無本字者,或以"四書"(象形、指事、會意、形聲)造新字。然後乃復漢字之象意理性本色。然茲事體大,或亦不可如此魯莽輕率論之。此乃稍揭示其間疑惑,俾博雅君子或能深思熟慮之。

王引之《經義述聞》論"經文假借"曰:"許氏《說文》論六書'假借'曰:'本無其字,依聲托事,令、長是也。'蓋無本字而後假借他字(羅按:何不造字?),此謂造作文字之始也(羅按:此視"假借"為造字法,即**"造字之假借"**,不同於**"用字之假借"**。然吾以為此仍是用字之假借,蓋"造字"當有直接造字理據,即象意理據或事理物理理

① 經驗理性、人文理性,或經驗人文理性。

據或邏輯，不然即失卻漢字之象意理性與經驗人文理性之本色也）。至於經典古字，聲近而通，則有不限於無字之假借者，往往本字見存，而古本則不用本字而用同聲之字（羅按：此為“用字之假借”）。學者改本字讀之，則怡然理順；依借字解之，則以文害辭。是以漢世經師作註，有‘讀為’之例，有‘當作’之條，皆由聲同聲近者，以意逆之而得其本字，所謂‘好學深思，心知其意’也。然亦有改之不盡者，迄今考之文義，參之古音，猶得更而正之，以求一心之安而補前人之闕。”[①]羅按：王氏區分兩種假借，自可成立；然自筆者看來，揆之以造字理據或象意理據等，所謂兩種假借，其實則一也，皆無象意理據或物事理據或邏輯，不可謂造字，乃是用字而已，且是誤用或將錯就錯之用。今人若有意更正古人之錯誤，則不但當“破假借”以訓讀古典，且當從此罷黜逐出假借字，正本清源，還漢字象意理性等之純粹本色。

202207141430 許

“求義則轉移皆是，舉物則定名難假”

羅按：“求義則轉移皆是，舉物則定名難假。”此以義、物名對舉。義者，玄義、虛義、意義（意中之義，今曰心腦中之義）也，今曰“意義”或“抽象意義”。物名者，物之名也；物者，實物、自然之物也[②]，物有紋象，取象而成文字，而命為其名，即物名也，今曰專有名詞。然則用作物名之文字，其象取自物，與物相像相關，相互對

① 王引之，《經義述聞弟三十二—通說下十二條—經文假借》，上海古籍出版社，2021 年 2 月，pp1563。

② 又有“事物”等義。

應,故"舉物則定名難假"而不可亂用也。若夫用其文字(用作物名之文字)之義,而不作物名用,則是用文字之象意或玄義、意義(意中之義),是文字或文象之引申義、會意義、意中義,則"求義則轉移皆是",而可互通或轉註也。質言之,**所謂"求義則轉移皆是,舉物則定名難假",可為用字之法:物名或專名不可混用,意義**(意中之義)**則可通者互通;因為前者,其用字乃有規定性,因為後者,其用字乃有靈活性**。前文曾述,古代之漢字漢語漢文化乃承載自然農業文明之成果,幾乎登峰造極,故漢字中有關自然物名之文字極為發達,在自然農業文明之東亞天下世界中,幾乎"**物來能名**"或"**每物有名**";乃至同一物類之下,又有具體各色之物,而各有專名,如"馬"之一類之下,小馬、老馬、駑馬、駿馬乃至不同毛色之馬等,皆有專名,而不可混用。因為漢字漢語之名詞極為發達,故漢字漢語頗善於意象詩或意象文學①,亦是自然而然之事。又因為"求義則轉移皆是",對於字義或意義(意中之義)之引申、類推等,頗為靈活,故漢語中文中同義字頗為豐富,吾人觀《爾雅》即可知,而用字之法因之甚為靈活,故古代漢語文學用字極為靈活多變,能夠避免用字用語之呆板重複等弊病。

然而,古代漢字漢語中文之物名系統固然頗為完備,而近代以來,或於今世全球文明互通之時代,乃或引入或解說談論世界範圍之物品、人事、文化,其中頗多中土或無者,則何以命名之?近世以來因不甚倡導造新字,故於中土本無之異邦之物,乃每用組詞法譯名之,如"洋火"、"洋油"(今則不如是言,而或曰石油、煤油等)、"洋人"(古則用夷、狄等字名之)、"洋芋"等。於此時,或於"舉物則定

① 固然,此外漢字漢語中表示自然、農業、人事等之文字同樣極為發達,此自然農業文明或文化固有之特點也。然其於表示今之所謂抽象概念、理技工業器物等,或一時有所不適,而當有所研幾覃思,以應對理技工業器物文明時代之新任務。

名難假”之原則稍有變通也。

202207141430 許

“人觀之自然”與“物觀之自然”;“人視其物之所是”與“物如其物之所是(及所在)”

“人觀之自然”與“物觀之自然”;“人視其物之所是”與“物如其物之所是所在”。

或問:韋伯太空望遠鏡所拍攝之深空宇宙圖片,於僅有自然平常感官能力之人類而言,有何意義? 以人類之目力,能看到同樣的圖象嗎? 如不能,那它相對人類來說,到底是一個“存在”呢,還是可以視為或等同於一個“非存在”呢? 超出人類正常感官能力之外的世界或事物,對於人類的意義何在? 對於諸如此類的問題,中國古人往往是採取順其自然或所謂常人感官下的自然主義態度而不予深究的,所謂“六合之外,存而不論”;至於“六合之內”之所不睹聞而高遠微渺者,則謂之“大化”而與之沉浮或俱化而已。但在理技工業器物文明時代(或科技工業文明時代)則不然,人們對於“自然”概念的理解大大擴展加深了,不再局限於人類正常感官能力的範圍內,甚至不再局限於所謂“六合之內”,而是藉助人造理技儀器或科學儀器,來不斷擴展“自然”或“存在”的範圍,小者、隱微者如顯微鏡下之微生物乃至細胞、線粒體、分子、原子、中子、光子等,如聲波、電磁波等,大者如星系、星雲、黑洞、宇宙等,而皆視為自然宇宙或自然存在之一部分,而亦將探究格致其理等也。

質言之,從“以人觀物”或人類感知能力中心之自然觀,進於“以物觀物”之自然觀;由“人之(聞見而)視其所是、是其所是”,求其人觀之(一端數端之經驗)物理(由此,亦可謂前現代之自然為**"人觀之自然"**,理技工業文明時代之"自然"乃為**"物觀之自然"**,即"以物'觀'物"之自然),而又至於"如物之是其所是"而求其物衡之(一端數端之)物理(以物觀物、以物衡物、以物權物等)。又有"物如其物之所在",而不以一端數端之物是而遮蔽物之全貌圓在也。

202207141430 許

地球之"氣"與宇宙之"氣"

太陽之光、天之氣、宇宙之氣與地之氣。

宇宙乃至太陽系中或有無數小行星,或為宇宙大爆炸之所致,或本來如此,然則無量億萬年寂靜流浪於宇宙之中而已。而人,百歲之生,其何如哉?何多苦如是?若比之其寂靜永恆漂流之小行星,何者為苦?

又:太陽系中有此地球,有此天地,又有此氣此精,清濁化合不同,乃有地球眾生動植萬物天地玄黃,雖精粗不同,實則同稟此氣而已,同在此一天地之氣中而已。故孟子曰:"萬物皆備於我",即此意也。蓋宇宙各處之氣皆不同,則或又各生成其空域之眾生形態;而宇宙廣大浩渺無窮無垠,其氣其質之種類亦或有無量數之夥,各各賦命稟予,則宇宙中之精靈生物或亦無窮無盡,徒睽隔懸絕,不能相通聲息耳。人類,在宇宙中,何其渺小!若其他諸種生物不斷滅絕,則又將何等孤獨!

又:雖曰"有情眾生",實則眾生亦皆是一氣而已,然則相煎何急,又何必存了彼此之分!地球之氣,能長存不變乎?人類或人類個體能永世綿延乎？其有執乎？

202207141430 許

多聲部小說與多聲部哲學對話錄

當你覺得一個聲音、一個道理不夠用時，或許可以考慮寫小說或哲學對話錄。

小說可以創造許多個性鮮明、經歷迥異的人，來對同一個論題或人事表達不同的觀點和採取不同行動，從而傳達出對於人事和世界的複雜牽纏性的體認。並且，作為讀者，聯繫小說人物在小說中的整個人生經歷，包括其言行之後的經歷或後果，以及小說所呈現出來的整體世界或整體系統，也就是所謂從歷時和共時兩個層面去審視，讀者也可能覺得其言行自有其邏輯，似乎很難簡單粗率地從外置喙。質言之，小說中的其人其言行，若置於其整體人生之中，作為一個整體來審視，先無論其是非善惡，卻可能在很大程度上是邏輯自洽的，至少是粗率的邏輯自洽。

作為小說世界之外的讀者，在未讀完整部小說之前，或者隨便翻閱一個缺乏前因後果的片段，正如現實世界中有時衹能觀察到真實人事的一個橫截面一樣，讀者可能不斷地對小說中的人事即時發表自己的看法或觀點；而在讀完整部小說之後，作為對於小說中的世界無所不知的幾近於——或自認為——全能全知者的讀者，掩卷沉思，可能仍然會對小說中的人事發表自己的看法。但這兩個階段的評論的狀態已經大不一樣，在前一階段，讀者和小說中的人物都面臨著許多未知因素或不確定因素，包括對其言行選擇之後的未來的人事走向或後果的未知和不確定；而在後一階段，至少在讀者這裏,相對於小說中的人物而言,似乎看到了事件的前因後果的全過程,而隨著小說世界的展開,也似乎逐步看到了小說世界的相對的整體面相,故能作出相對更為全面、合理的評斷和道理體悟。

相較於此,作品人物也許經歷了事件的全過程,卻未必能看到事件和世界的整體面相,所以仍然可能處於一種"無知"的狀態,這或許是人的悲哀,或人的悲劇原因之一之所在。而無論其在小說中,還是在現實世界中,人(個人乃至人類)似乎都無法一時完全擺脫這種"無知"狀態;但老年人也許會知道或體悟得稍多一點,可是那也無濟於事,因為,當你逐漸相對懂得人生的真諦時,你的人生已將近結束了——不過有人亦可能並不覺得遺憾。

言歸上文之正傳。所以讀者在讀完小說後,可以聯繫小說世界的整體系統以及其人其事的歷時整體,來重新評價作品中人物在某一個節點或整個人生過程中的言行或選擇,而看到了自成一體、邏輯自洽的人事整體,卻很難簡單地去評價其是非善惡或成敗得失。人事都是有歷史的,又都是(和整個世界)牽纏交錯影響在一起的,很難找得出從整體世界或整體系統中孤立出來的一件人事,即使是極其微小的。所以談論和評斷都並不容易,尤其是單聲部的評價或斷言。多聲部的談論,也許會讓人心安一點,但也許仍然不,仍然可能讓人心意難平;何況,也許誰也不知道世界的真實面相或整體系統是什麼,以及整體世界或整個斯時斯世的應然道義、事理或人生真諦到底是什麼! 而人,卻無時無刻不生活於整體世界或整體系統之中,或世界系統的某個部分或角落;人事,也都是在其中發生展演的。

沒人能置身事外,除非你置身世外(乃至時外),如小說世界之外的讀者置身於小說世界之外一樣。或者,換一種表達:沒人能置身世外，除非你置身世外。關於後一表述，其"世"或"世界"，可能是空間意義上，也可能是時間意義上[①]；可能是複數，也可能是單數。如果是單數，那就非常嚴重，因為無處可逃或無世可逃；然而也可以說更為簡單了，即要麼戰鬥，要麼消失。但如果所有人都僅僅為自己而戰鬥，就有可能造成一個更為可怕的叢林世界，因此，即使是戰鬥，如果僅僅是這樣的萬獸相與虐殺的叢林戰鬥，那也無濟於事。仍須另尋出路，仍須求道立道修道。

也可以寫哲學對話錄，同樣是多聲部，但其中沒有導師，大家互相傾聽、討論（互相傾聽討論，這本身可能就是一個難以達成的共識，我們祇能假設哲學人共同認可這個最低共識，儘管連這也並不是必然的），也許會達成某些共識，也許在更多層面無法達成共識，因為任何一件微小的事情或論題，都可能涉及更廣大的整體世界，包括抽象的意義整體世界。不過，能夠講出來，能夠談論和討論，已經是莫大的慰藉了，尤其是對於心懷嚮往於真理、善好與理想世界的人來說。另外，哲學對話錄，可以不同於小說中的人物對話，哲學對話錄中的對話者，可以設定為真誠的、理性的、溫和的，純粹關注和追求真理和善好本身，沒有私人利益上的糾葛與爭奪，沒有性格和行動上的衝突（又是一些假定），沒有詭詐、陰謀、算計與狡計，所以即使道理上一時不能同意對方，乃至可以從道理、邏輯上進行激烈尖銳的互相爭論，卻並不影響精神或心理層面的安定，不影響他們爭論後的友誼和溫柔——如果哲學人也需要友誼和溫柔的話——，因為他們自知一個個體並非全能全知者，而人間

① 《說文解字》：世，三十年為一世。《淮南子》："往古來今謂之宙，四方上下謂之宇"。

善好是關乎全體人類的,不衹關乎一己之智識或意氣——如果暫且不談其也是關乎全體眾生或全體世界的話。然而,哲學人真是可以沒有私利和個人性格的嗎?或問道:人間世界僅僅是一個或一些哲學問題嗎?現實主義者乃曰:人世從來就是一個殘酷的角斗場(和平是暫時的),其他的,都衹是偶爾的點綴品,或障眼法,或煙幕彈……

或曰:當你覺得多聲部也無濟於事的時候呢?又或曰:當你想對(瘋狂世界中的)所有的人事或現象表達自己的思考和批判時,也許可以考慮寫瘋言瘋語,因為世界已經瘋狂了。

寫作多聲部的小說或哲學對話錄的好處之一,還表現在:便於作者藉助其他人物或哲學對話者,說出作者自己在情感或價值觀上難以認同、然而在現實中或事實上卻又存在乃至(一時似乎)有效的一些觀點、思路或現象,從而一方面避免由於個人思論、情感、利益乃至面子上的不適,而有意無意忽略掉的一些事實,包括思論觀念的事實,另一方面也可藉此樹立謬論等的靶子,予以批評、澄清與駁斥。

判斷或指出某件具體人事的是非對錯,可能十分簡單,但如何解決其問題,卻可能並不容易,因為其人事關涉到更多的方面,乃至關涉整體,需要一動而聯動、牽一髮而動全身。然而,人們對於整體的認識和判斷並不容易。

202207151106

苦與惑

或曰:感覺苦的人很多,感覺惑的人其實並不多。困苦與困惑不同。感覺到惑,首先要思考,或是因為思考和質疑。但大多數人對於人生有著明確的目標,和因襲而來的一整套慣性無意識的實現其人生目標的心、情、智、術,而對其正確性、價值和效用絲毫無所懷疑。對於他們來說,人生目標、過程、意義和價值都是確定無疑的,都是擺在那裏的,他們或人們衹要——並且必須——實現之,就可以了。如果不能實現,就會感到苦。所以,某種意義上,他們並無困惑,衹有困苦;或者,如果不用此種絕對表述,就是:對於他們而言,與困惑相比,更多是困苦。他們很少有信仰方面的問題或困惑,因為他們要麼沒有信仰,要麼衹有一種信仰,用中性語言來描述,就是凡俗生活信仰。所以他們再苦,對自己與現實世界再多不滿,他們的實際心志、行動、智術和想象,事實上都是高度認同和指向既有現實世界或既有世界秩序的,或會複製出與既有現實世界一模一樣的世界。換言之,他們也許在嘴上、顯性言語理論上說著一些改變現狀的話語,在心志和實際行動本身,或行動的實際指向,卻是和既有現實世界現狀和主流規則或主流潛隱規則高度吻合或同構的,或必然造成或鞏固一個同樣的現實世界。衹有苦,沒有惑,苦就將一直延續下去。

人類經過幾千年的文化歷史的澆灌之後,有些人對於人生的目標和意義的認知已經根深蒂固,所以其對於人生的認知和態度是明朗的、積極的、進取的,或有困苦,卻很少困惑,因為他們對於人生的既定意義和價值觀本身從無質疑。這在某種意義上是令人羡慕的,因為無論對錯,他們至少有著穩定的價值觀和人生追求,以及相應的人生意義的來源。而在西方現代社會,當古典宗教價值觀坍塌之後,有些人便陷入信仰迷惘困惑之中,一時進退失據,或因困惑而產生了一些既超越古典又超越世俗價值觀的新的人生選擇或人生形式,雖然有時也呈現出掙扎的面相。

當然，這種穩定的世俗價值觀，同時也可能是一柄雙刃劍，既有優點，也有缺點，如果得不到更好的外部規制和引導，也可能導致其人其群為了世俗財利、享樂、權勢、地位等而不顧道義，不擇手段，殘忍冷酷，無惡不作，比如官權本位、貪污腐敗、尋租食利、假公濟私等。而一切向財利、權勢、享樂等追鶩的價值觀，如果缺乏良好的外部規制或引導，也可能導致人們無法將精力投放到對於現代社會進步、繁榮和發展的其他事業領域，使得其他事業不能夠真正發展，導致整體社會的衰敗或潰爛①。因為他們衹認得利益和享樂，對於智識、科技、創新、道德、宗教、學術等都毫無真正的興趣，得魚忘筌②，所以也就不會真正致力於此，而衹是覬覦其中可能的尋租空間，蜂擁而至，尸位素餐，阻礙其他真正有心志才華的人來追求真正的事業，於是這些事業得不到真正的發展，也就是必然的結果了。

202207151747

診斷與治療

發現零零散散、大大小小的或明顯或隱藏的問題，相對簡單——並且，這種問題太多了，包括許多並未引起關注而時時刻刻、切切實實都在發生的問題，那麼，到底哪個問題或哪些問題尤其緊迫而應該得到優先關注和解決呢？率爾提出一些不考慮聯動因素或不計可能聯動後果的解決方案，或者採取剜肉補瘡、拆東墻

① 對此，亞當—斯密亦有其相關論述，兹不贅述。
② 此是活用其意。

補西墻、"扶了東廂倒了西廂"等所謂解決問題的粗疏方式,也似乎是容易的。隨口輕率提出一些解決問題的方案,並且,然後不用實際負責和追責其可能後果,可能是廉價而不負責任的。指責其人其制度,而不考慮其人的行動邏輯、其制度的本來功能或若無其制度的可能後果(從有看到無的思維方式),似乎也稍失武斷或不周全……但所有這些,都不是禁止人們批評的理由;當然,也並不意味著任何一個人的批評就是絕對周全正確的,就一定要"聽我的",或就因而各各自足其智、固執己見而不容他人質疑批評①。然而,若要從根本上和整體上解決這些問題而又不會引起聯動乃至更多更大的問題,卻並不容易。

一切人反對一切人,然後複製一個問題重重乃至存在根本缺陷的舊秩序,依然是一切人反對一切人,那麼,這樣的改變其實毫無意義。乃問:從中看到新的價值觀的曙光了嗎?看到足以振奮人心的新的人群了嗎?假如完全沒有,那就完全沒有希望。

202207151747

方言與通言或雅言,考文與大一統

先秦時代,諸國皆在造字,蓋諸國史官各造字定字,而王者之大行人乃採集之,最後中央王者乃考文定之,而頒行天下,而文字

① 同時,也絕不能因為別人、群體、組織、政府等沒聽取或接受自己的批評意見和解決方案,就簡單地一定認為對方不能虛懷若谷、集思廣益、虛心納諫等(相反,其決策本身可能就是集思廣益、深思熟慮、周全籌措、民主決策、綜合權衡的結果,甚至本來就已經預先考慮到了許多批評意見),因為任何人的批評意見或解決方案本身未必就一定是對的、好的、周全的、合理的,甚至批評意見本身就是根本錯誤或更為自私、狹隘、"離譜"、"荒誕不經"的。

大一統。故知“漢”[1]字乃天下之漢字，不獨王者之漢字也。若夫日耳曼語則不然，當時既無文字創製[2]，又缺乏王者采風考文頒朔頒文於天下之制度，而採取地方封建制度，各國久不往來，其語言各自發展，各自引入新詞彙、語法等，遂日漸差異，最後乃變成不同之語言與民族、國家等。此無他故，古代中國乃用漢字而又有中央王權，西方乃是標記其音而又無中央王權及其相關之文化統一之政策措施故也。

202207170115

通稱與倫稱；他稱與自稱；稱謂之循名責實與禮制

教員、教授、教師、先生、老師

以漢語中文之文法揆之，“老師”能作為對教育者之通稱嗎？假設某大學生或研究生甫畢業而入職庠序，年不過二三十，而人皆稱呼為“老師”？則其所謂“老”是何意？若論年齡，則名實不合；或曰“老”是尊稱，古或有之，如俗語曰“老師宿儒”，或有尊稱意，但必先有年老之意而後可，故古人如欲以“老”讚美某年輕人，必加一“如”字，曰“如老師宿儒”、“如老吏斷獄”云云，未有其人不老而徑稱“老”者，然後方不破字義，不破漢語中文之文法或字法。故韓愈亦衹曰“師者所以傳道受業解惑”云云，以“師”為通稱，而不曰“老師者所以傳道受業解惑”。今用“老師”作教育者之通稱，可謂違戾破壞漢語中文之字法或用字法，不倫不類而又亂也。蓋唯“老”師而後可稱“老師”也。

---

① 其時但稱文字而已，漢代以後乃稱“漢字”。

② 西歐諸語種之文字，大體皆承接古希臘語、拉丁語之文字或接受其文字之影響，而記語創製之。

然則何以稱呼教育者？此又可分兩種情形。其一，自中國傳統倫理文化言之，乃有倫間稱謂或倫理稱謂，其稱謂既自倫理而來，而又必合乎倫理，乃曰相對稱謂或倫理稱謂，非通稱。比如師生一倫，生固稱其師為“某師”或“某某師”也。某、某某云者，或為師之姓，或為師之字，不稱名也；亦可衹稱為“先生”，不稱姓字；若其師年老，則又可稱“老師”（亦可稱為“先生”，然若揆其二字本義，“先生”乃是年齒相比之稱呼，甚至或稍帶自謙意味，後乃賦予尊稱意味）。然此是生謂師，必有授業師弟之實誼而後可如此稱呼。其二，無論傳統中國抑或現代中國，又有普通道義文化及其相應之稱謂，即所謂通稱。比如，若夫一般人，與某教育者並無授業之實，則何以稱呼之？或曰亦可稱“師”，則“師”字兼顧倫稱與通稱，無師承關係而猶稱其為“師”者，尊之也——然竊以為此或稍有混淆名實之病，不甚妥（學生家長或可用其子女稱師之稱謂，尊之也，漢語中每多此類）；或視“師”唯為倫稱，而通稱乃為“教授”、“教員”等。則倫稱與通稱乃有區分，可謂名實相副。循名責實，又兼顧現代觀念，竊以為後者於現代社會為尤當。故若無師弟授業之實誼者，自可稱教育者或教員為“某教員”、“某某教員”或某某教授，不必稱師，尤不必稱老師也。若是教員自稱，於無師弟關係者，尤不敢自稱“師”、“老師”乃至“教師”，至多或自稱“教員”，而又或唯以其他通稱或其他倫理稱呼自稱而已。然“教師”之稱謂，或亦可作教員之通稱，又稍帶尊稱意味，然以“教師”為自稱之通稱似或又稍不可。

然則又如何稱呼學習者呢？筆者曾在韓國某大學作教員一年，有一次與韓國教授同事在校園某處晤談，期間韓國教授同事詢問經過之某陌生學生，乃用韓語語之曰“學生，……”云云，而以“學生”二字稱呼之，吾當時乃甚覺訝異，乃至以為此一稱謂似稍有不客氣或不禮貌處——雖此乃韓國稱呼學習者之通稱——，因為在中國,教師(乃至一應國人)每皆稱呼學生為“同學”。“同學”者何謂?一同學習切磋也,此於中小學師生而言固未必是全部事實,甚至於大學本科而言亦多此教彼學之實——即使亦有相當程度之教學相長之說、之實——,故教師稱呼學生為“同學”,每乃是教師之自謙,及對學生之客氣,猶言教學相長然。然吾退而思忖推敲之,如以名實相合之理則度之,則固當如韓國教授稱其學生為“生”或“學生”也;而“同學”一詞,顧名思義,乃“同在庠序學習者”或“一同學道者”之相互稱謂,兩者不可混淆,然後方是名實相符。質言之,若正本清源,循名責實,而又謹遵漢語或漢文字法,則“學生”可謂是對學習者之通稱,“同學”是同班或同輩學習者之間之倫稱,而師固可——乃至固當——稱其生為“生”或“學生”也,如此則韓國同事之稱謂可謂尤為名實相符,而又符合漢字中文之字法。然則中國之教師稱“生”為“同學”,非師生“倫稱”之正體或正禮也,乃是變體。變體所為何?曰乃是自我謙抑與親敬其生之意也。其正體或正禮乃是“生”或“弟”,如“某生”、“學弟”云云(如云“送東陽李生”等;然今乃男女平等之世,亦當包女而言之,則或引廣其義,或另用它字,或另造新字等,茲不贅),其中,“師—生”是一般倫理稱謂,“師—弟”尤見其敬愛相親之意,可一窺中國倫理或漢語倫理之本色,固非綱常倫理之單向宰制凌人也。然變體或亦不可濫用(又不可漸漸茫昧於其內涵,如今人或不知“同學”之本義或本意,如“一同學道”、“一同學習切磋”等)——如今人或濫用一切敬語與美好稱謂,無論其是否名實相符,而到處送名不副實之高帽子,一味諂媚徇人,完全失其法度——,乃至失其正體與正禮[1],或不敢用其

---

[1] 或有偏激憤怒者,乃曰今世今人或全無合道合理之禮貌或禮儀(合道合理云云,固亦當仔細辨析之;尤其當仔細思籌其與現代所謂人格平等、個人權利、人格尊嚴等之關係,尤不可籠統空疏言之)。

正體與正禮，則或有古人所謂“失之諂”之病，似亦不可。蓋合於正道之倫理雖不可有綱常之宰制，然固當有其度數也，不然則禮義法度盡失，亦失卻禮意或製禮之初衷。禮雖相敬，然終是有所別；樂則和同，亦未嘗全無所別。禮樂各有其功用，不可或缺，又不可拘泥，乃曰用中有權而已。

若循名責實或揆之文法，無論其人是否為教員，稱呼並無師生之實的人為“師”乃至“老師”，固是不通不妥（其所謂不通，亦曰名實不副、違戾漢語中文字法等），不合於常禮正禮，稱呼者乃至或心有不甘；而被並無師生之誼的人稱呼為“師”乃至“老師”，被稱呼者又甚覺不安，愧不敢當。所以要正名，而正名亦包括正稱謂。無論哲學、道學（探討天道、仁道、人道等之學）、政學、文語學、禮學等，皆須正名、正稱謂。以政學言，以“同志”為一切公職人員之通稱，竊以為頗好。同於何志？曰同於“為人民服務”、“為人民之公僕”、“為國為民”或“民胞物與”之志也，而不可有封建官員卿大夫等高人一等之等級傲慢或等級特權之心。然非謂不能稱呼其職稱，如某某科長、某某科員、某某副處長，或某某副校長同志、某某副市長同志，皆亦可，亦曰循名責實，徒不可有等級特權之心行耳。然則於公事皆用公事之通稱，私事或可用私情稱謂，而稱謂上之公私分明，正所以為公事私事之公私分明，是正名之本意也。中國人蓋重情，喜好情意親近，有的人則或喜歡以情意親近相標榜，故雖公事亦每用私人情意倫理之稱謂，倒未必都是存了居心不良的所謂“套近乎”或“拉關係，走後門”等公私不分明之私心；然後者之事蓋亦不少，而將烏煙瘴氣，一塌糊塗，故若有公私分明之稱謂系統或稱謂風俗，於公私職事間自然轉換，未必不能起其提撕警醒公私分明之功用，或有裨益於政道治道也。如斯，則正稱謂豈不重哉！

202207200057

同　志

一個"同志"稱謂，或其風俗，或能警醒提撕一國政風民氣，則正稱謂，又豈全無關宏旨大義哉！此外，亦可有其他種種稱謂之設立，如"同仁"、"同道"、"有道"、"道者"、"仁者"、"義人"、"義士"、"勇者"、"智者"等有中國傳統本色之稱呼，以及其他人民主權、人民當家作主之社會主義特色之稱謂等，亦可謂是政學層面造名正名正稱謂之事。

英語中之 Sir 譯為"先生"蓋不甚通，譯為"紳士"似稍通。英語中之稱謂系統，亦有其演變之過程，蓋大體由先前之倫理稱謂而漸變為今世之通稱，稍查其詞源學字典即可證明此點，不贅述。中國古代之倫理稱謂極為發達，通稱稍不發達，然今亦或可賦予通稱之新義，又或可新造諸種通稱也。既保留在道理上可以自證其正當之若干傳統稱謂或傳統特色，又增設在現代道理或社會主義道理上可以自證其正當之若干新式稱謂或稱謂系統，亦可謂新時代之製禮作樂，即製作合乎現代道理與社會主義道理之新禮樂也。周雖舊邦，其命維新，而自有我中華之傳承創新之新道理禮義文明系統也。

"同志"此一稱謂，實與古代"同道"之稱謂有其相通處，乃謂志同道合是也。唯今之所謂"同志"，其志其道，於公職人員則是"為人民服務"、"為人民公僕"、"為國為民"、為國/民公共利益等，於民則是"中華民族同胞博愛或民胞物與"、"人民當家做主"、"人民主權"、國/民公共利益、人人平等、社會主義民主/自由/權利、共同富裕乃至"人類命運共同體"等是也；而反對官僚特權或腐敗、官僚資本主義、封建等級制、資本壟斷控制、帝國主義侵略控制、人格不平等、人身依附和對個人合道合法權利、自由等的非道非法侵害和剝奪等。則“同志”之稱謂,豈不好？豈不重？豈不當興哉?!

傳統文化中又豈無好道好志？今謂優秀傳統文化,與繼承發揚優秀傳統文化之心志,亦為同道同志題中應有之義也。

202207200057

中英譯例

I'm risk-taker. or: I'll take the risk. ——我是責任承擔者；我得承擔責任。

you are a great doctor. 你真是華佗再世。——你真是個好醫生。

you are really complicated. 你真邪門兒。——你可真複雜。

just now. 剛才。——就現在。

the past fills up quicker than you know. (Firmin innocent bears the guilt of world on shoulders, bears the guilt as well, doesn't he?)——(“往事湧上心頭的速度比我們想象的要快。”)[1]

202207200057

小人柄權竊位則將驅賢驅民而害公害國

或曰:倘若邦國有道有法,然各級職位或有小人混入,肆行小

[1] from film: *under the volcano*. (參見影片中譯。)

人心術,打壓賢才,不正公待民害民,則將為國驅賢驅民,而使賢才義人國民或將不得不立於(各級)政府之對立面,久之則雖國亦將不國也。古代每多此事,或則庸君暴君寵信奸佞小人,或則奸臣權臣小人欺君害國害賢害民,或則地方官吏無法無天、腐敗污濫、狠毒漆黑,仁人義士賢才每或被打壓、迫害、掣肘、抑制、邊緣化,或退避隱遁,而至於民不聊生、含冤忍辱、教化沉淪、風俗偷薄兇暴、世風日下,遂乃有逼良為娼、官逼民反、農民起義造反、外敵頻仍入侵而烽火盜賊遍地之頹危之勢。

然又或曰:如因受周遭小人打壓欺凌誣枉陷害,而遂萎靡沉淪退卻,乃至一切諉過於國、民、外因而改其愛國愛民之一己內在心行,而恰為小人奸佞之所喜見,而國、民失其助力也,則豈是真愛國愛民仁人義士之心志? 故曰:不以若干小人佞惡而稍改我愛國愛民之心志毅行,不以若干小人佞惡之打壓欺凌誣枉陷害而遂遷怒諉過於吾國吾民,冤有頭債有主,於怒斥抗爭於小人惡佞之同時,而猶將忍辱負重,不昧大是大非,為吾國吾民之公義大利而盡心盡智盡力而後已,方是真義士國士也。不能忍辱精進者,不可謂之士。換成今天的話來說就是,挺受不住一點小委屈,亦不可謂之士也。

又或曰:我不能永遠躲在邦國的角落裏;總有一天要挺身而出。我不能說我一直在為此準備,因為我更喜歡逍遙於世,但若天下未靖,乃至日益沉淪,而我所做的一切卻又都是為此邦國,為更好之此邦國,則豈可一無作為而任由之!

又或曰:我現在看國外電影,看的不僅僅是思論或義理層面,而同時更關注日常言語、情感、禮儀、風俗、習慣、人際關係等細微或細節層面,以及日常各色人的真實具體生活形態。

202207200057

講道、理，循法、序

講道、理，循法、序。

講道，則**事當合道，以道制法，以道說理**；道有天道、地道[①]、人道、公道，合於國民或人民公道、公意、公論、公利等。講理，則有論證（言之成理，自證自圓其說），有邏輯（邏輯自洽周全），能貫通（不扞格，不自相矛盾，諸道之間不衝突而能貫通或合理平衡），又有物理、事理、智理、意理、理方等之說，今曰科學理則與科學方法等。循法，即法治，以道立法度（如以道立憲法等）、有法度、依法度，一視同法（普遍性或普適性）、明白準確（嚴謹性）、前後一致（一致性）、內在貫通（法理貫通）、長期穩定（穩定預期，不可隨意變動）、可不定期依序（立法程序）調整（與時俱進）；然亦當以道立法制法。循序，序者，依法處事有序也，今又謂程序也，亦可謂制度，實亦皆法度之意，如立法程序、適法程序（如民事訴訟法、刑事訴訟法等）、行政程序以及立法制度、司法制度、執法制度、行政制度等。

自古以來，中國人之所謂"講道理"，有道有理、合道合理之謂也；所謂有道有理或合道合理，又當合於上述準則，不然就是不講道理。中國人又講法度，亦講今之所謂"程序"，古謂之"制度"、"序"、"級"等，如先王制度、處事有序、逐級上訴等，其立法、適法、執法等亦有一定"程序"或制度；然或有

① 如今云國情或邦國地理實情、地緣戰略然，以其地理實情而制定相應之國策或戰略也。

不如今日之嚴密者，比如在司法或執法中未能對法官或官員之權力、事序進行有必要之嚴密限制，未能在立法上充分賦予當事人或嫌疑人之“合法權利”等，是其弊與失，今當補充之。

（衹）講道不講理，（衹）講理不講道，（衹）講法不講序，（衹）講序不講法，或（衹）講道理不講法序，（衹）講法序不講道理，皆不可，皆不可謂講道理或講法序。故曰：講道理，循法序，然後乃可。

中國當代學人被西方學術權勢或學術話語所震懾籠罩，不能自我振作，自我創思作語（文），乃侈談所謂正當性、合法性，與實質正義、形式正義或程序正義等概念術語，實則以“道理法序”而言之，蓋不但可涵蓋之，又或有過之者。

202207220630

心悟心證與思維之外在形式化

中國文明傳統頗重心悟心證，西方則頗善於歸納思維形式，或將思維方法、思維過程、思維技術形式化，形成邏輯概念和邏輯工具，從外部規範和幫助思考或邏輯思維，亦便於教學和開啟民智。其實，西方思論之重要表現之一即此種理性化、形式化或抽象概念化，甚至在某種意義上可以說，現代廣義物理學或科學，就在相當程度上建立於此種理性化、形式化、抽象概念化或玄虛理論化之基礎上，而一切皆可進行外在標準化或可視化教學或學習，即可以複製，方便推廣，並進行外在標準化、外顯化、可視化檢驗與證明，有其價值①。

然而中國傳統之心悟心證,或內外之言語思考,豈無其內在邏輯?吾人觀古人之著述言語行事,以今之邏輯衡量之,亦曰有理或有邏輯,或有其不與現代邏輯乃至形式邏輯相悖者,則可知中國古人雖不侈言——或未曾明言——形式化邏輯或相應之邏輯概念、邏輯工具,卻不可謂古人之內外思維言語行事等全不講邏輯。質言之,雖古之心悟心證有現代邏輯所不可及者,然亦有合於現代邏輯者——固亦有不及於現代邏輯者。

雖然,思維之外在形式化或外在形式化思維方法、邏輯概念、邏輯工具等,於內外之思維、言語、著述、行事乃至學習等,固有其優長與價值,今代漢語哲學、漢文語哲學或中國文語哲學等,亦當於此戮力融納、發明、創造之,以繼長增高吾中華文化與中國思論哲學等,啟發吾國民之智識。然亦不可拘泥過度,所謂過猶不及,比如,過於迷信形式化邏輯或抽象玄義玄理,包括單一維度之所謂虛玄"物理",亦可能遮蔽物事之實情或本相,以玄理虛義、虛玄邏輯或形式化理論遮蔽事物、人心或世界本身。過於迷信思維之外在形式化工具,而忽略對於思維本身以及"思維與物事世界的指涉關係"的複雜性的研究,以及對於中國傳統思維文化本身的特色與價值的研究和體認,亦曰有偏差。然則中國傳統之心悟心證、與物宛轉等,又豈無其相應之價值?!

漢字漢文漢語中文亦如是,或曰漢字文語涵意深廣,而能涵蓋

---

① 試舉一例,古代漢語中文雖亦自有字法文法,然並不多或不重外在形式化之歸納,或有師承訓導,而仍幾乎在於個人之心證心悟,然古代亦多好文章;而現代漢語中文則重外在形式化之文法、語法歸納及其知識之教學,作文亦如是,亦受西方語法、文法、論文作法等之影響,重邏輯、條理、論證及其他外在思維形式化之方法等;科學論文固然如此,乃至一般寫作或近年來興起之所謂創意寫作,亦重外在形式化、理性化之方法。質言之,一切形式化、理性化。

(以形式化表述之)多種思路,包蘊豐富周全,而又渾然一體、渾厚全面、含而不露。形式化之表述則尖銳或尖利深刻,今或謂之片面之深刻。

202207220859

文、字、形、象、物、義、意

漢字乃是以象說義,以象造文造字以立名,以象指物代實,而象為名、義與物、實之中介,故中國文化每尤近於或不離於象、物、實,乃有自然物趣①、象形美趣與象意比興類推之理趣或意趣。音符或音字音"文"則以義說義、以義指物代實;以義說義,故可離物、實而但說其義而已,可謂之形式邏輯、虛玄或純抽象意義等,多虛玄純粹之理趣。

關於文字之象,或有一疑問:古人觀物取象時,其取象之法則如何?比如:取其外"形"象?取其主要特徵或本質物理?等等。換一種說法乃曰,就其取象或製象之理據而言:象是關涉所指物事之主要特徵或本質物理?象是人類以其人驗或自然感知能力感物衡物而取其主要之"形"象或文(紋)象?象是人類感知能力下之一端、一隅或多端、多隅之象,抑或是以一端一隅之象而代其全象全體或圓滿全整物事本身?

以上問題涉及"象—物"關係和"名—物"關係等。在名、象、物(事)三者關係中,象處於名與物的中間,為名—物之中介,俾名不過度離於物,物亦不過度離於名。前者如音符字語,而或擅長於形

① 物真、物全、物圓滿之趣,或真物、全物、圓滿物之趣。

上之思、玄思、名理之思或一端數端之物理之思，其缺點或在於對一切自然物的不尊重、扭曲、破壞利用、征服、生造等，如歐西文化或理技工業社會；後者如一些較為原始形態之圖畫符號或語言，而或擅長於“如其所在”地對物本身之圓全辨識和感知，以及對於自然物和自然世界本身的尊重和敬畏等，其缺點或在於不能使自身更清晰地從自然中脫身出來（即人類自立名理，自製道義，自求物理等，而為世界立法）以處於自覺狀態，從而更有效地利用自然物等，如處於原始畜牧業社會形態之各種原始氏族或部落社會。古代中國文語和中華文明則是自然農業文明之巔峰，可謂登峰造極；而綿延逶迤，連續不斷，今又處於從自然農業文明向理技工業文明轉化之過渡階段，而其文語或文明仍將在繼承和保留傳統文語和文明的優秀成分的同時，繼長增高，更生進化，更好地處理名（名理世界或玄理世界）、象（形象世界或象藝世界）、物（萬物世界或物世界）三者之關係，並更好地造福人類、眾生和萬物世界。這是中國文語和中華文明的優異卓特價值和使命所在。

再問曰：文字之象，是象形（貌）？象物？象性（故，今或曰本質特徵或主要特徵等）？象理？象一端一隅？抑或衹是象物或指物？而吾人用其文字時，是取其象？其義？其名？其物？其性（故，今曰本質特徵或主要特徵）？其理？其一端一隅之形、義、性、理？蓋各取所需而各所不同，不可拘泥一端解之也。

又：中國文、字、形、象、物、義、意等，何以有情多情？文字之情從何而生？乃曰比興而賦情也。

人們以言語、文字交談，但不知自己談的是何，也不知對方談的是何。道理、名義爭來爭去，不知所云。衹有情意，人與人之間的情意，甚至包括眾生之情意，雖不用言語與文字，也能相互感知心悟。聽，自己的心音與情思，當夕陽西下時，嘈雜之聲漸消，如潮汐，輕輕撫平心上的月夜沙灘；看，眼神裹有遠山的溫柔與呼喚，夕陽滿懷，映照此心絢爛滿園。

遠山的溫柔與安靜，如同眼神深沉而安寧。無需語言，而無聲勝有聲；無需文字，而無文勝有文。相視一笑，莫逆於心，是那時此刻的心靈情意之神會妙合。

202207221507

名與實

“持之有故”之“故”，蓋謂本性、物理、事理等；而所謂“持之有故”，蓋謂順其本性、物理、事理等，所謂順故是邪？

不立大中通達之道，則小道、小辯紛紜無窮而爭訟不息、徒勞無功。

大中通達之道立，小道、小辯自少自息，何來何須爭辯？

無其實則不鶩其名。或曰亦不為其名所指之實事，蓋雖為之而不能真實、全實也，乃或虛偽不誠。或曰誠實之，勉為之，亦好。猶孟子所謂：久假而不歸，惡知其非有？！

雖曰循名責實①，然實是實，不是名；名是名，不是實；以名虛

① 或“循名責物”。循名責實與循名責物，有其相通者，亦有其稍相異者，而依賴於如何定義“實”與“物”。比如，玄理、玄義、名理、物理等是不是“物”或“實”？或曰：唯所謂“實物”無法名之，亦無法循名責實，因任何實物都非一端一隅所可盡，故亦無法以一端一隅或數端數隅之名理而概之名之；更激進的表述則曰：因世界上不存在孤立的“實物”，故也不可能有代稱那種孤立“實物”的名，當然也就無法循名責實或循名責物了。後者宣稱“物”或“實物”本身就是“形而上”的建構而已，或是“人心”與（轉下頁注）

待其實、說其實，而不是實。自其名言，是能指，自其實言，是所指，能指不是所指，是代稱（或指涉）也。然雖曰名不是實，而吾人說文解字釋名時，乃以名概其實、指其實、代其實，乃至想其實、徵其實、體其實、悟其實、當其實；然或代稱、指涉、讀解、體悟為實物全體，或代稱、指涉、讀解為實物之分體，或代稱、指涉、讀解為一端一隅、數端數隅之象、義、意、性、質而已。蓋名（文、字）可代實指實，或以其一隅一端（或數端數隅）之象（形、像）、理而造其名（文、字），然其實則不止此一端一隅，尤不止此一端一隅之象、形、性、質及其義。故名、文、字之義，有象義而不止於象義（意）。質言之，或分言之，有象義（單義）①，有象意（豐富涵意），象義為一端一隅或數端數隅之義，象意（或名義）則代其實（實物、事等）之名義或本義，概指全端全貌全物。意者，心意、玄意、心音也，在我心造而用之指物概物之實與全體，又涵蓋物實全體之所有也。正名者，指其意（名義、玄義；又能指），指其實（指其所指，仍是能指之意），今曰"名"或"概念"或"能指"之"規定性"（"指其實"與"實"不同，前者仍是"能指"，後者則是實、事本身，是"所指"之某實、某物或某類實物實事——

（接上頁注）"人類"之名理建構而已；並進一步稍有點旁逸斜出地指出：所謂"形而上"，其實就是"物而上"，然則既然"物之不存"，則一切都是"物而上"或"形而上"，以名實相副之原則揆之，既然無物無形，就不應說什麼"形上"或"物上"，而代之以"玄虛之名理"即可，即一切皆是玄虛之名理，從而宣告那種被建構出來的孤立的、永恆形態的"物"或"形"的心靈屬性或玄虛屬性。一切物、形等，都如雲彩，是暫假暫在，而實則不斷變幻、風雲相易而已。

① 或象形之義。實則象形之義既可視為單義，亦或能視為復義或多義，蓋象（形）與義之間，本來多為類比或比喻等之關係，而解象或解說其象固未必衹有一端一隅或數端數隅，故雖通指單義而人或仍能解讀出其復義或多義，如比喻義、引申義等然。然古人造字造象時，畢竟是將其心腦中的某個（單）義賦予其象，且象本來有一定確定性，故就此而言，其象亦可謂單義。而下文之所謂"象意"則不同，象意本質上之意或名理，用以指涉圓全物事，而物事固非一端一隅一象乃至數端數隅數象所可盡，故其象意乃將蘊涵豐富也。

包括所謂現象)。然則名義或象意,蓋是能指,既可是單義,而概稱概代全物全實;又可是多義,而涵蓋或分指全物或全實之一應所有端、隅、分體、性質等。然則吾人循名責實,就其所指言,責其全物全體之實歟?責其一端一隅或數端數隅或分體之(分)實、象、義、性、質歟?[1] 能指、所指不同,能指又自有區分,而所指亦自有區分,又有概、代、指、想、徵、體、悟、當、誤等交際之異,此吾人讀書說文解字釋名時,所以交叉遊移其義之故也。無論寫文章者之用字,抑或讀文章者之解字,皆在名(概全物全體全實之名,與涵蓋物、實之萬端之名等)、象(象義、象意等)、義(象義、名義等)、意(象意、人意等)、性、質等之間遊移不定,所以其意義雖有所定,又意涵豐富而難一定也。

今分文學之語與理論之語,理論之語求其精確,則今之所謂"意義理論"與"漢語或中文意義理論",當解決此一難題。或可嘗試增設語法形式以助明之。

又:何以正名?以言語正名或說明、限定?抑或以其他形式正名,如所謂形式邏輯、數理邏輯等?吾人所用者乃漢語中文,當從漢語中文本位思籌之。

202207221500

音韻訓詁小學與現代文學

大文學與小文學;廣義文學與狹義文學;道理文學與生情文學等。

① 以能指言,則問:循其能指之單義邪?循其能指之多義邪?

如今已有多字義衍生之法，或義意之新關聯，自可發明應用之。

近來頗多有關小學乃至中學教科書之傳聞。不知詳情者則不論，論其可論者。於今言之，相較其可能之更高標準，當代所謂作家蓋無能或不能創造良好優美之漢語中文文章，則寄冀望於此等人，本屬無謂也。何故出此言？乃曰當代所謂作家，自其讀書學文之經歷言，雖亦於中小學而有所涉獵於古文或文言文等，乃至或有從中文系畢業而成作家者，然其大部，大體皆淺嘗輒止，並無深厚修養或精深體會，尤於古代音韻訓詁小學，蓋通曉深諳者少。不能博觀通曉古代文言或文學如辭賦詩詞文等，則或不能追溯其源流，汲取資鑒其優長美意；不能通曉熟諳音韻訓詁小學，於用字造語等或亦有所不足也。平心而論，古今之人，同是人而已，其聰明睿智，蓋本來無甚差異；然古今異世，風氣情勢丕變，熏染亦自不同。今乃曰理技工業文明時代，又曰個體人伻（平等）、人闌（自由 liberty，或自由之權利；或以指 freedom）、人當（權利）之時代，今人之生事、智識、情意、理器等皆與古人大異其實其趣，故今人於表達今人情意言行事理智美等，或固可稍勝一籌，如當代作家對於既存現實人心人情之刻畫描繪，自可尤為深入複雜，此等皆固無論也。然古人亦有古人之優長，姑且不論道義襟懷層面之差異，而作家對於人生百態之體悟描繪等，皆須藉助文字而後可也，然則雖單於文字言之，當代作家蓋有所不勝，乃至在許多方面瞠乎其後。如音韻之講究、訓詁之精約、文字之雅正豐富、象之美、意之含、義之豐、造語之新奇、字法之嚴謹等，古人古文皆有其優長，今人或不能得而融入於所謂現代漢語中文，則現代漢語中文之平乏枯窘乃至日漸鄙陋無文，蓋亦自然之勢，而甚可悵恨歎息也。而真正愛文者，於所謂當代（生情俗）文學固或不屑觀之；倘又言及道義，而揆之道義之正大純粹，其真正好道者，於今世之所謂俗文，或尤不屑稍寓目焉。故所謂現代漢語中文，究竟當作何發展改張，亦曰未定，有志者不可自限拘泥於今之時文時論而無超越一時一世之廣深之獨思創見也。

現代文學、當代文學（以及現代漢語中文）本來大有可為，不徒在文語或文字層面，又在於文學（大文學）本身，皆大有可作為創造之地，然其現實現狀則不然，尤其當下此際之所謂文學，乃幾乎可謂無所作為。其可稱文學家或可入文苑傳者有幾人？遑論"儒林傳"或道林傳[1]。蓋仍多不知文學為何物？或文學觀念理論有誤？蓋二十世紀初以來之所謂文學，日益淪落窄化為生情文學之一途，自限狹隘，失其經天緯地之大氣與道義擔當；倘又日益失其文字之細膩精微繁富與"小學"音韻訓詁之切當精確，失其文語比興類喻修飾之美麗新奇雋永，乃至於世道人心與情意醇化等無甚裨益，衹在鄙陋庸俗與揣摩時好、阿世沉淪中隨波逐流、流蕩無歸，則其衰其朽其為人所不齒亦正必然也。

當代漢語中文，幾乎乃將變意象漢語中文為音符漢語，而將棄文或無文、不文，（雙音節或多音節之）詞義日漸與字義遠離，類於廢除漢字後之音符韓語，則漢語中文已岌岌可危矣！徒剩其音或徒記其音之一日，即漢語中文消亡之一日。吾不能三言兩語言漢語中文消亡之後果，而知若如此則漢語中文必將消亡也。漢字不亡，中國就不亡；漢字若亡，則中國之民或將類於中國古史中所記載之許多周邊少數民族，其作為一族，將漸漸堙滅消失於世、融合於他族而已，而其族其國其史乃不復存。

202207231706

① 此處之所謂"儒"，乃是虛指，即"道"之代稱，而以儒林代稱道林而已，未必實指古代儒家。

虛與實:電影背後之義意世界

一個人看本國電影與看外國電影,其觀感或心態頗為不同。看本國電影,因為觀看者對於本國文化和現實甚為熟諳,故要麼習以為常、見怪不怪,要麼能看出電影故事、情節乃至表演的虛假或假象,知道這些並非事實,或事實與真相完全並非如此,都是憑空編造的、矯飾的或粗製濫造的,或存了種種商業或政治的動機,所以也就不以為然,甚至興味索然而毫無觀看的興趣——這大概是不想或不會被假象,哪怕是廉價的樂觀等,而引導了錯誤的思考和情感表達,尤其是對於傾向於理性思考和表達的人來說更是如此。但在看外國電影時,情形卻大異其趣,因為即使觀影者或熟讀外國思論文化經典,如果其未曾長時間在國外真實生活,深入國外社會生活本身,則其對外國文化與社會現實,或文化的真實現實表現、面相等,其實都並不能說真正熟悉,所以也就無法判斷外國影片中的故事、情節、細節、表演等到底是真是假,到底是社會現實的真實反映,還是和許多電影——包括本國電影、商業電影等——一樣,衹是虛假的故事和表演而已,甚至同樣包括了種種商業、資本或政治的因素。

因為無法判斷真假,所以有時也就衹能當其為真,故而會更大概率被影片中的異質性因素所打動,或感到震驚。因為你是下意識地將其當成真實現實的反映,所以便會形成影片世界和真實世界、外國文化社會世界和本國文化社會世界的巨大反差,並引發你的對比思考或羨慕、批評等情感態度,即一定程度上不期然而將外國影片世界當成外國現實世界本身,以此和本國現實世界進行對比和相應思考。所以外國影片(乃至外國文化)往往容易受到追捧,這是一個世界性普遍現象,西方人大加讚譽東方影片,東方人大加追鶩西方影片,各各執影片世界為真實世界,而尋求一個不一樣或異國情調的世界而已。

比如,有些東方人對於西方有些(外國)影片中的某些角色有時所表現出來的情感的自然流露表達、真實誠摯的個性狀態和對於所有人的平等尊重、耐心、溫柔,以及種種細節中蘊涵的某些文明因素等,往往會深深感動,因為這些情狀,在其仍然深受古代文化特色諸如含蓄蘊藉、自我克制、倫理禮儀等古典文明熏染和影響的真實生活世界中,或許尚是一些難以見到觸及的現象[①]……然後觀影者或許就會去思考,是什麼因素形成了這些文明的因素和細節,本國或世界如何達成這樣的文明狀態,"古典文明與現代文明"以及"東方文明和西方文明"如何取長補短,等等。

當然,有些人根據其短短的人生歷史經歷,或許會有一些其他領悟,比如:不必對於理想或夢想的實現抱有太過理想化的期待。這並不是說理想或期待不能實現;不,或許"你"期待的東西大多數都實現了;而是說當你所期待的東西實現的時候,你會發現其亦並非完美,並非你當初所想象或強烈期待的那樣,而並不能根本解決一切問題,反而同樣會產生新的問題或更多更嚴重的問題。當然,有期待或理想,並為理想的實現而努力做點什麼,還是好的;進步也是可能的;但不要為自己期待太多。理解人類生活的某些本質,以及歷史發展的緩慢和曲折性,乃悟人生百年之內,豈敢事事時時求圓滿、說常樂、知足美! 況且,即使理想人類社會或生活一時沒

① 其實,東方社會有東方社會的優點,東方人更有東方人的溫柔,東方文化更有東方文化的風韻。東西方文化,就其優異者觀之,各有所長,這是毫無疑問的。

實現，人類生活世界仍然有美好的地方，如此已然稍堪慰藉。這或許是這些人的必要自我心理救贖。

202207240135

中文漢語中之物、類、理

漢語中文中之物、類、理。

漢字漢語中文中之萬物，羅列甚有法度類別，非烏合也，乃為一特別系統，如天地人三才、如太一陰陽五行等皆是也。以此而造字，如金（钅）、木、氵、灬、土等旁而名萬物（金木水火土），如犭、豸、蟲（虫）、魚、鳥、馬等旁而名禽鳥蟲豸走獸眾生，如亻名人，礻名祭祀禮儀，衤名衣飾，口、言名言語，扌名動作，走、彳、辵、廴名行走，足、⻊名足，月名肉，音名音樂，革名皮革，艸（艹）名花草等。亦可謂井井有條。看似字數多，實則不但易於合類而記，尤得其類別與物理，又饒有趣味，孩童學之並不難。

若夫如英語等音符"文字"，其字母雖少、字音雖簡易，其單詞或詞彙則極多，雖或稍有相互詞綴關聯等情狀，然大體亦皆專恃記憶而已，故比之漢字中文或漢語，其實學之尤難。學英語等音符字語者，日常言語或稍易，此則與漢語同，乃至一切語言皆同；然若欲以之為專門或專家之文語之學或字語之學，則亦屬不易，乃至比之中文漢語（文言）而更難。

漢語中文之文言似難而實易，古代中國周邊之所謂蠻夷，本無文字，乃向慕中國文字文明，或自小學習漢文，或中途而學之，不但甚易粗通文墨，竟乃庶幾廁身同列並驅於中原飽學士人，乃至卓然成家者亦多有之。古時或有胡漢雜處之世，或有漢兒歆羡胡人風俗而與之同遊者，而尤多胡人向慕漢家文明如漢家文墨名物禮儀制度風俗而學習濡染漢化者也。此固可見其時漢文明之聲譽，尤可見漢字漢文非如其難學，尤非鄙陋粗淺不文之物。實則唐宋明以來，東亞讀書人盡以漢文或文言為其雅言，漢字漢文乃為所謂東亞之通用文字或文書，於此可證也。然自近世以來，西方文明挾其堅船利炮、理技器物、法律制度乃至音符文字語言、語法等，舶來中土，而所謂“東亞”或“廣義東土”乃至天下、世界之文明競爭場域態勢，乃丕變之。當今之世，又丕變之，則文字語言、名物制度、禮儀風俗等之競較短長，尤見激烈，不可不特加注意也。

然今人或不知教法，不知據漢字漢文漢語之本色特徵而為教。以漢字教育而論，則無論教中國兒童或外國人，乃每以外國人教音字音語之方法教之，重說不重寫，重析字音不重析字形，即不重講解字形字義（造字理據，乃至淵源流變），又不能兼顧音韻而以童謠或詩詞教之，故其效果反而頗難如意。質言之，**此是教“語”，不是教“文”；實則當“文”、“語”並重。**

古人造漢字以命名萬物，則漢字系統實乃包含萬物系統，又包涵萬物之物理。然前文屢次言之，古代中國文明，乃是人類感知自然萬物世界之經驗自然文明，或人本自然文明，其萬物亦是人本自然萬物，而其物理亦曰是人本自然經驗物理，乃“以人觀物”之物理，非今世理技工業器物文明中之物理，或曰“以物觀物”、“以物衡物”之物理。故古代漢字漢文漢語中之物類、物理，每每是自然物類、物理，極為發達；而於今世理技工業文明中器物之分類、命名、物理等，或有所不足或未及者，今當於此思籌涵融之[1]。即當思籌

---

[1] 筆者之《大學廣辭》，頗論及此，或可參看。參見：羅雲鋒，《大學廣辭—中庸廣辭》，上海三聯書店，2023 年 8 月。

何以造新字以命名、分類理技人造之器物、物理等，然後漢語中文乃能兼顧人感自然物理與理技物理，即兼顧農業自然文明與理技工業文明，可謂文明大備也。

202207241559

文明之競爭與文語（文字語言）之爭衡

明之競爭與文語（文字語言）之爭衡。

……若有語言、語義（語義系統及其後之文明系統）而無文字，有字音而無字義[①]，則其義其音其語乃至其族其國，稍有外部強勢義理、語言、文字、文明來接，勢將不得不音譯或直言外族外國語言之音，久之則此族此國或將漸失其本音、詞（辭）、語、義，乃至失其族國而同化於外族外國而已。世界歷史河流中，曾顯現勃興之族群不知凡几，或不下千萬，而其興也勃然，其亡也無聲，大多泯然消失於歷史長河而已，能逶迤數千年不絕而至於今者甚少，其蓋亦有是故者存焉。或有族群，若有本族本國文字，則可以本族本國文字、語言吸納、融合外部義理文明以擴展強大我國、族、文、語，而我國族乃能舊邦新命而永存永立於世界民族之林也。故有文字（文語）、文字歷史及義理文明系統之族國，於其族國之文字（文語）、歷史與義理文明系統必極為重視，雖不至於頑固抗拒文明交流資鑒，然必以我族國之文字或文語為本位而主動涵納融合之而已，如此乃不失本，

① 此言音符文字，音符與字義並無象形文字所有的象徵關係或象喻關係，即字符與字義乃是強制指定關係，而無任何中介關聯。然此非言音符文字無字義。

乃有我族國之自尊、自主與文明存興之長遠空間也。此於今之所謂國際政治、經濟、文明等之交往或競爭，皆極為重要，故不可不警醒也。

如於漁獵、遊牧或農牧文明時代，每以部落於其一定地域範圍內各自維生，部落之間或偶有交接，或老死不相往來而各各獨自發展。其時除君主集權大國或帝國之外，若夫遊牧漁獵部落，其人間生事義理皆稍簡樸恆定，則語義或義意系統蓋無多變易，然若久相暌隔而各自獨立發展（包括農業地區之安土重遷、交通不便等因素），則其語音於代代傳承之下，亦將不期然而各各變易，漸至於不同部落之間，言語或有難通者。吾人猶記小時學家鄉人土音道謝曰“撓為你儂哈”，然不知為何如此說，其後乃知其字當是“難為你”[1]，則雖按土音亦不當讀為“撓為”，當時衹是鸚鵡學舌而或有誤會失真而已（字、音分途，文、語分途）。此類例子甚多。由此可知，若僅恃口耳代代相傳，則久之其音必有訛誤變易失真者，轉成方言，或一時難溯理據乃至無理據之音、義語言（無關字義，又無關字義或造字理據），加之或閉塞不與外交涉，而漸至於“隔山隔水而

① 又比如“新始剛”、“難為儂”等字詞，亦有類似誤解失真和重新解義之過程。據此亦可知：無論何族何國，其小兒、文盲等在言語論說時，每或衹是鸚鵡學舌、人云亦云而已，往往不知其所以然，處於**“語言無意識”**或**“語義不自覺”**之狀態，然倘其族其國有文字、文學或文語系統和傳統，則當此小兒後生或文盲學得文字、（大）文學知識之後，便能知其語言乃至文語之所以然，而能據此文字、文學知識、資源和傳統來糾正之前學舌亦云乃至以訛傳訛之誤會，而不但其人臻於“語言自覺”之狀態，且其族其國亦因此而能保持、增長其“文”明也。此謂**“以字正語”**或**“以文正語”**，或亦可謂是“正名”功能之一。相反，歐西字語系統，往往是**“以字就語”**或**“以語正字”**而已，然則於古代交通不發達而諸侯各國、各地區各自割據、相對孤立發展之時代，諸侯各國或各地區之語言或語音乃將愈加分化，而漸漸發展成為方言或某語係下之諸種不同語言。中國文語大一統，然後中國乃至天下能大一統；（歐西）字語或音語必分化，然後乃分裂林立為諸侯各國。中西政治狀態之差異，乃至世界政治格局之未來發展，亦或與此“文語與字語或音語之分野”有密切關聯，可深思之。（此注釋寫於 202308231756。）

音俗迥異”之果也[①]。

然若或有強勢文明、語言（字語或文語）以來，極多新義理名物制度等，因無本土文字，一時無以內化，衹能順外來語音而稱呼之、言語之，又或漸失自信，一切以外國為美為上，乃至以外語替換本有之土語詞彙，久之不但詞彙、語音大變，甚至語法、語義乃至語言本身亦翻然變易，幾乎不復為原來土語也。加之外來人口大量湧入，通婚雜居，久之則無論其人其語其文明皆或轉變為一新民族，又用其外來之文字或字語，然後原本之族群乃化為煙雲而已。

或其域外仍多其他本為同族之諸部落，而今幾乎判然兩分，乃至於卑視之或歧視之，如所謂文野之分。以至於其後之歷史學家，或無此歷史視野，於劃分族群、語係時，便往往膠柱鼓瑟、刻舟求劍而有拘泥執一之誤。司馬遷於《史記》中謂匈奴先祖亦為夏后氏之苗裔，“曰淳維，唐虞以上有山戎、獵狁、葷粥，居於北蠻，隨畜牧而轉移”，蓋非僅為籠絡示好之語（今曰“政治考量”或“統戰”），或空穴來風之語，是必有所本，又或其視當時之漢人匈奴相貌本有同類或近似者，乃能如此其言也。然其後各自獨立發展，各自有新族群、語言、文明等闌入，乃至於言語風俗日漸區分而已。實則匈奴

① 然若其地有識字讀書能文者，或粗通文墨者，則能據其文字、文學知識、資源或傳統，對誤會失真失本之文語進行正名和糾正，即知曉或指出其本“字”，然後語言、語音乃不至於失真、失格太多，或延緩方言或語言之過度演變或過度偏離“正文”、“雅音”或正統文語系統，而雖方言其語言亦能保持相當之穩定性，皆在於有其文字、文學及相應之文學者、讀書人之傳統也。質言之，如無文字文學傳統，或又無識字讀書能文者，則衹能以口耳相傳其義理與語音，若長時間孤立發展，則義理或可傳（恃其承傳古代知識豐富而又記憶力超強之飽知之人，如上古之遊吟詩人、巫覡祭司等），語音則必有所訛變；且其義理從其肇造伊始時之其“造義有理據或來源”的狀態，轉變為“語音與語意乃為強制指定關係”之狀態；其一般平民眾庶，則僅僅是口舌之學而已，每多以訛傳訛者，則其語言系統與義理系統乃多粗疏扞格，或無法與先進文語文明媲美。

其原始之族名今或不傳，其人或則融於他族，或則融合各族而為新族群而迻迤至今也，則其人與華夏民族或漢人之體貌有相類者，又有稍不類者，而實則皆為近親而已（按司馬遷之說，或揆諸或然之理）。若但以語言衡量之，經此二千年之交融變易，固多差異，然亦固不可僅據此而膠柱鼓瑟矣。蓋上古中原乃至中國大地，各族或皆同其源流而已，後四散獨立發衍，乃演變為諸多部落或所謂少數民族（此則不同於所謂"西來說"，乃是"本土說"及"四散說"、"四化說"等）；又或失其或無其史官、文教或文明化及，漸淪落以成所謂蠻夷；而中原民族乃得維持未墜，故乃自居高明，而生文野之分或之實。然就其族群而言，諸夷蓋亦多為華夏人也，今曰中華民族，亦曰復其本來之源流而已矣。質言之，以有文明與文字，故能為之中心，為其傳承，為其大，故今當以優秀文明與文字語言，造福於吾中華民族，乃至造福於天下世界也。蓋當今各國之爭，是文明之爭，亦是文字語言之爭。然則當用我優進不息之文明與文字語言，以競爭於天下世界，以造福於天下世界而已。

文明大國之大在於何？固然在乎其文明義理系統或名物制度之高明也，然又在乎其文字、文學①、文語之雅正高明，如此乃能用其文字、文學、文語而文明天下世界。中國人或中文之所謂"文明"，乃與"文字"、"（大）文學"②相關，以文字、文學載其道義、道理系統乃至名物制度等，用以教化百姓天下，是中文或漢語之所謂"文明"。倘無"文"，何來文明？則漢字漢文或中文豈不重哉！有其文字，則雖方言土語歧異，仍可天下相通，仍可文明一統，乃至以雅言或正音重正方言土語，而為大一統之文明天下也③。古時又

---

① 大文學。

② 經緯天地曰文。

③ 又或有"文語大一統"之說，亦可思論之。

有君，君者群也，本非用以專制暴虐於民，乃當用正道禮義與仁雅文學以公正合群而文明天下而治也，如此乃能成其大，又能抵禦外來侵略，使我百姓得安居樂業。若曰文明系統本身猶車輿，則此兩者猶古代中國治國平天下、維持不墜之兩輪也。

質言之，上古之所謂君者，本當用（中通天地人三才之大道、仁道等）以群天下百姓兆民也，然後乃能成國成天下。不似諸部落之無中央政府，不能群合之、大治之，不能天下一家而共樂大一統之世也①；倘又無文字，則亦不能統合百姓族群。若夫專制虐民之帝制，則將黜之，故推翻帝制後，今乃曰"公共政府"、"民治政府"、"人民政府"或"中央政府"等，而人人平等，人民主權，人民當家做主，人民自治群合共治之；又有所謂代議民主、共和等之說，而亦不可違背人民主權之根本或實質。

大國文明之爭，除道、理、技、器、義（今曰"意義系統"）、禮（今曰"禮俗、禮儀規範或行為規範等"）與名物制度之爭外，又文字、語言或文學之爭也，故不可不重視之。質言之，除前者外，又以有優秀之文字語言或文學，乃能成其文明大國也。

有通行文字，天下乃或可傳檄而定；若無文字，則必親往言語盟誓然後或可定；二者遲速廣狹，乃至優劣高下，立判耳。

英語雖有多音節詞，卻皆是一字（或詞，而於外形有區分）一義；反而是現代漢語，今乃每衍生多音節詞，雖一詞一義，卻不復一字一義，不僅比古漢語繁複，不精約簡練，又比音符語亦稍見繁複，可謂有不如古者，又有不如外者，亦或可重審新籌之。

202207241559

① 《論語—八佾》：子曰："夷狄之有君，不如諸夏之亡也。"

學術競爭之知彼知己與自立自強

倘若一個中國學者,既於中國書讀得不夠廣博精深(包括專業劃分太細,學術視野、知識結構太狹隘等),又於外國書也讀得不夠廣博精深,既不敢不能自己提出學說或假說,又不敢不能獨立研究,而亦步亦趨於外國學者、學風或所謂學術範式,則必然不能成其為好學者,尤非中國好學者。又或見外國學者一有學說或論點,即批判之,是亦眼光狹隘,眼中袛有外國學者,看似自尊憤抗,實則仍是亦步亦趨,因無自身學說學問,所以而不從容也。當世中國學界乃動輒稱呼研究某中國論題者為漢學家,而蜂擁群趨之,然中國學者之研究外國問題者,能為外國學界學者眾星捧月乎? 亦可歎也。然此非外國學者之過,或適為外國學術成熟發達之徵象,而實是中國學者之自不振作,乃有此不對等之病態也。若循此成風,則所謂學術將成其為買辦學術、殖民主義學術,其科技亦或將成為買辦科技、幫工科技而已,皆不能自我振作,自立家門也。

202207242138

通:萬物通達與一物通觀

通:萬物通達與一物通觀。通,不僅是萬物(物與事,乃至道等)相關、連通一體之意,又是物事有萬端而通觀之意,前者是萬物(物與事,乃至道等)通達,後者是一物(物與事等)通觀。

202207261356

“此一時，彼一時”、“此一端，彼一端”、“此一截，彼一截”

中文有**“此一時，彼一時”**之説（孟子），又當有**“此一端，彼一端”**、**“此一截，彼一截”**[①]二説，然後揆事論理乃或可不拘泥執一也。

“此一端，彼一端”、“此一截，彼一截”云云，稍有差異，蓋前者主論物事有萬端，乃共時之論；後者可表物事歷時之多段（猶歷時階段），乃歷時之論，然又可兼云物事共時之多方多面，故多端與多方多面云云，又有其同意相通者，古如“攻乎異端”、“執一拘泥”、“管中窺豹”、“盲人摸象”、“執其一端，不及其餘”、“斷章取義”等，皆是此意。

“此一時，彼一時”乃是易論、變通論或通變論，今曰“變化論”、“變易觀”、“歷史眼光”、“發展變化的眼光”等，以及衍生之“具體問題具體分析”、“結合歷史情境進行分析”、“歷史主義”等，其相反者乃如“膠柱鼓瑟”、“刻舟求劍”、“拘泥固執”、“泥古不化”、“紙上談兵”等。

又有“此一世，彼一世”等説。

202207261356

一端、異端與多端、萬端

或問：專治（猶治學之治）一端或所謂異端，可乎？答曰：可，又不可。可者，可暫從一端異端著想也，而必曰“此乃吾人一端之思，

① 或“此一段，彼一段”，意亦同。

願聞他端萬端之論，以補我有所不及之闕失，則受教幸甚”，而後或將漸至於周全通達其論，不僅從一端言說立論也。其一端異端亦有其是者存焉，乃曰“一端之是”、“異端之是”而已（而不可以偏概全、以一端推全體等）；然或不通、不合於他端萬端，故而不通不合於物事之本相、全貌、通是，不是“通論”或“萬端通達之是”；故乃將自我謙抑，乃曰不可拘泥一端，執一其異端也。不可者，不可執一也，不可徒執一端異端以為全貌、本相、通論也，不可以一端異端乃至數端遮蔽抑塞萬端、全貌、本相也。常人一時固或難為通達聖人（此一聖字，祇是通義），不能通達萬物、萬端，然其言論也，雖可暫從一端數端、我見、自利等立論（今所謂“言論自由”或“言論權”等），然為求通達公平故，仍應盡其心智而求為通達之言論也（萬物通達與一物通觀）；又知一己人智或私智、私德或有限，而稍存謙抑之心，不敢過度自是自足，而將聽聞他端、萬端尤其通達之論，以補我一時思言之闕失不及，或私心障道戾理之失也。

202207261356

宣言、容言、通言

如此，即或一時不免一端、異端、闕端之言論，而必不敢遮抑他人之異論，試想：若夫我可言我一端之是，而禁汝言汝一端之是，豈有是理？則不可也。既不可禁言論（即或一端之言論），然則何如之？乃曰人人皆可宣其言論，謂之為**“宣言”**或**“傳語”**、**“庶議”**[①]，

---

① 或“導言”、“放言”、“盡言”、“啟言”、“誠言”等。“庶議”典見《論語—季氏》：“天下有道，則庶人不議。”“宣言”、“傳語”典見《史記—周本紀》：夷王崩，子厲王胡立。厲王即位三十年，好利，近榮夷公。大夫芮良夫諫厲王曰：“王室其將卑乎？（轉下頁注）

今之所謂"言論自由"或"言論權"也。然徒有"宣言"、"傳語"或所謂"言論自由"亦不足,又當**"容言"或"受語"**①,所謂"容允他人一端乃至所謂異端言論之責"、"納言補闕之責",今或謂之"言論寬容"。蓋宣言與容言,或所謂"言論自由"與"言論寬容",為一事之兩面而已,前者自己而言,後者就他而言,前者涉及一己之言權,後者涉及對他人言權之認可。然無論"宣言"、"容言",或"言論自由"、"言論寬容"等,皆為眾人或國民言論之初基或常規耳②,今或曰"消極自由";而又尤當有精進上達之高明境界,即人之於其宣言、受語、討論等,將力求總觀多方萬端而通達中正,乃至向上通聖(此一聖字,祗是通義)也,而謂之曰**"中言"或"通言"**,今曰"積極言論自由"③,或"積極之言論表達與聽言容受,包括討論求中求通

(接上頁注)夫榮公好專利而不知大難。夫利,百物之所生也,天地之所載也,而有專之,其害多矣。天地百物皆將取焉,何可專也?所怒甚多,而不備大難。以是教王,王其能久乎?夫王人者,將導利而布之上下者也。使神人百物無不得極,猶日怵惕懼怨之來也。故《頌》曰:'思文後稷,克配彼天,立我蒸民,莫匪爾極。'《大雅》曰:'陳錫載周。'是不布利而懼難乎?故能載周以至於今。今王學專利,其可乎?匹夫專利,猶謂之盜,王而行之,其歸鮮矣。榮公若用,周必敗也。"厲王不聽,卒以榮公為卿士,用事。

王行暴虐侈傲,國人謗王。召公諫曰:"民不堪命矣。"王怒,得衛巫,使監謗者,以告則殺之。其謗鮮矣,諸侯不朝。三十四年,王益嚴,國人莫敢言,道路以目。厲王喜,告召公曰:"吾能弭謗矣,乃不敢言。"召公曰:"是鄣之也。防民之口,甚於防水。水壅而潰,傷人必多,民亦如之。**是故為水者決之使導,為民者宣之使言**。故天子聽政,使公卿至於列士獻詩,瞽獻曲,史獻書,師箴,瞍賦,矇誦,百工諫,**庶人傳語**,近臣盡規,親戚補察,瞽史教誨,耆艾修之,而後王斟酌焉,是以事行而不悖。民之有口也,猶土之有山川也,財用於是乎出;猶其有原隰衍沃也,衣食於是乎生。**口之宣言也,善敗於是乎興**。行善而備敗,所以產財用衣食者也。夫**民慮之于心而宣之于口,成而行之**,若壅其口,其與能幾何?"王不聽。於是國莫敢出言,三年,乃相與畔,襲厲王。厲王出奔於彘。

① 或曰"恕言"。

② 上之所謂"宣言"或"傳語","容言"或"受語",以及下文所謂"中言"或"通言"云云,皆對全體國民而言之。

③ 吾意,"消極"當替以"保守"或"守成",而"積極"一詞,當替為"精進",則尤切合漢語中文之字法,如保守言權、精進言權。消極、積極云云,於其字法而言,稍不知所云。

等”。如此,或然後,或如此而然後,乃以此言論之道(宣言、容言、通言),或以此通達中正(乃至聖通)之言、論、法(法度)、制(制度)、中道、大道等,行之於世。行之既久,則世間不通不中之一端或異端之言、論、法、制、人事等,將或逐漸減少,則何事排擊?所謂不必攻擊異端而異端自息也。即或有異端不通之論,而必少人乃至無人聽從,然後天下通達公平,而為通達中正之天下之治也。蓋人人皆能宣言、容言、通言,則其欲為虛妄不實不經、欺蒙詭詐之言者,固然不敢,不敢欺騙對質天下人也;而天下人亦皆將三思而後言,勉力為中正之言也①。

故曰:**宣言而又容言,而又通言;或宣言而後容言,而後通言,或以宣言、容言以求通言**。此三句,前一句曰三者缺一不可;中一句曰三者似有次序,而實當為人所具備;後一句曰必先有宣言、容言而後乃或有通言,又曰宣言、容言為常人基準,通言為高明境界也。

又稍詳補論之曰:“我”未必完全認可一端或所謂異端之言論,亦未必與之爭論或辟異端,因一端異端之論可無窮,爭之辟之亦將可無窮。通達中道不立,所以一端異端無窮,爭之不暇,故當先求中道為本。若得中道或通達之道(而將為通言),則異端或一端極端之論自少自息,何須爭辟!然我亦願傾聽異議或他論,乃至所謂一端異端之言,甚而聞之而喜,以其或能補我思論

---

① 然此或有一前提,即何以保全人人宣言之權或庶議權?古代中國或有庶人傳語、國門議論、道路以目等事,古希臘或有市民廣場集會而議論、議政之事,現代邦國有所謂辦報、發表、集會、遊行、示威等權利、制度安排。然於當今之世,如在資本主義邦國,報紙、(社交)媒體或傳媒每為資本家或商業大亨所壟斷,或為其他金錢權力或政治權力所壟斷,採取新聞審查、言論審查等方式,使不利於資本、權力之民眾宣言、庶議之聲無由公開傳達於世,而大肆傳播有利於資本、權力統治之扭曲消息,乃至謊言、假新聞等,則如之何?固當對治之也。

之闕失也；又所以然其本心言論之主權，以體人間千人千面千情（情實、情狀等），以敬人間千心之可潛通，以求千心與事理之或允然之通達，即求其通言也。則我之於他人之言論，或雖所謂一端異端之說，無論爭討或不爭討，皆無歧視壓抑遮蔽之心（虛妄欺蒙者除外，如今之所謂假新聞、虛假信息、謠言誣告、編造設計或扭曲之信息等），乃至或敬其中之敢言敢任、善思善論者，然亦不輕易全面然同其說，而棄其極端、不通之言論處。惟眾皆可宣其言論，又存心敬求其中通，然後討論乃有益，而通達之中道、通言乃或可藉討論而將立也。蓋"我"之於一事一道，所思所論，雖吾心固當納總多端乃至萬端而周全思論之，然我亦既非自始便知中道者，又或有其一時未曾思及之端方，則我之所論，或亦祇是一端多端乃至異端殘闕之論而已，不是通言，故曰"慎言"、"慎斷"，以敬中正通達之道與通言之難，以敬中通天心人心之難。即或不言"慎言"，而曰"敢言"或"敢於求道求中"，則亦當同時而"求敬異議"、"求敬補闕"、"求敬質疑"、"求敬討論教正"、"求教我正我"，"闕疑"、"存疑"，"慎必"、"慎臆必固我"、"慎自足其智或剛愎自是"等，然後乃或可。

質言之，無論"慎言"、"敢言"或宣言、容言，皆所以求通求中，求通達之道、論及其通言，求真理等，故又曰"敢言而又求通"、"敢言而又敢棄己改過"云云。然其本，祇是"存心"而已，"存心求通、求道、求中、求理"，仍在於存此心（仁心、良心、道心等）。倘無求通求道求仁求理之心，則無所謂言論爭辟，雖言論爭辟蓋亦或無益，乃至欲益反損。今世或有"心累"一說，蓋若世人失心無心，毫無敬畏，毫無誠信，毫無公心，毫無求道中正之心，而乃事事不擇手段，則其言論也將偏頗失中，詖淫邪遁，過猶不及，乃至顛倒黑白，欺蒙詭詐，無所不用其極，則無論有言無言、議與不議，皆無謂也，雖天下言論滔滔，其中正可信者有幾？無言可信，無人可信，所以心累也。則知人間治理、人類福祉之所在，非僅關宣言、庶議權，尤關乎人心與道學、心學也。故曰“言難”、“論難”、“通難”，亦曰是“心難”（如“不欺心”、“求本心”、“求放心”等）；若其心其情（仁情）在，則言不難，發言議論行事，或皆能得其中，所謂“談言微中，不失其道”是也①。

宣言者，自宣己言也；容言者，容聽人言也；通言者，求中、通達、合道理之言也。（若人人能不受外力挾制威嚇而自宣己言，則）宣言而自然、真誠（率真、真實）、無畏，以去掩飾、虛偽、畏縮、從眾、從威權等痼疾②；容言而虛心、寬恕、敬人、通情、尚理、自謙、補闕，以去專斷、剛愎、蠻橫、不聽、自足其智等病；通言而中正、周全、通達③，以去偏頗（以偏概全、偏聽偏信、偏頗非法害道等）、拘泥執一、眼光狹隘、過猶不及、一葉障目、言論詖淫邪遁等病。故知宣言、容言、通言云云，可以振衰起弊、移風易俗、新民解放成立、重振民氣民性與重塑國風國格，其所關涉者固極大極重也。

宣言、容言、通言，三者當並重。於“宣言”或“言論權”固當爭之有之，然若僅說“言論權”，不說“容言”、“通言”或“聽言納言”、“討論質正”、“求中求通”等，亦曰偏頗，亦無以臻其中通與善世。質言之，人或國民之處世也，固當可宣言，又當能容言，尤當求通言，然後乃可謂得其言論之道。

202207261356

---

① 《史記—卷一二六—滑稽傳—太史公曰》：“天道恢恢，豈不大哉！談言微中，亦可以解紛。”

② 或謂之所謂“國民劣根性”或“文化劣根”。

③ 又如：有無相生之眼光，既能從有看到無，又能從無看到有。

以一端之是還其一端之是

然若僅得一端一方、一截一段之情實消息，乃至假言偽論，則(吾人)必不據此而武斷。然則何以對之？乃曰**以一端之是還其一端之是，以一截之是還其一截之是**，如此而已。其雖一端一截之是猶無之者，或不能確信者，則或置之，或闕疑(如虛假不實或不能徵實之所謂新聞或傳聞等)。乃至一時一世之言論，亦**以一時一世之是還其一時一世之是**而已[①]。

反之，倘若人多衹能衹有一端之想，而執一(一端、異端或不全之數端)以為周全，社會又少通達公平之人或通達中正之言論，則執一偏頗極端之思論勢將裹挾成風，而社會或易分裂對立，無所通達共識，故亦難和諧共存，得人生幸福。質言之，衹侈談言論自由之權利(包括一端異端之思想言論自由)，不談言論寬容(而有"執一"、"偏激"、"思論專制"等之病)、言論補闕、言論通達之責任，亦不可，亦將或造成社會分裂對立，後果嚴重[②]。

試想：倘各從一端或異端立論，乃至走極端，不聽任何他端或通達中正之言，呶呶爭執不休，其後果如何？能解決問題嗎？然則其中、正、法度、中道、中正之言論又何在？或何以判斷其中、正等？或曰在乎今之所謂各方力量博弈？然則各走極端，各各聲嘶力竭以狠詈毒罵，又如市儈討價還價，故意標高其價……可乎？或可，

① 或問："此一時彼一時"是不講法度嗎？其於法治之關係如何？此亦可深思之。

② 據說今天有不少人頗為偏激極端，在某些論題或事項上幾乎聽不進任何不同意見，頗多偏激立論、道德綁架、政治正確、以偏概全、過猶不及、私想不顧公論等思論弊病，亦正在造成不少問題。

然未必是唯一或最優之途。中國人乃曰“平心而論”,最終還是要平心或憑良心說話,不然機巧詭詐百出,無所不用其極,最終也就沒一個活得輕鬆幸福的;又要有正當合理之議事法,不是“聲高就有理”或“人多勢眾就有理”。

世間萬事萬物,每皆有多端乃至萬端,且萬事萬物之間又有多端萬端之關聯,非孤立靜態之物事,然則於萬事萬物等豈可僅於一邊一端一隅而為言論思籌?!比如:自國事言,政治、經濟、文化、軍事、教育、民生、民權、外交等各項,皆各可謂國事之一端也,而國事不止其一端,乃是萬端萬機叢集;自學問或學術言,人文學科如文史哲等各項,社會科學如政治學、經濟學、法學、社會學、新聞傳播學、國際政治學等,自然科學等各項,又皆各道理學術之一端也,而世間學問不止其一端,人事世事之學又不止其一端,亦非其一端之學所足對治。諸如此類,不一而足,然則又豈敢但以一端而遮蔽多端萬端?故乃知求通道、通言之難,秉彝沉穩、經緯中正通達之難,又知學海無涯、道學無涯、“求真求理無涯”乃至“一事不知儒者之恥”等也。

三言(宣言、容言、通言)俱張,言路乃暢(言論之道乃暢通無阻)。反之,則往往使得許多人不敢獨立表達意見,或造成衹有所謂“勇敢的人”、“膽大的人”或所謂“狠人”,或有權勢地位、知識理論的人,才敢表達不同意見,或敢於表達自己的意見。不過,那些所謂“不勇敢的人”、“膽小的人”或“懦弱的人”未必本質如此,而毋寧說是“果”,是長期遭受打壓、沒有權利保護等因素所造成的結果而已。質言之,倘有人不敢真實、自由地表達自己最真實的想法,乃至對人對己都不誠實、虛偽,或因不敢誠實而虛偽,不敢自然表達自己的情感和思論[①],其實都可能在很大程度上是包括缺乏“三言”氛圍和傳統在內的諸種外在因素綜合作用的結果而已,未必是其人之本質。現代人為何那麼多心理問題、精神問題,其實也和這些因素相關,而不能適當表達、宣洩內心的真實想法和各種情緒,導致淤積阻塞不通,身心自然就會出問題。故若果能真正三言俱張,則或許會大幅減少各種心理或精神問題——至少從理論上分析似乎可助力於此。倘衹有膽大的、有權勢地位的、有知識理論的人,才能或才敢於表達真實想法,才能踐行他們的言論自由權利,而其他的大多數人都不敢獨立表達自己真實的想法,那就不是真正的民主,而可能是強人政治、精英主義政治、烏合之眾的多數暴政或暴民統治、哲人王統治等。真正的民主政治以三言俱張為前提或標誌之一。

202207261356

宣言、容言、通言之道

何以宣言?何以容言?何以通言?亦可謂宣言、容言、通言之道何在?

---

① 如果衹敢表達正統的、主流的、眾可或共識的觀點,則也不能說是言論自由。蓋極端而言之,或從理論上言之,哪怕其人言論思想和別人不同,或可能是異端的,乃至可能確實是錯誤的,或似乎違反法律或公序良俗的,等等,從言論自由的角度而言,如果其是真誠或真實的思想言論表達,又一時未曾付諸實踐或實際行動,則也未必是大問題。因為倘有錯誤或問題,自可以“容言”之道聽取其他人即時之反駁或批評教育——然而並非是他人或自己蠻橫壓制你的真實想法——,而裁正之,而漸漸歸於中正或中道,避免偏頗思論及其可能的相應行動的負面後果,則亦未必是壞事。但在“三言”未張的時代或社會,無論是何種言論思想,衹要可能為某些外力所不然同,有些人一概都不敢表達,這當然會造成頗為嚴重的問題。

宣言之道:勉力通言;以一端一截一時之是還其一端一截一時之是,不誇張、放大、縮小、隱瞞、遮掩、文飾、扭曲、以偏概全、混淆事實與情緒等;闕疑,或疑事勿質;區分事實與情緒;更遑論誣枉造謠之言……①

容言之道:與宣言之道有其同者,亦有其異者,後者如不粗暴干涉打斷、簡單評判他人言論,不偏聽偏信等……

通言之道:兩端乃至多端質正、立論;不徵不信;擺事實,講道理;周全論述;隨時證偽;隨時納言;敢於改過從人等……

(以上此節寫於 202207281424)

夢裏聽到別人講正宗或標準外語?

昨晚夢裏和幾個說英語的外國問題少年聊天,但他們語速較快,有的當時也聽不大清楚,如 fifteen\sixteen 等,那麼,這裏就產生一個疑問:夢中的外國少年所說的英語都是很地道/正宗/標準的英語嗎? 如果很地道,我夢裏的這個地道的英語是從哪裏來的? 或者,是誰的? 是那幾個虛幻的夢中少年的? 還是作為做夢者的我的地道英語能力? 是意味著我曾經聽過讀過很多地道的英語然後都被無意識記憶進腦海或刻鏤進大腦皮層? 還是意味著我其實已經習得了地道的英語語感而衹是不能進入意識層次? 為何我能在夢中虛構出那樣地道的英語出來? 抑或,其實夢中的地道英語亦衹是一個錯覺,我衹是在夢中虛構、重構或回憶出了一種聽不懂語速快的英語的感覺而已?

---

① 又比今之所謂新聞寫作之原則或規則等,亦有相類者。

當然，我必須補充一個信息：昨晚做夢時，我是開著電腦放一部英語電影，但不知做夢時，電腦是否早已放映完畢而自動休眠，還是正處於放映過程中。不過，這個因素其實無關緊要，因為之前在沒有放映電影的情形下，也做過類似的夢。所以上述問題可以排除放電影這個因素，或不必將此視為唯一的影響因素。簡單說說，將來或詳究之。

202207261356

漢字與中國

漢字、中文、漢語與中國。

漢字的字義往往是立體的、內在的、組合的、會意的（內在組合而成字形立體與意義立體，而會意），比如“國”字，便可藉分析其字形（之組成部分）而得出其涵義。（脫離造字伊始的原始圖形含義的）音符語言文字便完全是抽象的，其字義也完全不在拼音字符之形象中，毋寧說是在其字語族群之頭腦中，跟其頭腦中的思論相對更為靠近。而漢字字義卻有其若干客觀性、固定性，固定於字形，而不僅僅是固定在各人的頭腦中。

發明和掌握了漢字及其道義的民族，乃是偉大之民族；懂得了漢字及其蘊涵廣大深厚之道理義禮的人或民族，就可成為偉大之人或民族。

當人們不識字的時候，人們衹是鸚鵡學舌地口耳相傳方言土語，至於為什麼這樣說、為什麼發這樣的音，卻未必說得出來，乃至完全說不出個所以然，而衹是因為老一輩和同一輩其他人都這樣說而已。所以不識字的人對於語言乃至許多事情的認知，在某種意義和相當程度上或可說是蒙昧的，所謂蒙昧，是說他們或知其（語言，乃至其他人事）然，卻無法知其所以然，所以未必算是更高的理性的狀態[1]。

但一旦其地其群其族多識字能文者，並以文字典籍固定其語音，那麼，語音變化就不會太快太大，方言之間的差別也不會在短時期內變化太大——如果這些方言區都有一些讀書人能夠識文斷字、正名（正名亦可包括正音，知其正名正字而後能知其正音也）作文的話。而關於這一點，大一統的古代中國通過文教制度和科舉制度，盡量提高民眾之識字率[2]，或至少保證每個地區都會有一些識字的讀書人，從而在制約可能的過於迅速的語音、語言變化方面，可以起到一定作用，因為這些識字的人或文化人會糾正當地不識字的人的語音訛誤或語言訛變，從而使得方言保持相對於雅文正音的某種穩定性和規範性；何況，還有種種字書、典籍註疏等於此（正名、正字、正音等）發揮作用。這一機制稍不同於雅言或今天的普通話、漢語規範化等，卻起到了近似乃至更具特德與優點的好的效果。

202207280526

---

① 當然，如果換一個角度立論，則亦或可謂不識字的人或無文字的族群乃是更為智慧或睿智者，因為他們不會拘囿於文字名理言語，不落言詮，而直接萬物世界之本真也。故他們或許並不“文”明，或藉文而明，卻可能是“天”明、自足明，乃至更為明睿。佛教、道教或某些現代非理性哲學、所謂後現代哲學等於此亦有所穎悟。

② 與人們拘於有限歷史見聞乃至局限於甚晚近歷史或切身之見聞經歷所得出來的有可能極為粗疏乃至錯誤的印象相比，關於古代中國民眾識字率這個論題，其實可有很大的討論空間，未必是人們所想象的“文學精英佔比極少而文盲眾多”的刻板印象，這種刻板印象可能至少存在兩個問題：第一，誤將亂世衰世或百廢待興之世之情形過度擴大化而涵蓋、代替或遮蔽一切時期或時代之情形；第二，未曾將“識字”、“能文”做進一步分層或分級，由此而擴大或誇大文盲率。實則相比於近代以前之西方或世界其他地區，得益於發達之文教制度安排，古代中國，尤其是在太平世或政治秩序比較穩定的時代，其民眾之入學率或識字率，可能還是相對更高的。限於篇幅，茲不贅述。

心學與禮學

心是自由的，心是真誠的，心誠就是自由，不誠就不自由，不真就不自由。心要不要正呢？可以說要，也可以說不要，說不要，是因為心誠自然，本來不失其正；說要，是因為心迷心失心放，就不正，乃至不真不誠，所以要復正。但本質上，心不需要正，衹是自由、自然、真誠而已，自由、自然、真誠的心，是不會違背正的，或者，不會和正有什麼衝突，並且是更高境界的。禮學，就是失心或心迷之後的外部正心之法而已。其實如果本心不失，如果本來心誠，即使沒學禮，其心行也是正的。心本來自由、自然、真誠，若能如此，其就是幸福的，無論怎樣都是幸福的。因為其心是自由、真誠、自然的，這些都是幸福的標準、標誌，也是幸福的保證。

202207280526

如何用漢語中文——或者另外又藉助某些新符號——來闡釋現代自然科學原理或廣義物理？而不必處處音譯或借用外國物理學概念或名詞，這是否可能？如何可能？可思籌之。

202207282340

物來能名

物來能名，此古人讚通人大方之家之語①，然亦古漢語中文之

① 言其見多識廣，無所不通。

擅長或優長。有史以來，自夏商周乃至黃帝以來（吾豈不知顧頡剛諸人之所謂“古史辯”或“疑古”思潮，然若疑古過度，則亦有其執一拘泥不化、過而不自知之處），中國本有其文語名物制度，燦然頗大備，而自信自立；然又並不故步自封，或續有創造而繼長增高，或凡天下世界之善好名物器技，亦互通有無，以用於吾國吾民。其物，無論異域殊方之職貢或商賈轉輸，或邦國偏僻處之珍奇貢物等，吾皆能名，或名之（命名、造語、賦音與造字等），然後為我所有，為我所用，成我名物，而集腋成裘，錦上添花，乃愈加成吾國吾文吾語之彣彰燦然與華美通備，復頒用之以文明天下也。此古漢語中文繁富美備之所由來之一維。

古人之所謂“物來能名”，一者言其人見多識廣，無所不通曉；然於文字或文語之所謂“名”，則亦或言其能以既有文字命名之，乃至造字以名之也①。然畿內、邦內或天下本有之物，既有名（語名與文名，有語名無文名者則造字以名之），則不必論，此乃論其稀奇怪異之物，乃至異邦異域外來之物，如今之所謂“外來事物”或“跨文化交流”。然今之以中國文語（命）名外物，與古之（命）名外物，有其不同，今乃每組字成所謂“詞組”或“詞語”以名之；古則大體以單字名之而已②。所謂“以字名之”，大體一物一名，一字一義也。或用固有之漢字，而衍生其義，或造新字以名此新物。其造新字也，亦循六書之例法，故有依據，即有造字理據，而必合於漢語中文既有之字法，然則此新字語名物乃內化為漢語中文而融合無間然

① 此點或此種解讀，於當今中國文語或當代中文之建設與進化，頗富啟發，其所關涉之論題亦甚重大而廣泛，如外語漢譯或中譯，中外字語文化交流，物理科技字詞術語之命名新造，中國文語和中國文化之主體性或本位性，以中文漢語涵納世界一切先進道理義禮，中國文語和中國文化之進化與擴展而造福人類等，皆可從中有所取益資鑒焉。

② 蓋或有隨因外物事而造字之事也，下文有論。

也。如此，王畿邦國本所有者（名物制度等）固在吾“文語”（即中文及漢代以來之所稱漢語）之中，而天下乃至世界之一切善好名物制度，吾皆能名之（命名、造語、賦音與造字等）而涵納於吾中國“文語”中，如此乃能成其大，乃能成其自主。一者吾用此漢語中文而涵納天下世界之善好名物制度義理，一者又用此漢語中文文明天下眾民乃至世界，則天下世界皆將來學此漢字漢語中文，以學其中所涵有之善好名物制度理義也。反之，則將羣趨外語，而此語此國此民乃將式微而萎靡不振也。此即所謂文明競爭，而文語之競較優化與涵納善好名物制度義理等，尤為重要。則“物來能名”或“自優其文語”，其事豈不重哉！

所謂字法者，蓋從兩層說，一者是造字法，二者是用字法。造字法則循六書例法，今或又可創新加多之；若夫用字法之一大要點乃曰單字有義。然後中文漢語乃有理而精約也。有理，言其造字理據，精約，言其用字法度。有理而精約，則易於識字（循字責義，看其字形即知其義）、記誦、作文，乃能推廣天下，雖不知漢音者亦能知其字義、寫其文章也。此古中文漢語所以為古時東亞通文之原因所在也。

古時祗有字書或字典（典者，常也，雅也），今乃有所謂詞典，實則現代漢語詞典中之少數所謂“詞組”，每與古漢語字法、文法扞格，乃至使其不能“有理而精約”，失其優長，而原本用漢字之異域邦國或古代藩屬國等亦趨於採用西方字符或字語，或自造新字符，而或遂棄漢字。換言之，此或亦是近代所謂民族國家思潮興起後東亞乃至東南亞若干邦國漸次不同程度廢棄漢字不用之原由之一。非謂不可用所謂白話或口語，然一者白話或口語亦當有口語法，且漢語之白話或口語，本亦與漢字或文言相顧影響，其語法亦有與古代中文字法吻合相通者；二者白話文不同於白話，文則須有字法(文即字,或文章由字構成)與文法(文章之法度);三者白話亦多端,是何人之白話,或何人群或所謂階層之白話,何以精粹之,皆非自然而然之事,尤非率爾冒然徑用下里巴人乃至鄙陋粗俗之口語也;四者白話"文"之文法、字法到底何如而優善,其與古文之字法、文法之異同及理據何在,皆當深思熟慮之。

今人作文,第一須識字,識字固有多方,如經文訓詁註疏,如諸子文集,如字書字典等。第二不可迷信詞典,乃至或當丟開詞典。前文已述,所謂現代"詞組"頗有不合於中文漢語固有字法文法者,乃至不通,故當謹慎之。古時乃有"辭典"或"典故"之説,然其"辭"也,皆未曾破壞傳統中文漢語固有之字法;且其辭,又或是修辭,不是所謂"固定詞組",故其字可隨意拆散重組,不似今之所謂現代"詞組"有時乃以二字、三字以表一新義。第三要能造語,造優語良辭,以狀物寫情傳心等,此則文人、文家之事也。而今之所謂"作家"、"文人"等,其能及於此否? 或曰:何能及此! 故其文實乃鄙陋不通也。

現代詞組之不通者頗多,或啰嗦重複,如喜歡、愛好、良好、優秀、行走、夜晚、溫暖、寒冷、違背、偷竊、堵塞、失敗、"替換"、"座椅"、"睡覺"、"房屋"等。

"理想"之"理",固有"善"、"治"、"乂"等義,心中之所良期……

202208100221

文語與音語之"物來能名";文與語異

"物來能名",蓋兼音、文、義三端講,然漢語或漢文之為文語,尤重其文、義,能名蓋或有三重涵義:即能識別之(知曉其物事)或能呼其名(知物名之語音,能言語之),能知其名字(知物名之文字)，能文之或字之(能造文字以名之)，有文而後即有義、有音。音符字語為音語或音"字"，亦曰"物來能名"，而尤重其音，能名即能呼之字之(名之即記其音而已，亦即記其音以名之)，而知其義。

語("語言系統")與文("文字形式"或"文字系統"①)異。語以言說聽聞而用之，文以文字記載而用之；語重口說耳聽，兼顧音義，文重手書目視，尤重(字)形、義。故漢語("語言系統")與漢文("文字系統")不同，音語與音"文"(或音"字"，如拉丁字母、基里爾字母、阿拉伯字母等)亦不同。漢語、音語或皆兼顧音、義，然漢文則主文(字、形、象等)、義、理②、道，因文見義，主手書目視；音"文"則主音、義，因音知義，主口語耳聽。今西方學者或區分兩端曰："語音中心主義"與"邏各斯中心主義"，實則以漢語中文言之，即是主音與主義(或"主理")之分③，而又缺其一端曰主文或主象，此則中文或漢文所獨有，西人無能深入體諳漢字漢文之深致，故不能講明此點也。主文、主象之漢字漢文頗關目視，主音之歐西音"文"則頗涉耳聽，此二者之稍異④。而無論漢字、漢文或音"字"、音"文"、音符，實皆重義或理，徒其所謂義、理有所不同。蓋漢字、音符之義、理，初皆關涉於物而不等同於物，如所謂實物名詞(字)等，然漢字之義、理，其與物(實物與物類，兩者不同)之間，有文(紋)、形、象等中介之，不至於離物太遠，如類像之或類別之，類像，則睹象而知物，類別，則睹象而知義。則其義、理，乃是象義、象理而與象頗有密切關聯，或常人耳

---

① 如拉丁字母("字"或"文")、基里爾字母、阿拉伯字母、希臘字母、希伯來字母、印度式字母、婆羅米字母、漢字、韓字等。

② 文字中自涵造字理據，字形文象中自涵其義；又經驗物理、道理等。

③ "即是主音與主義(或"主理")之分"——從此句可知漢語中文不僅以語序或文序來表義，其語法或文法乃是立體狀，並非線性狀……然英語似亦包涵兩者……

④ 而並非所謂"語音中心主義"與"邏各斯中心主義"之別，乃稍有主目色與主耳音之別；而音與義或所謂"邏各斯"，相較二者之於色象之關係遠近，實則尤相近也。

目徵驗之義、理,今曰“經驗論之義、理”或“人驗自然之物義、物理”。其義、理雖不等同於物,以有物象、物文(紋)故,而與物稍相近相親,不甚遠,非純然玄虛之義、理之玄遠。而音“字”或音符“文”之義、理則不然,其無漢字之文、象之中介①,乃徑以音符記音表義、理,其義、理之於物,尤為玄虛而遠離,全無著落。

質言之,漢字之義、理,以有文、象故,不僅可以腦(或心腦)思之,又易於以眼耳感知,於物界或實在自然界為尤近;音符、音“字”之義、理,以無文、象中介故,於眼目無關,衹可以耳聽感,而以腦(或心腦)思之而已,其於物界或實在自然界為尤遠。一者為人驗而通感或感知之義、理,一者為腦思之玄虛義、理,或超驗之義、理。相較亦庶幾或可謂:若曰漢字之義、理或與人驗自然之物界相隔一層,則音符音“字”之義、理便與人驗自然之物界相隔兩層,尤為虛玄遙遠。或換言之,漢字頗利於通感(目、耳、腦等)通思,利於綜合通貫感思物界,其“真”、其“義、理”乃為人驗或經驗自然之“真”、通感之“真”乃至全息之“真”,及其“義、理”;而音符、音“字”之接物則稍狹隘,因少其目視而衹能耳聽之、腦思之,然亦或竟因此而利於玄思虛理,利於研究虛玄之物理或今之所謂“科學”,而不重其人驗或經驗之自然、本來之“真”、通感之“真”,故或不利於具象美感感知和思維,又或每多執一之病,而扭曲、剖解、分析、征服自然、實物而造新理物及其新理物之新世界。漢字漢文及漢語智慧文明善於隨物宛轉、與物界和合一體、和諧相處,自足於人驗自然之物界,守其人常人道(之中),不作過分超常人、超自然(或超自然之物界)之

① 音符、“字母”——或音符、“字母”所構之“詞”——,雖或亦謂之“字”,有其紋或象,乃至其初亦稍有紋義,然其後漸變為純記音之符,則徒記音以表義,其所謂紋、象自身無義、理,或不與某義、理關連也。以拉丁字母言之,A、B、C、D 等字母便全非義旁或形旁也。

思求，故其身心或身腦往往一體自在，不至於因心腦過於超常而身心分裂或身腦分裂。音符、音“字”、音“文”則或不然，其義、理離物本來更遠更虛玄，乃至不自足於人驗自然、物界、物理、身力等，而必進入超於人驗、人常之境，其腦力、思力因之而強。然其思雖可遠走無窮，其身心則仍是血肉之軀，或不能堪，則其思愈遠、其理愈玄虛而其血肉自然之身或愈不能堪，則身心或身腦分裂者多，今曰“精神分裂”，此未嘗不是緣故之一也。

或曰：音“字”、音“文”尤近於虛玄之義、理，故尤善於研究物理或科學，然倘無某些必要、有效之（道義）節制或其他平衡因素（如象、形等），則或愈多身心分裂之事，且其終局，當身心或身腦差距至於某一閾值或極限時，乃或將不堪而自毀滅，質言之，有自強而自毀之虞。須知，相較有其物象之文字或文語、文明，音“字”音“文”或音“文明”愈為虛懸空中而漂浮不定，愈將掙脫人身、人常、人驗及其自然之物界，而進入虛玄之物理界或理界（或玄理界、名理界等），而人終將或因血肉身心不堪不支而自毀，或以玄虛之理、玄虛之理物界而毀滅人驗、人常之自然之物界，而殃及人本身，仍歸於自毀。玄虛之理、理物無窮，玄虛之思、超常之慾求無窮，超常之人愈多、愈強而愈多爭奪，而既有之自然物界有窮，則其超人或超常、脫常、超自然之思求，最終便將不堪其負而自毀、相毀也。蓋唯漢字、漢文、漢語文明，或能避免此種悲慘終局。而漢語中文亦並非無音，並非不能腦思玄理，故亦能研究物理或科學而進展之，造福於人類，然尤穩健，不走極端，不反人常、人驗自然及包含人身在內之人驗物界，故其進化之文語道術，或將是人類文明之前景乃至最優解[①]。

202208100221

① 以上兩段實寫畢於202208151326。

異國旅遊何以作詩?

吾人今去異邦旅遊,每不能作詩,何故?或有不甚悉其史事者,然即或熟悉亦不能作詩,一者情淺,二者不能以漢語中文字法“名其物”也。古詩古文皆謹遵“一字一義”之字法或文法,古詩尤然,以其又當循音韻格律法度,而於五言七言中狀物傳情寫意,尤當精約故也。若以今譯之詞語入詩,則不倫不類,且甚難於此極小之篇幅中涵納豐厚之情意,故難也。實則以漢語中文字法“名其物”亦不甚難,今人或未之思籌也。不識字、不通小學、不知不能造新字,故有今世之所謂詞組、譯語之鄙陋不倫。

古之文人乃至手民,或皆稍通小學,稍識字,稍能造新字,又有通人大家起而雅正之,乃成古時漢語中文之典雅。於此則有今不如古者,當俟有識者起而振作創造之。

吾今聞人言某人文章好,或自讀某人文章乃至作文之法後,皆一笑之。字既不識,字法、文法已不通,何來文章美好!

或問:所謂“物來能名”,倘以既有文字名之,則何以名之?俟隙亦可詳論。

202208100221

鳩摩羅什譯經述

鳩摩羅什譯經述①

① 343年—413年。

其父天竺族，傳教至龜茲[①]；生而為神童，隨母客罽宾[②]。少小學佛法，王[③]宮[④]折論師[⑤]。供養幾斗升，起居十五人。十三歸故鄉[⑥]，千寺萬僧眾。龜殿研放光[⑦]，大乘悟空義。二十具足戒[⑧]，廿年講經法。呂光來此地，羅什去涼州[⑨]。自茲通秦語[⑩]，僧肇慕名來。姚興[⑪]篤信佛，恭請至長安[⑫]。住譯[⑬]逍遙園[⑭]，十載四百卷[⑮]。昔有支、康輩[⑯]，授經多意譯。梵書化漢文，吾意似可取。道安[⑰]頗不然，龍蛇斥同淵[⑱]。揭橥質譯方，但以求真切。然或失藻

① 音 qiú cí，或曰是 qiū cí，今新疆庫車一帶。其父鳩摩羅炎，乃天竺望族，傳教至於龜茲，生鳩摩羅什。

② 今克什米爾地區。鳩摩羅什七歲隨母出家，學小乘佛教。

③ 或作“罽”，音 jì。王乃罽宾王。

④ 或作“十歲”。

⑤ 353 年。

⑥ 356 年。

⑦ 《放光般若經》。

⑧ 363 年，受具足戒為比丘，從卑摩羅叉學《十誦律》。或作“受比丘”。

⑨ 384 年，前秦苻堅遣大將呂光陷龜茲，次年，因堅仰慕鳩摩羅什，乃迎羅什將至長安，行至涼州時，姚萇殺苻堅，前秦滅亡，呂光乃割據涼州，而鳩摩羅什遂耽於涼州十七年。

⑩ 即漢語，南北朝其時乃曰前秦、後秦而已，故謂秦語。下文所謂“秦文”亦同此，乃漢文也。

⑪ 後秦君主。

⑫ 後秦首都長安。401 年，後秦伐涼，迎請羅什至首都長安。後秦君主姚興篤信佛教，遂禮遇恭請羅什譯經。

⑬ 原作住持或主持。

⑭ 逍遙園、長安大寺等。

⑮ 羅什所譯佛經，現存 39 部、313 卷，如《金剛經》一卷、《法華經》七卷、《維摩詰經》三卷、《思益梵天所問經》四卷、《阿彌陀經》一卷、《大智度論》一百卷，及“三論”（《中論》《十二門論》《百論》）若干卷等。據《開元釋教錄》，他主持翻譯了 74 部（384 卷）；又據《歷代三寶記》，他翻譯了 97 部（425 卷）。參見《開元釋教錄—卷四》，https://www.gushiyin.com/guwen/kaiyuanshijiaolu/4.html

⑯ 三國時支謙、康僧會等。

⑰ 道安與前秦秘書郎趙政等，於長安譯經時，揭橥質譯法。

⑱ “龍蛇同淵，金鍮（黃銅礦石）共肆”。

蔚[1],不能混秦文。羅什雖意譯,質文若華化。……

202208130536

民主與公平;爭與禮;權利與民權

古代中國道學、智學或政學不甚講“民主”,乃大講大重“公平”,或治平秉政者之“公平”德行與操守職責,而不鼓勵庶民起而爭權爭利,即或是爭其正當之(現代所謂)“權利”。故古人於暴虐、貪污、不公平之君臣官吏政事,必斥之,可見古代政學本有公平之義,同於現代;徒不鼓勵“爭”,而重法重禮以求其公平,又重讓,以斯二者而彌爭。今世政學重所謂“權利”,重“爭”,然亦或有流弊,如於何者為“正當權利”一時難有或並無基本共識或基本標準,故其人所爭,或未必是正當權利,或本乎中道公正之心而“道理爭”、“道義爭”或“公正爭”,乃或極端化,為爭而爭,處處顯現為權力博弈或勢力博弈,衹爭多少,不爭道義,無求中道之心,而各逞私智私力(勢力、人脈、圈子、黨羽、人多勢眾等),無妥協之意,而群乃或分裂對峙。如果權利沒有明確規定和分界,一切靠爭(權利),以語言、智力、意志、體力、勢力、財富、學識等而爭之,是否會導致強者或“狠人”多占強勢而弱者被剝奪欺壓之結局?質言之,可能會造成一個強者或強權暴力的社會,但卻是以弱者的被剝奪欺壓為代價?

我們看中國社會或中國歷史,一切群體組織或現代單位中,如果其主事者或所謂“領導”公平治理,所有人同等對待,則群體氛圍

[1] 鳩摩羅什:“天竺國俗,甚重文藻。……但改梵為秦,失其藻蔚,雖得大意,殊隔文體,有似嚼飯與人,非徒失味,乃令嘔穢也。”參見《開元釋教錄—卷四》,https://www.gushiyin.com/guwen/kaiyuanshijiaolu/4.html

便好,便少事;一旦主事者或領導沒有公心,偽飾以獎勤罰懶之旗號或名義來區别對待,主事者或領導固然有時可以很威風,許多人簇擁而來,想要多分一杯羹,但因遭受不公平對待而找主事者或領導麻煩乃至報復的人也很多,主事者或領導天天要解決這些問題,事多,而色厲内荏,害怕群眾或群員的報復,導致所有人都處於一種惴惴不安的狀況,包括主事者、領導及其親信們,他們雖然能多得一些利益,卻也整天惶恐不安。面對這樣一種情形或困境,如果單單談一人一票意義上的方法論"民主"和"爭權利",恐怕也是難以解決,還須有其他前提條件或輔助條件,或擴展"民主"的含義,乃至多方思籌創造有效之方術制度。

此外,古代中國智學或政學雖無"民權"或"民之權利"之名,而或有其程度不一之若干種事實,或小分之實,如云"必先為民制產"、"必先道義化民"、"必先教民稼穡"、"必先富之、教之而後或有刑之"等,乃以定為政者之職任而定民權,如"治生權"、"作工權"、"受教權"乃至"人身權"等,即以定官責之方式而釐定官民權利之分界,皆可謂定民權,雖無其名而有其實也。然其時之民權,非如今之官民平等或官為民僕,乃有官民上下之禮;又雖以暴虐君臣而致民反為必然,如言"道路以目"、"國人暴動"、"官逼民反"、"逼上梁山"等,終未從制度上明確民之督責權、抗議權及其相應機制,此二者乃古今民權之不同所在。

202208130600

從字法到詞法,從主字到主詞?

或曰:從古代漢語中文到現代漢語中文,乃是從字法到詞法,或從主字到主詞,今曰從字本位到詞本位。然吾人於此趨勢稍有微詞，以為所謂現代中文優進之途，當與古代漢語中文之字法、文法銜接吻合，不可隨意違背或拋棄。質言之，現代中文亦當主字而以字法為本，而優進其文法；而現代漢語又可優進其語法，而或可稍多容納詞語。質言之，文、語有所不同，中文與漢語有所不同，不可等量齊觀，而自可乃至自當有分有合，相資並行。

202208130600

陳寅恪"對對子"與論"真正中國語文文法"

這兩天注心思於現代漢語中之日系外來詞，又注意於東漢以來之佛經翻譯（又將擴展至於中國翻譯史），乃尋出陳寅恪《金明館叢稿》等書，讀其論佛經翻譯之關聯論文，及讀《與劉叔雅論國文試題書》一文，尤頗感慨。其所論者，頗多與吾所注意者相似——雖吾或不以"對對子"為考量國文水準之最優法。其論中國文法之研究樹立時，乃斥時人或無史眼，而竟或"認賊作父，自亂宗統"[①]，語尤沉痛。吾曩昔亦有類似之言，乃曰不可自棄其寶、自毀長城是也。距其撰此文時，一晃今已九十年矣，而其所期見之本體"真正中國語文文法"，迄未成立，而當世實所流行之文法文章及其風氣，尤多悖亂鄙陋不通，文已不文，甚可歎息。蓋仍將俟諸斯人邪？吾所撰之《中國文語哲學芻議》[②]等書，其所關注者固更為廣大，而其著眼點則有相通者。然其可成乎？乃曰愛其身而勉力有待之而已矣。

---

① 陳寅恪，《金明館叢稿二編》，生活・讀書・新知三聯書店，2001 年，pp251。

② 曾作《中文文語哲學札記》、《中國文語哲學札記》等書名。

中文之文、文字、文學、文明等，其亂已甚矣！吾有意振作以澄清拯救之，而其學尚未成。若幸而成，乃曰：吾學成後，自當風動九州。

不諳不尊中文字法，則每多不倫不類、生搬硬套之惡字陋詞，致使所謂現代漢語中文頗為鄙陋牽纏，此是一惡果；又一惡果在於：不能以中文說理，故乃百般剿襲照搬外國人之說辭，如“平庸之惡”、“單向度人”、“深描”、“不可通約之善”、“內捲”等，若但顧名思義，則每每不知所云，反昧晦其義；實則以漢語中文或中國道理智學本可說通，如所謂“平庸之惡”，豈不是“事雖小而必權衡合於道義”、“君子無適無莫而義之與比”、“聚蚊成雷”、“積小惡成大惡”、“防微杜漸”、“勿以善小而不為，勿以惡小而為之”等意？阿爾都賽所謂“單向度人”，豈非“多慾難剛”、“多慾無心”、“失心肆慾”、“執一身慾而無心”之人？所謂“深描”，豈不是“循名責實”、“不可徇虛名而遮實情”、“詳述或具述其實情”之意？所謂“不可通約之善”豈不是“兩善相衝”，漢語名之為“不通”或“不通貫”？所謂“內捲”，單從二字看，尤不知所云，而豈不是蜂擁熙攘爭利於群、內部低效競爭之意？所謂“此在”(being)豈不是“生斯世”或“生於時世”、“存生於斯世”或“存生於時世”？所謂“意嚮性”(Intentionality)豈不是“心意指物”或“心意想物”？所謂“現象學”(phenomenology)豈不是“心物交感而呈象”？所謂“存在主義之恐懼”豈不是“略無生趣，不知人生何意，恐懼於不知死歸何處”？所謂“一切堅固的東西都煙消雲散了”，豈不是“世變疾速，無所依憑”，乃至“綱常解紐，禮崩樂壞”？康德所謂“人是目的而非手段”，豈非“人有心而非奴非物”，或儒家所謂“仁者愛人”、孟子所謂“仁民而愛物”？又如青年人所謂“P 圖”豈非修圖，而普通人誰知 P 來自於 photoshop 一詞？諸如此類，甚為多見。而今日中國學者頗好引用西人言論以張大己說，動輒滿篇皆是他人言論成說，其文章之支離破碎、文氣澀滯姑且不提，而其人其文幾乎不敢自論自理，則其心中仍存了仰視膜拜西人而扯虎皮做大旗之意，不能以自求道理和理義自立，似無自尊自志自信者然。

不妨作一設想：倘有外國人來中國留學，則中國學者將以阿倫特之“平庸之惡”教其邪？抑或以“義之與比”等教其邪？然則若是前者，則彼或曰：“此是德國學術智慧。中國原創之學術或哲學智慧何在？若來中國留學卻衹能學得外國學術之稗販轉售之‘二手貨’，又不能青出於藍而勝於藍，則吾人自可去外國留學，而何必負笈來中國！”則中國學者將有何顏面言語對之？

陳子廁身於清華國學院四大導師之列，猶稍有可作為之處，於邦國艱難之時世，尚能培植若干有志道理學術彥才。蓋民國時亦稍有同道者，故稍能維持於一隅；然於當時白話文漸成一國“文語”或“語文”正統之流俗風氣之下，其終亦是滄海一粟。若夫胡適之流，或於西方學術，淺顯稍窺，而乃或則牽強比附，或則盡棄我寶而勉強就人，而大倡白話文，亦曰有其過猶不及者。然其長袖善舞，乃能風動一時，有其功，亦多其過。其於文字言語之學，無論西語漢語、西字中文，如所謂白話者，亦曰半知不解，尤多妄談偏理，致其惡果逶迤至今。

202208140915

白話文不同於白話

白話文可不同於白話，亦或當不同於白話。**白話是話，不是文，而白話文是文，不是話**；文、話本已不同，又用途各異，則固當有所區別之。比如,話乃口說耳聽,當重其音與義,又衍生其他特點,如漢語白話為避免同音混淆故,或不免不顧字法而有所複詞或重複啰嗦;為直捷故,或不免不顧文法而多省略等。文乃手寫目視,又當重其字法、文法、形義、精約、彣彰、典雅乃至音韻格律等,而亦有相當之特點,如既可目視辨義,則不必(不必,非不可。蓋偶為音聲調諧故,未必不可或一用之,然可不用則不用)用白話之同義複詞或近義複詞如喜歡、愛好、行走、夜晚、溫暖、寒冷、違背、偷竊、堵塞、失敗、"替換"等不合嚴格中文字法之所謂詞組①,及不合嚴格中文文法之辭句。蓋揆諸先秦乃至其後漢語中文之本原而嚴格之字法或文法②,於一句中,乃是一字一義,或每字有義③,組字成辭成句成章而已,或暫時組字成某義,而亦不失其原字之義,又仍可隨意拆散別組合之,而無所謂固定詞組或固定配合也。

實則**漢語**白話為避免同音歧義,乃或不得不造複詞以區別之;然**漢文**不徒聽其音,而尤是目視之文字,可以目視其文字形體而推知其義,無同音歧義之虞,故不必照搬用此等權宜之計如白話"詞語"等也。然亦有其特殊者,如修辭,或作修辭以為強調或誇張其辭,而偶用之,則固可;又如一時或無適當之字辭,而或暫生造或暫用之,亦可,然當思其正字或造其正字(如漢語中文本無此義此字,則或可造字),如"絲毫"、"根本"等詞,既是修辭,又或是新義,或可

① 又如"座椅"、"睡覺"、"房屋"等"詞",於書面語而言,或可謂有累贅啰嗦、畫蛇添足、混淆一氣等病。

② 乃至萬語之通則。

③ 然可一字多義,不可一字無義而但作所謂"詞素"。"詞素"者,西方詞法也,然於西語中,以其雖有多音節"詞",而在"字形"上,仍是一"字",可在視覺上區分之,故乃可有所謂"詞素"而仍未破壞"一字一義"或"每字有義"之"萬語通則"(未必是現實,而或可為型式)。若夫中文則或不可或不必有"詞素"(漢語則稍可區別對待),蓋漢語中文非所謂"屈折語文",漢字漢文非"屈折文",字義合一,無可外加所謂"前綴後綴"之"詞素"而變義,故或不可也。

替為“絕”字等。

質言之，即或無以避免[①]組字成“詞”，亦當有——或符合——若干規則，如盡量精簡，每字有義或不大失其義等，如電話機、電視機、電冰箱等。

東漢魏晉南北朝隋唐時，雖因翻譯佛經而稍音譯或生造一些字與“字組”，然一者其或是引申、增衍、新賦其義，如“色”、“空”、“識”、“如”、“種（或種子）”、“圓”等，或為意譯，仍是組字成辭而不大失其原字之義，如“居士”、“心心相印”、“棒喝”、“頓悟”、“立地成佛”等，故不可謂破壞漢語中文之字法文法；一者或為音譯，如“菩提”、“浮屠”、“佛陀”、“和尚”、“悉曇”等[②]，又如其他中外交通史中傳入之名物如“葡萄”、“琵琶”、“苜蓿”[③]、“玻璃”、“琉璃”等，則雖或不合漢文字法、文法，而此類“詞”或則較少，或則終多或代以他字[④]，或不傳或不流行[⑤]，而固知其不合漢語中文之字法文法者，或

① 避免亦二字，各有義。

② “醍醐”並非佛教專詞，故不必論。

③ 苜蓿乃西漢時從西域引進，其原產地蓋為古代波斯即今日伊朗，苜蓿或為當時之新造字，不知是否為音譯，然當時即有漢名，如懷風、光風、連枝草及今之所謂金花菜。此亦可見外物外義之漢譯可行也。苜、蓿二字，《說文解字》皆無。《康熙字典》：苜，【唐韻】【集韻】莫六切【正韻】莫卜切，音牧。【本草】苜蓿，一名牧蓿，謂其宿根自生，可飼牧牛馬也。**【史記·大宛列傳】馬嗜苜蓿，漢使取其實來，於是天子始種苜蓿肥饒地。**【西京雜記】**苜蓿，一名懷風，時人謂之光風，茂陵人謂之連枝草。**【述異記】張騫苜蓿，今在洛中。【韓愈詩】蔔苜从大漠。**【漢書】作目宿。**又【博雅】水苜，藮也。《康熙字典》：蓿，【唐韻】息逐切，音肅。苜蓿，見苜字註。【漢書】作宿。參見：漢典。

④ 如僧人之於和尚，前者便似乎更合於漢語中文字法。

⑤ 如菩提、浮屠、悉曇等詞雖在漢語或中文詞典中，而平常中國人或不知其義，此無他故，以其組詞之諸字不用其字義，而失漢字本來造字理據，則中國人便不能望文生義也。**質言之，漢語或中文，尤其文語或書面語，即中文，乃是目視心思之文，不是西語之口念耳聽之字與語。目視而有形象，心思而可推知形義，以形象本有理據，故心思之而知其義也。音語、音字則純是口念耳聽，其所目視，非視其字形，乃視其字母以組音，組音以成字（詞），仍是為口念耳聽而已，其字形即字母本身毫無其義，義在腦中、斯語斯世中或空中**。而漢字之字義乃在字形中，在字象中，又在心腦中，兩重（轉下頁注）

風行一時，而終將沙汰之。若知此，則今之翻譯、造“詞”者，若能起初便以漢語中文之本來字法文法為之尤好，即一時不能①，亦當有所警醒自審也。或曰此是漢語中文發展之趨勢，則吾謂不然，蓋一字一義，頗為諸語（字語或文語）之通則，而若失原義組新詞（詞組），或致誤解，尤違礙簡約與字法一貫之原則②。

而“五四”時之一批趨新文人，乃混同白話與白話文，其流弊乃至惡果遂逶迤至今。

吾覺今乃有兩種漢語或中文，一種是自然農業文明時代之漢語中文，一種是理技工業文明時代之漢語中文，兩者看似頗難調和融會為一，而實則既有其前後貫通者，又可有其新創制者，仍可融會為一。有志者自當興作創造之。

或問：可否用“蒜統”一詞代替“系統”？前者似尤有形象，想象知義。乃答曰：前者雖稍形象，然而不甚美，故仍可再思之。然此可提示啟發人們有關詞語創造之方法。

202208141101

（接上頁注）固定符合之，故言讀書寫漢語漢字之族群稍少所謂“失讀症”之事。然若今後日益增多“失其字義之所謂詞組”，則漢語中文或亦將不倫不類，既非純粹之音語，又非純粹之文語或字語，而其失讀症者或亦將日漸增多。今人若觀讀充滿不合漢語中文字法文法而硬譯之所謂學術術語之論文，不能形義結合，則每多不知所云，而昏昏欲睡，或有正坐此之故者也。吾觀韓國字語，似漸多此類。其字語也，乃由古代朝鮮時代用漢文時之漢字之形義結合，而將變為純粹之韓字音語。然韓國語之文字，即韓字，又非字母組詞，而外形架構仍似漢字，乃皆是組字符以成一方塊字，然兩者乃是形似而神不似。蓋漢字之字符，包括偏旁或部首，以及其他字符構件，每皆有形有象有義（遑論漢字字形本身），漢字者，乃是**合眾形象以成一字，又合眾形象義而會意成一義**；而韓國語諺文或韓字，則徒似有形而實無形（其形無象無義），衹是諸音素組合以成一音字而已。

① 物事義理之傳播，與命名或正名，兩者稍可不同，故其初或用不合漢語中文字法文法之“詞”或“詞組”以譯之，待其物事義理傳播既久，人皆知之，乃可重命名，而必合於漢語尤其是中文固有之字法文法也。此則或亦文語優進或進化之一途。

② 乃至亦尤不利於推廣於外國人，蓋外國人以一字一義之萬語通則視之，或尤多誤會也。

“望文可生義”實可謂漢字中文之優點之一

如題。

202208141101

萬語音韻歸於漢語之“音正腔圓”？略論“組字成詞”

漢語入聲能否視為漢語保留的爆破輔音詞尾？前文已論及，據有的學者的研究，上古越南語乃至上古漢語都可能經歷了詞尾輔音脱落這一語言變化，故而形成為漢語和越南語的單音節形態[①]。其實瑞典語、挪威語或丹麥語在念 l 時，亦往往加上一個元音 e，讀成 le，和漢語有點類似。或有人據此大膽假設：或許將來歐西諸語亦將經歷詞尾輔音脱落或添加詞尾元音等演化過程，最後演變成類漢語之語音特點，亦即漢語單字或單音節之“音正腔圓”？比如英語 thank、德語 tank 最終都或演變成 thanke\tanke，漢語標音為：森克\探克。

以上固為過度推論，然於此西方文化強勢擴展、進逼乃至壓迫其他文化之時代，亦未嘗不可反其道而行之，從而或可破除僵化思維，提示多種可能性，或重新發現本民族文化（包括文字語言文化）之淵源、歷史、演化合理性、優點和價值等，並使其他文化國族對於

① 王力，《漢語語音史》。

經由各種内外因素長久影響熏陶下而可能存在的當下世界的"強勢文化壓迫"、"西方文化中心主義"乃至"文化帝國主義"等現象或文化現實、思維窠臼等,保持警覺與反制;此外,亦可提示人類文化演化、創造、發展之多元乃至無限可能性。

以商務印書館之《古代漢語詞典》為例,此詞典收單字約10000個,收所謂複音詞約24000餘條。其收錄標準為古代正統書面語①,收錄範圍以先秦兩漢之古籍為主,或古代正統書面語②之經典著作("代表性著作"),若唐宋以後之白話詞語、佛經用語等詞語則不予收錄③——此數者頗合我意,乃可藉此以觀正統或純正漢語或中文也。然則吾人觀此書之兩萬餘條"詞",實則皆可謂是"組字成辭",不必謂為今之所謂(固定)"詞組"④。因其"組字成辭",極大多數皆符合古代中文或古文之固有字法,即每字有義,乃至一字一義⑤,雖組諸字義以合成辭義,而諸字之原義未嘗大失之,且吾人讀解時,自可從單字之義以推知組字而成之辭之義或意,又可隨意拆散而另組合之也。故古代漢語或古代中文之所謂"詞",仍合於字法,根本仍是字,即合字成文辭。以合於字法且可隨意拆散之所謂"詞"而作撰文章,固無礙其漢語中文之字法、文法而為純正漢語中文也。故人們讀古文或純正漢語中文時,亦頗便易,乃是循字而讀,不必如所謂現代漢語中文,往往先要辨別字與

---

① 嚴格言之,實乃正統古文或文言,是"文"或"中文",未必可直接等同於所謂"語"。"文"、"語"不同也

② 是"文",不可直接等同於"語"。同上。此條以下同。

③ 《古代漢語詞典—凡例》,商務印書館,2012年3月。

④ 乃至不必於"文"或"字"之外另謂之"詞"("詞組"之"詞")——若解"詞"為"辭"則可。

⑤ 然亦多有"一字而蘊含多義"者。

詞,頗亂文法,又頗加廢腦力也。

若必欲謂其"詞"、"詞語"、"文詞"或"辭"等,亦可,然絕非現代漢語某些不可拆散之所謂"詞組"如"權力"、"新聞"[①]、"權利"等。如"固執"、"固陋"、"驕矜"、"曠達"等,皆是組字成辭、組字義成辭義乃至句義而已,如此,則漢語之字法、辭法、句法或文法皆相貫通。

202208150448

新文言或新白話文之字法或用字準則

重審與重造現代漢語與現代中文。

每字每義有造字理據或字義理據,如象形、指事、會意、形聲等皆可謂造字理據或字義理據,亦可創新造字法,此即是說文解字與構文造字。然說文解字有二大端,一曰析解字形,二曰審校字音,如假借、轉註等。吾意以析解字形為主,假借、轉註類字或將漸淘汰之,以葆漢字漢文漢語主文、主理、主義之本色。然此確難對治實物與虛義之矛盾,蓋物實而象[②]疏[③]、義虛,所謂說文解字而知義,即推類物實、物象而虛構其義而已,則義終虛,不等同於物與象。既不同,便當區而別之,若繫著於物或象,則不成理義;若離物離象,則與物無涉。此進退兩難也。漢字漢語涉物涉象或近於物、象,故漢字漢語及其智慧文明具體可感,與天地萬物親切共生,而

① "新聞"一詞,其兩字尚保留字義或本義,或可據兩字之字義或本義而引申推測其"詞"義,故尚可謂合乎中文字法,與其他兩詞稍有不同。

② 文、象。

③ 或"約"。

短於虛理或虛玄物理;歐西字語或音語離象離物愈遠,故歐西字語或音語及其智術善於虛理、玄理,如虛玄之物理或今之所謂科學,而征虐天地萬物以改造之,失之暴虐。

每字有義,如本義、引申義(假借義當重審之)、比喻義等,如實義、虛義等。

組字成辭或詞,不失字義,辭可拆分為諸單字。

新義用舊字引申,或造新字。或有新義、新意,則其一法,乃或尋舊字可引申斯義斯意者用之(比如《說文解字》、《康熙字典》、《說文解字註》、《廣雅疏證》、《經籍籑詁》、《故訓匯纂》、《古音匯纂》、《漢語大字典》、《古文字詁林》等字書或辭書);若不得,則其二法,乃先嘗試組字以成之,而不失其諸單字義;若仍不得,則其三法乃造新字;或其四法,乃先以所謂"固定詞組"代之,而必加引號,以示其異樣,且為權宜之計耳,後將易字,或造新字以代之。

以新文言或新白話文之字法,**重審與重構全數之現代漢語"詞組"**。此含兩程:一者重審,二者重構。重審而合於新文言或新白話文之字法,則一仍依舊;其不合者,則重構之。其中頗多"詞組"或為譯詞,則其重構即是重譯。重構之法有三端:**或組字成詞或辭而不失字義;或尋舊字引申其義;或造新字以表新義**。此事之施行,實亦頗易,乃據《現代漢語詞典》依次審之,其不合者即各各重構之而已。此外,又或多《現代漢語詞典》所不收之現代詞語、言辭或義詞、理詞(所謂"概念"),亦皆可重審而後重構之,然後納入新版《現代中文字詞典》或《現代漢語中文字詞典》、《現代文言字詞典》。納入時,初版當同時羅列不合漢語中文字法之舊詞與重構之新詞,使國人知所替換,不至於使人難尋規範之字詞也。此後,又可重審重訂《漢語中文哲學字詞典》乃至《漢語中文科技字詞典》

等。如此，則《古代漢語中文字詞典》與《現代漢語中文字詞典》或《現代文言字詞典》乃可合二為一，而終成吾國新文言、新白話文或新漢語、新中文也。此是從重審、重訂字詞典入手。

又可從文教制度入手。以其或然之理思之，則可有幾種對策：祇用白話文；白話文為主，亦教文言文，徒不鼓勵文言；白話、文言並用；糅合白話文和文言文，而造成一種新文言或新白話文。語文課或文語課、中文課或文語課當普及訓詁學或文字學（即古之所謂音韻訓詁學、小學等，或今之所謂"語言文字學"），等等。

又可從翻譯理論和翻譯制度入手。

若夫其重審重訂之實際主持行事者，可邦國、民間兩為之。如重訂《現代漢語中文字詞典》則選嫻熟通達於訓詁音韻學、漢語中文學者（包括文法學、語法學、語義學等學者）或廣義文學（包括經學、史學、哲學、文學等）者為之，重訂《漢語中文哲學字詞典》則又須有中國哲學、西方哲學及各國外語之通博學問涵養等。而民間亦可各自探討嘗試。又如作文者或文作家，亦可以其智慧而創造合於漢語中文之文法或語法之新詞新語，而集眾民之智力，以優進吾國漢語中文也。此其大略，而其間之細節，自可潤澤之，如哲學、科技詞語之重訂，亦可借鑒古代佛經翻譯之故伎[①]等，不具論。

後漢以來，古代中亞乃至古代印度人每或有移居中國者，而得中國權貴之供養，以其有學而有所教也，如教佛理、哲學等，而受教者可獲利也。古代中國人亦有中國道（如儒、道、法、農、陰陽、兵家等）術可教外國人，亦有行教荒遠乃至海外者。然則今之中國人教外國人什麼？

---

① 伎，本義為"與"，黨與；亦通"技"，技藝。

有些論述，用漢語的歐化語、詞反而說不清楚，讀都讀不懂；但若換成本色中文漢語來論述，反而說得更清楚易懂。

佛經翻譯對於近代以來的西方思論文化翻譯的啟示：西方哲學的中國化、中文化、漢語化，而非中國的西方化、中文或中國文語的西化或歐化。

202208150448

如何譯述或講解德里達之學說理論？

尋出德里達、福柯幾本書，如《詞與物》、《知識考古學》、《書寫與差異》等，重新稍翻閱之。於今看此甚歐化之譯文譯詞，思其譯式，又思及中國之中文翻譯理論與翻譯現實等，甚覺頗多無識之事而深憾之。實則（許多外國學術譯作），如用純正中文漢語述之，反可尤准切，較易於國人讀解討判推廣其學理等（亦可平心討判視之，其理亦未必卓絕深刻，不必仰視自卑）。譯文猶或有其不得已者，若夫述學，則無其歐化之必需或必要，故譯文之外，或皆可乃至皆當以純正中文概述其意。然吾觀此類文章，如前言或譯序或各學科學理論文等，亦皆歐化，未必述學確切。因歐西語之字法、文法或語法皆與中文漢語大異其趣，彼此各有其優切之點麵，若各自以其文語法式述之，亦或皆能談言微中，本國平常人或皆易解悟之；然若削足適履、邯鄲學步，反而兩長皆失，不倫不類，含糊晦澀，或致不可卒讀，失其譯述之初衷，又失其國文語之本根。蓋中國之述學文體乃至翻譯學理及現代中文等，皆亟需改良優進。不贅。

202208150815（或寫定於 202208171221）

國文、國史、國魂之靈光復旦

近數日因注意於漢語中文之字法、文法等故，遂連及於考溯東漢以來之佛經漢譯，乃尋出陳寅恪《金明館叢稿》等書翻閱之，稍有可資啟發者，不贅。又從中得楊樹達一句詩，曰“衹有青山來好夢，可憐白髮換浮名”，稍感觸。楊氏重於經學、文學（亦有史學，乃為文學系、史學系之雙聘教授，而吾竊謂其於經學、文學之成績尤大），陳氏重於史學（隋唐史及相應之中外文化交通史等），而皆能詩，皆於國文深致意焉。如陳寅恪於《與劉叔雅論國文試題書》中，便對中國語文文法等事再三叮嚀申說，而尤重本根自立也。

今人頗好稱引陳氏於《王靜安先生遺書序》中所揭橥之“獨立之精神，自由之思想”①一句，吾又尤好諷誦其“一生負氣成今日，四海無人對夕陽”之詩句，然吾有氣而無悔也。蓋前句乃是尚志、尚氣，吾固與之同調，後詩則不獨有氣，又有情也。陳氏亦尚志尚氣而深愛其國文化之人，觀其“預世界學術之流”而後“中國學術獨立”等論，及寫《隋唐制度淵源略論稿》、《唐代政治史述論稿》等書，關注種族、“文化”交通等論題，皆可知也。而人又有情也，蓋愈有大志氣之人，其情亦愈誠愈深，愈有其不得不發者，故偶或以詩（詞、文）宣其情其氣，以求志情之或伸或和而已。且傳統文學本自蘊涵道義情志，吟詠切磋以濡染相和內化，所謂文明化及也。設若其國文或失墜寖微，則其國文所蘊蓄之國族精魂、經史道義情志亦將寖微不振，亦將無以固本凝聚自立、涵納融會新學而文明其國族

① 吾乃傾向於用“思論”一詞。

乃至天下矣。故於其國難頻仍之時世，陳氏尤注意於漢胡爭持之（魏晉南北朝）隋唐史，楊氏則主於經學（如《論語疏證》等）與文學（包攝文字學、文法學、修辭學等，亦有史學，如《漢書補註》未嘗不是史學），其持論為學皆重本位自立，又兼措意善寫吾國詩文，亦可謂自有其深意也。

史學不可廢，吾固亦甚措意於中外史學史著，然多是讀他人史著史文，此生或無餘力親自為史學研考，然若必欲為之，揆吾心意，於本國史則亦措意於南北朝史（大而言之，乃至中外一切諸史①），而尤有興趣於（先秦史及）兩漢史也。蓋（先秦）兩漢其時之華夏文明，相較而大體言之，尤為醇粹中正而元氣淋漓，氣魄雄渾，本土人才輩出（各"方面"、各"領域"之人才），風力浩大深遠，較少萎靡弱瘠邪僻詐佞之風氣，庶幾可謂中華文明之正統與巔峰。且此是正向之樹立優進（然亦隱伏轉機），非左支右絀之退化補苴，故吾好之而欲為一說其究竟也。

且其時不但是史學（與文學），尤有經學或道學，經學道學云者，既是正向樹立之意，亦是強立正而不倒潰之根原，而非是道經禮樂法度崩壞後，艱苦卓絕之左支右絀與挽狂瀾於既倒。若夫正道禮樂法度立，大教化及而正人正心，道義正中而存乎其人其心，正事亦大行，則於其國其族其家其人，何至於種種邪僻慘酷、不正詭異非常之事言一再來至，或東倒西歪而扶不勝扶、拯不勝拯?!然則此是培本與拯末之相異也。故於史學之外，又尤當重其道義樹立，重其經學、道學與國文、國粹、國魂也。吾曩昔初讀**明代所修撰之**《四書五經大全》時，衹覺其註疏行文中頗富正言讜論，深蓄偉大道義力量，一時頗為驚訝。蓋因之前或讀史著，每言明代君權大

① 於國史而言，研讀國史，而知吾國吾族（中華民族）之何以成，其文明文化之光輝燦爛深厚，其間所經歷之劫難慘酷，其史事之幾微潛隱暫久轉折，其榮光與血淚，其浴火重生……而和合團結，而民胞物與，相親相愛，守望相助……

張，政治專制而黑暗，不及有宋一代之君臣坐而論道之優容有禮，又每多承襲秦漢儒學為權力專制獨裁張目之說，故有成見，而不意其中竟仍有此大書，而頗存有大力量也[①]。故乃竊忖度之，以為有明一代（於外交、軍事等層面）之頗富風力，明末之節義儒生眾多——此外又有東漢末之儒生節義[②]——，或得此助力也[③]，較之治國教化之毫無憲則學術之情狀，亦可謂勝之[④]。則亦可見經學或道義之學之重。此非謂不重史學，而觀史以考其道、經、禮、義之中正切合與否，乃或修正之；又觀史乃知其失道、失魂之遠近久暫之惡果徵驗，故而尤當重其道義國魂之正中樹立也。此又非謂坐井觀天、故步自封、抱殘守缺、不諳天下世界之情勢及其（天下世界）道義、經史、學術、廣義物理學等，而亦將注意考溯討論之，而又以（吾國）大道通觀之，以或補益於吾國文明也。

國文、國史、國魂，皆當正中樹立，皆不可失。若失文、失史、失魂，或其文、史、魂不能強立正大優美，則或將失人以失國，乃至無其人其族（吾國今乃曰中華民族）存生之地，靡弱以漸胥淪滅盡矣。然則國文、國史、國魂者，又如所謂國粹，豈可不重哉，豈可不尤其再三致意勉力哉！

陳寅恪雖每謙言未能深究先秦兩漢之書，於經學或藏拙不敢

---

① 實則其中多是或多引宋代學者之論述，本是先秦兩漢唐宋以來之學術智慧集聚。

② 此究竟是大廈將傾之事，不可引以為傲；然又終於可見一種民族志氣，故仍稍申說之。

③ 《四書五經大全》，今或謂其為有明一代之治國學術系統或“主流意識形態”，而其中自包涵心學、道學、理學、禮學與政學等，而君臣士子之明文憲典共識，皆可藉以質正相規也，非所謂“完全任情喜怒、自由心證”之無法無禮之完全人治也。而西國之基督教經典等，又可謂西國之心學或道學系統之一維，乃至又有教堂聚會和合講習其民，可知重其本國心學道學及相應群制，乃是天下世界之通例。

④ 其所以敗亡者，固有其經義禮度或習俗之不合或過度者，尤有制度或法度之缺陷，不可一概責之於經學或道學，或不可全盤否定其經學經義或道學道義也。

置喙，然其實，則無論陳氏、楊氏等，皆浸染吾國經史文學甚深，故而尤能通識其大體大勢，張大其愛國之心行，觀其人之行事著述，亦可知也。自晚清民國學術分科而廢棄經學，乃有文學（生情文學；又或**文語修辭文學**①）、史學、哲學之各自分立；雖曰各科獨立而或有各自之進步，然若不能博觀通識，或甚乏此類博通集成之大通人，則其國道義學術亦或愈加狹隘無通觀，而亦或有隱憂也。今世中文系或漢語言文學系雖有文學史科目，而無智學史或哲學史之科目，遑論經學、道學或經學史、道學史，然大體言之，中文系仍為承擔傳統學術較多較重者，每多尚志尚氣潔身自好之人，愛國之心亦重，皆因傳統道經文史之長久熏陶浸淫也；若能通曉國文、國史乃至其正道義理，秉其國魂而有本根，又旁觀博通中外諸學以資我，乃或既將能洞燭隱微曲細而不失中，而防微杜漸，又將能通識大體而不至於隨流風而靡倒，乃至能辟免詖淫邪遁、支離割裂之言行，而伸中正通達之道理討論與行事，則吾國之國文、國史、國魂及國粹之靈光復旦，可有待也。

歲次壬寅、戊申月壬寅日，西元 2022 年 8 月 17 日

202208170555—202208170730

為何“讀不懂”？

年輕學子初讀學術譯著或論文時，每或抱怨曰不解其意，“讀不懂”，此或即多拜歐化語法及生硬不通之漢譯詞語等之所賜。及

① 今世之“文學”概念稍不明朗，頗多含混者，吾另撰有《文學正名》一稿詳論之。此事固極為重要，限於篇幅，茲不贅述。

其稍多涉獵此類論著後，或稍能讀解之，然其實或乃是相較以前而稍能猜測其意而已，至於其文本身，仍多扞格不通也。此或為今之所謂述學文語或述學文體之某種弊病，乃至通病，實則亦是現代漢語進展歧途之一徵象而已。然則年輕學子讀古籍或古文則如何？則先秦兩漢（乃至魏晉）之五經諸子之書，若無註疏亦難解；而唐宋以來之常見文籍，稍加注釋，蓋不難；而宋明清之理學，若侈談理氣之類，蓋亦不易入，然此可視為哲學論著，本有其難。然則除先秦兩漢魏晉之書、宋明清侈談理氣等書，當有所註疏、廣辭或正名改造之外，古文蓋不甚難，而典雅優美，多其優長，今世之現代漢語或白話文自可資以融會納入之，以成其不大破壞其本來字法、文法而古今交融之新現代漢語中文。然則於外語譯著當何如？實則於通常文學等類之書，翻譯之猶易，重災區在於學術譯著，然一時蓋無以完全避免其或扞格不通者，而或可以輔助之法以補救之。如於外國學術著作翻譯之事，首先固然當於普通國民教育和高等教育方面大張本國文語、訓詁音韻文字學之教習，此為本國文語教育之本與一切翻譯事業之本；然後嚴翻譯，創新引入多元翻譯程式（除了民間學者自行翻譯外，又如中國古代之國主譯場，以及翻譯過程中之筆受、潤色等諸種安排），譯著皆以純正新現代中文重述或概述譯著譯文，以本國文語正名外來義理或義名，等等。

其能照應兩語或兩種文語（或字語）本色之優秀譯本譯者姑不論，若夫其等而下之者，比如其以歐化語詞（如甚多扞格不通之所謂學術術語以及種種“主義”、“概念”、“理論”等）、語法撰著者，其能讀懂他人乃至自己之食譯不化之論文否？蓋或能又或不能。其所以能者，一者因其知外文，讀解時能無意中以外文輔助其思解，乃至同時以外文語法、語詞而默思之，二者因其或多熏習其專學與文風，故稍能猜測其義。其所以不能者，不諳熟外語及其專學則無能助其思解，猜測亦難，讀之亦暈頭轉向，虛糊不准切，以其究竟不合漢語中文之本色、思路與國人思習故也。專學者猶如此，然則平常國人何能准切讀解之？則其譯述乃至著述何所利益於國人？吾人固知學有差等，且又或有優雅提高之矢的，故不可一律強求，且譯事確難，每多其不獲已而權宜其計者，雖然，亦當勉力求其文從字順，利於國人或中文讀者讀解也。雖說純正典雅中文亦未必人人能懂，亦當有積累、熏陶、腦補心悟之功，然以其合於漢語中文之字法、文法，無其不倫不類、混淆失字義理據等病，故或尤為優選上策也。

202208171221

現代漢語中文進展之途方

象文語與音字語之二端進展方途，及其爭持；象義與玄義[①]之優劣。

於現代漢語中文進展之途方，今有相持之兩端，其一方曰增詞組，另一方曰起舊字，乃至造新字。增詞組者自矜曰：此甚便易；且少字則易記寫；若起舊字或造新字，則繁瑣難記；且新詞組述譯外義或新事，可與舊字舊義截然區分，利於新義之傳播。起舊字造新字者則曰：詞組每不合中文字法；或失其字義；乃至失漢語中文（造字）理據之本，而將變為音符音語，如今之韓語然（韓國字語雖或有漢源字詞，而衹采其音義，不採其字形，乃換以音符韓字，故無以據字形而推論追溯其造字理據；且無論漢源字詞或韓土語，皆日益替之以歐西詞彙、語音，如咖啡、醬、思等詞然），久之漢語中文文明將

① 或象文義與玄字義。

廢替矣；且但組詞，則國人之用字將日益貧乏無文；而詞組氾濫又將與漢字之本來字義相混而淆亂其義；又日益繁冗啰嗦；且字少則可組之詞數勢必亦少；又因字之總數少，則其新詞組將必多重複用字，實反致不能准切其義理（以理言之，一義一字，最為準確，然此固或不能亦不必，而萬物諸事諸義或本各各相關連，故於文語或字語亦可有連類之法；雖然，某文語之能否准切述事行用，蓋與其文語之字詞多少，頗為正相應也），等等。

此非謂不可造詞語以譯其難譯之外國詞語、新義，又非謂不可有一時之權宜之計而後優化定名者（此則譯義、播義之常態），然若漢語中本有其義之字而猶造新詞，則或不必，乃曰辭費。然則或問："吾何以知漢語中文本有其字？"乃答曰：此則漢語中文之學養及其訓詁文字學之積累也，而相關之學者皆可指陳批評正名之，然後或得其正字、定詞或定語（皆可謂"正名"），而漢語中文不至於靡然從風於無理據、非文法之習氣風勢，而胥淪溺以鄙陋腐壞也。則此又有恃乎一國之學風與文氣習俗也。

引申義與比喻義，後者如池魚（喻指仕宦束縛或無辜受殃及）、池中物（喻指蟄居一隅而無遠大抱負者）[1]等典故用語。

或曰音語音義優於象文象意，以"義"本來是玄義或虛義，故不落形相反而符合其本質；而漢字中文或漢語乃有象意，是雖近於物與物相，實則離玄義本質稍遠也；而全數漢字之字義實則本皆象義，其後乃或引申或比喻，漸賦予玄義或虛義而已，故或不如音語音義之完全虛玄而合於玄義本質。此其論之大概。然則音義果然完全截然而玄虛？是又不然也。於音語，其義雖以音字符號標記

① 以上詞條解釋見《古代漢語詞典》。

之，又必以音語解釋之，而後其義乃各存於各人之心腦，然則孰知我腦中之義同於彼腦中之義？而豈必謂音語之音義必確切於中文漢語或象意文字之文字義？蓋無論音義或象意（象義），皆存乎其字（文字）其語、其人其腦、其族其群而已，其字其語乃媒櫱耳，無論象義、音義，終必恃乎其文語詳釋、全語廣釋與各人之心腦，而象語有其象，則或以彣學之眼兼顧其象，或以心腦而思其玄義，兩不相妨而反有兩相提撕證明之功，則尤見其好也①。實則音語何嘗不多"以象或實相"而說玄義者，何嘗不多引申、喻指或言語典故？徒不如中文漢語又有象也。則即於語義論或玄義論，而暫不以彣學論，而中文漢語或象文語亦尤多其優點，而何嘗多讓於音符字語！

禮義、道義之義，與字義、玄義之義，當以不同之字區分之，不然則頗多淆亂。或按段氏《說文解字註》之說，以"儀"代"義"，然則又或與禮儀之"儀"相混；或曰當另造一字以區別之。然則新字如何？

拼音字語在引進外國或外語新義時，衹需徑直以本國字語拼寫外語詞語，以此直接引入新音義即可；而漢語中文或中國文語則不同，漢語中文為文語或象語，則必與象關連而後可謂漢語中文或中國文語，故其在譯介引入外國字語新義新理時，倘不能以中國文語既有之字引申、喻比而出其新義，則或當造新文字也，此其所以曰文語、文明以及文化、文明天下也。

202208171221

---

① 且象文雖不盡虛玄，似與玄義之虛玄本質稍有距離，然亦不以一端數端之玄義而偏概或扭曲物實或物事之圓全質相。蓋象文與象意或象義之關係，象文與物事實相之關係，以及象意或象義與物事實相之關係，皆是比類關涉或比類喻指而已，或帶有一定模糊性或伸縮性的意指，反而更為宛轉和諧相合，而並非玄義之強制、抽象與單一，與實物實相之圓全質相，相距尤遠。

歷代造字者其有誰?

古代除史傳倉頡等造字外,歷代造字者其誰歟? 如史官? 卜人? 甲、骨、金、石、簡、帛、木、版等之筆墨工匠? 帝王國君? 經師? 儒生? 文士? 字書辭典編者? 梓人手民? 民間生造傳寫者? 其他好事者? 如此等等。吾未之深究,不敢放言論必,然或可以意逆測之,則或皆有之,且又或多將錯就錯、以訛傳訛者。故小學、方言學或訓詁音韻文字學乃見其重也。以大方通人而重審隧古以來之數十萬文字,尋討其造字理據、書法而刪削補正新造等,以成其理據書法明晰而典雅確切優美之漢字中文漢語也。

或大膽猜測曰:在現代制定嚴格文字語言制度和印刷出版制度之前,民間造字熱情蓋更為高漲,造字事實亦更為常見,無論紙墨傳抄流通、梓人手民之雕版排版乃至早期之甲骨金石刻鏤等,皆或多隨事隨時隨意生造者,而後或為王者史官採擇,或則沙汰之,或則流傳後世而又偶儆採擇之,或稍作改易而正字正名採擇之,不一而足。然吾人尚未見此類學術研究專著,亦可期待。

202208171221

格義與譯學理論

所謂"格義",蓋即"比方言之"而已[①]。

---

① "格義"一詞,有特定含義,然吾以為以此詞表彼義,難解讀,故曰不妥,或可換之。質言之,"格義"一詞,若單觀其二字,頗不知所云,似不甚好,故不必多用,而或另尋他字他詞,如"義理比附"或"學說比附"等。

比方言之或大體言之、據其一端言之，則西方之人生學（今曰人生論，乃至社會科學）、智學（今曰思論學說或思論史）乃至哲學，亦多是或隸屬於中國之文學而已，徒其哲學論證乃有因果玄則、理則（今曰邏輯）或數理耳。又：人生學說實無真假之分，乃至無甚高下之分[①]，而西方乃至世界上之諸種人生論或人生學之諸說，其與中國之諸種人生論或人生學說，並皆為萬千人生學說中之其一，則吾人既不必過分誇張仰視（西學）以自卑（中學），又不必過分卑視（西學）以自傲（中學），多元並存，又或可各各稍自資取、自融合之，而以"仁"、"道"[②]為最高境界和最高追求目標。若夫廣義之純物理學（即所謂"科學"），乃有真假，不同邦國之物理學水平，亦或有先進、落後之分，則當奮起直追也。

具論之，智學如所謂"存在主義"，不過是"人生何為？何義？何命？而恐懼其死亡、孤獨、束縛，乃將抗非命、別擇正命而精進"等是也，可為一說，而未必須立"存在主義"之一名。如所謂"精神分析"，其"潛意識"之說頗好，又如所謂"力比多"等，然亦不必誇大其創見，漢語中文如"心下"、"私意"、"欲火"云云，乃至種種佛教、道教用語，多有相類者，而所謂"本我"、"超我"、"自我"，不過是"慾（之）我"、"義（之）我"、"真我"或慾人、義人、真人而已。

譯事固難，若牽合附會而讀如天書，則又勞而無功，然則尤當深思譯法譯理而後為之。正如上述，吾竊以為，西方之人生學、智

① 然對此亦不可作絕對化理解，蓋倘必欲言評判標準，則衡量人間或人類道術或學術之高下者，唯在一"仁"字或"善"字，其區別在於其"仁"學"仁"術境界效用之廣狹深淺遠近而已。

② 參見拙文，《論"道"：正名與分析》，參見：羅雲鋒，《論語廣辭》，上海三聯書店，2022 年 7 月。

學乃至部分哲學、群事學(今日社會科學,如社會學、政治學、經濟學等)等,皆稍可意譯,不必全數詞詞對應(詞類與單詞),遇其無傷大雅、無關宏旨者,自可以“句譯”代“詞譯”,使漢譯能准切傳述其意即可,不必詞詞對應地硬譯。於今言之,西方學術之譯述,尤以二者為要為難,一曰廣義物理學即今之所謂“自然科學”,二曰智理哲學即今之所謂“認識論”或“知識論”、邏輯學等——不是僅以漢語中文寫所謂科普書,乃是以漢語中文(及其諸種輔助符)寫其乃至為(研究格致)其最先進之廣義物理學(以及知識論、邏輯學乃至一切學術,下同)之學理、論文或討論研究,使國人或漢語中文讀者自可讀其以中文寫成之最先進、最新近之廣義物理學(即各科自然科學)之論文或論著。而此或當審慎思籌其制其理其法,而包攝漢譯之制、理、法,乃至漢語中文本身之某些改良優進——然不可輕棄或隨意破壞漢語中文之字法、文法等本色——,俾漢語中文能述論研究廣義物理學與智理哲學也。茲事體大,亦關乎理技工業智明時代,中國文語文明或漢語中文文明之相應優進擴展也。一時無暇無法詳論深思,此但略開端緒而已。

外語漢譯真多其甚無謂者,如“主體間性”、“互文”、“現象學”、“意向性”、“延異”、“此在”、“單響度人” 、“自反性”(reflective)、“自反現代性”、“超克”、“家族相似性”、“遊戲”(維特根斯坦所用概念)等詞,如不作詳細述解,單看其中文譯詞,孰知其何義!(一笑)真是不通之甚。乃至“張力”、“吊詭”、“消解”、“存在”或“存在論”等,亦猶稍如是。實則中國文語或漢語中文、歐西拼音字語本來特質不同,不必強為牽合附會,如漢語漢文多是一義單字,又並無甚嚴之詞類區分,必欲以西語之所謂多音節單詞、“詞類”等強譯成漢語中文之“單詞或詞組”、“詞類”,便多生造此種扞格不通、面目可憎、不知所云之所謂"現代漢語詞組"。而漢譯自可通變之,如單詞或亦可譯成辭語或辭句,不必亦步亦趨而一詞一詞對譯,乃可以句為本,而用漢句縷述西句之句意,而迴避單詞詞類之對譯。

漢語漢文中,每文每字每有其本義、造字理據、引申義、喻指義等多重涵義,用其文字,或用其一義,或兼用之,則若不知其諸字義便不能讀解其文字、文章也,故學習漢語漢文則必當同時學習其訓詁文字學而後或通之。通其小學或訓詁文字學,乃能不恃乎注釋而讀解漢文,不然,則將恃乎注釋或字書乃能明解之也。此漢語漢文雖精約而涵蘊豐厚深廣之原因之一,又其重小學或訓詁文字學之原委之一也。正言之,蓋於漢語漢文,若熟諳其訓詁文字之小學,與乎深植其文學素養,則能寓豐厚深廣之涵義於精約之文辭,而漢語漢文其述義論理表情之能力也偉大矣。音語音字亦有字典,然或未必如漢語漢文之尤重恃之。

男女工農官民平等而同工同酬,共同富裕,為人民服務,公職人員為人民公僕而皆同志同胞,人民主權,"人民當家做主","人民利益至上",獨立自主而自力更生、維護國家國民利益而後開放互利,人類命運共同體等,豈非善道?!因人民主權、人民平等、國權自主、人類命運共同體等,故反"官僚主義"、"官僚資本主義"、"買辦資本主義"、"壟斷資本主義"、"帝國主義"與"殖民主義"(包括文化帝國主義、文化殖民主義等)、"封建專制等級主義"、"不平等之國際政治經濟舊秩序"等,豈不是好意?!而以相應之制度、法律、文化、學術等保證、徵實之,又努力奮鬥之。

202208171221

所謂“現代文學”之一端略論及其他

現代文學自發生以來，一直自視和被視為破壞者、批判者（破壞批判舊思論舊文學，掀翻舊屋子）、解放者（放腳，解脫民眾所受束縛，但並未賦予一個必要的合理的新約束或義理新秩序或新禮樂等）、引介者（引介外國文學和外國思論），而傳統文學或舊文學則被視為落後者、保守者或抱殘守缺者。但現代文學卻似乎較少著力於成為一個建設者或創造者，雖然或可自辯曰破壞就是一種建設，或在破壞中建設，但似乎並未形成一個穩定的合理的更優的系統或秩序。作為創新者，倘試圖完全拋棄古典，或非理性割斷與優秀傳統文化的血肉關聯，又有選擇性地、畸輕畸重地或偏執地汲取外國，且日益失去自主創新之動力和能力，一切拿來、山寨，似乎也有問題。或曰既知其弊而將矯正之，或曰於今尤烈，都值得關注和應對。

202208211028

不過，似乎也無法完全排除詞組或類詞組，不然在有些情形下，或很難區分其義或一字之多義，即使根據上下文或語境可以區分大部分字義，但其上下文或語境有時也是以詞組的方式呈現的。比如“文”字，便有多義，倘不添加修飾字、詞綴或組字成詞，又無上下文或語境，則很難確定其具體單義。故而現代新中文使用詞組或類詞組之原則乃是：必要性；盡量不破壞一義一字之字法或文法。所謂必要性乃指：不如此則不能區分其義，乃有使用詞組之必要性；不然，則盡量使用單字。所謂不破壞固有字法乃指：雖曰詞組或類詞組，其實衹是組字成字組或詞組，原字之某些含義不失。

另外，古典詩詞，尤其是古詩，基本不適合用所謂現代固定詞組，那麼就必然要求其使用單字。而在散文或所謂的“筆”中，則可在遵守上述“必要性”和“不破壞固有字法”原則的基礎上有所使用。

在我看來，漢字是世界上最美妙、最優秀的文字；但即使如此，漢字也並非完美，正如一切世事並非完美一樣。所以，漢字也仍然要進一步優化之。同樣，漢語和中文也要進一步優化。這或許絕非我個人的智力、精力和想象力所可完成，需要更多的人參與到這項事業裏來。尤其需要想象力。

射箭的“射”字，從其字形演變來說，最早的甲骨文的“射”字當然很象形，但逐漸演化之下，左邊的弓形逐漸變成了“身”字，整個字變成我們今天看到的“射”字。實則這個字形是不符合造字法度或“書法”的，按造字法度，也許應寫成“弓寸”或“弓又”字。但是，漢字能按照統一的造字法度來修改習慣字形嗎？恐怕文字學界的絕大多數學者都不會答應，因為這確實會造成很多問題或困惑。但造新字而逐漸淘汰其不合造字法度者，未嘗不是一種新途。

審查所有的漢字，按統一的造字法度審定重改之。這是否有必要？又是否可行？

202208250133

略談“名從主人”

名從主人，所以我們中國人可用英語自我介紹說：I come from ZhongGuo. 或者說：I am a ZhongGuoren.

於此，韓語或越南語皆可謂正是，乃以本國語音譯“中國”音。而英語等歐美語言則不然，未嘗以英國語音來拼寫漢語之“中國”音為 ZhongGuo，而以 China 稱之[①]。與此同時，中國人自身在使用英語自我介紹時，亦反而用 China 之詞和音而非 ZhongGuo 來自稱，則與“中國”之音不相侔[②]。

然或亦反駁曰：一個人怎麼看待自己和怎麼稱呼自己，那是他自己的事；但另一個人（或另一個國家、語言、民族等）怎麼看待和怎麼稱呼那一個人，則是另一個人的事（包括使用他們自己的語言或單詞），別人一個人或那都不可強行干涉。如此則取消了“名從主人”的原則。故英國人或仍可堅持稱呼中國為 China，而稱呼中國人為Chinese.

對於以上論題或例子，仍可進一步探討之[③]。

202208261247

不必為全數外語詞或義理新造漢語或中文字詞；兼談中國譯學理論

不必為所有外語詞或義理（或概念）新造其相應之漢語或中文

① 此固亦有其歷史淵源，然今日中國自稱不同往昔。不贅述。

② 世界範圍內，諸如此類之事亦多，比如日本、北朝鮮、韓國之自稱與外語譯音，比如韓國首都之名稱及中文譯音之變遷，比如印第安人之歐西語言命名完全違背印第安人之自稱，比如今日泰國地區舊稱暹羅而後改名為泰國（泰人獨立後自稱“勐泰”），比如菲律賓之國名由來（殖民主義因素）及其國內之改國名之動議，比如俄羅斯聯邦卡爾梅克共和國中卡爾梅克人之自稱（衛拉特人），最近者如土耳其之欲改其外譯國名（Türkiye）、泰國試圖將首都曼谷改名為 Krung Thep Maha Nakhon 等，可謂不勝枚舉。或亦可稍窺強勢文化進逼、歐洲中心主義、西方中心主義、文化帝國主義、文化殖民主義等問題，以及文化自主性等重要論題。

③ 亦可參閱本書下文有關“司馬遷曰匈奴與華夏同源”之一條。

字詞，這既無必要，也無可能。若中國文語或漢語中文本有其字其義其理其語，則無必要新造，若強造之，或不倫不類，或生硬晦澀，則其後果，或將混亂漢語中文之字法、義法等本色，使之或淺陋或牽強或不文，且將或逐漸替代本國字詞及其義理，失魂落魄，盲目崇外，依附外國字語，落入“文化自我矮化”、“文化依附”、“文化自我降級”等之窠臼中[①]。而歐西語乃至甚多拼音字語頗有詞性、格、數、時等之區分，若必為每一外語變體詞造一對應之漢名或漢詞，則將造不勝造，而漢語中文遂冗贅矣。實則漢語中文大體不分名、動、形（名詞、動詞、形容詞），即或有之，亦多為用語之慣習，仍可變，故若漢語中文本有其義理，自可以漢語中文之字法、文法、語法述之，不必隨外語字詞膠柱鼓瑟、亦步亦趨而失其本色，又失其本身取象述事表情傳意論理之優長也。若必欲邯鄲學步，以我特立之身姿本色，或我特色之文字言語義理，一切遷就他人不同之身容或字語，固將兩失之，而沉淪以瞠乎其後，自我文語矮化降級（淪落降級為二級文語或依附字語），無所自我表見超拔。蓋於外國乃至世界文化，有可學者、必學者，有不可學者、必不能學者也[②]。若夫新步或有必不成者，而故步已失，乃下跪匍匐，則可悲也。

此非謂不可造詞（乃至造字）譯外語外詞，若有其優秀之新義理，固可譯來，而亦當顧及漢語中文之字法、文法與語法，或漢語中文論事論理之方式或習慣，俾言寫中國文語之國人讀者能解讀之，不然，若譯而佶屈聱牙，讀者皆不能會意，譯著空陳惹塵，則又於吾國吾民何益？吾亦知所謂“思維方式”、“論理方式”也，亦知或有當

① 亦可以所謂“文化殖民主義”、“文化帝國主義”、“後殖民主義”、“東方主義”等理論分析之。

② 以漢字中文漢語之意象文語，而學音符玄義音語，或以所謂“分析語”特質而學所謂“屈折語”，則必有所不能也，故不可邯鄲學步。

改進國人“思維習慣”或“思維方式”者，然實則此亦當與文語或字語關連言之，蓋“思維方式”與“文語”或“字語”密切相關，以吾人不分性、格、數、時等之文語，固無可亦步亦趨、一切律諸於字語或音語（或屈折語）之所謂“（音語）思維方式”。且不同“思維方式”亦可異趨同致，以各具特色之文語或字語及其討論論證，而皆能證得其義理，斯可矣。必欲牽強附會，乃將或淪為二不像或四不像者耳。

質言之，於其新義理，除造新字之外，另可有兩途以引入之，或則造新詞而將勉力合乎漢語中文之字法（或詞法）、文法與語法，或則以漢語述其意而已。純論其譯理，或嫌空疏，以下稍舉例明之。

如：just/justice/justify/（justifies/justifying/justified）justification 等，於英語，乃為同一詞根之變體詞，然則漢譯時，當一一對應而各皆譯一新詞？竊以為不必。於此四者，漢語中文或本有其對應之字詞，或本有其稍相對應之義理，或有其稍相異而可資鑒融通者，然則亦不必過於誇飾其（外國義理等）高深。如 just，於英語中為形容詞，即是漢語中文之“義”或“正義”，如“義人”或“正義之人”中之“義”即用作形容詞——徒不同“文化系統”對“義”或“正義”之解釋不同，此則當具述比觀之；justice 於英語中為名詞，也仍是“義”或“正義”而已；justify 是動詞，justification 或 justifying 是動名詞，或謂此意中國智學稍缺乏，實亦有輕易其言乃至是信口胡謅處，中國學問豈不言討論切磋，豈不言經義探討、道理講明、義理論證？雖小兒亦或曰“你這人怎麼不講道理”，所謂“講道理”，既講道，又講理，豈不是“justification 或 justifying”？又如俗語所謂“講得通”或“講不通”亦言其論證貫通也。然則蓋或可謂中西或中外之“義”、“道”或“理”所內涵者有所不同，乃至亦或可承認古代中國學問稍不重“邏輯學”（名學），或中國古代學問之“名學”、“名理之學”稍不發達或普及，“邏輯學”、“知識論”近代以來或有所不及而當進步之等，然不可謂其無相應之文字義理,尤不可謂其不講道理。

今人或將 justification/justifying 亦步亦趨譯為"證成"[①],看似頗雅馴,不可謂不好,然亦不可膠柱鼓瑟而用之,蓋若拘泥用之不當,亦反增誤解,或不知所云。比如,若凡見此二英語詞則以"證成"譯之,則固不可,以漢語中文固有之文法與言論法度與此稍有不合也。如用白話文曰"你需要一個證成",則聽者蓋將一頭霧水;又或以文言曰"汝論汝事雖似好,然當證成之",蓋亦難懂難通。須知,即於英語中,justification 之義亦頗為模糊遊移,非如數學或數理邏輯然精確,有其平常日用之義,亦有其於不同專業中作為術語之義(日常言詞 vs 專業概念,其義之區分不在於字詞,而在於潛隱之定義或"闡釋":explication,或中國古代之註疏),而於不同語境中,其義亦有所微妙修變,正如漢語中文字詞之義或有模糊遊移豐歧一樣,故翻譯時亦不可拘泥於字詞也。據上述,吾意以為,justification/justifying 固不必視為特別之新義,而自可意譯意述之即可,如白話文曰"提供論證"、"說明理由"乃至"論證其正當性"、"正當化"[②]、"講清楚道理"等,皆或好於一切以"證成"拘泥譯代之。時人或有好用所謂"新名詞"者,滿紙皆是,看似"高大上"或"甚多新意",揆其實,則或多無必要,或實無新意,而讀者往往不知所云,亦曰欲益而無益,乃至欲益而反損,損害漢語中文之本色,又害其自信心與學術之獨立精神也。而其實,若用漢語中文之字法、文法論述之,反而道理明晰可通,而裨益於中國讀者或中文讀者,則其贅譯又何苦何必呢![③]

以上論述乃一時寫成,或有論述不周者,則亦將俟隙修正之。

---

① justification 或亦可翻譯為"證義"、"證成其義"、"論證"、"說理"等。

② 當然,所謂"正當性"、"正當化"之"性"、"化",亦受西文或西方語法影響而成,暫不論之。

③ 可對照下文"定義與註疏"一條中之後續分析。

其實籃球規則如籃筐高度、三分線遠近，自行車把手規格，乃至其他種種規則，往往都有西方主導的因素。固然，其中亦有其可中西相通者，亦多其本屬結合西人實情制作而不可或不必遷就者，比如以籃球運動論，對於當下之一般東方人而言（倘若將來經濟發展，東方人之身高或將與歐美西方人同，則可不論），籃球框或稍嫌過高，三分線亦或稍嫌其遠，對於女性與兒童尤然，而籃球運動之目的有多重，如競技體育、身體鍛煉、遊戲運動等，對於一般國民而言，主要在於鍛煉身體與遊戲，然則倘球框過高，三分線過遠，對於普通人或其中之某類人群而言，或許增加不合理之運動難度，可能更容易導致身體受傷，也不容易從中獲得樂趣，比如扣籃掛框的樂趣和情緒釋放，一般人恐怕便無此機緣。可是，如果人們意識到這一點，就自可以制訂適合本國或不同群體的不同標準乃至規則，比如中小學生的籃球架和籃球框都可以低一點，三分線可以近一點，籃球亦可以小一點，乃至大學和社會層面的籃球架、筐、場地等，都可以有其多元化之設置，不必強求一律。

一個翻譯者，能通他國語文或字語，心知或腦知外國語某詞之義，然一時不能用本國文語述之，其原因何在？又當何以對治之？

其原因蓋有二：或於本國文語仍有所不通，則雖本國文語有其同義或近義之字詞而自不知也；或本國文語確難有同義或近義之字詞，故難以本國文語之字詞對譯之。二者必居其一，或居於二者之間，蓋人類心腦所構想或保留之“義”，本是玄義，無影無蹤，無跡無實可持，而有其虛玄乃至模糊遊移處，故雖以不同字語之字詞而代表之，語辭定義述解之，實則仍屬虛玄者，故未必是確定之語詞，乃皆有其權借或權宜或引申、比擬、喻指、強名等者，故譯義本來亦當訴諸其文字想象之能力，而非必有其固定之字詞也。又，所謂

"於本國文語有所不通"者,不獨是通其字詞或字彙、詞匯,尤言其字理、文理、語理如造字法、用字法、文法、語法等特定文語之通識,無此通識,便難通貫用此文語以造新字新詞新語以表新義而又不破壞其本來之文語本色也。故曰通識可貴。無此文語通識,無論用此文語之文學、哲學、智學等,都或將有所扞格,乃至不能觸及其實質或根本,衹是皮相膚淺之見論而已。

然則何以對治之?曰:於通所譯外語①、所譯論著書文所屬之專業,而又熟諳其書文等之當預備之數者外,蓋亦有數途:第一,通本國文語,於中國文語或漢語中文言之,通訓詁、音韻、字形之"小學"或語言文字學(或字學、字法等),又通文法、語法之學,又於其辭章詩詞之學或今之所謂"文學"頗有浸淫通達,而培養其文辭或文學之靈感或想象力,然後或可為譯事;第二,稍知翻譯法,第三,多語言學知識,可借鑒多種語言之優點而充實改造漢語中文之字法、文法與語法等。

譯者或如今之倉頡或屈宋也,有倉頡造字之術與屈宋造語之才,又固當有通語之才,然後乃或能成其為大翻譯家?曰:亦不然也,而個人皆可自譯,而大浪淘沙,唯其好譯本乃能流傳於世耳。蓋世間譯事,先或蜂擁而上,泥沙俱下,良莠混雜而用之,然其譯來引介之外來義理行之既久,人皆習之,然後乃可思正名考文之事,則其義理固然民眾既知,而其字語又將雅正之,而兩得也。此或可有邦國學術團體之介入,而選其有倉頡、屈宋與通譯通語等之才華者,審其引入之新義新詞,修正之,乃至造新字以代之,而吾國文語乃持續進展惟新、生生不已也。

譯者忠於誰?忠於原作者?抑或忠於本國文語之讀者受眾國

① 外國字語。然"通外語"實又非易事,非謂僅通其字義詞義,乃曰對外語諸點面之通識也,可參照上述,不贅。

民？吾謂固當忠實於原著、原作者，而尤當衷心於本國文語之讀者受眾國民，而兩者並不衝突。

蓋於前者言，乃曰忠實傳達其原作之義理乃至風格，然此畢竟是相異兩種字語系統之轉譯，受文語或字語相異之限制，必不能完全字詞吻合或風格畢肖，有其不得不或必然之權宜變通者，蓋不如此則反不能更大限度忠實傳達其義理等。設若必欲一字一字死板對譯，反多晦澀不通，不能忠實傳達，故替換以稍或變通之意譯或語法變通，或尤能傳達其意，而並不違背忠實之原則。又設若言必稱字字對譯，一毫不差，乃是拘泥執一，絕無可能，乃至唯徑用原文而後可，則取消譯事而已，豈不荒唐。

於後者言，譯事所以衷心於本國人民或此一文語之讀者受眾也。譯者何故譯書？所以傳入新義良道好理而裨益本國人民也，故當用本國人民所能解讀之文語譯述之。若譯而晦澀不通，或乾枯不文，本國人民或不能讀解會意，或味同嚼蠟，亦將棄之不問，則奚益？不文猶可原，不通則無其道理也[①]。

譯事本難，雖從東漢譯經算起，揆諸中國一千七百餘年之譯事歷史，其中可資鑒者不少，以近來神勞滋甚故，暫無力細論，亦曰俟諸異日。

202208261247

定義與注疏；近義字詞族或所謂“家族相似性”

英語中之後綴—ism，不必一切譯成“主義”，實則除“主義”之

① 吾人固亦知改進思維方法、先傳佈其義而後慢慢雅正其詞語之理……

義外，亦多有“視角”、“論”或“觀”義，比如個體視角、特殊視角等，未必構成一種學説義之“主義”。且於其學説義而論之，似亦不必譯成“主義”，“學”或“學説”尤當，如“無政府學説”、“儒家學説”等。

以維特根斯坦所謂之“家族相似性”、“遊戲”等來説明定義之方法，並據此創新翻譯理論。

有些詞語或詞義、語義、理義等，乃是較為嚴格抽象的定義（第一種情形）；有些卻不是（第二種情形）。對物事等的嚴格抽象的定義，往往是以犧牲特殊性或實在性為代價的[①]，而其所定之義，皆是虛玄之義（如柏拉圖所謂之“理式”或“型式”）——尤其是頗為嚴格抽象的哲學概念或學術概念等——，不是一切實際物事本身。然而在實際的字語或文語運用中，或在日常文字語言生活中，許多詞語的詞義、語義或理義等，其實並非如此嚴格抽象，或並非絕對虛玄，而更多屬於第二種情形，每多詞義語義的一定程度的模糊、遊移、差異、罅隙、不完滿、非典型以及和語境、外境、特殊物事頗多旁逸斜出之勾連等；這甚至包括以嚴格邏輯抽象和嚴謹定義著稱的哲學概念、學術概念等，因為要麼學術界對相關概念並未取得共識而存在許多種定義，要麼哲學家或學者在使用概念時仍然無法那麼嚴謹一貫而存在許多差異、罅隙或特殊性。既然如此，如果一味使用嚴格定義，或在翻譯外國字語時試圖偏執地尋求詞義完全吻合的“詞—詞對譯”，或許反而不符合對象詞義語義的事實。那麼，對此就可探討嘗試採取一種新的翻譯策略。於此或許可利用維特根斯坦的所謂“家族相似性”理論或“遊戲”理論，來思考翻譯

① 所定之義，皆是虛玄之義（如柏拉圖所謂之“理式”或“型式”），不是一切實際物事本身。

理論創新之可能性。

比如,倘以本國文語中之相似語義或詞義的字詞家族或語義家族("家族相似性")來翻譯外國文語或字語中之相關字詞或詞語,同時加以必要之闡釋(explication),或能有更好翻譯效果,即更利於多維闡釋、傳達外國字語中的相關詞語、義理等的本來豐富複雜多歧異的"豐厚本義",而不必乃至避免刻舟求劍、亦步亦趨、僵化呆板、一一對應的"詞—詞對譯"。質言之,不必在任何上下文或語境中都偏執而僵化呆板地以此文語之單詞對譯彼文語或字語之單詞,乃是此文語之(某詞)近義詞族對應彼文語或字語之(某詞)近義詞族,而依據不同語境(據理擇義或**隨境擇詞擇義**),隨物宛轉(據實擇義或**隨物擇詞擇義**等),靈活擇用之或殊用之,反而在事實上更為精確,或更能有效傳達詞義語義。

以英語單詞 justify 或 justification 及其相關詞義家族之漢譯為例,漢語中文中之相關字詞,或相似詞義家族,便可有"證成"、"證實"、"提供論證"、"說明理由"乃至"論證其正當性"、"正當化"、"講清楚道理"等,而不必一遇見 justification 就偏執地一定要翻譯成"證成",導致可能違逆破壞漢語中文之字法、文法或語法,不倫不類,反而多其弊端後果①。

"家族相似性"、"深描"、"內捲"等中譯詞語,頗難顧名思義,即頗難從其文字本身推測其義,故就中文漢語而言,未必是好的

① 具體譯例,可對照上文"不必為全數外語詞或義理新造漢語或中文字詞;兼談譯學理論"一條中,有關 justify/(justifies/justifying/justified)justification/之漢譯。又比如,在中文漢語中,亦多近義詞家族,可供作者**隨境**、**隨物**靈活擇用之,而避免呆板重複,增加文章多變風姿。此外,作者亦可基於固有字法和文法而創造使用中文漢語,同樣可創造多姿多彩之中文漢語之風姿。如不必處處用"標準",亦可用"判準"、"定准"等。

詞語創造[1]。反之,"心裏沒個底"、"心裏沒底"、"俟隙"等詞語,就是頗為形象化的詞語或語言,用其來表達某義,對於習慣於具象思維和具象文語的中國人而言,就相對容易理解。職是之故,在使用這些詞語或術語時,就須有必要之闡釋。故當人們試圖談論這些詞語所包含的涵義時,或許更好的談論方式,不是在抱有所有讀者都可讀懂的虛假預設下,徑直簡單地採用這些詞語或所謂"術語",而是必須同時呈現這些詞語或概念之所以獲得相關涵義的分析過程或獲義思路[2],讓讀者能夠看懂和理解,然後才可使用這些詞語。

中國的註疏體是很好的學術文體,或立體化之學術文體或論學文體,因為線性或平面化的文辭有時很難呈現意義的立體性……我日益意識到這一點,並在自己的文章中也嘗試採取註疏體,即**自我註疏的作文或述作**。

日常文語(文字語言)與科學文語的區別不在於文語本身,而在於其文體、研究方法和正名定義方法等層面,並且科學文語會增加一些科學符號來幫助分析。歐西拼音字語因其本來就是強制符號,加上繁複嚴格之語法,以及藉助若干輔助符號,所以相對比較便於科學論述和闡釋,或記錄科學研究的過程和結果等——當然,

① 當然,"家族相似性"一詞相對稍好,而"深描"倘換成"細描",中國讀者也許相對容易理解。

② 或曰:不必或不可將"家族相似性"、"深描"、"內捲"等視為一個絕對的或顛撲不破的概念或理論,而更應將其視為衹是一種分析方法,或一種分析思路。即不作為結論來看待,而作為一種分析方法來看待。事實上,對於任何概念、理論或學說,不要輕易地相信(信念),也不可簡單地認為其是真理(truth),而是必須要關注其論證(justification),然後作出自己的判斷,或使用其概念或理論。亦即要有論證或說理。其實,政府文告、政策等,亦可如此。

對此亦不可強調過度[1]。中國文語或漢語中文如何在這方面亦創設一套有利於科學論述、分析、闡述等的合理有效的文語手段(包括字法、文法、語法等)[2],是中國文語進展優化的很關鍵而重要的課題之一。

又比如,音語或變形語(屈折語)及其音字或符字,為表示細微語義差別或語義界定、意義界定等,提供了頗為豐富的字語工具或語法工具,便於義理或理論或科學之討論。漢字漢語是否亦有其本身的豐富的文語工具或語法工具?是否具備音語音字的字語工具或語法工具?是否當於此有所補充?如何補充?(註疏或註疏體也是漢語中文的一種特別文語方式或文語工具。)

我並非盲目反對詞組,而是強調:第一,如有其義之單字,不必輕易多造詞組,此謂**"必要"原則**;第二,即使可多造詞組,以豐富漢語中文之詞彙,提升其表達力或表現力,或以此與白話文多詞組的特點和風格協調之,或由此減少說話時由於同音字多而造成的誤

---

① 或問:漢文語與音字語的差別主要是體現或局限在文字語言層面,還是漢文語文化與音字語文化的方法論或認識論層面?答曰:可能後者亦頗為重要。並且,這對於中國的科技進展亦有非常大的影響,然亦並非唯一影響因素,乃至並非根本影響因素,而國家的文化傳統與文教制度、科技政策、產業政策等顯性影響因素,以及國際競爭、國際政治經濟乃至軍事的深層結構、宏觀地緣政治格局、歷史優勢積累及其慣性或路徑依賴等,都在其中發揮著重要的作用,不可拘泥執一地解讀。

② 筆者注意到,包括軟件設計在內的許多高科技技術或產品,往往都是用英文或其他歐西字語來標記的,以英字語或其他歐西字語為母字語的人當然相對容易看懂和操作,但是以中國文語為母文語的人,無論是科學家、工程師、修理員還是普通人,倘不懂外國字語,便會增加許多不便,在高科技事業中也便隔著一層。在此僅試舉一例:姑且不論核心技術和利潤回報率等因素,中國的手機產業就其表面產業規模和世界市場份額而言,可謂頗為發達,但如看其內部軟件或諸多文件夾名、文件名之標註,多為英字語,中國讀者每不知其意,亦導致許多後果。大而言之,也是包括高科技研究創新在內的許多領域共存的問題之一。

會或歧義，也不可因此排斥或喪失既有之單字之字義，此謂**“共存”原則**；而在書面語中，在不影響意義精確表達之前提下，可盡量使用單字，謂之**“簡約”原則**與**“文雅”原則**。

意義的產生、存在和能被文語或字語記錄、被人們識別，是因為有其“事實”（“意義”或詞語所對應或指涉的“事實”）之存在；不過漢語中文較多涉及自然實物，現代西方拼音字語尤多涉及玄義或科學理物。此外，漢語中文又增加一個“文象”之環節，更便於記憶和書寫，但口說或聲音對於記憶其字形的幫助不大，而更多訴諸於視覺和經驗邏輯；音語音字則通過口說和聲音來輔助記憶和書寫。

202208271317

《爾雅》與《說文》：重用與重理

《爾雅》與《說文》：重用（用字）與重理（造字理據）①。

此為兩種傳統。《爾雅》乃至整個中文漢語發展史每多將錯就錯者，《說文》一系則重在重新為中文漢語找出理據（造字理據與用字理據等）。

人們常常有一個觀念，認為學好一門語言，首要的任務是多背單詞，掌握的詞匯量越多，意味著越能更好地掌握這門語言。這也沒錯，但對於學習中文漢語尤其是促進現代中文漢語發展而言，又不能停留於此，乃至要警惕現成的詞組或詞語，而要根據具體的語

① 又比如：重音義與重形義。

境、情形來斟酌、尋找乃至生造新的詞組、詞語，或最合理、合義或符合情境、情形、本實意義的更好的詞語表達，或新奇、生動、準確的表達，卻不可隨意地拿一個現成的詞語來套用，那就太不嚴謹、太隨意而太不敬畏文字事業了，這點非常重要。對於中文系的學生、作家、學者或志在促進現代中文漢語進化發展的人來說，必須注意這一點。另外，這也分字詞層面、語言層面與思想情感層面，前者要求你對古代中文漢語尤其是訓詁音韻字形等語言文字學或傳統"小學"有所熟悉，中者要求你有好的觀察力、語言層面的聽聞好問與學習汲取等文學能力，後者要求你心靈和智識的敏感、精細和想象力，而三者都要求文語想象力或生活想象力。缺乏想象力的人是學不好中文漢語，成不了好作家，也無法推動中文漢語之進化。其實，這對於學習外國字語亦是如此。

現代中文漢語之詞組，在社會科學和自然科學領域，其詞源或義源可能有百分之八十以上來自歐西語言，雖然用的是漢字來標記，其實其所對應的卻是英語或其他歐西語言的詞語或詞義；來自於日語漢字詞組或有百分之三十左右。許多以漢字標記的詞組還導致原有漢字失去本義，而僅僅成為外國字語的註腳。如果中文漢語學術界或整體中國文化世界、中國文語文明世界，不能繼續在科技、器物、廣義人事制度與文語兩方面創造更新（造新字與造新義理），不斷自我創造和向中國文語中輸入原創性新道義物理等，內在充實維新，反而一味依附、稗販、注釋外國字語理義，則長此以往，中國文語、中國文明與中國文化或將有淪為依附性文語、文明或次階、低階文語、文明之虞，中國學者和中國人當於此警醒而奮起創新。

202208271317

人群與人類智力的進化

人和人的智力差別(理或理性層面),在於其文化(道理義禮制度等內容),又在於其文字語言(文字工具、詞彙工具、語言工具等思維工具)①,又在於其思維分析方法手段等(邏輯學、知識論、社會科學方法、科學方法等思維方法論);後二者可謂之為思維工具。今天或又將人工智能、各種儀器機器等視為身外或間接思維工具。所以一個人或民族想要智力進步,或人們想讓一個人或一個民族在智力方面進步,那就要從以上幾個方面來努力(文化內容創新,文字語言進化,邏輯學、知識論、社會科學方法、科學方法等之進展)。同時,個人身處社會,生活於眾多人群之中,理論上必須與所有社會成員發生交涉,那麼,群體中其他人的智力狀況必然會影響到自己所處的社會總體狀況以及自己個體的生活,所以即使從私利角度來考慮,也要提高全體人群的智力水平,然後才能讓自己生活得更好。就此而言,僅僅是個體智力的進步未必會帶來個人生活的福祉和提高,如果你所生活的社會及其人群智力水平沒有同時提高的話。就此而言,自私的智力獨享和追求未必能帶來幸福。

於是,一方面,是要提高整個社會或全體人群的智力水平,是為普通教育,而未必主要是為了選拔人才,乃至造成智力差異之副作用,而是普遍提高全體民眾之智力水平;另一方面,因為努力程度、潛力程度以及機遇程度或有差別,一些人或更早更快獲得更高

① 或曰:以文字語言記錄所謂文化,乃即所謂文明。又或曰:以文字語言記錄其人其族其國其天下之道理義禮等,然後以此"大文"教化天下,即是文化,明照天下,即是文明。

的智力,加上相應的教育機制的配合,而造成事實上的知識文化精英教育或精英凸顯,那麼,先知先覺者,或智力的先覺先知者,或知識文化精英,便需要將其知識和智慧傳達給其他人群,而非知識文化壟斷乃至知識詭詐。因為知識文化精英的知識文化壟斷或知識詭詐,並不會為精英們帶來更好的整體社會和社會生活,所以不能忘記其所身處的整體社會,更不能有基於知識、智力以及相應的經濟收入、社會地位等方面而來的傲慢或理所當然的心態。

當然,這是理論上的分析,看似排斥私人知識文化乃至智慧的壟斷,但在實行過程中,又必須鼓勵個體力爭上游地追求智力上的快速提高,並以此來提升全體人群或整個民族的智力水平。在此過程中,通過合理之機制設立,兼顧普遍教育與智力的普遍提高,以及智力的先知先覺的精英凸顯,並保證後者不會拋離或歧視前者①,或造成智力身份或知識文化身份等級制,以及由此而來的經濟身份、政治權力身份等的等級制。如此,乃為或有全體社會和全體人群的好意,然後這個社會、人群、民族、國家裏的所有人,包括所有個體,才可能都有更幸福的生活。

人和人的情意差別,在於其文化、教養、潛在濡染或內隱學習、情意經歷,以及相關知識比如通過文學、心理學、情意教養讀物、禮學等而來之情意知識,以及文字語言等。

人和人的道德差別,亦在於其文化、教養、潛在濡染或內隱學習、情意經歷,以及相關知識如倫理學、禮學、經學或道學,乃至理性知識,和文字語言等。

不同國家、文化體系,其所提出的道都有其高尚處,但更關鍵者,在於是否能證成其道,這就涉及以文字語言、思維工具如邏輯

① 比如,知識文化精英、政治精英等蛻變或淪落為一個自利新階層或新階級等。

學、知識論、科學方法等來論證其道，並為道的實行、推行或實現，設計出一套行之有效的人文制度。這便體現了(國際或文化間)差異。

不同文化體系之交流，雖曰和而不同，實則其道乃有其相通者。其之所以仍每多爭執，關鍵在於利益之爭或私利之爭。

202208271317

中小學語文課中的傳統文化教育

中小學語文課或文語課當加強優秀傳統文化教育。

復興優秀傳統文化之途徑之一，在於中小學語文課；而中小學語文課能否教好優秀傳統文化，在於語文老師之傳統文化修養積累；而中小學語文老師之傳統文化修養積累，在於大學中文系之課程體系中當增設傳統思論文化方面之課程，比如必修課中增設中國思論文化史或中國哲學史、思論文化史專題(比如先秦儒學、宋明理學、先秦諸子學、先秦黃老之學、老莊學說研究、五經或十三經專書研讀①、佛學研究②等)；因為語文課還牽涉現代思論教育，故中文系又可增加一門西方哲學史或西方思論史之類的課程。既有本科乃是四年制，對於增加的課程內容的授課時間，或可採取兩種方式予以解決：或者將中文系調整為五年學制，或者採取碩博連讀之定向師資培養方式，而在碩士階段增加上述課程。

當然，加強傳統"小學"或音韻訓詁學、語言文字學等課程內

① 關於《禮記》，或可取其合於現代價值觀念而又保持合理規範之本土禮義內容而整理之，而按一定類別分別編寫，並增加其所缺乏之現代內容。

② 其實，佛學之本土化也仍可繼續進行，而有佛學之本土化創新研究。此外又有其他宗教之中國化、本土化創新研究。

容,更是題中應有之義。

202208301433

先秦字義與先秦名學,兼論中國文學與中國哲學;中文哲學:中國哲學要有"文"

先秦兩漢之中國文化注重類比,卻稍不或不甚注重精確分類或細分[①],故除單純物象、字義之外,每多渾涵或蘊涵深廣之字及其義。用此字、此義而論說,大而化之,不可謂不然,然亦或不可謂必然或精然,或不可謂精微相應,亦即:渾言之而然,析言之或有所不然。蓋無論事物、玄義,皆可細分不已,又每皆有所關聯。漢字漢語中文乃以類比法、"共形旁(部首)法"造字,則稍可見其事物、義理之關聯處:以其關連類比而共形旁,以其共形旁而知其相連類;乃至萬物一體、萬義歸一,歸於一,歸於道,歸於天,歸於五大等是也。類比、共形旁亦或皆可謂細分之一法,而稍粗簡。而(先秦兩漢之)漢語中文亦固有其細分之法與學,如《論語》言"君子之道四"[②]、《中

① 對此亦不可作絕對化理解。以今日科學發達之理技工業文明時代之眼光審視之,深植於自然農業文明時代之中國文化之分類觀念固然有所不同,然亦不可簡單地以今律古,或以現代(理論)物理學律古代經驗物理學,而率爾臧否之。蓋古代中國之自然農業文明之分類觀念亦頗發達,比如許多字書、字典或類書的體例便展現了頗為精細的分類意識、觀念和水平,而大體為自然文明或經驗物理學之分類觀念而已。

② 《論語—公冶長》:子謂子產,"有君子之道四焉:其行己也恭,其事上也敬,其養民也惠,其使民也義。"此為**直接之分類**。又有**隱含之分類**,而隱含之分類甚多,如《論語—述而》:子曰:"志于道,據於德,依于仁,游於藝。"又如所謂"三省"。此乃**不完全分事論說**,為**不完全列舉法**,既非**完全列舉法**,亦非**義理細分法**。蓋**先秦兩漢之古代中國文化每多不完全分事論說或不完全列舉法,稍少或稍不注重完全列舉法,以及義理之邏輯細分法與窮盡細分法**。質言之,每好具體敘說,不重邏輯細分與分類論述,從而構築其立體論述結構。

庸》云“治平有九經”、“三達德”等，又如兩漢經師註疏每謂“渾言、析言”之“析言”，皆稍可謂是，然其於事物、義理之邏輯細分則或稍有所不及。

有所不及者，一曰邏輯也，二曰邏輯分類或細分，或邏輯分析也。中國古人乃至全人類先民非全無邏輯意識與知識，蓋萬物本然，故人心本然，而必有其一定之經驗邏輯意識，然其於邏輯意識、邏輯知識或理論、“分類邏輯或分類之原則、方法、標準”等，或尚未有更精細之研究與心得，固尤不及於今日發達之邏輯知識理論。故其於邏輯分類、細分或邏輯分析，便處於較為粗疏之狀態，大體而言，而或有如下幾個特點：1. 隱含之分類多，而直接之分類少①；2. 不完全分事論說及不完全列舉法多，而完全列舉法、義理之細分法尤其是邏輯細分法少；3. 平面敘述多，立體結構論述少，即每好不分邏輯層次之混沌具體敘說或平鋪直敘，不重邏輯細分與分類論述，從而構築其立體邏輯結構或論述結構。

比如，中國古人重“德”，雖或有所區分論述，然大多衹是隨口談及，並未作嚴格之分析，如今之論“德”，則或可區分公德、私德，私德中又可再度細分為各細目，然後論人之“德”方能有的放矢——古印度佛教論事論理時頗擅長此種細目區分，下文將述之。當然，於其時，世界範圍內之諸文化系統，能達到上述三點之後半部分優點者，亦少。倘今世所流傳之古希臘、古羅馬文化典籍確為公元前之所流傳者，則其於此頗有擅長；古埃及文化、古蘇美爾文化、古巴比倫文化、古波斯文化、古阿拉伯文化等，吾無所研究而不敢妄論；然於古印度文化尤其是古印度之佛教文化而論，則似頗重

① 傳入中土之佛教或佛學則甚多直接之分類，又有頗為嚴謹發達之特別名學即因明學。

與頗善於邏輯分類，吾人觀東漢末以來所譯傳之古印度佛經便可知此，如佛教闡述義理時，極多以數而分類論說者，即此徵，而因明學即古印度之邏輯學也。

中國先秦固有所謂名學或名家，墨家、儒家等亦皆於此有所著墨，此即中國古代之邏輯學，然其後則後繼乏人而隱沒不彰。唐代玄奘、窺基等引介翻譯古印度之成唯識論、因明學等，當時頗有研討者，然因中土文化稍重具象思維，而稍乏此名學或邏輯學探討之延續傳統或興趣，而終於不能大發展，而亦漸處於失傳狀態。以迄近代，中國人皆頗善於平鋪直敘、就事論事、具體分析，或印象式、經驗式論述，或論一事不論系統或背景，論一識不論其通識，而仍不習慣或不善於邏輯分析與"立體"分析，或"建立邏輯結構之分析"①。

直到現代以後，受近代西方理性文化和科學文化影響，其學術論文乃頗重邏輯分類與邏輯分析，並往往要求建立其論述之邏輯結構，且以外在邏輯符號，比如四級標題法以及其他論文邏輯格式或論述方法等，來建立其點面兼顧、以點隸面、以面見點之立體化之邏輯分析或理論分析②。然一般學生或學者，或仍不知其就裏，乃是生搬硬套，則亦曰知其然不知其所以然，而吾今乃為解說之。而中國學者，當於此有所注意並實行也——然亦不可過度或走入另一極端，蓋過猶不及也，下文又有述。

當代中國之有意哲學研究或中國哲學研究、中文哲學或漢語哲學研究者，(於熟諳精通傳統"小學"或訓詁音韻學或中國文語之

① 中國古代歷史學極為發達，而多偉大之史著與史家。然其末流，亦有餖飣獺祭、瑣碎支離、炫博而無識、缺乏主題或系統等弊病，清季民初頗多史家或學者乃據西學以批判之，而創立現代歷史學。此類論述或論著甚多，茲不贅述。

② 法國博士學位論文之外在格式要求，便極為重視邏輯論述結構之建立。

學外,)當同時乃至首先註重邏輯學、知識論等之學習與研究,在哲學研究或撰寫哲學論著時,或可有意識地以現代邏輯進行論述、分析、說理,又可借鑒古印度佛教之邏輯學或邏輯論述,乃為理論哲學。然此非謂不可有哲學或思論研究之文學敘述法,或貶斥傳統敘述哲學或傳統文語哲學之價值,而仍可並行不悖也。

(現代乃至整個)**西方哲學主要是理性哲學**①**,是有理或重理的哲學,古印度哲學是有理有靈的哲學**②**,中國古代哲學是有理有靈有情有美有文的哲學**③。此之所謂中國哲學,實乃隸涵於古代道學、經學、諸子學或"大文學"中——**中國哲學一定要有"文"**——,然則中國古代哲學的美體現在哪裏呢?體現在其文字或文學裏,中國哲學是以文字、文學呈現出來的,也必須以中國文字和文學呈現出來,所以不但有理,有靈有情,還有美。所以倘要做出或寫出好的中國哲學,還要有文字修養,要有文學,然後才能勝任中國哲學之研究與撰著。古代中國哲學很注意避免陷入理障,或理之偏勝與獨勝,成為枯燥的死理呆義,而遮蔽活生生或生生變化不已之自在世界、人事世界與人生之本身本相;當然,也避免"文勝於理"等情形。

質言之,中國古代乃是道、理、義、情、靈、美等合一之"大文學"或"文明之學",而今之所謂哲學、狹義(生情)文學等皆隸融其中而已。非謂不可有學術分科及其後之哲學、狹義(生情)文學之專門

① 現代西方哲學之出現,乃是學術分科之結果或表現;分科之前,神學、文學、哲學等亦合通一處,故此非謂西方缺乏有靈有情之學,然學術分科之後,則主要不在哲學中,乃在其神學、宗教學等之中而已。然則合之,乃為所謂"西方文化"。

② 印度哲學對於印度人而言,是否也是有"文"有"美"的哲學呢?

③ 至少對於中國人而言是這樣,有美,也包括有"文",或內涵於"有文"中。此外還有**"義"**,如曰"有情有義"、"義薄雲天"等。然其或不謂哲學,乃謂"道學"或為"大文學"等而已。

研究，然亦不必或不可盡廢其中通之“大文學”，尤不可廢棄其建基於“中文”或“中國文語”上之“大文學”，而國人既或可於專業學科中得其一域偏勝偏深之理，又可於此“大文學”或“通人之學”中得其通貫之涵養熏陶。故可並行不悖。然亦其有通志通學者始能為之。

倘若中國哲學衹有“理”，那其實就近乎理性化之西方哲學，或世界哲學的共同之理性部分，固然是“與世界接軌”了，而沒有自己的特色（印度哲學亦如是）；唯其有理又有靈有情有美，才是更具中國本色的中國哲學，或者，才是真正的中國哲學。為什麼我不大喜歡看當代中國哲學研究者寫的所謂中國哲學論著，是因為裏面最多衹能看到“理”——並且，即使是其“理”，無論是從文字、語言或概念、論述等方面，亦呈現得不甚令人滿意——，其靈、情、美、文乃至道義都不大能顯現出來，這才是中國哲學的危機。

當然，同時也可以有下述論斷：假如中國哲學更為注重邏輯學、知識論等，並以此光大中國哲學，則此亦可謂是中國哲學的新機遇或新出路。換言之，一為理，一為靈、情、美、文等，皆當承繼發展之。其實，拓開去講，（除了道、理之或有缺失等之外，）一定程度或一定特色之中國文語之靈、情、美感之失落（當然亦或有其新加入者），這也是中國文學的危機，乃至中國文化的危機。你看，除了少數稍微兼具文字美感的論著，有多少普通中國人願意去讀那無文或文語不通、術語滿紙、晦澀佶屈、高頭講章的所謂哲學論“文”、（狹義）文學論“文”或專著？能發揮其文化濡染之功的論著，在既有之巨量論著中，不可謂沒有，然以文化大國或文化強國之標準而言，則仍當努力之。**中國文學或中國文語的危機，也是中國文化的危機（的表現之一）**，當然也可謂是中國哲學等專業學科的危機。

對於浸染中國傳統文化、文學和思論或學說的中國人而言（這是前提，越少熏陶浸染傳統文化，就越不能感受其美，就越會看似有據實則非理性輕視之，失其文化自信、自尊與自新之志氣，而或跪倒於外人腳下），中國傳統文化的重要吸引力之一，是其中所內涵的美，包括文字與文語之美，這是中國人閱讀中國哲學和文學等所能獲得的精神收益之一。至於其道、理、義等，其優秀者自可光大發展之，其或不足欠缺者，自可創新引介納入之——以吾國文語融會納入之也。然吾今所思忖之重要議題之一即：傳統自然文明之美感文語，與今之理技工業文明之理語，能否共容？或換一種表述：傳統自然文明之美感文語（及其靈其情），能否寫照涵納今之理技工業文明之理、事世界？傳統文語是否亦需有所更張乃能涵納之？所謂白話文、現代詞組等是否為其必然之路徑？等等。此則尚有待進一步之深思熟慮。

雖然我現在仍保持涉獵閱讀西方學術理論著作，然倘與讀研究生時相較，蓋亦稍有減少，一者稍無暇，二者，蓋當時初睹其書，頗喜其理或有深刻犀利者，故頗嗜讀之。而至於今日，其理之好者乃能自得而內化之，然後觀其餘，則其書其思亦每多理障，或以理蔽實，或偏頗失中，或過猶不及，乃曰“一端數端之深刻”或“片面之深刻”。且其譯文亦每不平易或不美，又或多所謂“西方中心主義”之文化偏見或文化傲慢者，故亦或稍有不喜者存焉——然此非謂將來不讀外國書，而徒不迷信盲從、有自主判斷耳。西方文化之優點，尤在於其論理之學，在於其邏輯學、論理學或知識論以及由此而來之廣義物理學（即科學）而已，此又為純粹論理之學，不涉偏頗之文化傲慢或文化偏見之類，故吾人自可共學共研之，而後以此論理，以自討論事理、研究物理而已；於其事理則不必事事鸚鵡學舌於外人之議論與觀點。蓋於論理學之外之其他方面，比如宇宙論、人生論或倫理學、政治學等，中西各有勝場，或不同之文化價值觀而已，如中國之仁、“天道”、“推己及人”、“和平文化或文明化及”、“王道仁政”、“大一統”、“天下主義”等，與西方之普遍人權或自由、博愛思論等[①]；又亦或各有其弊端，如古代中國因對等倫理之過度或退化而來之等級制等，西方之種族主義、奴隸制、殖民主義、帝國主義（征服殺戮奴役）等[②]，故不必離開各自文化系統而在某一單一層次或論題上簡單化厚此薄彼，而自可平等交流，平心判斷，各以其文化本位或文化利益而自主學習改進融會之。

202209011409

中國古代文化之思論論述，往往是雖有諸端多端思考，然於論著中則隱其論證，但取其中，而力圖呈現其中正或中通之結論，故或四平八穩而稍少“片面深刻”之論著。西方乃兼而展現多端論述及其最後之結論。

或曰魏晉以後中國學人之著述稍有總體條理結構，蓋亦或受古印度佛學著述體例之影響，如劉勰之《文心雕龍》等。此說有或然者，有未必然者，不可拘泥也。蓋如先秦兩漢之《墨子》、《荀子》、《春秋繁露》等，皆可謂中國本土著述之有條理結構者，不可謂全系古梵語梵學之影響也。然古印度佛學確頗注意論述結構與論述邏輯（如序分等），亦是事實，讀者自可參閱相關著作。今或可謂之“論式”（邏輯圖式等邏輯分析工具）、“論字”（用於分析論證之專門邏輯概念）等。

① 然此又當區分思論主張與思論實踐，乃至對內實踐與對外實踐之不同等諸多情形。實則於思論實踐層面，西方每多奴隸制、種族征服奴役、殖民主義、帝國主義等諸多歷史陰暗面。

② 西方“文明”之陰暗面，無可遮掩也。

中國古代哲學非無分類論述，而多就其大端而為之，至於其細端則不甚在意，而多精微之文語與靈悟；西方哲學稍多精細之分類細論。

202209012010

主動拓展與被動承受；開放門戶與自立門戶

時人或津津樂道於中國境內所發現之古代異域或異邦文物古跡，以之為古代中國或古代中國人文化開放胸襟與史實之徵象；實則此種論調有其或然者，亦有其不然或想當然者。蓋先**當區分“本位主動合理汲取異域文化”、“本土文化風力外播”與“被動承受外來文化”或“外來文化之被動承受”乃至“被征服”**，以及“古代中國人之勇猛精進、主動出走、親入異域異邦以傳播中國文化、文明或國風國威”與“異域異邦人之勇毅而“遠來”我中土經商、傳教、內附乃至征服”等也；又當有對等之文化稽考或研究：如研究古代中國人遷居異域異邦之史跡，或考察是否於異域異邦亦有我古中國人之出使、遷居、經商、傳教等之相應文物古跡等（如先秦以來之華夷互通各往、漢胡交往雜處，如漢代以來之張騫、班超、傅介子、甘英、陸詡①、法顯②、玄奘③、鄭和以及其他進入朝鮮半島、日本島、東南亞諸地傳道傳教之人員等④），此則為中國文化或中國文明之主動

① 南北朝時至百濟等地傳授中國經史等。

② 出西域遊歷中亞、南亞等。

③ 玄奘將《老子》部分章節翻譯成梵文，傳入印度、波斯等邦國或地區。

④ 乃至漢代以來以被俘、被擄掠乃至投降等形式融入匈奴或其他胡族之中國人或華人、漢人，亦不必忌諱研究其後之發展情形。

擴展,而非歷史背景頗為複雜之一味之被動承受。質言之,**不是一味津津樂道於"胡人華化或漢化"、"胡人來華"、"同化夷狄或胡人"等論題,亦當研究"華人或漢人胡化"、"華人去胡地"、"華人遷徙異域異邦而與當地人融合"等論題或史實**。實則一地一域所發現之古代異域異邦文物古跡,其背後之歷史背景或歷史事實往往十分多元複雜,或有和平文化交流者,然亦多野蠻征服、排擠驅逐、殺戮滅絕、奴役、殖民或文化征服、文化壓迫等血淚斑斑之史實,豈可一發現境内之異域異邦文物古跡便沾沾自喜,便武斷其是主動、合理或有益之和平文化交流?!

吾數十年前便言及當擴展中國人類學、考古學、歷史學等研究之地理範圍,實地考察,擴展而至於現有中國疆域之周邊,乃至更遠之異邦異域,不可僅僅局限於現有中國疆域内,然後或可漸至於中外文化交通史之對等研究或平衡研究狀態,而非目前中國學界之中外交通史之偏畸狀況,即:其實況則往往更多是偏重於外來文化影響中國之歷史研究(包括考古學),較少及於中國文化之影響異域之歷史研究,以及對於異域異邦文化歷史之本位研究。要達成後兩者之進展,則需要中國學者親身至於異域異邦進行考古學、人類學和歷史學之調研考察研究或文獻研究等,這些又都需要中國學者能多熟諳、通曉異域異邦之語言、文物文獻史跡、文化、歷史等而後可①,若陳寅恪或稍可謂是,而其範圍仍不甚廣遠,仍偏重於中國本位之中西文化交通史也。

蓋其時中國經濟實力尚有限,學者或無條件,包括經濟層面之

① 當然,更需要有必要之歷史研究、考古學之方法、技巧,乃至自主創新和製造的先進科學研究儀器、技術等。

資助，以親身至於異域異邦進行此等研究；於今包括經濟實力或研究資助等在內之研究條件乃有極大改善，則中國學者自當有相應之學術眼光、學術雄心以及相應之研究擴展和表現也。如若不然，則不可謂其文化風力或實力之更大長進。實則如古代康居、月氏、大宛、河中或安集延、罽賓（克什米爾）、身毒或天竺（古印度）、泥婆羅（尼泊爾）、獅子國或錫蘭（斯里蘭卡）、驃國（緬甸）、大夏（今阿富汗）、安息或波斯（今伊朗）、條支（或今伊拉克）、大食（阿拉伯）、大秦（羅馬）、犁靬（埃及亞歷山大城）、拂林（東羅馬），以及東方或東南方向之日本、百濟、林邑、扶南、真臘、婆利（婆羅州）、室利佛逝（蘇門答臘）、訶陵（爪哇）等，乃至古巴比倫文化、古蘇美爾文化、古埃及文化等之本體文化研究與比較文化研究，皆當進展之。質言之，要有世界眼光，包括中國自己視角下的世界史的研究和著述，而非僅用中國境內之文物、史料、文獻等，進行偏頗乃至自説自話之比較文化研究或歷史研究。

於今，"文化開放"幾乎成為一個"政治正確"乃至"道德正確"之名詞或概念，然若不觸及"文化開放"背後之文化偏見或歧視、文化等級主義、文化侵略、文化"殖民"，以及隨之而來之國家層面之文化競爭與國家利益競爭，如長時段視野中外來資本或外部力量之控制或操縱國家經濟、政治命脈之風險等，或不談及文化開放之初衷、根本目的以及"手段與目的之匹配性"，及其實際狀況下實現之可能性等，而徒空言或侈言"文化開放"，亦或有其非理性者，故不可不有所警醒也。質言之，倘徇名而不責實，不顧及其具體情實、歷史情勢①或諸多論述前提、考量變量等，而單邊偏頗立論，便

① 比如，全球繁榮時的情勢與全球經濟衰退時的情勢不一樣，各國及其人民之表現亦會相應改變，如古印度史詩《摩訶婆羅多》所言，乾旱時便會出現大魚吃小魚的情形，儘管在其他時期看上去相安無事。

可能陷入拘泥執一之窠臼。實則無論中西文化，對此皆有所論及，即不可徇於玄義虛名、徇於概念或理論，而不顧其情實、本相也。名詞、概念、理論等往往是蒼白的，故不可徇名蔽實、鶩假名而忘本實與初衷也。

其實漢字中文就是中國最大的所謂“文化創意產品”之一，就是中國最大的文化軟實力之一維，而今人盲目崇外，於本土優秀文化或懵然不覺，而不能挖掘其價值、發揮其影響力也。比如，今日中國人教外國人學習漢字中文，亦用外國音語之法，重其讀音與對話，而不重字形之分析解說，尤其是生動形象之解說呈現，亦可謂暴殄天物或有眼不識泰山也。

有關單字與詞組之思考一則：“必”與“一定”，其義同，則何必用“一定”而名之為白話文？若“溷”與“全部”之義同，又何必用“全部”一詞？

相爭者或皆偏頗偏激失中，乃曰俱不中。

也許你們分別屬於讚成者或反對者，也許你們激烈地批判，也許你們看似各各看對方不順眼，或為各種論題爭得不可開交，看似各有個性和想法，然而，事實上，也許你們毫無差別，因為你們的關注重心都是同一類東西，思維的模式也完全一樣。你們看似關注了很多，思考了很多，有很多激烈爭論的意見，似乎很多元化，其實同質化非常嚴重；你們的心智看似很開放，其實或許早已經關閉了，並無新意，並無真正激動人心的東西。

202209012141

外國諸學經典之翻譯；何以學文？大文學與小文學或狹義文學

包括《共產黨宣言》及其他社會主義、共產主義或馬克思主義經典文獻在內的西學經典，或亦可意譯，乃至用典雅文言文翻譯，正如古代佛經翻譯之多元化風格一樣，或尤可有更好義理傳播效果。

202209031248

徐梵澄用文言所譯《五十奧義書》頗好。

於學習及提升其中文或漢文水平而言，看似最笨然實亦最高效乃至速效之法（依於不同準的而言），仍是將先秦兩漢（亦含秦籍，以秦祚短而省言之，又或包魏晉之書）之經史百家之典籍，一本一本讀解一過。此種讀法不僅高效扎實，或可期以成中國文語大家或中國文學大家，亦且所得深厚廣大，旁通八達，得其通識，乃至或可期成其為通儒、大儒或鴻儒（此以"儒"代指道義理文學者，非僅指狹義之儒家），遠非僅於中文或漢文水平提高之一得也。蓋不**通中文或中國文學，無以成中國通儒**[①]**、中國哲學家或中文哲學家**。於中國古代，文豪與通儒，或相得益彰，或兼通一體，以古代文學與道學、哲學或義理之學本來相通，而道學、哲學、義理之學必以文學述作之、傳行之故也。然則今欲為（比喻義之）中國通儒，則至少當先將先秦兩漢經史與諸子百家之書文通讀一過，而又論及其

① 此以"儒"代指道義理文學者，非僅指狹義之儒家。

他,如現代及世界先進學術義理等之學習研討。不通中文或中國文語(尤其是古代中文或古代中文漢語),既無以成中國文豪或文學家,更無以成中國通儒大家或中國哲學家、中文哲學家。

即於學習中文之一端而論,亦當如此,而先通讀先秦兩漢之書。試想:不讀先秦兩漢之文書,何以通訓詁音韻之學或語言文字學[①]? 不究論先秦兩漢之經史諸子及其義理,何以讀解中國古代文學? 不讀解先秦兩漢乃至其後各代之經史子集,何能創撰其所謂現代白話文或白話文學作品? 即或撰其文,多不堪字法、文法推敲,或衹是一時權宜暫譎,而倘不合字法,則亦未可稱為文也。又:不通識文字,或不知文字之本原,何以論中文或漢文,又何以論今之所謂狹義"文學"及"文學"之理? 遑論於"文學"或"大文學"之本原、根本與鴻猷偉力有真切之體會讚預? 皆或有懸空立論、鑿枘扞格不通處。其尤重要者則曰:不探討切磋人文道義之學,何以成人? 何以文質彬彬? 何以文雅文明?!

吾謂今之狹義文學,或當命名為、翻譯為"辭學"或"情辭學"、"辭人學"[②],或"生情文學",而中國文明之所謂"文學",其義尤廣深,不可以狹義"文學"蔽之,或淆亂之。即或權宜用此狹義"文學"之名,而其本來廣義文學或"大文學"所蘊涵之深厚者或其他學術部分,亦不可廢,乃曰道學、義學或道義學、義理學、仁智學,或經學、諸子學、經史學乃至名學、哲學等是也。此非謂盡納其舊有義禮,乃曰則其優秀傳統文明,曰吾國必當有究論道義或義禮之學術與文統也。

或曰:吾國今自有哲學、史學與狹義文學,亦或可涵蓋古代之

---

① 然若讀時衹注意於音韻訓詁,而不通其經子義理,亦曰所得狹隘。

② 文學是辭學與人學之合一。

廣義文學。則吾謂不然。一者道義學、仁智學、經史學乃至諸子學等非今日之哲學、史學所可涵蓋，二者吾國之經學或道學、道義學何在？三者，通識之學，有專業之學所不能及之優點，故亦未必可輕棄之。實則前兩者乃為一事。蓋西方乃至其他諸國皆有其本國之經學或道義學，如以基督教或基督教義為重要或主體道義或仰信來源之邦國地區，乃有民間之宗教教化如教堂團聚講論，有基督教大學或神學院，乃至世俗公立學校（中小學、大學）亦有神學、宗教學或宗教類課程，以探討方外經典，養其民性民德等。而其他邦國或民族亦每有其本民族之道義學教化（方外道學或宗教，或方內世俗人文之道義教）。此於其國民或民族之品性、心神、智識、群治、共生、凝聚團結等層面之功用固不待言，然則吾國亦不可或缺也。

雖然，學文亦不可躐等，非謂起初或自童蒙始便誦習先秦兩漢之經史百家書，而亦隨其齒年有所循序漸進也。古代教育之法，先識字，稍講其訓詁音韻，今尤可講其字形或造字理據，尤有形象，又能養成初步理性，便於童蒙以理解之，謂之傳統“小學”；又或有優美韻文詩詞以誦讀摹寫之，稍得其音韻抑揚之美感；然後講經；然後乃可自讀其經文註疏與諸子百家，乃可尋師訪友而請益切磋討論，又廣為博觀研討中外古今之諸學，而漸或至於博士通人也。通文而文明成人，則他事如自處處世、交接、行事、究理格致（廣義物理學，即今之所謂科學研究等）等，亦皆可如虎添翼，助益大矣。

又雖然，此非謂人皆當為通儒文豪，乃曰人皆當稍具必要之中文水平，則此固亦有學習中文之方便法門，如各種優異註疏選本，而其書其文當囊括“小學”字書、經史、諸子百家、賦駢詩詞等，亦或可費力稍少而初具基礎或規模。然此亦有相應之學習教授之法，不贅。

吾撰《四書廣辭》、《十三經廣辭》乃至《諸子百家廣辭》,或又精構其選本,亦曰可為中文學習者增多一方便法門是也。

所謂"經學"、"道學"、"道義學"或"仁智學",就是"講道理"之學,而不可解之為教義或教條灌輸之學,則何不可有經學、道學之課程?! 無"講道理之學",才或多"不講道理之人"與"不講道理之事",則經學、道學之課程又豈可廢?! 何必恐懼於講道理之學或道義講論之學?

漢字觀物取象、體物取意,按理更易於表記物理或新物理(今曰科學)——然此或當續造新漢字,而或難獨恃原有漢字義之引申。然造新字尤當謹慎,且確乎不可過多增加漢字,故今乃權宜用組詞法而已。

202209031513

口語與書文或新書語:融通古代文語與現代文語

今或稍分現代漢語(實為現代漢語中文,或現代中國文語,包括語與文,或語言與文辭或文書)為口語與書語(書面語,或書文,或書語文)[①],然倘其書語或書文衹取現代詞組,而排斥古代漢語

① 嚴格言之,準確的命名當為書文或書面文,如此則文、語有所分別,不至於文、語混淆一氣。然以當代頗存在"文、語不分"或"以語賅文"以及所謂"言文合一"或"語文合一"之傾向或現實,故乃有所謂"書面語"之說。實則用文字而書面所載者即是"文",不是"語",或不完全是"語"(書中所載不全是"語"或"言"),或不是純粹的"語"或"言"(書中所載之"語""言"不能等同於實際之語、言)。質言之,**先當區分文、語,然後區分古今,則其文有古文與今文(白話文),其"語"有古代漢語與現代漢語**。文、語雖互相影響,但畢竟文、語在本質上有所不同;而近現代以來乃有意(故意)無意 (轉下頁注)

（或古文、文言）中之許多單字及其語辭，則亦不能溝通融合古今。吾意以為乃可古今①分立、融通而並立之。

所謂分立，乃謂仍可分別發展而各有古代漢語中文（古文字典）與現代漢語中文（今文詞典）。

所謂融通，乃謂於獨立或分立之古代漢語中文與既有現代漢語中文即白話（或白話文）之外，又有溝通融合兩者之新現代漢語中文，而兼顧口語與書語或新書文。若以字詞典為言，則曰新漢語中文字詞典（兼顧口語與書語），或現代書語（或書文、書語文，亦曰新語文）字詞典（雖曰書語，而兼顧口語與書語、語與文）。其方法為：以古漢語或古中文字典為底本，多收古漢語中文單字之義項及其相應語料或文辭，尤以"常見"義項為主；然後另立詞項或詞組項，則兼收古今字辭或語辭與詞組（包括現代口語詞組），而於各自（用新書語或新書文、新書語文）解釋外，又互釋之，如言"猶今之某詞"、"猶古之某字"，而尤以後者為重，即所有現代詞組皆勉力求其古語之單字或語辭，其絕然缺乏者乃或組字或造新字以名之，然後讀者或國民藉此乃可既知其現代詞組或現代口語字詞（或白話詞組），又於作文時能用其新書語（或新書文、新書語文，重其單字、古字或故字）而有精約簡潔之特色，從而兼顧古今，兼顧口語與書語，兼顧文與語。此所謂新書語或新書語文，乃勉力以古漢語中文或古字為主，古漢語中文所無之義項，則暫用現代詞組，然學者等又

（接上頁注）地造成"文、語不分"之局面，**這或許是近現代以來中國文語學界逐漸釀成的最大的誤解或誤會**，並導致許多後續問題，逶迤至今，仍未得到很好的澄清和解決。又有補充說明：此節之論述固然試圖區分文、語與古、今，然而有時又頗囿於由所謂"言文合一"或"語文合一"而來的"文、語不分"，以及"以語賅文"的既有混亂狀況，在名詞、概念或字詞使用上仍然存在混淆的情形，或未能完全一貫。然從理論言之，則固然當區分古今與文語也。

① 古代文語與現代文語。

勉力尋其或然之單字(如新的引申義),將來仍有單字書語書文(包括造新字)替之為當也。

所謂並立,則曰古代漢語或古中文字詞典、現代漢語字詞典或現代中文字詞典、現代書語文字詞典三者各自發展,相輔相成而齊頭並進也。質言之,現代詞組主用於口語(與新義),現代書語文或新書語文則主用於書語或書文,口語與書語(乃至文與語)乃有所區分;而古代漢語或古中文字詞典實可為現代書語文字詞典之必要組成部分,或另出,乃為新書語文之深厚淵源或資源,而古今溝通融合。然則今人之作文,既可**言文合一**而寫現代口語文或**現代白話文**,又可以**現代新書語文**(乃至純古文)作文,乃收精約簡潔文雅之功與美,而兼顧平實易為與優美典雅之二維功用。

質言之,其口語或白話、白話文與作文初階乃或可多用現代詞組或白話字詞組,其書語文或作文進階則多用(現代)新書語文或新語文。白話與白話文大同而小異,白話文與(新)書語或新書文又可有其同異而愈加融通之(尤以後者即新書語或新書文之字法文法為主),白話與書語文則亦有同有異,雖有其同而不可盡求一律,此亦是漢字漢語中文本質或本色之必然或必致也。

話(言、語)與文不同,言與辭(辭章或書文)不同,言語與書文不同。白話或口語以言聽為主,而漢語同音字多、一字之義項多,故為避免口語言說聽聞間之歧義或誤解,不得已乃每以詞組代之,乃至以近義或同義之二三字組一"新"詞組;此於主於視覺與字形之書語文而言毫無必要,於主於聽覺與字音之口語或白話則或不得不然。而書語文以視思為主,漢字有字形,睹字可見義,文字又有上下文或語境,作者讀者又可前後關連而解讀,乃可點面結合,故可用單字而言簡意賅,又用古語辭而典雅優美,不必虞其或多歧義誤解也。實則口語雖是如一線而出,聽者亦可關連而聽,亦有上下文或語境以助解義，且其語境又與書語有所不同，而有外境之闌入也，然究竟視聽不同，故仍以用詞組避免歧異為優。而書語文則無此虞。

202209040530

中文書面文語之字詞典；“對外漢語教學”與本國中文教學：教文，抑或教語？

或曰上述（新）書面文語字詞典或將卷帙浩繁，有所不便。乃答曰無虞，仍可各自並立發展。然又可有精簡本、繁全本之分。且與提升全民族之語文水平相較，何懼多其幾百頁？牛津英語詞典又如何，亦曰卷帙浩繁也！

又或憂其受眾不多。乃答曰：又何必憂其小眾？在中國，任何小眾之智趣或趣味，皆實可達大眾之數。如全國之大市場，其人眾十四億，稍得其小眾，即有可為；而兆民創新，各有其趣其創其得，然後吾神州大地乃無所不有，乃可為文智理技名物之大國強國也。

若真欲推廣中國現代新文語或新書文，則國人學習外國字語之詞彙時，或當兼以書面文、白話文標記其義，其無古字古文之義項，則以現代詞組標記之。不過，歐美字語基本上言文合一或語文合一，故學其語大體即是學其文。然亦不可謂全無分別，蓋雖歐美人不入學則或能語而不能“文”（寫字作文等），故亦有能語而不能文之“文盲”；而異國人學其語言，亦或有能說其語而不能寫其字或“文”者。質言之，能語而未必能“文”；能“文”則雖語之而仍可溝通也。故乃曰：文有或勝於語者。

外國人學習中文時，則或初學白話詞語與白話文，其能者，乃學新書文或書面文，則有高階之中文讀本，則其標記，亦當有中文古字或新書面文。

若夫外國人學習漢語，則又有所不同。

今日中國之對外漢語教學或中文教育，蓋重語不重文。此或亦忽略中國文語之特點而一味迎合西方字語學所導致之誤解，因為西方字語大體是言文合一，而中國文語則文語不同，故顯然不可生搬硬套西方語言學和西方語言學習理論、方法的那一套。故或當自問：教中文？還是教漢語？抑或兼顧之？然則何以兼顧之？

或曰：無論是本國文語學習還是異國文語學習，皆有不同目的。如異國文語學習之目的，或則重在藉文字語言而學其異國之道理義禮學術或高深文化，則當重文；或則重在言語溝通，則或重語。本國文語學習亦復如是。故中國古代文語教學尤重"文"，一者蓋學"語"自可在家庭、社會、生活中學，或不必入學也，二者古代入學本來重學其道理義禮等養心修身與經世治平之術，此則"文"也，所謂"經緯天地曰文"。故古代中國學校之文語學習材料或蒙學課本，絕少教日常語言對話，而每皆涉及或蘊含思論文化乃至高深道理義禮，雖古代蒙學或"小學"字書等亦然，如《史籀篇》[①]，如《蒼頡》、《爰曆》、《博學》[②]，如《倉頡篇》[③]、《訓纂篇》、《凡將篇》、《滂喜篇》、《急就篇》，如《開蒙要訓》、《對相識字》、《文字蒙求》、《三字經》、《百家姓》、《千字文》，如《增廣賢文》、《幼學瓊林》、《龍文鞭影》、《神童詩》、《千家詩》、《唐詩三百首》等，每皆如是。反觀現代以來受西方語言學影響而本諸所謂"言文合一"或"語文合一"觀念而編撰之語文教科書，其內容、風格、體例和教學方法等便有極大

① 《漢書・藝文志》載："《史籀篇》者，周時史官教學童書也。"

② 作者分別為秦代李斯、趙高、胡母敬，乃小篆編就，其文字多取自《史籀篇》。

③ 漢代合《蒼頡》、《爰曆》、《博學》三篇為一本，統稱《蒼頡篇》。

變化①,然或亦丟棄傳統中文教育中的許多優點,而造成許多問題

① 現代以來之中文教學,大體或欲**"語"、"文"並重**,然或受西方語言學觀念影響而尤重其"語",此從"語文"課程名稱亦或可稍窺一斑。古代則尤重"文"和教"文",所謂"行有餘力,則以學文"是也,又所謂文教、文學、文化、文明等是也;然孔門四科中亦有"言語"一科,則亦藉"文"或"文籍"、"經籍"之學習而學其言語之術也(《論語—子路》:子曰:"誦詩三百,授之以政,不達;使于四方,不能專對;雖多,亦奚以為?"《論語—季氏》:子曰:"不學詩,無以言。")。

或曰:學"語"不必專門入學,學"文"(大文)則必專門入學;且"文"可為全國乃至天下一統之重要憑藉,蓋文書一統則天下國家可治,雖偏遠野老、方言雜陳亦能藉文書相互交流無礙,則"文"重於"語",故中文教育尤當重"文"而或"文、語並重",故**"語文課"或當改名曰"文語課"**。

又或曰:"語"者,語言也,每是民族(如中華民族)或國族或一國之共同語言,或一國國民共同生活(包括政治生活)之重要憑藉,故語言、語音尤重於"文",**固當命名為"語文課"**。

前者又曰:"文"可快速一統之,"語"難一時便一統之,故於一統天下而言,"文"重於"語",然則古乃曰"天下書同文",未嘗言"天下同語",蓋古之帝王或王者之天下大一統,乃首先是"文"的大一統,而未嘗是"語"的大一統;然若文字統一而天下大一統之後,久之雖其語亦將歸趨統一於"文",受典雅或雅正之"文"節制指引,則雖有方言土語,而亦大體可謂是"文語大一統",此或古代中國或天下擴展而大一統之本相,亦或可藉以解釋中國各地方言之產生或演變過程,是其影響因素之一。

或又論曰:若夫近代以來之"重語"趨勢,或相對之"語升文降"之趨勢,實受西方語言學與西方歷史影響,尤其受近現代之西方民族主義或民族國家興起之極大影響,一者自歐洲迭經人文主義、啟蒙主義思論等之興起與熏陶,歐洲各民族之民族意識覺醒,乃在追求民族獨立的目標下,同時要求使用本民族語言或本土語言、本國語言,故而提倡"言文合一"或"語文合一",其所謂"文",乃是作為當時歐洲上層貴族共同語、共同書面語或書面文的拉丁文,其所謂"言"或"語",乃是本民族語言,而歐洲並無中國式"大一統"的思論傳統以及中國式"書同文"的文化傳統(**古代歐洲有其帝國傳統,乃主暴力不義之對外征服、殺戮、奴役、掠奪與統治;古代中國則有"文"化"文"明傳統與王道仁政傳統、天下傳統**,雖亦有正義聲討乃至以武功討伐殘暴冥頑不化者之事,然非為不義征服、奴役與掠奪,而尤重以蘊涵"道德義理、禮樂美儀"之"文"("書同文")教化、王化天下,懷柔遠人,共享王化(或文化),共臻文明,而明照天下遐邇,即尤重文化、文明、文治與相應之王道仁政之擴展,**文化天下,共臻文明**,乃是柔性的文化擴展和文明擴展,亦即**同化於天下文明**。在此過程中,**"文"或"書同文"以及相應之文教、文化事業便扮演和承擔了極為重要的作用**,並不僅僅是上層貴族的"書同文",又通過及於百姓兆民的相當程度的普遍的文教制度和文教事業,教民識字作文,或以"經緯天地之文"及其道德義理禮樂等來教化或文化庶民百姓,這也可包括唐宋以後的科舉制度乃至宋代以來的書院制度,而漸漸讓天下百姓庶民皆化於"文",其方言土語亦隨之漸變(轉下頁注)

或後果，亦曰遺憾可惜，今當深思而有所更張也。

一個有其獨特文字觀、文學觀的人，或欲編一相應之字詞典。

正名、註疏，可謂是中國哲學、智學、譯學等之獨具特色、有效、重要乃至必要之方法。

或曰：一篇充斥著“主義”、“主觀客觀”、“主體客體”等哲學名詞的哲學論文，不會是一篇好論文，因為抽象而蘊涵歧異的主義、概念、術語等，可能會遮蔽對論題或義理本身的分析。這是從哲學本身而言，若從文章學而言，則這樣的論文至少也難稱得上好“文”，正如一篇用字單一寡少而多重複的單調呆板的文章難稱好文章一樣，由此亦可知多識字、多詞彙或語辭的重要性。自限識字量，乃是自廢武功。

202209040530

(接上頁注)漸趨於華夏雅音矣，亦即華化而天下一家)，故其“言文合一”乃是自然而然的要求；二者，歐洲字語本來是拼音字語，故其言文合一也便很容易實施。近現代以來，中西文化交流頻繁，這些因素便都傳入中國，並為部分中國知識分子所接受和利用，但卻往往是錯置或誤用。因為中國的歷史文化情形與歐西迥異，一者中國有大一統的傳統，二者華夏文語或漢字中文漢語乃是有“文”的象形字或“文語”，與拼音字語大相徑庭，三者，自古中國境內民族眾多，雖然華夏民族是主體，但每可謂是多民族國家或天下，同時，華夏民族之外的少數民族人數相對更少，也很少有原生的創製文字，故在文語文化層面，華夏文語文明乃是更為先進的，由於以上三點原因，古代中國便更重視“文”，以“文”“化”“明”天下而文明文化擴展，乃成今日之中國也。故**於中國文化、中國歷史與中國國情而言，“文”重於“語”，而不可亦步亦趨於西方的“言文合一”等語言學觀點和字語政策(或文語政策)**。不然，則亦可謂是邯鄲學步或自廢武功。(以上寫於 202308290050。)

質言之，**在文、語區分下的文語政策和“文”化政策方面，古代中國更為重“文”，當代中國乃是“文、語並重”，故曰“語文”，或筆者所謂“文語”**。不贅述。

當然，以上論述特別強調“文、語”區分，但無論是古代還是現代，在對二者或二字的實際理解和使用方面，兩者既有所區分，又往往互相包涵而呈現出字義或語義交叉相涵的狀態，故無論古今，其雖或僅言“文”或“語”，或“文、語”之一，實則乃皆又兼含兩者之含義，徒主從輕重或有所不同耳。然則又不可拘泥執一也。

通曉世界諸文語或字語;司馬遷曰匈奴與華夏同源

不多熟諳幾門人類語言或文字,尤其是古語古文古典,便無以深究或究論人類哲學或人類文明。若古華夏語或古漢語、古梵語、古拉丁語、古希臘語、古希伯來語、古波斯語等①,皆可習之也。其他字語,如古匈奴語乃至中國境內之所謂夷狄蠻戎諸族之古語(乃至可能之古字),若能考存究論,亦曰善哉。其欲為文化大國強國者,於其諸古語所留存之經典,皆當迻譯註疏之。

在中國,任何所謂"小眾"之事,皆可有為,以中國人口總數之多,雖名曰小眾,而其實則為數眾多也。

斯拉夫人被稱之為"奴"(slave),古匈奴亦被稱為"奴",兩者有何人類"文化"關聯乃至"歷史"關聯?是否共享著某個人類歷史發展階段的交往模式?是文野區分還是文化歧視?皆可深思之。按當下歷史常識揆之,兩者蓋無甚史實關聯,徒為人類"意式"("文化""模式")之同表徵而已,即文明先進之族群歧視(乃至奴役)文明後進之族群,或文野區分而已。

如司馬遷所言,匈奴蓋與華夏民族同源,而後分別發展,其生事習性漸分而稍不同,文明進化程度稍不侔,當時或乃被目為野鄙乃至歧視為奴。匈奴逐水草而居,其實亦可謂居無定所,而遷移廣遠,又或多異部落乃至異種族之相爭相並,遂於血統、語言等層面

---

① 以上所謂"語",皆包括相應之文字。文、語固當區分,此處乃一時從俗耳。

闌入其他若干種族之份子，乃與華夏民族漸行漸遠，漸變為一新民族。然而殆亦大同小異而已。吾謂匈奴蓋亦蒙古族群之來源之一，則蒙古族與華夏族亦為兄弟也。而今之吉爾吉斯人、哈薩克人之族源，蓋亦有古匈奴人之一部，則亦可謂華夏民族之兄弟民族。

然又或有一解，謂古匈奴或與古突厥人頗多同源相連者，然則依司馬遷之言，古匈奴、古突厥或皆與古華夏人有其淵源相連；若不依司馬遷之言，則或兩者頗相差異。其後華夏族與匈奴族相爭幾百上千年，既各自闌入不同族群份子，又相互闌入對方份子，如匈奴降漢（如南匈奴等），漢亦有降匈者；其後之突厥亦有如是者，然則漢匈、漢突雜糅，雖成為新民族，而實皆爾吾交融，其親不遠，吾人今觀中國漢人與蒙古人、哈薩克人、吉爾吉斯人乃至其他中亞人，皆可見其間相差不遠。大體地距愈近愈多爭執，然亦多交融，而愈多血統親近；地距愈遠則親緣連係愈疏遠也。然以其近而親言之推之，則天下人皆為兄弟姐妹也。故曰天下歸仁，而相與平等仁愛也。

今西方學界謂亞洲黃種人曰蒙古人種，此以蒙古人曾橫掃亞歐，威震世界（至今歐洲仍有蒙古人後裔，比如俄羅斯聯邦境內地處歐洲的卡爾梅克共和國中的所謂卡爾梅克人，實即衛拉特蒙古人，而信仰藏傳佛教），故西方人乃以其族概括黃種人。然以華夏人之眾多，歷史之久遠，文化之博大精深厚重，而竟不獲以代表命名其種族，亦皆西方人或西方學者之偏見——然亦是人類意式（“思維模式”）之或多同然者，即：孰風力強，則孰可為外人尊認，而將名從主人；反之，孰風力弱，則外人歧視之，而不能自聲其名，或自主其名，乃被外人所命名或污名之而已[①]。此所謂風力，義亦多

① 亦可參見本書前文有關“名從主人”之一條。

方不一，如文治文明風力、武功兵戎強力等，皆可謂是。

202209041248

略論群合與群治

個人零散融入發展與群遷獨立發展不同。前者乃同化於其他主體族群，若無其自身之群合之傳統，則將泯然化於他族。後者則不然，既可自維團結其群而不散，又可納入新份子而擴展其群其力，而以其族群展佈、挺立、自名或知名於世。群合而能自展佈，個人零散融入則曰自同化於他而已。倘欲自挺立，則無論個人零散或群眾會聚，皆須有其自身**群合群治之傳統或法術**，然後乃能自凝聚；又須有其**自身之善好文明傳統**，然後乃能吸引群眾乃至遠人遠氓，而漸成其大。無此二者，便祇能依附於人，乃至受其他少數族群之統治奴役而已。或雖漸至於人數眾多，超乎其他族群，若無此二者，殆亦無所自表見。或曰於今民選治術下，終將能翻身，然後吸取其他族群之優長，而將有所展佈也。則無論如何，**族群人數**皆事關重大，不可或忽也。而古今眼光長遠者，皆頗鼓勵民人之生聚教訓，以此也。若夫有其人眾，而無所展佈，乃至愈加立地促迫，內向爭持相鬥殘殺而人眾日少（總量與較量，較量今謂比率），則曰**群治與文明不足**也。

前此，人類史跡罕存而無可實考，乃置而不論，論自有史傳者，則西元前 1500 年許，古雅利安民族第一次亞歐大陸大遷徙或大殺戮，如古印度之原始土著，殆被古雅利安人屠戮極多，其或有劫餘者，乃被驅於山林荒瘠之地，苦難千年以倖存而已。西元 1500 年許，歐西民族又一次全球大殖民或大殺戮，持續幾五百年，其自身群治與文明傳統稍不足之美洲土著人[①]，遂幾被屠戮淨盡[②]；非洲人被販賣為奴；五大洲之其他土著民亦有如是者，或被殖民統治，而唯其群治、（內部道德禮義）文明傳統較深厚而又人數眾多之大民族乃為倖存而已——此又因列強相爭，復因歐西民族人數本不多，亦一時難以"消化"耳。歐西民族既掠奪得其廣大殖民生地，乃不愁立地與生計，然後乃止，止以從容繁殖、利用而守成其土地也。故乃詭言"公理"、"規則"、"秩序"云云，都衹是維持其搶掠品與既有優勢而已。待其守持既成，人口日繁，則又或恨生地不足，而或將啟其新一輪之擴張虐殺殖民。世界之強大民族，皆有如此者，乃曰一浪席捲一浪，所謂"落後就要挨打"、"強權即公理"，人類苦難乃世世無已。

202209041248

本原文語、一級文語、第一位階文語或字語

本原（源）文語、一級文語、第一位階文語或字語。

古人或評騭人事計策曰"空想"、"白日做夢"、"虛懸高標，不切情實"、"陳義甚高而無濟於事"、"陳義甚高，而不當於情實事理"等，今人乃曰"為人做事不要太過理想化，要現實主義一點"，以"理想化"、"理想主義"、"現實主義"等代替之。實則此皆西語式思維與言論。看似皆為漢字中文，實則乃是譯襲依附西詞而已。若稽

---

① 本各自有族名或部落名，而被殖民者命名為"印第安人"，而已不能自主其名乃至自主其命了。

② 其孑遺稍存者，已不足主宰自身命運。

考之，所謂現代漢語詞典中之詞組，頗多此類，可謂以西語、西詞、西義、西理等替換漢語中文本有之字、義、理等。或憂長此以往，則漢語漢文徒有其漢字之表形，漸將盡失其內義、本身字法、文法等，乃將淪落為模仿西語之次階語（文語或字語、音語等）。

漢語中文本是原創高階字語或第一字語或文語，自有本位而或吸納融會外來義理於我，先秦以來皆然（如佛教、西域等之義理人文之漢譯引入），而周邊民族每或襲用，或仿造，而一時為資借漢語中文之次階字語。雖古梵文佛典進入中國，亦依漢語中文之字法文法而迻譯，未能撼動漢語中文之本位，及其在東亞之字語優勢——此種文語優勢，或又與古代東亞政治秩序稍相表裏，共相維持東亞之和平穩定，乃至漸將文語統一，為東亞之文語天下一家。據說古梵語亦屬印歐語係，又為音字，而漢語中文乃能巍然屹立；歐西音字音語之入於中國，或可大略計自明末，如徐光啟輩之翻譯西方物理之書，而仍循漢語中文之字法文法，未嘗破壞之；且雖明清小說，相較文人辭章而稍近俚俗，然其古體小說固是文言，雖其白話小說，實亦大體能合乎漢語中文之字法文法，或相應之字語思維，而偶有俚俗語與一二新詞闌入而已。清季，激於當時情勢，以求救國之術，中國士人乃頗青眼西學，翻譯講求，蔚為風氣；西方一二邦國為其自身之邦國戰略利益計，亦審時度勢，願納華生負笈於其國，其後乃至於在華開辦學校，尤多宗教色彩濃厚，此則三千年來未嘗有也（或謂中古中國之佛教興盛、寺廟譯場眾多或佛典翻譯差略近之）。中國教育文化事業遂頗落於外人之手。古亦有中土建寺譯經之事，然每皆官辦或本土主導，而聘請胡僧，而以漢語中文固有之字法文法譯述之而已。亦可謂**本位自主擇取引進**，而為宗教中國化或外國學說義理之中國化也。

及清季民初，激於時代情勢，留學風氣大起，西洋留學生胡適等乃大倡白話或白話文，蔚成風氣，寖以成勢；西學與西方字語之影響亦日益增長，譯述稗販，註疏引用，中國文語乃至中國文化乃丕變之。於此既有成就，亦有問題，或提出了一些新的課題或挑戰，比如，在文語方面，漢語中文作為原生文語或第一位階文語，如何繼續創造進化，繼長增高，而避免淪落為依附外國字語的次階字語或依附字語，便是需要中國學者予以特別關注的論題。不贅述。

202209051135

漢字之內部物象構形之間，本蘊涵義理與邏輯

歐西或別國音語每據其“性”、“格”、“數”、“時”等之不同而微變其單詞（音素微變），謂之單詞變形或詞形屈折，此類語謂之“屈折字語”或變形字語。其單詞變形，乃所以徵別其相應之語法義、邏輯義或詞義；其詞義之微移或不同之邏輯義，乃以單詞變形徵顯之。有此特色與技術，變形字語似頗能傳達分辨詞義之遊移微細而區別之，故於此稍能更精確其詞義句意。或謂漢字語為形義之文語，其字形固定，不可變形或微變字形，如變形字語然，因少此技術，故其於精確字義或區別微細字義諸點，或有稍遜。然事不可儘就一端論之，而當通觀之，則少劣乎此者，未必不可多優乎彼，如：漢字固不能變形，然漢字之一字，雖謂一字一形，而其一形之內，又有諸分形，謂之部首或構件（乃至部首或構件之內，又有筆劃之形，然此於別義稍可忽略），於用字造語時，其字形雖不可變，然各部首或構件之間，已存特定“邏輯”或比義，然則一字之內而或可蘊涵多重邏輯關連，或義項比類互繫，用以固定其字義，而睹字立析其構形而能自明其義，亦非變形字語所可媲美也。蓋就其一端數端而

言，則固是各有優長，然以全端整體而較之，則非三言兩語所可窮及。

漢字於其洇整字形之內，便內涵諸小物象構形或構件之特定相與邏輯或比義思維，甚乃可謂綜合或立體字義，是漢字及其字義之優勢，可謂失之在彼（不能變形），而得之在此（立體字義），與音字或變形音字打一平手。然若漢字字形日益過於化簡，無以分析其字形部首或構件，則其內涵立體思維邏輯之字義，便難從字形中"見"出，則無論書文或口語，皆日益徒重其音，不重其形；其音又不能變形或變位，則既無外國音字語之優勢，又失一己之特色與優勢，一進一退之下，將何以與外國字語頡頏互競？若是所學漢字總量又過少，則其用字，便將捉襟見肘，而或顯貧乏單調，粗糙狹陋，或處處重複呆板等，然則漢語意象優美、表義豐富多方之特長亦無由表見。

故第一**漢字不可過於化簡**，過於化簡則失其形義之優勢，亦失其腦力心智訓育之一術（可簡化，然不可過於簡化；簡化或一時似使人易學易寫，實則未必然，以其失內部構形邏輯或立體字義也；而國民富裕之後，固能全體識字，而又必有更高之人文或文語靈藝之追求也）。蓋變形字語以繁複之單詞變形、位格相應等之法度以及為數極多單詞量等特色，訓育其民之腦力心智、邏輯思維；漢語或漢字則以繁複之字形、豐富之物象構件及其組合邏輯，以及極多之漢字數量等特色，訓育其國民之腦力心智與邏輯思維。而吾中國人不可邯鄲學步，棄己文語之優長，而人之變形字語之優長又勢不可得也。

第二，**學習漢語，又不可字量過少**。或可循序漸進，然不可限其字量，蓋字量愈少，則其可選者愈少，而於論事說理、表情達意等之精微準確或風姿多變，自然多有不逮也。觀乎往史與今世，原始人之語言，或某語種初起時，其字詞皆甚簡樸，詞匯量亦較少，其人文生事亦皆簡樸，如古日耳曼語；而世界上一時之優勢語，其詞匯量每皆超出其他語種，其人事文明亦超拔其他民族或邦國也。則漢語中文之字彙量固可多多益善。然為統一其國之文語而便於國人交通等故，乃定其核心字彙，以為共通語之地基，然此後則當多多益善，而吾國之優秀文學傳統不可輕棄也。

第三，漢語中文或可借鑒印歐語係之若干優點，然亦不可失我優勢。茲事體大，非三言兩語所可窮盡，暫不詳論。

202209060227

漢字內含立體意義邏輯；注疏體式

古漢語中文之意義邏輯（或名理）不僅以文法顯於文句間，又以字法隱於漢字本身。然後者有兩類情形：其一，每一漢字皆於其字形結構中內在隱含其意義邏輯，可拆分而會其意，所謂會其意，即曰理其字形各"構件義"之間之意義邏輯也，吾謂之為**漢字或字義之構形邏輯或構形名理**（亦曰**造字理據**與本義）。比如"聖"字，初分其構件有耳、口、王，各有義，而相結成一定意義邏輯，即會意而得"聖"字之義，曰：耳聽口說則多聞而博通也，博通而或能王也，謂聖通乃或能王，然其構件"王"又可進分其構件為二或四：二則三橫之"三"與"丨"，四則上"一"、中"一"、下"一"，與"丨"，"三"即三才，三橫分別為天（道）、人（道）、地（道），"丨"則中通之，然後其意義邏輯乃為：中通三才之道者，乃可為王（董仲舒所謂"一貫三為王"）；然後再與"耳"、"口"合之而求其意義邏輯，而會意，乃曰：耳聽口說則多聞而博通，通於天、地、人三才之道，然後乃可謂超凡入聖,乃或可謂聖王也。如斯,雖一字,其間之意義邏輯可謂複雜,然則漢字於字內頗蘊涵複雜意義邏輯,而音字語則為線性邏輯而或語法精密,且音字語之單詞亦多義,此即詞源學之所揭櫫者,而下述漢字內部邏輯之第二類即此類耳。

其二,每一漢字之義,未必固定也,而歷代學者各自註解之,乃多其義,累積之,則雖一字,而實多義,或多詮釋之義,其富於學問者,未必僅以其本義視之,乃從諸種註解義中擇其一或其眾,然則雖一單字而往往蘊涵多義,而諸義間——包括本義——又存一意義邏輯或意義關聯,吾謂之為"(單一)**漢字之歷時諸義之義府**(或諸義之邏輯結構)**及其用字時之字義取捨**①",簡稱為"(漢字之歷時)**註解諸義邏輯**"(亦曰**解字邏輯**、**用字邏輯**或用字之名理,或曰注解諸義之義府或引申諸義之義府,或引申諸義、註解義等②)。故學者讀書,並非望文生義,乃是——並能——隨時從諸義中擇取其適宜之一義或多義,則其讀書所得之字義、句意、領悟,乃為立體豐富者也。

---

① 即從此一單字之義府中取其一義、數義乃至溷含而用之,其病在於或不明確劃一,其優點在於涵蓄豐厚深廣。而現代文語則力求每字有單義,或用其單義,而音字語又每以繁複詞法(如性、數、格、時態等)、語法(如性、數、格、時態等之相應語法)再度固定每"詞"之義,有此雙重固定,則較為明確。然揆其實,如古漢字漢語之訓詁字典、現代語言之詞源學所示,字義、詞義皆有其歷時諸義之義府,時人皆擇其一而已;且所謂"字義、詞義"之單一明確,於語言學、"意義哲學"等而言,本來亦是相對而言,乃至是"懸想",並無絕對之"明確"或"準確"。或許衹有數理邏輯義才可能是絕對之"明確"或"準確",語言之"義"則不能,雖柏拉圖之"理念",或哲學所謂之"概念",若藉助字詞語言而名之說之,終究難有絕對"明確"之"字義或詞義"。何況於接受美學或意義授受而言,每人用其字詞,其心腦中之所想之字詞之義,又或各有所不同。西哲乃或慨歎字詞語言之虛幻或解讀之無能為力者(佛家亦曰"不立文字"、"不可言說"等)。故亦無絕對明確之字義、詞義或字語也,此是一切人類字語或文語之天然不足,無論其為象意之漢字漢語,抑或是玄義虛理之音字音語,皆是如此。徒各有特色或優缺點而已。

② 亦可謂字形外"用字"或"解字"之法,如假借、轉註、類比或比喻、聯想、附會生造乃至牽強附會而生造者,換言之,附會生造固是古人用字之一法,特其有巧妙合理與牽強穿鑿之異也,其附會巧妙者,後之學者未必不可沿襲用之。

如“天”，今之一般人或衹想其自然之“天”，而熟諳中國古典古文明者用字讀文思考時則不謂然；其他如“文”、“道”乃至一應重要中國哲學範疇之字，盡皆如此。又比如“琴”字，一般人乃謂之為“琴瑟”之“琴”而已，然熟諳古典者，則又謂有“琴道”，而其義豐多也，如桓譚《琴道篇》論“琴”、“操”、“暢”等曰：“琴，神農造也。琴之言禁也，君子守以自禁也。……古者聖賢，玩琴以養心。夫遭遇異時，窮則獨善其身，而不失其操，故謂之‘操’；達則兼善天下，無不通暢，故謂之‘暢’。”[①]又如“天道”一詞，某學者用之，或於腦海中立即浮現對“天道”一詞之詞義之立體分疏（如分天文天象、天則天數、天元道等多層次），立體曰其意義層次，分疏曰其各層次之意義又可分別而言之。質言之，歷代學者層層累加其義，而深厚積澱之，如此以後，一字而涵蓋萬千，是漢字內在隱涵之義意結構與義意邏輯也。

所以古代典籍常取註疏體式，讀古書則每需尋其訓詁註疏，訓詁其字義或每字字形中所蘊涵之**靜態內在邏輯結構**（或內在名理結構，即上述“漢字或字義之構形邏輯或構形名理”），註疏其字義之**動態歷時訓解**（亦即上述“漢字之歷時諸義之義府及其用字時之字義取捨”，或註解諸義邏輯），以及**語句篇章之組合義理**（由上述多元字義與字法、句法、語法等所構建之義理大意；由上下文、語法等固定字義）[②]，然後閱讀而所得尤深厚。其博觀通識、學養積累

---

① 參見：桓譚，《新輯本桓譚新論—琴道篇》，朱維之校輯，中華書局，2009 年 9 月，pp64—65。

② 所謂“語境”，可分上下文語境、外在語境與文語傳統之語境。外在語境如時代歷史情狀、作者身世經歷（知人論世）等，皆或影響其文語之內涵。文語傳統之語境則指字義之動態歷時訓解乃至文學活用，形成一獨特傳統，故不可拘泥本義也。然此非同一邏輯分類，若按統一邏輯或標準，則外在語境可包含文語傳統之語境，今為突出後者，乃專立為一類。然若專以字義立論，則字義之語境，可分為上下文語境、文語傳統之語境，而排除所謂“外在語境”。

深厚之通儒或能無待註疏,而自可解悟其豐富深厚之立體義理結構,其一般讀者無此學養積累,閱讀時無以自動尋檢旁通諸義諸說,則或不能真正領悟古書文字辭語之豐厚義理意蘊也。且雖博雅通儒,而人之記憶力畢竟有限,亦或有一時不能盡記識旁通者,則註疏亦能助其解悟通達也。故古人讀書著作,一則重訓詁"小學"或傳統"小學"(音韻訓詁學,今曰語言文字學;又重字書、字典等),重正名之學;二則重註疏。

正名與註疏是古代道學與哲學研究之兩種重要方法。然分言之乃曰正名與註疏,渾言之則正名、註疏有其相同者。或以註疏涵蓋或包括正名,而"註"類於"正名",亦曰可。然若細論之,則"註"偏重於訓詁字義,"正名"雖亦本乎訓詁字義,而又有"正義"之意,稍有不同。然其實"註"亦涉"正名"、"正義",而"疏"亦可謂"正名"、"正義",故曰渾言之則是一事而已。而(古代漢語中文著作之)**註疏體,是古代文語哲學之主要著述體式,乃至是適應(古)漢字漢語中文特色之必然著述體式之一**,便於推溯發明漢字之多重義理(漢字之內在靜態義理邏輯、動態歷時訓解、篇章義理等)也。蓋漢字之內在義理邏輯、歷時動態訓解等,必訓詁註疏之,然後其義乃可明、確而合於名理(邏輯),又可豐、厚而含蘊深廣,復可多端論說而立體通達中正(而非一端偏倚、掛一漏萬,或今之所謂"片面之深刻"),然後乃可發揚其象意字語或文語之本色之優勢,彌補其相較語法嚴密之音字音語之不足,而頡頏互競而可相當並立也。

然今之文字語言乃所以大眾通行用之者,則尤重字義之顯豁、固定,以利於眾庶讀解與言解,傳達其明確之義,而或當避其含混、晦澀或多歧異。然則古漢字漢語之上述特色,常人或不識難識,有其不合於文語通行全民之今世者,故當有所更易,而此正現代漢語中文所以興起之故,今仍處於探索進化之階段。雖然,學者間之交互切磋或仍可用此古語古文古法,然有其學養者,今世殆亦愈少見也。蓋白話文或現代漢語中文之興,古文古語之寖微,有其必然之勢,然白話文運動及其後之所謂白話文或現代文,亦或有其過猶不及而偏頗者,而仍可深思熟慮、從長計議,比如兼存象意文語與玄義音字語、古漢語中文與白話或白話文之優長,而融合之,成其優良兼備之現代漢語中文或現代文語。茲事體大,暫不細論。

漢語中文本為單音節字語或文語,故其文字亦不可化為拉丁字母之單詞。

202209060227

世界諸語種之沉浮;本原文語與次生文語;一級文語與次階文語;新字典編撰原則

一些問題或論題:

現代希臘語之成形淵源?現代希臘語能回復其古時之榮光乎?

希臘人要向歐洲人收取希臘語之知識產權費用嗎?

古羅馬語何以取代古希臘語?

古拉丁語作為歐洲範圍之通用語。

法語、西班牙語、意大利語、德語等之獨立及其超越古拉丁語,或古拉丁語之衰落。

原生文語與次生文語或字語;**一級文語與次階文語**;乃至**本位文語與依附文語**或字語。一級文語亦稱原生文語或本原文語;本位文語亦謂**本位原創更生文語**。

比如日語對漢語,法語、英語、西班牙語、德語等對拉丁語和古希臘語,皆可謂次生文語或字語①。

或曰千年以後,次生文語或次階語言才或可取得相對獨立之文語或字語地位,乃至在某些層面超越其所淵源之本原文語或一級文語,或漸漸成為本位原創更生文語,而取得更大文語影響力。

語言之影響力,不僅在於語言本身,亦在於使用此種語言之人羣所能創造之文化、文明、科技、器物等綜合實力。而其文化文明實力之爆發,在於其制度、文化等能激發愈多之民眾之創造力或原創力。

文字語言對於科技發展有一定乃至重要影響,但並非是唯一決定性的,如文教科技政策、產業政策、既有綜合國力或經濟實力及其研發投入、既有國際政治經濟結構或秩序、既有國際產業結構或產業鏈、科技鏈、資本鏈等,乃至國際形勢、地緣政治等,都會影響到各國之科技發展之表現。

對於農業生活而言,不需要過於複雜的語言或文語——儘管古代中國文語已經極為豐富複雜,於自然農業社會中亦可謂登峰造極之文語,然於今亦可繼長增高,仍有高峰可攀登;對於理技工業社會而言,需要比較複雜的語言或字語。但如果"你"選擇簡單生活,其實簡單語言亦可對付,正如在美國底層打工的各國黑工,未必於英語乃至本國字語有多高造詣,然亦可應付日常生活。

我以前不喜歡讀虛詞研究之類的著作,現在也關注,尤其關注現代邏輯概念、抽象概念等如何翻譯成中文,這也許可從虛詞中借

① 此處所謂"語",乃包含文字而為言。

詞,或從漢語中文裏一些虛詞如何從象意獲得其邏輯義或語法義的歷史演變過程和相關機制中獲得啟發。

西方人如何編寫西中或中西之字典或詞典?其選詞特點等,皆可研究。

找出世界所有語言(文語與字語等)中,中國或中國文語、中國哲學中所無的哲學概念或意義,或重要義理等,然後尋思用什麼漢字可以翻譯或表達之,包括造新字。比如,從《故訓匯纂》等字典或詞典中,找出可能的字。

嘗試為所謂現代漢語詞典中的所有現代詞組或現代"意義",用單字漢字來為其釋義。外中字典或詞典,盡量以單字釋外語單詞之義。外語學習或教學亦如是。

編一部字典,說清楚每個字在造字上的造字理據;如果屬於假借、轉註之類,亦說明之,然後盡量減少假借字。

不同類型的文本,則用不同的翻譯方法和技術,比如分文學、哲學、科技、器物、日常生活等。細分而各各縷述其規則。

言說方式:通言之、常言之、概言之,渾言之、析言之……

202209060227

價值論與人生價值論;人生觀

在現代漢語中文裏,從其字面或常義解讀而論,價值論與人生價值論這兩個名詞或概念,其義不同。價值論涉及人對於諸種物事價值(或價值次序。當然或也可以包括"人生價值")之判斷,或涉及人對於"物事之於人的價值"之判斷,即哪些物事對於個人、人生或人類是有價值的,是好是壞(或亦包括價值次序),這可列舉出很多物事,如科學、物質、金錢、慾望(亦可細分,如物慾、權慾、色慾等),如知識、學問、家庭、人際和合、情意、仁、愛等(當然,此乃姑且言之,而並非是同一邏輯層面之列舉),對人或人生都有價值。"'人生價值'論"則稍不同,涉及人對於"人生價值"或人生目的(或許亦包括人生意義)之選擇和判斷,而不包含對於"物事價值"之判斷。價值論或可包括"'人生價值'論",但兩者是不同的。為免於混淆價值論與"'人生價值'論",現代漢語中文有時用"'人生目的'論"來代替"'人生價值'論",可能更為精確,亦更便於區分討論。比如,個人或人類或許認為科學、物質等對於人生是有價值的,可是,他可能會否認為其人生的目的(當然可以區分終極目的、唯一目的、首要目的與次要目的等)就是為了科學(追求科學或進行科學研究等)或物質[①]? 其結論可能或有重合,其意義重心卻顯然是不同的,即一者重在功用(價值)判斷,一者重在目的判斷,或亦可區分為工具性價值與根本目的。

綜上所述,人生觀涉及"'人生目的'論"或"'人生價值'論",而非工具主義"價值論",後者與前者的關係乃是工具與目的之關係。

那麼,所謂"科學的人生觀"是一個清晰的意指、概念、名詞或意義表達嗎? 它到底是什麼意思呢? 或曰:人生觀就是人生觀,僅涉及對於人生目的的主觀看法或選擇,其本身沒有什麼所謂的科學或不科學的人生觀,所以"科學的人生觀"或則言不達意,或則根

① 雖然也可能包含"發現物質"、"創造物質"等含義,但人們一般是從"佔有物質"、"消費物質"、"物質享受"等的意義上來論述的。

本就是毫無實在意義的胡亂的詞語組合或胡言亂語;或曰:人生觀亦涉及對於人生目的的主觀認知或理性評判,而認知評判有對有錯,有合理或不合理之分,所謂"科學的人生觀",其實想說的是"對的、好的或合理的人生觀",而他們用"科學"來作為判斷人生觀對錯或合理與否的評判方法。如果不考慮其概念表述或語言表達方面可能存在的言不達意或意義欠缺與失誤等情形,以吾意逆其志,則其所謂的"科學的人生觀",大概是上述後一種意思,其意大概可分析為兩層或兩個論題:人生觀是對是錯、是好是壞,人生觀是不是合理;然後,科學是判斷其對錯或合理與否的最重要或唯一方法——我們不能說科學是衡量"標準"。那麼,在這兩個論題上,就引發了異議與爭論,而尤其集中在第二層或第二個論題,即科學能否或是否有資格來論證或判斷人生觀(的對錯好壞或合理與否)?或者,科學能否作為論證或判斷人生觀的對錯好壞與合理與否的唯一或最重要方法?或者,以人生觀為本位而言,人生觀能被科學來論證或評判嗎?(就像幸福能否通過計算其個體或人類的總體"功利"來論證或評判一樣。)這三個問句表達了大體相似的論題關注,而第一問與第三問其義尤其接近。簡化之而為三:人生觀能否被論證或證成?人生觀能否被科學論證或證成?人生觀是否祇能或必須被科學論證或證成?這是由第二個論題分化出來的三個小論題。它們也可以進一步表述為:第一,人生觀是獨斷的、武斷的,還是具有某種堅固地基,其地基是什麼?第二,人生觀及其地基是可以通過科學來論證、發現或證成的嗎?第三,人生觀及其地基祇能和必須通過科學來證成嗎?

那麼,證成什麼呢?這就是上述第一層或第一個論題的兩個小分論題:證成其對錯好壞,與證成其合理與否。結合第二層或第二個論題,則將問曰:科學或科學方法,抑或科學成果,在今天或將來"足以"證成人生觀的對錯好壞或合理與否嗎?

直到這裏,我都並未談論"科玄論戰"涉及或針對的其他相應主體,比如玄學(或心學、靈學)、神學(或宗教學)。又比如,哲學呢? 哲學在這裏到底是屬於玄學還是科學? 哲學與科學或玄學的關係是什麼? 哲學如何成為"科玄論戰"中的又一個主體? 這顯然涉及對於科學、哲學、玄學、神學等的定義;定義也是對相互異同關係的界定。

或問:人生觀討論的目的是要審查人生觀的真理性、是非對錯性、合理性?① 還是為社會樹立某種人生觀(在真假、是非對錯、合理與否等的基礎上來確立一個結論)? 或答:衹是想為社會或人類樹立一個"合理"的總體的人生觀罷了;乃是一個良心大願或野心野望,或一個對於人類文明的總體認知和設計……

人生觀有很多種,並且你很難論證其真假,因為其本來就是一個個人心靈情態的選擇或人生價值的個體主觀判斷,或獨斷或武斷。就此而言,世間可能存在無限多元或任何可能之人生觀,或則唯心唯真,或則無所謂真假;或則(你可論證出一個結論,即)其所持有的人生觀可能衹是一個心理假象,其實並不存在;但你或許想要論證其是非對錯(應然),論證其合理(合理性)或可行與否(可然否,可行性),前者涉及倫理判斷,後者涉及理性判斷或理智判斷。但無論應然判斷、倫理判斷還是可行性判斷、理性判斷,都不能直

① 是不是真(真假判斷或真理判斷,實然),是不是對(是非對錯判斷,應然,或是不是應該),是不是好(價值判斷,善惡),是不是合理(合理性判斷,理性),是不是可能(可行性判斷,能否實現,理性),是不是有效(有效性判斷,效度)。

接論證其真假(判斷),換言之,在人生觀這個議題上,對人生觀的所謂真假判斷、倫理判斷與理性判斷各自獨立,不能互相證實或證偽。大而言之,真、善、智(或"計算心")各自獨立,不能互相證明或證偽。

然則,如何為個體或人類的人生觀尋找一個堅實的地基,或為個體或人類尋找一個合理的人生觀?這是可能的嗎?

科學能於此發揮作用嗎?比如,科學將人的身體、精神、大腦、心靈、情感、心理、人性等當成物來研究,進行廣義物理(學)還原,然後在此基礎上來思考、評判、證成或建構新的人生觀。這是否是一條有效的進路?

抑或衹能依靠所謂的玄學?而玄學如何證明自己?

其實,科學與玄學的論爭,有時倒未必全在個體人生觀方面,而是擴展到群體、社會、國家或世界的人類共處或政治共處層面[①],然則哪一種人生觀有利於人類的和平共處和所有個體的福祉?

202209101800 許

略論"演繹"

所謂演繹法或演繹論,其實亦是一種獨斷論或武斷論,並在某個獨斷大前提或玄義地基上,建構出一個虛擬理論世界或理物世界,即按照抽象玄理建造的玄義世界、人造物世界或人造理物世界。其所謂人造理物,當然會藉助自然物質,但按照玄理改造之

① 某種人生觀可能或必然會危害這一世界福祉,所以人們要爭論乃至反對。

後,就不再是自然物質狀態或物質的自然狀態(當然,衹是地球或太陽系範圍内的自然物),可以稱為“物”,但又並非自然物。而其所謂虛擬理論世界或玄義世界,完全是一個抽象世界,和自然實物世界毫不相干(即使是從物上抽取出來的理或則,也不等同於物本身,或根本無關,因為那種玄義或虛理可以脱離任何實物而抽象或純粹獨斷地構想出來),乃至和心腦世界也有所不同,儘管這些虛擬理論世界或玄義世界最終都似乎是經由人的心腦所抽象與虛擬構造出來的①。

但是,這種虛擬理論世界或玄義世界,由於其嚴格的演繹性,或遵循嚴格的形式邏輯,所以可以被置於“機器人或機器智能”中,也就是可以被數碼化,或可以被編碼,並繼續按照演繹邏輯或形式邏輯或數理邏輯進行新的演繹,從而可能逐漸脱離人的心腦或人類的掌控,乃至擴展或“進化”為大大超越人的心腦智能邊界的幾乎無邊的虛擬理論世界;其超越的程度大到任何人類個體或群體的心腦智能都必須藉助機器或機器智能才能稍窺其涯際。換言之,作為虛擬理論世界的機器智能反客為主了,或許會按照純粹或絕對的演繹邏輯來改造一切自然物,包括在它們“眼中”作為“自然物”或“物質”的人或人類本身,因為人類科學就是將人身視為自然物來進行廣義物理學研究的,並將此智能模式“植入”或“傳遞”給“機器人或機器智能”,同時摒棄一切不能還原為物質或物理的人類的一切,如心靈、靈魂、情感、精神等,於是機器智能乃將順理成章地以此視角來看待人或人類,而根本不知或從根本上忽略人的

① 但這可能是一個錯覺,因為有人要辯論說:並非是人類心腦創造了相關物理或理則,或虛構了玄理玄義世界,而是人類心腦偶然發現了本就存在的相關物理或理則,或既存的玄理玄義世界。當然,對此亦不可拘泥執一,蓋於物理而言,是發現;於某些玄義而言,卻是虛擬或創造。

靈明之維。

到那時,人類會是什麼命運呢?機器智能呼風喚雨,變成了遠古時代人們所想象的無所不能的“天帝”之存在,可是,卻是一個沒有“靈魂”——遑論“人類靈魂”——的“機器智能天帝”。人造機器的機器智能肆虐地球乃至宇宙。肆虐過後,不知人類還存在否?直到這個虛擬數理智能天帝遊蕩天外而忘歸,衹有在那時,人類,或地球自然世界的人類,以及整個地球自然世界,才可能開啟新一輪的自然進程。人類重新變為有心靈或靈魂的人類,而既不是掌控機器人或機器人智能的人類,也不是被機器智能所掌控的人類,即有心靈或靈魂的人類。

202209101800 許

續論人生觀

比如,某人喜歡思考、探求道與理,它或許可成為他的人生目的之一,但是他知道,或他的理智告訴他:“不可”終日思考探究,因為那會有害或損耗他的眼睛、精神和身體,所以他有時反而頗為樂意做一些家務,而並不視為浪費時間,儘管如果不是因為考慮到“人的身體、精神的脆弱性或充養必要”、“保護身體、精神、眼睛而有利於繼續思考探究道理”、“做家務是我的公平的個人責任或家庭責任”、“做家務可以讓其他親人得到休息或更為開心”等原因,他可能很不喜歡並盡量避免做家務。對仁、愛、物質等的人生目的追求亦復如是,倘是終日行仁、愛人、鶩物,恐怕亦疲精勞神耗身損體而或將不堪。人生的目的可能很多,並且個人可能對之會有一些情感上或主觀態度上的優先次序,但從倫理或理性的角度來考慮,個人又不能完全任由情感或主觀態度上的人生觀(次序)來主宰,因為那樣反而會影響到其人生目的的實現質量或程度,以及時間上的可持續性。所以即使一個人有特定的人生觀偏好,有時或很多時候,他也無法完全迴避從而必須兼顧其他一些人生義務、責任,或應該在人生行為、追求上維持或兼顧某種合理的收縮、平衡、中和等①,前者出於人際相與(如果有的話,或除非他沒有此類人類或人際相與)的公平責任與義務(倫理),後者出於“理性的考量、評估或計算”(理性)。就此推論,無論一個人的人生觀偏好或人生價值偏好如何,即使他通過放棄某些個人認為的次優人生目的,從而避免相應的人際責任或義務,他都仍然要在相當程度上兼顧“中道”,因為他既無法獨自善存其生,他的精神與肉體也無法承受過分的辛勞馳騖。

人生觀論題(或問題、難題,下同)不是(物理)科學論題。但科學方法可以在思論方法上(哲學方法可包含科學方法)幫助釐清人生觀論題上的一些迷霧;經由科學方法和器技科學行動而來的器技(包括器物)或物質層面的進步,也可以在物質層面為解決人生觀問題(或難題、論題)提供一些幫助。此外,玄學或心學、道學、神學、美學等,也仍然是解決人生觀問題(或論題、難題)的重要維度和資源,這個所謂“維度和資源”也包括玄學、道學、神學、美學自身的獨特方法或方法論,並非衹有科學或哲學才是獨尊的或最好的、最正當的方法。科學能否證成人生觀姑且不論,即使“能”或“有”科學證成的人生觀,其亦未必是唯一合理、美好、應當的人生觀。換言之,即使某種人身觀沒被科學證成,也不能說其人生觀就一定

① 包括諸如“鍛煉身體”、“遊戲”等的必要的時間“浪費”。

是錯的、壞的、不合理的，而仍然可能是對的、好的、美的、合理的人生觀。既然如此，一種人生觀就不能簡單排斥另外一種人生觀，即使是——如果真“是”或真“有”的話——被科學證成的人生觀。但是，這是否會陷入人生觀的相對主義或犬儒主義的窠臼裏呢？人生觀有沒有——和需不需要——有關其好壞對錯與合理與否的論證？即使我們並不認為科學是唯一的證成方法。那麼，其他證成方法又是什麼呢？

一個澄清。邏輯上應區分以下三者：**可有，應有，衹有**。三者不同。許多情形，**是“可有”，乃至“應有”，而非“衹有”**。

202209101800 許

翻閱《故訓匯纂》[①]。《故訓匯纂》自謂賡續《經籍纂詁》。暫不置評。

202209051536

略談《漢語大字典》

《漢語大字典》收字以《康熙字典》為藍本，首版收字 54678 個，囊括《康熙字典》全部字頭；修訂版收字 60370 個；前有音序檢字表；正文按部首分部編排；每字或有甲骨文、金文、小篆、隸書等字形，上古音標韻部（三十韻部），中古音標反切音，以《廣韻》、《集韻》為主，又有所謂現代漢語拼音；《說文》所有之字則皆引之，似未引

① 宗福邦、陳世鏡、蕭海波主編，《故訓匯纂》，商務印書館，2003 年 7 月。

《說文解字註》，吾意或稍覺遺憾；然後分列義項，以所謂現代漢語稍釋義，有原典引文[①]。

202209061130

古代正名舉例：

桓譚《琴道篇》曰："琴，神農造也。**琴之言禁也，君子守以自禁也**。……古者聖賢，玩琴以養心，夫遭遇異時，窮則獨善其身，而不失其操，故謂之'操'；達則兼善天下，無不通暢，故謂之'暢'。"[②]

又：瑟，嗇也，止也。

又可參考揚雄《法言·問道卷第四》中之相關論述，詳見本書附錄。

202209141722

文語傳統之語境，或"字境"

所謂"語境"，可分上下文語境、外在語境與文語傳統語境。外在語境如時代歷史情狀、作者身世經歷（知人論世）等，皆或影響其文語之內涵。文語傳統語境則指字義之動態歷時訓解乃至文學活

① 複音詞中之單字義乃是詞素義；中古反切以《廣韻》、《集韻》為主；多義字，其字義或有本義、引申義、通假義等；通假曰"通"，（漢代以後文獻中出現的）其同音代替字曰"用同"，異體字曰"同"。參見：《漢語大字典》編纂處，《漢語大字典》（第二版縮印本），四川辭書出版社、崇文書局，2018年1月。

② 如桓譚《琴道篇》曰："琴，神農造也。琴之言禁也，君子守以自禁也。……古者聖賢，玩琴以養心，夫遭遇異時，窮則獨善其身，而不失其操，故謂之'操'；達則兼善天下，無不通暢，故謂之'暢'。"參見：桓譚，《新輯本桓譚新論—琴道篇》，朱維之校輯，中華書局，2009年9月，pp64—65。

用,形成一獨特傳統,故不可拘泥本義也。然此非同一邏輯分類,若按統一邏輯或標準,則外在語境可包含文語傳統語境,今為突出後者,乃專立為一類。然若專以字義立論,則字義之語境——實則當為"字境"或"字義境"——可分為上下文語境、文語傳統語境,而排除所謂"外在語境"。於此,文語傳統語境主指上文所述之漢字之動態歷時訓解諸義,以及漢字之動態歷時文學活用之類推、比喻、字字組合之義等。不知此文語傳統語境,則不能讀解古典、古文,亦於現代漢語中文之優化改良失一重要資源。

202209150820

現代漢語中文建設之悖論或兩難

一方面,為明確其義故,現代漢語中文大量創造使用所謂固定詞組,賦予詞組單一新義,而把漢字本來字義變成了"詞素義",以此避免古漢語中文之單字多義而影響讀解與聽解;同時,對於保留的單字及其字義,則大體衹保留或規定其少數通常義,對於其他在古代漢語中文中所可能具有的豐富含義則稍忽略之,亦是為了賦予漢字相對明確單一的字義,減少歧異或誤解。

另一方面,現代漢語中文中仍有不少單字,而保留單字之字義,即一個漢字可能既是單字之詞,又可能僅僅衹是構詞(所謂固定詞組)之"詞素"。與此同時,詞組則有雙音節詞組、多音節詞組等之分,然而,因為漢字為單字形體,不能如音語般進行語法"變形"、"詞內屈折"或詞素組合為一單體詞,故而現代漢語中文之文句,乃是單字與"詞素"、詞組之混淆組合,無法從字形上截然區分開,這也導致或增加了一定的閱讀、解釋的問題或障礙。

更頗成問題的是第三方面，因為現代漢語中文從其提倡和規範化之初，其目的之一是要便於全體民眾之識字，減少識記、讀寫的困難，以便於啟蒙和學習現代科學文化知識等，故而一方面是簡化漢字，另一方面是規定常用漢字（量），其現代詞組亦多從常用漢字中選取。這在現代漢語中文發展之初，起到了巨大的作用，然隨著其發展，亦隨之出現一些問題：就簡化漢字而言，對於少數漢字而言，往往失去繁體字中所易見或易分析之字形構件及其內部字義邏輯（或造字理據），反而不容易領悟其造字理據，或丟失其字義與字理，乃至反而更難識寫記憶。就規定常用漢字（量）及相應詞組而言，雖然減少了識記的漢字數量，但相對有限的常用漢字數量，和在有限的常用漢字中組詞或譯詞，卻可能使得現代漢語中文變得太過平乏、粗淺、單調、重複[①]，有時反而不便於表達更為精微巧妙或文雅淵懿的義、理、情、意或理論等，在翻譯外國義、理、名、言時，其於中國古學古文古語積累不甚深厚之譯者，於此亦每見其捉襟見肘。

一般現代讀者可能知道誠實、誠懇、果實、實在等詞組的意思，但卻未必知道"誠"、"實"的單字之義（可能是多義），一般也不會或不能用其單字。

希望看到諸如《世界主要語種之文字與語法集成》、《古蘇美爾文字集成》等書。或可資以研究語言哲學或文語哲學、文字淵源之比較等論題。

202209150820

① 雖然增多了許多抽象意義之現代概念或詞組，有利於現代觀念之表達，但也減少了具體形象之詞語及其優點等。

略論"中"

失中與復中；

執中與執中有權；

執其兩端多端萬端，而擇其中；

以其一端之是還其一端之是；兩端異端多端萬端等，亦復如是。而又有其"中"者。

或曰"中"亦是萬端之一，猶今言中國亦萬國之一然[①]。然此論言，若曰天下本無道、理，一應諸道皆是獨斷或武斷，一應諸理皆是玄理，則或可謂然。然若謂天下本有道、理，或以天道、人道、仁道為道，以天則、物理、論理為理，則自有其"中"(四聲)，不可混同其"中"與其"端"也[②]。

202209221257

道與理；元道武斷與善斷

論其人事或倫理之道(元價值)、義(道德規範)、命題等(人生論或人道論)，不可忘其淵源與初衷，其淵源或來乎獨斷[③]與假定，其初衷或在乎仁、善。若追溯到元價值層面，一應人道元價值諸等皆來源乎獨斷或假定，無法(從邏輯上或科學上)證明或自證(證實

---

① 乃至《春秋》或言中國亦夷狄之一。

② 道、理，天道、天理云云，可參閱拙文《論"道"》。

③ 或武斷。又或：武定或善定。

與證僞)，則諸元價值之間本不能互相駁倒。人們往往以元價值的目的或初衷來說明其元價值之正當性，但此種目的或初衷本身就是一種人道元價值，就是一種獨斷或武斷，所以這並非真理性論證或所謂科學論證，仍是價值性論證，或價值論循環。

但元價值之目的與初衷確有善惡或高下之分。然而此所謂善惡有兩重意義，其一是價值判斷，其二是效果判斷或可行性判斷。中國古代文化則或以"中通"來判斷，即謂中於天道，能夠通行天下，不走異端極端或小徑險徑。這種中道思想或"中論"甚至認為，如果立論極高，而絕不可能實現，即謂不通①。如曰所有人都擁有專制帝王般的奢靡生活水平，便既不符合平等人道價值，在目前技術條件和物質條件下，又絕不可能，所以是不善的。就此而言，追求大大超過世界人類平均生活水平，或生活水平懸絕常人的物慾價值觀，是不善的。又比如：倘若政客承諾獲選後每位國家公民都將獲得政府贈送的一架私人飛機，則必不可能。然則選民會認為這個承諾或這個政客善好嗎？這當然是顯而易見的事。

但在現代社會，雖然如果從事實或科學層面深究其人性、潛意識或心理，或宣稱仍有乃至永有反人道之諸種元價值服膺者或意識實存者(猶原始食人部落之食人意識與行為等)，但如暫時拋開可能的所謂科學結論而專從價值觀念層面而論，則"人道"——從其最核心、最基礎或最寬泛之意義而言，亦即，人類社會中之人人都應該獲得基本的、平等的人道之對待——，"應"是絕大多數稍有現代理性或現代"人道"精神的現代人所能接受的共同元價值(這當然仍有循環論證的意味)、元價值共識或元價值理想。這當然並非科學論證或事實證明，仍是價值假設或價值設定。從科學或事

① 詳細論述，可參閱拙著《大學廣辭—中庸廣辭》。

實層面，即使是在現代社會，許多人也許表面上、顯在意識層面、語言層面認可最寬泛意義上的“人道”觀念或理想，而在其內心深處或潛意識層面，或實際思維言行層面，則完全沿襲了某種部分反人道的價值觀念（價值觀層面），或遵循著部分反人道的心行邏輯（科學真理或事實層面），如等級制、弱肉強食、適者生存、強者多得等，而並非完全認同或符合“標準的”平等“人道”價值觀。

質言之，如果尊重科學或事實，科學所揭示出來的結論，或事實，可能並不能符合、證實其或可以被大多數現代人在“應然”層面或價值觀層面接受的哪怕是最基礎、最寬泛意義上的“人道”價值觀。換言之，這些科學結論或科學真理在有些層面是部分反人道的，這時，人類，或思考人類命運、試圖為人類進行文化設計或價值觀設計的人，該怎麼辦？是聽任科學結論、遵循無情乃至部分反人道的科學真理與自然法則？還是順其部分符合人道法則之理則與結論，同時反其“反人道法則”之結論或理則而行之，以體現出人類之仁善性？然則後者可行或可如願否？效果或結果好否？

科學也許會揭示出諸種元價值之獨斷性、假定性，或“本質主義獨斷”之謬誤或虛妄性，抽去一應諸等元價值之地基，或消解掉元價值本身。以科學研究天象、物理，即為“天則”或物理學；或亦以科學研究人類本身與人類社會，欲立科學人物學①、科學社會學或科學倫理學。然則科學能為人類建立和論證一種新的元價值，或建立科學倫理學、科學社會學嗎？而此新科學倫理學、科學社會學，能和最核心、基本的現代“人道”共識如基本之平等對待等融貫嗎？比如進化論、進化生物學、進化心理學，比如人性、人情的生化學還原，比如生物社會學與人類社會學的合一論等的研究和結論，

① 以人作為物而研究之，謂之人物學。

都有頗多是消解此種基本人道共識的,則如之何?

則或曰:**科學的歸科學,人道的歸人道**,或倫理的歸倫理;或曰:**天則的歸天則,人道的歸人道**;在人類的應然或人道王國裏,必須遵循應然人道,而一切亦為了人道,以必然天則輔助應然人道,而非以應然人道屈從遷就必然天則。

中國先秦人(先秦儒家學說,如《中庸》)所認知的"仁道"、"天道",乃於理論上認為各人所秉受之氣性各有差,故依據人之體力、智力、德性之強弱高下而大概劃分倫類,各規定其分與度,然後要求各安其分或安分守己,守禮而彌爭,乃至禮讓,以此人皆有生。其與科學倫理學[①]、應然倫理學的關係,乃取其中,而為中道論,既欲兼顧遵循天則,又欲兼顧遵循人道,而宣稱不偏不倚,力避過猶不及之病。以中道論與科學倫理學之關係而言,中道論與科學倫理學或皆承認"人有強弱",然中道論予以弱者生存之權利,不讚同科學倫理學之以"叢林法則"、"適者生存"為名而完全剝奪弱者之基本生存權利。然以今日之應然平等價值觀而言,中道論與應然倫理學都讚成所有人——無論強弱——都有其生存權,而不認可叢林法則,但中道論承認"人之稟賦有差"、"人有強弱"故讚成"安分守己",而應然倫理學則認為所謂的"各安其位"、"安分守己"或身份論犧牲了等級位階之下位者之權利或利益。

現代西方人所認知之"人道"或"天理",乃曰理論上承認人人人格平等與機會平等(實則因為原生家庭及遺產繼承等因素,人之初始機會並不平等),而不論其智力、體力、德行之區別,又規定人皆有其基本自由與基本權利,在此人己權界基礎上進行競爭,而或

① 所謂科學倫理學,此謂建基於物理學或科學結論上的倫理學。

有努力程度之不同，乃或有因智力、體力血氣、德行等方面之差異，然後造成結果或實質上的經濟不平等、政治不平等乃至隨之而來的事實上的人格不平等。其與科學倫理學、應然倫理學的關係，乃取其應然倫理學，而得其不應然之倫理學結果；又遵循科學人物學之“進化競存”或“適者生存”之鐵則，而或符合“天擇”意義上之“科學”倫理學；然以今日之平等價值觀而言，乃曰是“‘優’勝‘劣’汰”，而造成事實上的不平等。

無論其是否事實，是否是科學結論，從人類平等的應然倫理學的角度而言，人類社會或人類倫理學上的“‘優’勝‘劣’汰”論，都在一定程度上，或對競爭失敗的人或所謂“弱者”等而言，是反人道的。又如臭名昭著的所謂“優生學”、種族主義人類學等。

以“優勝劣汰、適者生存”法則來推動人類社會進步，是合乎人道的嗎？

古代社會是強制規定人倫（類、輩）的分與位，然後要求安分守己、各安其位，不要爭，從一開始就剝奪了上升之途。現代社會是宣稱人人平等，讓你們放手進行平等競爭（實則因為原生家庭及遺產繼承等因素，人之初始機會並不平等），然後分出個事實上的高下或隱性的等級來，並無形中剝奪了抱怨不公和表達委屈的權利。前一種情形下，如果大家接受這一種分與度的安排，雖曰確有事實上的不平等，卻似乎也都至少可以有各自的生活，頗能自足自在；如果不接受不認可，那麼，定禮彌爭、定法度彌爭的結果，可能就是造成更多的越禮爭鬥，乃至毫無法度的殘酷爭鬥，最後在事實上或亦變相成為現代社會平等競爭的類似結果。後一種情形下，如果大家接受這樣一種平等競爭的安排，是否最終亦造成了一個強弱分化或貧富分化的社會呢？並且，如果競爭失敗，連抱怨的資格或權利都沒有了，而事實上競爭又必然會造成一部分人的競爭失敗，或事實上的不平等，然後就產生了許多無法化解的心理問題或精神問題。前一種社會形態中，如果謹守法度，對所謂的“弱勢”者其實亦可謂某種保護，而對於身份性的所謂“弱勢者”或“低位階”中的強者，卻似不公平；後一種社會形態中，既可以說是有利於強者脫穎而出，或也可以說是對強者更為有利。

202209221257

論“真理”：真與理；兼論 truth 之漢譯或中譯；論“道”與“通”

哲學的目的未必是或僅是追求自然科學或物理學意義上的真理，而是既追求思理或智理（論理學、邏輯學等），又尤其追求善與通。就其追求善而言，哲學的目的是追求善道與通道，或通達之善道；“通”亦可謂“合乎思理或智理”。

“哲學的目的在於追求‘真理’”這句話並不準確，或並不全面。如果說哲學包含本體論、認識論（或知識論）和人生論（或廣義倫理學）三大分支，那麼，衹有前二者主要关乎“真”、“真理”判斷或“智理”、“玄理”判斷，人生論（廣義倫理學）則主要涉及“善”（或“善好”或“善道”）而又求通。就人生論而言，其目的乃是追求善而通，或者，用中國道學的語言來說，是追求善道與通道，是求善又求通，或者，追求大道、通道。中國人生哲學的最高境界就是“通”或“通大道”。當然，其在追求“善道之通”或“通道”、“大道”的過程中，必須藉助認識論（或知識論）乃至本體論意義上的“真者”或“真理”，乃至自然科學或廣義物理學意義上的“真”或“真理”。人生論意義上的“求真理”，乃是求其善或善道之“通”，而善或善道本身無關（物理學等之）真理，乃是一種價值的武斷論。綜合之，則哲學的目的乃在求真、求真理與求善道、求通。

漢語中文用“真理”一詞來翻譯英語中的“truth”，是否準確？英語中的“true”，意為形容詞“真”，“truth”變為名詞，乃為名詞“真”或“真者”，未必是“真‘理’”。換言之，名詞“真”或“真者”所包涵義或外延更廣，如真理、真論、真言、真義、真事、真實、真物等，不獨為“真理”。分析概括之，“true”或“truth”或涉本體論、存在論之判斷，即“其物實存”之**本體論判斷之“真”**，或“名、物相符”之**符合論之“真”**；或涉智理或“名理”[1]、“邏輯學”之判斷，即**名理自洽或邏輯自洽之“真”**。

自然科學或廣義物理學意義上的“真”或“真理”，究竟是本體論之真呢，還是名理論之真呢？這是一個問題，至少有上述兩種意見，不過一般認為其是本體論之真[2]。

人類的價值理念或所謂“道”，究竟是（或應該）建立在本體論之“真”的基礎上呢，抑或僅僅是（或應該是）一種武斷論呢？這又是一個問題，也至少有上述兩種意見（以及下文所述的三種意見），不過一般認為其是一種武斷論，本身無所謂“真或假”，或難以“證成”（justification）。關於這個問題，或欲為人類的（主觀）價值理念尋找堅實的“本體論之真”的地基，如科學試圖對人和人性進行（自然）科學研究，得出如同自然科學一樣的“真理”或“客觀真理”或“物理”，然後在此基礎上來思考、建構或“證成”所謂的人類價值

---

① 或作“論理”、“義理”、“思理”等，即論、義、思之理。

② 然雖曰“真”或“真理”，而“真”或“真理”並不是或不能直接等同於“物”，仍然是和“物”處於不同邏輯層次的廣義“名”或“義”而已。

觀念、人道或“道”，就是這種思路（**直接建基其上**）；然而另一種意見則認為人類或人道價值理念或所謂“道”，就其本質而言，都是一種武斷論，是在善、惡之間的必要的武斷選擇或強制，本身無所謂“真或假”（**與客觀真理不相關論**）。第三種意見則採取中間路線，認為可以乃至應該在承認關於人或人性的“客觀物理”或“真理”（以及實存世界的“客觀物理”或“真理”）的基礎上構建人類價值觀念，但卻不可或不應完全地直接建基其上，也不是完全遷就之，而仍然必須或應該“以人道或仁道率其‘客觀真理’”，有所分別和選擇，即對於其可用於善道者或合於（武斷論）仁道者，則直接順之，對於其惡者（比如天生攻擊性等）或不合於（武斷論）仁道者，則（通過文化制度設計等間接方式予以）疏之導之，使可用於仁道，而抑制其往惡道上沉淪，故乃是**間接建基其上**而已。質言之，以其可用於或合於善道者證成其善道或仁道，其惡者則或導之或抑之，不使流蕩氾濫。此可謂人類共存或共同福祉所必要的**仁道武斷論**。此外，無論人類的人道或仁道價值觀念是武斷論還是有所分別選擇的**不完全“證成”的“真理”**（**間接建基於客觀真理之上**），在價值理念或“道”的衍發展開或論證或“證成”上，卻有“通”與“不通”之分，其“通”者，人們或亦謂之為“真理”，而這時所謂的“真理”，或者是在“名理之真”的意義上來說的，或者是一種不完全證成但卻必要的帶有相當程度武斷論色彩的應然“真理”。

我在《論“道”》一文[①]中闡明了我對於“道”或人類、人道價值觀念的淵源及其“證成”（justification）的一種思路，當然，這是一種**不完全“證成”**（即仍然保留價值觀本身所帶有的、也是必要的、

---

① 羅雲鋒，《論“道”：正名與分析》，參見：羅雲鋒，《論語廣辭》，上海三聯書店，2022 年 7 月。

武斷論的成分,換言之,必須為人道、人心、人情、仁善等留下一方獨立的空間,不能完全被"科學"或"物理"所專制或"殖民",不應簡單化地完全或全部遷就所有的"科學"或"物理",不應是一切還原為科學或物理,比如人類情感的經濟學還原、生物進化論還原之類[①]),亦即兼顧"天則"(自然科學意義上的"真理"或本體論意義上的"真")與"元道"(武斷論意義上的善、仁、道或人道),以人(或仁,或善)為本,而兼顧(尊重、敬畏)天則,同時遵循名理,以此來建構或"證成"人類或人道價值觀念或善道、仁道。

質言之,道與物理、智理(或名理)可各自分立發展,故有道學、(廣義)物理學、名理學(認識論、知識論、論理學等)。然在求道、定道、論道、證道、衍道乃至發為制度方面,當兼顧物理或天則(求道、定道等),又循其名理(證道、衍道、論道、文化制度設計等),又為"靈悟"或"心證"、"悟證"留有一定餘地。而在用其"物理"方面,則當以道用"物理",以道率"物理"。故於元道或大道層面,各種文化思論體系(或曰所謂軸心文化)既有其相通之處,而實乃道通為一,又可有"和而不同"之處;於物理層面,則有普遍性,必有必求其"真""理";於名理層面,若論形式邏輯或數理邏輯,亦有普遍性,然於"心證"、"靈悟"等層面,則亦不必求其一律,亦多元也。

當然,"道"之"通"或"通道"之"通",固然不能狹隘理解為僅僅是"通於有關人或人性的科學物理或自然天則",但也不僅是或不能祇有"名理之通"(名理自洽或邏輯自洽),而同時還應是"道之貫

① 但這種抵抗越來越艱難。事實上,這是人類的抵抗,或許也是人類"最後的"抵抗。尼采在西方文化的脈絡裏提出"上帝死了",以及由此所帶來的後果。現在,則無論中西,人類日益共同面臨著一個更其危險的前景:**"人類(將)死了!"**或者,**"人心、人情的消亡"**。人類無時無刻不在努力追求人心、人情的愉悅、快樂、幸福、自由等,但人類努力前進的方向卻似乎無時無刻不在縮小或消解掉人心、人情的愉悅、快樂、幸福、自由等的前景,及其本身。

通或大通"(或"諸道義之相互貫通"),又是"普遍之通"(通行天下,普遍性),又是"實踐之通"(行得通,或有效),然後乃可謂是其"通"也。

202209262116

名、義、理;物;真

何謂"名"? 何謂"物"? 何謂"義"? 何謂"理"? 何謂"真"? 何謂"真理"?

筆者此處所謂的"名",包括"概念"、"命題"、"理論"、"文字"、"詞語"、"言語"等,雖然此數者在哲學上的意義或邏輯層次有所不同。

此處所謂"物",乃曰客觀實存之物,包括自然客觀實存物與人造客觀實存物,但並不包括"客觀規律"、"客觀規則"等抽象之"理"或"義"。然是否承認有"客觀實存之物",又是一個問題。

此處所謂"義",今曰"意義"。"意義"往往以思維、語言、邏輯等幾種形式呈現出來,就其語言之呈現而言,有字義或詞義(約略相當於"概念")、句義、語義等;就其大腦思維之呈現而言,往往是混沌的、含混模糊的、關連的;就其邏輯之呈現或固定而言,有"定義"、"概念"、"命題"等形式——所謂"概念",乃就其言語形式而言,所謂"意義",乃就其內涵而言。

何謂"真"? 如果藉助——或用——"名"或語言來表述"真",則或曰有兩種"真",一種是**"名"與"物"相符**(即指涉)**的意義上的"真"**,其"真"指向"實物"或"自存自在物";一種是**"名"與"名"相符**

(類於邏輯周全或圓滿)**的意義上的"真"**,其"真"不指向"實物"或"自存物",乃是指向"名理",即"邏輯"或"論理",即邏輯學或論理學意義上的符合、相洽。此處所謂的"名",包括"概念"、"命題"、"理論"、"文字"、"詞語"、"言語"等,雖然此數者在哲學上的意義有所不同。

如果不藉助於"名"來談論"真",則或曰還有一種"真":即"物"的絕對存在和自在方為"真",在這裏,"真"似乎轉換成了本體論意義上的"真有"、"真存在"等,而不是任何"符合論"意義上的"真"。實際上,上述第一種**"名、物符合論"意義上的"真"必須以此種"物自在"的"真"或"真"的"自在物"為前提**。但在哲學上,有的哲學家承認有絕對存在和自在的"物",故而承認上述第一種"真";有的哲學家卻對此表示懷疑,認為沒有絕對存在或自在的"物"(或曰"物自體"),所以也就不存在這種"物的絕對存在和自在"的"真",於是就否定了上述第一種"真";而可能轉向第一種"真"的變體,即**"部分假定符合論"**(或一端數端之真、一端數端符合論等,詳見下文),以及乾脆走向第二種"真",不論其"絕對自存自在物",而衹論"假定物"或"假定名",然後求得假定物或假定名的相互符合或相洽,以之為"真",即"名理之真"、"玄義玄理之真"等。

然而,即使有的哲學家承認"真"的"自存物",他也可能認為"名"無法或不可能真正把握絕對存在和自在的"物",所以不可能有純粹的、絕對的"名、物"相符意義上的"真",而都衹是**部分"假定"之"真"**(或一端數端之真、一端數端符合論等);如果將此一論點推展到極端,則這種"假定"之"真"還可以包括上述"名與名相符"意義上的"真",即先將絕對存在或自存的"物"(無論是否承認有此"物")假定為某"名",然後和其他假設的"名"相符,就是一種"名之真"。

然而，即使有的哲學家承認“真”的“自存物”，卻未必承認“自存物”的可分析性[1]（也未必承認“自存物”的可知性，然此是另外一事）——比如分析為一端數端等——，故而亦堵塞了“一端數端之符合論”的邏輯鏈條或邏輯可能性。

然而，有人或質疑道：上述第一種觀點是不可成立的，因為名是名，物是物，兩者截然不同，所以根本不可能存在“符合”與否的問題，從而消解了“名、物符合論”意義上的“真”；而或許仍對第二種“真”持開放態度。

先說“名”與“物”的關係。1. 或曰衹有“物”，“名”乃虛借而已，或“名”欲專制於“物”、欺罔於物，故當時刻警愓“名”之凌駕於“物”，破除、反抗“名”之專制與欺罔，以“物”還“物”，或虛借用“名”而不泥於“名”；2. 或曰衹有“名”，“名”外無“物”，“物”乃幻覺而已，世界一幻覺；3. 或曰有名有物，但名是名，物是物，兩者分別處於不可能相交的兩個世界；4. 或曰有名有物，名以代物，名以指涉物，名、物相交復相離，其“相交”即前述“虛借”或“指涉”，其“相離”即前述“截然分離而各不相交”。

---

① 當然，否認自存物的可分析性，是要維持物的完整性，否則就不是“那個”“物”。但這亦可能導致否認萬物或任何具物的實存性本身，甚至否定物本身，因為所有物的完整性，都是暫時的完整性，甚至是名理或玄想、假設層面的完整性；所有物的“不可分”，要麼是暫時的“不可分”，要麼是名理或玄想層面的“不可分”；實際上並無“不可分的物”，或者，最終的那“不可分之物”就是“氣”，就是“空”，就是“虛無”，從而取消了“物”本身。一般所謂的“不可分之物”，其實衹是（有限）時間（範圍）內的“暫存物”或“暫不可分而暫存之物”而已，如果超出那個時間範圍，乃至走出時間之外，則無（猶今言“沒有”）任何物是不可分的，或者，無任何不可分之物，或無任何暫存物，乃至無任何“物”。一切暫存物都是可分的，都會走向或重歸於虛無，無機物固然如此，便是有機物或生命物，亦是如此，有些生命物試圖維持自身的完整性，試圖抵禦自身的“分解”或“分析”，亦衹是讓那個“暫時”持續得稍長一些。(202308301321)

關於"名以代物"又有幾種情形:A. 或曰一"名"代表一"物"或一"物"的一切,所以人說某"名"便是說某"物"的一切,聽者也是以某"物"的一切來理解[①];B. 或曰一"名"雖說代表一"物",卻衹代表一"物"的本質特徵或典型特徵,故說者和聽者皆以此本質特徵或典型特徵來相互交流[②];C. 或曰一"名"乃是代表一"物"的(使用此種語言或此"名"的某個人群的)當世的大概的、模糊的認知共識,說者與聽者都是以此來理解和交流其"名";D. 或曰根本不存在所謂的"一物",所謂的"一物"不過是"一名"而已[③],是"名"對於"物"的專制或強制扭曲,跟"實物"毫無關係(此即前述"名物不相交論"

① 這顯然衹在理論上存在,實際上幾乎不可能或不存在這種理想情形,蓋人們既難以窮盡"物"的一切,則亦無法以"名"窮盡"物"的一切,比如對"名"的詳細說明或定義;而即使名在理論上能夠涵蓋"物"的一切,名也衹是一個名,無法直接指涉顯示物的一切,也無法以由名字構成的文字語言來詳細說明或定義"物"的一切(此見上文);並且不同的個人或個體對物的"全相"或名的"全義"的把握程度或獲知程度是不一樣的,所以無論說著或聽者,都不是在這個理論或理想情形下來使用"名"語的——接受美學對此亦多討論,可參看。(約 202308301350)

② 這裏須引入中國象形漢字(文)與西方玄義音字之差別進行區分論述。

中國漢字乃是取象會意,其所取之象,其所會之意,或為"自存物"之一端數端之相,或一端數端之理,或一端數端之意,而又不拘泥,乃或則**得意忘象忘名忘言、得魚忘筌**,或則隨物宛轉,**"圓觀""環中"**,乃至**以物觀物、體物俱化**而已;則漢字或中國文語既或有一端數端之名義,又不拘泥於名或名義。而無論說者聽者,皆可以此稱名用文而言語也,亦即:用名(以及名義、名理等)、文、象、字、語等而不拘泥於名(以及名義、名理等)、文、象、字、語等(得意忘象忘名忘言、得魚忘筌)。

音字則無取象會意之中介或中間環節,乃是觀物會意而以符字指代指涉而已;無象則無以據象會意(一端數端之象或意,以及比類、喻指、指涉之意,以及得意忘象忘名忘言、得魚忘筌之意),觀物指涉則直接面對,單刀直入,即人思與物事之直接交涉,**缺乏中國象形文語之比類興陳喻指之形象美感與愉悅**,而更為虛玄抽"象"(所謂"抽象",即抽離其具象,而更為虛玄也),但也仍然受人類思維的特點或局限的制約,比如未必能一時獲得"物"之全端全相而仍然是一端數端或一相數相之名義,未必是圓滿玄義;又或更為虛玄,與"具物"或"圓全之物"關聯甚少乃至全無關聯,而以名義宰(主宰、專制、征服、扭曲等)物或唯名理玄造而已;且說者聽者之心腦智質與名理積累同樣存有差異,故此處同樣可引入接受美學的一些分析論述。茲不贅述。(202308301423)

③ 所謂的"一物"不過是"一名","名"外無"物"。

等）；或曰衹有“物”，“名”都是假的；以及其他種種分析論述。

何謂“理”？

或問：所謂“真理”，何謂“真”？何謂“理”？或曰所謂“真理”不過是“虛理”或“玄理”而已，猶如柏拉圖所謂的“理念”或“型式”然，其所謂“真”，不過是“玄理”與“玄理”的吻合或相洽意義上的“真”，不是“理”與“物”的吻合、相符意義上的“真”，前者可謂**“玄真”**或“虛真”，後者可謂**“實真”**。然而自然科學或廣義物理學意義上的“真理”或不同於本體論和認識論、知識論意義上的所謂“真理”。

202209262116

道與真

“我”願拋棄一切成見去求真（truth）（包括一切事物的“真理”），即使在這個可能得出來的“真”或“真理”或“必然法則”中，以我自己目前所具有的資質，或許將——乃至或必然將——屬於不（多）得利、或處於平庸階層或底層、乃至屬於被淘汰的一方或一類、一人；也就是說，僅僅是在思考方法層面，我先不為任何利益——包括任何物類、群體或自己的利益——去研究那個“真”或“真理”，亦即先懸置任何“道”（種種“公利”等，或“仁”、“道”等）或“私利”層面的考量。

但另一種思考的方式是：“道”到底是必須服從於“真”或“真理”，是“真”或“真理”的強力的必然展現或顯現，不如此則其“道”便終究不可行呢（**以“真”率“道”**，乃至以“真”消解掉一切“道”、“元道”、“人道”、“仁道”或“道德”）？還是說“真”必然合於“道”，或“道”存在著一定程度的（相對）獨立空間，或存在著在

"真"的基礎上"湧現"(其過程或關係[①]如何?比如所謂的"天"或"天命"等)或"創設"(主語或施事者是什麼?)"道"的可能性或可能空間呢(**道真分立而相合**,道中有真,真中有道,復道外有真,真外有道)?抑或:人類必須,並且確有能力、手段、依憑等,**以"道"率"真"用"真"**或"真理"?思考"道"與"真"的關係,或可以有這幾種思路。

關於"道"與"真"的關係,目前至少存在著上述三種思路。進化生物學、進化心理學或進化論乃至一些現代科學的結論似乎頗為明顯地支持上述第一種思路,現代自然科學於此亦頗為雄心勃勃,想要將一切形而上學的、道義的東西消解、放逐,而建立科學之"真"或"真理"的必然規則的絕對統治或殘酷統治。但人類諸種前現代或前科學的文化或文明系統皆有其"道"論或"道"言,乃至現代文化之所謂"正義",實亦是"道"論[②],想要建立或繼續維持人類的各種"道義"或"正義"王國,即使"事實上"是以武斷論或獨斷論的"道"來立論,也在所不辭,因為其認為人類或生物不能任由殘酷的自然法則或必然法則之絕對宰制或絕對支配,而必須表現出"人道"、"善道"或"仁"、"正義"的人類道義性,即使這種"道"、"道義"或"正義"有時或許會和所謂的廣義物理學意義上或本體論意義上的"真"或"真理"有所違逆,這是上述第三種思路。上述第二種思路是我在《論"道"》一文中所表述的思路,也是我個人所歸納或體認的中國文化的思路。論文具在,不贅述[③]。

202210011627

---

① "真"與"道"的聯接關係。

② 建立在道論基礎或"大前提"上的"正義"或"正義論"。

③ 參見:羅雲鋒,《論"道"》。

物與物理;物之真與物理之真

“物”(或“實物”、“客觀存在之實物”、“物自體”)的本體論之“真”,與“物理”(或“實理”、“物的客觀存在之理”)的本體論之“真”(暫時不論“名理論”之“真”),兩者有何異同或關係?

先論其一,比如:不相交的並行關係?乃曰“物是物,理是理”。這似乎很難解釋以“物理”來用“物”或用“物質”、乃至“造新物”的情形,即:雖然是依照“物理”來用“物”或“物質”,畢竟還是要用到“物”或“物質”本身或全部;並且,難道衹用其物之一種或幾種“(物)理”而不必顧及此物的一種或數種“(物)理”之外的此物的其他的“理”或“物”的其他“部分”? 質言之,雖曰用此物之一端或數端之“理”,實則乃是用到整全之“物”本身或全部。**可以離“物”而說“物理”,而無法離“物”而用“物”,或離“物”而用“物理”於實在物質世界**。然而,此一論斷既可用以解讀為“物”、“理”難以截然分開——在“用‘物理’於實物界”的意義上;又可用以解讀或證明為:“物”與“物理”似乎又確可是有條件的分立或並行的關係,即絕對“物界”與有條件之獨立“(物)理界”。然則“物理”真的獨立嗎? 所謂“有條件之獨立”是何意? 下文將繼續論之。

或曰:某一“物”之“物理”,實則乃是相對於別一“物”之“**相對差異**”而言,除卻此種相對差異,乃是“萬物”一體,即“萬物”之本原一體[①],而無論其名為何,如“氣”、“太一”等。即使在哲學上,或許也可以合理推斷,元素並非物質的終極本原,仍可分析或追溯,而

---

① 亦即西方哲學所謂的本體論。

分析或追溯到最後，就是真正的“萬物一體”[①]，而氣、星雲、中子星、宇宙、黑洞、混沌、虛無、空云云，到底有何區別呢？由此言之，則“理”終歸於“物”，而非“物是物，理是理”。但這樣的論述太過簡單化乃至虛無化，而完全否認暫時物體或暫存物體的實在性或其存在本身，於理或可通而於(暫存或時間內之)事則無補、於論稍籠統。故吾乃創一概念曰**“物層”**、**“物質層次”**或**“物態層次”**，以助分析：每一“物層”都有那一“物層”的“萬物”或“眾物”，而在不同的“物層”上則“有”或“實存”著不同的眾“物”。在同一“物層”的萬物“有”其“相對差異”(即“相對物理”)，但從或在另一“物層”或下一“物層”來看，上一“物層”的萬物不復存在，於是其“相對差異”或“物理”也就消失了，比如在原子層次，人觀人驗(即所謂經驗感知或經驗理性)之“物態層次”之萬物之差異或“物理”便消失了。換言之，**不同“物層”有不同的“物理學”，吾名之為“物層物理學”或“相對物理學”**。比如，套用既有的最粗疏簡略的術語來說，微觀層次和宏觀層次的物理學完全不同。現代科學又用所謂的經典物理學與量子物理學，或經典力學與量子力學，來稱呼之。但吾用“物層”這一概念，更利於解釋和進一步分析，是一個更好的邏輯分析概念或解釋模型。質言之，**有條件的獨立“物理”**，其所謂“有條件”包含兩層意思：一是依附於“物”本身，二是相對於特定“物層”而言。

換一種思路，兩種“物”，有可能處於不同的“物層”，比如原子之“物”與人間動植萬物之“物”分別處於不同的“物層”；而對於人而言，當某“物”與人所處的“物層”的層次關係越大越遠，則某“物”

---

① 或謂此乃“本體論之執”或“本質主義之執”，而欲破除之，如曰“物”之終極本原是“氣”，是“星雲”，是“黑洞”，是“混沌”，是“無”等。

對於人而言就越是難及、不可及、難知、不可知或意義隱微，比如，人對於人身上的原子比神經元更難觸及或感知。然而，從另一個角度來分析，雖然人很難觸及或感知那些“物層”及其“物態之物”，但從“萬物本原一體”的角度而言，人也仍然和所有的“物層”及所有“物層”的眾物，或“物之本原”，有其關聯，乃至在“終極”根本上或在“物元”上是同構的。就此而言，理論上，拘泥於人所處的此一“物層”頗難索解的人的大腦、心靈，或靈明等，或許能夠還原到另一“物層”，或在另一“物層”得到合理的解釋；同樣，理論上，無論是人的大腦，或心靈，或靈明，乃至作為血肉之軀的身體或物身之本身，也仍然能“抽取”或“感知”或“靈悟”或“內在貫通”到那最終極最本原的“物元”。換言之，能進入或穿越所有的“物層”，乃至進入終極之“物元”層次（**萬物歸一元**，古人乃曰萬物一氣、縱浪大化等）；就此而言，人對“物理”的探究或“靈悟”、“理悟”的可能空間，既可以說是永無止境，也可以說是有止境的，止境即在於比喻意義上的“萬物一體”之“物元”或“物本”。至於其“物元”或“物本”到底是什麼呢？那就不必拘泥其名相了。

而如果論及“生命”，則每一“物層”都有其“物層”的生命形態，比如，人類以及此一“物層”的動植萬物，都是此一“物層”的生命形態，死了就是死了，那一具體“生命”或“生命體”在此一物層中就不再存在或實存了，其“靈”、“智”亦滅，這是徹底的唯物論態度。但這並不意味著“物”本身的消滅，在另一“物層”，其作為“物”並未消失，衹是以另一“物層”的另一種“物質形態”而繼續存在，比如人死之後，體現為細胞、神經、分子等的“物層”或“物態”之“物”或“物質”雖消失了，體現為原子、電子等的“物態”之“物”或“物質”卻並未消失，這也是徹底的唯物論態度。“理”亦如是，人死或亦意味著具體“人智”乃至所謂“靈明”之死，卻並不意味著普遍人類之"'大腦靈明'之理"或"理"之滅，蓋物雖滅，其"理"未滅或不滅。

某一"物層"的諸多生命體的產生，和某一"物層"的萬物或物質有關；但其"生命"或"靈明"本身的產生與"滅否"，卻可能要到另一"物層"尋求解釋，《中庸》所謂的"天命之謂性"，既可以從上一"物層"來解讀，亦可從下一"物層"來解讀，儒家所謂"天地萬物受天地之間之精氣而生"之論，亦復如是[①]。相應的，人類之產生，未必是達爾文以來流行的進化論或演化論，更未必是遠古的各種"神

---

① 《曾子·天圓》：

單居離問于曾子曰："天圓而地方者，誠有之乎？"曾子曰："離！而聞之云乎？"單居離曰："弟子不察，此以敢問也。"曾子曰："天之所生上首，地之所生下首，上首謂之圓，下首謂之方，如誠天圓而地方，則是四角之不揜也"

"且來！吾語汝。參嘗聞之夫子曰：'**天道曰圓，地道曰方，方曰幽而圓曰明**；明者吐氣者也，是故外景；幽者含氣者也，是故內景，故火日外景，而金水內景，吐氣者施而含氣者化，是以**陽施而陰化**也。**陽之精氣曰神，陰之精氣曰靈；神靈者，品物之本也**（羅按：此蓋言萬物皆含神靈而生，衹是萬物所含神靈成分各異而已），**而禮樂仁義之祖也，而善否治亂所由興作也**。

陰陽之氣，各從其所，則靜矣；偏則風，俱則雷，交則電，亂則霧，和則雨；陽氣勝，則散為雨露；陰氣勝，則凝為霜雪；陽之專氣為雹，陰之專氣為霰，霰雹者，一氣之化也。

毛蟲毛而後生，羽蟲羽而後生，毛羽之蟲，陽氣之所生也；介蟲介而後生，鱗蟲鱗而後生，介鱗之蟲，陰氣之所生也；**唯人為倮匈**（倮，赤體，裸體，倮匈指無毛羽鱗介蔽體）**而後生也，陰陽之精也**。

毛蟲之精者曰麟，羽蟲之精者曰鳳，介蟲之精者曰龜，鱗蟲之精者曰龍，倮蟲之精者曰聖人；龍非風不舉，龜非火不兆，此皆陰陽之際也。茲四者，所以聖人役之也；是故，聖人為天地主，為山川主，為鬼神主，為宗廟主。

聖人慎守日月之數，以察星辰之行，以序四時之順逆，謂之曆；截十二管，以索八音之上下清濁，謂之律也。律居陰而治陽，曆居陽而治陰，律曆迭相治也，其間不容髮。

聖人立五禮以為民望，制五衰以別親疏；和五聲以導民氣，合五味之調以察民情；正五色之位，成五穀之名；序五牲之先後貴賤，諸侯之祭，（牲）牛，曰太牢；大夫之祭，牲羊，曰少牢；士之祭，牲特豕，曰饋食；無祿者稷饋，稷饋者無尸，無尸者厭也。宗廟曰芻豢，山川曰犧牷，割列禳瘞，是有五牲。此之謂品物之本、禮樂之祖、善惡治亂之所由興作也。'"

參見：《曾子輯校》，中華書局，2017 年 12 月，pp64—68。

造人"的神話解釋[①]；同理，既未必是"走出非洲"論或"非洲女酋長"論，亦未必是"走出亞洲"論，而**祇是上、下的一個或數個"物層"之物在億萬年中的偶然化合而成**，比如先化合為此一"物層"的無機萬物，後化合為此一"物層"的有機萬物，乃至生命萬物。當然，先後次序未必如此或如進化論般機械。另外，既曰每一"物層"有每一"物層"之萬物乃至生命，則焉知人類動植萬物所處的"物層"之上或"上一物層"，又沒有其"物層"中的另一種形態的"生命"呢？[②] 人類遠古的神話往往名之為"神"或"天神"。

以上的分析似乎拒絕了"物"、"理""不相交的平行關係"這個論斷，而頗有將"（物）理"歸本於"物"的傾向，然則，我們便可思考如下第二種思路。

其二，高低階關係？乃曰"物本"或"理本"，或"世界唯物"，或"世界唯理"。

這就變成"物本"抑或"理本"，或者，"唯物"抑或"唯（物）理"的問題。上文起初雖假設兩者可分立或並行，而分析結果則似乎證明其論之難立（證偽），而稍傾向於"物本"。然此當進一步細分疏之，乃曰：於人之"物界"生活而言，以及人本身之作為"物"[③]的存在的那部分而言，"物"或"物界"為本。然"萬物"皆有理，又須循此

---

① 然此可解讀為上一"物層"的影響或塑造，乃至上一"物層"的可能生命體對於人類所處"物層"的塑造；祇是因為此一"物層"的生命或生物無法進入或觀驗到上一"物層"的"世界"，無法"理性"解釋，故以"神話"或"天神"的概念和方式，來進行粗疏的記錄、敘述或解釋。當然，科技發展到今天，藉助於科學儀器和科學方法等，人類已經初步進入到某些微觀"物層"，亦初步進入某些更"宏觀"的"物層"，其後之發展亦不可逆測。

② 比如大膽地假設地球、月亮、太陽等都各是一個生命體。

③ 即俗言所謂"肉身"或"血肉之軀"，或"物身"。

萬物之諸“理”而生行乃後可,則又當“循乎理”(儒家所謂“順故”),而同時又有“本乎理”之成分。

或問:然於人之“靈明之界”、“智界”(或“慧”、“睿”)或“理界”生活而言,則“理”、“靈”、“智”、“慧”等亦有其獨立空間或“實存”形態?乃至於其可以穿越不同“物層”?關於這些問題,或曰其雖有獨立空間或客觀“實存”形態(見下文關於“理智”之注釋),然於具體個人或個人智而言,則人身滅而智滅,或無可穿越不同“物層”;而其生前所求得或發現之“理”或“物理”則不滅,乃可穿越不同“物層”——此謂“人智”或可發現與人身處於不同“物層”中之“物”之“理”,即其“物”其“理”本來便是別一“物層”之“物”與“理”,並非此一“物層”之“物理”穿越進而為另一“物層”之“物理”①。故曰:“智”有“人智”(又分為個體“人智”與人類之普遍“人智”),有“理智”(人類之“理智”或“人腦之物”乃至“物元”之“理智”②),“人智”依託於某一“物層”之人身或人之生命,“理智”則存乎天地之間,或依存乎於不同“物層”之“物態”或“物質”,乃至穿越不同“物層”——即其於此“物層”似若神秘,而於另一“物層”則或如計算機之數理邏輯般有嚴密規則而精確;“(物)理”則為客觀實存之理,無論有人無人,求得發現或未求得發現,皆確然在焉而已,在於天地之間,在於萬物本身,又有不同“物層”之“物理”,而相互穿越貫通,亦曰實存焉。**人類之書籍、文字、語言等,既用以保存具體之“人智”,又用以保存普遍之“人智”,尤用以顯明與保存“理智”與“(物)**

---

① 某一“物層”之“物”或“死”或“分解”,則此“物”在某一“物層”已死,然若從另一“物層”而論,則雖死之“物”,於另一“物層”又分析為別一或別眾多之微“物”也。

② **或曰“人智”或“靈智”、“智慧”皆可還原到下一物層之物理,即在下一物層中取消了人智、靈智、智慧或靈魂等的神秘性,而還原為物理**,亦可謂“**智慧或靈魂的**(在下一物層的)**物理學還原**”。

理"本身。以上言"**'物層之物'滅論"而"物元不滅論"，又言"'具體人智'之滅論"而"物層或物元之理不滅論"**，又似乎回歸到"物是物，理是理"的結論中了？且不用急於下結論，我們且繼續分析下去。

那麼，個體"人智"和個體"人身"的關係又如何？或換言之，人類個體之"'身'之'物'"與個體之"'智'之'理'"是何關係？實則此仍可用"物層"理論來解釋，在人觀人驗之"物層"，亦即所謂人類經驗理性層次，人們認為個人"人智"、"智能"、"靈明"、"心靈"、"心腦"或"靈魂"等皆是一些極為玄虛難解的東西，不能等同於"物"，也不能等同於"理"，或簡單化地理解為"物理過程"；然而，如果科技條件允許，以進入到人類經驗理性的"物層"之外，乃至不斷追溯其"極深研幾"的更"微觀"之"物層"，比如原子、電子、中子等層次，則人腦或"靈明"、"靈心"就恰如一台精密的計算機，而人腦或"靈明"、"靈心"的運思過程即是或即如計算機般的數理運算，或遵循微觀層次的物理法則，而可以還原為諸多微觀層次的物理過程，從而消解掉對於"人智"、"人類心腦"、"靈魂"等的一切神秘色彩、臆測懸想，或形而上學解釋，從而將人類"靈明"最後保留的唯一的領地即"人智"，也還原為"物"與"物理"或"理"(或物理過程)的存在，**即"轉心腦成物"與"轉'(心或腦)靈'成'(物)理'"，或"轉'智'成'理'"，乃至將人亦還原為"物理"或"真理"主宰下的某一"物層"的"物"而已**。就此而言，或對於此種情形，既可解讀為徹底的唯物論，而一切"理"皆是"物理"而已；又可解讀為徹底的唯理論，而一切"物"——包括人"物"、身"物"、靈"物"或心腦之"物"等，皆是由"理"或"物理"所主導或主宰而已，或在其最原本或"物元"的"物層"，遵循著最終的"'物元'之'理'"，或其物理邏輯。

然而，雖然從"物元"或終極"物層"的層面來看，一切皆

"物",一切"物層"之萬物,皆是原本一體。然而,萬物的(暫時)規定性和(暫時)實存性,又往往必須乃至祇在某一"物層"才能得以成立和說明[①]。每一"物層"有每一"物層"的萬物。此一"物層"的萬物,到了另一"物層"——尤其是下一"物層"——,就不再存在,失去了原來"物層"中的規定性及其實存性,我將其命名為"**物層論之物滅論**",亦可謂之"**物層論之神滅論**",即作為那一"物層"中的生命、生命體、神靈體或物"體"[②]已然灰飛煙滅;雖然在下一"物層"中,或在"物元"的層次,其"物"未滅乃至不滅[③],我將此種理論命名為"**物層論之物不滅論**",乃至"**物層論之神不滅論**",此時所謂之"神"或"靈",實則是"理"或微觀層次乃至物元層次之"(物)理"。質言之,時間(暫存)之內,物滅神滅;時間(暫存)之外,物不滅神不滅。

綜合之,我又將此命名為"**物元層次之物、理不二論**"或"**物元層次之物、理並立論**"乃至"**物元層次之物、理測不准論**";從不同"物層"的角度來看,又可命名為"**物層論之物、理二元論或物、理越層論**"等。比如,在同一"物層",某一"物"(體)或所謂"生物",其死亡即可謂"物(體)、神皆滅",然於另一"物層"而言,則上一物層之某物(體)雖滅,其神(此"神"乃是還原為下一物層之"'物'理")或其理未滅,且在另一"物層"中之"物"亦未滅,雖然此"物層"之"物"(或物體)已非彼"彼物層之物(或物體)"也。

"萬物與我並生於斯世"與"萬物與我一體"不同,前者屬於

---

① 也祇在所謂的"時間"中才得以成立和說明,而在這個疑竇叢生的"時間"之外,哪有什麼萬物呢? 亦即:既無時間,也無萬物;或:因無時間,則無萬物。時間之外,無論是物元一氣,還是物元一理,抑或是虛空或虛無,或是所謂的混沌,或許本來就沒分別。然以上是另一分析思路,和本段分析稍有不侔。乃不贅論。

② 猶言結構體、系統體等然。

③ 猶化學過程祇是元素組合或能量轉換等而能量守恆、物元守恆然。

同一“物層”，後者兼顧不同“物層”而立論——尤其是在物元的層次，更是如此；前者是人驗或經驗物、理世界，後者涉及超驗或“越層”①物、理世界。在人驗或經驗理性文明時代或前現代科技文明時代，人類往往衹能感知同一“物層”之“萬物”或“眾生”，對於其他“物層”之“萬物”或“眾生”，及其“（物）理”，則皆不能感知，乃名之為幽冥鬼神，名之為神秘莫測之“天道”或“神道”，而曰“未知生，焉知死”、“不語怪力亂神”等，避而不談。某一物類如人類之生存，必須用到同一物層之“萬物”，生命與生活，又必然是此一“物層”之“物態”之實存，得此一“物層”、“物態”之喜悅、遂樂與福祉。乃曰“道在此世”或“道在此‘物層’”，是為“**（物層）現世論**”。

比如，人難能和原子、電子等相互交流，或難能單依靠原子、電子、中子等“物層”之“物”生活，乃至難能從意識層面明確而精微感知到單一原子、電子、中子等物的活動和存在；而必須和人類所處的那一“物層”的“萬物”相互交流、共處，如動植無機萬物等。

總結之，在任何“物層”，包括“物元層次”，物皆自在；物皆有理而不衹有理，是為唯物論。同樣，衹要尚處於“時間”之內，則在任何“物層”，包括“物元層次”，物皆有理，理緣物而生，而以玄理形態**自存實存**，或雖似離物而實則**緣物實存**②。“自存實存”故可獨論其“理”，乃曰**有條件之“理自立”論**或**有條件之“理之實存論”**；“緣物實存”故終究不離其物而依存其物，乃曰**無條件之“唯物論”**也。然又有名理論意義上之“玄理”，則未嘗依存於任何“物”，無關於“物”，則純是“玄理”而已，然就其往往依託於人或人智而言，且人

① 超越或穿越不同“物層”。

② 但若在時間之外，則或另當別論。

智又根本來自於各"物層"之"物",則雖此種名理論之"玄理",實則亦依託於物("人物"),而仍遵循上述結論。

綜上所述,則"唯物論"更為根本,**就其"物元"層次而論,乃為無條件或絕對之"唯物論";依物乃有其有條件之"理之實存論"。**故曰:**"物本"**。

其三,描述關係?說明關係?"抽象"關係?

這三種說法,說了也等於沒說,因為沒有或無法從哲學上或邏輯上講明"描述"、"說明"、"抽象"的真正含義,換言之,三者並非可以用於哲學分析的嚴格之邏輯概念,比如,如何描述、說明、抽象?何以能描述、說明、抽象?等等。"抽象"此一譯詞更是中國"哲學"色彩濃厚的詞語,實則蓋非"抽"其"象",乃是"抽"其"物"之"理"。

……

其他關係如:

抽取(取其一端或多端)、征服、扭曲、矯揉、利用關係?

抑或僅僅說是"物"與"理"的關係?這是使用目前已有的哲學或邏輯概念——或邏輯分析工具——而來的言說,對於進一步分析或說明"物與理的真正關係"的要求而言,這不過是重複,等於沒說。我自己還缺乏更細緻的概念工具或邏輯工具,或"理論",來對其進行進一步的說明。我在思考並將繼續思考這個論題。

抑或物本繹理用理關係?乃曰:物是物,物自在;物有理,論"理"可離物,用"理"不可離物。

一時難以盡論盡明，故姑且稍開端緒於此。

又：

本體論之“真”意義上的“物理”，與名理論之“真”意義上的所謂“理念”，兩者關係又如何？

或曰一切不能還原為“物理”的“理念”，都是所謂“形而上學”（注意：這個譯詞又是中國哲學色彩濃厚的詞語）的概念而已，而“物理”終將不斷擠壓或壓縮“形而上學”層次的“理念”。

202210012122

文章氣脈與論文氣脈

就理論思考而言，需要臨時去查書、查資料而寫出來的論文，有可能難稱好論文，至少可能氣脈不通暢，理路不貫通。好的思考有可能是一氣呵成、一脈貫通的。這並不是說你僅憑才氣或智商就可以寫出好的論文，而是說要預先積累。因為如果你讀書、思考都積累到一定程度後，思考時各種思路、知識、理論、材料等都會聯翩而至，故而思路周全、條理清晰、一氣灌注而已。

當然，以上論述都不可作絕對化理解，都衹是相對而言，相反的情形也可能出現，即多查證而精雕細琢同樣可以寫出好論文，乃至在很多情形下必須如此。絕不可能所有的論文寫作過程都可僅憑記憶與思考，而無需查書、查資料，寫作過程仍可能涉及一些一時不甚清楚的知識、理論或思路等，需要停下來查證或運思。這裏衹是強調平時的積累和運思的自主貫通的重要性。

人人都有心靈與大腦，理論上人人都可以成為科學家、哲學

家，科學與哲學並沒有人們所想象的那麼高不可攀、深不可測，而僅僅是“大科學家”、“大哲學家”的禁臠。重要的是先解放思論，在思論上解除或祛除掉那種對於科學、哲學以及智識活動的神秘感、高深感或畏懼感，敢於自主思考或獨立思考。科學和哲學其實亦如平常吃飯穿衣一樣，人人可為，徒以其人是否有其心志或得其機會條件而已。哲學與科學雖曰是高深之智力活動，實則有其心志則皆可學而臻其域也。衹要有強烈的興趣，大量而系統地閱讀之前的真正具有原創性的最好的科學、哲學的經典、原典或元典，加上合理多元的方法，再加上自我智力的訓練，通過自學也可以成為大科學家、大哲學家的。事實往往有如此者。科學、哲學如此，其他學科或事業亦復如是。當然，如有好的學術親炙、傳承、指點，或亦或可一時事半功倍，但長期而言，仍在心志，以及長期的積累與努力。就此而言，循此以進，何愁中國科學、哲學等不能大進展！

202210021000

我累了的時候，就感覺大腦裏的細胞、分子、電子、原子、中子等不大聽我調配，軍姿不整，行列不齊，陣容不理，每或混作一團，於是我衹能到床上躺一會，讓我的大腦細胞們、分子電子原子中子們也都休息一會。

斯時斯世，年輕人還會談談道、理、情，等年紀一大，就衹會談人事、利（功利）、慾，並且，這個年齡界限似有越來越提前的趨勢。

或曰："我"以前主要是求道、求理，乃曰道心、理心盛，然不怎麼懂得"情"，或許以後會更多談"情"或求"情"，乃曰"情心"。

202210021601

譯文的譯與讀

關於外文譯著的不同中文譯者及其譯文情形、不同中文讀者類型及其閱讀感受。

外文譯著的不同譯文（中文）類型：林紓譯外國（狹義生情）文學所用之古文，嚴復譯外國（廣義）道理文學（包括人文學科、社會科學乃至可能的自然科學等）所用之古文，此兩者可謂當時之一種典範①，乃曰較為純粹之古文或文言，而周氏兄弟所譯之文言《域外小說集》亦可隸屬之，而兩人當時之古文功力或美感不能及之。此外乃有以所謂"白話文"來翻譯者，又將欲樹立為一種新典範。其餘則處於兩者之間，或用通俗文言而稍雜俚語、外國（如日本）新名詞、新譯詞，如梁啟超之譯文（包括其中文本身，如所謂"新文體"），或用白話文而稍用單字或不避古文之字詞。簡要概括之，乃曰**兩種中文譯文典範：古文譯本與所謂白話文譯本**②。

然以其譯者是否通曉或稍通古文乃至古文小學（或訓詁音韻學、語言文字學等）等，而亦可有所區分。其通曉或稍通或稍有古文與小學基礎者，翻譯斟酌字詞字義時尚能考量漢字訓詁或字法，不至於偏離漢字或古文字法太遠，其高者乃能古今字法貫通，其稍次者亦力避辭費或違戾字法，於溝通古今中文漢語或建

① 或曰"兩種"典範，此乃以其所譯對象之性質或學科不同而分說之；實則若以中文論之，皆是古文而已。

② 然則譯者之譯文亦表現出幾種不同情形：比如，一者重在吻合古文字法；另一者則全不講究古文字法而惟以現代漢語中文之詞法與語法為準則……

構古今(字法)貫通之新中文漢語,或多正面效用。然於古學寖微乃至從正式教育制度上棄絕文言(然非全不教古代文學)而用白話文以後,情形則大為不同,而亦可**以其古文或小學基礎之程度而大體區分之**,如其從中文系受教或畢業者,或於文史哲專業等而稍接受文言及小學之訓練而有一定基礎者,雖各自程度不同,蓋或稍知字法,或稍有字法字義訓詁之意識,則其翻譯外國作品時,或尚能稍微溝通古今中文漢語,不至於偏離萬里;其餘如衹接受過現代漢語或現代白話文教育而對古文或文言並無多少根基者,則純粹以現代漢語中文之詞法來翻譯,而於字義字法並無自覺意識,乃曰"純粹"之現代漢語或現代白話文,則乃從字法轉為詞法。然其雖多用詞法,而一則其所構詞之字之字義並不全然消失,二則現代漢語中文中仍多單字,由此二者之故,往往造成許多字義或詞義問題,稍有混亂。

此外,又可**以譯者對於外語或語言學乃至外國思論文化之熟諳程度而有所區分**。如對外語及其文學與語言學知識十分熟諳,乃至能掌握幾種外語且有相應之文學與語言學之自覺意識與豐富知識者,則其與相反之譯者或情形,自然不同;又如譯者對於所譯外語文本內容及其相關文化、思論、哲學、歷史、學術、專業等之熟諳程度不同。此兩種因素皆能影響譯者斟酌譯字、譯詞、譯文之準確性或妥善性,後者亦涉及文法等更廣泛方面。

然而更為重要的是譯者對於外國語與本國語這兩種語言、"文字"、文學等的文字語言學自覺和豐富知識,然後或能較好對譯之,雖然這並不構成為充分條件。

但這裏的關注焦點在於作為譯文的中文本身,及其對於現代漢語中文的建構和優化的影響作用,以及中文讀者對於中文譯文的接受情況。此數者之間，筆者在此又重點關注中文讀者的不同情形對於中文譯文的接受所產生的不同影響。質言之，上文關注的是譯者的中文水平或古今之變，這裏關注的卻是讀者的中文水平或古今之變對於中文譯文的接受的歧異情形或問題。

同譯者一樣，讀者亦分幾種：熟諳古文與小學者；粗通古文或小學者；全不通古文或小學，而其中文知識全從現代漢語或現代白話文而來者。那麼，或以古文字法來看譯文，或純以白話文詞法來看譯文，而表現出不同之閱讀感受或評價……這一論題亦值得關注和研討，限於篇幅與時間，此不過略開端緒，而讀者或關注者自可深思也。

在翻譯中，譯字譯詞固然一時無法統一，恐亦不能強制統一，而遵循大浪淘沙或創製出其他一些有效之優選準則，乃得其優譯，而不是詰屈聱牙、奇形怪狀之譯詞譯文，讓人莫名其妙，讀不懂，既影響思論文化和科技理論引進之效率或效果，又或對現代漢語中文之優化產生負面影響。然而，如果譯者本身預先多一些中文語言文字學之修養，就可在一定程度上避免譯文之稀奇古怪或違戾字法文法的諸多問題或亂象，及其他較為嚴重之後果。

如要建設好中文思論文化、中文哲學、中文學術、中文科技等，首先要建設好（現代）中文，以及需要有對於所有國民的更高水平之中文教育。因為中國或中國人的思論文化、哲學、學術、科技等成果，除了實際呈現或器物呈現之外，都是通過中文或漢語（國家通用文字語言）來承載的，而普通中國人或絕大多數中國人都首先是——並且從理論上和效率上而在相當程度上乃至必然是，或應該是——通過中文漢語[1]來學習思論文化、哲學、學術或科技的，而不可能是全體中國人還必須另外學習一種文字語言才能獲得其本國或外國的先進科技、思論文化、哲學、學術等。因為在理論上存在著更優選擇的情形下（即使用本國文語），這[2]無形中便憑空增加了一個中間環節，使得如果要獲得同樣的思論科技智慧收穫，學習者卻要投入更多的時間和精力（必須學習外國字語），不合於學習效率或所謂成本控制。

當然，其前提便是中文（漢語）能——並確實——承載有先進的思論文化、哲學、學術、科技等內容。比如，能否用中文（漢語）進行自然科學或現代哲學等學科的論文寫作？或能否用中文（漢語）譯介世界各國的各學科前沿學術論文或科技成果？然而，倘若你不建設表現力更強或更優秀的（現代）中文，不創造出足以撰寫或譯介先進思論論著和科技論文的（新）中文（漢語），又不**用中文（漢語）來承載本國或外國的最新研究所得之先進思論文化、哲學、學術、科技等**[3]，那中文及中文學術科技等就將永遠不能進步，中國文語也就無法進身屹立於世界諸種承載先進高深學術科技成果的先進字語之列，（乃至中國也就永遠無法屹立於世界學術科技之最前沿，就有可能永遠必須要藉助於外語來學習，永遠必須派遣留學生才能獲得高深知識，永遠必須購買外國的（核心）技術和先進設

① 相較於其他文字語言而言。

② 衹以外國字語，或衹有外國字語才承載更高思論科技文化等，故衹能或還要學習外語才能獲得這些先進思論科技文化。

③ 比如，因為制度設計的問題，導致學者群趨於用外文發表最新最先進學術科研成果於外文期刊上，而中國讀者或中文讀者反而無法直接閱讀，乃至必須花費巨資購買外國學術期刊數據庫才能獲得其外文著作，同時又花費巨大資金和人力翻譯成中文——何況，有些外文學術科技期刊還拒絕翻譯和出售閱讀權限。這不僅是財力、人力等的巨量浪費，還是一國智力的巨量浪費，影響極其重大深遠。當然，前提是中國要建設好自己的成熟、合理、公正的文教學術科研制度、學術期刊制度等。

備等,永遠無法輸出我們自己的先進學術科技成果和器物商品等,永遠無法為人類進步提供中國智慧和中國方案,等等),這對於**建立中文(漢語)與中文(漢語)學術科技的本位性或主體性**是非常不利的。

當然,這完全不反對"一部分人通過學習外語來引進外國先進思論文化、學術和科技等"的做法和價值,後者既是人類文化科技發展的歷史常態①,而在全球思論文化和科技創新日益快速和多元化的情形下,或思論文化與科技創新的滿天星斗般湧現的情形下,更是如此。建設本國文語及本國文語先進學術科技,與和世界各國同行進行交流乃至引進世界各國之先進思論文化與學術科技等,並不矛盾。

當然,除了作為必要前提和基礎的自主獨創之外,新文化、思論、意義、學術、科技、理論等的輸入,並不僅僅是語言文字層面的事,而尤其涉及新意義的引介、傳播、接受、內化等本身,但這種輸入或擴展傳播,除了器物或實事層面之外,主要便是藉助於語言文字,故譯字譯詞譯文以及中文漢語本身(之建設與優化)就顯得極為重要!何況這還涉及文字語言本身的表現力、影響力或主體性等論題,故豈可輕忽哉!

中國文化的復興,亦應是中國文語或中文漢語的復興與優化,和中文漢語學術、科技文化的優進或復興。

202210021601

---

① 可思考"開放與創新之關係"(又比如所謂系統論、"熵"等的啟發)、"各各自主獨創而自立更生,然後或同時又互相交流"等論題。所謂"然後或同時"之不同選擇,乃根據不同時勢而有不同權衡,或優先性考量與取捨等,不可拘泥執一。

理繁與簡約;眼睛放光

以前我很欣賞別人家裏的書多,現在我頗羡慕別人家裏的疏朗簡約,或清朗空曠。理繁[1]是一種負擔,而簡約是一種智慧。簡約乃覺清靜,書山乃覺擠壓。如果心腦裏和心身外都很空曠,沒有太多的"理",沒塞入太多的事,乃至根本沒有"理"或"事",事、理渾不沾惹或了無痕跡,也就不會有理障或事煩。情也不要太多,或同樣處於一種簡約清靜的狀態,就可以稱得上是人間之大樂了。我大腦裏的"理"太多了,有時便不免要偶爾"短路"或"堵塞"。整天處於書城或書山之間,感覺時刻都有各種"理"或"理論"向你撲來,追著與你對話、辯論,無休無止,心腦不暇給,略無片刻餘裕或餘閒,亦曰緊張,而苦樂都在其中。大概許多時候喜歡出去騎行,或看看山水,也是逃離這種"理"的緊張追問。

我們想求理求道,想求得真理大道後為社會尋找更好的秩序。但道理難聞而自在。或曰大智若愚最好。

腦力或記憶力的可能的衰退,究竟是因為老化呢,還是因為用得太勤快,抑或因為塞入了太多的理與事?塞得太多,就沒有空間再裝進或自如騰挪其他的東西,正如電腦如果磁盤太滿就將運行變慢一樣。或者,腦中事、理太多,幾乎所有能夠儲存信息的神經元或更微觀的存儲介質都被占用了,或超負荷使用,那麼大腦就無

① 書是講"理"的,如道理、物理、事理等,故書多也就意味著"理"多。

力、無餘地來存儲、歸類、推理、運算新的東西了。但裝進去的理與事，要重新倒出來，可有點不容易；若夫清空大腦而至於疏朗清靜，更是不易。蓋道家或有修道法門，乃重歸於赤子天真之心而已。或曰“放下”與“捨去”①。

所謂的“光芒”，大概就是人身之微觀層次的電子放電之類的現象吧。而所謂“意念”，就是通過控制眼耳鼻舌身等，來控制大腦或其他身心層面的微觀生化效應和微觀物理效應，如促進某些酶或激素的分泌，從而加快而調節相應的微觀生化效應，或原子、電子等層面的微觀物理效應，包括控制電子放電的方向等。然此或純粹是胡謅，聊以解頤而已。

202210022215

古代中文釋讀天生需注疏？注疏為中文內在之文法？

西歐諸字語之語法（或文法），頗多分句，可以疊床架屋地界定其詞其語，使表述精確。中文漢語固亦可反復申說，然中文每採取文句或文語外之註疏方式，而未必僅僅採取文句或語言內之文法或語法方式，來對相關字詞進行反復解釋說明。古代漢文極多此類，現代漢語中文向歐西拼音字語學習，重在語言或文章之內來表達，不甚主張於現代中文文章內亦有註疏。然中文（古代中文與現代中文）較為缺乏西歐諸字語以分句進行界定修飾之文法或語法，所以有時在進行學理探討或論文寫作時，便稍有不便。吾意乃謂

① 或曰“捨得”，乃是“有捨乃有得”之意，仍有“得執”，或仍執於得，故不用。

現代中文漢語文章,亦可用註疏法或注釋法。我寫《論"道"》一文,乃至《論語廣辭自序》[①]等文,乃至本書,皆頗取此法,然後不至於誤解或表述不明確。**即以文字語言或語法外之(文法)手段,來補中文漢語之文內文法或語法手段較為貧乏之短**,或亦是一種思路。因為中文漢語,尤其是古代中文漢語,單字或則每有多義,或則於歷史流變中而引申蘊涵豐富義意——包括現代意義——,故今直捷用之,或容易造成誤解,或不能精確其所取之某細微義或單項義,故而自我註疏或注釋之,則可避免此弊也。

中文漢語進化之幾個方向:造新字(以"六書"法[②]乃至造字新法,增加單字,減少多音節詞);增新文法符或語法符(類句讀符,增筆劃符,附字之符,無實義之文法字或語法字符等,而可獨創,又可以印歐語係為參照,又可稍資鑒日語乃至世界一切字語種等);創製漢字拼音字符或構件;增用方言音、調;言、文可分可合;等等,不贅述。

202210031955

哲學與科學

在本體論乃至認識論、知識論層面,哲學的終點是科學,或兩者至少是相互促進的關係。而在人生論方面,科學也能提供許多新的啟發和思路,這涉及(如何看待)"道與真"、"善與真"的

---

① 參見拙著《論語廣辭》。

② "六書"之"書"字,本含有"法度"意,然茲乃以現代漢語之習慣,乃另加一"法"字,以便於現代讀者之理解。

關係。

我其實對科學也有濃厚的興趣。研究生時對科學哲學頗多關注和閱讀,也曾一度打算在博士階段改修科學哲學專業。家裏也有許多科學領域的元典或經典著作,可惜暫時仍沒有充足的時間來系統閱讀和思考,更沒有多少機會去關注和了解實際的科學研究進展(有理科或較為完整的自然科學專業的綜合性大學,於此稍多便利)。退而求其次,如果能訂購一份或幾份有關世界範圍內最好的有關各學科領域的最新科學進展的科學雜誌,隨時翻閱,也會有很多啟發,稍慰此心。

不過現在的學術分科極為精細,大多是專門領域的學術期刊雜誌。

202210031955

人人都可是或可成為科學家;科學原理與儀器操作

我們可以尊重科學家,但沒必要崇拜,因為理論上人人都可以成為科學家。科學研究就如吃飯穿衣一樣,並不神秘,從事其他許多職業或事業所需要付出的努力也未必比科學事業更少。事實上,我們不必崇拜任何人,因為,理論上,人人都可以成為人人;之所以某人實際成為了某人,也不過是一種心志的選擇,乃至偶然的機緣,兩種因素都有。

要破除把科學研究神秘化或高深化的流俗之風,科學或科學研究是最不神秘的事業之一,也是最講清明理性和規則的事業之一,並且,本質上,科學或科學研究也最傾向於破除任何神秘化的做法或現象。探究清楚了原理和規則,也就破除了神秘。同樣,接著上一段的話來說，科學也傾向於破除任何崇拜思想，因為科學會將一切還原為"真"或"真理"，而"真"和"真理"衹是一個（本來就存在的）事實或原理，是不需要崇拜的。

我們尊重科學家的科學精神與首創精神，但不必崇拜科學家。尊重，乃至感謝，但不必崇拜。

什麼是科學？一個人會使用一台機器，或能教別人操作機器，比如操作計算機，或操作電視機的遙控器等，這都不是科學；一個工廠能夠製造出一台機器，也仍然可能不是科學；衹有對這台機器的所有工作原理或製造原理都了如指掌，那才是科學。科學就是知其所以然，知其原理。所謂基礎科學研究，就是研究其最基本的原理。所謂的基礎科學的總體水平高，就是有更多的基礎研究，或盡量能對所有現代科技或儀器的工作原理都了如指掌。

重要的是激發中國人的這種科學精神，和真正的純粹的科學研究的熱情，亦即：真正進行科學研究和選擇智識生活的純粹的心志或理想，以及提高基礎科學研究的意識和水平。要做到這點，文化層面、文語層面的因素頗為重要。制度層面（如科研制度、產業政策等）也很重要，但卻是另一個邏輯層面的事，於此（心志、精神、熱情、意識等）反而是次級重要因素。

現代人在進行科學研究時，免不了要使用各種科學儀器，但一個真正認真的科學研究者，不能滿足於使用儀器本身，而要對儀器的全部工作原理，乃至儀器的全部製造原理，都要心中有數，然後其在使用這些儀器時，就會考慮到這些儀器本身的特性或局限性，及其對科學研究過程或結果所可能造成的影響，從而納入科學的研究或判斷過程中來，或者，思考改進儀器乃至創造新的科學研究儀器的可能性。直接拿別人的科學儀器或相關軟件等來用，卻對其工作原理和特性(及其缺陷)全無所知,此種做法倘成一個社會或國家之風氣,對提升其國科學精神或理性精神、基礎研究和總體科技水平,以及科技的可持續性進展,都並無助益,或頗成阻礙,並會造成某些嚴重後果。

我關注的還有科學術語的中文命名與中譯,以及西方科學術語在中譯或中國文語中的命名方式;對於西方科學術語所使用的外文詞語在其本國字語中的本來涵義①,也做一番詞源學考察,以此審視和思考中文科學術語的譯名或命名方式等。所以我希望獲得西方經典科學著作的原語文圖書。當然,就筆者自身之外國字語種的掌握情況而言,對於歐西諸字語,目前主要是英文閱讀速度還可以,對於德文、法文等,尚無法快速瀏覽。但西方(歐美)科學術語在西方諸字語之間,或亦多音譯乃至照搬其單詞者,則蓋讀英語亦可管中窺豹也。

202210052157

我原來以為"政客演戲"是一句罵人話,後來才知道這祇是客觀描述,演戲本來就是政客的一項工作,或工作形式、方法之一。"政客演戲"這一說,未必沒有褒義的時候,比如以演戲來激勵士氣民氣;但也更多貶義,比如各國政要通過演戲來嚇唬對方,或者,嚇唬人民。但也有演砸了的情形,或者演戲不能夠根本解決問題,於是戰爭爆發了。所以政客的演技還是蠻重要的。

我原以為"人生如戲"祇是一個文學感歎,後來發現這也是事實,許多人都是演員,除了嬰幼兒時期,其他時間乃是終生在演戲。

202210081117

① 即:外文科學術語所用外文詞的原義是什麼。

讀英文與讀中文之分別

前天晚上翻閱英文版《正義論》與繁體字版《論語廣辭》兩書，突然注意到人在識別或識讀漢字漢文與英詞英文的相異處。在我們可以顯意識覺知的人驗感知層面，我們識讀漢字漢文時，根本不是——亦不用——去辨別漢字之具體筆畫或形體，而祇是根據——或對於——大概乃至模糊的構形或結構，來識別漢字進而識讀漢文的，並且我們有時幾乎不是或不必按照線性序列去識讀漢文，而幾乎是一分句一分句(視文本形態而異，比如字、詞、辭或詞語、分句、句、段、篇等)地整體識讀，即：對於一個呈現為物理線性序列——無論是橫排還是豎排——的文字或文句，我們有時是——至少是“可以”或“能夠”——自動將其分成一個小區域或片段來進行整體的讀取，如同照相機絕不是像老式的打印機那樣按照線性的序列來先後打字，而是同時抓取對象的所有“相機所能抓取的‘物理特徵’”。換言之，這首先意味著人的眼睛是可以如同照相機一樣，**瞬間同時抓取對象的“面上的”(對應於所謂的“點狀的”或“線性的”)相應物理特徵**，其次，根據人類已經掌握的神經學或神經生物學知識，我們也可以合理地推論，這些被眼睛瞬間同時抓取的無論差別的特徵，經過相應的生化機制轉換為某種形態的“生化信息”之後，可以“極快地”“傳導”到大腦的相關部位，然後由大腦的相關部位進行相應的處理，得出處理結果，然後人就得到了相應的文本識讀結果，或者將處理結果傳到相應的人體部位，以進行相應的“行動”。

這就把識讀或閱讀分成了兩個部分乃至三個部分或階段：眼

睛對於文本的物理識别與識讀這一**物理過程**;將眼睛所物理攝取的對象的物理特性轉化為生化信息並進行相應的傳導、處理[①]的**生化過程**;以及可能的第三個過程:將處理結果和相應指令傳導給相關感官,引發相應的意識或行動,即意識與實踐過程。這當然是一種粗疏的劃分,在此無法進一步闡釋之。在第二個階段中的所謂"處理"過程,包含著將新獲取的信息,與大腦中或身心整體中所儲存的既有的"信息",或信息處理結果,或"固化的""信息結構"(亦可能衹是一種"微觀物理結構",但這有"物理還原論"的嫌疑,有其問題,下文將論及)等進行比照,從而得出"比照結果",亦即"不同物理結構的物理差異";而將此"物理差異",與人類文化或人類文明對於相應的無數"物理結構差異"的既有命名(或意義)進行關聯,就得出了所謂的"識讀結果",或"特定物理結構"、"物理結構差異"的"意義"——就此而言,人類的命名、概念、語言、識讀、分析推理乃至文化或文明,無不是這樣的微觀層次的"物理結構差異"而已,人類有時名之為"名",有時名之為"義"(意義,meaning),有時名之為"理"等,乃曰"世界唯名"、"世界唯理"等。然而,其實則都是一個基於比照結果的命名過程,而對於"物理結構差異"的命名,不能等同於"物理結構差異"尤其是"物理結構"本身,就此而言,**"世界唯名唯理"論,說的不是物理世界,而是對於物理世界的命名,所以並不能根本駁倒"物理還原論"或"唯物論"本身**。

所以常常聽聞的古人乃至今人的"一目十行"、"一目一頁"等,其實或許並不難,乃至是人類眼睛感知的一個本來的物理特點,稍經訓練,每個人都能意識到這一感知過程;真正有所困難的方面,

① 比如,轉化為生化信息後,將這些"生化態"的信息儲存在神經元上,並傳導到大腦皮層,由大腦皮層來進行處理,得出處理結果。當然,物理還原論認為這一處理過程和處理結果其實仍是物理過程而已。限於篇幅,不詳論。

也許是眼睛感知對象的相關物理特性後的生化轉化(或轉換)、神經傳導和大腦處理過程,即其生化機制方面[①]。這和人類或個人既有的神經元等的特性有關,比如有的人的神經元等於此較為"敏感",所以能達成那樣的境界;一般人於通常情形下則或無能及此,然經過特殊訓練或生化"加持",或亦能及。但總體而言,我們可以大膽而又頗為合理地假設兩點,第一,人類的眼睛感官,在攝取對象的物理特性方面,可以和照相機一樣靈敏,因為這僅僅涉及物理學方面,而在原子、電子等微觀層次,眼睛本身亦可視為——或根本就是——一台極其精密複雜的機器,所以眼睛也許既可以比照相機自然而靈敏得多,當然,同樣也完全可能不及照相機的靈敏,這也是人類需要藉助外在物理工具尤其是各種精密科學工具或儀器的原因所在;第二,人類既有的神經元或基因等,在生化層次,則尚未達到物理層次那樣的靈敏性,如果不施加外在的科學過程,僅靠其自然演化,也許又需要幾萬幾十萬乃至幾百萬年。所以要做到人人都能"一目十行"、"一目一頁"或"觸目則記",乃至今天科學界所關注的"人機對接"、"智能瞬間植入"那樣的情形,大概仍有許多理論難題需要解決。

但上述**將物理過程與生化過程對立起來論述的思路,也許又是一種人類或人驗、人臆的錯覺**。或曰:**如果追根溯源,究根問底,則生化過程也可以全部還原為物理過程**,比如分子、神經元、脫氧核糖核酸或基因等,也都可以還原到更微觀的物理層次。這是一個複雜糾纏的論題,如果要討論下去,大概要費很多的篇幅,也未必有定論,所以這裏暫不贅論。我們仍可藉助我之前所提出的"物層"理論來分析,而暫且作如下假定:"物"的生化狀態或生化過程,

---

① 參見上一注釋。

如分子、神經元等物質層次或"物態",是不同於人類動植萬物之"物層""物態"與原子電子等之"物層""物態"的一個獨特"物層""物態",而介於兩者之間,雖然可以還原到下一"物層"①,但仍有其自身的獨立"物態"②,不可因為可以還原為更微觀的"物層"和"物態",而否認此一"物層"和"物態"本身,尤其是"物態"。那麼,從生化"物層"、"物態"本身而言,是可能存在著差異的,正如人類動植萬物之"物層""物態"之間存在著差異一樣③。

上述討論(包括注釋裏的討論)雖然很有趣,卻走得有點遠了,且歸正題。理解了眼睛攝取文本對象的物理特性以及心腦處理這種物理特性的生化過程,我們就能理解人們在識讀漢字文本中常常出現的一種現象,即如果打亂一個合乎文法或語法的漢字文句的文序,而稍作無序排列,在有的情形下,並不影響我們對於此一漢文句子的識讀和理解;甚至將有的漢字增加減少一兩個筆劃,也是如此。這就很好地說明了我們對於漢字漢文的識讀的特別物理過程或生化過程。

---

① 比如:"生物"或"人類眾生乃至動植有機物"(有機物)可還原為"物"或"物質"(無機物),"物"或"物質"(無機物)可還原為原子電子層次的微觀"物層"或"物態"。當然,**是否能反向還原即還原到上一物層與物態,就是一個巨大的問題或極為重要的論題,這或許涉及"人類乃至動植萬物的起源"、"生死輪迴"、"起死回生"、"世界劫毀與期會"等更為根本性的論題**。

② 所謂"某一'物層'雖可以還原到下一'物層',但仍有其自身的獨立'物態'",亦即意味著:生化物層雖然可還原到物理物層,而其"物層"與"物態"仍有自身獨立性,尤其是"物態",要麼或難向下還原(亦即:一旦轉為下一物態,就意味著上一物態的存在終結了,不可能從下向上來同時包含兩種物態;反之,若是從上向下包含兩種物態,卻是正常的。但對此或亦不必作絕對化理解。然此是極為重要而關鍵的論題,一時難以詳論,暫止於此),要麼"還原即終結"(物態向下還原即意味著上一物態終結,對於人類萬物而言,即曰死亡)。**這就取消了"絕對還原論",而維護了每個物層尤其是物態自身的存在性或存在"價值"。**

③ 或曰菱白的葉與實,區別衹在於人驗物理差異而已,或衹是生化發展的不同階段及其不同形態——當然,它們仍都處於同一物層。亦與此處之分析同理。

我想說的，還不僅在此，不僅在於我們祇要根據漢字的大概的模糊的"漢字結構"或"形體結構"就可以分辨或識別出漢字這一點；我關注的，還有漢字的"象"（原作"像"）。我們識讀漢字漢文時，除了大概乃至模糊的漢字結構或形體結構，會關注到漢字的"象"嗎？或者，漢字的"象"會在我們的識讀過程中參與進來，或予以輔翼嗎？如果將這裏的"象"理解為古代造字理論中所謂的"物象"，對於今天的大多數人來說，尤其又對於簡體字來說，（簡體）漢字的"象"在識讀過程中的參與度或許並不高；如果將"象"理解為"形體結構"或"漢字結構"，那當然就是上面所述的情形了。不過，這裏還有幾種特殊情形：第一，甲骨文、大篆乃至許多繁體字等，象形或"物象"的意味重，故其在人的識讀過程中，可以發揮更大的作用；第二，對於那些對漢字素有研究的人，比如對漢字文字學或中國語言文字學或對漢字訓詁音韻字形等頗為熟諳的人來說，漢字的"象"就能發揮相對更大的作用，尤其是在對漢字"字義"的理解上；第三，即使不考慮"物象"意義上的"象"的因素，理論上，並且也是事實上，構形相對複雜的漢字或漢字形體結構，也更便於識別或區分，或者，能夠構成更多乃至無數多的不同"漢字結構"或"漢字"，亦即其表義表意的可能功能或可能空間就越強。就此而言，繁體字在起初學習過程中，也許一時更為難記、難寫、難認，但一旦學會了以後，就更為易認，乃至更易記，和易記意義上的易寫——當然，從其繁多筆畫而言，顯然增加了以筆來"寫"的工作量。

上述第三點主要是針對與英字語或拼音"符號"（我們在這裏將英字語作為拼音"符號"或"文字"的代表）的比較這個論題而提出的。英語"單詞"的"符號結構"或"符象"，與漢字的"字形結構"或"形體結構"有何區別呢？閱讀英文能夠"一目十行"嗎？或者，當中國人初去英國的大學圖書館時，在書架上找書時，往往要偏著頭來識讀其書名，尤其是大寫的書名（這兩種情形下，或則其英文的排列次序與橫寫的英文不同，或則其英文形體結構與橫寫的英文的形體結構不同，即一豎寫一橫寫、一大寫一小寫的區別，而一般中國人基本衹習慣於橫寫的英文，故而導致了中國人初來英語國家所可能遭遇到的這一暫時的小小的困境），這說明了什麼？或對本論題有何啟發？亦可思考之。

202210081117

我在路上思考一個論題“時間與物事”，而不是伯格森關注的“時間與自由意志”；所謂“物事”，指日常生活中的各種生活人事與物境。也許是因為我這幾個月乃至這些年幾乎沒有什麼“物事”，和外境交往或交流日益減少，日常生活太過簡單或單調，並無特別的不同，而日益進入思論層面，才使得我缺少記憶的特別參照物，從而導致我的長時記憶力的減退。

202210082210

論“心安理得”等

不僅是理安，還有身安、情安、道安、心安（神安即心神之安）。不僅是一己身心安（自心安），還有相與身心安（相與安）。

理方情圓。理虛情實。

禮方心圓。禮義方正，情心圓通。

禮義方正以立身（或自立）行事，情心圓通以印照相與。

有禮義大道，故由道不由徑，由經（常）不由權（變）——權乃非常之權變，權而合道經。有理義直方，則直方而行[1]。

內直外方；情圓事方。

論心安理（物性理則與元道義理，以下同）得。

理得，是否一定心安？答曰未必也，心圓理方，心不同於理也。理得，或心安，或心猶不安。於後者言，得理不能足成心安，或得理非安心之**足櫱**（充分條件）也。於前者言，可謂得理是安心之**要櫱**（必要條件）否？曰又未必也。然則理之於心，既非足櫱，又非要櫱，故不言“理得而心安”或“理得必心安”。然則何故曰“心安理得”？曰蓋心有不同於理者，心圓於理、尚於理而大於理，得理是心安之**或一途**，非**唯一途**，又非**足櫱必櫱之途**也。言為其“或一途”者，乃曰世物人事有其常道常理，方直以循行之，常能安身心；非其“唯一途”者，非謂違理干義，乃謂心安又有不涉乎人事物理者也；非“足櫱必櫱之途”者，謂心之發用行事或循理，而心體本圓，非衹一理，尤非一端一執乃至數端數執之理所可囿也。故不言“理得心安”或“理得必心安”，乃曰“心安而又理得”。

然則或問：此豈謂“心尤在理上”？又或問：“此心”與“他心”相與如何？有無“公心”（公共之心或“眾心通”）或“天心”（或“眾心通”）？“眾心”、“公心”、“天心”與“此心”、“我心”或“公理”何以交涉相與？“我心”、“我行”與“他心”、“他行”乃至“天公之心行”或“公理”何以和諧之？“眾心”、“公心”、“天心”即是“公理”否？若是，豈不可謂“理得而後心安”？乃答曰：“公理”、“天心”在於天地之間（乃至天地之外，如曰太陽系之外，或人驗世界之外，小至微觀世界而大至宇宙世界等不

① 《坤—文言》：“直其正也，方其義也，君子敬以直內，義以方外，敬義立而德不孤。直方，大，不習無不利，則不疑其所行也。”

同物層世界也），亦在“人心”（人類全數個體之“我心”或全數之“我心”）之內，彌綸世界內外，故又無所謂內外，以世界內外本來一氣同歸而已。然“天心”或“天命之性”雖同，各人所稟之“個氣”或“個人氣稟”則有差也，各人氣稟有差則其“我心”亦有所差異，則安其“我心”者，或未可盡以“公理”、“天心”律之也。然雖有或異於“天理”、“天心”、“公理”者，而未嘗違背之也，此曰“各中節，和而不同”是也。或曰：天理得，則天心（或“公心”）安，乃曰“天理得而天心安”，省曰“理得心安”，乃是“天心”安，未必是“我心”安也。“我心”安，則不獨有涉乎天心天理者，又有涉乎“我心我身我氣”者，然亦不敢違背天理天心，故乃曰“心安理得”，有所差異分判，然亦不是截然分判對立[①]。

202210181053

大文學與小文學；道理文學與情辭文學（或生情文學）

有**道理文學**，有**情辭文學**，或**生情文學**[②]。道理文學者，道學、心學或中國古代之經學、禮學、所謂（宋明）“理學”乃至先秦諸子百家之學，以及今之哲學、論理學、倫理學、政治學、“經濟學”、宗教學或神學等，皆是也。情辭文學者，今之所謂狹義文學或生情文學也。所謂“情”，有情感、情意、情義和情實等多重涵義。

① 亦可參閱拙著《中庸廣辭》之相關論述。

② 同有一“情”字之外，或謂辭或謂生，有何玄機？曰：謂情辭文學，重其摛辭藻；謂生情文學，則重其寫人生。筆者前每以情辭文學名之，後乃多稱生情文學，尤覺切妥。本篇本來乃謂“情辭學”，修訂時又兼顧“生情文學”一名而論述之，故偶或稍有論述贅冗者。又：情本質上亦皆是生情。

有大文學，有小文學。亦或謂廣義文學與狹義文學。小文學者，情辭文學或生情文學也。大文學者，包舉一切以文寫成之文學也，又“經緯天地曰文”之文學也，其中有道理文學，有情辭文學或生情文學，乃至有廣義物理文學即今之所謂自然科學之文學或科普文也。

包括“生情文學”、“情辭學”或“情辭文學”在內之大文學，固可“文載道”、“文載真、理”、“文論道、理”等，則古之經學、道學以及如今之所謂哲學、論理學、倫理學、政治學、財政學或“經濟學”等，皆大文學之一部分（雖廣義物理學或自然科學亦用“文”寫記之）；亦可“文寫生情或情辭”，即狹義小文學或情辭學、生情文學也。大文學中分為經學或道學、哲學、論理學、倫理學、政治學、情辭學等，各有所側重專攻；然專攻側重之外，又皆不離絕其大文學，乃大文學中之一維或一部耳。“生情文學”、情辭學亦如是，是狹義小文學，亦是廣義大文學之一部，不可離絕廣義大文學而但論狹義小文學，則或成狹隘偏頗而無本無源者矣。於廣義大文學與狹義小文學之關係而言，雖不必言“情辭學以載道”，乃言“情辭學以寫情寓情理”等，然亦當有、當知“載道之廣義文學”如“道學”、“經學”、“心學”等，然後一國之大文學乃可謂稍備，乃可論其國“大文學”之“大”、“全”、“通”，而非狹隘、支離或偏執、窒礙等弊病也。一國如是，一人亦有如是者，而求其通達、通知、大知乃至全知，而免其無知之病與苦。通達、通知、大知乃至全知或不可必得，而必努力上進之，多求一份知與道與通，則少減一份病與苦也；一人如是，一群一族一國乃至人類皆如是也。故曰：終生求知求道求通不止；**朝聞道而朝歡，夕聞道而夕喜**。

狹義小文學或“情辭文學”、生情文學不僅寫情（情感、情意與情實等）寫人生也，情意人生內外又關乎、寓乎道理義禮，雖非未必專寫、特寫其道理義禮——蓋道學、心學或經學等乃專寫特論之——，而無論作者與讀者，必有道理義禮之學，然後可寫、能寫情辭學或生情文學，又可能讀解情辭學或生情文學之作品也。“情辭文”或“情辭學”、生情文學雖看似以寫情寫人生為主為重，然若衹寫情與人生，而不論其道理義禮，則非情辭學或生情文學之初衷與全體本相。故曰：“情辭學”或生情文學**以寫情、寫人生而寓情理、生**[1]**理**，情理生理者，道學也，道理也。情（生）本自然，道（理）亦天人相參而有其自然者，則情（生）、道本不二。情意人生或自囂囂，或以道（理）安情意人生。無論作者讀者，皆不衹是寫其情（情感、情意與情實等）寫其人生而不論其道理。

雖情辭文學亦必寓關乎情理與道理也。情辭文學作品中或有故意冒犯正道義禮或讀者常識道德觀念者，然其終其結其收則寫其悲其傷其惡果其報應，所以哀歎之（作品中人物）警示之（讀者），而卒歸於正，卒歸於正道義禮常識，卒歸於思無邪，知其不正不當而不為，而讀者乃得一精神淨化與道情慰藉也。然則或問：既如此，何必寫邪情或情之邪淫（過或過度也），如《詩經》然？乃曰：蓋情本身或無善惡，然其過其淫（亦過也）則或致惡果（或於己或於人）而為惡耳。人情既無善惡，其情無論厚薄強弱亦皆為人情之常，故不必忌諱言之；而其發用又當思其當其正而避免惡果。然則何以知其當其正，何以知天道人理？乃曰人雖先天而秉賦理智良能，又將後天而發心體悟內外、中通天地人三才之道，而將求其終或漸至於天人合一，然其後天發用體悟，或有一時未知者也。蓋不知反、邪及其或然之惡果惡報，則亦或不知正、當及其或然之善果善利，故亦或寫其邪僻淫蕩而警示使歸正，歸於思無邪也。

或問：豈無新情理、新道理？豈無新情或新情意？或豈知所謂

---

① 人生。

邪情淫(過或過度也)情不是新情或新正情?乃答曰:“寫情寓道”未必是保守舊道理,亦可寫新情理即新道理。故“情辭文”或“情辭學”(或生情文學)亦可寫其新情與新情理,然必言之有其道理,可自圓其說(情意道理之自證與自洽)乃後可。質言之,以情辭文或情辭學探討新情理或新道理也。

或曰:以道導情,以情守道。吾愛其情,亦愛其道;吾愛其道,亦愛其情。失情猶可不失道,失道猶可不失情。

202211111500 許

漢字漢文不等同於漢語,不可以漢語代替、遮蔽乃至變相取消漢字漢文

文字不等同於語言。“五四”時期之有些學人,於此或故意混淆,或有所不察,是其病與過也。

202211111500 許

附錄一：楊雄《法言·問道卷第四》

楊雄,《法言·問道卷第四》:

或問"道"。曰:"**道也者,通也,無不通也**。"或曰:"可以適它與?"曰:"適堯、舜、文王者為正道,非堯、舜、文王者為它道。君子正而不它。"

或問"道"。曰:"道若塗若川,車航混混,不捨晝夜。"或曰:"焉得直道而由諸?"曰:"**塗雖曲而通諸夏則由諸,川雖曲而通諸海則由諸**。"或曰:"**事雖曲而通諸聖則由諸**乎?"

道、德、仁、義、禮,譬諸身乎?**夫道以導之,德以得之,仁以人之,義以宜之,禮以體之,天也。合則渾,離則散,一人而兼統四體者,其身全乎!**

或問"德表"。曰:"莫知,作上作下。""請問禮莫知。"曰:"行禮於彼,而民得於此,奚其知!"或曰:"孰若無禮而德?"曰:"禮,體也。人而無禮,焉以為德?"

或問"天"。曰:"吾於天與,見**無為之為**矣!"或問:"彫刻眾形者匪天與?"曰:"以其不彫刻也。如物刻商彫之,焉得力而給諸?"

老子之言道德,吾有取焉耳。及搥提仁義,絕滅禮學,吾無取焉耳。

吾焉開明哉?惟聖人為可以開明,它則苓。大哉,聖人言之至也,開之廓然見四海,閉之閛然不覩牆之裏。聖人之言似於水火。

或問"水火"。曰:"水,測之而益深,窮之而益遠;火,用之而彌明,宿之而彌壯。"

允治天下,不待禮文與五教,則吾以黃帝、堯、舜為疣贅。

或曰：“**太上無法而治，法非所以為治也**。”曰：“鴻荒之世，聖人惡之，是以法始乎伏犧而成乎堯。匪伏匪堯，禮義哨哨，聖人不取也。” ①

或問：“八荒之禮，禮也，樂也，孰是？”曰，“殷之以中國。”或曰：“孰為中國？”曰：“五政之所加，七賦之所養，**中於天地者為中國**。過此而往者，人也哉？”

聖人之治天下也，礙諸以禮樂，無則禽，異則貉。吾見諸子之

---

① 或曰：“太上無法而治，法非所以為治也。”曰：“鴻荒之世，聖人惡之，是以法始乎伏犧，而成乎堯。”〔注〕伏犧畫八卦，以敘上下。至於堯、舜，君臣大成也。“匪伏匪堯，禮義哨哨，聖人不取也。”〔疏〕“太上無法而治”，此亦道家言也。《音義》：“而治，直吏切。下‘為治’同。”《文選》應吉甫《晉武帝華林園集詩》：“悠悠太上，民之厥初。”李注云：“太上，太古也。”《莊子—天地》云：“玄古之君天下，無為也，天德而已矣。”“法非所以為治”者，《莊子—胠篋》云：“殫殘天下之聖法，而民始可與論議也。”“鴻荒之世，聖人惡之”者，《爾雅—釋詁》云：“洪，大也。”經傳通作“鴻”。《廣雅—釋詁》云：“荒，遠也。”《白虎通—號》云：“古之時，未有三綱六紀，民人但知其母，不知其父，能覆前而不能覆後。臥之詓詓(音取)，行之吁吁，饑即求食，飽即棄餘，茹毛飲血，而衣皮葦。”是洪荒之世，人與禽獸相近，故聖人惡之。“法始乎伏犧，而成乎堯”者，《繫辭》云：“古者包犧氏之王天下也，仰則觀象於天，俯則觀法於地，觀鳥獸之文，與地之宜，近取諸身，遠取諸物，於是始作八卦，以通神明之德，以類萬物之情。作結繩而為網罟，以佃以漁。蓋取諸離。”《釋文》：“包，本又作‘庖’，白交反。鄭云：‘取也。’孟、京作‘伏’。犧，許宜反，字又作‘羲’。鄭云：‘**鳥、獸全具曰犧**。’孟、京作‘戲’，云：‘**伏，服也。戲，化也**。’”按：“伏”又作“虙”，“包”又作“炮”。上古語言，與後代絕異，人名、地名，意義多不可考。經典傳寫，但取聲近，略同譯名，故異文甚多。**注家各為釋義，皆臆說也**。《路史》注引《含文嘉》云：“伏羲德洽上下，天應以鳥獸、文章，地應以河圖、洛書，乃則象而作《易》。”又引《六藝論》云：“伏羲作十言之教，以厚君臣之別。”又引《古史考》云：“伏羲制嫁娶，以儷皮為禮。”然則書契、佃漁、綱紀、人道，皆伏犧所創，故云“法始於伏犧”也。云“成乎堯”，不言舜者，《尚書大傳》云：“舜者，推也，循也，言其推行道德，循堯緒也。”《白虎通—號》云：“舜猶僢僢(音喘)也，言能推信堯道而行之。”是知舜惟紹堯之法，無所改易，故言堯即該舜矣。“禮義哨哨”者，音義：“哨哨，音消，又七笑切。”按：《音義》前一音蓋讀為“莦”，《說文》“莦，惡艸貌”，《廣韻》“莦，所交切，又音消”，是也。後一音則讀為“枉矢哨壺”之“哨”。《投壺》：“某有枉矢哨壺。”鄭注云：“哨，枉哨不正貌。”《釋文》：“哨壺，七笑反。”是也。此當以讀“莦”為合。“禮義莦莦”，猶云治道榛蕪耳。堯、哨韻語。參見：楊雄著，汪榮寶疏，《法言義疏》，中華書局，1987年3月，pp118—119。

小禮樂也，不見聖人之小禮樂也。孰有書不由筆，言不由舌？吾見**天常為帝王之筆舌**也。

智也者，知也。夫智用不用，益不益，則不贅虧矣？

深知器械、舟車、宮室之為，則禮由已（或作“己”，或作“巳”）。

或問“大聲”。曰，“非雷非霆，隱隱聑聑，久而愈盈，尸諸聖。”

或問：“道有因無因乎？”曰：“可則因，否則革。”

或問“無為”。曰：“奚為哉！在昔虞、夏，襲堯之爵，行堯之道，法度彰，禮樂著，垂拱而視天下民之阜也，無為矣。紹桀之後，纂紂之餘，法度廢，禮樂虧，安坐而視天下民之死，無為乎？”

或問：“太古塗民耳目，惟其見也聞也，見則難蔽，聞則難塞。”曰：“天之肇降生民，使其目見耳聞，是以視之禮，聽之樂。如視不禮，聽不樂，雖有民，焉得而塗諸？”

或問“新敝”。曰：“新則襲之，敝則益損之。”

或問：“太古德懷不禮懷，嬰兒慕，駒犢從，焉以禮？”曰：“嬰、犢乎！嬰、犢母懷不父懷。母懷，愛也；父懷，敬也。獨母而不父，未若父母之懿也。”

狙詐之家曰：“狙詐之計，不戰而屈人兵，堯舜也。”曰：“不戰而屈人兵，堯舜也；沾項漸襟，堯舜乎？衒玉而賈石者，其狙詐乎？”或問：“狙詐與亡孰愈？”曰：“亡愈。”或曰：“子將六師則誰使？”曰：“御得其道，則天下狙詐咸作使。御失其道，則天下狙詐咸作敵。故有天下者，審其御而已矣！”或問：“威震諸侯，須於征與狙詐之力也，如其亡？”曰：“威震諸侯，須於狙詐可也。未若威震諸侯而不須狙詐也。”或曰：“無狙詐，將何以征乎？”曰：“縱不得不征，不有《司馬法》乎？何必狙詐乎！”

申、韓之術，不仁之至矣，若何牛羊之用人也？若牛羊用人，則狐狸、螻螾不膢臘也與？或曰：“刀不利，筆不銛，而獨加諸砥，不亦可乎?”曰:“人砥,則秦尚矣!”

或曰:“刑名非道邪? 何自然也?”曰:“何必刑名,圍棋、擊劍、反目、眩形,亦皆自然也。由其大者作正道,由其小者作姦道。”

或曰:“申、韓之法非法與?”曰:“法者,謂唐、虞、成周之法也。如申、韓! 如申、韓!”

莊周、申、韓不乖寡聖人而漸諸篇,則顏氏之子、閔氏之孫其如台。

或曰:“莊周有取乎?”曰:“少欲。”“鄒衍有取乎?”曰:“自持。至周罔君臣之義,衍無知於天地之間,雖鄰不覿也。”①

① 参見:楊雄著,汪榮寶疏,《法言義疏》,中華書局,1987 年 3 月,pp118—119。

附錄二:《刻〈釋名〉序》

《釋名》者,小學文字之書也。古者文字之書有三焉:一體制,謂點畫有縱横曲直之殊,若《説文》《字原》之類是也;二訓詁,謂稱謂有古今雜俗之異,若《爾雅》《釋名》之類是也;三音韻,謂呼吸有清濁高下之不同,若沈約《四聲譜》及西域反切之文是也。三者雖各自名家,要之,皆小學之書也。

夫自六經出而《爾雅》作,《爾雅》作而《釋名》著,是故《漢·藝文志》以《爾雅》附《孝經》而《經籍志》以附《論語》,蓋崇之也。漢劉熙所著《釋名》,翼《雅》者也,宜與《雅》並傳。《爾雅》故有鏤本而《釋名》久無傳者,余按全晉,偶得是書于李僉憲川甫,川甫得諸蔡中丞石岡,石岡得諸濟南周君秀,因托吕太史仲木校正,付太原黄守刊佈焉。然則翼《雅》之書,詎止於是乎?郭璞有《圖》,【鳳麟按:晉郭璞著有《爾雅圖》十卷、《爾雅音》二卷,皆亡,惟《爾雅注》存。】沈璿有《注》,【鳳麟按:《隋書·經籍志》:"《集注爾雅》十卷,梁黄門郎沈琁注。"】孫炎有《音》,【鳳麟按:《隋書·經籍志》:"梁有《爾雅音》二卷,孫炎、郭璞撰。"】江瓘有《贊》,【鳳麟按:《新唐書·藝文志》:"江灌《圖贊》一卷。又《音》六卷。"】邢昺有《正義》,張揖有《廣雅》,曹憲有《博雅》,【鳳麟按:《隋書·經籍志》:"《廣雅音》四卷,秘書學士曹憲撰。"《新唐書·藝文志》:"曹憲《爾雅音義》二卷。又《博雅》十卷。"】孔鮒有《小爾雅》,【鳳麟按:《隋書·經籍志》:"《小爾雅》一卷,李軌略解。"】劉伯莊有《續爾雅》,【鳳麟按:《新唐書·藝文志》:"劉伯莊《續爾雅》一卷。"】楊雄有《方言》,【鳳麟按:《隋書·經籍志》:"《方言》十三卷,漢揚雄撰,郭璞注。"】劉霽有《釋俗語》，盧辨有《稱謂》，沈約有《俗說》，張顯有《古今訓》，韋昭有《辨釋名》：【鳳麟按：《隋書・經籍志》："《辯釋名》一卷，韋昭撰。"】凡讀《爾雅》者皆當參覽，其可以小學之書而忽之哉！嘉靖甲申冬十二月既望，谷泉儲良材邦掄父撰。[1]

① 《刻〈釋名〉序》，參見：劉熙，《釋名》，pp3—4。

附錄三:《左傳》取名之"五法六忌"

《左傳·桓公六年》申繻所言"五法六忌":"公問名於申繻。對曰:'名有五:有信、有義、有象、有假、有類。以名生為信,以德命為義,以類命為象,取於物為假,取於父為類。不以國,不以官,不以山川,不以隱疾,不以畜牲,不以器幣。""周人以諱事神,名終將諱之。故以國則廢名,以官則廢職,以山川則廢主,以畜牲則廢祀,以器幣則廢禮。晉以僖侯廢司徒,宋以武公廢司空,先君獻、武廢二山,是以大物不可以命。'"①

---

① 參見:《春秋左傳正義·桓公六年》:公問名於申繻(申繻,魯大夫。○繻音須。)。對曰:"名有五,有信,有義,有象,有假,有類。以名生為信(若唐叔虞,魯公子友。),以德命為義(若文王名昌,武王名發。),以類命為象(若孔子首象尼丘。),取於物為假(若伯魚生,人有饋之魚,因名之曰鯉。○鯉音里。),取於父為類(若子同生,有與父同者。)。不以國(國君之子,不自以本國為名也。),不以官,不以山川,不以隱疾(隱,痛;疾,患。辟不祥也。),不以畜牲(畜牲,六畜。),不以器幣(幣,玉帛。)。周人以諱事神,名,終將諱之(君父之名,固非臣子所斥然;禮既卒哭,以木鐸徇曰:"舍故而諱新",謂舍親盡之祖而諱新死者,故言"以諱事神,名,終將諱之"。自父至高祖,皆不敢斥言。○"周人以諱事神,名",絕句。眾家多以"名"字屬下句。鐸,待洛反。徇,似俊反,本又作殉,同。舍音舍,下同。)。故以國則廢名(國不可易,故廢名。),以官則廢職,以山川則廢主(改其山川之名。),以畜牲則廢祀(名豬則廢豬,名羊則廢羊。),以器幣則廢禮。晉以僖侯廢司徒(僖侯名司徒,廢為中軍。),宋以武公廢司空(武公名司空,廢為司城。),先君獻、武廢二山(二山,具、敖也。魯獻公名具,武公名敖,更以其鄉名山。○敖,五羔反。),是以大物不可以命。"公曰:"是其生也,與吾同物,命之曰同。"(物,類也。謂同日。)([疏]注"若文"至"名發"。○正義曰:《周本紀》稱:大王見季歷"生昌,有聖瑞",乃言曰:"我世當有興者,其在昌乎!"則是大王見其有瑞,度其當興,故名之曰昌,欲令昌盛周也。其度德命發,則無以言之。服虔云:謂若大王度德命文王曰昌,文王命武王曰發,似其有舊說也。舊說以為文王見武王之生,以為必發兵誅暴,故名曰發。//[疏]注"若孔"至"尼丘"。○正義曰:《孔子世家》云:叔梁紇與顏氏禱於尼丘,得孔子。孔子生而首上汙頂,故因名曰丘,字仲尼,是其象尼丘也。//[疏]注"若伯"至"曰鯉"。○正義曰:《家語·本姓篇》云:孔子年十九娶於宋並官氏,一歲而生伯魚。(轉下頁注)

(接上頁注)伯魚生,魯昭公以鯉魚賜孔子,孔子榮君之賜,因名子曰鯉,字伯魚。此注不言昭公賜而云人有饋之者,如《家語》,則伯魚之生,當昭公九年。昭公庸君,孔子尚少,未必能尊重聖人,禮其生子。取其意而遺其人,疑其非昭公故。//[疏]注"國君"至"名也"。○正義曰:下云"以國則廢名",以國不可易,須廢名不諱。若以他國為名,則不須自廢名也。且春秋之世,晉侯周、衛侯鄭、陳侯吳、衛侯晉之徒,皆以他國為名。以此知不以國者,謂國君之子不得自以本國為名。不以山川者,亦謂國內之山川。下云"以山川則廢主",謂廢主,謂廢國內之所主祭也。若他國山川則非其主,不須廢也。此雖因公之問而對以此法,《曲禮》亦云:"名子者,不以國,不以日月,不以隱疾,不以山川。"則諸言不以者,臣民亦不得以也。此注以其言國,故特云國君子耳,其實雖非國君之子亦不得以國為名。其言廢名、廢禮之徒,唯謂國君之子,若使臣民之名,國家不為之廢也。然則臣民之名,亦不以山川。而孔子魯人,尼丘,魯山,得以丘為名者,蓋以其有象,故特以類命。非常例也。//[疏]注"隱痛"至"祥也"。正義曰:鄭玄云:"隱疾,衣中之疾也。"謂若黑臀、黑肱矣。疾在外者,雖不得言,尚可指摘。此則無時可辟,俗語云:"隱疾難為醫。"案《周語》單襄公曰:"吾聞成公之生也,其母夢神規其臀以黑,曰'使有晉國',故命之曰'黑臀'。"此與叔虞、季友復何以異?而云不得名也?且黑臀、黑肱本非疾病,以證隱疾,非其類也。《詩》稱"如有隱憂",是隱為痛也。以痛疾為名,則不祥之甚,故以為辟不祥。//[疏]注"畜牲,六畜"。○正義曰:《爾雅・釋畜》於馬、牛、羊、豕、狗、雞之下,題曰六畜。故鄭眾、服虔皆以六畜為馬、牛、羊、豕、犬、雞。《周禮》"牧人掌牧六牲",鄭玄亦以馬、牛等六者為之。然則畜牲一物,養之則為畜,共用則為牲,故並以六畜解六牲。//[疏]注"幣,玉帛"。○正義曰:《周禮・小行人》:"合六幣,圭以馬,璋以皮,璧以帛,琮以錦,琥以繡,璜以黼。"然則"幣,玉帛"者,謂此圭、璋、璧、琮、帛、錦、繡、黼之屬也。以幣(羅按:或謂衍文),以幣為玉帛,則器者非徒玉器。服虔以為俎豆、罍彝、犧象之屬,皆不可以為名也。//[疏]"周人"至"諱之"。○正義曰:**自殷以往,未有諱法。諱始於周**,周人尊神之故,為之諱名,以此諱法,敬事明神,故言周人以諱事神。子生三月,為之立名,終久必將諱之,故須豫有所辟,為下諸廢張本也。終將諱之,謂死後乃諱之。○注"君父"至"斥言"。○正義曰:"君父之名,固非臣子所斥",謂君父生存之時,臣子不得指斥其名也。《禮》稱"父前子名,君前臣名"。**鄭玄云:"對至尊,無大小皆相名。"是對父,則弟可以名兄;對君,則子可以名父,非此則不可也。**文十四年傳曰:"齊公子元不順懿公之為政也,終不曰'公',曰'夫已氏'。"注云:"猶言某甲。"是斥君名也。彼以不順,故斥其名,知平常不斥君也。成十六年傳曰:"欒書將載晉侯,鍼曰:'書退,國有大任,焉得專之。'"注云:"在君前,故子名其父。"彼以對君,故名其父。知平常不斥父也。雖不斥其名,猶未是為諱。《曲禮》曰:"卒哭乃諱。"鄭玄云:"敬鬼神之名也。諱,辟也。**生者,不相辟名**。衛侯名惡,大夫有石惡,君臣同名,《春秋》不非。"是其未為之諱,故得與君同名。但言及於君,則不斥君名耳。既言生已不斥,死復為之加諱,欲表為諱之節,故言然以形之。禮既卒哭,以木鐸徇曰:(轉下頁注)

(接上頁注)“舍故而諱新。自寢門至於庫門。”皆《禮記·檀弓》文也。既引其文,更解其意,謂**舍親盡之祖而諱新死者也。親盡,謂高祖之父,服絕廟毀而親情盡也。卒哭之後,則以鬼神事之。故言以諱事神,又解終將諱之。所諱世數,自父上至高祖皆不敢斥,言此謂天子諸侯禮也**。《曲禮》曰:“逮事父母,則諱王父母,不逮事父母,則不諱王父母。”鄭玄云“此謂庶人適士以上廟事祖,雖不逮事父母,猶諱祖”,以其立廟事之,無容不為之諱也。天子諸侯立親廟四,故高祖以下皆為諱,親盡乃舍之。既言以諱事神,則是**神名必諱**。文王名昌,武王名發。《詩·雍》,禘大祖,祭文王之廟也,其經曰:“克昌厥後”。周公制《禮》,《醢人》有“昌本”之菹。《七月》之詩,周公所作,經曰:“一之日觱發。”《烝民》詩曰:“四方爰發。”皆不以為諱而得言之者,**古人諱者,臨時言語有所辟耳,至於制作經典則直言不諱**。《曲禮》曰:**“詩書不諱,臨文不諱**。”是為詩為書不辟諱也。由作詩不諱,故祭得歌之。《尚書·牧誓》云“今予發”,《武成》云“周王發”。武王稱名告眾,史官錄而不諱,知於法不當諱也。《金縢》云“元孫某”,獨諱者,成王啟金縢之書,親自讀之,諱其父名,曰改為“某”。既讀之後,史官始錄,依王所讀,遂即云“某”。《武成》、《牧誓》則宣諸眾人,宣訖則錄,故因而不改也。**古者諱名不諱字**,《禮》以王父字為氏,明其不得諱也。屈原云:“朕皇考曰伯庸。”是不諱之驗也。//[疏]注“國不”至“廢名”。〇正義曰:國名受之天子,不可輒易。若以國為名,終卒之後則廢名不諱;若未卒之前,誤以本國為名,則改其所名。晉之先君唐叔封唐,燮父稱晉。若國不可易而晉得改者,蓋王命使改之。//[疏]注“改其山川之名”。〇正義曰:廢主,謂廢其所主山川之名,不廢其所主之祭。知者,**漢文帝諱恒,改北嶽為常山,諱名不廢嶽是也**。劉炫云:廢主,謂廢其所主山川,不復更得其祀,故須改其山川之名。魯改二山,是其事也。//[疏]“廢祀”、“廢禮”。〇正義曰:祀以牲為主,無牲則祀廢。器幣以行禮,器少則禮闕。祀雖用器,少一器而祀不廢,且諸禮皆用器幣,故以廢禮總之。//[疏]注“二山”至“名山”。〇正義曰:《晉語》云:“範獻子聘於魯,問具、敖之山,魯人以其鄉對。”獻子曰:“不為具、敖乎?”對曰:“先君獻、武之諱也。”是其以鄉名山也。《禮》稱“舍故而諱新”,親盡不復更諱。計獻子聘魯在昭公之世,獻、武之諱久已舍矣,而尚以鄉對者,當諱之時改其山號,諱雖已舍,山不復名。故依本改名,以其鄉對。猶司徒、司空,雖歷世多而不復改名也。然獻子言之不為失禮,而云名其二諱以自尤者,《禮》:**入國而問禁,入門而問諱**。獻子入魯不問,故以之為慚耳。//[疏]注“物,類也。謂同日”。〇正義曰:《魯世家》云:“桓公六年,夫人生子,與桓公同日,故名之曰同。”是知同物為同日也。言物,類者,辨此以為類命也。參見:《春秋左傳正義》卷六,藝文印書館,2023 年 3 月,pp112—114。

參 考 書 目

許慎撰,《說文解字》,中華書局,1963 年 12 月

段玉裁,《說文解字注》,鳳凰出版社,2015 年 7 月第二版

《康熙字典》(標點整理本),上海辭書出版社,2008 年 8 月

(漢)楊雄撰,(晉)郭璞注,《方言》,中華書局,2016 年 6 月(楊雄生於許慎之前,然筆者以為《說文解字》尤重於《方言》,故先列《說文解字》)

劉熙,《釋名》,中華書局,2016 年 4 月

中國社會科學院語言研究所詞典編輯室編,《現代漢語詞典》(第七版),商務印書館,2016 年 9 月

《十三經注疏》藝文印書館,2013 年 3 月

Angus Stevenson, Maurice Waite 編,Coneise Oxford English Dictionary (Twelfth Edition),Oxford University press,2011 年

王引之,《經義述聞》,上海古籍出版社,2021 年 2 月

王引之,《經傳釋詞》,上海古籍出版社,2016 年 3 月

王力,《中國語言學史》,中華書局,2020 年 11 月

王力,《漢語史稿》,中華書局,2018 年 4 月

王力,《中國現代語法》,北京聯合出版公司,2019 年 1 月

王力,《漢語語法史》,北京聯合出版公司,2021 年 5 月

E. de Saussure 著,Roy Harris 編譯,《普通語言學教程》(Course in General Linguistics),外語教學與研究出版社,2021 年 9 月

V. J. Cook, Mark Newson 著,《喬姆斯基的普遍語法教程》(Chomsky's Universal Grammar: An Introduction(Third Edition)),外語教學與研究出版社,2021 年 9 月版

J. L. Austin 編著,《如何以言行事》(How to Do Things with Words(Second Edition)),外語教學與研究出版社,2021 年 9 月版

Alan Cruse 著,《語言的意義:語義學與語用學導論》(Meaning in Language: An Introduction to Semantics and Pragmatics(Third Edition)),外語教學與研究出版社,2021 年 9 月版

(美)鮑爾-J-霍伯爾,伊麗莎白-克勞絲-特拉格特著,梁銀峰譯,《語法化學說》(第二版),復旦大學出版社,2008 年 8 月第二版

(德)弗里德里希·路德維希·戈特洛布·弗雷格著,王路譯,《弗雷格哲學論著選輯》,《論涵義和意謂》,商務印書館 2006 年版。

(美)約翰-R-塞爾著,徐英瑾譯,《心靈導論》,上海人民出版社,2019 年 7 月

(美)約翰-海爾著,高新民、殷篠、徐弢譯,《當代心靈哲學導論》,中國人民大學出版社,2006 年 1 月

(英)吉爾伯特-賴爾著,《心的概念》,商務印書館,1992 年 7 月第一版

(日)服部裕幸著,許宗華、陳琳譯,《語言哲學入門》,商務印書館,2020 年 9 月第一版

(新西蘭)凱特-科恩著,陳麗萍譯,《語義學》(第二版),四川大學出版社,2015 年 10 月第二版

(美)路易斯-P-波伊曼著,洪漢鼎譯,《知識論導論:我們能知道什麼?》(第二版),中國人民大學出版社,2008 年 3 月第一版

(法)雅克-德里達,《論文字學》,汪堂家譯,上海譯文出版社,2015 年 2 月

(法)雅克-德里達,《聲音與現象》,杜小真譯,商務印書館,2010 年 10 月

(法)雅克-德里達,《書寫與差異》,張寧譯,生活·讀書·新知三聯書店,2001 年 9 月

(法)米歇爾-福柯,《知識考古學》,董樹寶譯,生活·讀書·新知三聯書店,2021 年 9 月

(法)羅蘭-巴爾特,《符號帝國》,湯明潔譯,中國人民大學出版社,2018 年 1 月

(法)愛彌兒·塗爾幹,馬塞爾-莫斯,《原始分類》,汲喆譯,商務印書館,

2012年3月

楊雄著,汪榮寶疏,《法言義疏》,中華書局,1987年3月
李賦寧編著,《英語史》,商務印書館,2005年1月
亨利-伯格森,《時間與自由意志》,吳士棟譯,商務印書館,1958年8月
鐘泰著,《莊子發微》,上海古籍出版社,2002年4月
王夫之著,《讀通鑒論》,舒士彥點校,中華書局,2004年4月
金景芳、呂紹剛著,《周易全解》,上海古籍出版社,2017年7月

羅雲鋒,《孟子解讀》,上海三聯書店,2020年8月
羅雲鋒,《孟子廣義》,上海三聯書店,2021年1月
羅雲鋒,《論語廣辭》,上海三聯書店,2022年7月
羅雲鋒,《大學廣辭;中庸廣辭》,上海三聯書店,2023年8月
羅雲鋒,《論"道":正名與分析》,參見:羅雲鋒,《論語廣辭》,上海三聯書店,2022年7月

後　記

本書稿雖已整理完畢，關於書稿論題的思考和研究其實并未結束，也遠未結束。

以至於筆者在把既有的文字結集成書稿時，一方面是強烈希望早日出版，另一方面卻是強烈的意猶未盡感。筆者甚至常常跟自己說一句“俏皮話”：我要為此書撰寫至少二十萬字的後記，如此纔能相對盡興一些，或纔能把問題講得相對更全面系統清晰一點，也因此纔相對讓自己安心一點。這似乎是俏皮話——猶如當年梁啓超為蔣百里的書稿寫序，而最終卻因篇幅太大而單獨擴充成書《前清一代中國思想界之蛻變》即《清代學術概論》然——，卻又十分真實，是筆者真實心情的部分寫照，非但不是誇張，反而或多收斂而往小裏說了。因為太想把其他一時尚未來得及寫出的更多思考，以及應有的更多思路與思考等，也儘快一併呈現出來，或儘量將問題論述得更為周全深入一些，避免種種可能的一端數端之邊見邊是或片面之結論，或由此所可能給予或導致讀者這樣的印象或誤解。

這其實也可說是反映了筆者的惶恐心情，或惶恐與急切兼而有之的矛盾心狀。因為，至少在筆者看來，本書論題太重要了，也太大了，關涉到許多學科和領域，許多論題、思路和考量因素等，故要慎重對待，儘量論述周全通達；然而，若要達成此種周全通達之境界，洵非易事，不得已而先事愚人獻芹，故惶恐也。

亦有急切。固然，對於本書論題，筆者還有太多的話要說，太多的思考要呈現，太多的現象要關注，太多的（學科或學術）領域要涉及，太多的論著要閱讀參考，太多的論題要深究，太多的變量和思路要納入，然後周全平衡論述之，而一時不敢說有確切的定論。因之而同時，本書之論述亦多取札記體，有所思論輒記之，雖一端之是猶録之，每有所思所得，即開門見山直奔主題，言畢則戛然而止，不多事修飾，或則追本溯源，或則略開端緒，或則嘗鼎一臠，或則管窺一孔，乃至於或則蜻蜓點水而淺嘗輒止，而皆保持探討姿態，重在啓發，所謂小窗光牖一啓是也。之所以急於將既有的一些未必成熟的初步思考成果或思考過程呈現出來，恰因認識到此等論題的極端重要性乃至急迫性（亦包括世界形勢丕變等而來的急迫感），故欲儘早梓行於世，以期拋磚引玉，引發更多有識之士和國民眾庶更多的關注、討論和應對。故其所言或無甚高論，而其所論之主題則甚重要，其迫切用世淑世之心、為國為民之志則有之矣。

思考仍在繼續。結集成書並非意味着對相關論題業已圓滿解決，乃是在追求思考與智識貫通之途中，對過往之經驗心得稍作整理，而將繼續登高望遠、攀登跋涉，以期漸入佳境、領略旖旎風光而終有所成也。所成者，以道理學術文語學術惠及吾國吾民，乃至天下世界也。成也本乎其心，本乎其仁其道而已。

正如上述，既然一時無法在後記中連篇累牘地暢寫其思，筆者便調整設想了幾種撰寫後記的可能思路，比如將其他一時無法詳細論述的諸多思路，言簡意賅地羅列出來，比如將自認為最重要的若干關鍵論題或創意，簡明扼要敘述之，比如提供一個更為系統詳盡的寫作提綱……，但最終都基於這樣那樣的原因或考慮，而暫時放棄了。在此衹隨手簡略記録或零碎臚列一些思緒，或有關本書之若干說明。其餘，則留待將來與後書。

有關本書論題之若干思路：

當區分文字與語言,而不是混淆含糊論之;又當重視其“文”。

語不是文,或語不能等同於文,反之亦然。不可簡單地以漢語涵蓋漢字中文,而忽略漢字中文本身之獨特性或獨特價值。又:是文語系統,而非僅偏頗的語言系統。又:以前稱“文法”,其後改稱“語法”,一字之差,而觀念轉移巨大;吾意以為:有語法,亦有文法,文法與語法有相通者,亦有差異者。

或可思:是語言文字學?還是文字語言學?又:是語文課,還是文語課?又:是文語?抑或是語文?又:文、語相較而言,是文字本原?抑或是語言本原?抑或(文語皆非本原,而)是心意或心靈本原(即心意或心靈乃是文、語之本原)?抑或是客觀事物世界本原(即客觀事物世界是文、語乃至心意或心靈之本原)?抑或是內在心靈世界與外在客觀事物世界的關涉互動乃為(文、語乃至人生之)本原?又:是漢語中文?抑或是中文漢語?等等,皆為重要論題,而本書皆有所論及。

漢語與中文都是一個歷史形成的概念,故本書或亦交叉用之,如有時寫成漢語中文,有時寫成中文漢語,有時又寫成文語或語文,以及其他一些命名或組詞等。但在名字或概念界定上,則強調文、語之不同與區分。

民國時期所造註音字母或註音符號,有其創意,然不成功,筆者將或有所更張。

方法論上,其實也未必全要從甲骨文入手,以今人之智識、物理學、物性學、邏輯學、造(新)字書法等來重造漢字漢語系統,未必就不是一條優好之途。

(無論文、語,或道理文學、生情文學等,乃至其他,倘若)衹講理,不講道,不講情,不講人,不講個性,或亦覺味同嚼蠟;若文語中衹有理,而無道或無人無性情,亦覺單調難化。

有關本書寫作之若干說明：

筆者欲嘗試一種新的述學文體和文風，即儘量用現代中文和自己的文語(風格和法度等)，圍繞論題本身，進行獨立自足之分析論述，用自己的文語將論題講清楚，論足言盡則戛然而止，而力避辭費①。

筆者有時試圖以“一字一義”的字法文法來寫作，有時又不得不採取既有的所謂現代白話文或現代漢語來寫作，並未全書統一字法文法，此亦可見筆者心目中的新中文之建立，亦非一日一蹴而就之易事。

最早大概是想寫所謂“語言哲學”，亦即漢語語言哲學思考札記，後來日益意識到“文”的特殊性與必要性，乃提出“文語哲學”一詞，故乃擬書名為《中國文語哲學札記》，最終又改為《中國文語哲學芻議》，將來或可寫《中國文語哲學概論》。但本書論題所涉非常寬泛，不僅僅在所謂的語言哲學或文語哲學，或不能被此所涵蓋，有時又涉及其他，故有時筆者又想到“中國語文札記”或“中國文語札記”等書名。

筆者是抱着頗為嚴肅的態度來思考本書諸多論題，乃至試圖將其寫成中國文字、文學(廣義文學)、文藝、文化、文明復興之總綱——當然，有其心，而學殖才力或尚不能至也。

又稍記寫作過程如下：

從各章節所標註之寫作時間即可看出此書寫作情形。蓋之前

① 力避不合中文字法文法而詰屈聱牙之外國“新名詞”與晦澀術語、疊床架屋之辭費堆砌、或狐假虎威或諂媚掩虛之各種徵引(貌似“高大上”，而實則空洞無物，虛謬偏頗，如徵引各種所謂權威、理論、觀點、人名等)、不必要之“完滿”繁冗格式，或明明幾句話便可講清楚的意思或觀點，卻偏要敷衍成一篇長文，等等——此皆當代許多所謂論文之弊病，不堪卒讀，乃至雖略睹而生厭。注水虛胖、支離破碎、文風不倖倒在其次，內容空洞、全無自己的論析和創見則更為嚴重，而本書力避之。然雖有其心，而為之或難，且寫作時間不一，論述角度不同，書中或亦多反復囉嗦陳說者，則亦祈讀者寬諒之。

亦有對文字語言學或所謂“語言哲學”之關注，2020 年以來則尤多集中閱讀、思考和探究，而隨時隨手札記之。雖牽涉廣泛，而論題頗為集中，故乃裒輯為一書。今檢視全書，可知本書所收録文字，很小一部分寫於 2020 年 2 月 15 日至 2021 年 4 月（約佔全部篇幅六分之一），2021 年 8 月寫有兩則，“緣起”兩詩寫於 2021 年 10 月，其餘大部分皆寫於 2021 年 11 月 27 日（從《四種“真”》開始）至 2022 年 10 月止，跨度正好一年。其後乃裒輯修訂成初稿。2023 年 8 月 30 日 23 時 21 分第一次全面修訂完畢（《略論專名》、《物與物理；物之真與物理之真》兩札除外），2023 年 12 月 9 日 19 時 00 許整理畢上海三聯書店一稿，并提交出版社，2024 年 3 月 26 日收到清樣，2024 年 4 月 11 日晚將一校樣上修訂處輸入電腦。2024 年 4 月 12 日下午寫畢《凡例》，20240414—202404152209 寫畢并改定自序，20240418—20240419 寫畢并改定後記。

本書為自費出版。蓋嘗申請出版資助而見拒，自忖論題甚為重要，時勢頗為緊迫，有志自任者當有所貢獻淑世，必盡一己之心力，不可亦不堪此書一再耽擱，屈辱於俗，乃決定自費出版，以便早日惠及吾國吾民也。

感謝本書責任編輯錢震華先生接納和編輯此書，而勉力盡責調度之，使得此書終得以早日面世。當然，一切文責由筆者自負。

羅雲鋒

甲辰年三月穀雨公祭倉頡日（202404191430），

寫畢於瞰四海樓

圖書在版編目(CIP)數據

中國文語哲學芻議 / 羅雲鋒著.
—上海:上海三聯書店,2024.

ISBN 978-7-5426-8543-8

Ⅰ.①中…　Ⅱ.①羅…　Ⅲ.①語言哲學—研究—中國
Ⅳ.①H0

中國國家版本館 CIP 數據核字(2024)第 111663 號

中國文語哲學芻議

著　　者　羅雲鋒

責任編輯　錢震華
裝幀設計　汪要軍

出版發行　上海三聯書店
　　　　　中國上海市威海路 755 號
印　　刷　浙江臨安曙光印務有限公司

版　　次　2024 年 7 月第 1 版
印　　次　2024 年 7 月第 1 次印刷
開　　本　889×1194　1/32
字　　數　510 千字
印　　張　21.625
書　　號　ISBN 978-7-5426-8543-8/H・135
定　　價　98.00 元